TOP
SERIES

소방학개론
이론+문제풀이

유정석

KB134753

예문사

머리말

본 교재는 최근에 개편된 소방공무원 시험의 출제 경향에 맞추어 소방조직 · 재난관리 · 연소이론 · 화재이론 · 소화이론에 관한 이론과 예상문제로 구성하였습니다.

소방공무원 시험 과목의 개편으로 합격을 위해서는 소방학개론이 매우 중요한 과목이 되었습니다. 이에 본 교재로 공부하는 수험생이 소방학개론에 대해 정확히 이해하고 철저히 암기하여 고득점을 획득함으로써 합격의 기쁨을 누릴 수 있도록 하였습니다.

본서의 특징

1. 최근 출제 경향에 맞추어 이론 내용을 정리하였습니다.
2. 다양한 문제풀이를 통하여 실전에 대비할 수 있도록 하였습니다.
3. 최근 개정법령을 반영하였습니다.

본 교재가 소방공무원 수험생에게 좋은 길잡이가 되기를 바라며 수험생 여러분의 빠른 합격을 기원합니다.

There is no royal road to learning.(학문에는 왕도가 없다.)

유정석

시험 정보

1. 시험범위

분야		내용
소방조직	1) 소방조직	• 소방의 발전 과정 • 소방행정체제와 기능 및 책임 • 소방조직관리의 기초이론 • 소방자원관리(인적 · 물적 · 재정적 자원관리 개요) • 민간 소방조직의 종류와 역할(의용소방대, 소방안전관리자, 위험물안전관리자, 소방시설 설계 · 시공 · 감리 · 점검, 소방용 기계 · 기구의 제조 · 검정)
	2) 소방기능	• 화재의 예방 · 경계 · 진압 · 조사활동 • 소방시설의 설치유지 및 안전관리 • 위험물 안전관리 • 구조 · 구급 행정관리와 구조 · 구급 활동 • 재난대응활동 등 소방조직 및 소방기능 관련 내용
재난관리	1) 재난 및 재난관리의 개념	• 재난의 특징과 유형 • 재난관리의 개념과 단계별 관리사항
	2) 우리나라의 재난관리 (재난 및 안전관리기본법)	• 안전관리기구 및 기능 • 긴급구조 • 안전관리계획, 예방, 대비, 응급대책, 복구, 재정 및 보상 등 재난관리 관련 내용
연소이론	1) 연소 개요 등	• 연소 반응식과 에너지 수지 • 연소의 조건 및 형태 • 발화의 조건 및 과정
	2) 연기 및 화염	• 연기의 정의 • 연소 가스 • 화염의 형태 및 열방사 • 열전달 방식 등 연소 관련 내용
	3) 폭발 개요 및 분류	• 폭발의 조건 • 화학적 폭발(물리적 폭발과 개념 구분) • 기상 폭발과 응상 폭발 • 폭연과 폭굉 • 가스 · 분진 · 분해 폭발 • BLEVE 등 폭발 관련 내용

분야		내용
화재이론	1) 화재의 정의 및 분류	• 화재의 정의 • 화재의 종류(일반, 유류, 전기, 금속, 가스)와 종류별 기본 소화 방법
	2) 건물화재의 성상	• 화재의 진행단계별 특성 • 특수현상(플래시오버, 백드래프트 등)과 대처법
	3) 위험물화재의 성상	• 위험물의 류별(제1류~제6류) 특성과 소화방법 • 보일오버 등 위험물 화재의 특수 현상과 대처법
	4) 화재조사	• 화재조사의 개요(목적, 방법, 절차 등) • 화재 원인 및 피해 조사 기초 등 화재 관련 내용
소화이론	1) 소화원리	• 소화의 기본 원리(방법) • 소화 방법(냉각 · 질식 · 제거 · 부촉매 효과)별 소화 수단
	2) 소화약제	• 물 소화약제 소화원리 • 포 소화약제 소화원리 • 이산화탄소 소화약제의 소화원리 • 분말 소화약제 종류와 특성 및 소화원리 • 청정 소화약제의 개념과 요건
	3) 소방시설	• 소화설비의 종류와 작동 원리 • 경보설비의 종류와 작동 원리 • 피난설비의 종류와 사용법 • 소화용수설비의 종류와 사용법 • 소화활동설비의 종류와 사용법 등 소화 관련 내용 ※ 소방시설의 구체적 설치기준 제외

2. 출제빈도

시험과목	출제빈도
소방조직	10%
재난관리	20%
연소이론	30%
화재이론	20%
소화이론	20%

차 례

PART. 03 위험물

PART. 06 소방조직

연소이론

01 연소이론

1) 연소의 정의

① **정의** : 물질이 격렬한 산화반응을 함으로써 열과 빛을 동반하는 발열반응을 말한다.
    ㉠ 산소와 화합하는 산화반응이어야 한다.
    ㉡ 발열반응이어야 한다.
    ㉢ 빛을 발생시켜야 한다.

② **산화반응과 환원반응**

산화반응	환원반응
산소와 결합할 때, 수소를 잃을 때, 전자를 잃을 때, 산화수가 증가할 때	산소를 잃을 때, 수소와 결합할 때, 전자를 얻을 때, 산화수가 감소할 때

③ **산화제와 환원제**
    ㉠ 산화제(oxidizing agent)
        산화환원반응에서 자신은 환원되면서 상대 물질을 산화시키는 물질이다. 흔히
        사용되는 산화제에는 산화납(II), 과망가니즈산칼륨, 산화염소, 염소 등이 있다.
        • 산소를 내기 쉬운 물질
        • 수소와 화합하기 쉬운 물질
        • 전자를 얻기 쉬운 물질
        • 전기음성도가 큰 비금속 단체
    ㉡ 환원제(reducing agent)
        산화환원반응에서 자신은 산화되면서 상대 물질을 환원시키는 물질이다. 흔히
        사용되는 환원제에는 수소, 수소화붕소나트륨, 이산화황, 탄소 등이 있다.
        • 수소를 내기 쉬운 물질
        • 산소와 화합하기 쉬운 물질
        • 전자를 잃기 쉬운 물질
        • 이온화 경향이 큰 금속 단체

④ 온도에 따른 연소의 색상

색상	담암적색	암적색	적색	휘적색	황적색	백적색	휘백색
온도(℃)	550	700	850	950	1,100	1,300	1,500 이상

2) 연소의 3요소 및 4요소

• 연소의 3요소(표면연소) : **가연물, 산소공급원, 점화원**
• 연소의 4요소(불꽃연소) : **가연물, 산소공급원, 점화원, 연쇄반응**

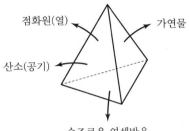

점화원(열)   가연물
산소(공기)
순조로운 연쇄반응

Check Point   연소의 필요 요소

구분	필요 요소	소화	
3요소	가연물, 산소공급원, 점화원	제거소화, 질식소화, 냉각소화	물리적 소화
4요소	가연물, 산소공급원, 점화원, 연쇄반응	제거소화, 질식소화, 냉각소화, 억제소화	물리적 소화, 화학적 소화

① **가연물** : 산화반응 시 발열 반응하는 물질을 말한다.

가연물이 되기 쉬운 조건	가연물이 될 수 없는 물질
㉠ 열전도율이 적을 것	㉠ 산소와 반응할 수 없는 물질 CO_2, H_2O, Fe_2O_3
㉡ 발열량이 클 것	
㉢ 활성화 에너지가 작을 것	㉡ 불활성 기체 He, Ne, Ar, Kr, Xe, Rn
㉣ 산소와 친화력이 좋을 것	
㉤ 표면적이 클 것	㉢ 흡열 반응하는 물질 N_2, NO, NO_3
㉥ 주위 온도가 높을 것	
㉦ 화학적으로 불안정할 것(고체 < 액체 < 기체)	예 $N_2 + O_2 \rightarrow 2NO - 43.2kcal$

② **산소공급원** : 가연물이 연소되기 위해 필요한 산소를 공급할 수 있는 것을 말하며, 조연성 가스 또는 지연성 가스라 한다.

Check Point

➤ **산소공급원의 종류**
1. 공기 중의 산소(체적비 : 21%, 중량비 : 23wt%)
2. 화합물 내의 산소(제1류 위험물, 제5류 위험물, 제6류 위험물)

➤ **최소산소농도(MOC ; Minimum Oxygen Concentration)**
1. 가연물이 연소하기 위하여 필요로 하는 최소한의 산소농도를 말한다.
2. 일반적으로 탄화 수소계는 약 10%, 분진은 약 8% 정도이다.
3. MOC＝산소 몰수(mol수)×연소 하한계
   ⇨ 산소 몰수 : 연료 1몰당 필요한 산소 몰수

예제

메탄의 최소산소농도(MOC)로 알맞은 것은?

㉮ 약 8%   ㉯ 약 10%
㉰ 약 15%   ㉱ 약 21%

정답 및 해설

정답 ㉯

MOC＝산소 몰수×연소 하한계
① 산소 몰수
   메탄의 완전연소 방정식 : $CH_4 + 2O_2 \rightarrow CO_2 + 2H_2O$
② 메탄의 연소 범위 : 5~15%
③ MOC＝산소 몰수×연소 하한계＝2×5＝10%

③ **점화원** : 가연성 가스나 물질 등이 체류하고 있는 분위기에서 불을 붙일 수 있는 근원으로 활성화에너지 또는 착화에너지라고 한다.
   ㉠ 화학적 에너지
      ㉮ 연소열 : 어떤 물질 1몰 또는 1g이 완전연소할 때 발생하는 열량 또는 발열량을 말한다.
      ㉯ 자연발열 : 어떤 곳에서도 열을 주지 않아도 물질이 상온인 공기 중에서 산화반응을 통하여 자연히 발열하는 현상을 말한다.

ⓒ 분해열 : 물질이 분해할 때 관여하는 에너지를 말한다. 분해될 때 발열하는
물질로는 니트로셀룰로오스와 아세틸렌 등이 있다.

　예 $C_2H_2 \rightarrow 2C + H_2 + 54kcal$

ⓓ 용해열 : 물질 1mol을 용매에 녹일 때 출입하는 열을 말한다.

ⓛ 기계적 에너지

㉮ 마찰열 : 접촉하는 두 물체가 마찰할 때 생기는 열을 말한다.

㉯ 마찰스파크 : 금속과 고체물체가 충돌할 때 발생하는 스파크를 말한다.

㉰ 압축열 : 공기 또는 공기·연료의 혼합 가스를 압축한 경우 증가하는 온도
(열)를 말한다.

ⓒ 전기적 에너지

㉮ 저항열 : 도체에 전류가 흐를 때 전기에너지가 열에너지로 전환되면서 발생
되는 열을 말한다.

　예 백열전구의 발열

㉯ 유도열 : 도체 주위의 자기장의 변화로 전위차가 발생한 경우 전류 흐름에 대
한 저항열을 말한다.

㉰ 유전가열 : 절연이 파괴된 경우 누설전류에 의한 발열을 말한다.

㉱ 아크열 : 접점이 느슨하여 전류가 차단될 때 발생하는 열을 말한다.

㉲ 정전기열 : 마찰전기이며, 마찰 대전에 의해 축적된 전하가 방전될 경우 발
생하는 열로 인화성 기체나 가연성 분진 등을 쉽게 착화시킬 수 있다.

㉳ 낙뢰에 의한 발열 : 구름의 충돌 등으로 구름에 축적된 전하가 방전하면서 발
생하는 열이다.

Check Point

▶ **저항열(줄열)**

$H = 0.24I^2Rt$

H : 저항열(cal), I : 전류의 세기(A), R : 저항(Ω), t : 전류가 흐르는 시간(sec)

▶ **점화원의 구분**

점화원이 될 수 있는 것	불꽃, 마찰, 고온표면, 단열압축, 복사열, 자연발화, 정전기 등
점화원이 될 수 없는 것	기화열, 증발열, 냉각열, 단열팽창 등

④ **연쇄반응** : 발열 반응에 의한 연소열에 의해 원인계인 미반응 부분의 활성화가 계속 일어나는 현상을 말한다. 불꽃연소의 반응은 아래 ㉠~㉣의 과정이 연쇄적으로 발생되며, 계속해서 반복 지속된다.

㉠ 개시 : $RH + e \rightarrow R^- + H^+$ (RH : 가연성 분자, e : 열에너지)

→ 가연성 분자가 열에 의해 분해되어 이온이 생성

㉡ 전파 : $H^+ + O_2 \rightarrow OH^- + O^{2-}$

→ 가연성 분자에서 생성된 수소이온과 산소가 반응하여 이온 생성

㉢ 억제 : $O^{2-} + RH \rightarrow OH^- + R^-$

→ 가연성 분자가 전파반응에서 생성된 산소이온과 반응하여 수산화이온 (OH^-)을 추가적으로 생성

㉣ 종결 : $OH^- + RH \rightarrow H_2O + R^-$

→ 가연성 분자가 전파반응에서 생성된 수산화이온(OH^-)과 반응하여 수증기를 생성

3) 가연물의 상태별 연소

① 기체 가연물(확산연소, 예혼합연소)

㉠ 확산연소 : 가연성 가스와 공기가 농도가 0이 되는 화염 쪽으로 이동하는 확산의 과정을 통한 연소(Fick's Law : 농도는 높은 곳에서 낮은 곳으로 이동한다)이다. 대부분 기체 가연물의 연소는 확산연소에 해당되며, 화염의 높이가 30cm 이상이 되면 난류 확산화염이 된다.

㉡ 예혼합연소 : 가연성 기체와 공기를 완전연소가 될 수 있도록 적당한 혼합비로 미리 혼합한 후 연소시키는 형태이며, 혼합기로 역화를 일으킬 위험성이 크다.

② 액체 가연물(증발연소, 분해연소)

㉠ 증발연소 : 액체로부터 발생된 가연성 기체가 연소하는 것으로 액체가 증발에 의해 기체가 되고, 그 기체가 산소와 반응하여 연소하는 형태의 연소이다. 휘발성이 커서 비점이 낮은 액체 가연물의 연소형태이다.

예 알코올류, 가솔린 등 저비점 액체가연물

㉡ 분해연소 : 비점이 높은 액체 가연물의 연소로 증발이 어려운 액체 가연물에 계속 열을 가하면 복잡한 경로의 열분해 과정을 거쳐 탄소수가 적은 저급 탄화수소가 되어 연소하는 연소형태이다.

예 중유, 기계유, 실린더유 등 고비점 액체 가연물

③ 고체 가연물(표면연소, 분해연소, 증발연소, 자기연소)

ㄱ 표면연소 : 가연성 기체의 발생 없이 고체 표면에서 불꽃을 내지 않고 연소하는 형태이다. 불꽃연소에 비해 연소열량이 적고 연소속도가 느려 화재에 대한 위험성은 크지 않다.

예 코크스, 목탄, 금속분 등

ㄴ 분해연소 : 가연물이 열분해를 통하여 여러 가지 가연성 기체가 발생되어 연소하는 형태

예 목재, 종이, 섬유, 플라스틱 등

ㄷ 증발연소 : 승화성 물질의 단순 증발에 의해 발생된 가연성 기체가 연소하는 형태

예 황, 나프탈렌, 장뇌 등 승화성 물질

ㄹ 자기연소 : 가연물 내에 산소를 함유하는 물질이 연소하는 형태이며, 외부로부터 산소공급이 없이도 연소가 진행될 수 있어 연소속도가 매우 빨라 폭발적으로 연소한다.

예 질산에스테르류, 셀룰로이드류, 니트로화합물류 등

Check Point **연소의 분류(불꽃의 유무에 의한 분류)**

구분	불꽃이 있는 연소	불꽃이 없는 연소
물질	기체 · 액체 · 고체	고체
화재	표면화재	심부화재
종류	확산연소 · 예혼합연소 · 증발연소 자기연소 · 분해연소 · 자연발화	표면연소 · 훈소 · 작열연소
소화	물리적 소화 · 화학적 소화	물리적 소화

4) 연소속도

① 연소속도란 가연물의 양이 연소에 의해 감소되는 속도를 말하며, 연소속도가 빠를수록 위험하다.

② **연소속도에 영향을 미치는 요인(연소속도가 빨라지는 경우)**

ㄱ 가연물의 온도가 높을수록

ㄴ 가연물의 입자가 작을수록

ㄷ 산소의 농도가 클수록

ㄹ 주변 압력은 높을수록, 자신의 압력은 낮을수록

ㅁ 발열량이 많을수록

ㅂ 활성화에너지가 작을수록

5) 연소이론 용어 정리

① **비열** : 어떤 물질의 단위 질량을 단위 온도만큼 상승시키는 데 필요한 열량

　㉠ 기호 : C

　㉡ 단위 : cal/g · ℃, kcal/kg · ℃

　㉢ 1cal : 1g의 물질을 1℃ 높이는 데 필요한 열량

　㉣ 1BTU : 1lb의 물질을 1℉ 높이는 데 필요한 열량

물질의 종류	비열	물질의 종류	비열	물질의 종류	비열
물	1	사염화탄소	0.201	수은	0.033
수증기	0.44	공기	0.240	구리	0.091
얼음	0.5	알루미늄	0.217	윤활유	0.510
금	0.031	나무	0.420	철	0.113

‖ Reference ‖ **열용량(Heat Capacity)**

열용량이란 어떤 물질의 온도를 1℃(℉)만큼 높이는 데 필요한 열량이다.

∴ 열용량(kcal/℃)＝비열(kcal/kg · ℃)×질량(kg)

즉, 물질의 비열이 크다는 것은 열용량이 크다는 것을 의미한다.

② **잠열** : 어떤 물질을 온도 변화 없이 상태를 변화시킬 때 필요한 열량

　㉠ 증발잠열 : 액체가 기화할 때 필요한 열(물의 증발잠열 : 539kcal/kg)

　㉡ 융해잠열 : 고체가 액화할 때 필요한 열(얼음의 융해잠열 : 80kcal/kg)

$$Q = m \cdot \gamma$$

　　여기서, Q : 잠열(kcal)

　　　　　　m : 질량(kg)

　　　　　　γ : 융해, 증발잠열(kcal/kg)

③ **현열** : 현열이란 상태의 변화 없이 온도 변화에 필요한 열량이다.

　　$-5℃$의 얼음 → $-1℃$의 얼음, $20℃$의 물 → $80℃$의 물

$$Q = m \cdot C \cdot \Delta T$$

　　여기서, Q : 현열(kcal), m : 질량(kg)

　　　　　　C : 물질의 비열(kcal/kg · ℃)

　　　　　　ΔT : 온도차(℃)

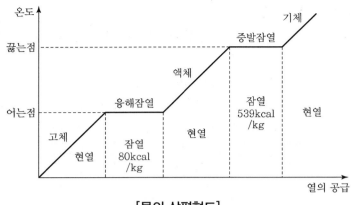

[물의 상평형도]

예 제

−5℃의 얼음 10kg을 100℃의 수증기로 만드는 데 필요한 열량(kcal)은 얼마인가?

㉮ 6,215

㉯ 6,415

㉰ 7,190

㉱ 7,215

정답 및 해설

정답 ㉱

−5℃ 얼음 → 0℃ 얼음 → 0℃ 물 → 100℃ 물 → 100℃ 수증기

현열(Q_1)　　　잠열(Q_2)　　　현열(Q_3)　　　잠열(Q_4)

① 현열(Q_1)＝ $m \cdot C \cdot \Delta T$ ＝ 10kg × 0.5kcal/kg · ℃ × 5℃ ＝ 25kcal

② 잠열(Q_2)＝ $m \cdot \gamma$ ＝ 10kg × 80kcal/kg ＝ 800kcal

③ 현열(Q_3)＝ $m \cdot C \cdot \Delta T$ ＝ 10kg × 1kcal/kg · ℃ × 100℃ ＝ 1,000kcal

④ 잠열(Q_4)＝ $m \cdot \gamma$ ＝ 10kg × 539kcal/kg ＝ 5,390kcal

∴ 필요한 열량＝ ①＋②＋③＋④ ＝ 25＋800＋1,000＋5,390 ＝ 7,215kcal

---

④ **인화점**

㉠ 가연성 기체와 공기가 혼합된 상태(가연성 혼합기)에서 점화원에 의해 불이 붙을 수 있는 최저온도를 말한다.

㉡ 연소범위 하한계에 도달되는 온도로 액체 가연물의 화재 위험성의 척도이며, 인화점이 낮을수록 위험성은 크다 할 수 있다.

Check Point 액체 가연물질의 인화점

종류	인화점(℃)	종류	인화점(℃)
디에틸에테르	−45	휘발유	−20~−43
이황화탄소	−30	톨루엔	4.5
아세트알데히드	−37.7	등유	30~60
아세톤	−18	중유	60~150

⑤ **연소점**

ㄱ 연소상태에서 점화원을 제거하여도 스스로 연소가 지속되는 최저온도를 말한다.

ㄴ 인화점보다 약 10℃ 정도 높다.

⑥ **발화점**

ㄱ 점화원 없이 스스로 불이 붙을 수 있는 최저온도를 발화점이라 말한다.

ㄴ 발화점은 인화점보다 매우 높은 온도이며 발화점이 낮을수록 위험하다.

Check Point 발화점이 낮아질 수 있는 조건

1. 산소와의 친화력이 좋을수록
2. 발열량이 클수록
3. 압력이 높을수록
4. 분자구조가 복잡할수록
5. 접촉금속의 열전도성이 클수록
6. 탄화수소의 분자량이 클수록

⑦ **연소범위**

ㄱ 가연성 혼합기의 연소 하한계와 상한계 간을 이르며, 혼합기의 발화에 필요한 조성 범위를 표시한다.

ㄴ 상한계와 하한계 사이에서 화염을 자력으로 전파할 수 있는 공간을 말한다.

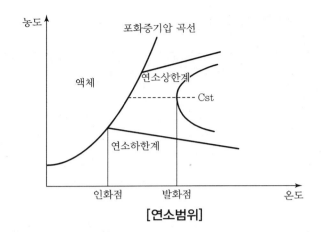

[연소범위]

▼ **공기 중에서 가연성 가스의 연소범위(폭발범위)**

가스	하한계(%)	상한계(%)	가스	하한계(%)	상한계(%)
메탄	5.0	15.0	아세트알데히드	4.1	57.0
에탄	3.0	12.4	에테르	1.9	48.0
프로판	2.1	9.5	산화에틸렌	3.0	80.0
부탄	1.8	8.4	벤젠	1.4	7.1
에틸렌	2.7	36.0	톨루엔	1.4	6.7
아세틸렌	2.5	81.0	이황화탄소	1.2	44.0
황화수소	4.3	45.4	메틸알코올	7.3	36.0
수소	4.0	75.0	에틸알코올	4.3	19.0
암모니아	15.0	28.0	일산화탄소	12.0	74.0

Check Point   **연소범위 영향 요소**

① 산소농도가 클수록 연소범위는 넓어진다.
② 압력이 높을수록 연소범위는 넓어진다.(단, 수소 · 일산화탄소는 좁아진다.)
③ 온도가 높을수록 연소범위는 넓어진다.
④ 불활성 가스를 첨가하면 연소범위는 좁아진다.

Check Point **화학양론조성비(Cst)**

① 가연성 가스와 공기 중의 산소가 완전연소되기 위해 필요한 농도비

② $Cst = \dfrac{연료몰수}{연료몰수 + 공기몰수} \times 100\% \left(공기몰수 = \dfrac{산소몰수}{0.21}\right)$

예 제

프로판 1mol이 공기 중의 산소와 완전연소되기 위한 농도비(%)는 얼마인가?

㉮ 4.03 ㉯ 3.04

㉰ 2.30 ㉱ 4.30

정답 및 해설

정답 ㉮

$Cst = \dfrac{연료몰수}{연료몰수 + 공기몰수} \times 100\%$

① 프로판의 완전연소 방정식

$C_3H_8 + 5O_2 \rightarrow 3CO_2 + 4H_2O$

② 공기몰수 $= \dfrac{산소몰수}{0.21} = \dfrac{5}{0.21} = 23.81$

③ $Cst = \dfrac{연료몰수}{연료몰수 + 공기몰수} \times 100 = \dfrac{1}{1 + 23.81} \times 100 = 4.03\%$

⑧ **위험도**

가연물의 위험성을 연소범위(폭발범위)로 계산한 것으로 위험도가 큰 물질일수록 위험하다고 할 수 있다.

$$H = \dfrac{U - L}{L}$$

여기서, H : 위험도

U : 상한값(%)

L : 하한값(%)

⑨ **르샤틀리에의 법칙**

혼합 가연성 가스의 연소범위(폭발범위) 계산

혼합가스의 연소 하한값	혼합가스의 연소 상한값
$$L = \dfrac{100}{\dfrac{V_1}{L_1} + \dfrac{V_2}{L_2} + \dfrac{V_3}{L_3}}$$	$$U = \dfrac{100}{\dfrac{V_1}{U_1} + \dfrac{V_2}{U_2} + \dfrac{V_3}{U_3}}$$
L : 혼합가스의 연소 하한값	U : 혼합가스의 연소 상한값
$L_1 \cdot L_2 \cdot L_3$: 각 성분기체의 연소 하한값	$U_1 \cdot U_2 \cdot U_3$: 각 성분기체의 연소 상한값
$V_1 \cdot V_2 \cdot V_3$: 각 성분기체의 체적 %	$V_1 \cdot V_2 \cdot V_3$: 각 성분기체의 체적 %

예제

공기 50vol%, 프로판 35vol%, 부탄 12vol%, 메탄 3vol%인 혼합기체의 공기 중 폭발 하한계는 몇 vol% 인가?(단, 공기 중 각 가스의 폭발 하한계는 메탄 5vol%, 프로판 2vol%, 부탄 1.8vol% 이다.)

㉮ 2.02 ㉯ 3.41
㉰ 4.04 ㉱ 6.82

정답 및 해설

정답 ㉮

$$L = \dfrac{100}{\dfrac{V_1}{L_1} + \dfrac{V_2}{L_2} + \dfrac{V_3}{L_3}}$$

여기서, L : 혼합가스의 연소 하한값

$L_1 \cdot L_2 \cdot L_3$: 각 성분기체의 연소 하한값

$V_1 \cdot V_2 \cdot V_3$: 각 성분기체의 체적 %

① 프로판 환산체적 $V_1 = \dfrac{35}{3+35+12} \times 100 = 70\%$

② 부탄 환산체적 $V_2 = \dfrac{12}{3+35+12} \times 100 = 24\%$

③ 메탄 환산체적 $V_3 = \dfrac{3}{3+35+12} \times 100 = 6\%$

④ 폭발 하한계 $L = \dfrac{100}{\dfrac{V_1}{L_1} + \dfrac{V_2}{L_2} + \dfrac{V_3}{L_3}} = \dfrac{100}{\dfrac{70}{2} + \dfrac{24}{1.8} + \dfrac{6}{5}} = 2.018 = 2.02\%$

⑩ **밀도**

밀도란 단위체적당의 질량이다.

$$밀도 = \frac{질량}{부피}$$

㉠ 고체, 액체의 밀도

단위부피당 질량을 말한다.

㉡ 기체의 밀도

㉮ 표준상태(0℃, 1기압)

$$밀도 = \frac{분자량}{22.4}$$

㉯ 표준상태가 아닌 때

$$\rho = \frac{PM}{RT}$$

여기서, ρ : 밀도(kg/m³), P : 압력(atm), M : 분자량(kg/k-mol)

T : 절대온도(K), R : 기체정수(atm · m³/k-mol · K)

▎Reference▎ **아보가드로의 법칙**

모든 기체 1mol이 표준상태(0℃, 1기압)에서 차지하는 체적은 22.4l이며, 그 속에는 6.023×10^{23}개의 분자 수를 포함한다. 즉, 온도와 압력이 같을 때 같은 부피 속에는 같은 수의 분자 수가 존재한다.

⑪ **비중** : 어떤 물질의 질량과 이것과 같은 부피를 가진 표준물질의 질량과의 비율이며, 비중량의 비 또는 밀도의 비이다.

- 기체의 비중 $= \dfrac{측정기체의 밀도(g/l)}{표준상태의 공기밀도(g/l)} = \dfrac{측정기체의 분자량}{공기의 분자량}$

- 고체, 액체의 비중 $= \dfrac{측정물질의 밀도(kg/m^3)}{4℃\ 물의 밀도(kg/m^3)}$

▎Reference▎ **공기의 분자량**

N_2 : 79%, O_2 : 21% $\Rightarrow 28 \times 0.79 + 32 \times 0.21 = 28.84 ≒ 29$

⑫ **증기－공기밀도** : 어떤 온도에서 액체와 평형상태에 있는 공기와 증기의 혼합물의 증기밀도를 말한다.

$$증기-공기밀도 = \frac{pd}{P_0} + \frac{P_0 - p}{P_0}$$

여기서, P_0 : 대기압, p : 특정 온도에서의 증기압, d : 증기밀도

⑬ **비점** : 액체 물질의 증기압이 외부 압력과 같아져서 끓기 시작하는 온도를 말한다. 비점이 낮은 물질은 기체로 되기 쉬우므로 화재에 대한 위험성은 크다고 할 수 있다.

‖ Reference ‖ **주변압력과 비등점의 관계**

• 주변압력을 증가시키면 비등점은 높아진다.
• 주변압력을 감소시키면 비등점은 낮아진다.

‖ Reference ‖ **가연물의 상태별 연소성**

기체＞액체＞고체

⑭ **융점** : 물질이 고체에서 액체로 상태변화가 일어날 때의 온도를 말한다. 순수한 물의 융점은 0℃이며, 융점이 낮은 물질은 고체에서 액체로 되기 쉬우므로 화재에 대한 위험성은 크다고 할 수 있다.

⑮ **용해도** : 어떤 온도에서 용매 100g에 최대로 녹을 수 있는 용질의 g 수를 말한다.
• 일정한 온도에서 같은 용매에 대한 용해도는 물질의 종류에 따라 다르다.
• 용해도는 용매와 용질의 종류, 온도에 따라 달라진다.
㉠ 기체의 용해도
온도가 낮을수록 기체의 용해도는 증가한다.
압력이 높을수록 기체의 용해도는 증가한다.
㉡ 액체의 용해도
액체의 용해도는 용매와 용질의 극성에 따라 다르며, 극성물질은 극성용매에, 비극성 물질은 비극성 용매에 잘 녹는다.
㉢ 고체의 용해도
일반적으로 온도가 높을수록 고체의 용해도는 증가하며, 압력에는 거의 영향을 받지 않는다. 그러나 수산화칼슘($Ca(OH)_2$)의 용해도는 온도가 높을수록 감소하며, 염화나트륨($NaCl$)은 온도와는 상관없다.

⑯ **최소 착화(발화)에너지(MIE ; Minimum Ignition Energy)** : 어떤 물질이 공기와 혼합하였을 때 점화원으로 발화하기 위하여 필요한 최소한의 에너지를 말한다.

$$\text{MIE} = \frac{1}{2} CV^2$$

여기서, MIE : 최소 발화에너지(J), C : 콘덴서용량(F), V : 전압(V)

| Reference | **최소 착화에너지**

아세틸렌 · 수소 · 이황화탄소	에틸렌	벤젠	메탄 · 에탄 · 프로판 · 부탄
0.019mJ	0.096mJ	0.2mJ	0.28mJ

Check Point   **최소 착화에너지 영향 요소**

영향요소	MIE의 크기
농도	• 가연성 가스의 농도가 화학양론 조성비(Cst)일 때 최소가 된다. • 산소의 농도가 클수록 작아진다.
압력	압력이 클수록 작아진다.
온도	온도가 높을수록 작아진다.
유속	유속이 불규칙(난류)할 때 커진다.
소염거리	소염거리 이하에서는 영향을 받지 않는다.(착화되지 않는다.)

⑰ **소염거리, 화염일주한계(MESG ; Maximum Experiment Safe Gaps, 안전간극)**

ㄱ 전기 불꽃을 가해도 점화되지 않는 전극 간의 최대거리

ㄴ 최소 발화에너지는 소염거리의 제곱에 비례하고 화염 온도와 미연소 가스온도의 차에 비례하고 연소속도에 반비례한다.

$$H = \lambda \cdot l^2 \cdot \frac{(T_f - T_u)}{U}$$

여기서, H : 화염에서 얻어지는 에너지
λ : 화염평균 열전달률, l : 소염거리
T_f : 화염 온도, T_u : 미연소 가스온도
U : 연소속도

| Reference | 소염거리 측정

① 그림과 같은 실험장치를 이용하여 용기 내에서 점화봉에 의해 착화되어 폭발이 발생하도록 한다.

② 이때, 발생된 화염이 용기 밖으로 전파된 경우 점화가 일어나지 않는 최대 틈새를 측정한다.

③ 틈새는 상부의 틈새조절용 정밀나사에 의해 조절한다.

④ 폭발등급

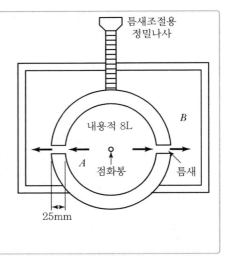

폭발등급	A	B	C
화염일주 한계	0.9 이상	0.5~0.9	0.5 이하
적용가스	CO, CH_4, C_2H_6 C_3H_8, C_4H_{10}	C_2H_4 HCN	H_2 C_2H_2

⑱ 한계산소지수(LOI ; Limited Oxygen Index)

㉠ 가연물을 수직으로 하여 최상부에서 점화시켰을 때 점화원을 제거해도 연소를 지속할 수 있는 산소의 최저 체적 분율이며 공기 중의 산소 농도이다.

㉡ 난연성 측정의 기준이 되며 LOI가 28% 이상이면 난연성이다.

$$LOI = \frac{O_2}{O_2 + N_2} \times 100$$

여기서, O_2 : 산소공급유량(l/min 또는 농도%)

N_2 : 질소공급유량(l/min 또는 농도%)

⑲ 아레니우스의 반응속도 : 충돌계수가 크고, 반응계의 온도가 높고, 활성화 에너지가 작아야 반응속도가 빨라진다.

$$V = C \cdot e^{-\frac{Ea}{RT}}$$

여기서, C : 충돌빈도계수, Ea : 활성화에너지(J/kg)

T : 반응계온도(K), R : 기체상수(J/kg · K)

6) 연소 시 발생하는 이상 현상

① **불완전연소** : 물질이 연소할 때 산소의 공급이 불충분하거나 온도가 낮으면 그을음이나 일산화탄소가 생성되면서 연료가 완전히 연소되지 못하는 현상을 말한다.

| Reference   불안전연소 발생원인

- 산소의 공급이 충분하지 못한 경우
- 주변의 온도가 낮은 경우

② **선화(Lifting)** : 불꽃이 버너에서 일정간격을 두고 부상하여 연소되는 현상을 말하며, 역화(Back fire)의 반대되는 현상이다.

| Reference   선화(Lifting)의 발생원인

- 가스의 분출속도가 연소속도보다 빠른 경우
- 연소속도가 가스의 분출속도보다 느린 경우
- 1차 공기량이 적은 경우
- 버너의 가스압이 높은 경우

③ **역화(Back Fire)** : 불꽃이 버너 내부의 혼합기 내에서 연소되는 현상으로 선화(Lifting)와 반대되는 현상이다.

| Reference   역화(Back Fire)의 발생원인

- 가스의 분출속도가 연소속도보다 느린 경우
- 연소속도가 가스의 분출속도보다 빠른 경우
- 1차 공기량이 많은 경우
- 버너가 과열되어 가스의 온도가 상승된 경우

④ **블로오프(Blow Off)** : 연소 시 화염 주변이 불안정하여 불꽃이 노즐에서 떨어지면서 꺼지는 현상을 말한다.

⑤ **옐로 팁(Yellow Tip)** : 불꽃의 색이 적황색을 띠면서 연소되는 현상으로 1차 공기가 부족할 때 발생된다.

7) 자연발화(Spontaneous Ignition)

외부에서의 인위적인 에너지 공급이 없이 물질 스스로 서서히 산화되면서 발생된 열을 축적하여 발화점에 이르게 되면 발화하는 현상

① **자연발화의 원인**
- ㉠ 분해열에 의한 발열 : 셀룰로이드류, 니트로셀룰로오스 등
- ㉡ 산화열에 의한 발열 : 석탄, 건성유 등
- ㉢ 흡착열에 의한 발열 : 활성탄, 목탄 등
- ㉣ 미생물에 의한 발열 : 퇴비, 먼지 등
- ㉤ 중합열에 의한 발열 : 시안화수소 등

② **자연발화가 쉬운 조건**
- ㉠ 습도가 높을수록
- ㉡ 주위 온도가 높을수록
- ㉢ 열전도율이 적을수록
- ㉣ 발열량이 클수록
- ㉤ 열의 축적이 잘 될수록
- ㉥ 표면적이 넓을수록
- ㉦ 공기의 유통이 적을수록

③ **자연발화 방지법**
- ㉠ 습도를 낮게 한다.
- ㉡ 주변의 온도를 낮게 한다.
- ㉢ 통풍이 잘 되도록 한다.
- ㉣ 열 축적을 방지한다.

④ **자연발화에 영향을 주는 인자**
  공기의 유통, 열의 축적, 열전도율, 발열량, 습도(수분), 퇴적방법 등

8) 준자연발화

가연물이 공기 또는 물과 접촉 시 급격히 발열하여 발화하는 현상

| Reference |

- 공기 중에서 준자연발화를 일으키는 물질 : 황린(P_4)
- 물 또는 습기에 의해 준자연발화를 일으키는 물질 : 칼륨(K), 나트륨(Na)
- 공기 또는 물에 의해 준자연발화를 일으키는 물질 : 알킬알루미늄(R_3-Al)

9) 기체의 성질과 법칙

(1) 기체의 분류

  ① **실제기체(Real gas)**

    우리가 일상생활에서 접하는 기체로 분자 간의 상호작용(분자 간의 인력, 반발력) 때문에 이상기체와는 다른 특성을 나타내는 기체를 실제기체라고 하며, 실제기체는 고온, 저압일 때 이상기체에 가까운 성질을 가진다.

  ② **이상기체(Ideal gas)**

    이상기체법칙을 따르는 기체로 구성분자들이 모두 동일하며 분자의 부피가 0이고, 분자 간 상호작용이 없는 가상적인 기체를 말하며, 실제기체가 어떤 가정 조건들을 만족하는 경우 이를 이상기체(완전기체)라 한다. 공학에서 나타내는 모든 기체는 이상기체로 본다.

> 🔥 **Check Point**   **이상기체의 가정 조건**
>
> 1. 어떤 한 기체는 많은 동일한 분자들로 구성된다.
>   '많다'라는 것은 개개의 분자들의 경로를 알 수 없다는 것을 의미한다.
> 2. 분자들은 뉴턴의 운동법칙을 따른다.
>   (관성의 법칙, 가속도의 법칙, 작용 반작용의 법칙)
> 3. 분자 자체의 부피는 무시한다.
>   즉, 기체 전체가 차지하는 부피 중에서 분자 자체가 차지하는 부피는 무시할 수 있을 만큼 작은 부분이다.
> 4. 모든 분자의 운동은 무작위적(random)이다.
>   즉, 각각의 분자들은 각각의 운동방향과 속력을 가지고 운동한다.
> 5. 분자들은 서로 상호작용하지 않으며, 분자와 용기 벽면의 충돌은 완전탄성충돌이라 가정한다.

(2) 이상기체에 적용되는 식

  ① **보일(Boyle)의 법칙**

    온도가 일정할 때 기체의 체적은 절대압력에 반비례한다.

$$PV = C, \quad P_1V_1 = P_2V_2$$

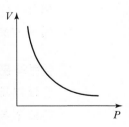

    여기서, P : 절대압력

            V : 기체의 체적

② 샤를(Charles)의 법칙

압력이 일정할 때 기체의 체적은 절대온도에 비례한다.

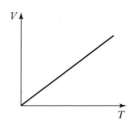

$$\frac{V}{T} = C, \quad \frac{V_1}{T_1} = \frac{V_2}{T_2}$$

여기서, T : 절대온도(K), V : 기체의 체적

③ 보일 − 샤를(Boyle − Charles)의 법칙

기체의 체적은 절대온도에 비례하고 절대압력에 반비례
한다.

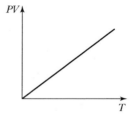

$$\frac{PV}{T} = C, \quad \frac{P_1 V_1}{T_1} = \frac{P_2 V_2}{T_2}$$

여기서, P : 절대압력, V : 기체의 체적, T : 절대온도(K)

④ 아보가드로의 법칙

㉠ 같은 온도와 압력에서 기체들은 그 종류에 관계없이 일정한 부피 속에는 같은 수의
분자가 들어 있다.

㉡ 모든 기체 1mol이 표준상태(0℃, 1기압)에서 차지하는 체적은 22.4l이고 그 속
에는 6.023×10^{23}개의 분자가 존재한다.

⑤ 이상기체 상태방정식

$$PV = nRT\text{에서} \ n = \frac{m}{M}, \ PV = \frac{m}{M}RT$$

여기서, P : 압력(atm), V : 체적(m^3), n : 몰수(k − mol), T : 절대온도(K)

R : 기체정수(atm · m^3/k − mol · K), M : 분자량(kg), m : 질량(kg)

이상기체 상태방정식은 기체의 체적, 온도, 압력, 무게, 밀도 등을 계산할 때 가장
많이 사용되는 식이다.

⑥ 돌턴의 분압법칙

혼합 기체의 부피, 압력, 몰수 등에 관한 법칙으로, 압력 및 온도가 같은 기체를 같은
온도 같은 압력에서 혼합하면,

㉠ 혼합물의 부피는 각 성분 기체의 부피의 합과 같다.

($V = V_1 + V_2 + V_3 \cdots V_n$)

㉡ 혼합 기체 내에서 각 성분 기체가 가지는 압력, 즉 분압의 합은 혼합 기체가 나타내는 압력(전압)과 같다.

($P = P_1 + P_2 + P_3 \cdots P_n$)

㉢ 각 성분의 분압의 비는 각 성분의 몰 분율의 비와 같다.

$$\left(P_1 : P_2 : P_3 : \cdots : P_n = \frac{n_1}{n} : \frac{n_2}{n} : \frac{n_3}{n} : \cdots : \frac{n_n}{n} \right)$$

⑦ **그레이엄의 확산속도의 법칙**

기체의 확산속도는 그 기체의 분자량(밀도)의 제곱근에 반비례한다.

$$\frac{U_2}{U_1} = \sqrt{\frac{M_1}{M_2}} = \sqrt{\frac{\rho_1}{\rho_2}}$$

여기서, U : 확산속도

M : 분자량

ρ : 밀도

02 지방족 탄화수소

1) 지방족 탄화수소의 분류

① **메탄계 탄화수소(파라핀계, Alkane족)** : 포화탄화수소

$C_n H_{2n+2}$

반응성이 작아 안정적인 화합물로 단일결합을 이루고 있다.

② **에틸렌계 탄화수소(올레핀계, Alkene족)** : 불포화탄화수소

$C_n H_{2n}$

메탄계 탄화수소보다 반응성이 크며, 이중결합을 이루고 있다.

③ **아세틸렌계 탄화수소(Alkyne족)** : 불포화탄화수소

$C_n H_{2n-2}$

삼중결합을 이루고 있는 화합물로 반응성이 매우 크고, 불안정하다.

2) 지방족 탄화수소의 명명법

수에 관한 실용접두어		탄소수에 관한 관용접두어	
수	접두어	탄소수	접두어
1	mono(모노)	1	meth(메스)
2	di(디)	2	eth(에스)
3	tri(트리)	3	prop(프로프)
4	tetra(테트라)	4	but(부트)
5	penta(펜타)	5	pent(펜트)
6	hexa(헥사)	6	hex(헥스)
7	hepta(헵타)	7	hept(헵트)
8	octa(옥타)	8	oct(옥트)
9	nona(노나)	9	non(논)
10	deca(데카)	10	dec(데크)

① **메탄계 탄화수소** : 접두어＋ane

CH_4	C_2H_6	C_3H_8	C_4H_{10}	C_5H_{12}	C_6H_{14}	C_7H_{16}	C_8H_{18}	C_9H_{20}	$C_{10}H_{22}$
methane	ethane	propane	butane	pentane	hexane	heptane	octane	nonane	decane
메탄	에탄	프로판	부탄	펜탄	헥산	헵탄	옥탄	노난	데칸

② **에틸렌계 탄화수소** : 접두어＋ene
③ **아세틸렌계 탄화수소** : 접두어＋yne
④ **알킬기** : 접두어＋yl

탄소수	Alkene족(C_nH_{2n})	Alkyne족(C_nH_{2n-2})	Alkyl(C_nH_{2n+1})
1	−	−	CH_3(methyl)
2	C_2H_4(ethene)	C_2H_2(ethyne)	C_2H_5(ethyl)
3	C_3H_6(propene)	C_3H_4(propyne)	C_3H_7(propyl)
4	C_4H_8(butene)	C_4H_6(butyne)	C_4H_9(butyl)
5	C_5H_{10}(pentent)	C_5H_8(penyne)	C_5H_{11}(penyl)

| Reference | **탄소수에 따른 상태**

고체와 액체는 결합 형태 및 구조에 따라 형상의 차이가 크므로 탄소수로는 구분이 불가능하다.
① 기체 : 1~4개
② 액체 : 5~(30~40)개
③ 고체 : 30~40개 이상

3) 파라핀계 탄화수소의 탄소 수 증가에 따른 성질 변화

① 발열량이 크다.　　　　　　　② 인화점이 높다.

③ 증기비중이 크다.　　　　　　④ 점도가 크다.

⑤ 비점이 높다.　　　　　　　　⑥ 이성질체가 많다.

⑦ 연소범위가 작다.　　　　　　⑧ 비중이 작다.

⑨ 착화점이 낮다.　　　　　　　⑩ 휘발성(증기압)이 작다.

03　폭발

1) 폭발의 개요

① **정의** : 폭발이란, 고압의 가스가 주위 환경으로 급속하게 방출될 때 발생되는 파열 또는 연소현상을 말한다.

② **발생원인**

㉠ 핵분열 : 방사능 물질의 핵분열은 급속한 에너지 방출로 핵폭발을 초래한다.

㉡ 급격한 상변화 : 고압 탱크의 파손, 고온 물체가 물과 접촉된 경우 발생하는 수증기 폭발, 증기폭발 등이 있으며, 연소는 일어나지 않는다.

㉢ 화학적 반응열의 발생이나 축적 : 연소를 수반하여 발생되는 산화폭발, 중합폭발, 분해폭발 등이 있다.

2) 폭발의 분류

① **원인별 분류**

㉠ 핵폭발 : 원자핵의 분열 또는 융합에 의해 발생되는 급격한 에너지 방출로 발생되는 폭발이다.

㉡ 물리적 폭발 : 고압 용기의 파열, 탱크의 감압에 의한 파손, 액체의 폭발적인 증발 등 눈에 보이는 물리적 변화에 의한 폭발로 연소를 동반하지 않는 특징이 있다.

　　예 보일러 폭발, 수증기 폭발, 고압용기 폭발

㉢ 화학적 폭발 : 화학반응에 의한 폭발적인 연소, 중합, 반응폭주 등에 의하여 발생되는 폭발이며, 연소를 동반하는 특징이 있다.

　　예 산화폭발, 분해폭발, 중합폭발

② **상태에 따른 분류**

㉠ 기상폭발 : 기체 상태의 물질이 폭발을 발생시키는 것이다.

　　　예 가스폭발, 분무폭발, 분진폭발, 분해폭발

　ⓒ 응상폭발 : 액체 또는 고체의 물질이 급격한 상변화에 의해 폭발이 발생하는 것이다.

　　　예 증기폭발, 고상간 전이 폭발, 전선폭발

 Check Point

> **분진폭발**

공기 속을 떠다니는 아주 작은 미립자(75μm 이하의 고체 입자로서 공기 중에 떠있는 분체)가 적당한 농도 범위에 있을 때 불꽃이나 점화원으로 인하여 폭발하는 현상

① 분진의 폭발범위 : $25\sim45$mg/l(하한값)~80mg/l(상한값)

② 분진의 착화에너지 : $10^{-3}\sim10^{-2}$J, 화약의 착화에너지 : $10^{-6}\sim10^{-4}$J

> **분해폭발**

분해 반응에 의해 생성된 열이 발열, 착화, 압력 상승 등의 원인이 되어 폭발하는 현상

아세틸렌의 분해 반응 $C_2H_2 \rightarrow 2C + H_2 + 54$kcal/mol

3) 폭연과 폭굉

① **폭연(Deflagration)** : 폭연은 전도, 대류, 복사의 열전달에 의해 화염이 전파되며, 반응속도는 음속보다 느린 $0.1\sim10$m/sec이다.

② **폭굉(Detonation)** : 폭굉은 반응속도가 음속보다 빠른 것으로 반응속도는 $1,000\sim3,500$m/sec이며, 밀폐계나 배관 내에서 일어나기 쉽고, 충격파를 발생한다.

 Check Point

> **DDT Length(＝DID ; Distance Induced Detonation, 폭굉유도거리)**

1. DDT Length(Deflagration to Detonation Length)
   ① 폭연에서 폭굉으로 전이되는 데 필요한 거리를 말한다.
   ② 이 길이가 짧을수록 폭굉이 쉽게 일어난다.
2. DDT Length가 짧아질 수 있는 조건(SFPE Handbook 3-413)
   ① 혼합물의 반응성이 클수록
   ② 배관 내면의 거칠기가 크고, 장애물이 많을수록
   ③ 초기 압력과 온도가 높을수록
   ④ 난류성이 크고, 초기 가스의 속도가 빠를수록

4) 위험장소

① 0종 장소

위험분위기가 지속적으로 또는 장기간 존재하는 것을 말하며, 용기 내부, 장치 및 배관의 내부 등의 장소는 0종 장소로 구분할 수 있다.

② 1종 장소

상용의 상태에서 위험분위기가 존재하기 쉬운 장소를 말하며 0종 장소의 근접 주변, 송급통구의 근접 주변, 운전상 열게 되는 연결부의 근접 주변, 배기관의 유출구 근접 주변 등의 장소는 1종 장소로 구분할 수 있다.

③ 2종 장소

이상상태하에서 위험분위기가 단시간 동안 존재할 수 있는 장소를 말하며, 이 경우 이상상태라 함은 지진 등 기타 예상을 초월하는 극히 빈도가 낮은 재난상태 등을 지칭하는 것이 아니고 상용의 상태, 즉 통상적인 운전상태, 통상적인 유지보수 및 관리상태 등에서 벗어난 상태를 지칭하는 것으로 일부 기기의 고장, 기능상실, 오동작 등의 상태가 이에 해당한다. 0종 또는 1종 장소의 주변영역, 용기나 장치의 연결부 주변영역, 펌프의 봉인부(SEALING) 주변영역 등은 2종 장소로 구분할 수 있다. 피트, 트렌치 등과 같이 이상상태에서 위험분위기가 장시간 존재할 수 있는 영역은 1종 장소로 구분한다.

5) 방폭구조의 종류

① 내압(耐壓) 방폭구조

용기 내 폭발 시 용기가 폭발 압력을 견디며, 접합면, 개구부를 통해 외부에 인화될 우려가 없는 구조이다.

② 압력(壓力) 방폭구조

용기 내에 보호가스를 인입시켜 폭발성 가스나 증기가 용기 내부에 유입되지 않도록 된 구조이다.

③ 유입 방폭구조

전기불꽃, 아크, 고온 발생 부분을 기름으로 채워 폭발성 가스 또는 증기에 인화되지 않도록 한 구조이다.

④ 충전 방폭구조

전기불꽃 등 발생 부분을 용기 내에 고정시키고 주위를 충전물질로 충전하여 가스의 유입, 인화를 방지한 구조이다.

⑤ 몰드 방폭구조

전기불꽃, 고온 발생 부분을 Compound로 밀폐한 구조이다.

⑥ **안전증 방폭구조**

정상 운전 중에 점화원 방지를 위해 기계적, 전기적 구조상 혹은 온도 상승에 대해 안전도를 증가한 구조이다.

⑦ **본질안전 방폭구조**

정상 또는 사고 시(단선, 단락, 지락)에 폭발 점화원(전기불꽃, 아크, 고온)의 발생이 방지된 구조이다.

연소이론
문제풀이

PART 01 연소이론 문제풀이

01 연소의 3요소가 아닌 것은?

① 점화원   ② 공기   ③ 연료   ④ 연쇄반응

▶ **연소의 필요 요소**
- 연소의 3요소 : 가연물, 산소공급원, 점화원
- 연소의 4요소 : 가연물, 산소공급원, 점화원, 연쇄반응

02 일반적으로 공기 중 산소농도를 몇 vol% 이하로 감소시키면 연소상태의 중지 및 질식소화가 가능하겠는가?

① 15   ② 21   ③ 25   ④ 31

▶
연대부분의 가연물은 공기 중 산소농도가 10~15% 정도로 낮아지면 산소부족에 의해 질식소화가 된다.

03 다음 중 연소와 가장 관련이 있는 화학반응은?

① 산화반응   ② 환원반응
③ 치환반응   ④ 중화반응

▶
연소는 일종의 산화반응으로 열과 빛을 동반한 발열반응을 말한다.

04 가연물의 화재위험에 대한 설명으로 옳지 않은 것은?

① 인화점이 낮을수록 위험하다.   ② 착화점이 높을수록 위험하다.
③ 폭발한계가 넓을수록 위험하다.   ④ 연소속도가 클수록 위험하다.

▶ **화재위험성이 큰 경우**
- 비점이 낮을수록   • 증기압이 클수록
- 연소범위가 넓고 연소하한계가 낮을수록   • 인화점 및 착화점이 낮을수록
- 점도가 낮을수록   • 표면적이 클수록
- 주위 온도가 높을수록   • 연소속도가 빠를수록

정답 01. ④   02. ①   03. ①   04. ②

05 다음 중 연소되기 어려운 물질은?

① 산소와 접촉 표면적이 넓은 물질　　　② 발열량이 큰 물질
③ 열전도율이 큰 물질　　　　　　　　　④ 건조한 물질

◉ **가연물이 되기 쉬운 조건**

• 열전도율이 적을수록　　　　　• 활성화에너지가 적을수록
• 발열량이 클수록　　　　　　　• 산소와 친화력이 클수록
• 표면적이 클수록　　　　　　　• 주위 온도가 높을수록

06 산화열에 의한 발열로 인하여 자연발화가 가능한 물질은?

① 셀룰로이드　　　② 건성유　　　　③ 활성탄　　　　④ 퇴비

◉ **자연발화의 원인**

• 분해열에 의한 발열 : 셀룰로이드류, 니트로셀룰로오스 등
• 산화열에 의한 발열 : 석탄, 건성유 등
• 흡착열에 의한 발열 : 활성탄, 목탄 등
• 미생물에 의한 발열 : 퇴비, 먼지 등
• 중합열에 의한 발열 : 시안화수소 등

07 압력이 일정할 때 일정량의 기체의 부피는 절대온도에 비례한다. 다음 중 가장 관련이 깊은 법칙은?

① 뉴턴의 제3법칙　　　　　　　　② 보일의 법칙
③ 샤를의 법칙　　　　　　　　　　④ 보일－샤를의 법칙

◉ **기체의 법칙**

• 보일(Boyle)의 법칙
　온도가 일정할 때 기체의 체적은 압력에 반비례한다.
　$PV = 일정,\ P_1V_1 = P_2V_2$
• 샤를(Charles)의 법칙
　압력이 일정할 때 기체의 체적은 절대온도에 비례한다.
　$\dfrac{V}{T} = 일정,\ \dfrac{V_1}{T_1} = \dfrac{V_2}{T_2}$
• 보일－샤를(Boyle－Charles)의 법칙
　기체의 체적은 절대온도에 비례하고, 압력에 반비례한다.
　$\dfrac{PV}{T} = 일정,\ \dfrac{P_1V_1}{T_1} = \dfrac{P_2V_2}{T_2}$

　　　　여기서, P : 절대압력, V : 기체의 체적, T : 절대온도(K)

08 파라핀계 탄화수소의 일반적인 연소성에 대한 설명으로 옳은 것은?(단, 탄소 수가 증가할수록)

① 연소범위의 하한이 커진다.　　　② 연소속도가 늦어진다.

③ 발화온도가 높아진다.　　　　　④ 발열량($kcal/m^3$)이 작아진다.

▶ **파라핀계 탄화수소의 탄소 수 증가에 따른 성질 변화**

- 인화점이 높아진다.　　　　　　• 연소범위가 감소한다.
- 휘발성(증기압)이 감소한다.　　• 점도가 커진다.
- 증기비중이 커진다.　　　　　　• 비점이 높아진다.
- 이성질체가 많아진다.　　　　　• 비중이 작아진다.
- 착화점이 낮아진다.

09 자연발화를 방지하기 위한 방법으로 틀린 것은?

① 통풍이 잘 되게 한다.　　　　　② 습도를 높게 한다.

③ 저장실의 온도를 낮춘다.　　　④ 열이 축적되지 않도록 한다.

▶ **자연발화가 쉬운 조건**

- 습도가 높을수록　　　　　　　• 주위 온도가 높을수록
- 열전도율이 적을수록　　　　　• 발열량이 클수록
- 열의 축적이 잘 될수록　　　　• 표면적이 넓을수록
- 공기의 유통이 적을수록

10 화재의 연소한계에 관한 설명 중 옳지 않은 것은?

① 가연성 가스와 공기의 혼합가스에는 연소에 소모할 수 있는 농도의 범위가 있다.

② 농도가 낮은 편을 연소하한계라 하고 농도가 높은 편을 연소상한계라고 한다.

③ 휘발유의 연소상한계는 10.6%이고, 연소하한계는 2.7%이다.

④ 혼합가스가 농도의 범위를 벗어날 때에는 연소하지 않는다.

▶

가솔린(휘발유)의 폭발범위는 1.4~7.6%으로 하한값이 낮아 소량의 누설에도 폭발의 위험이 있다.

11 화재의 위험에 관한 사항 중 맞지 않는 것은?

① 인화점 및 착화점이 낮을수록 위험하다.

② 착화 에너지가 작을수록 위험하다.

③ 증기압이 클수록, 비점 및 융점이 높을수록 위험하다.

④ 연소범위는 넓을수록 위험하다.

정답 08. ② 09. ② 10. ③ 11. ③

◎ **화재의 위험성이 커지는 조건**
- 가연물의 열전도율이 적을수록
- 발열량이 클수록
- 표면적이 클수록
- 인화점 및 착화점이 낮을수록
- 비점, 융점이 낮을수록
- 활성화에너지가 적을수록
- 산소와 친화력이 클수록
- 주위 온도가 높을수록
- 증기압이 클수록
- 연소범위가 넓을수록

12 어떤 인화성 액체가 공기 중에서 열을 받아 점화원의 존재하에 지속적인 연소를 일으킬 수 있는 최저온도를 무엇이라고 하는가?

① 발화점
③ 연소점
② 인화점
④ 산화점

◎ 점화원의 존재 시 연소가 시작될 수 있는 최저온도를 인화점, 계속적인 연소를 일으킬 수 있는 온도를 연소점이라 한다.

13 다음 중 연소한계가 가장 넓은 것은 어느 물질인가?

① 에틸렌   ② 프로판   ③ 메탄   ④ 수소

◎ **공기 중의 연소범위**

가스	하한계(%)	상한계(%)	가스	하한계(%)	상한계(%)
메탄	5.0	15.0	아세트알데히드	4.1	57.0
에탄	3.0	12.4	에테르	1.9	48.0
프로판	2.1	9.5	산화에틸렌	3.0	80.0
부탄	1.8	8.4	벤젠	1.4	7.1
에틸렌	2.7	36.0	톨루엔	1.4	6.7
아세틸렌	2.5	81.0	이황화탄소	1.2	44.0
황화수소	4.3	45.4	메틸알코올	7.3	36.0
수소	4.0	75.0	에틸알코올	4.3	19.0
암모니아	15.0	28.0	일산화탄소	12.0	74.0

14 산소와 흡열반응을 하며 연료에 함유량이 많을수록 발열량을 감소시키는 것은?

① 황   ② 수소   ③ 탄소   ④ 질소

◎ 질소는 공기 중에 79%의 체적을 가지는 것으로 산화반응 시 흡열반응을 하므로 가연물이 될 수 없다.

15 자연발화를 방지하는 방법으로 옳지 않은 것은?

① 물질의 퇴적 시 통풍이 잘 되게 한다.
② 물질을 건조하게 유지한다.
③ 물질의 표면적을 넓게 한다.
④ 저장실의 온도를 낮춘다.

▶ 자연발화의 방지법

• 통풍이 잘 되는 곳에 저장할 것   • 열의 축적을 방지할 것
• 저장실의 온도를 낮출 것   • 습도가 높은 곳을 피할 것

16 22℃에서 증기압이 60mmHg이고 증기밀도가 2.0인 인화성 액체의 22℃에서의 증기 공기밀도는 약 얼마인가?(단, 대기압은 760mmHg로 한다.)

① 0.54   ② 1.08   ③ 1.84   ④ 2.17

$$증기 - 공기밀도 = \frac{pd}{P_0} + \frac{P_0 - p}{P_0}$$

여기서, P_0 : 대기압, p : 특정 온도에서의 증기압, d : 증기밀도

$$\frac{60 \times 2}{760} + \frac{760 - 60}{760} = 1.08$$

17 기름이 묻은 걸레가 자연발화하였다면 이는 자연발화의 형태 중 어디에 포함되는가?

① 미생물에 의한 발열   ② 산화열에 의한 발열
③ 중합열에 의한 발열   ④ 분해열에 의한 발열

기름걸레가 공기 중에 방치되면 공기 중의 산소와 산화반응을 통하여 생성된 에너지를 축적하여 자연발화하는 경우가 있다. 이는 산화반응을 통한 에너지에 의한 것이므로 산화열에 따른 발열에 의한 자연발화라 한다.

18 증기가 공기와 혼합기체를 형성하였을 때 연소범위가 가장 넓은 혼합비를 형성하는 물질은?

① 수소(H_2)   ② 이황화탄소(CS_2)
③ 아세틸렌(C_2H_2)   ④ 에테르($(C_2H_5)_2O$)

> ◎ **각 물질의 연소범위**
> - 수소(H_2) : 4.0~75.0%
> - 아세틸렌(C_2H_2) : 2.5~81.0%
> - 이황화탄소(CS_2) : 1.2~44%
> - 에테르(($C_2H_5)_2O$) : 1.9~48.0%
>
> 모든 가연성 기체 중 연소범위가 가장 넓은 것은 아세틸렌이다.

19 "기체가 차지하는 부피는 압력에 반비례하며 절대온도에 비례한다."와 가장 관련이 있는 법칙은?

① 보일의 법칙   ② 샤를의 법칙
③ 보일－샤를의 법칙   ④ 줄의 법칙

> ◎ **기체의 법칙**
> - 보일의 법칙 : 온도가 일정할 때 기체의 체적은 압력에 반비례한다.
> - 샤를의 법칙 : 압력이 일정할 때 기체의 체적은 절대온도에 비례한다.
> - 보일－샤를의 법칙 : 기체가 차지하는 부피는 압력에 반비례하며 절대온도에 비례한다.

20 활성탄이 자연발화를 일으키는 원인으로 옳은 것은?

① 발효열   ② 중합열   ③ 흡착열   ④ 분해열

> ◎
>
> 자연발화란 외부에서의 에너지 공급이 없이 물질이 서서히 산화되면서 발생된 열이 발화점에 이르게 되면 발화하는 현상이다. 자연발화에 영향을 주는 인자로는 공기의 유통, 열의 축적, 열전도율, 발열량, 습도, 퇴적방법 등이 있다.
>
> **자연발화의 원인 및 가연물의 종류**
> - 분해열에 의한 발열 : 셀룰로이드류, 니트로 셀룰로오스 등
> - 산화열에 의한 발열 : 석탄, 건성유 등
> - 흡착열에 의한 발열 : 활성탄, 목탄 등
> - 미생물에 의한 발열 : 퇴비, 먼지 등
> - 중합열에 의한 발열 : 시안화수소 등

21 휘발성 물질에 불꽃을 접하여 발화될 수 있는 최저 온도를 무엇이라 하는가?

① 인화점   ② 발화점
③ 연소점   ④ 자연발화점

가연성 기체와 공기가 혼합된 상태에서 외부의 직접적인 점화원에 의해 불이 붙을 수 있는 최저온도를 인화점이라 한다. 인화점은 연소범위 하한계에 도달되는 온도로 가연물의 화재 위험성의 척도이며, 인화점이 낮을수록 위험성은 크다. 그러므로 인화점 이하에서는 불씨, 불꽃 등의 점화원을 가하여도 연소현상은 진행되지 않는다.

22 다음의 설명으로 옳지 않은 것은?

① 인화점은 낮을수록 위험   ② 발화점은 높을수록 위험
③ 산소농도는 높을수록 위험   ④ 연소의 하한계는 낮을수록 위험

- 낮을수록 위험한 것 : 인화점, 발화점, 착화에너지
- 높을수록 위험한 것 : 산소농도, 압력, 발열량

23 가연물이 연소하기 쉬운 조건으로 옳지 않은 것은?

① 산소와 친화력이 클 것   ② 열전도율이 작을 것
③ 활성화 에너지가 클 것   ④ 발열량이 클 것

▶ 가연물이 되기 쉬운 조건

- 열전도율이 적을수록   - 활성화 에너지가 적을수록
- 발열량이 클수록   - 산소와 친화력이 클수록
- 표면적이 클수록   - 주위 온도가 높을수록

24 불꽃연소와 작열연소에 관한 설명으로 옳은 것은?

① 불꽃연소는 작열연소에 비해 대체로 발열량이 크다.
② 작열연소에는 연쇄반응이 동반된다.
③ 분해연소는 작열연소의 한 형태이다.
④ 불꽃연소는 불완전연소 시에, 작열연소는 완전연소 시에 나타난다.

작열연소는 불꽃이 없는 연소로 표면연소와 같은 의미를 가지므로 연소의 3요소만 필요로 하며, 불꽃연소에 비하여 발열량이 작다.

25 인화점에 대한 설명으로 옳지 않은 것은?

① 가연성 액체의 발화와 깊은 관계가 있다.

② 반드시 점화원의 존재와 연관된다.

③ 연소가 지속적으로 확산될 수 있는 최저온도이다.

④ 연료의 조성, 점도, 비중에 따라 달라진다.

▶ ────────────────────────────────

점화원에 의해 연소가 시작될 수 있는 최저온도를 인화점이라 하며, 지속적인 연소가 가능한 온도는 연소점이라 한다.

26 가연성 기체 또는 액체의 연소범위에 대한 설명이 잘못된 것은?

① 하한이 낮을수록 발화위험이 높다.   ② 연소범위가 넓을수록 발화위험이 크다.

③ 상한이 높을수록 발화위험이 적다.   ④ 연소범위는 주위 온도와 관계가 깊다.

▶ **연소범위에 대한 위험성** ──────────────

• 연소범위가 넓을수록 위험하다.

• 하한값이 낮을수록 위험하다.

• 상한값이 높을수록 위험하다.

27 수소와 같은 가연성 가스가 공기 중에서 산소와 혼합하면서 발열 연소하는 현상을 무엇이라 하는가?

① 분해연소   ② 확산연소

③ 혼합연소   ④ 증발연소

▶ ────────────────────────────────

기체의 연소형태는 확산연소와 예혼합연소이며, 가연성 가스가 공기 중에 확산되면서 가연성 혼합기를 형성하여 연소하는 것은 확산연소에 해당된다.

28 Halon1301의 증기 비중은 약 얼마인가?(단, 원자량은 C 12, F 19, Br 80, Cl 35.5이고, 공기의 평균분자량은 29이다.)

① 4.14   ② 5.14   ③ 6.14   ④ 7.14

▶ ────────────────────────────────

• Halon1301(CF_3Br)의 분자량 : $12+19\times3+80=149$

• 증기비중 $= \dfrac{Halon1301\ 분자량}{공기\ 분자량} = \dfrac{149}{29} = 5.138$

정답 25. ③ 26. ③ 27. ② 28. ②

29 백적색일 때 불꽃온도는 약 몇 ℃ 정도인가?

① 750℃ ② 925℃
③ 1,075℃ ④ 1,300℃

◎ 불꽃의 온도별 색상

색 깔	담암적색	암적색	적색	휘적색	황적색	백적색	휘백색
온 도	550℃	700℃	850℃	950℃	1,100℃	1,300℃	1,500℃

30 불꽃의 온도별 색상을 저온에서 고온의 순서로 옳게 나열된 것은?

① 휘적색 – 적색 – 휘백색 – 백적색 – 암적색 – 황적색
② 암적색 – 적색 – 휘적색 – 황적색 – 백적색 – 휘백색
③ 적색 – 암적색 – 백적색 – 황적색 – 휘적색 – 휘백색
④ 휘적색 – 백적색 – 황적색 – 적색 – 암적색 – 휘백색

31 위험분위기가 존재하는 시간과 빈도에 따라 방폭지역이 분류되는데 이상상태에서 위험분위기가 발생할 우려가 있는 장소를 무엇이라 하는가?

① 0종 장소 ② 1종 장소
③ 2종 장소 ④ 3종 장소

◎ 위험장소(Hazardous Location)의 구분
• 0종 장소 : 항상 폭발분위기이거나 장기간 위험성이 존재하는 지역
• 1종 장소 : 정상상태에서 간헐적으로 폭발분위기로 유지되는 지역
• 2종 장소 : 비정상상태에서만 폭발분위기가 유지되는 지역

32 열복사에 관한 스테판–볼츠만의 법칙을 바르게 설명한 것은?

① 열복사량은 복사체의 절대온도에 정비례한다.
② 열복사량은 복사체의 절대온도의 제곱에 비례한다.
③ 열복사량은 복사체의 절대온도의 3승에 비례한다.
④ 열복사량은 복사체의 절대온도의 4승에 비례한다.

◐ 전열현상의 종류

- 전도 : 고체 간의 열전달현상으로 고온체와 저온체의 직접적인 접촉에 의해서 고온에서 저온으로 이동하는 것으로 저온에서 지배적이며 분자 자신은 진동만 일어날 뿐 이동하지는 않는다.

$$Q(kcal/hr) = \frac{추진력}{열저항} = \frac{\lambda \cdot A \cdot \Delta T}{\ell}$$

여기서, Q : 전도열량(kcal/hr), λ : 열전도도(kcal/m · hr · ℃),
A : 접촉면적(m^2), ΔT : 온도차(℃), ℓ : 두께(m)

- 대류 : 고온유체와 저온유체 간의 온도차에 의한 밀도 차이로 열전달현상이 일어나며 유체분자 간의 이동이 있다. 실내공기의 유동 및 물을 가열하는 것은 주로 대류에 의해서 이루어진다.
- 복사 : 절대0도보다 높은 온도를 가지는 모든 물체는 그 온도에 따라 그 표면에서부터 모든 방향으로 전자파의 형태로 열에너지를 발산한다. 복사에 대한 법칙은 스테판－볼츠만의 법칙으로 다음과 같이 표현될 수 있다.

$$Q = 4.88A\varepsilon \left\{ (T_1/100)^4 - (T_2/100)^4 \right\}$$

여기서, Q : 복사열량(kcal/hr), A : 단면적(m^2), ε : 계수,
T_1 : 고온체의 절대온도(K), T_2 : 저온체의 절대온도(K)

즉, 복사에너지는 면적에 비례하고 절대온도의 4승에 비례한다.

33 열전달의 종류로 옳지 않은 것은?

① 비화   ② 전도
③ 대류   ④ 복사

◐

열전달의 종류 : 전도, 대류, 복사
비화의 3요소 : 가연물, 불티, 바람

34 다음의 설명으로 옳은 것은?

> "하나의 물체가 다른 물체와 직접 접촉하여 전달되는 과정을 말하며 이것은 일정시간 내에 전달되는 열량은 고온부와 저온부의 온도차에 비례하여 열전도도, 길이 및 두께에 따라 다르다."

① 대류   ② 복사
③ 전도   ④ 열전달

◐

열전달은 전도, 대류, 복사에 의해 이루어진다.
전도는 고체 간의 열전달현상으로 고온체와 저온체의 직접적인 접촉에 의해서 고온에서 저온으로 이동하는 것으로 저온에서 지배적이며 분자 자신은 진동만 일어날 뿐 이동하지는 않는다.

$$Q(kcal/hr) = \frac{추진력}{열저항} = \frac{\lambda \cdot A \cdot \Delta T}{\ell}$$

정답 33. ① 34. ③

여기서, Q : 전도열량(kcal/hr), λ : 열전도도(kcal/m · hr · ℃),
A : 접촉면적(m^2), ΔT : 온도차(℃), ℓ : 두께(m)

35 물체의 표면온도가 250℃에서 650℃로 상승하면 열복사량은 약 몇 배 정도 변하는가?

① 2.5

② 5

③ 7.5

④ 10

▶ **스테판－볼츠만의 법칙**

복사에너지는 면적에 비례하고 절대온도의 4승에 비례하므로
$$Q = 4.88A\varepsilon\{(T_1/100)^4 - (T_2/100)^4\}$$
여기서, Q : 복사열량(kcal/hr), A : 단면적(m^2), ε : 계수,
T_1 : 고온체의 절대온도(K), T_2 : 저온체의 절대온도(K)

스테판－볼츠만의 법칙을 이용하면
$$\left(\frac{273+250}{100}\right)^4 : \left(\frac{273+650}{100}\right)^4 = 1 : X \qquad \therefore X = 9.7$$

36 물체의 열전도와 가장 관계가 없는 것은 무엇인가?

① 온도

② 비열

③ 질량

④ 열전도율

▶ **전도열량 계산식**

$$Q(kcal/hr) = \frac{추진력}{열저항} = \frac{\lambda \cdot A \cdot \Delta T}{\ell}$$
여기서, Q : 전도열량(kcal/hr), λ : 열전도도(kcal/m · hr · ℃)
A : 접촉면적(m^2), ΔT : 온도차(℃), ℓ : 두께(m)

위 식에서 알 수 있듯 열전도와 물질의 질량과는 상호 무관하다.

37 불꽃연소와 작열연소에 대한 설명으로 옳지 않은 것은?

① 불꽃연소는 작열연소보다 단위시간당 발열량이 크다.

② 작열연소에는 연쇄반응이 동반된다.

③ 작열연소는 연소속도가 느리다.

④ 작열연소는 불완전연소의 경우에, 불꽃연소는 완전연소의 경우에 나타난다.

연소의 분류

구 분	불꽃이 있는 연소	불꽃이 없는 연소
물질	기체 · 액체 · 고체	고체
화재	표면화재	심부화재
종류	확산연소 · 예혼합연소 · 증발연소 자기연소 · 분해연소 · 자연발화	표면연소 · 훈소 · 작열연소
소화	물리적 소화 · 화학적 소화	물리적 소화

38 다음 중 산소공급원이 될 수 없는 것은 어느 것인가?

① 제1류 위험물   ② 제2류 위험물
③ 제5류 위험물   ④ 제6류 위험물

산소공급원의 종류

① 공기 중의 산소(체적비 : 21%, 중량비 : 23wt%)
② 화합물 내의 산소(제1류 위험물, 제5류 위험물, 제6류 위험물)

39 다음 중 공기 중의 산소는 몇 wt%인가?

① 21wt%   ② 23wt%
③ 79wt%   ④ 76wt%

40 가연물질이 불꽃연소를 하기 위해 필요한 최소한의 산소 농도를 무엇이라 하는가?

① 최소산소농도   ② 최소필요농도
③ 최소연소농도   ④ 최소점화에너지

최소산소농도(MOC ; Minimum Oxygen Concentration)

① 가연물이 연소하기 위하여 필요로 하는 최소한의 산소농도를 말한다.
② 일반적으로 탄화 수소계는 약 10%, 분진은 약 8% 정도이다.
③ MOC＝산소 몰수(mol수)×연소 하한계
→ 산소몰수 : 연료 1몰당 필요한 산소몰수

41 메탄(CH_4) 1몰이 완전연소되면 이산화탄소(CO_2) 1몰과 수증기(H_2O) 2몰이 생성되는데 메탄(CH_4) 1몰이 완전연소 되기 위한 MOC(Minimum Oxygen Concentration)는 얼마인가?

① 5%   ② 10%   ③ 15%   ④ 20%

◎ MOC＝산소 몰수×연소 하한계

① 산소 몰수
    메탄의 완전연소 방정식 : $CH_4 + 2O_2 \rightarrow CO_2 + 2H_2O$
② 메탄의 연소 범위 : 5~15%
③ MOC＝산소 몰수×연소 하한계＝2×5＝10%

42 다음 중 가연물과 산소를 반응시킬 수 있는 에너지가 될 수 없는 것은?

① 기화열   ② 연소열   ③ 분해열   ④ 용해열

◎ 점화원의 구분

점화원이 될 수 있는 것	불꽃, 마찰, 고온표면, 단열압축, 복사열, 자연발화, 정전기 등
점화원이 될 수 없는 것	기화열, 증발열, 냉각열, 단열팽창 등

43 다음 중 점화원이 될 수 있는 기계적 에너지가 아닌 것은 어느 것인가?

① 마찰스파크   ② 마찰열
③ 정전기   ④ 압축열

◎ 기계적 에너지(Mechanical Heat Energy)

① 마찰열(Frictional Heat) : 물체 간의 마찰에 의하여 발생하는 열
② 마찰스파크(Friction Spark) : 고체 물체끼리의 충돌에 의해 발생되는 순간적인 스파크
③ 압축열(Heat of Compression) : 기체를 압축하면 기체 분자들 간의 충돌 횟수가 증가하고 이로 인하여 내부 에너지가 상승하면서 발생되는 열

44 다음 중 인화점이 가장 낮은 것은?

① 경유   ② 메틸알코올
③ 이황화탄소   ④ 등유

◎ 액체가연물질의 인화점

① 경유 : 50~70℃   ② 메탈알코올 : 11℃
③ 이황화탄소 : -30℃   ④ 등유 : 30~60℃

종류	인화점(℃)	종류	인화점(℃)
디에틸에테르	-45	휘발유	-20 ~ -43
이황화탄소	-30	톨루엔	4.5
아세트알데히드	-37.7	등유	30 ~ 60
아세톤	-18	중유	60 ~ 150

45 발화점이 낮아지는 조건으로 옳지 않은 것은?

① 열전도율이 높고, 화학적인 활성도가 커야 한다.
② 화학적 반응열이 커야 한다.
③ 분자구조가 복잡해야 한다.
④ 가연성 가스가 산소와 친화력이 커야 한다.

◉ **발화점이 낮아질 수 있는 조건**
　　① 산소와의 친화력이 좋을수록　　　② 발열량이 클수록
　　③ 압력이 높을수록　　　　　　　　④ 분자구조가 복잡할수록
　　⑤ 접촉금속의 열전도성이 클수록　　⑥ 탄화수소의 분자량이 클수록

46 다음 중 자연발화가 용이한 물질의 보관 방법으로 옳지 않은 것은?

① 칼륨, 나트륨, 리튬 : 석유류 속에 저장한다.
② 황린, 이황화탄소 : 물속에 저장한다.
③ 아세틸렌 : 알코올 속에 저장한다.
④ 알킬알루미늄 : 공기와의 접촉을 차단하기 위하여 밀폐용기에 저장한다.

◉
　　③ 아세틸렌 : 아세톤 속에 저장한다.
　　④ 알킬알루미늄 : 불활성가스로 봉입하여 밀폐용기에 저장한다.

47 연소범위의 온도와 압력에 따른 변화를 설명한 것이다. 옳은 것은?

① 일산화탄소는 압력이 상승하면 넓어진다.
② 온도가 낮아지면 넓어진다.
③ 압력이 상승하면 좁아진다.
④ 불활성기체를 첨가하면 좁아진다.

◉ **연소범위 영향요소**
　　① 산소농도가 클수록 연소범위는 넓어진다.
　　② 압력이 높을수록 연소범위는 넓어진다.(단, 수소·일산화탄소는 좁아진다.)
　　③ 온도가 높을수록 연소범위는 넓어진다.
　　④ 불활성가스를 첨가하면 연소범위는 좁아진다.

48 수소, 메탄, 아세틸렌, 이황화탄소가 각각 공기와 일정한 비율로 혼합되어 있을 때 위험도가 가장 큰 가연성 가스는 어느 것인가?

① 아세틸렌　　　　② 수소　　　　　③ 이황화탄소　　　　④ 메탄

◎ 위험도

① 아세틸렌 : 2.5~81(%) $H=\dfrac{81-2.5}{2.5}=31.4$

② 수소 : 4.0~75(%) $H=\dfrac{75-4.0}{4.0}=17.75$

③ 이황화탄소 : 1.2~44(%) $H=\dfrac{44-1.2}{1.2}=35.67$

④ 메탄 : 5.0~15(%) $H=\dfrac{15-5.0}{5.0}=2$

49 수소, 메탄, 아세틸렌, 이황화탄소의 공기 중에서 폭발범위(연소범위)가 넓은 것부터 차례로 나열된 것은?

① 수소 > 메탄 > 아세틸렌 > 이황화탄소
② 아세틸렌 > 수소 > 이황화탄소 > 메탄
③ 이황화탄소 > 아세틸렌 > 메탄 > 수소
④ 메탄 > 이황화탄소 > 수소 > 아세틸렌

◎ 연소범위

① 아세틸렌 : 2.5~81(%)　　② 수소 : 4.0~75(%)
③ 이황화탄소 : 1.2~44(%)　　④ 메탄 : 5.0~15(%)

50 다음 설명 중 옳지 않은 것은?

① 착화점 · 비점이 낮을수록 위험하다.
② 연소범위(폭발한계)는 넓을수록 위험하다.
③ 온도 · 압력이 높을수록 위험하다.
④ 연소속도가 빠를수록, 증기압이 작을수록 위험하다.

◎ 증기압

① 액체가 기체로 될 때의 압력을 말하며, 증기압이 큰 물질은 기체로 되기 쉬워 위험한 물질이라 할 수 있다.
② 비등점이 낮은 물질은 증기압이 크다.

51 혼합가스가 존재할 경우 이 가스의 폭발 하한값은 얼마인가?(단, 혼합가스는 에탄 20%, 프로판 60%, 부탄 20%로 혼합되어 있으며 각 가스의 폭발 하한값은 에탄 3.0, 프로판 2.1, 부탄 1.8이다.)

① 1.5　　　② 2.16　　　③ 3.10　　　④ 4.23

◉ 혼합가스의 연소 하한값

$$L = \frac{100}{\dfrac{V_1}{L_1} + \dfrac{V_2}{L_2} + \dfrac{V_3}{L_3}}$$

여기서, L : 혼합가스의 연소 하한값

L_1, L_2, L_3 : 각 성분기체의 연소 하한값

V_1, V_2, V_3 : 각 성분기체의 체적%

$$L = \frac{100}{\dfrac{V_1}{L_1} + \dfrac{V_2}{L_2} + \dfrac{V_3}{L_3}} = \frac{100}{\dfrac{20}{3} + \dfrac{60}{2.1} + \dfrac{20}{1.8}} = 2.158 = 2.16\%$$

52 표준상태($0℃$, $1atm$)에서 프로판(C_3H_8) 22g이 완전연소하는 경우 생성되는 이산화탄소(CO_2)의 질량은 몇 g인가?

① 22g ② 44g ③ 66g ④ 88g

◉ 완전연소 방정식

① 프로판의 완전연소 방정식

$C_3H_8 + 5O_2 \rightarrow 3CO_2 + 4H_2O$

44g 5×32g 3×44g 4×18g

② 프로판 몰수 : 이산화탄소 몰수＝1 : 3

프로판 22g은 0.5몰이므로, 이산화탄소 몰수는 1.5몰이다.

③ 1.5몰$\times 44$g＝66g

53 $0℃$, $1atm$에서 부탄(C_4H_{10}) 1mol을 완전연소시키기 위해 필요한 산소는 몇 l인가?

① $22.4l$ ② $44.5l$ ③ $112l$ ④ $145.6l$

◉ 완전연소 방정식

① 부탄의 완전연소 방정식

$C_4H_{10} + 6.5O_2 \rightarrow 4CO_2 + 5H_2O + Qkcal$

② 아보가드로의 법칙 : 표준상태에서 모든 기체 1mol에서 차지하는 체적은 $22.4l$이며, 그 속에는 6.023×10^{23}개의 분자 수를 포함한다.

③ 부탄 1mol이 연소할 때 산소 6.5mol이 소모되므로, $6.5 \times 22.4l = 145.6l$

54 다음 중 기체 가연물의 연소 형태를 설명한 것으로 옳지 않은 것은?

① 대부분의 기체 가연물의 연소는 확산연소에 해당된다.

② 확산연소는 발염연소 또는 불꽃연소를 한다.

③ 가연성 기체와 공기를 일정한 비율로 혼합시켜 연소하는 것을 예혼합연소라 한다.

④ 확산연소는 혼합기로 역화를 일으킬 위험성이 매우 크다.

정답 52. ③ 53. ④ 54. ④

◐ **기체 가연물의 연소 형태**

① 확산연소

가연성 가스와 공기가 농도가 0이 되는 화염 쪽으로 이동하는 확산의 과정을 통한 연소(Fick's Law : 농도는 높은 곳에서 낮은 곳으로 이동한다.)이다. 대부분 기체가연물의 연소는 확산연소에 해당되며, 화염의 높이가 30cm 이상이 되면 난류 확산화염이 된다.

② 예혼합연소

가연성 기체와 공기를 완전연소가 될 수 있도록 적당한 혼합비로 미리 혼합시킨 후 연소시키는 형태이며, 혼합기로 역화를 일으킬 위험성이 크다.

55 액체 가연물의 증발 연소를 설명한 것 중 가장 알맞은 것은?

① 가연물의 표면에서 불꽃을 내지 않고 연소하는 형태이다.

② 비등점이 낮고, 증기압이 큰 액체 가연물의 연소 형태이다.

③ 비등점이 높고, 증기압이 작은 액체 가연물의 연소 형태이다.

④ 승화성 물질의 단순 증발에 의해 가연물이 연소하는 형태이다.

◐ **액체 가연물의 연소 형태**

① 증발연소 : 비점 낮고, 증기압이 커서 쉽게 증발하여 위험하다.

② 분해연소 : 비점 높고, 증기압이 작다.

56 다음 중 고체 가연물의 연소 현상으로 볼 수 없는 것은?

① 자기연소   ② 분해연소

③ 확산연소   ④ 증발연소

◐ **고체 가연물의 연소형태**

① 표면연소

가연성 기체의 발생 없이 고체 표면에서 불꽃을 내지 않고 연소하는 형태이다. 불꽃연소에 비해 연소열량이 적고 연소속도가 느려 화재에 대한 위험성은 크지 않다.

예 코크스, 목탄, 금속분 등

② 분해연소

가연물이 열분해를 통하여 여러 가지 가연성 기체를 발생하며 연소하는 형태

예 목재, 종이, 섬유, 플라스틱 등

③ 증발연소

승화성 물질의 단순 증발에 의해 발생된 가연성 기체가 연소하는 형태

예 황, 나프탈렌, 장뇌 등

④ 자기연소

가연물 내에 산소를 함유하는 물질이 연소하는 형태이며, 외부로부터 산소공급이 없이도 연소가 진행될 수 있어 연소속도가 매우 빨라 폭발적으로 연소한다.

예 질산에스테르류, 셀룰로이드류, 니트로화합물류 등

57 다음 중 연소속도에 영향을 주는 요인에 해당되지 아니하는 것은?

① 활성화에너지   ② 발열량

③ 가연물의 종류   ④ 점화원의 종류

▶ 연소속도의 영향요인

① 가연물의 온도가 높을수록
② 가연물의 입자가 작을수록
③ 산소의 농도가 클수록
④ 주변 압력은 높을수록, 자신의 압력은 낮을수록
⑤ 발열량이 많을수록
⑥ 활성화에너지가 작을수록

58 버너의 불꽃에서 가연성 기체의 분출속도가 연소속도보다 빠를 때 발생되는 연소현상을 무엇이라 하는가?

① 불완전연소   ② 선화(Lifting)

③ 역화(Back Fire)   ④ 블로오프(Blow Off)

▶ 연소의 이상 현상

① 불완전연소 : 연소의 필요 요소 중 한 가지 이상이 부적합하여 가연물의 일부가 미연소되는 현상을 불완전연소라 한다. 불완전연소 시의 대표적인 생성물은 일산화탄소와 그을음이다.
② 선화(Lifting) : 가연성 기체가 염공(노즐)을 통해 분출되는 속도가 연소속도보다 빠를 때, 불꽃이 염공에 붙지 못하고 일정한 간격을 두고 연소하는 현상이다.
③ 역화(Back Fire) : 가연성 기체의 분출속도가 연소속도보다 느릴 경우 불꽃이 버너의 염공 속으로 진입하는 현상으로 선화(Lifting)와 반대되는 현상이다.
④ 블로오프(Blow Off) : 화염 주변에 공기의 유동이 심하여 불꽃이 노즐에 정착되지 못하고 떨어지면서 꺼지는 현상이다.

59 다음 중 불완전연소의 발생 원인에 해당되지 아니하는 것은?

① 공기의 공급이 부족한 경우
② 주위의 온도가 낮은 경우
③ 연료의 공급이 불충분한 경우
④ 주위의 압력이 높은 경우

▶ 불완전연소 발생원인

① 주위 온도가 낮을 때
② 산소의 공급이 불충분할 때
③ 가연물의 공급상태가 부적합할 때

60 가연물이 천천히 산화되는 경우 산화열의 축적, 발열에 의해 발화하는 현상을 무엇이라 하는가?

① 자연발화　　　② 자기연소　　　③ 증발연소　　　④ 분해연소

▶ **자연발화**
　① 점화원 없이 물질이 서서히 산화되면서 발생된 열의 축적에 의해 발화된다.
　② 가연물의 표면온도가 발화점 이상으로 상승되어야 발화가 일어난다.

61 다음 중 정전기에 의한 발화 과정을 가장 올바르게 설명한 것은 어느 것인가?

① 전하 발생 – 전하 축적 – 전하 방전 – 발화
② 전하 축적 – 전하 발생 – 전하 방전 – 발화
③ 전하 발생 – 전하 방전 – 전하 축적 – 발화
④ 전하 축적 – 전하 방전 – 전하 발생 – 발화

62 건축물 내부에서 화재가 발생하여 실내 온도가 20℃에서 650℃로 되었다면 이로 인하여 팽창된 공기의 부피는 처음 공기의 약 몇 배가 되는가?

① 2.15배　　　② 3.15배　　　③ 4.15배　　　④ 5.15배

▶ **샤를의 법칙**

$$\frac{V_1}{T_1} = \frac{V_2}{T_2}, \quad V_2 = \frac{T_2}{T_1} \times V_1$$

$$V_2 = \frac{(273 + 650)}{(273 + 20)} \times V_1 = 3.15\, V_1$$

63 다음 중 열전도율을 나타내는 단위로 옳은 것은?

① W/m · deg
② W/m² · deg
③ kcal/m² · hr · ℃
④ kcal · m²/hr · ℃

▶ **열 전도**

$$Q = K \cdot A \cdot \frac{\triangle t}{l}$$

여기서, Q : 전도열량(W=J/s=cal/s), K : 열전도도(W/m · ℃=J/s · m · ℃)
　　　　A : 접촉면적(m²), $\triangle t$: 온도차($T_1 - T_2$(℃))
　　　　l : 두께(m)

64 섭씨온도 30℃를 화씨온도로 변환하면 약 몇 °F인가?

① 56°F

② 66°F

③ 76°F

④ 86°F

▶ 온도 변환 ─────────────────

$$°F = \frac{9}{5}℃ + 32 = \left(\frac{9}{5} \times 30\right) + 32 = 86°F$$

65 두께가 10mm인 창유리의 내부 온도가 15℃, 외부 온도가 −5℃이다. 창의 크기는 2m×2m이고 유리의 열전도율이 1.5 W/m · ℃이라면 창을 통한 열전달률은 몇 kW인가?

① 9

② 10

③ 11

④ 12

▶ 열전달률 ─────────────────

$$Q = K \cdot A \cdot \frac{\triangle t}{l}$$

여기서, Q : 전도열량(W=J/s=cal/s)

K : 열전도도(W/m · ℃=J/s · m · ℃)

A : 접촉면적(m²)

$\triangle t$: 온도차($T_1 - T_2$(℃))

l : 두께(m)

$$Q = K \times A \times \frac{\triangle t}{l}$$

$$= 1.5\text{W/m} \cdot ℃ \times (2 \times 2)\text{m}^2 \times \frac{(15+5)℃}{(10 \times 10^{-3})\text{m}}$$

$$= 12,000\text{W} = 12\text{kW}$$

66 물체의 표면 온도가 100℃에서 500℃로 변하였다면, 복사에너지는 처음의 몇 배가 되겠는가?

① 약 9배

② 약 12배

③ 약 15배

④ 약 18배

▶ 복사에너지 ─────────────────

$$Q_1 : Q_2 = (273+100)^4 : (273+500)^4$$

$$Q_2 = \left(\frac{773}{373}\right)^4 \times Q_1 = 18.45\,Q_1$$

67 이산화탄소 1.2kg을 18℃ 대기 중(1atm)에 방출하면 몇 L의 가스체로 변하는가?(단, 기체상수가 $0.082l \cdot atm/mol \cdot K$인 이상기체이며, 소수점 이하는 둘째 자리에서 반올림한다.)

① 0.6   ② 40.3

③ 610.5   ④ 650.8

◐ 이상기체 상태방정식

$$PV = nRT = \frac{m}{M}RT$$

여기서, P : 압력, V : 부피, n : mol 수, m : 질량
M : 분자량, R : 기체상수, T : 절대온도

$$V = \frac{mRT}{MP}$$
$$= \frac{1,200g \times 0.082l \cdot atm/mol \cdot K \times (18+273)K}{44g/1mol \times 1atm}$$
$$= 650.78l = 650.8l$$

68 −5℃의 얼음 10kg을 100℃의 수증기로 만드는 데 필요한 열량(kcal)은 얼마인가?

① 6,215   ② 6,415

③ 7,190   ④ 7,215

◐ 현열과 잠열

−5℃ 얼음 → 0℃ 얼음 → 0℃ 물 → 100℃ 물 → 100℃ 수증기
      현열(Q_1)   잠열(Q_2)   현열(Q_3)   잠열(Q_4)

① 현열(Q_1) $= m \cdot C \cdot \triangle T = 10kg \times 0.5kcal/kg \cdot ℃ \times 5℃ = 25kcal$

② 잠열(Q_2) $= m \cdot \gamma = 10kg \times 80kcal/kg = 800kcal$

③ 현열(Q_3) $= m \cdot C \cdot \triangle T = 10kg \times 1kcal/kg \cdot ℃ \times 100℃ = 1,000kcal$

④ 잠열(Q_4) $= m \cdot \gamma = 10kg \times 539kcal/kg = 5,390kcal$

∴ 필요한 열량 $=$ ①$+$②$+$③$+$④$= 25+800+1,000+5,390 = 7,215kcal$

화재이론

CHAPTER 01 화재역학

01 열전달

1) 전도(Fourier의 열전달 법칙)

접촉해 있는 물질끼리, 또는 물질 내부에 있는 분자가 충돌하면서 열이 전달되는 것을 말한다. 이때 물질이 직접 이동하는 것은 아니며, 진동만 일어날 뿐이다.

$$Q = K \cdot A \cdot \frac{\Delta t}{l}$$

여기서, Q : 전도열량(W=J/s=cal/s)

K : 열전도도(W/m · ℃, J/s · m · ℃)

A : 접촉면적(m^2)

Δt : 온도차[$T_1 - T_2$(℃)]

l : 두께(m)

2) 대류(Newton의 냉각 법칙)

액체나 기체가 부분적으로 가열될 때, 데워진 것이 위로 올라가고 차가운 것이 아래로 내려오면서 전체적으로 데워지는 현상을 말한다.

유체 사이의 온도차에 의한 밀도 차이로 열전달이 발생되며, 실내공기의 유동 및 물이 데워지는 것은 주로 대류현상에 의해서 이루어진다.

$$Q = h \cdot A \cdot (T_1 - T_2)$$

여기서, Q : 대류열류(W), $h\left(= \dfrac{K}{l}\right)$: 열전도 계수(W/m² · ℃)

3) 복사(Stenfan – Boltzmann 법칙)

원자 내부의 전자는 열을 받거나 빼앗길 때 원래의 에너지 준위에서 벗어나 다른 에너지 준위로 전이한다. 이때 전자기파를 방출 또는 흡수하는데, 이러한 전자기파에 의해 열이 매질을 통하지 않고 고온의 물체에서 저온의 물체로 직접 전달되는 현상이다.

$$Q = \varepsilon \cdot \sigma \cdot \varPhi \cdot A \cdot T^4 (W)$$

복사에너지는 면적에 비례하고 절대온도의 4승에 비례한다.

① ε(방사율) $= 1 - \exp^{-kl}$

여기서, $\exp$(expotenial) : 자연대수, 무리수 e $= 2.71828$

k : 유효방사계수 또는 흡수계수(m^{-1})

l : 화염의 두께(m)

② σ : 스테판－볼츠만 상수

$5.67 \times 10^{-8}(\text{W/m}^2 \cdot \text{K}^4)$, $5.67 \times 10^{-11}(\text{kW/m}^2 \cdot \text{K}^4)$

③ $\varPhi$: 형태계수(방열체와 수열체 간의 거리)

④ T : 절대온도$(273 + t℃)$

| Reference |

1. 단원자, 이원자분자는 복사에너지를 흡수 · 투과하고, 삼원자 분자는 복사에너지를 흡수한다.
2. 전도, 대류, 복사는 단독으로 일어나지 않고 2개 이상의 과정이 동시에 일어난다.

예 제

물체의 표면 온도가 100℃에서 500℃로 변하였다면, 복사에너지는 처음의 몇 배가 되겠는가?

㉮ 약 9배   ㉯ 약 12배
㉰ 약 15배   ㉱ 약 18배

정답 및 해설

정답 ㉱

복사에너지

$Q_1 : Q_2 = T_1^4 : T_2^4$

$Q_1 : Q_2 = (273 + 100)^4 : (273 + 500)^4$

$Q_2 = \left(\dfrac{773}{373} \right)^4 \times Q_1 = 18.45 Q_1$

02 열역학 법칙

열과 역학적 일의 기본적인 관계를 바탕으로 열 현상과 에너지의 흐름을 규정한 법칙으로 열역학 0법칙, 열역학 1법칙, 열역학 2법칙, 열역학 3법칙으로 구분할 수 있다.

1) 열역학 0법칙(온도평형, 열평형의 법칙)

① 물체 A와 B가 다른 물체 C와 각각 열평형을 이루었다면 A와 B도 열평형 상태에 있다.
② 온도의 존재를 주장하는 것과 같으며, 온도계의 원리를 제시하는 법칙이다.

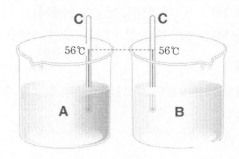

2) 열역학 1법칙(에너지보존의 법칙)

① 열과 일은 상호변환이 가능하다. 즉, 에너지는 형태가 변할 뿐 사라지거나 생성되지는 않으며, 이를 가역과정이라 한다.
② 계(System)가 일을 하면 내부에너지는 그만큼 감소하며, 반대로 계(System)가 외부로부터 일을 받으면 내부에너지는 그만큼 증가한다.
③ 제1종 영구기관이란 외부로부터 에너지 공급없이 에너지를 생산할 수 있는 기관을 말하며, 열역학 1법칙에 위배되는 기관을 말한다.
④ 열의 일당량 : $427\text{kgf} \cdot \text{m/kcal}$
⑤ 일의 열당량 : $1/427\text{kcal/kgf} \cdot \text{m}$

3) 열역학 2법칙(에너지흐름의 법칙)

① 에너지 전달에는 일정한 방향이 있는 것으로 자연계에서 일어나는 모든 과정들은 가역과정이 아니다.
② 차가운 물체와 뜨거운 물체를 접촉시키면, 열은 뜨거운 물체에서 차가운 물체로 전달되지만, 반대의 과정은 자발적으로 일어나지 않는다.

찬물　　뜨거운 물

③ 제2종 영구기관이란 열역학 제2법칙에 위배되는 기관으로 저온에서 고온으로 열이 스스로 이동되는 기관 또는 열효율 100%인 기관을 말한다.

4) 열역학 3법칙

어떠한 경우라도 절대영도($-273.15℃$)에는 도달할 수 없다.

03 화재성장

1) 화재성장의 3요소

① **발화** : 화재 성장이 시작되는 시점
② **화염확산** : 화재 경계의 확장
③ **연소속도** : 화재 경계 내에서 연료의 소모 정도

2) 발화

① 점화에 의한 발화

㉠ 점화원에 의해 발화되는 것으로 가연물의 표면온도가 인화점 이상이 되면 발화된다.
㉡ LFL 이상의 가연성 혼합기체가 존재할 경우 점화원에 의해 발화된다.

② 자연발화

㉠ 점화원 없이 물질이 서서히 산화되면서 발생된 열의 축적에 의해 발화된다.
㉡ 가연물의 표면온도가 발화점 이상으로 상승되어야 발화가 일어난다.

> **Check Point** 자연발화 방지대책
>
> 1. 습도를 낮게 한다.　　　　2. 주변의 온도를 낮게 한다.
> 3. 통풍이 잘 되도록 한다.　　4. 열 축적을 방지한다.

Check Point **고체 연료의 발화시간**

얇은 물체(2mm 미만) : 소파, 커튼, 쿠션 등	두꺼운 물체(2mm 이상) : 목재 파티클, 울 카펫트, 석고보드 등
$t_{ig} = \rho c l \times \dfrac{T_{ig} - T_\infty}{q''}$	$t_{ig} = C(k\rho c) \times \left(\dfrac{T_{ig} - T_\infty}{q''}\right)^2$

여기서, t_{ig} : 발화시간(s), ρ : 밀도(kg/m³), c : 비열(kcal/kg · ℃)

l : 두께(m), T_{ig} : 발화온도(℃), T_∞ : 초기온도, 대기 중의 온도(℃)

q'' : 순열류, 복사열 유속(kW/m²), k : 열전도도(율)(kcal/s · m · ℃)

C : 상수$\left(\dfrac{\pi}{4}$: 열손실이 없는 이상적인 경우, $\dfrac{2}{3}$: 열손실이 있는 실제적인 경우$\right)$

⇨ 열전도도(율), 밀도, 비열이 클 경우 발화시간이 늦어진다.

3) 화염확산

① 발화가 일어나는 영역이 확대되는 것을 말하며, 화염확산 속도는 화재성장 및 화재로 인한 손실 등을 결정한다.

② 화염확산 속도는 발화시간에 대한 가열 거리의 비율로 나타낸다.

$$V = \frac{\delta_f}{t_{ig}}\,(\text{m/s})$$

여기서, δ_f : 화염에 의해 가열되는 거리

4) 연소속도

① 고체나 액체 연료가 단위시간당 소모된 질량으로 나타낼 수 있다.

$$연소속도\ m'' = \frac{q''}{L_V}\,(\text{kg/s} \cdot \text{m}^2)$$

여기서, m'' : 단위면적당 질량 연소속도(kg/s · m²)

q'' : 연료 표면으로의 순 열류(kW/m²)

L_V : 기화열(kJ/kg)

② 기화열이 크면 휘발분의 생성이 늦어져서 연소속도가 느려진다.

③ 연소속도의 계산은 화염의 크기나 화재의 양상을 평가하고, 열방출률(HRR)을 평가하는 데 매우 중요한 요소로 사용된다.

④ 연소속도가 빠를수록 위험하다.

Check Point

➤ **화재성장속도**

1. 구획실 화재의 성장기에서 화재의 열방출률(HRR ; Heat release rate, 단위시간당 발열량)의 증가속도를 말한다.

2. 화재성장속도 $Q = \alpha t^2 (\mathrm{kW})$으로 상승한다. ($\alpha$: 화재강도계수)

   화재성장속도는 열방출률이 1,055 kW에 도달하는 데 걸리는 시간을 기준으로 다음과 같이 분류할 수 있다.

   ① Ultrafast   t=75s
   ② Fast   t=150s
   ③ Medium   t=300s
   ④ Slow   t=600s

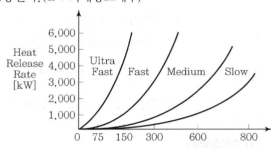

➤ **열방출률(에너지 방출속도)**

   열방출률 $Q = m'' \cdot A \cdot \Delta Hc = \dfrac{q''}{L_V} \cdot A \cdot \Delta Hc (\mathrm{kW})$

   여기서, ΔHc : 연소열(kJ/g)

예 제

면적 0.8m²의 목재 표면에서 연소가 일어날 때 에너지 방출속도(Q)는 몇 kW인가?(단, 목재의 최대 질량연소유속(m'') = 11g/s · m², 기화열(L) = 4kJ/g, 유효 연소열(ΔH_c) = 15kJ/g 이다.)

㉮ 35.2   ㉯ 96.8
㉰ 132.0   ㉱ 167.2

정답 및 해설

[정답] ㉰

   열방출률 $Q = m'' \cdot A \cdot \Delta H_c = 11 \times 0.8 \times 15 = 132\,\mathrm{kJ/s} = 132\,\mathrm{kW}$

04 화재플럼(Fire Plume)

1) 개념

① 화재플럼(Fire Plume)은 부력에 의해 발생되는 화염 기둥이며, 고온의 연소 생성물이 위로 상승하는 것을 말한다.

② 부력은 온도 상승에 의한 밀도차로 인하여 발생되는 유체의 상승력을 말하며, 밀도는 가스 온도에 반비례하므로, 가스 온도가 공기 온도보다 높을 경우 상승 기류를 형성하게 된다.

$$\left(이상기체\ 상태방정식\ PV = \frac{m}{M}RT,\ \rho = \frac{m}{V} = \frac{PM}{RT}\right)$$

③ 상승되던 플럼 가스가 냉각되면, 부력은 0이 되고 플럼의 상승도 정지하게 된다.

2) 화재플럼

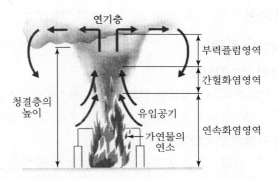

구 분	특 징
연속화염	연료 표면 바로 위의 영역으로 지속적인 화염이 존재하며, 연소가스의 흐름을 가속시킨다.
간헐화염	간헐적으로 화염의 존재와 소멸이 반복되는 영역 화염 주기 $f = \dfrac{1.5}{\sqrt{D}}(\mathrm{Hz})$　　D : 화염 직경
부력플럼	화염 상부의 대류열기류 영역으로 화재감지기 및 스프링클러 설계에 중요한 부분으로 작용한다.

① 평균 화염 높이

$$L_f = 0.23Q^{\frac{2}{5}} - 1.02D(\mathrm{m})$$

여기서, Q : 에너지 방출속도(kW), D : 화염직경, 연소면의 직경(m)

② 천장제트흐름(Ceiling Jet Flow)

　㉠ 고온의 연소생성물이 부력에 의해 천장면 아래에 얇은 층을 형성하는 비교적 빠른 속도의 가스 흐름을 말한다.

　㉡ Ceiling Jet Flow의 두께는 실 높이(H)의 5~12% 정도이며, 최고 온도와 최고 속도의 범위는 실 높이(H)의 1% 이내이다.

　㉢ 화재안전기준에서 스프링클러 헤드와 그 부착면과의 거리를 30cm 이하로 규정한 이유는 건물의 층고를 3m로 보아 Ceiling Jet Flow 내에 헤드가 설치될 수 있도록 하기 위함이다.

　㉣ 천장과 벽 부분 사이에서는 Dead Air Space가 발생되므로, 벽과 스프링클러 헤드 간의 공간은 10cm 이상, 연기감지기는 60cm 이상 이격하도록 규정하고 있다.

05 연소생성물

1) 연소생성물의 종류

① 목질류의 연소생성물

　㉠ 목재의 주요 구성성분은 탄소, 수소, 산소이며, 상당량의 수분도 포함되어 있다.

　㉡ CO_2, CO, H_2O 및 소량의 HCN, 그을음 등이 발생된다.

② 합성수지계의 연소생성물

　㉠ 합성수지계는 그 종류가 매우 다양하며, 이에 따라 많은 종류의 연소생성물이 발생된다.

　㉡ CO, CO_2 : 탄소를 포함한 대부분의 가연물

　㉢ H_2O : 수소를 포함하는 대부분의 가연물

　㉣ NOX : 질소를 함유한 합성수지의 완전연소 시 발생

　㉤ H_2S, SO_2 : 유황을 포함한 합성수지류의 연소

　㉥ 할로겐가스(HF, HCl, HBr, 포스겐) : 불소 등의 할로겐물질이 포함되어 있는 PVC나 방염용 수지류 등

③ 천연섬유계의 연소생성물

　㉠ 식물성 천연섬유 : 면과 같은 식물성 섬유는 주성분이 셀룰로오스이며, 주요 부산물로 CO, CO_2 및 수증기가 생성된다.

　㉡ 동물성 천연섬유 : 주성분이 단백질 계통이어서 CO, CO_2 및 수증기 외에도 식물성과는 다른 연소생성물이 발생된다.

　　㉮ HCN : 질소를 포함하는 양털, 실크 등의 불완전연소

ⓑ H_2S, SO_2 : 유황을 포함한 합성수지류의 연소

2) 연소생성물의 위험성

① **CO(일산화탄소)** : 허용농도 50ppm(0.005%)

  ㉠ 독성이 큰 편은 아니지만, 화재 시 다량 발생하고 거의 모든 화재에서 발생한다.

  ㉡ 불완전 연소에 의해 탄소성분이 CO로 배출된다.(훈소에서는 CO_2보다도 많다고 함)

  ㉢ 유해성 : 혈액 내의 헤모글로빈(Hb)과 결합되어 산소결핍을 유발시킴

    $Hb + CO \rightarrow COHb$(카르복시 헤모글로빈)

    $O_2Hb + CO \rightarrow COHb + O_2$

    → 폐로 흡입된 CO는 Hb과 결합하여 COHb으로 되어, 헤모글로빈에 의한 산소의 운반을 방해하므로 혈중 산소농도 저하로 산소결핍이 유발된다.

  ㉣ 4,000ppm에서는 1시간 이내에 치사한다.

② **CO_2(이산화탄소)** : 허용농도 5,000ppm(0.5%)

  ㉠ 비독성가스이지만, 화재 시 대량으로 발생하여 산소농도를 저하시킨다.

  ㉡ 실제 화재 시 호흡속도를 증가시켜 유해가스의 흡입률을 높인다.

공기 중의 CO_2 농도	인체에 미치는 영향
0.1%	공중위생 한계
3%	호흡 증가
8%	호흡 곤란
10%	시력장애, 1분 이내 의식 상실, 장시간 노출 시 사망
20%	중추신경 마비, 단시간 내 사망

③ **HCN(시안화수소)** : 허용농도 10ppm(0.001%)

  ㉠ 질소함유 물질(울, 실크, 나일론 등)의 불완전연소 시에 발생된다.

  ㉡ CO에 비해 빠르게 작용한다.

  ㉢ 인체 내 세포조직에서의 산소 사용을 방해한다.(산소와의 결합은 아님)

④ **아크롤레인(Acrolein)** : 허용농도 0.1ppm(0.00001%)

  ㉠ 석유제품, 유지류 등의 연소 시 발생됨

  ㉡ 10ppm 이상에서 즉사한다.

  ㉢ 강한 자극성으로 감각기관과 폐를 자극함

⑤ **HCl(염화수소)** : 허용농도 5ppm(0.0005%)

  ㉠ 염소가 함유된 유기물(PVC 등)에서 발생

      ○ 열분해 시 염화수소 이탈로 발생함

       → PVC의 250℃ 부근에서 탈염화수소 반응 등에 의해 발생

      © 눈, 기관지 등을 자극하여 행동 장애를 유발함

      ② 금속에 대한 부식성으로 철골에도 손상을 유발함

⑥ **SO_2(아황산가스)** : 허용농도 5ppm(0.0005%)

      ○ 공기가 충분한 상태에서의 유황을 함유한 물질의 연소 시에 발생됨

      © 흡입 시 점막액과 황산을 형성하여 염증을 유발함

      © 금속의 부식도 초래함

⑦ **H_2S(황화수소)** : 허용농도 10ppm(0.001%)

      ○ 석유정제물, 펄프 등 유황을 함유한 물질의 공기 부족 상태의 연소로 발생됨

      © 흡입 시 세포호흡이 중지되어 질식될 우려가 있음(마취성)

      © 자극성이 커서 눈물이 많이 나게 하며, 썩은 달걀 냄새가 난다.

⑧ **포름 알데히드**

      ○ 가구류 등의 접착제 성분으로 목재가구나 합판 등의 연소 시에 발생함

      © 저농도에서부터 자극성이 있다.

⑨ **$COCl_2$(포스겐)** : 허용농도 0.1ppm(0.00001%)

      ○ 2차 대전 때 나치의 유태인 학살에 이용된 가스로 PVC 연소 시에 발생된다.

      © CCl_4가 소화약제로 사용될 때 고열 금속과 접촉되면 발생될 수 있다.

⑩ **NH_3(암모니아)** : 허용농도 25ppm(0.0025%)

      ○ 질소화합물 연소 시 생성되며 사람의 시각 능력을 저하시킨다.

      © 눈 또는 호흡기로 흡입하면 감각이 마비되는 독성가스이다.

⑪ **PH_3(포스핀)** : 허용농도 0.3ppm(0.00003%)

      ○ 인이 함유된 물질이 산 또는 물과 반응 시 생성된다.

      © 가연성 물질이면서 독성 물질로 생선 썩은 냄새가 난다.

3) 독성과 관련된 용어

구 분	내 용
TLV 허용농도	근로자가 유해 요인에 노출될 때, 노출기준 이하 수준에서는 거의 모든 근로자에게 건강상 나쁜 영향을 미치지 아니하는 기준을 의미
TWA 시간가중 평균노출기준	1일 8시간 작업을 기준으로 하여 유해요인의 측정치에 발생시간을 곱하여 8시간으로 나눈 값을 의미
STEL 단시간 노출기준	근로자가 15분 동안 노출될 수 있는 최대허용농도로서 이 농도에서는 1일 4회 60분 이상 노출이 금지되어 있다.

Ceiling 최고노출기준	근로자가 1일 작업 시간 동안 잠시라도 노출되어서는 안 되는 기준
LC50 50%치사농도	한 무리 실험동물의 50%를 죽게 하는 독성 물질의 농도
LD50 50%치사량	독극물의 투여량에 대한 시험 생물의 반응을 치사율로 나타낼 수 있을 때의 투여량. 한 무리의 50%가 사망한다는 것

4) 체내 산소농도(O_2%)

산소농도	특 징
14.4~20.9%	시각적 암순응과 운동 내성에 경미한 영향을 미치는 단계
11.8~14.4%	호흡량 및 박동 수가 약간 증가함. 운동기능 및 기억이 약간 감소함
9.6~11.8%	판단력 및 의지력이 상실되며, 감각이 둔화됨
7.8~9.6%	의식상실, 호흡이 중단되며, 사망하게 된다.

06 연기

1) 정의

① 가연성 물질이 연소할 때 발생하는 고체 · 액체 상태 미립자를 말한다.

② 연기는 가시성의 휘발성 생성물, 고온의 수증기, CO_2, 불완전 연소생성물, 작은 타르 입자, Plume에 흡입된 공기 등으로 구성되어 있다.

2) 연기의 유해성

① 생리적 유해성

ⓐ 산소결핍 : 연기에 의해 이산화탄소의 농도가 증가하면 산소의 농도가 감소되며, 사람은 산소의 농도 15% 정도에서 영향을 받으며 6% 이하에서는 급격히 의식을 잃게 된다.

ⓒ CO 중독 : 불완전연소 시 많이 발생하는 일산화탄소는 혈액 중에 헤모글로빈과 결합하여 COHb(카르복시헤모글로빈)을 생성하게 되며, 이는 산소운반을 방해 하여 두통을 일으키고 의식불명을 초래한다.

ⓒ 호흡기의 화상 : 뜨거운 연기를 흡입하게 되면 호흡기 등에 화상을 입게 된다.

ⓒ 입자에 의한 자극 : 미세한 탄소입자가 호흡기를 통해 흡입되면, 눈과 폐를 자극 하고, 질식 및 호흡곤란을 일으킨다.

ⓜ 그 밖의 유독가스에 의한 중독

② **시계적 유해성** : 연기농도의 증가로 시계가 좁아지며, 피난 및 소화활동이 어려워진다.

▼ 감광계수에 따른 가시거리

감광계수(Cs)	가시거리(m)	비 고
0.1	20~30	연기감지기가 작동할 수 있는 정도의 농도 건물 구조를 모르는 사람이 피난에 영향을 받을 수 있는 정도의 농도
0.3	5	건물 구조를 잘 아는 사람이 피난에 영향을 받을 수 있는 정도의 농도
1.0	1~2	앞이 거의 보이지 않을 정도의 농도
10	0.2~0.5	화재실에서 최성기 시의 연기 농도
30	–	화재실에서 연기가 분출될 때의 연기 농도

‖ Reference ‖ **피난한계시야**

• 건물 구조를 잘 아는 사람 : 3~5m
• 건물 구조를 잘 모르는 사람 : 20~30m

‖ Reference ‖ **연기의 이동속도**

• 수평속도 : 0.5~1m/s
• 수직속도 : 2~3m/s(실내 계단 · 승강로 : 3~5m/s)

③ **심리적 유해성** : 연기의 농도가 증가되면 호흡곤란, 시계 제한 등으로 발생하는 극도
의 불안감과 공포로 패닉현상이 일어날 수 있다.

3) 연기의 농도측정법

① **중량농도** : 체적당 연기입자의 중량(mg/m^3)을 측정하는 방법
② **입자농도** : 체적당 연기입자의 개수(개/cm^3)를 측정하는 방법
③ **광학적 농도** : 연기 속을 투과하는 빛의 양을 측정하는 방법(Lambert－Beer법칙)으
로 감광계수(m^{-1})로 나타낸다.

$$C_s = \frac{1}{L}\ln\left(\frac{I_o}{I}\right)$$

여기서, C_s : 감광계수(m^{-1})

L : 투과거리(m)

I_o : 연기가 없을 때 빛의 세기(lux, lm/m^2)

I : 연기가 있을 때의 빛의 세기(lux, lm/m^2)

4) Hinkley 관계식

① 연기 층 하강 시간 계산

$$t = \frac{20A}{P\sqrt{g}}\left(\frac{1}{\sqrt{y}} - \frac{1}{\sqrt{h}}\right)(\text{sec})$$

② 연기 생성량

$$\frac{dV}{dt} = -\frac{P\sqrt{g}}{10} \cdot y^{\frac{3}{2}} \, (\text{m}^3/\text{min})$$

여기서, A : 화재 실의 바닥면적(m^2)

g : 중력가속도(9.8m/s^2)

y : 청결층 높이(m)

h : 건물 높이, 실내 높이(m)

P : 화염의 둘레(대형 : 12m, 중형 : 6m, 소형 : 4m)

5) 연기의 유동에 영향을 미치는 요인

① 연돌(굴뚝)효과

② 외부에서의 풍력

③ 공기유동의 영향

④ 건물 내 기류의 강제이동

⑤ 비중차

⑥ 공조설비

⑦ 온도상승에 따른 증기팽창

6) 연돌효과(굴뚝효과)

① 건물 내부와 외부가 온도차가 있을 경우 이로 인하여 압력차가 발생하게 되는데, 이러한 압력차는 건물 높이에 비례하여 증가하게 된다.

② 외부 온도가 내부 온도보다 낮은 경우 수직 공간 상부에서는 실내의 압력이 실외보다 높으므로 공기가 실외로 배출된다. 이에 따라 수직 공간 하부에서는 공기가 유입되며 수직 공간 내에서는 상승 기류가 형성되는데 이러한 효과를 연돌효과라고 한다.

③ 저층부 화재 시 건물의 상층 부분에 갑자기 연기가 유입되어 축적되는 현상은 연돌효과에 의해서 발생하는 것이다.

④ **연돌효과의 크기**

$$\Delta P = 3{,}460 H \left(\frac{1}{T_o} - \frac{1}{T_i} \right) (\text{Pa})$$

여기서, ΔP : 연돌효과에 의한 압력차(Pa)

H : 중성대로부터 건물(개구부) 상부까지의 높이(m)

T_o : 외부 공기의 절대온도(K)

T_i : 내부 공기의 절대온도(K)

⑤ **영향을 주는 요인**

㉠ 수직 공간 내 · 외부의 온도차 : 온도차가 클수록 연기확산이 빨라진다.

㉡ 건물의 높이 : 초고층일수록 H가 커져 압력차가 커진다.

㉢ 수직 공간의 누설면적

㉮ 중성대 상부의 누설면적이 크면, 중성대가 상승되어 압력차는 줄어들지만 연기에 의한 확산 피해는 커진다.

㉯ 중성대 하부의 누설면적이 크면, 중성대가 낮아져 압력차가 커진다.

㉣ 누설틈새

㉤ 건물 상부의 공기 기류 : 상부에서 수직 공간으로의 기류가 강하면, 연돌효과는 줄어든다.

7) 중성대

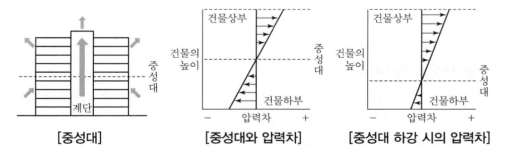

[중성대]   [중성대와 압력차]   [중성대 하강 시의 압력차]

① 실내로 들어오는 공기와 나가는 공기 사이에 발생되는 압력이 0인 지점을 말한다.

② **중성대 상부** : 실내압력이 실외압력보다 커서 연기는 화재실에서 외부로 배출된다.
   (실내압력 > 실외압력)

③ **중성대 하부** : 실내압력이 실외압력보다 작아서 공기가 화재실로 유입된다.
   (실내압력 < 실외압력)

④ **건물에서의 중성대 높이**

$$h = \frac{H}{1 + \left(\dfrac{A_1}{A_2}\right)^2 \left(\dfrac{T_i}{T_o}\right)} (\text{m})$$

여기서, h : 중성대 높이(m), H : 건물(개구부)의 높이(m)

A_1 : 하부 개구부 면적(m^2), A_2 : 상부 개구부 면적(m^2)

T_o : 외부 공기의 절대온도(K), T_i : 내부 공기의 절대온도(K)

㉠ 상부와 하부에 개구부가 있는 건물의 경우 개구부 면적이 같고, 실내·외 온도차가 같다면 $h = \dfrac{1}{2}H$가 되어 건물의 중앙에 중성대가 위치하게 된다.

㉡ 개구부 중 하부 개구부가 크면 하부의 압력차는 상부보다 작게 되고, 중성대는 아래로 이동하게 된다.

예 제

화재실의 출입문상, 하단부의 누설틈새가 같다고 할 때, 높이 2m인 문의 상단부 압력차를 계산하시오.(단, 화재실 온도는 600℃이며, 대기온도는 25℃이다.)

정답 및 해설

정답 11.4Pa

① 압력차 $\Delta P = 3,460H\left(\dfrac{1}{T_o} - \dfrac{1}{T_i}\right)(\text{Pa})$ H : 중성대로부터 문 상단까지 높이

② 중성대 높이 $h = \dfrac{H}{1 + \left(\dfrac{A_1}{A_2}\right)^2 \left(\dfrac{T_i}{T_0}\right)} = \dfrac{2}{1 + \dfrac{873}{298}} = 0.5089(\text{m})$

$\therefore h = 0.51(\text{m})$

③ 압력차 $\Delta P = 3,460H\left(\dfrac{1}{T_o} - \dfrac{1}{T_i}\right) = 3,460 \times (2 - 0.51) \times \left(\dfrac{1}{298} - \dfrac{1}{873}\right) = 11.4(\text{Pa})$

CHAPTER
02 화재이론

01 화재의 특성

1) 화재의 정의

사람의 통제를 벗어난 광적인 연소 확대 현상으로 사람의 의도에 반하거나 고의에 의해서 발생하여 인명 및 재산의 피해를 주는 것이다.

① 인간의 통제를 벗어난 광적인 연소현상
② 인간의 의도에 반하는 연소현상
③ 인적 · 물적 피해를 주는 연소현상

2) 화재의 발생 현황

① **원인별 화재발생 현황** : 부주의 > 전기 > 기계 > 방화
② **장소별 화재발생 현황** : 비주거 > 주거 > 차량 > 임야 > 제조소
③ **계절별 화재발생 현황** : 겨울 > 봄 > 가을 > 여름

02 화재의 종류

▼ 국가별 화재 분류

화재분류	국내		NFPA	ISO
	형식승인기준	KS기준		
일반화재	A급	A급	A급	A급
유류화재	B급	B급	B급	B급(유류)
가스화재				C급(가스)
전기화재	C급	C급	C급	–
금속화재	–	D급	D급	D급
주방화재	K급	–	K급	F급

* NFPA(National Fire Protection Association) : 국제화재방지협회
　ISO(International Standardization Organization) : 국제표준기구

1) 일반가연물 화재(A급 화재)

종류	목재, 종이, 섬유류, 합성수지류, 특수가연물 등
특징	㉠ 연기 색상은 백색이며, 연소 후 재가 남는 특징이 있다. ㉡ 고체 상태이므로 기체, 액체에 비해 상대적으로 큰 착화에너지가 필요하다. ㉢ 화재 시 주수에 의한 냉각소화가 효과적이다.

① 합성수지 화재

	열가소성 수지	열경화성 수지
종류	열을 가하면 용융되어 액체가 되고, 온도가 내려가면 고체 상태가 되며 화재 위험성이 매우 크다. 예 폴리에틸렌, 폴리프로필렌, 폴리스티렌, 폴리염화비닐, 아크릴수지 등	열을 가하면 용융되지 않고 바로 분해되어 기체를 발생시키며 열가소성에 비해 화재의 위험성이 작다. 예 페놀수지, 요소수지, 멜라민수지, 에폭시수지 등
특징	㉠ 분진 형태의 플라스틱은 스파크, 불꽃 등 작은 에너지로도 착화가 일어날 수 있다. ㉡ 부도체이므로 정전기에 의해 인화성 증기에 발화 가능성이 있다. ㉢ 열가소성 수지는 열경화성 수지에 비해 화재 위험성이 현저히 크다. ㉣ 연소 시 유독 가스에 의해 인명 피해의 우려가 크다.	

② 섬유류 화재

유기화합물인 섬유는 C, H, O 등으로 구성되어 있으며, 작은 점화에너지에 의해 착화되어 일반가연물과 같이 연소한다.

	식물성 섬유	동물성 섬유
천연섬유	㉠ 면과 견직물은 연소가 쉽고 연소속도가 빨라 화재 위험이 크다. ㉡ 연소 시에는 CO, CO_2, H_2O 등이 생성된다.	㉠ 단백질 계통이 주성분으로 착화가 어렵고 연소속도도 느리다. ㉡ 식물성 섬유보다 화재위험은 적다.
합성섬유	㉠ 합성섬유는 사용되는 원료에 따라 연소상황이 다르다. ㉡ 레이온과 아세테이트는 셀룰로오스가 주성분으로 식물성 섬유와 같은 연소 특성을 가진다. ㉢ 나일론은 융점이 160~260℃ 정도로 열에 쉽게 녹고, 425℃ 이상에서 발화되며 펩타이드결합을 이루고 있다. ㉣ 아크릴수지는 235~330℃에서 녹으며 발화점은 560℃ 정도이다.	

2) 유류화재(B급 화재)

종류	4류 위험물과 같은 액체 가연물
특징	㉠ 연기 색상은 흑색이며, 연소 후 재를 남기지 않는 특징이 있다. ㉡ 용기에서 누설될 경우 연소 면이 급격히 확대된다. ㉢ 대부분 물에 녹지 않고 물보다 가벼우며 주수소화 시 연소 면이 확대되므로 질식소화가 효과적이다. ㉣ A급 화재에 비해 화재진행 속도가 빠르고 활성화 에너지가 작다. ㉤ 부도체이므로 정전기로 인한 착화의 우려가 있어 정전기 방지대책이 중요하다.

Check Point 정전기 방지대책

1. 공기를 이온화한다.
3. 접지를 한다.
5. 도체를 사용한다.
2. 상대습도를 70% 이상으로 유지한다.
4. 유류 수송배관의 유속을 느리게 한다.

① 제4류 위험물의 분류

특수인화물	이황화탄소, 디에틸에테르 그 밖에 1기압에서 발화점이 섭씨 100도 이하인 것 또는 인화점이 섭씨 영하 20도 이하이고 비점이 섭씨 40도 이하인 것
제1석유류	아세톤, 휘발류 그 밖에 1기압에서 인화점이 섭씨 21도 미만인 것
알코올류	분자를 구성하는 탄소원자의 수가 1개부터 3개까지인 포화 1가 알코올(변성 알코올 포함)
제2석유류	등유, 경유 그 밖에 1기압에서 인화점이 섭씨 21도 이상 섭씨 70도 미만인 것
제3석유류	중유, 클레오소트유 그 밖에 1기압에서 인화점이 섭씨 70도 이상 섭씨 200도 미만인 것
제4석유류	기어유, 실린더유 그 밖에 1기압에서 인화점이 섭씨 200도 이상 섭씨 250도 미만인 것
동식물유류	동물의 지육 또는 식물의 종자나 과육으로부터 추출한 것으로서 1기압에서 인화점이 섭씨 250도 미만인 것

② **고비점 액체 위험물에서 발생될 수 있는 현상**

종류	현상	대책
보일오버 (Boil over)	탱크 유면에서 화재 발생 → 고온의 열류층 형성 → 열파에 의해 탱크 하부 수분이 급격히 비등하면서 상층의 유류를 탱크 밖으로 분출시키는 현상	㉠ 탱크 하부에 배수설비 ㉡ 모래, 비등석 투입
슬롭오버 (Slop over)	탱크 유면에서 화재 발생 → 고온의 열류층 형성 → 물분무 또는 포소화설비 방사 → 열류층 교란 → 고온층 아래 차가운 유류가 불이 붙은 상태로 분출	소량의 물분무 또는 포를 방사하면서 고온의 액체를 서서히 냉각
프로스오버 (Froth over)	화재가 아닌 경우로서 물이 고점도 유류와 접촉되면 급속히 비등하여 거품과 같은 형태로 분출되는 현상	배수설비

3) 전기화재(C급 화재)

① **특징** : 통전 중인 전기시설물의 연소에 의한 화재로 주변의 일반 가연물화재 및 유류화재로 전파되며 감전의 우려가 있어 주수소화는 곤란하며, 질식소화가 효과적이다.

② **발생원인**

㉠ 단락에 의한 발화 : 부하가 접속되지 않은 상태에서 전원만의 폐회로가 구성되는 것을 단락이라 하며, 단락 시에는 전류가 무한대로 흐르게 되며 점화원의 기능을 할 수 있다.

㉡ 과부하(과전류)에 의한 발화 : 전선에 전류가 흐르면 열이 발생되는데 이로 인하여 전선의 온도가 상승하게 된다. 정격전류의 200~300%의 과전류는 피복을 변질시키고, 500~600%의 과전류는 적열 후 용융이 된다.

㉢ 정전기에 의한 발화 : 부도체 간의 마찰 및 충돌 시 축적된 전하가 방전될 때 주위에 가연성 기체 또는 분진이 있으면 폭발을 일으킬 우려가 있다.

㉣ 낙뢰에 의한 발화 : 낙뢰 시에는 수만 A 이상의 전류가 흐르게 되어 절연이 파괴되고 발화될 수 있다.

㉤ 접속기 과열에 의한 발화 : 전기적 접촉 상태가 불량인 경우 접촉 저항에 의한 발열로 발화될 수 있다.

㉥ 전기 스파크에 의한 발화 : 전기 콘센트에 플러그를 꽂거나 뺄 때 또는 스위치의 ON, OFF 시 스파크에 의해 발화가 일어날 수 있으며, 스파크는 OFF 시 심하게 발생한다.

ⓢ 누전 또는 지락에 의한 발화 : 지락이나 누전은 그 발생 순간의 스파크나 누설된 전류의 누적으로 발화될 수 있다.

ⓞ 절연열화 또는 탄화에 의한 발화 : 배선 기구의 절연체 등이 시간 경과에 따라 열화로 인해 절연성이 파괴되거나, 미소전류에 의한 국부 발열과 탄화 누적으로 발화될 수 있다.

4) 금속화재(D급 화재)

종류	Na, K, Al, Mg, 알킬알루미늄, 알킬리튬, 무기과산화물, 그 밖의 금속성 물질 (Cu, Ni 제외)
특징	㉠ 연소 시 온도가 매우 높다(약 2,000~3,000℃). ㉡ 분진 상태로 공기 중에서 부유 시 분진폭발의 우려가 있다. ㉢ 주수소화 시 수증기 폭발의 위험과 수소와 산소 가스가 발생되어 연소가 더욱 심해진다. ㉣ Na, K 등의 금속은 물과 접촉하면 발열반응이 일어난다. $2K + 2H_2O \rightarrow 2KOH + H_2 + Qkcal$ ㉤ 금속의 양이 30~80mg/l 정도이면 금속화재를 일으킬 수 있다.
소화방법	㉠ 건조사에 의한 질식소화(소규모 금속화재에 사용) ㉡ 금속화재용 소화약제(Dry Powder) 사용

 Check Point

➤ **금속화재용 소화약제(Dry Powder)의 종류**

1. MET-L-X 분말
   ① 염화나트륨과 첨가물로 이루어진 소화약제
   ② Na 화재에 적합함
2. G-1 분말
   ① 유기인과 흑연이 입혀진 코크스로 구성됨
   ② Mg, Al, K, Na 등의 화재에 적용할 수 있다.
3. TEC 분말
   ① KCl(29%), NaCl(20%), $BaCl_2$(51%)로 구성됨
   ② 알칼리 금속(Na, K, Mg)의 화재에 적용할 수 있다.
4. Na-X 분말
   ① Cl이 포함되지 않은 소화약제이다.
   ② $Na_2CO_3{}^+$와 첨가제로 이루어지며, 첨가제는 내습성 및 유동성을 향상시킨다.
   ③ Na, K의 화재에 적합하다.

5. TMB 액
① 액체 소화약제이다.
② TMB액과 Halon 1211의 합친 것을 Baralon이라 한다.
③ Mg, Zr, Ti 등의 화재에 적용한다.

➤ **금속화재용 소화약제(Dry Powder)의 구비조건**
1. 고온에 견딜 수 있으며 냉각효과가 좋을 것
2. 금속 표면을 덮을 수 있을 것

5) 산불화재

① **지표화** : 가장 발생 빈도가 높은 산불화재로서 바닥의 낙엽, 잡초 등이 연소하는 형태
② **수간화** : 나무 표면이 건조하거나 구멍이 있어 나무의 기둥이 연소하는 형태
③ **수관화** : 나무의 가지나 잎이 연소하는 형태로 초대형 산불의 원인이 된다.
④ **지중화** : 땅속의 뿌리부분이 타는 현상으로 산소 공급이 적어 연기 발생이 적으며 불꽃이 없어 발견하기가 어렵고 재발화의 위험이 있다.
⑤ **비화** : 불티가 바람에 의해 비산하여 연소하는 형태

6) 주방화재(식용유화재)

특징	㉠ 발화점이 낮고, 인화점과 발화점의 차이가 적다.		
	㉡ 재발화의 위험이 매우 크므로 발화점 이하로 냉각시켜야 한다.		
	㉢ 인화점	연소점	발화점
	약 300~315℃	약 350~370℃	약 390~410℃
소화약제	㉠ 제1종 분말소화약제(나트륨에 의한 비누화 현상)		
	㉡ 강화액 소화기, 포 소화기		

 Check Point

➤ **비누화 현상**
㉠ 중탄산나트륨계의 분말소화약제를 지방이나 식용유 화재에 적용 시 기름의 지방산과 Na^+ 이온이 결합하여 비누를 형성한다.
㉡ 생성된 비누는 기름을 포위하거나, 연소생성물인 가스에 의해 거품을 형성하여 재발화를 방지한다.

7) 가스화재(E급 화재)

종류	LNG, LPG, 도시가스 등
특징	㉠ 작은 에너지로도 착화되어 폭연, 폭굉에 이를 수 있다. ㉡ 연기가 발생되지 않는 경우가 많지만 낮은 온도에서는 연한 색의 연기가 발생되기도 한다. ㉢ 주성분이 유류와 동일하여 화학적 성질은 유사하지만 기체 상태이므로 매우 민감한 성질을 갖는다. ㉣ 폭굉으로 전이되기 전에 소화가 필요하다.

① 가스의 분류
㉠ 연소성에 따른 분류

가연성 가스	연소범위의 하한값이 10% 이하이거나 상한값과 하한값의 차이가 20% 이상인 가스 예 메탄, 에탄, 프로판, 수소, 아세틸렌 등
조연성 가스	자기 자신은 연소하지 않고 가연물의 연소에 필요한 산소를 공급해 줄 수 있는 가스 예 공기, 산소, 오존, 할로겐원소 등
불연성 가스	화학적으로 안정되어 산화반응을 하지 않거나 흡열반응을 하는 가스 예 CO_2, H_2O, P_2O_5, He, Ne, Ar, Kr, Xe, Rn, N_2 등

㉡ 취급상태에 따른 분류

압축가스	임계 온도가 낮아 기체로 저장 또는 취급되는 가스 예 수소, 질소, 산소, 염소, 헬륨, 아르곤 등
액화가스	임계 온도가 높아 액체로 저장 또는 취급되는 가스 예 LPG, LNG, CO_2 등

 Check Point · BLEVE(Boiling Liquid Expanding Vapor Explosion, 비등액체팽창증기폭발)

1. 정의

   가연성 액화가스의 저장탱크 주위에 화재가 발생하여 기상부의 탱크 강판이 국부적으로 가열된 경우 그 부분의 강도가 약해져 파열되면서 내부의 가열된 액화가스가 급속히 비등하면서 팽창, 폭발하는 현상이다.

2. 방지대책

   ① 탱크 내부의 압력을 감압시킨다.

   ② 방유제를 경사지게 설치하여 화염이 직접 탱크에 닿지 않도록 한다.

   ③ 탱크 외벽에 대하여 단열조치를 한다.

   • 지상에 설치된 탱크 주위에 흙을 쌓아 덮는 방법

• 탱크를 지면 아래로 매설시키는 방법
④ 탱크 기상부의 온도 급상승 방지를 위해 물분무 설비를 설치한다.
⑤ 액화가스를 비상시에 안전한 장소로 이송시키는 이송배관을 설치, 운용한다.
⑥ 탱크에 대한 기계적 충돌을 방지한다.

 Check Point

➤ Fire ball(화구)
Fire ball은 BLEVE나 UVCE와 같이 Flash 증발로 인해 확산된 인화성 증기가 착화되면서 폭발할 때, 화염이 급속히 확대되어 공기를 끌어올리며 버섯형 화염으로 되어가는 것처럼 보이게 되는 형태를 Fire ball이라 한다.

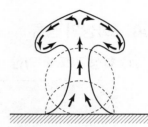

➤ UVCE(Unconfined Vapor Cloud Explosion, 증기운 폭발)
1. 정의
위험물을 저장하는 탱크에서 유출된 가연성 가스가 공기와 혼합하여 증기운을 형성하며 떠다니다 점화원에 의해 폭발이 일어나는 현상을 말한다.
2. 방지대책
① 위험물질의 유출을 방지한다.
② 가스 누설 여부를 확인할 수 있는 분석기 및 검지기를 설치한다.
③ 자동 차단 밸브를 설치하여 초기에 시스템을 정지시킨다.

03 화재피해의 분류

1) 화재의 소실 정도

① **국소 화재** : 전체의 10% 미만이 소손된 경우로서 바닥 면적이 $3.3m^2$ 미만이거나 내부의 수용물만이 소손된 경우

② **부분소 화재** : 전체의 10% 이상 30% 미만이 소손된 경우

③ **반소 화재** : 전체의 30% 이상 70% 미만이 소손된 경우

④ **전소 화재** : 전체의 70% 이상이 소손되거나 70% 미만이라 할지라도 재수리 후 사용이 불가능하도록 소손된 경우

⑤ **즉소 화재** : 화재로 인한 인명피해가 없고 피해액이 경미한(동산과 부동산을 포함하여 50만 원 미만) 화재로 화재 건수에 이를 포함한다.

2) 인명피해의 종류

① **사상자** : 화재현장에서 사망 또는 부상을 당한 사람

② **사망자** : 화재현장에서 부상을 당한 후 72시간 이내에 사망한 경우

③ **중상자** : 의사의 진단을 기초로 하여 3주 이상의 입원치료를 필요로 하는 부상

④ **경상자** : 중상 이외의 (입원치료를 필요로 하지 않는 것도 포함) 부상

04　화상의 종류

1) 화상 강도에 의한 분류

1도 화상(홍반성 화상)	㉠ 일반적으로 햇빛에 의한 화상 ㉡ 피부가 약간 붉게 보이는 정도의 화상
2도 화상(수포성 화상)	㉠ 표피가 타들어가 진피가 손상되는 화상 ㉡ 화상 부위가 분홍색으로 되고 수포가 발생
3도 화상(괴사성 화상)	㉠ 피부의 모든 층이 타 버린 화상 ㉡ 열이 피부 깊숙이 침투하여 검게 된다.
4도 화상(흑색 화상)	㉠ 근육, 신경, 뼛속까지 손상되는 화상 ㉡ 통증이 거의 없을 수 있다.

2) 화상 면적에 의한 분류

구 분	1도 화상(표층 화상)	2도 화상(부분층 화상)	3도 화상(전층 화상)
경증 화상	50% 미만	15% 미만	−
중간 화상	50~75% 미만	15~30% 미만	−
중증 화상	75% 초과	30% 초과	10% 초과

CHAPTER 03 건축물의 화재성상

01 실내화재의 성장 단계

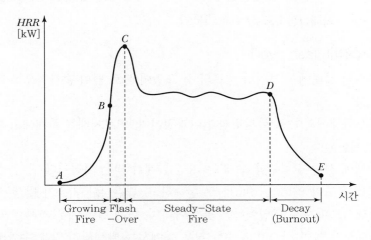

1) 발화 및 화재의 초기 단계(A점 이전)

① 초기단계

　　㉠ 발화를 위해 가연물에 대한 가열이 이루어지는 단계로서, 연기가 발생되기도 한다.

　　㉡ 연소 부위가 매우 작아서 주변으로의 주된 열전달이 복사가 아니며, 연소부의 직경이 약 0.2m 이하이면서 발열량도 20kW 이하인 경우가 이에 해당된다.

② 발화(화재의 개시)

　　㉠ 점화원에 의한 발화(Pilot ignition)

　　㉡ 자연발화(Spontaneous ignition)

2) 성장기

① 실내에서 발생된 발화에서부터 플래시오버(Flash over)가 일어나기까지 진행되는 화재의 단계로서, 시간 경과에 따라 열방출속도가 증가한다.

② 성장기의 연소는 마치 개방된 대기 공간에서의 연소와 같은 양상을 보이게 된다.

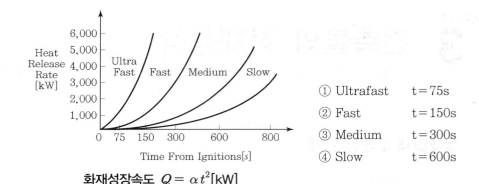

화재성장속도 $Q = \alpha t^2$[kW]

3) 플래시오버(Flash over)

① 구획된 실내에서 가연성 재료의 전 표면이 불로 덮여 순간적으로 화염이 확대되는 현상

② 국부화재에서 대형 화재로의 전이과정이며, 연료지배형 화재에서 환기지배형 화재로 전환된다.

③ 실내에 사람이 거주할 수 없는 피난 한계가 되는 시점이다.

④ 실내 온도가 약 800~900℃로 상승하고, 많은 유독가스가 발생된다.

⑤ 플래시오버는 항상 일어나는 것은 아니며, 화재 실이 매우 커서 온도 상승이 늦거나 밀폐도가 높아 산소가 부족한 경우 등에서는 발생되지 않을 수 있다.

4) 최성기 화재

① 환기지배형 화재의 과정으로서, 열방출속도의 변화가 적으며 실의 온도가 매우 높다.

② 실의 온도가 800~1,000℃에 이르게 되며, 건물의 도괴 방지와 관련하여 지속시간 및 최고온도의 파악이 중요하다.

5) 감쇠기

① 최성기를 거치면서 가연물의 양이 급격히 줄어들어 화재강도(Fire intensity)가 감소하기 시작하여 시간에 따라 열방출속도(HRR)가 감소되는 단계를 감쇠기라 한다. (일부의 경우에는 가연물의 약 80%가 소진된 시점이라 정의하기도 함)

② 최성기의 환기지배형 화재에서 연료지배형 화재로 전환된다.

③ 건물 구조재의 내화시간을 결정하는 데 관련성이 있다.

④ Back draft가 발생할 수 있다.

‖ Reference ‖ Back draft

실내화재 시 최성기로 접어들면 많은 양의 공기가 필요하지만 개구부가 폐쇄되어 있는 경우 공기의 공급이 어렵게 되어 연소현상이 원활치 못하게 된다. 이때 공기가 공급될 경우 실내에 축적되어 있던 가연성 가스의 폭발적인 연소를 Back Draft 현상이라 한다.

① Back draft 현상은 최성기 이후(감쇠기)에서 발생된다.

② 개방된 개구부를 통하여 화염이 외부로 분출된다.

③ 급격한 압력상승으로 건물이 붕괴될 수 있다.

④ Back draft 발생 조건

    ㉠ 밀폐된 공간에서 연소가 일어날 때

    ㉡ 실내에 다량의 가연성 가스가 존재할 때

    ㉢ 실내의 온도가 매우 높을 때

‖ Reference ‖ Flash over와 Back draft 비교

구 분	발생원인	발생시기
Flash over	에너지 축적	성장기
Back draft	공기 공급	최성기 이후(감쇠기)

02 플래시오버(Flash over)

1) 플래시오버 발생 메커니즘

① **고온의 가연성 가스 축적에 의한 발생**

    ㉠ 연소에 의해 발생된 미연소 가연성 가스가 천장부에 축적

    ㉡ 공기와 혼합되어 가연성 혼합기를 형성

    ㉢ 가연성 혼합기가 화염에 접촉하거나, 온도가 500~600℃ 이상으로 상승하여 충분한 복사열을 방출

    ㉣ 순식간에 실 전체가 화염에 휩싸이는 플래시오버가 발생

② **복사열에 의한 발생**

    ㉠ 대형 가구 연소 시 고온의 연기 층 또는 가열된 천장 면에서의 복사열이 실내의 가연물로 방사됨

    ㉡ 실내 가연물의 열분해가 급속히 발생되어 플래시오버가 발생

2) 플래시오버의 발생조건

① 충분한 크기의 열방출속도(HRR)에 도달할 것

② 바닥에서의 열류가 20kW/m^2 이상일 것

③ 실내 복사열원의 온도가 500℃ 이상일 것

④ 연소속도가 40g/s 이상일 것

⑤ 다양한 열 복사원이 있을 것(고온의 천장 면, 연기 층, 화염)

⑥ 산소농도가 10%, $CO_2/CO = 150$ 정도일 것

3) 플래시오버의 방지대책

① 천장, 벽 등의 내장재를 불연화한다.

② 개구부의 크기를 제한한다.(개구부를 크게 하는 것은 연소 및 연기의 확산을 일으킬 수 있다.)

③ 실내의 연료하중을 감소시킨다.(불연 캐비닛에 보관, 가연물 제한)

④ 가구 등은 가급적 소형화한다.

03 화재 가혹도

1) 개념

① 화재 가혹도는 화재의 최고온도와 지속시간에 의해 표현되는 화재의 규모를 표시하는 지표이다.

② **최고온도와 지속시간**

   ㉠ 최고온도 : 발생 화재의 열 축적률이 크다는 것을 표시하는 화재강도(Fire intensity)의 개념이다.

   ㉡ 지속시간 : 화재에 의해 연소되는 가연물의 양을 표시하는 연료하중(Fire load)의 개념이다.

③ 화재 가혹도는 화재의 시간온도 곡선의 하부면적으로 표현할 수 있다.

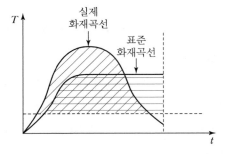

만일 두 곡선의 하부 면적의 크기가 같다면 화재 가혹도는 같다고 할 수 있다.

2) 연료하중(화재하중, Fire load)

① 연료하중 계산

$$W(\mathrm{kg/m^2}) = \frac{\Sigma\,(G_t \cdot H_t)}{H_o \cdot A_f} = \frac{\Sigma\,Q_t}{H_o \cdot A_f}$$

여기서, W : 연료하중(화재하중)(kg/m²), G_t : 가연물의 양(kg)

H_t : 가연물의 단위질량당 발열량(kcal/kg)(kJ/kg)

H_o : 목재의 단위질량당 발열량 4,500(kcal/kg)/18,855(kJ/kg)

A_f : 화재 실의 바닥 면적(m²), Q_t : 가연물의 전체 발열량(kcal)(kJ)

② 연료하중은 단위면적당 가연물의 질량으로 나타낸다.

③ 연료하중이 클수록 화재의 지속시간이 길어지므로 소화설비의 주수시간(min)을 결정한다.

④ **감소대책**

  ㉠ 내장재, 수용 물품 등을 불연화한다.

  ㉡ 가연물을 불연성 철제함 등에 수납한다.

  ㉢ 가연물을 최소 필요량만 보관한다.

예제

목재 500kg과 종이 박스 300kg이 쌓여 있는 컨테이너(폭 : 2.4m, 길이 : 6m, 높이 : 2.4m) 내부의 화재하중(kg/m²)은?(단, 목재의 단위발열량은 18,855kJ/kg이며, 종이의 단위발열량은 16,760kJ/kg이다.)

㉮ 22.18 ㉯ 53.24

㉰ 133.10 ㉱ 223.08

정답 및 해설

정답 ㉯

화재하중 $W(\mathrm{kg/m^2}) = \dfrac{\Sigma\,Q_t}{H_o \cdot A_f}$

① $Q_t = (500\mathrm{kg} \times 18{,}855\mathrm{kJ/kg}) + (300\mathrm{kg} \times 16{,}760\mathrm{kJ/kg}) = 14{,}455{,}500\mathrm{kJ}$

② $A_f = 2.4 \times 6 = 14.4\mathrm{m^2}$

③ $W(\mathrm{kg/m^2}) = \dfrac{\Sigma\,Q_t}{18{,}855 \times A_f} = \dfrac{14{,}455{,}500}{18{,}855 \times 2.4 \times 6} = 53.24$

3) 화재강도(Fire intensity)

① 단위시간당 열출적률을 화재 강도라 한다. 최고 온도가 높으면 화재강도가 커지며 주수량(l/m^2)을 결정한다.

② 실의 온도는 온도인자에 의해 결정된다.

$$온도인자 \ F_0 = \frac{A_v \sqrt{H}}{A_T}$$

여기서, A_T : 실내의 전 표면적

③ **영향인자**

㉠ 연소열 : 가연물의 연소열이 클수록 화재강도가 커진다.

㉡ 가연물의 비표면적 : 비표면적이 클수록 화재강도가 커진다.

㉢ 공기 공급량 : 공기 공급이 원활할수록 화재강도가 커진다.

㉣ 실의 단열성 : 단열이 우수하면 열축적이 용이하므로 화재강도가 커진다.

04 목조 건축물의 화재

1) 목재의 특성

① **목재의 열전도율** : 콘크리트, 철재보다 열전도율이 낮아 열축적이 크다.

재료의 종류	콘크리트	철재	목재
열전도율(cal/cm · s · ℃)	4.1×10^{-3}	0.15	0.41×10^{-3}

② **목재의 열팽창률** : 철재, 벽돌, 콘크리트보다 작다.(열팽창은 건물붕괴의 주 인자이다.)

재료의 종류	목재	철재	벽돌	콘크리트
선팽창계수((cm/cm)/℃) 1℃당 늘어난 비율	4.92×10^{-5}	1.15×10^{-3}	9.5×10^{-5}	$1.0 \sim 1.4 \times 10^{-4}$

2) 목재 연소의 영향인자

① **수분함량**

㉠ 목재에 수분함량이 많을 경우 물의 비열과 증발잠열로 인하여 많은 열이 필요하게 되어 착화는 물론 연소속도도 느려진다.

ⓛ 수분의 함량이 15% 이상이면 비교적 고온의 열원에 장시간 노출되어도 착화가 어렵지만 일단 발화되면 50% 이상의 수분함량에도 연소가 계속된다.

② **크기와 외형**

㉠ 목재의 크기가 작으면 활성화 에너지가 작게 되어 착화가 용이하다.

㉡ 표면적이 크면 공기와의 접촉 면적이 넓기 때문에 연소성이 증대된다.

㉢ 크기가 작고, 두께가 얇을수록 연소성이 우수하다.

③ **가열속도와 지속시간**

㉠ 목재는 고체이므로 가연성 액체나 기체에 비해 가연성 증기의 발생이 어려워 착화가 어렵지만 일단 착화되면 발열량이 크고 재연의 우려도 있어 소화에 어려움이 있다.

㉡ 목재가 착화되려면 목재 표면에서 가연성 가스가 발생될 때까지 충분한 시간 동안 열원과 접촉시켜야 한다.

㉢ 가열시간이 길면 비교적 낮은 온도에서도 착화가 가능하지만 가열시간이 짧으면 착화온도 이상에서도 착화가 어렵다.

3) 목재의 열분해 단계

① **100℃** : 수분 및 휘발성분이 증발하여 갈색으로 변한다.

② **170℃** : 흑갈색으로 변하면서 열분해되어 가연성 기체가 생성된다.

③ **260℃** : 급격한 분해가 일어나며 목재의 인화점이 된다.

④ **480℃** : 목재의 발화점이 되며, 폭발적으로 연소한다.

4) 목조 건축물의 화재원인

① **접염** : 화염 또는 열이 목재에 접촉되어 착화되는 것

② **복사열** : 화염 또는 고온체에서 발생되는 복사열에 의해 목재가 열분해되어 착화되는 것

③ **비화** : 화재 발생장소로부터 불티, 불꽃 등이 인근의 목재에 날아가 착화되는 것

5) 목조 건축물의 화재진행과정

> 화재원인 – 무염착화 – 발염착화 – 출화 – 최성기 – 연소낙하 – 소화

① **무염착화** : 가연물이 연소하면서 불꽃 없이 착화되는 현상

② **발염착화** : 무염상태의 가연물이 약 260℃ 부근에서 불꽃을 내면서 착화되는 현상

③ **출화**

    ㉠ 옥내출화

        ㉮ 건축물 실내의 천장 속, 벽 내부에서 착화

        ㉯ 준불연성, 난연성으로 피복된 내부에서 착화

    ㉡ 옥외출화

        ㉮ 건축물 외부의 가연물질에서 착화

        ㉯ 창, 출입구 등의 개구부 등에서 착화

④ **최성기** : 출화와 동시에 불꽃이 실 전체로 급속히 확대되며 연기 색상도 백색에서 흑색으로 변하며, 이때 실내의 최고온도는 약 1,200℃에 이르게 된다.

⑤ **연소낙하** : 최성기가 지나고 천장, 지붕, 벽 등이 무너져 내리면서 화세가 약해지는 시기이다.

6) 목조 건축물의 화재 특성

① **연료지배형 화재**

    고온 단기형(약 1,200℃, 10~20분)

② **최성기까지 시간**

    약 5~15분

③ 개방된 공간에서는 Flash over가 발생되지 않는다.

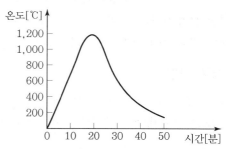

[목재 건축물 화재의 시간온도곡선]

05　내화 건축물의 화재

내화 건축물은 철근콘크리트조, 철골철근콘크리트조, 연와조 등 주요구조부가 가연성이 아니고 밀도가 높아 산소공급이 불충분하여 화재 초기에는 연료지배형 화재의 특성을 띠고, Flash over 이후에는 환기지배형 화재의 특성을 갖는다.

1) 내화 건축물화재의 진행단계

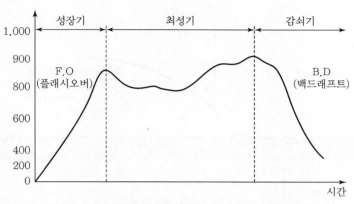

[초기 – 발화 – 성장기 – 최성기 – 감쇠기]

① **초기** : 주요구조부가 가연성이 아니고 공기의 유통도 적기 때문에 연소속도가 완만하다.

② **발화** : 화재의 개시

③ **성장기** : 에너지의 축적에 의해 연소가 급격히 진행되어 검은 연기가 발생되며 실전체가 화염에 휩싸이는 Flash Over가 발생한다.

④ **최성기**

　㉠ 환기지배형 화재의 과정으로서, 열방출속도의 변화가 적으며 실의 온도가 매우 높다.

　㉡ 실의 온도가 약 800~1,000℃에 이르게 되며, 건물의 도괴 방지와 관련하여 지속 시간 및 최고온도의 파악이 중요하다.

⑤ **감쇠기**

　㉠ 실내의 가연물이 거의 소진되어 화세가 약해지며 상당시간 고온으로 유지된 후 연기의 농도도 옅어진다.

　㉡ 최성기의 환기지배형 화재에서 연료지배형 화재로 전환된다.

　㉢ Back draft가 발생할 수 있다.

2) 내화 건축물화재의 특성

① 내화 건축물은 목조 건축물에 비해 연소온도는 낮지만 연소 지속시간은 길다.

② 저온 장기형이다.(약 800~1,000℃, 30분~3시간)

3) 내화 건축물과 목조 건축물 화재의 비교

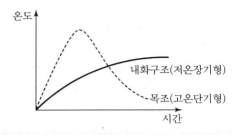

구 분	특 징
목조 건축물	고온단기형(약 1,200℃, 5~15분)
내화 건축물	저온장기형(약 800℃, 30분~3시간)

4) 표준시간온도 곡선

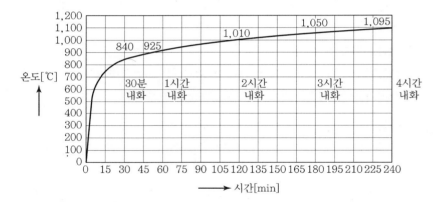

$$\text{표준온도시간 곡선 } \theta = \theta_0 + 345\log(8t+1)$$

여기서, θ : t시간 이후 가열로의 온도

θ_0 : 가열하기 전 가열로의 온도(20℃)

t : 지속시간(min)

CHAPTER 04 건축방화

01 내화구조

1) 개념

내화구조란 화재에 견딜 수 있는 성능을 가진 구조로 쉽게 연소되지 않고 화재 시에도 상당 시간 내력의 저하가 없으며 진화 후에 재사용이 가능한 구조

2) 목적 및 기능

목적	기능
① 인명 보호 및 원활한 소화활동	① 차열 및 차염성
② 화재 확대방지 및 재산보호	② 불연성능
③ 건물의 도괴 방지	③ 충격 및 주수에 대한 강도 유지

3) 기준(건축물의 피난 · 방화구조 등의 기준에 관한 규칙 제3조)

① 벽

ㄱ 철근콘크리트조 또는 철골철근콘크리트조 : 두께 10cm 이상

ㄴ 골구를 철골조로 하고 그 양면을 두께 4cm 이상의 철망모르타르 또는 두께 5cm 이상의 콘크리트블록 · 벽돌 또는 석재로 덮은 것

ㄷ 철재로 보강된 콘크리트 블록조 · 벽돌조 또는 석조로서 철재에 덮은 콘크리트블록 등의 두께 5cm 이상

ㄹ 벽돌조 : 두께 19cm 이상

ㅁ 고온 · 고압의 증기로 양생된 경량기포 콘크리트패널 또는 경량기포 콘크리트블록조 : 두께 10cm 이상

② **외벽 중 비내력벽**

ㄱ 철근콘크리트조 또는 철골철근콘크리트조 : 두께 7cm 이상

ㄴ 골구를 철골조로 하고 그 양면을 두께 3cm 이상의 철망모르타르 또는 두께 4cm 이상의 콘크리트블록 · 벽돌 또는 석재로 덮은 것

ㄷ 철재로 보강된 콘크리트블록조 · 벽돌조 또는 석조 : 철재에 덮은 콘크리트블록 등의 두께 4cm 이상

ㄹ 무근콘크리트조 · 콘크리트블록조 · 벽돌조 또는 석조 : 두께 7cm 이상

③ **기둥(그 작은 지름이 25cm 이상인 것)**

㉠ 철근콘크리트조 또는 철골철근콘크리트조

㉡ 철골을 두께 6cm(경량골재 : 5cm) 이상의 철망모르타르 또는 두께 7cm 이상의 콘크리트 블록·벽돌 또는 석재로 덮은 것

㉢ 철골을 두께 5cm 이상의 콘크리트로 덮은 것

④ **바닥**

㉠ 철근콘크리트조 또는 철골철근콘크리트조 : 두께 10cm 이상

㉡ 철재로 보강된 콘크리트블록조·벽돌조 또는 석조 : 철재에 덮은 콘크리트블록 등의 두께 5cm 이상인 것

㉢ 철재의 양면을 두께 5cm 이상의 철망모르타르 또는 콘크리트로 덮은 것

⑤ **보(지붕틀을 포함)**

㉠ 철근콘크리트조 또는 철골철근콘크리트조

㉡ 철골을 두께 6cm(경량골재 : 5cm) 이상의 철망모르타르 또는 두께 5cm 이상의 콘크리트로 덮은 것

㉢ 철골조의 지붕틀(바닥으로부터 그 아랫부분까지의 높이가 4m 이상인 것에 한한다.)로서 바로 아래에 반자가 없거나 불연재료로 된 반자가 있는 것

⑥ **지붕**

㉠ 철근콘크리트조 또는 철골철근콘크리트조

㉡ 철재로 보강된 콘크리트블록조·벽돌조 또는 석조

㉢ 철재로 보강된 유리블록 또는 망입유리로 된 것

⑦ **계단**

㉠ 철근콘크리트조 또는 철골철근콘크리트조

㉡ 무근콘크리트조·콘크리트블록조·벽돌조 또는 석조

㉢ 철재로 보강된 콘크리트블록조·벽돌조 또는 석조

㉣ 철골조

🔥 **Check Point** **주요 구조부**

1. 건축물의 골격을 유지하는 부분
2. 주 계단·내력벽·기둥·바닥·보·지붕틀(다만, 사잇벽·사잇기둥·최하층 바닥·작은 보·차양·옥외 계단 등은 제외한다.)

02 방화구조(건축물의 피난 · 방화구조 등의 기준에 관한 규칙 제4조)

화염의 확산을 막을 수 있는 성능을 가진 구조로 다음의 기준에 적합한 구조

① **철망모르타르** : 그 바름 두께가 2cm 이상
② **석고판 위에 시멘트모르타르 또는 회반죽을 바른 것** : 그 두께의 합계가 2.5cm 이상
③ **시멘트모르타르 위에 타일을 붙인 것** : 그 두께의 합계가 2.5cm 이상
④ 삭제 〈2010.4.7.〉
⑤ 삭제 〈2010.4.7.〉
⑥ 심벽에 흙으로 맞벽치기한 것
⑦ 「산업표준화법」에 따른 한국산업표준이 정하는 바에 따라 시험한 결과 방화 2급 이상에 해당하는 것

 Check Point

> ➤ **불연재료**
> 1. 불에 타지 않는 성질을 가진 재료로서 불연성 시험 및 가스 유해성 시험결과 기준을 만족하는 것
> 2. 콘크리트 · 석재 · 벽돌 · 기와 · 철강 · 알루미늄 · 유리 · 시멘트모르타르 · 회
>
> ➤ **준불연재료**
> 1. 불연재료에 준하는 성질을 가진 재료로서 열방출률 시험 및 가스 유해성 시험결과 기준을 만족하는 것
> 2. 석고보드 · 목모시멘트판
>
> ➤ **난연재료**
> 1. 불에 잘 타지 않는 성질을 가진 재료로서 열방출률 시험 및 가스 유해성 시험결과 기준을 만족하는 것
> 2. 난연합판 · 난연플라스틱

03 방화문

1) 개념

방화문은 화재확산 방지 및 피난을 위하여 규정된 방화구획이나 피난계단 등의 출입문으로 설치하는 것이다.

2) 방화문의 구분(건축법 시행령 제64조)

① 방화문은 다음 각 호와 같이 구분한다.

  ㉠ 60분 + 방화문 : 연기 및 불꽃을 차단할 수 있는 시간이 60분 이상이고, 열을 차단할 수 있는 시간이 30분 이상인 방화문

  ㉡ 60분방화문 : 연기 및 불꽃을 차단할 수 있는 시간이 60분 이상인 방화문

  ㉢ 30분방화문 : 연기 및 불꽃을 차단할 수 있는 시간이 30분 이상 60분 미만인 방화문

② 제1항 각 호의 구분에 따른 방화문 인정 기준은 국토교통부령으로 정한다.

04 방화구획

1) 정의(건축법 시행령 제46조 1항)

화재 시 연소확대를 방지하기 위하여 내화구조로 된 바닥 · 벽 · 자동방화셔터 및 60분 + 방화문, 60분방화문으로 구획한 것을 말한다.

2) 방화구획의 대상(건축법 시행령 제46조)

① 주요 구조부가 내화구조 또는 불연재료로 된 건축물로서 연면적이 $1,000m^2$를 넘는 것은 방화구획할 것

② 건축물 일부의 주요구조부를 내화구조로 하거나 제2항에 따라 건축물의 일부에 제1항을 완화하여 적용한 경우에는 내화구조로 한 부분 또는 제1항을 완화하여 적용한 부분과 그 밖의 부분을 방화구획으로 구획하여야 한다.

③ 공동주택 중 아파트로서 4층 이상인 층의 각 세대가 2개 이상의 직통계단을 사용할 수 없는 경우에는 발코니에 인접 세대와 공동으로 또는 각 세대별로 다음 각 호의 요건을 모두 갖춘 대피공간을 하나 이상 설치해야 한다. 이 경우 인접 세대와 공동으로 설치하는 대피공간은 인접 세대를 통하여 2개 이상의 직통계단을 쓸 수 있는 위치에 우선 설치되어야 한다.

Check Point

> **공동주택 중 아파트의 발코니에 설치하는 대피공간의 구조(건축법 시행령 제46조 4항)**
>
> 1. 대피공간은 바깥의 공기와 접할 것
> 2. 대피공간은 실내의 다른 부분과 방화구획으로 구획될 것
> 3. 대피공간의 바닥면적은 인접 세대와 공동으로 설치하는 경우에는 3제곱미터 이상, 각 세대별로 설치하는 경우에는 2제곱미터 이상일 것
> 4. 국토교통부장관이 정하는 기준에 적합할 것
>
> **대피공간을 설치하지 아니할 수 있는 발코니의 구조(건축법 시행령 제46조 5항)**
>
> 1. 인접 세대와의 경계벽이 파괴하기 쉬운 경량구조 등인 경우
> 2. 경계벽에 피난구를 설치한 경우
> 3. 발코니의 바닥에 국토교통부령으로 정하는 하향식 피난구를 설치한 경우
> 4. 국토교통부장관이 제4항에 따른 대피공간과 동일하거나 그 이상의 성능이 있다고 인정하여 고시하는 구조 또는 시설(이하 이 호에서 "대체시설"이라 한다)을 갖춘 경우. 이 경우 국토교통부장관은 대체시설의 성능에 대해 미리 「과학기술분야 정부출연연구기관 등의 설립·운영 및 육성에 관한 법률」 제8조제1항에 따라 설립된 한국건설기술연구원(이하 "한국건설기술연구원"이라 한다)의 기술검토를 받은 후 고시해야 한다.

④ 요양병원, 정신병원, 「노인복지법」 제34조제1항제1호에 따른 노인요양시설(이하 "노인요양시설"이라 한다), 장애인 거주시설 및 장애인 의료재활시설의 피난층 외의 층에는 다음 각 호의 어느 하나에 해당하는 시설을 설치하여야 한다.

1. 각 층마다 별도로 방화구획된 대피공간
2. 거실에 접하여 설치된 노대등
3. 계단을 이용하지 아니하고 건물 외부의 지상으로 통하는 경사로 또는 인접 건축물로 피난할 수 있도록 설치하는 연결복도 또는 연결통로

3) 방화구획의 종류

① **면적별 구획(건축물의 피난·방화구조 등의 기준에 관한 규칙 제14조 1항 1호·3호)**

  ㉠ 10층 이하의 층은 바닥면적 1,000㎡(스프링클러 기타 이와 유사한 자동식 소화설비를 설치한 경우에는 바닥면적 3,000㎡) 이내마다 구획할 것

  ㉡ 11층 이상의 층은 바닥면적 200㎡(스프링클러 기타 이와 유사한 자동식 소화설비를 설치한 경우에는 600㎡) 이내마다 구획할 것. 다만, 벽 및 반자의 실내에 접하는 부분의 마감을 불연재료로 한 경우에는 바닥면적 500㎡(스프링클러 기타 이와 유사한 자동식 소화설비를 설치한 경우에는 1,500㎡) 이내마다 구획하여야 한다.

구분		자동식 소화설비 미설치	자동식 소화설비 설치
10층 이하		1,000m² 이내	3,000m² 이내
11층 이상	일반재료	200m² 이내	600m² 이내
	불연재료	500m² 이내	1,500m² 이내

② **층별 구획(건축물의 피난·방화구조 등의 기준에 관한 규칙 제14조 1항 2호, 4호)**

ㄱ 2호 : 매 층마다 구획할 것. 다만, 지하 1층에서 지상으로 직접 연결하는 경사로 부위는 제외한다.

ㄴ 4호 : 필로티나 그 밖에 이와 비슷한 구조(벽 면적의 2분의 1 이상이 그 층의 바닥 면에서 위층 바닥 아래면까지 공간으로 된 것만 해당한다)의 부분을 주차장으로 사용하는 경우 그 부분은 건축물의 다른 부분과 구획할 것

③ **용도별 구획(건축법 시행령 제46조 3항)** : 건축물 일부의 주요구조부를 내화구조로 하거나 제2항에 따라 건축물의 일부에 제1항을 완화하여 적용한 경우에는 내화구조로 한 부분 또는 제1항을 완화하여 적용한 부분과 그 밖의 부분을 방화구획으로 구획하여야 한다.

④ **수직관통부구획** : 엘리베이터 권상기실, 계단, 경사로, 린넨슈트, 피트 등 수직관통부를 방화구획한다.

4) 방화구획의 방법(건축물의 피난·방화구조 등의 기준에 관한 규칙 제14조 2항)

① 영 제46조에 따른 방화구획으로 사용하는 60분+방화문 또는 60분방화문은 언제나 닫힌 상태를 유지하거나 화재로 인한 연기 또는 불꽃을 감지하여 자동적으로 닫히는 구조로 할 것. 다만, 연기 또는 불꽃을 감지하여 자동적으로 닫히는 구조로 할 수 없는 경우에는 온도를 감지하여 자동적으로 닫히는 구조로 할 수 있다.

② 외벽과 바닥 사이에 틈이 생긴 때나 급수관·배전관 그 밖의 관이 방화구획으로 되어 있는 부분을 관통하는 경우 그로 인하여 방화구획에 틈이 생긴 때에는 그 틈을 한국건설기술연구원장이 국토교통부장관이 정하여 고시하는 기준에 따라 내화채움성능을 인정한 구조로 메울 것

ㄱ 삭제〈2021.3.26.〉

ㄴ 삭제〈2021.3.26.〉

③ 환기·난방 또는 냉방시설의 풍도가 방화구획을 관통하는 경우에는 그 관통 부분 또는 이에 근접한 부분에 다음 각 목의 기준에 적합한 댐퍼를 설치할 것. 다만, 반도체 공장건축물로서 방화구획을 관통하는 풍도의 주위에 스프링클러헤드를 설치하는 경우에는 그렇지 않다.

ⓐ 화재로 인한 연기 또는 불꽃을 감지하여 자동적으로 닫히는 구조로 할 것. 다만, 주방 등 연기가 항상 발생하는 부분에는 온도를 감지하여 자동적으로 닫히는 구조로 할 수 있다.

ⓑ 국토교통부장관이 정하여 고시하는 비차열(非遮熱)성능 및 방연성능 등의 기준에 적합할 것

ⓒ 삭제 〈2019.8.6.〉

ⓓ 삭제 〈2019.8.6.〉

④ 영 제46조제1항제2호와 제81조제5항제5호에 따라 설치되는 자동방화셔터는 피난이 가능한 60분+방화문 또는 60분방화문으로부터 3미터 이내에 별도로 설치할 것

5) 하향식 피난구의 구조(건축물의 피난ㆍ방화구조 등의 기준에 관한 규칙 제14조 4항)

① 피난구의 덮개(덮개와 사다리, 승강식피난기 또는 경보시스템 일체형으로 구성된 경우에는 그 사다리, 승강식피난기 또는 경보시스템을 포함한다)는 품질시험을 실시한 결과 비차열 1시간 이상의 내화성능을 가져야 하며, 피난구의 유효 개구부 규격은 직경 60cm 이상일 것 〈개정 2022.4.29.〉

② 상층ㆍ하층 간 피난구의 수평거리는 15cm 이상 떨어져 있을 것 〈개정 2022.4.29.〉

③ 아래층에서는 바로 위층의 피난구를 열 수 없는 구조일 것

④ 사다리는 바로 아래층의 바닥면으로부터 50cm 이하까지 내려오는 길이로 할 것

⑤ 덮개가 개방될 경우에는 건축물관리시스템 등을 통하여 경보음이 울리는 구조일 것

⑥ 피난구가 있는 곳에는 예비전원에 의한 조명설비를 설치할 것

6) 방화구획의 완화요건(건축법 시행령 제46조2항)

① 문화 및 집회시설(동ㆍ식물원은 제외한다), 종교시설, 운동시설 또는 장례시설의 용도로 쓰는 거실로서 시선 및 활동공간의 확보를 위하여 불가피한 부분

② 물품의 제조ㆍ가공ㆍ보관 및 운반 등에 필요한 고정식 대형기기 설비의 설치를 위하여 불가피한 부분. 다만, 지하층인 경우에는 지하층의 외벽 한쪽 면(지하층의 바닥면에서 지상층 바닥 아래면까지의 외벽 면적 중 4분의 1 이상이 되는 면을 말한다) 전체가 건물 밖으로 개방되어 보행과 자동차의 진입ㆍ출입이 가능한 경우에 한정한다.

③ 계단실ㆍ복도 또는 승강기의 승강장 및 승강로로서 그 건축물의 다른 부분과 방화구획으로 구획된 부분. 다만, 해당 부분에 위치하는 설비배관 등이 바닥을 관통하는 부분은 제외한다.

④ 건축물의 최상층 또는 피난층으로서 대규모 회의장ㆍ강당ㆍ스카이라운지ㆍ로비 또는 피난안전구역 등의 용도로 쓰는 부분으로서 그 용도로 사용하기 위하여 불가피한 부분

⑤ 복층형 공동주택의 세대별 층간 바닥 부분

⑥ 주요구조부가 내화구조 또는 불연재료로 된 주차장

⑦ 단독주택, 동물 및 식물 관련 시설 또는 교정 및 군사시설 중 군사시설(집회, 체육, 창고 등의 용도로 사용되는 시설만 해당한다)로 쓰는 건축물

⑧ 건축물의 1층과 2층의 일부를 동일한 용도로 사용하며 그 건축물의 다른 부분과 방화구획으로 구획된 부분(바닥면적의 합계가 500제곱미터 이하인 경우로 한정한다)

05 방화벽

방화벽은 주요 구조부가 내화구조 또는 불연재료가 아닌 대규모 건축물에서의 연소 확대 방지를 위해 설치하는 것이다.

1) 설치대상(건축법 시행령 제57조)

① 연면적 1,000m² 이상인 건축물로서 그 주요 구조부가 내화구조 또는 불연재료가 아닌 건축물은 방화벽으로 구획하되, 각 구획된 바닥면적의 합계는 1,000m² 미만이어야 한다.

② 연면적 1,000m² 이상인 목조 건축물의 구조는 방화구조로 하거나 불연재료로 하여야 한다.

2) 설치 제외(건축법 시행령 제57조)

① 주요 구조부가 내화구조이거나 불연재료인 건축물

② 내부설비의 구조상 방화벽으로 구획할 수 없는 창고시설의 경우

3) 구조(건축물의 피난 · 방화구조 등의 기준에 관한 규칙 제21조 1항)

① 내화구조로서 홀로 설 수 있는 구조일 것

② 방화벽의 양쪽 끝과 위쪽 끝을 건축물의 외벽면 및 지붕면으로부터 0.5m 이상 튀어나오게 할 것

③ 방화벽에 설치하는 출입문의 너비 및 높이는 각각 2.5m 이하로 하고, 해당 출입문에는 60분＋방화문 또는 60분방화문을 설치할 것

06 방화셔터

1) 정의

"셔터"라 함은 방화구획의 용도로 화재 시 연기 및 열을 감지하여 자동 폐쇄되는 것으로 서, 공항·체육관 등 넓은 공간에 부득이하게 내화구조로 된 벽을 설치하지 못하는 경우에 사용하는 방화셔터를 말한다.

2) 성능기준 및 구성(방화문 및 자동방화셔터의 인정 및 관리기준 제4조)

① 건축물 방화구획을 위해 설치하는 방화문 및 셔터는 건축물의 용도 등 구분에 따라 화재 시의 가열에 규칙 제14조제3항 또는 제26조에서 정하는 시간 이상을 견딜 수 있어야 하며, 차연성능, 개폐성능 등 방화문 또는 셔터가 갖추어야 하는 성능에 대해서는 세부운영지침에서 정하는 바에 따른다. 〈전문개정〉

② 원장은 규칙 제14조제3항 또는 제26조에서 정하는 내화성능보다 나은 성능을 확보한 방화문 또는 셔터에 대해 30분 단위로 추가하여 인정할 수 있다. 〈전문개정〉

③ 방화문은 항상 닫혀 있는 구조 또는 화재 발생 시 불꽃, 연기 및 열에 의하여 자동으로 닫힐 수 있는 구조여야 한다. 〈전문개정〉

④ 셔터는 전동 및 수동에 의해서 개폐할 수 있는 장치와 화재 발생 시 불꽃, 연기 및 열에 의하여 자동폐쇄되는 장치 일체로서 화재 발생 시 불꽃 또는 연기감지기에 의한 일부폐쇄와 열감지기에 의한 완전폐쇄가 이루어질 수 있는 구조를 가진 것이어야 한다. 다만, 수직방향으로 폐쇄되는 구조가 아닌 경우는 불꽃, 연기 및 열감지에 의해 완전폐쇄가 될 수 있는 구조여야 한다.

⑤ 셔터의 상부는 상층 바닥에 직접 닿도록 하여야 하며, 그렇지 않은 경우 방화구획 처리를 하여 연기와 화염의 이동통로가 되지 않도록 하여야 한다.

3) 성능기준

셔터는 다음의 성능을 확보하여야 한다.

① KS F 2268-1(방화문의 내화시험방법)에 따른 내화시험 결과 비차열 1시간 성능

② KS F 4510(중량셔터)에서 규정한 차연성능

③ KS F 4510(중량셔터)에서 규정한 개폐성능

07　상층으로 연소확대 방지

종류	구조
스팬드럴	① 창문을 통해서 아래층에서 위층으로 연소가 확대되는 것을 방지 ② 아래층 창문 상단에서 위층 창문 하단까지 거리는 90cm 이상
캔틸레버	① 스팬드럴 높이의 한계를 보완하기 위해서 설치 ② 건물 외벽에서 돌출된 부분의 거리는 50cm 이상
발코니	발코니 등의 구조 변경절차 및 설치기준(국토해양부 고시 제 2012-745호) ① 방화판 또는 방화유리창을 설치할 것 : 아파트 2층 이상의 층에서 스프링클러의 살수범위에 포함되지 않는 발코니를 구조 변경하는 경우에는 발코니 끝부분에 바닥판 두께를 포함하여 높이가 90cm 이상 ② 난간 등의 구조 : 발코니를 거실 등으로 사용하는 경우 난간의 높이는 1.2m 이상이어야 하며 난간에 난간 살이 있는 경우에는 난간 살 사이의 간격을 10cm 이하의 간격으로 설치할 것

CHAPTER

05 건축피난

01 피난계획

1) 피난계획의 일반적인 원칙

① 2방향 이상의 피난로를 확보할 것

② 피난의 수단은 원시적 방법에 의할 것

③ 피난 경로는 간단명료할 것

④ 피난 시설은 고정설비에 의할 것

⑤ 피난 대책은 Fool – proof와 Fail – safe 원칙에 의할 것

⑥ 피난경로에 따라 일정한 Zone을 형성하고, 최종 대피장소로 접근함에 따라 각 Zone의 안전성을 점차적으로 높일 것

　ㄱ 제1차 안전구획 : 복도

　ㄴ 제2차 안전구획 : 전실(부속실)

　ㄷ 제3차 안전구획 : 계단

Check Point Fool – proof와 Fail–safe

Fool – proof	Fail–safe
① 누구나 식별 가능하도록 간단명료하게 설치한다.	① 1가지가 고장으로 실패하더라도 다른 수단에 의해 안전이 확보되도록 하는 것을 말한다.
② 피난 시 인간행동 특성에 부합하도록 설계하는 것	② 2방향 이상의 피난 경로
③ Fool – proof의 예	③ Fail – safe의 예
• 간단명료한 피난 통로, 유도등, 유도 표지 등	• 2방향 이상의 피난로 확보
• 소화설비, 경보설비에 위치 표시, 사용방법 부착	• 피난 실패자를 위한 보조적 피난기구의 설치
• 피난 방향으로 개방	• 소화설비의 자동 · 수동 기동 장치
	• 경보설비의 감지기 · 발신기 설치 등

2) 피난계획 수립 시 고려해야 할 인간의 본능

① **귀소본능** : 인간은 비상시 자신의 신체를 보호하기 위해 원래 들어온 경로 또는 늘 사용하던 경로를 따라 대피하려고 하므로, 일상적으로 사용되는 주 통로의 단순화 · 안전성 확보가 추가적인 피난 경로의 구비보다 중요하다.

② **퇴피본능** : 인간은 이상상황이 발생되면 우선 확인하려고 하며, 긴급한 사태임이 확인되면 반사적으로 그 지점에서 멀어지려고 한다. 따라서, 비상계단을 설치할 경우 건물 중앙부와 건물 외주부분에 각각 설치하는 것이 바람직하다.

③ **추종본능** : 비상시에는 많은 사람들이 한 사람의 리더를 추종하려는 경향을 보이므로, 불특정 다수가 모이는 장소에는 피난 유도를 위한 요원의 육성 및 배치가 필요하다.

④ **좌회본능** : 일반적으로 오른손잡이는 오른발이 발달하여 어둠 속에서 보행하면 자연히 왼쪽으로 돌게 된다. 따라서 계단은 좌측으로 돌며 내려가 피난층으로 갈 수 있도록 설계한다.

⑤ **지광본능** : 화재 시 정전 또는 연기로 인해 주위가 어두워지면 사람들은 밝은 쪽으로 피난하려고 한다. 따라서, 피난경로를 집중적으로 밝게 하고, 이와 혼동되기 쉬운 장식용 조명등은 소등하며, 유도등 · 유도표지 설치 및 출입구 · 계단 등은 외부와 접하여 채광이 되도록 하는 것이 좋다.

3) 성능 위주 피난계획

① RSET(Required Safe Egress Time : 총 피난시간)
ⓐ 총피난시간＝피난개시시간(인지시간＋초기대응행동시간)＋피난행동시간
ⓑ 총피난시간을 줄이는 대책이 필요 : 피난거리 단축, 비상구 수 증대, 비상구 · 계단 및 통로의 폭 확대, 비상대피훈련 등

② ASET(Available Safe Egress Time : 거주가능시간)
ⓐ 거주가능시간＝총피난시간＋피난여유시간
ⓑ 거주가능시간을 늘이는 대책이 필요 : 자동식 소화설비, 방화구획, 제연설비 등

③ ASET > RSET이 되도록 계획

02 수직적 피난시설

1) 개념

① **직통계단**
  ㉠ 건축물의 피난층 외의 층에서 피난층이나 지상으로 통하는 계단(경사로 포함)
  ㉡ 직통계단은 계단, 계단참 등이 연속적으로 설치되어 피난 경로가 명확히 구분되어야 한다.

② **피난계단**
  ㉠ 직통계단의 구조에 피난상의 안전을 고려한 계단
  ㉡ 내화구조, 불연마감, 조명 등의 안전기준을 포함한다.

③ **특별피난계단** : 피난계단에 연기침입을 방지하는 전실(노대 또는 제연설비가 설치된 부속실)을 설치하여 피난계단보다 피난상의 안전도를 더욱 높인 계단

④ **옥외피난계단** : 공연장, 주점 등과 같이 좁은 공간에 많은 인원이 집중되는 시설에서의 피난을 위해 추가로 설치하는 옥외의 피난계단

⑤ **선큰** : 지하층에서 피난 시, 건물 밖으로 피난하여 옥외계단 등을 통해 피난층으로 대피할 수 있는 천장이 개방된 외부공간을 말함

2) 설치대상

① **직통계단(건축법 시행령 제34조)**
  ㉠ 보행거리에 의한 기준

층의 구분		일반 피난층이 아닌 층에서의 거실에서 직통계단까지의 보행거리	
주요 구조부		내화구조 또는 불연재료	기타 구조
용도	일반용도	50m 이하	30m 이하
	공동주택 15층 이하	50m 이하	30m 이하
	16층 이상	40m 이하	30m 이하

  ⇨ 위의 표에서의 보행거리를 초과하지 않는 범위에서 직통계단의 수를 결정한다.

‖ Reference ‖ 예외

- 자동화 생산시설에 스프링클러 등 자동식 소화설비를 설치한 공장으로서, 반도체 및 디스플레이 패널을 제조하는 공장인 경우 : 보행거리 75m 이하(무인화 공장인 경우 : 100m 이하)
- 지하층에 설치하는 바닥면적 합계가 300m² 이상인 공연장, 집회장, 관람장 및 전시장은 주요 구조부가 내화구조 또는 불연재료라도 보행거리 30m 이하이어야 함

ⓒ 2개 이상의 직통계단 설치대상(경사로 포함)

- 문화 및 집회시설, 장례식장, 주점영업 용도의 층 : 200m² 이상
- 다중주택, 다가구주택, 학원, 독서실, 판매시설, 운수시설, 의료시설(입원실 없는 치과병원 제외), 아동시설, 노인복지시설, 유스호스텔, 숙박시설, 장례 식장 : 당해 용도로 사용되는 3층 이상의 층으로서, 200m² 이상
- 공동주택(층당 5세대 이상), 오피스텔 : 당해 용도 거실바닥면적의 합계가 300m² 이상
- 3층 이상의 층 : 거실 바닥면적 합계 400m² 이상
- 지하층 : 거실 바닥면적 합계 200m² 이상

② **피난계단(건축법 시행령 제35조)**

ⓐ 설치대상 : 5층 이상 또는 지하 2층 이하의 층에 설치하는 직통계단

ⓑ 예외 : 건축물의 주요 구조부가 내화구조 또는 불연재료로 된 경우로서,

- 5층 이상인 층의 바닥면적 합계 : 200m² 이하
- 5층 이상인 층의 바닥면적 200m² 이내마다 방화구획된 경우

③ **특별피난계단(건축법 시행령 제35조)**

ⓐ 설치대상

- 건축물의 11층 이상의 층(공동주택은 16층 이상) 또는 지하 3층 이하의 층에 설치하는 직통계단
- 판매시설의 용도로 사용되는 층에서의 직통계단 중 1개소 이상

ⓑ 예외

- 갓복도식 공동주택 : 각 층의 계단실 및 승강기에서 각 세대로 통하는 복도의 한쪽 면이 외기에 개방된 구조의 공동주택
- 바닥면적 400m² 미만인 층

ⓒ 강화기준

- 대상 : 5층 이상의 층으로서, 전시장, 동식물원, 판매시설, 운수시설, 운동시 설, 위락시설, 관광휴게시설, 생활권수련시설 용도로 쓰이는 바닥면적이 2,000m²를 넘는 층
- 기준 : 직통계단 외에 추가적으로 매 2,000m²마다 1개소의 피난계단 또는 특 별피난계단을 설치할 것(4층 이하의 층에는 쓰지 않는 피난계단 또는 특별피 난계단만 해당)

④ **옥외피난계단(건축법 시행령 제36조)**

㉠ 설치대상 : 건축물의 3층 이상인 층으로서 다음 중 하나에 해당하는 용도로 쓰는 층에 설치

- 공연장, 주점영업 : 300m² 이상
- 집회장 : 1,000m² 이상

㉡ 설치방법 : 직통계단 외에 해당 층에서 지상으로 통하는 옥외피난계단을 따로 설치함

⑤ **선큰(지하층과 피난층 사이의 개방공간)(건축법 시행령 제37조)**

바닥면적의 합계가 3,000m² 이상인 공연장, 집회장, 관람장, 전시장을 지하층에 설치한 경우

3) 직통계단 등의 구조

① **직통계단(건축물의 피난 · 방화구조 등의 기준에 관한 규칙 제8조2항)**

㉠ 가장 멀리 위치한 직통계단 2개소의 출입구 간의 가장 가까운 직선거리(직통계단 간을 연결하는 복도가 건축물의 다른 부분과 방화구획으로 구획된 경우 출입구 간의 가장 가까운 보행거리를 말한다)는 건축물 평면의 최대 대각선 거리의 2분의 1 이상으로 할 것. 다만, 스프링클러 또는 그 밖에 이와 비슷한 자동식 소화설비를 설치한 경우에는 3분의 1이상으로 한다.

㉡ 각 직통계단 간에는 각각 거실과 연결된 복도 등 통로를 설치할 것

② **피난계단의 구조(건축물의 피난 · 방화구조 등의 기준에 관한 규칙 제9조2항1호)**

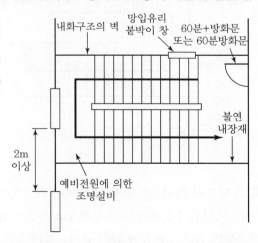

㉠ 계단실은 창문 · 출입구 기타 개구부(이하 "창문등"이라 한다)를 제외한 당해 건축물의 다른 부분과 내화구조의 벽으로 구획할 것

㉡ 계단실의 실내에 접하는 부분(바닥 및 반자 등 실내에 면한 모든 부분을 말한다)의

마감(마감을 위한 바탕을 포함한다)은 불연재료로 할 것

ⓒ 계단실에는 예비전원에 의한 조명설비를 할 것

ⓔ 계단실의 바깥쪽과 접하는 창문등(망이 들어 있는 유리의 붙박이창으로서 그 면적이 각각 1m² 이하인 것을 제외한다)은 당해 건축물의 다른 부분에 설치하는 창문등으로부터 2m 이상의 거리를 두고 설치할 것

ⓜ 건축물의 내부와 접하는 계단실의 창문등(출입구를 제외한다)은 망이 들어 있는 유리의 붙박이창으로서 그 면적을 각각 1m² 이하로 할 것

ⓗ 건축물의 내부에서 계단실로 통하는 출입구의 유효너비는 0.9m 이상으로 하고, 그 출입구에는 피난의 방향으로 열 수 있는 것으로서 언제나 닫힌 상태를 유지하거나 화재로 인한 연기 또는 불꽃을 감지하여 자동적으로 닫히는 구조로 된 영 제64조제1항제1호의 60＋방화문(이하 "60＋방화문"이라 한다) 또는 같은 항 제2호의 방화문(이하 "60분방화문"이라 한다)을 설치할 것. 다만, 연기 또는 불꽃을 감지하여 자동적으로 닫히는 구조로 할 수 없는 경우에는 온도를 감지하여 자동적으로 닫히는 구조로 할 수 있다.

ⓢ 계단은 내화구조로 하고 피난층 또는 지상까지 직접 연결되도록 할 것

③ 특별피난계단의 구조(건축물의 피난·방화구조 등의 기준에 관한 규칙 제9조2항3호)

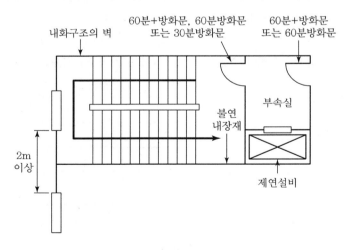

ⓐ 건축물의 내부와 계단실은 노대를 통하여 연결하거나 외부를 향하여 열 수 있는 면적 1m² 이상인 창문(바닥으로부터 1m 이상의 높이에 설치한 것에 한한다) 또는 「건축물의 설비기준 등에 관한 규칙」 제14조의 규정에 적합한 구조의 배연설비가 있는 면적 3m² 이상인 부속실을 통하여 연결할 것

ⓑ 계단실·노대 및 부속실(「건축물의 설비기준 등에 관한 규칙」 제10조제2호가목

의 규정에 의하여 비상용승강기의 승강장을 겸용하는 부속실을 포함한다)은 창문등을 제외하고는 내화구조의 벽으로 각각 구획할 것

ⓒ 계단실 및 부속실의 실내에 접하는 부분(바닥 및 반자 등 실내에 면한 모든 부분을 말한다)의 마감(마감을 위한 바탕을 포함한다)은 불연재료로 할 것

ⓔ 계단실에는 예비전원에 의한 조명설비를 할 것

ⓜ 계단실 · 노대 또는 부속실에 설치하는 건축물의 바깥쪽에 접하는 창문등(망이 들어 있는 유리의 붙박이창으로서 그 면적이 각각 1m² 이하인 것을 제외한다)은 계단실 · 노대 또는 부속실외의 당해 건축물의 다른 부분에 설치하는 창문등으로부터 2m 이상의 거리를 두고 설치할 것

ⓗ 계단실에는 노대 또는 부속실에 접하는 부분외에는 건축물의 내부와 접하는 창문등을 설치하지 아니할 것

ⓢ 계단실의 노대 또는 부속실에 접하는 창문등(출입구를 제외한다)은 망이 들어 있는 유리의 붙박이창으로서 그 면적을 각각 1m² 이하로 할 것

ⓞ 노대 및 부속실에는 계단실외의 건축물의 내부와 접하는 창문등(출입구를 제외한다)을 설치하지 아니할 것

ⓩ 건축물의 내부에서 노대 또는 부속실로 통하는 출입구에는 60＋방화문 또는 60분방화문을 설치하고, 노대 또는 부속실로부터 계단실로 통하는 출입구에는 60＋방화문, 60분방화문 또는 영 제64조제1항제3호의 30분방화문을 설치할 것. 이 경우 방화문은 언제나 닫힌 상태를 유지하거나 화재로 인한 연기 또는 불꽃을 감지하여 자동적으로 닫히는 구조로 해야 하고, 연기 또는 불꽃으로 감지하여 자동적으로 닫히는 구조로 할 수 없는 경우에는 온도를 감지하여 자동적으로 닫히는 구조로 할 수 있다.

ⓩ 계단은 내화구조로 하되, 피난층 또는 지상까지 직접 연결되도록 할 것

ⓚ 출입구의 유효너비는 0.9m 이상으로 하고 피난의 방향으로 열 수 있을 것

‖ Reference ‖ 피난계단 및 특별피난계단의 공통 기준

① 돌음계단으로 하지 않을 것
② 옥상광장을 설치하는 건축물의 피난계단 또는 특별피난계단
 • 해당 건축물의 옥상으로 통하도록 설치할 것
 • 옥상으로 통하는 출입문 : 피난방향으로 열리는 구조로서, 피난 시 이용에 장애가 없을 것

④ 옥외피난계단의 구조 – 피난방화기준 제9조2항2호

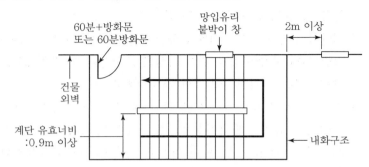

60분+방화문
또는 60분방화문

망입유리
붙박이 창

2m 이상

건물
외벽

계단 유효너비
:0.9m 이상

내화구조

○ 계단의 위치 : 계단실의 출입구 이외의 창문(1m² 이하의 망입유리 붙박이창은 제외) 등으로부터 2m 이상의 거리를 두고 설치할 것

○ 출입구는 60분+방화문 또는 60분방화문으로 할 것

○ 계단의 유효너비는 0.9m 이상으로 할 것

○ 계단의 구조는 내화구조로 지상까지 직접 연결되도록 할 것

03 지하층

1) 지하층의 구조 및 설비(건축물의 피난·방화구조 등의 기준에 관한 규칙 제25조 1항)

① 거실의 바닥면적이 50m² 이상인 층에는 직통계단 외에 피난층 또는 지상으로 통하는 비상탈출구 및 환기통을 설치할 것. 다만, 직통계단이 2개소 이상 설치되어 있는 경우에는 그러하지 아니하다.

② 바닥면적이 1천 m² 이상인 층에는 피난층 또는 지상으로 통하는 직통계단을 방화구획으로 구획되는 각 부분마다 1개소 이상 설치하되, 이를 피난계단 또는 특별피난계단의 구조로 할 것

③ 거실 바닥면적의 합계가 1천 m² 이상인 층에는 환기설비를 설치할 것

④ 지하층의 바닥면적이 300m² 이상인 층에는 식수공급을 위한 급수전을 1개소 이상 설치할 것

2) 지하층의 비상탈출구 설치기준(건축물의 피난·방화구조 등의 기준에 관한 규칙 제25조 2항)

① 비상탈출구의 유효너비는 0.75m 이상으로 하고, 유효높이는 1.5m 이상으로 할 것

② 비상탈출구의 문은 피난방향으로 열리도록 하고, 실내에서 항상 열 수 있는 구조로 하여야 하며, 내부 및 외부에는 비상탈출구의 표시를 할 것

③ 비상탈출구는 출입구로부터 3m 이상 떨어진 곳에 설치할 것

④ 지하층의 바닥으로부터 비상탈출구의 아랫부분까지의 높이가 1.2m 이상이 되는 경우에는 벽체에 발판의 너비가 20cm 이상인 사다리를 설치할 것

⑤ 비상탈출구는 피난층 또는 지상으로 통하는 복도나 직통계단에 직접 접하거나 통로 등으로 연결될 수 있도록 설치하여야 하며, 피난층 또는 지상으로 통하는 복도나 직통계단까지 이르는 피난통로의 유효너비는 0.75m 이상으로 하고, 피난통로의 실내에 접하는 부분의 마감과 그 바탕은 불연재료로 할 것

⑥ 비상탈출구의 진입부분 및 피난통로에는 통행에 지장이 있는 물건을 방치하거나 시설물을 설치하지 아니할 것

⑦ 비상탈출구의 유도등과 피난통로의 비상조명등의 설치는 소방법령이 정하는 바에 의할 것

04 피난안전구역(건축물의 피난 · 방화구조 등의 기준에 관한 규칙 제8조의2)

1) 피난안전구역 설치기준

① 피난안전구역은 해당 건축물의 1개 층을 대피공간으로 하며, 건축설비가 설치되는 공간과 내화 구조로 구획하여야 한다.

② 피난안전구역에 연결되는 특별피난계단은 피난안전구역을 거쳐서 상 · 하층으로 갈 수 있는 구조로 설치하여야 한다.

2) 피난안전구역의 구조 및 설비

① 피난안전구역의 바로 아래층 및 위층은 단열재를 설치할 것. 이 경우 아래층은 최상층에 있는 거실의 반자 또는 지붕 기준을 준용하고, 위층은 최하층에 있는 거실의 바닥 기준을 준용할 것

② 피난안전구역의 내부 마감 재료는 불연 재료로 설치할 것

③ 건축물의 내부에서 피난안전구역으로 통하는 계단은 특별피난계단의 구조로 설치할 것

④ 비상용 승강기는 피난안전구역에서 승하차할 수 있는 구조로 설치할 것

⑤ 피난안전구역에는 식수공급을 위한 급수전을 1개소 이상 설치하고 예비전원에 의한 조명설비를 설치할 것

⑥ 관리사무소 또는 방재센터 등과 긴급연락이 가능한 경보 및 통신시설을 설치할 것

⑦ 피난안전구역의 높이는 2.1m 이상일 것

⑧ 배연설비를 설치할 것

⑨ 그 밖에 소방청장이 정하는 소방 등 재난관리를 위한 설비를 갖출 것

Check Point 피난안전구역 면적 산정 기준(건축물의 피난 · 방화구조 등의 기준에 관한 규칙 별표 1의2)

피난안전구역 면적＝(피난안전구역 위층의 재실자 수×0.5)×0.28m²

① 피난안적구역 위층의 재실자 수

  ㉠ 해당 피난안전구역과 다음 피난안전구역 사이의 용도별 바닥면적을 사용 형태별 재실자 밀도로 나눈 값의 합계를 말한다.

$$\sum \frac{해당\,피난안전구역과\,다음\,피난안전구역\,사이의\,용도별\,바닥면적(m^2)}{사용\,형태별\,재실자\,밀도}$$

  ㉡ 문화 · 집회용도 중 벤치형 좌석을 사용하는 공간과 고정좌석을 사용하는 공간의 피난안전구역 위층의 재실자 수

   • 벤치형 좌석을 사용하는 공간 : 좌석길이/45.5cm
   • 고정좌석을 사용하는 공간 : 휠체어 공간 수＋고정좌석 수

  ㉢ 건축물의 용도에 따른 사용 형태별 재실자 밀도

용도	사용 형태별		재실자 밀도
문화 · 집회	고정좌석을 사용하지 않는 공간		0.45
	고정좌석이 아닌 의자를 사용하는 공간		1.29
	벤치형 좌석을 사용하는 공간		–
	고정좌석을 사용하는 공간		–
	무대		1.40
	게임제공업 등의 공간		1.02
운동	운동시설		4.60
교육	도서관	서고	9.30
		열람실	4.60
	학교 및 학원	교실	1.90
보육	보호시설		3.30
의료	입원치료구역		22.3
	수면구역		11.1
교정	교정시설 및 보호관찰소 등		11.1
주거	호텔 등 숙박시설		18.6
	공동주택		18.6
업무	업무시설, 운수시설 및 관련 시설		9.30
판매	지하층 및 1층		2.80
	그 외의 층		5.60
	배송공간		27.9
저장	창고, 자동차 관련 시설		46.5
산업	공장		9.30
	제조업 시설		18.6

Check Point 초고층 및 지하연계 복합건축물 재난관리에 관한 특별법_영_규칙

1. 정의

① 초고층 건축물 : 층수가 50층 이상 또는 높이가 200미터 이상인 건축물을 말한다.

② 고층 건축물 : 층수가 30층 이상이거나 높이가 120미터 이상인 건축물을 말한다.

③ 지하연계 복합건축물이란 다음 각 목의 요건을 모두 갖춘 것을 말한다.

　㉠ 층수가 11층 이상이거나 1일 수용인원이 5천 명 이상인 건축물로서 지하부분이 지하역 사 또는 지하도상가와 연결된 건축물

　㉡ 건축물 안에 문화 및 집회시설, 판매시설, 운수시설, 업무시설, 숙박시설, 위락시설 중 유원시설업의 시설 또는 대통령령으로 정하는 용도의 시설이 하나 이상 있는 건축물(대 통령령으로 정하는 용도의 시설 : 종합병원과 요양병원)

2. 피난안전구역 면적

① 초고층 건축물 : 2-56페이지 참조

② 16층 이상 29층 이하인 지하연계 복합건축물의 지상층 : 지상층별 거주밀도가 m²당 1.5 명을 초과하는 층은 해당 층의 사용형태별 면적의 합의 10분의 1에 해당하는 면적

③ 지하층

지하층이 하나의 용도로 사용되는 경우	지하층이 둘 이상의 용도로 사용되는 경우
면적 (수용인원×0.1)×0.28(m²)	(사용형태별 수용인원의 합×0.1)×0.28(m²)

*수용인원＝사용형태별 면적×거주밀도

3. 피난안전구역에 설치하는 소방시설

① 소화설비 중 소화기구(소화기 및 간이소화용구만 해당), 옥내소화전설비 및 스프링클러 설비

② 경보설비 중 자동화재탐지설비

③ 피난설비 중 방열복, 공기호흡기(보조마스크를 포함한다.), 인공소생기, 피난유도선(피난 안전구역으로 통하는 직통계단 및 특별피난계단을 포함), 피난안전구역으로 피난을 유도 하기 위한 유도등·유도표지, 비상조명등 및 휴대용비상조명등

④ 소화활동설비 중 제연설비, 무선통신보조설비

4. 종합방재실의 설치기준

① 종합방재실의 개수 : 1개

② 종합방재실의 위치

　㉠ 1층 또는 피난층. 다만, 초고층 건축물 등에 특별피난계단이 설치되어 있고, 특별피난 계단 출입구로부터 5m 이내에 종합방재실을 설치하려는 경우에는 2층 또는 지하 1층 에 설치할 수 있으며, 공동주택의 경우에는 관리사무소 내에 설치할 수 있다.

　㉡ 비상용 승강장, 피난 전용 승강장 및 특별피난계단으로 이동하기 쉬운 곳

　㉢ 재난정보 수집 및 제공, 방재 활동의 거점 역할을 할 수 있는 곳

　㉣ 소방대가 쉽게 도달할 수 있는 곳

      ⓜ 화재 및 침수 등으로 인하여 피해를 입을 우려가 적은 곳

  ③ 종합방재실의 구조 및 면적

      ㉠ 다른 부분과 방화구획으로 설치할 것. 다만, 다른 제어실 등의 감시를 위하여 두께 7mm 이상의 망입유리(두께 16.3mm 이상의 접합유리 또는 두께 28mm 이상의 복층유리를 포함한다)로 된 $4m^2$ 미만의 붙박이창을 설치할 수 있다.

      ㉡ 인력의 대기 및 휴식 등을 위하여 종합방재실과 방화구획된 부속실을 설치할 것

      ㉢ 면적은 $20m^2$ 이상으로 할 것

      ㉣ 재난 및 안전관리, 방범 및 보안, 테러 예방을 위하여 필요한 시설·장비의 설치와 근무 인력의 재난 및 안전관리 활동, 재난 발생 시 소방대원의 지휘 활동에 지장이 없도록 설치할 것

      ㉤ 출입문에는 출입 제한 및 통제 장치를 갖출 것

  ④ 종합방재실의 설비 등

      ㉠ 조명설비(예비전원을 포함한다.) 및 급수·배수설비

      ㉡ 상용전원과 예비전원의 공급을 자동 또는 수동으로 전환하는 설비

      ㉢ 급기·배기 설비 및 냉방·난방 설비

      ㉣ 전력 공급 상황 확인 시스템

      ㉤ 공기조화·냉난방·소방·승강기 설비의 감시 및 제어시스템

      ⓗ 자료 저장 시스템

      ⓼ 지진계 및 풍향·풍속계

      ⓞ 소화 장비 보관함 및 무정전 전원공급장치

      ⓩ 피난안전구역, 피난용 승강기 승강장 및 테러 등의 감시와 방범·보안을 위한 폐쇄회로 텔레비전(CCTV)

5. 선큰 설치기준

  ① 다음 각 목의 구분에 따라 용도(「건축법 시행령」 별표 1에 따른 용도를 말한다)별로 산정한 면적을 합산한 면적 이상으로 설치할 것

      ㉠ 문화 및 집회시설 중 공연장, 집회장 및 관람장은 해당 면적의 7퍼센트 이상

      ㉡ 판매시설 중 소매시장은 해당 면적의 7퍼센트 이상

      ㉢ 그 밖의 용도는 해당 면적의 3퍼센트 이상

  ② 다음 각 목의 기준에 맞게 설치할 것

      ㉠ 지상 또는 피난층(직접 지상으로 통하는 출입구가 있는 층 및 제1항에 따른 피난안전구역을 말한다)으로 통하는 너비 1.8미터 이상의 직통계단을 설치하거나, 너비 1.8미터 이상 및 경사도 12.5퍼센트 이하의 경사로를 설치할 것

      ㉡ 거실(건축물 안에서 거주, 집무, 작업, 집회, 오락, 그 밖에 이와 유사한 목적을 위하여 사용되는 방을 말한다.) 바닥면적 100제곱미터마다 0.6미터 이상을 거실에 접하도록 하고, 선큰과 거실을 연결하는 출입문의 너비는 거실 바닥면적 100제곱미터마다 0.3미터로 산정한 값 이상으로 할 것

③ 다음 각 목의 기준에 맞는 설비를 갖출 것
　㉠ 빗물에 의한 침수 방지를 위하여 차수판(遮水板), 집수정(集水井), 역류방지기를 설치할 것
　㉡ 선큰과 거실이 접하는 부분에 제연설비[드렌처(수막)설비 또는 공기조화설비와 별도로 운용하는 제연설비를 말한다]를 설치할 것. 다만, 선큰과 거실이 접하는 부분에 설치된 공기조화설비가 「화재예방, 소방시설 설치·유지 및 안전관리에 관한 법률」 제9조제1항에 따른 화재안전기준에 맞게 설치되어 있고, 화재발생 시 제연설비 기능으로 자동 전환되는 경우에는 제연설비를 설치하지 않을 수 있다.

05 비상용 승강기

1) 대상
① 높이 31미터를 초과하는 건축물에는 대통령령으로 정하는 바에 따라 승강기뿐만 아니라 비상용 승강기를 추가로 설치하여야 한다. 다만, 국토교통부령으로 정하는 건축물의 경우에는 그러하지 아니하다.(건축법 제64조 2항)
② 10층 이상인 공동주택의 경우에는 승용승강기를 비상용 승강기의 구조로 하여야 한다.(주택건설기준 등에 관한 규정 제15조 2항)

2) 면제(건축물의 설비기준 등에 관한 규칙 제9조)
법 제64조 제2항 단서에서 "국토교통부령이 정하는 건축물"이라 함은 다음 각 호의 건축물을 말한다.
① 높이 31미터를 넘는 각 층을 거실 외의 용도로 쓰는 건축물
② 높이 31미터를 넘는 각 층의 바닥면적 합계가 500제곱미터 이하인 건축물
③ 높이 31미터를 넘는 층수가 4개층 이하로서 당해 각 층의 바닥면적 합계 200제곱미터(벽 및 반자가 실내에 접하는 부분의 마감을 불연재료로 한 경우에는 500제곱미터) 이내마다 방화구획으로 구획한 건축물

3) 비상용 승강기의 승강장 및 승강로의 구조(건축물의 설비기준 등에 관한 규칙 제10조)
① 삭제 〈1996.2.9.〉
② 비상용 승강기 승강장의 구조
　㉠ 승강장의 창문·출입구 기타 개구부를 제외한 부분은 당해 건축물의 다른 부분과 내화구조의 바닥 및 벽으로 구획할 것. 다만, 공동주택의 경우에는 승강장과 특별피난계단의 부속실과의 겸용부분을 특별피난계단의 계단실과 별도로 구획하는 때에는 승강장을 특별피난계단의 부속실과 겸용할 수 있다.

ⓒ 승강장은 각 층의 내부와 연결될 수 있도록 하되, 그 출입구(승강로의 출입구를 제외한다)에는 갑종방화문을 설치할 것. 다만, 피난층에는 갑종방화문을 설치하지 아니할 수 있다.

ⓒ 노대 또는 외부를 향하여 열 수 있는 창문이나 제14조 제2항의 규정에 의한 배연설비를 설치할 것

ⓔ 벽 및 반자가 실내에 접하는 부분의 마감재료(마감을 위한 바탕을 포함한다.)는 불연재료로 할 것

ⓜ 채광이 되는 창문이 있거나 예비전원에 의한 조명설비를 할 것

ⓗ 승강장의 바닥면적은 비상용 승강기 1대에 대하여 6제곱미터 이상으로 할 것. 다만, 옥외에 승강장을 설치하는 경우에는 그러하지 아니하다.

ⓢ 피난층이 있는 승강장의 출입구(승강장이 없는 경우에는 승강로의 출입구)로부터 도로 또는 공지(공원·광장 기타 이와 유사한 것으로서 피난 및 소화를 위한 당해 대지에의 출입에 지장이 없는 것을 말한다.)에 이르는 거리가 30미터 이하일 것

ⓞ 승강장 출입구 부근의 잘 보이는 곳에 당해 승강기가 비상용 승강기임을 알 수 있는 표지를 할 것

③ **비상용 승강기의 승강로의 구조**

ㄱ 승강로는 당해 건축물의 다른 부분과 내화구조로 구획할 것

ㄴ 각 층으로부터 피난층까지 이르는 승강로를 단일구조로 연결하여 설치할 것

4) 배연설비의 구조(건축물의 설비기준 등에 관한 규칙 제14조 2항)

① 배연구 및 배연풍도는 불연재료로 하고, 화재가 발생한 경우 원활하게 배연시킬 수 있는 규모로서 외기 또는 평상시에 사용하지 아니하는 굴뚝에 연결할 것

② 배연구에 설치하는 수동개방장치 또는 자동개방장치(열감지기 또는 연기감지기에 의한 것을 말한다.)는 손으로도 열고 닫을 수 있도록 할 것

③ 배연구는 평상시에는 닫힌 상태를 유지하고, 연 경우에는 배연에 의한 기류로 인하여 닫히지 아니하도록 할 것

④ 배연구가 외기에 접하지 아니하는 경우에는 배연기를 설치할 것

⑤ 배연기는 배연구의 열림에 따라 자동적으로 작동하고, 충분한 공기배출 또는 가압능력이 있을 것

⑥ 배연기에는 예비전원을 설치할 것

⑦ 공기유입방식을 급기가압방식 또는 급·배기방식으로 하는 경우에는 제1호 내지 제6호의 규정에 불구하고 소방관계법령의 규정에 적합하게 할 것

06 피난용 승강기의 설치기준(건축물의 피난·방화 구조 등의 기준에 관한 규칙 제30조)

1) 피난용 승강기 승강장의 구조

① 승강장의 출입구를 제외한 부분은 해당 건축물의 다른 부분과 내화구조의 바닥 및 벽으로 구획할 것

② 승강장은 각 층의 내부와 연결될 수 있도록 하되, 그 출입구에는 60분+방화문 또는 60분방화문을 설치할 것. 이 경우 방화문은 언제나 닫힌 상태를 유지할 수 있는 구조이어야 한다.

③ 실내에 접하는 부분(바닥 및 반자 등 실내에 면한 모든 부분을 말한다)의 마감(마감을 위한 바탕을 포함한다)은 불연재료로 할 것

④ 「건축물의 설비기준 등에 관한 규칙」 제14조에 따른 배연설비를 설치할 것. 다만, 「소방시설 설치·유지 및 안전관리에 관한 법률 시행령」 별표 5 제5호가목에 따른 제연설비를 설치한 경우에는 배연설비를 설치하지 아니할 수 있다.

2) 피난용 승강기 승강로의 구조

① 승강로는 해당 건축물의 다른 부분과 내화구조로 구획할 것

② 승강로 상부에 「건축물의 설비기준 등에 관한 규칙」 제14조에 따른 배연설비를 설치할 것

3) 피난용 승강기 기계실의 구조

① 출입구를 제외한 부분은 해당 건축물의 다른 부분과 내화구조의 바닥 및 벽으로 구획할 것

② 출입구에는 60분+방화문 또는 60분방화문을 설치할 것

4) 피난용 승강기 전용 예비전원

① 정전 시 피난용 승강기, 기계실, 승강장 및 폐쇄회로 텔레비전 등의 설비를 작동할 수 있는 별도의 예비전원 설비를 설치할 것

② ①에 따른 예비전원은 초고층 건축물의 경우에는 2시간 이상, 준초고층 건축물의 경우에는 1시간 이상 작동이 가능한 용량일 것

③ 상용전원과 예비전원의 공급을 자동 또는 수동으로 전환이 가능한 설비를 갖출 것

④ 전선관 및 배선은 고온에 견딜 수 있는 내열성 자재를 사용하고, 방수조치를 할 것

07 방화계획

1) 공간적 대응

① **대항성(對抗性)** : 건축물의 내화성능, 방화구획성능, 화재방어력, 방연성능, 초기소화대응력 등의 화재사상과 대항하여 저항하는 성능을 가진 항력

② **회피성(回避性)** : 건축물의 불연화, 난연화, 내장제한, 구획의 세분화, 방화훈련, 불조심 등과 화기취급의 제한 등과 같은 화재의 예방적 조치 및 상황

③ **도피성(逃避性)** : 화재 발생 시 사람이 궁지에 몰리지 않고 안전하게 피난할 수 있는 공간성과 시스템을 말하며 거실의 배치, 피난통로의 확보, 피난시설의 설치 및 건축물의 구조계획서, 방재계획서 등

2) 설비적 대응

화재에 대응하여 설치하는 소화설비, 경보설비, 피난설비 등의 소방시설

08 복도 형태에 따른 피난 특성

형태		피난 특성
T형		피난자에게 피난경로를 확실히 알려줄 수 있는 형태
Y형		
X형		양방향 피난이 가능한 형태
H형		피난자가 집중되어 패닉(Panic) 현상이 일어날 우려가 있는 형태
CO형		
Z형		중앙 복도형 건축물에서의 피난경로로서 코너식 중 가장 안전한 형태

09 제연

화재 시 발생된 연기를 안전한 실외로 배출하거나 인접된 실로의 확산을 방지하기 위한 것으로 자연제연방식, 기계제연방식, 스모크타워제연방식, 밀폐제연방식, 가압제연방식으로 구분된다.

1) 자연제연방식

평소 사용되고 있는 창, 개구부 등을 통하여 온도차에 의한 밀도차 또는 바람 등을 이용하여 연기를 외부로 배출하는 방법이다. 동력이 필요하지 않고 설비도 간단하지만 풍속, 풍압, 풍향 등에 영향을 많이 받는 단점이 있다.

※ **연기의 유동 속도식**

$$Us = \sqrt{2gh\left(\frac{\rho_a - \rho_s}{\rho}\right)}$$

여기서, Us : 연기의 유동속도(m/sec), g : 중력가속도(m/sec^2), h : 높이(m),
ρ_a : 공기의 밀도(kg/m^3), ρ_s : 연기의 밀도(kg/m^3)

2) 기계 제연방식

실내의 연기를 기계적인 동력을 이용하여 강제로 배출하는 방식으로 1종, 2종, 3종 기계제연으로 분류된다.

▼ **기계제연의 분류**

기계제연의 종류	송풍기	배출기
제1종 기계제연	○	○
제2종 기계제연	○	×
제3종 기계제연	×	○

※ **배출기의 동력 계산식**

$$L(kgf \cdot m/s) = \frac{P \times Q}{\eta} \times K$$

여기서, L : 배출기의 동력(kgf · m/s)
P : 풍압(kgf/m^2), Q : 풍량(m^3/s)
η : 효율, K : 전달계수

3) 스모크타워제연방식

고층건축물에 적합한 방식으로 제연 전용의 수직 샤프트를 설치하고 온도차에 의한 밀도차를 이용한 흡인력을 이용하여 연기를 옥상부분으로 배출하는 방식이다.

4) 밀폐제연방식

불연재료로 구획된 화재실을 밀폐상태로 하여 화재의 진행을 억제함과 동시에 인접실로의 연기유동을 방지하는 방식이다. 소규모의 구획이 많고 기밀성이 높은 거실의 제연방식으로 적합하다.

5) 가압제연방식

계단실 등 피난경로가 되는 부분을 기계적으로 급기, 가압하여 연기의 유입을 방지하는 방식이다.

화재이론
문제풀이

PART 02 화재이론 문제풀이

01 다음 중 화재의 정의를 설명한 것 중 옳지 않은 것은?

① 사람의 의도에 반하거나 방화에 의하여 불이 발생되어 피해를 주는 연소 현상
② 사람의 통제를 벗어난 광적인 연소 현상
③ 자연 또는 인위적인 원인에 의하여 불이 발생되어 인명 피해를 주는 연소 현상
④ 사람이 이를 제어하여 인류의 문화 및 문명의 발달을 가져오게 한 연소 현상

▶ **화재의 정의**

사람의 통제를 벗어난 광적인 연소 확대 현상으로 사람의 의도에 반하거나 고의에 의해서 발생하여 인명 및 재산의 피해를 주는 것이다.
① 인간의 통제를 벗어난 광적인 연소현상
② 인간의 의도에 반하는 연소현상
③ 인적 · 물적 피해를 주는 연소현상

02 다음 중 화재의 원인에 대한 설명으로 옳지 않은 것은?

① 주위의 온도가 높을수록 화재가 잘 일어난다.
② 활성화에너지가 작을수록 화재가 잘 일어난다.
③ 열전도율이 클수록 화재가 잘 일어난다.
④ 산소와의 친화력이 클수록 화재가 잘 일어난다.

▶

③ 화재는 열전도율이 작을수록 잘 발생한다.

03 다음 중 가연물의 종류에 따라 화재를 분류한 것 중 옳지 않은 것은?

① 일반화재 – 종이, 목재, 섬유, 합성수지
② 유류화재 – 가솔린, 등유, 경유, 에틸알코올
③ 금속화재 – 칼륨, 유황, 마그네슘, 알루미늄
④ 가스화재 – 도시가스, 메탄, LPG, LNG

▶ **유황**

① 비금속원소
② 화약과 성냥의 원료
③ 상온에서 황색이고, 무취

정답 01. ④ 02. ③ 03. ③

04 습기가 많을 때 그 전달속도가 빨라져서 사람이 방호할 수 있는 능력을 떨어지게 하며 폐 속으로 급히 흡입하면 혈압이 떨어져 혈액순환에 장애를 초래하게 되어 사망할 수 있는 연소 생성물로 옳은 것은?

① 수분
② 분진
③ 열
④ 연기

05 건물 내부에 화재가 발생하여 혈액 중의 산소운반 물질인 헤모글로빈과 결합하여 카르복시헤모글로빈이 발생함으로써 산소의 혈중 농도를 저하시켜서 질식을 가져오거나 근육의 활동을 정지시킬 수 있는 독성물질로 옳은 것은?

① CO
② CO_2
③ H_2
④ H_2O

> 일반가연물의 불완전연소 시 일산화탄소가 발생되며 일산화탄소는 혈액 중에 헤모글로빈과 결합하여 COHb(카르복시헤모글로빈)가 되어 산소운반을 저해하여 두통을 일으키며, 고농도의 경우 의식불명을 초래한다.

06 가연물질이 열분해되어 생성된 연소생성물 중 독성이 가장 큰 것은?

① 일산화탄소
② 염화수소
③ 이산화탄소
④ 포스겐가스

> 포스겐($COCl_2$)가스는 염소(Cl) 함유 가연물이 열분해 시 생성되는 맹독성 가스로 허용농도는 0.1ppm이다. 일산화탄소의 허용농도는 50ppm이며 염화수소의 허용농도는 5ppm이다.

07 연기의 농도표시방법 중 단위체적당 연기입자의 개수를 나타내는 방법은?

① 중량농도법
② 입자농도법
③ 투과율법
④ 상대농도법

> **연기의 농도표시**
> - 중량농도 : 단위체적당 연기입자의 질량(mg/m^3)을 측정하는 표시법
> - 입자농도 : 단위체적당 연기입자의 개수(개/cm^3)를 측정하는 표시법
> - 광학적 농도 : 연기 속을 투과하는 빛의 양으로 측정하는 방법으로 감광계수(m^{-1})로 나타낸다.

정답 04. ④ 05. ① 06. ④ 07. ②

08 중질유 탱크 등의 화재 시 물이나 포말을 주입하면 수분의 급격한 증발에 의하여 유면이 거품을 일으키거나 열류의 교란에 의하여 열류층 밑의 냉유가 급격히 팽창하여 유면을 밀어 올리는 위험한 현상은?

① BOIL-OVER 현상
② SLOP-OVER 현상
③ WATER HAMMER 현상
④ PRIMING 현상

◉ 고비점 액체위험물에서 발생될 수 있는 현상

- 보일 오버(Boil Over) 현상 : 유류탱크 화재 시 액체위험물의 밑부분에 존재하고 있던 물이 열파에 의해 비점 이상으로 되면 급격히 증발하면서 가연성 액체를 탱크 밖으로 비산시켜 화재를 확대시키는 현상
- 슬롭 오버(Slop Over) 현상 : 액체위험물 화재 시 화재의 계속진행에 의해 연소유면이 가열된 상태에서 물이 포함되어 있는 소화약제를 방사하면 물이 급격히 기화하면서 액체위험물을 탱크 밖으로 비산시키는 현상
- 프로스 오버(Froth Over) 현상 : 화재가 아닌 경우에 발생하는 현상으로 점도가 높은 유류를 저장하는 탱크의 바닥에 있는 수분이 어떤 원인에 의해 비등하면서 액체위험물을 탱크 밖으로 넘치게 하는 현상

09 화재의 분류방법 중 유류화재를 나타내는 것은?

① A급 화재
② B급 화재
③ C급 화재
④ D급 화재

◉ 화재의 분류

화재의 분류		소화기 표시색	소화방법
A급	일반화재	백색	냉각효과
B급	유류화재	황색	질식효과
C급	전기화재	청색	질식효과
D급	금속화재	–	건조사피복
E급	가스화재	–	질식효과
K급	주방화재	–	냉각/질식효과

10 겨울철에 화재가 많이 발생하는 이유로 옳은 것은?

① 온도가 낮기 때문에 발화하기 쉽다.

② 습도가 높기 때문에 발화의 위험성이 높다.

③ 화기의 취급빈도가 많고 습도가 낮기 때문이다.

④ 기온이 낮고 습도가 높으며, 강한 바람이 지속적으로 불기 때문이다.

연소현상은 습도가 낮을수록 건조도가 좋아 활발하게 진행된다.

11 화재의 종류에 따른 가연물로 옳지 않은 것은?

① 일반화재 - 목재, 고무, 섬유, 종이

② 유류화재 - 등유, 가솔린, 프로판, 부탄

③ 금속화재 - 나트륨, 칼륨, 마그네슘, 철

④ 가스화재 - LNG, LPG, 도시가스, 메탄

▶ 화재의 분류별 가연물의 종류

• 일반화재 : 목재, 종이, 섬유류, 합성수지류, 특수가연물 등

• 유류화재 : 가솔린, 등유 등과 같은 4류 위험물

• 전기화재 : 발전실, 변전실 등 통전 중인 전기시설물

• 금속화재 : Na, K, Al, Mg, 알킬알미늄, 알킬리튬, 무기과산화물 등 금속성 물질

• 가스화재 : LNG, LPG, 도시가스 등

12 유류를 저장한 상부개방 탱크의 화재에서 일어날 수 있는 특수한 현상들에 속하지 않는 것은?

① 플래시 오버(Flash Over)

② 보일 오버(Boil Over)

③ 슬롭 오버(Slop Over)

④ 프로스 오버(Froth Over)

플래시 오버는 실내화재가 에너지의 축적에 의해 급격히 확대되는 현상으로 화재의 성장기 때 발생되는 현상이며 보일 오버, 슬롭 오버, 프로스 오버현상은 액체 위험물 탱크화재에서 수분의 급격한 증발에 의해 일어날 수 있는 현상이다.

13 건물 내에서 연기의 수평 이동속도는 몇 m/s인가?

① 0.2~1.0   ② 0.5~1

③ 3~5   ④ 5~10

◐ **연기의 유동속도**

- 수평 이동속도 : 0.5~1m/sec
- 수직 이동속도(실내) : 2~3m/sec
- 수직 이동속도(수직공간) : 3~5m/sec

14 B급 화재에 사용되는 소화기의 표시 색깔로 옳은 것은?

① 황색   ② 백색

③ 청색   ④ 녹색

◐ **적응화재별 소화기 표시색**

- A급 화재 : 백색
- B급 화재 : 황색
- C급 화재 : 청색

15 화재 시 발생되는 연소가스 중 적은 양으로는 인체에 거의 해가 없으나 많은 양을 흡입하면 질식을 일으키며, 소화약제로도 사용되는 가스는?

① CO   ② CO_2

③ H_2O ④ H_2

◐

탄산가스는 탄화수소의 완전연소 시 발생되는 가스이며 허용농도 5,000ppm으로 독성은 없다. 불연성으로 공기 중에 다량 함유 시 질식의 우려가 있어 소화약제로도 이용되는 가스이다.

16 화재 시 연기의 유동에 관한 현상으로 옳게 설명된 것은?

① 연기는 수직방향보다 수평방향의 전파속도가 더 빠르다.

② 연기층의 두께는 연도의 강하에 관계없이 대체로 일정하다.

③ 연소에 필요한 신선한 공기는 연기의 유동방향과 같은 방향으로 유동한다.

④ 화재실로부터 분출한 연기는 공기보다 무거우므로 통로의 하부를 따라 유동한다.

◎ 연기 유동에 관한 설명

- 연기는 수평방향보다 수직방향의 전파속도가 더 빠르다.
- 연기층의 두께는 연도의 강하에 따라 달라진다.
- 연소에 필요한 신선한 공기는 연기의 유동방향과 같은 방향으로 유동한다.
- 화재실로부터 분출한 연기는 공기보다 가벼우므로 통로의 상부를 따라 유동한다.

17 화재 시 연기감지기가 작동되는 농도로 옳은 것은?

① 0.1Cs   ② 0.3Cs
③ 0.5Cs   ④ 0.7Cs

◎ 감광계수와 가시거리의 관계

감광계수	가시거리	상황 설명
0.1Cs	20~30m	• 희미하게 연기가 감도는 정도의 농도 • 연기감지기가 작동되는 농도 • 건물구조에 익숙지 않은 사람이 피난에 지장을 받을 수 있는 농도
0.3Cs	5m	건물구조를 잘 아는 사람이 피난에 지장을 받을 수 있는 농도
0.5Cs	3m	약간 어두운 정도의 농도
1.0Cs	1~2m	전방이 거의 보이지 않을 정도의 농도
10Cs	수십 cm	• 최성기 때 화재층의 연기농도 • 유도등도 보이지 않는 암흑상태의 농도
30Cs	–	출화실에서 연기가 배출될 때의 농도

18 투명용기, 물이 담긴 병 등이 렌즈상의 작용으로 인하여 태양광선이 굴절 또는 반사할 때 생기는 열에너지에 의해 출화되는 화재로 옳은 것은?

① 표면(表面)화재   ② 심부(深部)화재
③ 자연(自然)화재   ④ 수렴(收斂)화재

◎

유리병, 투명용기 등을 태양광선이 통과할 때 돋보기의 원리에 의해 광선이 굴절, 반사되면서 가연물을 가열하여 출화되는 화재를 수렴화재라 한다.

19 전기화재가 발생할 가능성이 가장 낮은 부분은?

① 코드접촉부   ② 전기장판

③ 전열기   ④ 배선용 차단기

> 전기화재는 통전 중인 전기시설에 의한 화재로 배선용 차단기는 누전이 있을 때 전원을 차단하는 장치로 통전의 우려가 없는 장치이다.

20 다음의 섬유 중 화재 위험성이 가장 낮은 것은?

① 식물성 섬유   ② 동물성 섬유

③ 합성섬유   ④ 레이온

> 천연섬유는 식물성 섬유와 동물성 섬유로 구분되며 식물성 섬유인 면과 견직물은 그 주성분이 연소성이 좋은 셀룰로오스($C_6H_{10}O_5$)n가 90% 이상 함유되어 있어 연소성이 매우 좋다. 반면 동물성 섬유는 단백질 계통이 주성분으로 착화가 어렵고 연소속도가 느리며 소화도 비교적 쉽다.

21 전기화재의 원인으로 가장 관계가 없는 것은?

① 단락   ② 과전류

③ 누전   ④ 절연 과다

> **전기화재의 발생원인**
>
> 단락, 과부하(과전류), 정전기, 낙뢰, 접속기 과열, 전기불꽃, 누전

22 실내에서 화재가 발생하여 그 화재가 어느 정도 진행되면 어느 순간에 화재가 실 전체로 확산되면서 화재가 확대되고 실내의 온도가 급격히 상승하는 현상이 발생하는데 이러한 현상을 무엇이라고 하는가?

① 디토네이션(Detonation)

② 파이어 볼(Fire Ball)

③ 플래시 오버(Flash Over)

④ 디플러그레이션(Deflagration)

> Flash Over는 실내화재에서 발생될 수 있는 현상으로 화재로 화재실 내부의 온도가 상승함으로써 가연물의 열분해 속도가 빨라져 실 전체가 연소범위에 도달하여 어느 순간 화재가 실 전체로 확산되는 것이다.

23 일반적으로 실내의 화재하중이 가장 많은 곳은?

① 주택 　　　　② 호텔 　　　　③ 도서관 　　　　④ 사무실

▶ ─────────────────────────────

화재하중이란 단위면적당 가연물의 질량이다. 일정한 구역 안에 있는 가연물 전체발열량을 목재의 단위질량당 발열량으로 나누면 목재의 질량으로 환산된다. 이를 다시 그 구역의 바닥면적으로 나누면 단위면적당 가연물(목재)의 질량이 되는데 이를 화재하중이라 하며, 주수시간을 결정하는 주요인이 된다.

소방대상물의 용도별 화재하중
- 사무실 : $10\sim20\text{kg/m}^2$
- 점포 : $100\sim200\text{kg/m}^2$
- 호텔 : $25\sim40\text{kg/m}^2$
- 주택 : $30\sim60\text{kg/m}^2$
- 창고 : $200\sim1,000\text{kg/m}^2$
- 도서관 : $250\sim1,000\text{kg/m}^2$

24 다음 중 내화구조의 종류로 옳지 않은 것은?

① 철골트러스 　　　　　　　　② 벽돌구조
③ 철근콘크리트구조 　　　　　　④ 석조

▶ **내화구조의 종류** ─────────────────

철근콘크리트구조, 철골철근콘크리트조, 무근콘크리트조, 벽돌구조, 석조, 철망모르타르 등

25 공기의 유통구가 생기면 연소가 급격히 진행되어 실내는 순간적으로 화염이 가득하게 된다. 이때는 어느 시기인가?

① 초기 　　　　② 성장기 　　　　③ 최성기 　　　　④ 종기

▶ ─────────────────────────────

공기의 유통구가 생기면 연소속도가 급격히 진행되어 실내에 순간적으로 화염이 확대되는 현상을 백드래프트라 하는데, 백드래프트는 최성기에 발생된다.

26 목재가 고온에 장기간 접촉해도 착화하기 어려운 수분 함유량은 최소 몇 % 이상일 경우인가?

① 10 　　　　② 15 　　　　③ 20 　　　　④ 25

▶ ─────────────────────────────

목재의 수분함량이 15%를 초과하면 비교적 고온에 장시간 노출되어도 발화가 쉽게 일어나기 어렵지만 일단 발화된 후에는 50% 이상이 되어도 계속적으로 연소가 가능하다.

27 내화건축물의 온도−시간 표준곡선에서 약 2시간 후의 온도는 몇 ℃ 정도로 보는가?

① 500   ② 700   ③ 1,000   ④ 1,500

◐ 표준시간온도 곡선

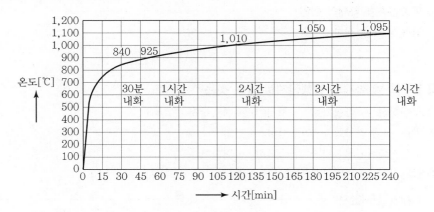

28 플라스틱 재료와 그 특성에 관한 대비로 옳은 것은?

① PVC 수지 − 열가소성   ② 페놀수지 − 열가소성

③ 폴리에틸렌수지 − 열경화성   ④ 멜라민수지 − 열가소성

- 열경화성 수지 : 열을 가하여도 녹지 않는 수지로 페놀수지, 멜라민수지, 요소수지 등
- 열가소성 수지 : 열을 가하면 녹아 액체로 되는 수지로 PVC, PE, PP 등
∴ 화재 시 위험성은 열가소성 수지가 더 크다.

29 화재하중(Fire Load)과 직접적인 관련이 없는 것은?

① 단위면적   ② 온도   ③ 발열량   ④ 가연물의 중량

화재하중이란 일정한 구역 안에 있는 가연물 전체 발열량을 동일한 발열량의 목재의 질량으로 환산하여 화재구역의 면적으로 나눈 것이다.

$$Q(kg/m^2) = \frac{\sum (Gt \cdot Ht)}{Hw \cdot A} = \frac{\sum Qt}{4,500A}$$

여기서, Q : 화재하중(kg/m²), Gt : 실내 각 가연물의 중량(kg)

　　　　Ht : 실내 각 가연물의 단위 발열량(kcal/kg)

　　　　A : 화재실의 바닥면적(m²), Qt : 화재실 내 가연물의 전체 발열량(kcal)

　　　　Hw : 목재의 단위 발열량(4,500kcal/kg)

30 화재 발생 시 건축물의 화재를 확대시키는 주요인이 아닌 것은?

① 흡착열에 의한 발화　　　　② 비화
③ 복사열　　　　　　　　　　④ 화염의 접촉(접염)

▶ **목조건축물 화재의 원인** ─────────────

접염, 복사열, 비화

31 목조 건축물 화재의 진행단계로 옳은 것은?

① 무염착화 → 발염착화 → 최성기 → 연소낙하
② 발화 → 무염착화 → 연소낙하 → 진화
③ 무염착화 → 최성기 → 연소낙하 → 진화
④ 발염착화 → 무염착화 → 발화 → 진화

▶ **화재의 진행단계** ─────────────

• 목조건축물 : 화재원인─무염착화─발염착화─출화─최성기─연소낙하─소화
• 내화건축물 : 초기─발화─성장기─최성기─종기

32 내화 건축물의 화재의 진행 과정으로 옳은 것은?

① 화원─발화─성장기─감쇠기
② 화원─최성기─감쇠기
③ 화원─발화─성장기─최성기─감쇠기
④ 화원─발화─성장기─소화

▶ **내화건축물의 화재 진행 단계** ─────────────

초기─발화─성장기─최성기─종기

33 출화란 화재를 뜻하는 말로서 옥내출화, 옥외출화로 구분한다. 이 중 옥외출화 시기를 나타낸 것은?

① 천장 속, 벽 속 등에서 발염착화한 때
② 창, 출입구 등에 발염착화한 때
③ 가옥구조에서는 천장판에 발염착화한 때
④ 불연천장인 경우 실내의 그 뒷면에 발염착화한 때

◎ 출화
- 옥내출화
  - 건축물 실내의 천장 속, 벽 내부에서 발염착화
  - 준불연성, 난연성으로 피복된 내부의 목재에 착화
- 옥외출화
  - 건축물 외부의 가연물질에 발염착화
  - 창, 출입구 등의 개구부 등에 착화

34 내화구조 건축물의 화재 특징으로 옳은 것은?
① 저온 장시간형
② 고온 단시간형
③ 고온 장시간형
④ 저온 단시간형

◎ 목조건축물과 내화건축물의 비교
- 목조건축물 : 고온 단기형(최성기 때의 온도 1,300℃ 전후)
- 내화건축물 : 저온 장기형(최성기 때의 온도 800℃ 전후)

35 플래시 오버의 시점은 피난허용시간을 정하는 가장 중요한 요건으로 작용한다. 플래시 오버 시점까지의 시간에 영향을 주는 요인이 아닌 것은?
① 내장재료의 재질 및 두께
② 화원의 크기
③ 벽면적에 대한 개구부 면적의 비
④ 실내의 전 면적에 대한 벽면적의 비와 공기에 접하는 표면적의 비

◎ 플래시 오버 발생시간에 영향을 주는 인자
- 내장재의 재질 및 두께
- 화원의 크기
- 개구부의 크기

정답 34. ① 35. ④

36 플래시오버(Flash Over)를 설명한 것으로 옳은 것은?

① 도시가스의 폭발적 연소를 말한다.

② 휘발유 등 가연성 액체가 넓게 흘러서 발화한 상태를 말한다.

③ 옥내 화재가 서서히 진행하여 열 및 가연성 기체가 축적되었다가 일시에 연소하며 화염이 크게 발생하는 상태를 말한다.

④ 화재층의 불이 상부층으로 옮겨 붙는 현상을 말한다.

▶ 플래시오버(Flash Over)

실내화재에서 발생될 수 있는 현상으로 화재로 화재실 내부의 온도가 상승함으로써 가연물의 열분해 속도가 빨라져 실 전체가 연소범위에 도달하여 어느 순간 화재가 실 전체로 확산되는 것이다.

37 Back Draft에 관한 설명 중 옳지 않은 것은?

① 가연성 가스의 발생량이 많고, 산소의 공급이 일정하지 않은 경우에 발생한다.

② 내화건물의 화재 초기에 작은 실에서 많이 발생한다.

③ 화염이 숨쉬는 것처럼 분출이 반복되는 현상이다.

④ 공기의 공급이 원활한 경우에는 발생하지 않는다.

▶ Back Draft

밀폐도가 큰 실내에 화재가 발생되어 산소의 공급이 원활치 않아 불꽃이 작게 일어나다 산소의 공급에 의해 화세가 급격히 커지는 현상으로 주로 최성기 이후, 공기의 공급이 원활하지 않고 배기가 불충분할 때 발생한다.

38 다음 그림에서 내화구조 건축물의 화재온도 및 시간 표준곡선으로 옳은 것은?

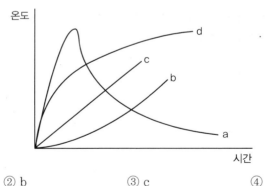

① a   ② b   ③ c   ④ d

▶

화재온도 및 시간 표준곡선에서 a는 목조건축물, d는 내화건축물의 온도곡선이다.

정답 36. ③ 37. ② 38. ④

39 다음 중 피난자의 집중으로 패닉(Panic) 현상이 발생할 가능성이 가장 큰 복도 형태로 옳은 것은?

① T형 ② X형
③ Z형 ④ H형

패닉(Panic)현상이란 인간이 공포를 느끼는 것을 말한다. 화재 시 패닉현상에 영향을 주는 인자로는 연기에 의한 시계제한, 유독가스에 의한 호흡곤란, 외부와의 연락 단절, 고립되었다는 생각 등이 있으며, 패닉현상이 일어날 우려가 가장 큰 형태는 H형이다.

피난방향 및 피난로의 유형

형태		피난 특성
T형		피난자에게 피난경로를 확실히 알려줄 수 있는 형태
Y형		
X형		양방향 피난이 가능한 형태
H형		
CO형		피난자가 집중되어 패닉(Panic) 현상이 일어날 우려가 있는 형태
Z형		중앙 복도형 건축물에서의 피난경로로서 코너식 중 가장 안전한 형태

40 실의 상부에 설치된 창 또는 전용 제연구로부터 연기를 옥외로 배출하는 방식으로 전원이나 복잡한 장치가 필요하지 않으며, 평상시 환기 겸용으로 방재설비의 유휴화 방지에 이점이 있는 것은?

① 밀폐제연방식 ② 스모크타워제연방식
③ 자연제연방식 ④ 기계제연방식

◎ 제연방식의 분류

- 자연제연방식 : 평소 사용되고 있는 창, 개구부 등을 통하여 온도차에 의한 밀도차 또는 바람 등을 이용하여 연기를 외부로 배출하는 방법이다. 동력이 필요하지 않고 설비도 간단하지만 풍속, 풍압, 풍향 등에 영향을 많이 받는 단점이 있다.
- 기계제연방식 : 실내의 연기를 기계적인 동력을 이용하여 강제로 배출하는 방식으로 1종, 2종, 3종 기계제연으로 분류된다.
- 스모크타워제연방식 : 고층건축물에 적합한 방식으로 제연 전용의 수직 샤프트를 설치하고 온도차에 의한 밀도차를 이용한 흡인력을 이용하여 연기를 옥상부분으로 배출하는 방식이다.
- 밀폐제연방식 : 불연재료로 구획된 화재실을 밀폐상태로 하여 화재의 진행을 억제함과 동시에 인접실로의 연기유동을 방지하는 방식이다. 소규모의 구획이 많고 기밀성이 높은 거실의 제연방식으로 적합하다.
- 가압제연방식 : 계단실 등 피난경로가 되는 부분을 기계적으로 급기, 가압하여 연기의 유입을 방지하는 방식이다.

41 건축물의 방화계획에서 공간적 대응에 해당하지 않는 것은?

① 특별피난계단   ② 옥내소화전설비
③ 직통계단   ④ 방화구획

◎ 화재에 대한 인간의 대응

- 공간적 대응
  - 대항성(對抗性) : 건축물의 내화성능, 방화구획성능, 화재방어력, 방연성능, 초기소화대응력 등의 화재사상과 대항하여 저항하는 성능을 가진 항력
  - 회피성(回避性) : 건축물의 불연화, 난연화, 내장제한, 구획의 세분화, 방화훈련, 불조심 등과 화기취급의 제한 등과 같은 화재의 예방적 조치 및 상황
  - 도피성(逃避性) : 화재 발생 시 사람이 궁지에 몰리지 않고 안전하게 피난할 수 있는 공간성과 시스템을 말하며 거실의 배치, 피난통로의 확보, 피난시설의 설치 및 건축물의 구조계획서, 방재계획서 등
- 설비적 대응 : 화재에 대응하여 설치하는 소화설비, 경보설비, 피난설비 등의 소방시설

42 건축물의 안전구획 중 제2차 안전구획으로 옳은 것은?

① 복도   ② 전실
③ 지상   ④ 계단

◎ 안전구획

- 제1차 안전구획 : 복도
- 제2차 안전구획 : 계단전실 또는 부실
- 제3차 안전구획 : 계단

43 건물의 피난동선에 대한 설명으로 옳지 않은 것은?

① 피난동선은 가급적 단순형태가 좋다.

② 피난동선은 가급적 상호 반대방향으로 다수의 출구와 연결되는 것이 좋다.

③ 피난동선은 수평동선과 수직 동선으로 구분된다.

④ 피난동선이라 함은 복도, 계단, 엘리베이터와 같은 피난전용의 통행구조를 말한다.

◎ **피난계획의 기본원칙**

- 피난수단은 원시적인 방법으로 한다.
- 피난통로는 2개 방향의 피난으로 한다.
- 피난설비는 고정적인 시설로 한다.
- 피난계단 및 특별피난계단 등은 가급적 분산 배치한다.
- 피난통로의 종단에는 충분한 안전공간을 확보한다.
- 피난의 경로는 간단명료하게 한다.
- 인간의 피난 특성을 고려한다.
- Fool Proof, Fail Safe의 원칙에 따른다.

44 건축물의 공간적 대응으로 대항성을 설명한 것으로 옳은 것은?

① 화재 발생 시 건축물의 내화성능, 방화구획성능, 소방대의 활동성, 초기소화 대응력 등을 고려한 대응성을 말한다.

② 건축 내장재의 불연화, 난연화, 구획의 세분화 등을 함으로써 안전성을 제고한 대응성을 말한다.

③ 건축물을 설계하려면 건축물의 안전성이 중요시되어야 하며, 안전성 제고를 위한 공간적 대응을 말한다.

④ 건축물 화재 시, 화재가 발생한 장소로부터 다른 층으로 화재가 확산되는 것을 억제하는 것을 말한다.

◎ **화재에 대한 인간의 대응**

- 공간적 대응
  - 대항성(對抗性) : 건축물의 내화성능, 방화구획성능, 화재방어력, 방연성능, 초기소화대응력 등의 화재사상과 대항하여 저항하는 성능을 가진 항력
  - 회피성(回避性) : 건축물의 불연화, 난연화, 내장제한, 구획의 세분화, 방화훈련, 불조심 등과 화기취급의 제한 등과 같은 화재의 예방적 조치 및 상황
  - 도피성(逃避性) : 화재 발생 시 사람이 궁지에 몰리지 않고 안전하게 피난할 수 있는 공간성과 시스템을 말하며 거실의 배치, 피난통로의 확보, 피난시설의 설치 및 건축물의 구조계획서, 방재계획서 등
- 설비적 대응 : 화재에 대응하여 설치하는 소화설비, 경보설비, 피난설비 등의 소방시설

45 피난계획의 일반원칙 중 Fool Proof 원칙이란 무엇인가?

① 한 가지가 고장이 나도 다른 수단을 이용하는 원칙
② 두 방향의 피난동선을 항상 확보하는 원칙
③ 피난수단을 이동식 시설로 하는 원칙
④ 피난수단을 조작이 간편한 원시적 방법으로 하는 원칙

▶ **Fool Proof**

- 비상사태 또는 시스템 고장 시 인간이 혼란 없이 쉽게 대응할 수 있도록 단순·명쾌하게 배려한 대책이다.
- 피난수단을 조작이 간편한 원시적 방법으로 하는 원칙을 말한다.

46 일반 가연물 화재(A급 화재)의 특징을 설명한 것으로 옳지 않은 것은?

① 목재, 종이 등에 의해 발생되는 화재이며 연기의 색은 백색이다.
② 동물성 섬유는 식물성 섬유에 비해 연소 속도가 빨라 화재 위험이 크다.
③ 소화방법으로는 주수에 의한 냉각소화가 가장 효과적이다.
④ 소화기 색상은 백색이며, 연소 후 재를 남긴다.

▶ **화재의 종류 및 특징**

① 일반가연물 화재

종류	목재, 종이, 섬유류, 합성수지류, 특수가연물 등
특징	㉠ 연기의 색상은 백색이며, 연소 후 재가 남는 특징이 있다. ㉡ 고체 상태이므로 기체, 액체에 비해 상대적으로 큰 착화에너지가 필요하다. ㉢ 화재 시 주수에 의한 냉각소화가 효과적이다.

② 합성수지 화재

구분	열가소성 수지	열경화성 수지
종류	열을 가하면 용융되어 액체로 되고 온도가 내려가면 고체 상태가 되며 화재 위험성이 매우 크다. ㈀ 폴리에틸렌, 폴리프로필렌, 폴리스티렌, 폴리염화비닐, 아크릴수지 등	열을 가하면 용융되지 않고 바로 분해되어 기체를 발생시키며 열가소성에 비해 화재의 위험성이 작다. ㈀ 페놀수지, 요소수지, 멜라민수지, 에폭시수지 등
특징	㉠ 분진 형태의 플라스틱은 스파크, 불꽃 등 작은 에너지로도 착화가 일어날 수도 있다. ㉡ 부도체이므로 정전기에 의해 인화성 증기에 발화 가능성이 있다. ㉢ 열가소성 수지는 열경화성 수지에 비해 화재 위험성이 현저히 크다. ㉣ 연소 시 유독가스에 의한 인명 피해의 우려가 크다.	

47 유류화재의 특징을 설명한 것으로 옳지 않은 것은?

① 연기의 색상은 흑색을 띠며 연소 후 재를 남기지 아니한다.

② 화재가 발생된 경우 주수소화에 의한 냉각소화가 가장 효과적이다.

③ 부도체이므로 정전기로 인한 착화에 주의해야 한다.

④ 소화기 색상은 황색이다.

◉ 유류화재

종류	제4류 위험물과 같은 액체 가연물
특징	㉠ 연기 색상은 흑색이며, 연소 후 재를 남기지 않는 특징이 있다. ㉡ 용기에서 누설될 경우 연소 면이 급격히 확대된다. ㉢ 대부분 물에 녹지 않고 물보다 가벼우며 주수소화 시 연소 면이 확대되므로 질식소화가 효과적이다. ㉣ A급 화재에 비해 화재 진행 속도가 빠르고 활성화 에너지가 작다. ㉤ 부도체이므로 정전기로 인한 착화의 우려가 있어 정전기 방지대책이 중요하다.

48 다음은 액체 위험물에서 발생될 수 있는 현상을 설명한 것이다. 가장 알맞은 것은?

• 중질유의 탱크에서 장시간 조용히 연소하다 탱크 내 잔존기름이 갑자기 분출하는 현상
• 유류탱크에서 탱크 바닥에 물과 기름의 에멀션이 섞여 있을 때 이로 인하여 화재가 발생하는 현상
• 연소유면으로부터 100도 이상의 열파가 탱크 저부에 고여 있는 물을 비등하게 하면서 연소유를 탱크 밖으로 비산시키며 연소하는 현상

① Boil Over ② Slop Over
③ Froth Over ④ Flash Over

49 다음에서 보일오버가 발생될 수 있는 조건에 해당되지 아니하는 것은?

① 비점이 물보다 낮은 유류일 것

② 탱크 내부에 수분이 존재할 것

③ 열파를 형성하는 유류일 것

④ 물보다 가벼운 유류일 것

◉ 보일오버(Boil Over)

① 고비점 액체 위험물에서 발생되는 현상

② 탱크 유면에서 화재 발생 → 고온의 열류층 형성 → 열파에 의해 탱크 하부 수분이 급격히 비등하면서 상층의 유류를 탱크 밖으로 분출시키는 현상

50 다음 중 금속화재의 특징을 설명한 것으로 잘못된 것은 어느 것인가?

① 금속화재를 일으키는 물질에는 나트륨, 칼륨, 마그네슘 등이 있다.

② 금속화재를 일으킬 수 있는 금속, 분진의 양은 $30{\sim}80mg/l$ 정도이다.

③ 금속화재 시에는 주수소화가 가장 효과적이다.

④ 금속화재 시의 온도는 약 $2{,}000{\sim}3{,}000℃$로 매우 높다.

◉ **금속화재(D급 화재)**

종류	Na, K, Al, Mg, 알킬알루미늄, 알킬리튬, 무기과산화물, 그 밖의 금속성 물질(Cu, Ni 제외)
특징	㉠ 연소 시 온도가 매우 높다.(약 2,000~3,000℃) ㉡ 분진 상태로 공기 중에서 부유 시 분진폭발의 우려가 있다. ㉢ 주수소화 시 수증기 폭발의 위험과 수소와 산소 가스가 발생되어 연소가 더욱 심해진다. ㉣ Na, K 등의 금속은 물과 접촉하면 발열반응이 일어난다. 　　$2K + 2H_2O \rightarrow 2KOH + H_2 + Qkcal$ ㉤ 금속의 양이 30~80mg/l 정도이면 금속화재를 일으킬 수 있다.
소화 방법	㉠ 건조사에 의한 질식소화(소규모 금속화재에 사용) ㉡ 금속화재용 소화약제(Dry Powder) 사용

51 다음 중 주방화재를 설명한 것으로 옳은 것은?

① 주방화재를 식용류 화재라고도 하며 재연의 우려가 높다.

② 제2종 분말소화약제를 사용하여 비누화 현상에 의한 소화를 한다.

③ 인화점 이하로 온도를 떨어뜨릴 경우 재발화가 일어나지 않는다.

④ 발화점은 약 $300{\sim}315℃$ 정도이다.

◉ **주방화재(식용유 화재)**

② 제1종 분말소화약제(나트륨에 의한 비누화 현상)를 사용한다.

③ 재발화의 위험이 매우 크므로 발화점 이하로 냉각시켜야 한다.

④ 인화점 : 약 $300{\sim}315℃$

　　연소점 : 약 $350{\sim}370℃$

　　발화점 : 약 $390{\sim}410℃$

52 다음 중 화재를 소실 정도에 의해 분류한 경우 잘못 설명된 것은 어느 것인가?

① 전소화재란 전체의 70% 이상 소손된 화재를 말한다.

② 반소화재란 전체의 50% 이상 70% 미만 소손된 화재를 말한다.

③ 즉소화재란 인명피해가 없고 피해액이 경미한 화재를 말한다.

④ 소실 정도가 70% 미만이더라도 재수리가 불가한 경우는 전소화재에 해당된다.

◎ 소실 정도에 따른 화재의 분류

① 국소화재 : 전체의 10% 미만이 소손된 경우로서 바닥 면적이 3.3m² 미만이거나 내부의 수용물만이 소손된 경우

② 부분소화재 : 전체의 10% 이상 30% 미만이 소손된 경우

③ 반소화재 : 전체의 30% 이상 70% 미만이 소손된 경우

④ 전소화재 : 전체의 70% 이상이 소손되거나 70% 미만이라 할지라도 재수리 후 사용이 불가능하도록 소손된 경우

⑤ 즉소화재 : 화재로 인한 인명피해가 없고 피해액이 경미한(동산과 부동산을 포함하여 50만 원 미만) 화재로 화재 건수에 이를 포함한다.

53 "화재가 발생한 경우 건물의 기둥, 벽, 건축자재 등은 발화부 방향으로 도괴한다."는 발화부 추정 원칙 중 어느 것에 해당되는가?

① 연소의 상승성   ② 도괴방향법

③ 탄화심도   ④ 주연흔

◎ 발화부 추정 원칙

① 연소의 상승성 : 역삼각형 패턴으로 연소하고, 연소속도는 상방연소 > 수평연소 > 하방연소 순이다.

② 도괴방향법 : 건물의 구조체가 발화부를 향해 도괴하는 현상

③ 탄화심도 : 목재 표면의 탄화된 깊이를 통해 발화부를 추정

④ 주연흔 : 건물 구조체에 발생한 연기의 흔적으로 발화부를 추정

⑤ 박리흔 : 화재에 의한 콘크리트의 폭렬 및 박리상태로 추정

⑥ 변색흔 : 건물 구조체에 발생한 변색의 흔적으로 추정

⑦ 균열흔 : 목재 표면의 균열은 발화부에 가까울수록 작고 가늘다.

⑧ 용융흔 : 발화부 근처일수록 유리파편의 표면이 깨끗하다. 이는 순식간에 열로 인해 파손되었기 때문이다.

54 화재를 연료지배형 화재와 환기지배형 화재로 구분할 경우 다음 중 환기지배형 화재로 볼 수 없는 것은?

① 밀폐된 공간 또는 구획된 공간에서 주로 발생한다.

② 플래시오버(Flash Over) 이전에 주로 발생한다.

③ 공기의 인입량에 지배를 받는다.

④ 목조건축물보다 내화건축물일 경우 주로 발생한다.

◎

② 플래시오버(Flash Over) 이전에는 주로 연료지배형 화재이다.

55 내장재의 발화시간에 영향을 주는 요인에 해당되지 아니하는 것은?

① 발화온도   ② 복사열유속

③ 내장재의 두께   ④ 화염확산속도

▶ **내장재 발화시간의 영향 요인** ─────────

   ① 발화온도   ② 복사열유속

   ③ 내장재의 두께   ④ 화재성장

56 화재가혹도의 설명으로 옳지 않은 것은?

① 화재하중이 작으면 화재가혹도가 작다.

② 화재실 내 단위시간당 축적되는 열이 크면 화재가혹도가 크다.

③ 화재규모 판단척도로 주수시간을 결정한다.

④ 최고온도와 지속시간으로 나타낼 수 있다.

▶ **화재가혹도** ────────────────────

  ① 화재가혹도는 화재의 최고온도와 지속시간에 의해 표현되는 화재의 규모를 표시하는 지표이다.

  ② 최고온도와 지속시간

     ㉠ 최고온도 : 발생 화재의 열 축적률이 크다는 것을 표시하는 화재강도(Fire intensity)의 개념이다.

     ㉡ 지속시간 : 화재에 의해 연소되는 가연물의 양을 표시하는 연료하중(Fire load)의 개념이다.

  ③ 화재가혹도는 화재의 시간온도 곡선의 하부면적으로 표현할 수 있다.

57 플래시오버(Flash Over)에 대한 설명으로 옳지 않은 것은?

① 어느 순간 실 전체에 화염이 확대되는 현상이다.

② 연료지배형 화재에서 환기지배형 화재로 전이되는 단계이다.

③ 화재의 성장 단계 중 최성기 이후에서 발생한다.

④ 플래시오버 이전에 피난이 완료되어야 한다.

▶ **Flash Over(플래시오버)** ────────────

  ③ 화재의 성장 단계 중 성장기에서 발생한다.

  ※ Flash over와 Back draft 비교

구 분	발생원인	발생시기
Flash over	에너지 축적	성장기
Back draft	공기 공급	최성기 이후(감쇠기)

58 화재 성장기 때의 열 방출속도와 관계가 없는 것은?

① 기화열에 비례한다.　　　　　　　② 연소속도에 비례한다.

③ 연소열에 비례한다.　　　　　　　④ 기화면적에 비례한다.

▶ 성장기 때의 열 방출속도

열방출률 $Q = m'' \cdot A \cdot \Delta H_c = \dfrac{q''}{L_V} \cdot A \cdot \Delta H_c \,[\text{kW}]$

$$\text{연소속도 } m'' = \dfrac{q''}{L_V}\,[\text{g/s} \cdot \text{m}^2]$$

여기서, m'' : 단위면적당 질량 연소속도$[\text{g/s} \cdot \text{m}^2]$
q'' : 연료 표면으로의 순 열류$[\text{kW/m}^2]$
L_V : 기화열(kJ/kg), ΔH_c : 연소열$[\text{kJ/g}]$

59 면적 0.5m^2의 목재 표면에서 연소가 일어날 때 에너지 방출속도(Q)는 몇 kW인가?[단, 목재의 최대 질량연소유속(m'') = $22\text{g/m}^2\text{s}$, 기화열(L) = 4kJ/s, 유효연소열(ΔH_c) = 30kJ/g이다.]

① 110　　　　② 220　　　　③ 330　　　　④ 440

▶ 에너지 방출속도(열방출률)

$Q = m'' \cdot A \cdot \Delta H_c = 22 \times 0.5 \times 30 = 330\,\text{kJ/s} = 330\,\text{kW}$

60 다음의 내화구조 기준 중 벽에 해당되지 아니하는 것은?

① 철근콘크리트조 또는 철골철근콘크리트조로서 두께가 10cm 이상인 것

② 골구를 철골조로 하고 그 양면을 두께 4cm 이상의 철망모르타르로 덮은 것

③ 벽돌조로서 두께가 10cm 이상인 것

④ 철재로 보강된 콘크리트블록조, 벽돌조, 석조로서 철재를 덮은 콘크리트 블록의 두께가 5cm 이상인 것

▶ 내화구조의 기준(벽)

① 철근콘크리트조 또는 철골철근콘크리트조 : 두께 10cm 이상

② 골구를 철골조로 하고 그 양면을 두께 4cm 이상의 철망모르타르 또는 두께 5cm 이상의 콘크리트블록 · 벽돌 또는 석재로 덮은 것

③ 철재로 보강된 콘크리트 블록조 · 벽돌조 또는 석조로서 철재를 덮은 콘크리트블록 등의 두께 : 5cm 이상

④ 벽돌조 : 두께 19cm 이상

⑤ 고온 · 고압의 증기로 양생된 경량기포 콘크리트패널 또는 경량기포 콘크리트블록조 : 두께 10cm 이상

61 다음 중 방화문의 구분으로 옳지 않은 것은?

① 60분＋방화문 : 연기 및 불꽃을 차단할 수 있는 시간이 60분 이상이고, 열을 차단할 수 있는 시간이 60분 이상인 방화문
② 60분＋방화문 : 연기 및 불꽃을 차단할 수 있는 시간이 60분 이상이고, 열을 차단할 수 있는 시간이 30분 이상인 방화문
③ 60분 방화문 : 연기 및 불꽃을 차단할 수 있는 시간이 60분 이상인 방화문
④ 30분 방화문 : 연기 및 불꽃을 차단할 수 있는 시간이 30분 이상 60분 미만인 방화문

▶ **방화문의 구분(건축법 시행령 제64조제1항)** ───────────

1. 60분＋방화문 : 연기 및 불꽃을 차단할 수 있는 시간이 60분 이상이고, 열을 차단할 수 있는 시간이 30분 이상인 방화문
2. 60분 방화문 : 연기 및 불꽃을 차단할 수 있는 시간이 60분 이상인 방화문
3. 30분 방화문 : 연기 및 불꽃을 차단할 수 있는 시간이 30분 이상 60분 미만인 방화문

62 건축물의 피난·방화구조 등의 기준에 관한 규칙상 소방관 진입창의 기준으로 옳은 것은?

① 창문의 가운데에 지름 20센티미터 이상의 역삼각형을 야간에도 알아볼 수 있도록 빛 반사 등으로 붉은색으로 표시할 것
② 창문의 한쪽 모서리에 타격지점을 지름 2센티미터 이상의 원형으로 표시할 것
③ 창문의 크기는 폭 80센티미터 이상, 높이 1미터 이상으로 할 것
④ 실내 바닥면으로부터 창의 아랫부분까지의 높이는 1미터 이내로 할 것

▶ **소방관 진입창(건축물의 피난·방화구조 등의 기준에 관한 규칙 제18조의2)** ───────

1. 2층 이상 11층 이하인 층에 각각 1개소 이상 설치할 것. 이 경우 소방관이 진입할 수 있는 창의 가운데에서 벽면 끝까지의 수평거리가 40미터 이상인 경우에는 40미터 이내마다 소방관이 진입할 수 있는 창을 추가로 설치해야 한다.
2. 소방차 진입로 또는 소방차 진입이 가능한 공터에 면할 것
3. 창문의 가운데에 지름 20센티미터 이상의 역삼각형을 야간에도 알아볼 수 있도록 빛 반사 등으로 붉은색으로 표시할 것
4. 창문의 한쪽 모서리에 타격지점을 지름 3센티미터 이상의 원형으로 표시할 것
5. 창문의 크기는 폭 90센티미터 이상, 높이 1.2미터 이상으로 하고, 실내 바닥면으로부터 창의 아랫부분까지의 높이는 80센티미터 이내로 할 것
6. 다음 각 목의 어느 하나에 해당하는 유리를 사용할 것
   가. 플로트판유리로서 그 두께가 6밀리미터 이하인 것
   나. 강화유리 또는 배강도유리로서 그 두께가 5밀리미터 이하인 것
   다. 가목 또는 나목에 해당하는 유리로 구성된 이중 유리로서 그 두께가 24밀리미터 이하인 것

63 다음 ( ) 안에 들어갈 알맞은 수치는 각각 얼마인가?

> 상층으로의 연소확대를 방지하기 위한 스팬드럴은 아래층 창문 상단에서 위층 창문 하단까지
> 의 거리를 ( )cm 이상 이격하고, 캔틸레버는 건물의 외벽에서 돌출된 부분의 거리가 ( )
> cm 이상 되어야 한다.

① 5, 5 ② 9, 5 ③ 50, 50 ④ 90, 50

64 일정규모 이상의 건축물은 화재로 인한 피해를 최소화하기 위해 방화구획을 하여야 한다. 다음 중 방화구획의 종류에 해당되지 아니하는 것은?

① 수용인원단위 구획 ② 면적단위 구획
③ 층 단위 구획 ④ 용도단위 구획

▶ **방화구획의 종류**

① 면적별 구획

구분		자동식 소화설비 미설치	자동식 소화설비 설치
10층 이하		1,000m² 이내	3,000m² 이내
11층 이상	일반재료	200m² 이내	600m² 이내
	불연재료	500m² 이내	1,500m² 이내

② 층별 구획
매 층마다 구획할 것. 다만, 지하 1층에서 지상으로 직접 연결하는 경사로 부위는 제외한다.
③ 용도별 구획
문화 및 집회시설·의료시설·공동주택 등 주요 구조부를 내화구조로 해야 하는 부분은 그 부분
과 다른 부분을 방화구획할 것
④ 수직관통부 구획
엘리베이터 권상기실, 계단, 경사로, 린넨슈트, 피트 등 수직관통부를 방화구획한다.

65 방화구획의 기준을 설명한 것 중 옳지 않은 것은?

① 매 층마다 내화구조의 바닥으로 구획하여야 한다.
② 10층 이하의 층은 바닥면적 1,000m² 이내마다 구획 하여야 한다.
③ 11층 이상의 층은 바닥면적 600m² 이내마다 구획 하여야 한다.
④ 자동식 소화설비가 설치된 경우 기준 면적의 3배 이내마다 구획할 수 있다.

▶ **방화구획의 기준**

① 10층 이하의 층은 바닥면적 1,000m²(스프링클러, 기타 이와 유사한 자동식 소화설비를 설치한
경우에는 바닥면적 3,000m²) 이내마다 구획할 것
② 11층 이상의 층은 바닥면적 200m²(스프링클러, 기타 이와 유사한 자동식 소화설비를 설치한 경
우에는 600m²) 이내마다 구획할 것. 다만, 벽 및 반자의 실내에 접하는 부분의 마감을 불연재료

로 한 경우에는 바닥면적 500m²(스프링클러, 기타 이와 유사한 자동식 소화설비를 설치한 경우에는 1,500m²) 이내마다 구획하여야 한다.

③ 매 층마다 구획할 것. 다만, 지하 1층에서 지상으로 직접 연결하는 경사로 부위는 제외한다.

66 「건축법 시행령」상 방화구획을 완화하여 적용할 수 있는 기준이 아닌 것은?

① 문화 및 집회시설(동 · 식물원은 제외한다), 종교시설, 운동시설 또는 장례식장의 용도로 쓰는 거실로서 시선 및 활동공간의 확보를 위하여 불가피한 부분

② 계단실부분 · 복도 또는 승강기의 승강로 부분(해당 승강기의 승강을 위한 승강로비 부분을 포함한다)으로서 그 건축물의 다른 부분과 방화구획으로 구획된 부분

③ 공동주택의 세대별 층간 바닥 부분

④ 주요 구조부가 내화구조 또는 불연재료로 된 주차장

▶ **방화구획의 완화요건(「건축법 시행령」 제46조 제2항)**

① 문화 및 집회시설(동 · 식물원은 제외한다), 종교시설, 운동시설 또는 장례식장의 용도로 쓰는 거실로서 시선 및 활동공간의 확보를 위하여 불가피한 부분

② 물품의 제조 · 가공 · 보관 및 운반 등에 필요한 고정식 대형기기 설비의 설치를 위하여 불가피한 부분. 다만, 지하층인 경우에는 지하층의 외벽 한쪽 면(지하층의 바닥면에서 지상층 바닥 아래면까지의 외벽 면적 중 4분의 1 이상이 되는 면을 말한다) 전체가 건물 밖으로 개방되어 보행과 자동차의 진입 · 출입이 가능한 경우에 한정한다.

③ 계단실 부분 · 복도 또는 승강기의 승강로 부분(해당 승강기의 승강을 위한 승강로비 부분을 포함한다)으로서 그 건축물의 다른 부분과 방화구획으로 구획된 부분

④ 건축물의 최상층 또는 피난층으로서 대규모 회의장 · 강당 · 스카이라운지 · 로비 또는 피난안전구역 등의 용도로 쓰는 부분으로서 그 용도로 사용하기 위하여 불가피한 부분

⑤ 복층형 공동주택의 세대별 층간 바닥 부분

⑥ 주요 구조부가 내화구조 또는 불연재료로 된 주차장

⑦ 단독주택, 동물 및 식물 관련 시설 또는 교정 및 군사시설 중 군사시설(집회, 체육, 창고 등의 용도로 사용되는 시설만 해당한다)로 쓰는 건축물

⑧ 건축물의 1층과 2층의 일부를 동일한 용도로 사용하며 그 건축물의 다른 부분과 방화구획으로 구획된 부분(바닥면적의 합계가 500제곱미터 이하인 경우로 한정한다)

67 지하층이란 건축물의 바닥이 지표면 아래에 있는 층으로서 바닥에서 지표면까지 평균높이가 해당 층 높이의 (   ) 이상인 것을 말한다. 다음 중 (   ) 안에 들어갈 알맞은 것은?

① 2분의 1   ② 3분의 1   ③ 4분의 1   ④ 5분의 1

▶ **지하층의 정의**

건축물의 바닥이 지표면 아래에 있는 층으로서 건축물의 용도에 따라 그 바닥으로부터 지표면까지의 평균높이가 해당 층 높이의 2분의 1 이상인 것

68 초고층 건축물에 설치하여야 하는 피난안전구역은 지상으로부터 최대 몇 개 층마다 설치하여야 하는가?

① 10개 층마다 　　② 20개 층마다 　　③ 30개 층마다 　　④ 40개 층마다

▶ 「건축법 시행령」 제34조 제3항

③ 초고층 건축물에 설치하여야 하는 피난안전구역은 지상으로부터 최대 30개 층마다 1개소 이상 설치하여야 한다.

69 초고층 및 지하연계 복합건축물의 피난안전구역에 설치하는 소방시설에 해당되지 아니하는 것은?

① 소화기구(소화기 및 간이소화용구만 해당한다), 옥내소화전설비 및 스프링클러설비
② 자동화재탐지설비 또는 비상방송설비
③ 방열복, 공기호흡기, 인공소생기, 피난유도선 유도등, 유도표지
④ 제연설비, 무선통신보조설비

▶ 피난안전구역에 설치하는 소방시설

① 소화설비 중 소화기구(소화기 및 간이소화용구만 해당), 옥내소화전설비 및 스프링클러설비
② 경보설비 중 자동화재탐지설비
③ 피난설비 중 방열복, 공기호흡기(보조마스크를 포함한다), 인공소생기, 피난유도선(피난안전구역으로 통하는 직통계단 및 특별피난계단을 포함), 피난안전구역으로 피난을 유도하기 위한 유도등·유도표지, 비상조명등 및 휴대용비상조명등
④ 소화활동설비 중 제연설비, 무선통신보조설비

70 「초고층 및 지하연계 복합건축물 재난관리에 관한 특별법」상 지하연계 복합건축물이란 층수가 (　)층 이상이거나 1일 수용인원이 (　) 명 이상인 건축물로서 지하부분이 지하역사 또는 지하도상가와 연결된 건축물을 말한다. 다음 중 (　) 안의 내용이 알맞게 짝지어진 것은?

① 11, 3천 　　② 11, 5천 　　③ 30, 5천 　　④ 30, 1만

▶ 초고층 및 지하연계 복합건축물의 정의

① 초고층 건축물 : 층수가 50층 이상 또는 높이가 200미터 이상인 건축물을 말한다.
② 고층 건축물 : 층수가 30층 이상이거나 높이가 120미터 이상인 건축물을 말한다.
③ 지하연계 복합건축물이란 다음 각 목의 요건을 모두 갖춘 것을 말한다.
　㉮ 층수가 11층 이상이거나 1일 수용인원이 5천 명 이상인 건축물로서 지하부분이 지하역사 또는 지하도상가와 연결된 건축물
　㉯ 건축물 안에 문화 및 집회시설, 판매시설, 운수시설, 업무시설, 숙박시설, 위락시설 중 유원시설업의 시설 또는 대통령령으로 정하는 용도의 시설이 하나 이상 있는 건축물(대통령령으로 정하는 용도의 시설 : 종합병원과 요양병원)

71 「초고층 및 지하연계 복합건축물 재난관리에 관한 특별법 시행령」상 지하층이 하나의 용도로 사용되는 경우 피난안전구역의 면적 산정방법으로 옳은 것은?

① 면적=(피난안전구역 위층의 재실자 수×0.5)×0.28[m²]
② 면적=(수용인원×0.1)×0.28[m²]
③ 면적=(수용인원×0.5)×0.28[m²]
④ 면적=(사용형태별 수용인원의 합×0.1)×0.28[m²]

▶ **피난안전구역 면적**

① 초고층 건축물 : (피난안전구역 위층의 재실자 수×0.5)×0.28[m²]
② 16층 이상 29층 이하인 지하연계 복합건축물의 지상층 : 지상층별 거주밀도가 [m²]당 1.5명을 초과하는 층은 해당 층의 사용형태별 면적의 합의 10분의 1에 해당하는 면적
③ 지하층

구분	지하층이 하나의 용도로 사용되는 경우	지하층이 둘 이상의 용도로 사용되는 경우
면적	(수용인원×0.1)×0.28[m²]	(사용형태별 수용인원의 합×0.1)×0.28[m²]

*수용인원=사용형태별 면적×거주밀도

72 고온의 연소생성물이 부력에 의한 힘을 받아 상승하면서 천장면 아래에 얇은 층을 형성하는 빠른 속도의 가스 흐름을 무엇이라 하는가?

① Ceiling jet flow
② Back layering
③ Flash over
④ Fire plume

▶ **천장 제트 흐름(Ceiling Jet Flow)**

① 고온의 연소생성물이 부력에 의해 천장면 아래에 얇은 층을 형성하는 비교적 빠른 속도의 가스 흐름을 말한다.
② Ceiling Jet Flow의 두께는 실 높이(H)의 5~12% 정도이며, 최고 온도와 최고 속도의 범위는 실 높이(H)의 1% 이내이다.
③ 화재안전기준에서 스프링클러 헤드와 그 부착면의 거리를 30cm 이하로 규정한 이유는 건물의 층고를 3m로 보아 Ceiling Jet Flow 내에 헤드가 설치될 수 있도록 하기 위함이다.
④ 천장과 벽 부분 사이에서는 Dead Air Space가 발생되므로, 벽과 스프링클러헤드 간의 공간은 10cm 이상, 연기감지기는 0.6m 이상 이격하도록 규정하고 있다.

73 실내 건축물 화재 시 발생된 연기가 건물 밖으로 이동하는 주된 요인이 아닌 것은?

① 가스의 팽창
② 굴뚝효과
③ 바람효과
④ 소화설비 작동

▶ **연기의 유동에 영향을 미치는 요인**

① 연돌(굴뚝)효과
② 외부에서의 풍력
③ 공기유동의 영향
④ 건물 내 기류의 강제이동
⑤ 비중차
⑥ 공조설비
⑦ 온도상승에 따른 증기팽창

정답 71. ② 72. ① 73. ④

74 굴뚝효과란 건물 내부와 외부의 온도차에 의한 밀도차로 압력차가 발생하는 것을 말한다. 다음 중 굴뚝효과의 크기가 올바르게 설명된 것은?

① $\Delta P = 3,460 H \left(\dfrac{1}{T_o} + \dfrac{1}{T_i} \right)$

② $\Delta P = 3,460 H \left(\dfrac{1}{T_o} - \dfrac{1}{T_i} \right)$

③ $\Delta P = 3,460 H \left(\dfrac{1}{T_i} + \dfrac{1}{T_o} \right)$

④ $\Delta P = 3,460 H \left(\dfrac{1}{T_i} - \dfrac{1}{T_o} \right)$

◉ **연돌효과의 크기**

$$\Delta P = 3,460 H \left(\frac{1}{T_o} - \frac{1}{T_i} \right) [\text{Pa}]$$

여기서, ΔP : 연돌효과에 의한 압력차[Pa], H : 중성대로부터의 높이[m]
T_o : 외부 공기의 절대온도[K], T_i : 내부 공기의 절대온도[K]

75 다음 중 굴뚝효과의 크기를 결정하는 요인에 해당되지 않는 것은?

① 건물 내외부의 온도차
② 연기의 농도
③ 중성대로부터의 높이
④ 외벽의 기밀성

◉ **연돌효과의 영향 요인**

① 수직공간 내 · 외부의 온도차 : 온도차가 클수록 연기확산이 빨라진다.
② 건물의 높이 : 초고층일수록 높이(H)가 커져 압력차가 커진다.
③ 수직공간의 누설면적
　㉮ 중성대 상부의 누설 면적이 크면, 중성대가 상승되어 압력차는 줄어들지만 연기에 의한 확산 피해는 커진다.
　㉯ 중성대 하부의 누설 면적이 크면, 중성대가 낮아져 압력차가 커진다.
④ 누설틈새
⑤ 건물 상부의 공기 기류 : 상부에서 수직 공간으로의 기류가 강하면, 연돌효과는 줄어든다.

76 굴뚝효과(Stack Effect)에서 나타나는 중성대에 관계되는 설명으로 옳지 않은 것은?

① 건물 내의 기류는 항상 중성대의 하부에서 상부로 이동한다.
② 중성대는 상하의 기압이 일치하는 위치에 있다.
③ 중성대의 위치는 건물 내외부의 온도차에 따라 변할 수 있다.
④ 중성대의 위치는 건물 내의 공조상태에 따라 달라질 수 있다.

◉ **중성대**

① 실내로 들어오는 공기와 나가는 공기 사이에 발생되는 압력이 0인 지점을 말한다.
② 중성대 상부
실내압력이 실외압력보다 커서 연기는 화재실에서 외부로 배출된다.(실내압력 > 실외압력)

정답 **74.** ② **75.** ② **76.** ④

③ 중성대 하부

실내압력이 실외압력보다 작아서 공기가 화재실로 유입된다.(실내압력＜실외압력)

④ 건물에서의 중성대 높이

㉮ 상부와 하부에 개구부가 있는 건물의 경우 개구부 면적이 같고, 실내ㆍ외 온도차가 같다면 $h = \frac{1}{2}H$ 가 되어 건물의 중앙에 중성대가 위치하게 된다.

㉯ 개구부 중 하부 개구부가 크면 하부의 압력차는 상부보다 작게 되고, 중성대는 아래로 이동하게 된다.

77 고층 건축물의 화재 시 연기를 제어하는 기본방법이 아닌 것은?

① 연기를 공급하여 제어한다.　② 연기를 배기하여 제어한다.

③ 연기를 희석하여 제어한다.　④ 연기를 차단하여 제어한다.

◐ 연기 제어 기본방법

① 차단
② 배기
③ 희석

78 한 무리 실험동물의 50%를 죽게 하는 독성 물질의 농도로 50%의 치사농도로 반수치사농도라고도 하는 독성과 관련된 용어로 알맞은 것은?

① TWA　② LC50

③ LD50　④ STEL

◐ 독성과 관련된 용어

구 분	내 용
TLV 허용농도	근로자가 유해 요인에 노출될 때, 노출기준 이하의 수준에서는 거의 모든 근로자에게 건강상 나쁜 영향을 미치지 아니하는 기준을 의미
TWA 시간가중 평균노출기준	1일 8시간 작업을 기준으로 하여 유해요인의 측정치에 발생시간을 곱하여 8시간으로 나눈 값을 의미
STEL 단시간 노출기준	근로자가 15분 동안 노출될 수 있는 최대허용농도로서 이 농도에서는 1일 4회 60분 이상 노출이 금지되어 있다.
Ceiling 최고노출기준	근로자가 1일 작업 시간 동안 잠시라도 노출되어서는 안 되는 기준
LC50 50% 치사농도	한 무리 실험동물의 50%를 죽게 하는 독성 물질의 농도
LD50 50% 치사량	독극물의 투여량에 대한 시험 생물의 반응을 치사율로 나타낼 수 있을 때의 투여량. 한 무리의 50%가 사망한다는 것

위험물

CHAPTER 01 위험물의 종류 및 정의

01 용어의 정의

① **위험물** : 인화성 또는 발화성 등의 성질을 가지는 것으로서 대통령령이 정하는 물품
② **지정수량** : 위험물의 종류별로 위험성을 고려하여 대통령령이 정하는 수량으로서 제조소 등의 설치허가 등에서 최저 기준이 되는 수량
③ **제조소** : 위험물을 제조할 목적으로 지정수량 이상의 위험물을 취급하기 위하여 시 · 도지사의 허가를 받은 장소
④ **저장소** : 지정수량 이상의 위험물을 저장하기 위한 대통령령이 정하는 장소로서 시 · 도지사의 허가를 받은 장소
⑤ **취급소** : 지정수량 이상의 위험물을 제조 외의 목적으로 취급하기 위한 장소로서 시 · 도지사의 허가를 받은 장소
⑥ **제조소 등** : 제조소 · 저장소 및 취급소

Check Point 제조소 등의 종류

- 제조소
- 저장소
  - 옥내저장소 - 옥외탱크저장소 - 옥내탱크저장소 - 지하탱크저장소
  - 간이탱크저장소 - 이동탱크저장소 - 옥외저장소 - 암반탱크저장소
- 취급소
  - 주유취급소 - 판매취급소 - 이송취급소 - 일반취급소

02 위험물의 구분

① **제1류 위험물(산화성 고체)** : 고체로서 산화력의 잠재적인 위험성 또는 충격에 대한 민감성을 판단하기 위하여 소방청장이 정하여 고시하는 시험에서 고시로 정하는 성질과 상태를 나타내는 것

② **제2류 위험물(가연성 고체)** : 고체로서 화염에 의한 발화의 위험성 또는 인화의 위험성을 판단하기 위하여 고시로 정하는 시험에서 고시로 정하는 성질과 상태를 나타내는 것

③ **제3류 위험물(자연발화성 물질 및 금수성 물질)** : 고체 또는 액체로서 공기 중에서 발화의 위험성이 있거나 물과 접촉하여 발화하거나 가연성 가스를 발생하는 위험성이 있는 것

④ **제4류 위험물(인화성 액체)** : 액체로서 인화의 위험성이 있는 것

⑤ **제5류 위험물(자기반응성 물질)** : 고체 또는 액체로서 폭발의 위험성 또는 가열분해의 격렬함을 판단하기 위하여 고시로 정하는 시험에서 고시로 정하는 성질과 상태를 나타내는 것

⑥ **제6류 위험물(산화성 액체)** : 액체로서 산화력의 잠재적인 위험성을 판단하기 위하여 고시로 정하는 시험에서 고시로 정하는 성질과 상태를 나타내는 것

03 유별 위험물의 위험등급, 종류 및 지정수량

| 종류
위험등급 | 제1류 위험물
산화성고체 | | 제2류 위험물
가연성고체 | | 제3류 위험물
금수성 · 자연발화성 | | 제4류 위험물
인화성액체 | | 제5류 위험물
자기연소성 | | 제6류 위험물
산화성액체 | |
	품명(10)	지정 수량 (kg)	품명(7)	지정 수량 (kg)	품명(13)	지정 수량 (kg)	품명(7)	지정 수량 (L)	품명(9)	지정 수량 (kg)	품명(3)	지정 수량 (kg)
I	아염소산염류 염소산염류 과염소산염류 무기과산화물	50		−	칼륨 나트륨 알킬알루미늄 알킬리튬	10	특수인화물	50	유기과산화물 질산에스테르류	10	과산화수소 과염소산 질산	300
					황린	20						
II	요오드산염류 브롬산염류 질산염류	300	황화린 적린 유황	100	알칼리금속 알칼리토금속 유기금속화합물	50	제1석유류	비수용성 200 수용성 400	히드록실아민 히드록실아민염류	100	−	
							알코올류	400	니트로화합물 니트로소화합물 아조화합물 디아조화합물 히드라진 유도체	200		
III	과망간산염류 중크롬산염류	1,000	철분 마그네슘 금속분류	500	금속의 수소화물 금속의 인화물 칼슘의 탄화물 알루미늄의 탄화물 염소화규소화합물	300	제2석유류	비수용성 1,000 수용성 2,000	−		−	
							제3석유류	비수용성 2,000 수용성 4,000				
	무수크롬산 (삼산화크롬)	300	인화성고체	1,000			제4석유류	6,000				
							동식물유류	10,000				

1) 제1류 위험물 품명, 위험등급 · 지정수량

위험등급	품 명	지정수량	위험등급	품 명	지정수량
I	아염소산염류 염소산염류 과염소산염류 무기과산화물	50kg	III	과망간산염류 중크롬산염류	1,000kg
II	브롬산염류 요오드산염류 질산염류	300kg	기타	그 밖의 행정안전부령으로 정하는 것	50kg

※ 그 밖에 행정안전부령으로 정하는 것 : 과요오드산염류, 과요오드산, 크롬, 납 또는 요오드의 산화물, 아질산염류, 차아염소산염류, 염소화이소시아눌산, 퍼옥소이황산염류, 퍼옥소붕산염류

2) 제2류 위험물 품명, 위험등급 · 지정수량

위험등급	품 명	지정수량	위험등급	품 명	지정수량
II	황화린 적린 유황	100kg	III	철분 마그네슘 금속분	500kg
				인화성 고체	1,000kg
			기타	그 밖에 행정안전부령으로 정하는 것	100kg 또는 500kg

3) 제3류 위험물 품명, 위험등급 · 지정수량

위험등급	품 명	지정수량	위험등급	품 명	지정수량
I	칼륨 나트륨 알킬알루미늄 알킬리튬	10kg	III	금속의 수소화합물 금속의 인화합물 칼슘 또는 알루미늄의 탄화물	300kg
	황린	20kg			
II	알칼리금속 및 알칼리토금속 유기금속화합물	50kg	기타	그 밖에 행정안전부령으로 정하는 것	10kg

※ 그 밖에 행정안전부령으로 정하는 것 : 염소화규소화합물

4) 제4류 위험물 품명, 위험등급 · 지정수량

위험등급	품 명		지정수량	위험등급	품 명		지정수량
I	특수인화물		50L	Ⅲ	제2석유류	비수용성액체	1,000L
						수용성액체	2,000L
Ⅱ	제1석유류	비수용성액체	200L		제3석유류	비수용성액체	2,000L
		수용성액체	400L			수용성액체	4,000L
	알코올류		400L		제4석유류		6,000L
					동식물유류		10,000L

5) 제5류 위험물 품명, 위험등급 · 지정수량

위험등급	품 명	지정수량	위험등급	품 명	지정수량
I	질산에스테르류 유기과산화물	10kg	Ⅱ	니트로화합물 니트로소화합물 아조화합물 디아조화합물 히드라진 유도체	200kg
				히드록실아민 히드록실아민염류	100kg
			I, Ⅱ	그 밖에 행정안전부령으로 정하는 것	10kg, 100kg 또는 200kg

※ 그 밖에 행정안전부령으로 정하는 것 : 금속의 아지화합물, 질산구아니딘

6) 제6류 위험물 품명, 위험등급 · 지정수량

위험등급	품 명	지정수량	위험등급	품 명	지정수량
I	과염소산 과산화수소 질산	300kg	Ⅱ	그 밖에 행정안전부령으로 정하는 것	300kg

※ 그 밖에 행정안전부령으로 정하는 것 : 할로겐간화합물

7) 용어정의

1. "산화성고체"라 함은 고체[액체(1기압 및 섭씨 20도에서 액상인 것 또는 섭씨 20도 초과 섭씨 40도 이하에서 액상인 것을 말한다. 이하 같다) 또는 기체(1기압 및 섭씨 20도에서 기상인 것을 말한다) 외의 것을 말한다. 이하 같다]로서 산화력의 잠재적인 위험성 또는 충격에 대한 민감성을 판단하기 위하여 소방청장이 정하여 고시(이하

"고시"라 한다)하는 시험에서 고시로 정하는 성질과 상태를 나타내는 것을 말한다. 이 경우 "액상"이라 함은 수직으로 된 시험관(안지름 30밀리미터, 높이 120밀리미터의 원통형유리관을 말한다)에 시료를 55밀리미터까지 채운 다음 당해 시험관을 수평으로 하였을 때 시료액면의 선단이 30밀리미터를 이동하는 데 걸리는 시간이 90초 이내에 있는 것을 말한다.

2. "가연성고체"라 함은 고체로서 화염에 의한 발화의 위험성 또는 인화의 위험성을 판단하기 위하여 고시로 정하는 시험에서 고시로 정하는 성질과 상태를 나타내는 것을 말한다.

3. 유황은 순도가 60중량퍼센트 이상인 것을 말한다. 이 경우 순도측정에 있어서 불순물은 활석 등 불연성물질과 수분에 한한다.

4. "철분"이라 함은 철의 분말로서 53마이크로미터의 표준체를 통과하는 것이 50중량퍼센트 미만인 것은 제외한다.

5. "금속분"이라 함은 알칼리금속·알칼리토류금속·철 및 마그네슘 외의 금속의 분말을 말하고, 구리분·니켈분 및 150마이크로미터의 체를 통과하는 것이 50중량퍼센트 미만인 것은 제외한다.

6. 마그네슘 및 제2류 제8호의 물품 중 마그네슘을 함유한 것에 있어서는 다음 각 목의 1에 해당하는 것은 제외한다.
   가. 2밀리미터의 체를 통과하지 아니하는 덩어리 상태의 것
   나. 직경 2밀리미터 이상의 막대 모양의 것

7. 황화린·적린·유황 및 철분은 제2호의 규정에 의한 성상이 있는 것으로 본다.

8. "인화성고체"라 함은 고형알코올, 그 밖에 1기압에서 인화점이 섭씨 40도 미만인 고체를 말한다.

9. "자연발화성물질 및 금수성물질"이라 함은 고체 또는 액체로서 공기 중에서 발화의 위험성이 있거나 물과 접촉하여 발화하거나 가연성가스를 발생하는 위험성이 있는 것을 말한다.

10. 칼륨·나트륨·알킬알루미늄·알킬리튬 및 황린은 제9호의 규정에 의한 성상이 있는 것으로 본다.

11. "인화성액체"라 함은 액체(제3석유류, 제4석유류 및 동식물유류에 있어서는 1기압과 섭씨 20도에서 액상인 것에 한한다)로서 인화의 위험성이 있는 것을 말한다.

12. "특수인화물"이라 함은 이황화탄소, 디에틸에테르, 그 밖에 1기압에서 발화점이 섭씨 100도 이하인 것 또는 인화점이 섭씨 영하 20도 이하이고 비점이 섭씨 40도 이하인 것을 말한다.

13. "제1석유류"라 함은 아세톤, 휘발유, 그 밖에 1기압에서 인화점이 섭씨 21도 미만인 것을 말한다.

14. "알코올류"라 함은 1분자를 구성하는 탄소원자의 수가 1개부터 3개까지인 포화1가 알코올(변성알코올을 포함한다)을 말한다. 다만, 다음 각 목의 1에 해당하는 것은 제외한다.

    가. 1분자를 구성하는 탄소원자의 수가 1개 내지 3개의 포화1가 알코올의 함유량이 60중량퍼센트 미만인 수용액

    나. 가연성액체량이 60중량퍼센트 미만이고 인화점 및 연소점(태그개방식인화점측정기에 의한 연소점을 말한다. 이하 같다)이 에틸알코올 60중량퍼센트 수용액의 인화점 및 연소점을 초과하는 것

15. "제2석유류"라 함은 등유, 경유, 그 밖에 1기압에서 인화점이 섭씨 21도 이상 70도 미만인 것을 말한다. 다만, 도료류, 그 밖의 물품에 있어서 가연성 액체량이 40중량퍼센트 이하이면서 인화점이 섭씨 40도 이상인 동시에 연소점이 섭씨 60도 이상인 것은 제외한다.

16. "제3석유류"라 함은 중유, 클레오소트유, 그 밖에 1기압에서 인화점이 섭씨 70도 이상 섭씨 200도 미만인 것을 말한다. 다만, 도료류, 그 밖의 물품은 가연성 액체량이 40중량퍼센트 이하인 것은 제외한다.

17. "제4석유류"라 함은 기어유, 실린더유 그 밖에 1기압에서 인화점이 섭씨 200도 이상 섭씨 250도 미만의 것을 말한다. 다만, 도료류, 그 밖의 물품은 가연성 액체량이 40중량퍼센트 이하인 것은 제외한다.

18. "동식물유류"라 함은 동물의 지육 등 또는 식물의 종자나 과육으로부터 추출한 것으로서 1기압에서 인화점이 섭씨 250도 미만인 것을 말한다. 다만, 법 제20조제1항의 규정에 의하여 행정안전부령으로 정하는 용기기준과 수납·저장기준에 따라 수납되어 저장·보관되고 용기의 외부에 물품의 통칭명, 수량 및 화기엄금(화기엄금과 동일한 의미를 갖는 표시를 포함한다)의 표시가 있는 경우를 제외한다.

19. "자기반응성물질"이라 함은 고체 또는 액체로서 폭발의 위험성 또는 가열분해의 격렬함을 판단하기 위하여 고시로 정하는 시험에서 고시로 정하는 성질과 상태를 나타내는 것을 말한다.

20. 제5류 제11호의 물품에 있어서는 유기과산화물을 함유하는 것 중에서 불활성고체를 함유하는 것으로서 다음 각 목의 1에 해당하는 것은 제외한다.

    가. 과산화벤조일의 함유량이 35.5중량퍼센트 미만인 것으로서 전분가루, 황산칼슘2수화물 또는 인산1수소칼슘2수화물과의 혼합물

    나. 비스(4클로로벤조일)퍼옥사이드의 함유량이 30중량퍼센트 미만인 것으로서 불
        활성고체와의 혼합물
    다. 과산화지크밀의 함유량이 40중량퍼센트 미만인 것으로서 불활성고체와의 혼합물
    라. 1·4비스(2－터셔리부틸퍼옥시이소프로필)벤젠의 함유량이 40중량퍼센트 미
        만인 것으로서 불활성고체와의 혼합물
    마. 시크로헥사놀퍼옥사이드의 함유량이 30중량퍼센트 미만인 것으로서 불활성고
        체와의 혼합물

21. "산화성액체"라 함은 액체로서 산화력의 잠재적인 위험성을 판단하기 위하여 고시
    로 정하는 시험에서 고시로 정하는 성질과 상태를 나타내는 것을 말한다.
22. 과산화수소는 그 농도가 36중량퍼센트 이상인 것에 한하며, 제21호의 성상이 있는
    것으로 본다.
23. 질산은 그 비중이 1.49 이상인 것에 한하며, 제21호의 성상이 있는 것으로 본다.

CHAPTER
02 위험물의 성상

01 제1류 위험물(산화성 고체)

1) 위험등급 · 품명 및 지정수량

위험등급	품 명	지정수량	위험등급	품 명	지정수량
I	아염소산염류 염소산염류 과염소산염류 무기과산화물	50kg	III	과망간산염류 중크롬산염류	1,000kg
II	브롬산염류 요오드산염류 질산염류	300kg	기타	그 밖에 행정안전부령으로 정하는 것	50kg

※ 그 밖에 행정안전부령으로 정하는 것 : 과요오드산염류, 과요오드산, 크롬, 납 또는 요오드의 산화물,
아질산염류, 차아염소산염류, 염소화이소시아눌산, 퍼옥소이황산염류, 퍼옥소붕산염류

2) 위험물의 특징 및 소화방법

① **제1류 위험물의 공통성질**

ㄱ 대부분 무색결정 또는 백색분말로서 비중이 1보다 크다.

ㄴ 대부분 물에 잘 녹는다.

[염소산칼륨($KClO_3$)과 과염소산칼륨($KClO_4$)은 물에 잘 녹지 않고 온수에 잘 녹음]

ㄷ 일반적으로 불연성이다.

ㄹ 산소를 많이 함유하고 있는 강산화제이다.

ㅁ 반응성이 풍부하여 열, 타격, 마찰 또는 분해를 촉진하는 약품과 접촉하여 산소를
발생한다.

② **제1류 위험물의 저장 및 취급방법**

ㄱ 대부분 조해성을 가지므로 습기 등에 주의하며 밀폐용기에 저장할 것

ㄴ 통풍이 잘되는 차가운 곳에 저장할 것

ㄷ 열원이나 산화되기 쉬운 물질 및 화재위험이 있는 곳에서 멀리 둘 것

ㄹ 가열, 충격, 마찰 등을 피하고 분해를 촉진하는 약품류와의 접촉을 피할 것

    ⑪ 취급 시 용기 등의 파손에 의한 위험물의 누설에 주의할 것

③ 제1류 위험물의 소화방법

    ㉠ 대량의 물을 주수하는 냉각소화(분해온도 이하로 유지하기 위하여)

    ㉡ 무기과산화물(알칼리금속의 과산화물)은 급격히 발열반응하므로 탄산수소염류
       의 분말소화기, 건조사에 의한 피복소화

02 | 제2류 위험물(가연성 고체)

1) 위험등급 · 품명 및 지정수량

위험등급	품 명	지정수량	위험등급	품 명	지정수량
Ⅱ	황화린 적린 유황	100kg	Ⅲ	철분 마그네슘 금속분	500kg
				인화성 고체	1,000kg
			기타	그 밖에 행정안전부령으로 정하는 것	100kg 또는 500kg

2) 위험물의 특징 및 소화방법

① 제2류 위험물의 공통성질

    ㉠ 상온에서 고체이고 강환원제로서 비중이 1보다 크다.

    ㉡ 비교적 낮은 온도에서 착화되기 쉬운 가연성 물질이며, 연소 시 유독가스를 발생
       하는 것도 있다.

    ㉢ 철분, 마그네슘, 금속분류는 물과 산의 접촉으로 발열한다.

    ㉣ 산화제와의 접촉, 마찰로 인하여 착화되면 급격히 연소한다.

② 제2류 위험물의 저장 및 취급방법

    ㉠ 점화원으로부터 멀리하고 가열을 피할 것

    ㉡ 산화제와의 접촉을 피할 것

    ㉢ 철분, 마그네슘, 금속분류는 산 또는 물과의 접촉을 피할 것

    ㉣ 용기 등의 파손으로 위험물의 누설에 주의할 것

③ 제2류 위험물의 소화방법

    ㉠ 주수에 의한 냉각소화(황화린, 유황, 인화성고체)

    ㉡ 마그네슘, 철분, 금속분류는 건조사피복에 의한 질식소화

유황	순도가 60wt% 이상인 것
철분	53μm인 표준체를 통과하는 것이 50wt% 미만인 것은 제외
마그네슘	2mm체를 통과하지 아니하는 덩어리 및 직경 2mm 이상의 막대 모양의 것은 제외
금속분	알칼리금속·알칼리토류금속·철 및 마그네슘 외의 금속의 분말을 말하고, 구리분·니켈분 및 150μm인 체를 통과하는 것이 50wt% 미만인 것은 제외
인화성고체	고형알코올 및 1기압에서 인화점이 40℃ 미만인 고체

03 제3류 위험물(자연발화성 물질 및 금수성 물질)

고체 또는 액체로서 공기 중에서 발화의 위험성이 있거나 물과 접촉하여 발화하거나 가연성 가스를 발생하는 위험성이 있는 것을 말한다.

1) 위험등급 · 품명 및 지정수량

위험등급	품 명	지정수량	위험등급	품 명	지정수량
I	칼륨 나트륨 알킬알루미늄 알킬리튬	10kg	III	금속수소화합물 금속인화합물 칼슘 또는 알루미늄의 탄화물	300kg
	황린	20kg			
II	알칼리금속 및 알칼리토금속 유기금속화합물	50kg	기타	그 밖에 행정안전부령으로 정하는 것	10kg

※ 그 밖에 행정안전부령으로 정하는 것 : 염소화규소화합물

2) 위험물의 특징 및 소화방법

① 제3류 위험물의 공통성질

㉠ 대부분 무기물인 고체이다.

㉡ 자연발화성 물질로서 공기와 접촉하여 자연발화할 우려가 있다.(황린)

㉢ 금수성 물질로서 물과 접촉하면 발열·발화한다.

② **제3류 위험물의 저장 및 취급방법**

　　㉠ 용기의 파손, 부식을 막고 공기와의 접촉을 피할 것

　　㉡ 금수성 물질로서 수분과의 접촉을 피할 것

　　㉢ 보호액 속에 저장하는 위험물은 보호액 표면에 노출되지 않도록 할 것

　　㉣ 다량을 저장하는 경우에는 소분하여 저장할 것

③ **제3류 위험물의 소화방법**

　　㉠ 건조사, 팽창질석, 팽창진주암을 이용한 질식소화(주수소화는 절대엄금)

　　㉡ 금속화재용(탄산수소염류) 분말소화약제에 의한 질식소화

　　㉢ 황린 : 주수 냉각소화

Check Point　　**금수성 물질 중 물과 반응 시 수소 외의 물질을 생성하는 물질들**

수소발생물질 : 나트륨, 칼륨, 리튬, 칼슘, 금속수소화물

- 알킬알루미늄[메탄, 에탄]
  $(CH_3)_3Al + 3H_2O \rightarrow Al(OH)_3 + 3CH_4 \uparrow$
  $(C_2H_5)_3Al + 3H_2O \rightarrow Al(OH)_3 + 3C_2H_6 \uparrow$
- 알킬리튬[메탄, 에탄]
  $CH_3Li + H_2O \rightarrow LiOH + CH_4$
  $C_2H_5Lil + H_2O \rightarrow LiOH + C_2H_6$
- 인화칼슘[포스핀]
  $Ca_3P_2 + 6H_2O \rightarrow 3Ca(OH)_2 + 2PH_3$
- 인화알루미늄[포스핀]
  $AlP + 3H_2O \rightarrow Al(OH)_3 + PH_3 \uparrow$
- 인화아연[포스핀]
  $Zn_3P_2 + 6H_2O \rightarrow 3Zn(OH)_2 + 2PH_3 \uparrow$

- 탄화칼슘[아세틸렌]
  $CaC_2 + 2H_2O \rightarrow Ca(OH)_2 + C_2H_2 \uparrow + 27.8kcal$
  　　(소석회, 수산화칼슘)(아세틸렌)
- 탄화알루미늄[메탄]
  $Al_4C_3 + 12H_2O \rightarrow 4Al(OH)_3 + 3CH_4$
- 탄화리튬, 탄화나트륨, 탄화칼륨, 탄화마그네슘 – 아세틸렌을 발생함.
- 탄화망간[메탄과 수소]
  $Mn_3C + 6H_2O \rightarrow 3Mn(OH)_2 + CH_4 + H_2 \uparrow$

04 제4류 위험물(인화성 액체)

1) 위험등급 · 품명 및 지정수량

위험등급	품 명		지정수량	위험등급	품 명		지정수량
Ⅰ	특수인화물		50L	Ⅲ	제2석유류	비수용성액체	1,000L
						수용성액체	2,000L
Ⅱ	제1석유류	비수용성 액체	200L		제3석유류	비수용성액체	2,000L
		수용성액체	400L			수용성액체	4,000L
	알코올류		400L		제4석유류		6,000L
					동식물유류		10,000L

2) 위험물의 특징 및 소화방법

① **제4류 위험물의 공통성질**

ㄱ 상온에서 액체이며 인화의 위험이 높다.

ㄴ 대부분 물보다 가볍고 물에 녹지 않는다.

ㄷ 증기는 공기보다 무겁다.

ㄹ 비교적 낮은 착화점을 가지고 있다.

ㅁ 증기는 공기와 약간만 혼합되어도 연소할 우려가 있다.

② **제4류 위험물의 저장 및 취급방법**

ㄱ 용기는 밀전하고 통풍이 잘되는 찬 곳에 저장할 것

ㄴ 화기 및 점화원으로부터 먼 곳에 저장할 것

ㄷ 증기 및 액체의 누설에 주의하며 저장할 것

ㄹ 인화점 이상으로 취급하지 말 것

ㅁ 정전기 발생에 주의하여 저장 · 취급할 것

ㅂ 증기는 높은 곳으로 배출할 것

③ **제4류 위험물의 소화방법**

ㄱ 수용성 위험물

- 초기(소규모) 화재 시 : 물분무, 탄산가스, 분말방사에 의한 질식소화
- 대형화재의 경우 : 알코올포 방사에 의한 질식소화

ⓛ 비수용성 위험물
- 초기(소규모) 화재 시 : 탄산가스, 분말, 할론방사에 의한 질식소화
- 대형화재의 경우 : 포말 방사에 의한 질식소화

05 제5류 위험물(자기반응성 물질)

1) 위험등급 · 품명 및 지정수량

위험등급	품명	지정수량	위험등급	품명	지정수량
Ⅰ	질산에스테르류 유기과산화물	10kg	Ⅱ	니트로화합물 니트로소화합물 아조화합물 디아조화합물 히드라진 유도체	200kg
				히드록실아민 히드록실아민염류	100kg
			Ⅰ, Ⅱ	그 밖에 행정안전부령으로 정하는 것	10kg, 100kg 또는 200kg

※ 그 밖에 행정안전부령으로 정하는 것 : 금속의 아지화합물, 질산구아니딘

2) 위험물의 특징 및 소화방법

① 제5류 위험물의 공통성질

ⓖ 가연성이면서 분자 내에 산소를 함유하고 있는 자기연소성 물질이다.

ⓛ 유기물질로 연소속도가 매우 빨라 폭발적으로 연소한다.

ⓒ 가열, 충격, 마찰 등에 의하여 폭발할 위험이 있다.

ⓔ 공기 중에서 장시간 방치하면 자연발화를 일으키는 경우도 있다.

② 제5류 위험물의 저장 및 취급방법

ⓖ 화재 시 소화가 어려우므로 소분하여 저장할 것

ⓛ 가열, 충격, 마찰을 피하고 화기 및 점화원에게서 멀리 둘 것

ⓒ 용기의 파손 및 균열에 주의하고 통풍이 잘되는 냉암소에 저장할 것

ⓔ 용기는 밀전 · 밀봉하고 운반용기 및 포장외부에는 "화기엄금", "충격주의" 등의 주의사항을 게시할 것

③ 제5류 위험물의 소화방법

초기소화에는 주수에 의한 냉각소화

06 제6류 위험물(산화성 액체)

1) 위험등급 · 품명 및 지정수량

위험등급	품 명	지정수량	위험등급	품 명	지정수량
I	과염소산 과산화수소 질산	300kg	II	그 밖에 행정안전부령으로 정하는 것	300kg

※ 그 밖에 행정안전부령으로 정하는 것 : 할로겐간화합물

2) 위험물의 특징 및 소화방법

① 제6류 위험물의 공통성질

㉠ 산화성 액체로 비중이 1보다 크며 물에 잘 녹는다.

㉡ 불연성이지만 분자 내에 산소를 많이 함유하고 있어 다른 물질의 연소를 돕는 조연성 물질이다.

㉢ 부식성이 강하며 증기는 유독하다.

㉣ 가연물 및 분해를 촉진하는 약품과 접촉 시 분해 폭발한다.

② 제6류 위험물의 저장 및 취급방법

㉠ 물, 가연물, 유기물 및 산화제와의 접촉을 피할 것

㉡ 저장용기는 내산성 용기를 사용하며 밀전 · 밀봉하여 누설에 주의할 것

㉢ 증기는 유독하므로 보호구를 착용할 것

③ 제6류 위험물의 소화방법

㉠ 소량일 때는 대량의 물로 희석소화

㉡ 대량일 때는 주수소화가 곤란하므로 건조사, 인산 염류의 분말로 질식소화

위험물
문제풀이

01 제3류 내지 제6류 위험물의 소화방법을 설명한 것으로 잘못된 것은?

① 제3류 위험물 – 물, 강화액, 포말 등 물계통의 소화약제를 사용하는 것이 가능한 경우도 있다.
② 제4류 위험물 – 분무주수에 의한 소화가 가능한 경우가 있다.
③ 제5류 위험물 – 보통 다량의 물로 냉각소화하지만 CO_2 등으로 질식소화하는 것도 효과가 있다.
④ 제6류 위험물 – 상황에 따라 다량의 물을 사용한다.

▶
제5류 위험물은 자기연소성물질로 질식소화는 효과가 없으며 다량의 주수에 의한 냉각소화를 이용하여 소화하는 것이 가장 바람직하다.

02 제5류 위험물의 화재 시 가장 효과적인 소화방법은?

① 냉각소화　　　　　　　　② 제거소화
③ 억제소화　　　　　　　　④ 질식소화

▶
제5류 위험물은 가연물이면서 화합물내부에 산소를 함유하고 있는 자기연소성물질이므로 질식소화로는 소화가 불가능하며 온도를 낮출 수 있는 주수에 의한 냉각소화가 가장 효과적이다.

03 제4류 위험물의 저장 취급 시 주의사항이 아닌 것은?

① 화기 접촉을 금한다.
② 증기의 누설을 피한다.
③ 용기는 밀봉하여 냉암소에 저장한다.
④ 정전기 축적 설비를 한다.

▶
제4류 위험물은 전기의 부도체로, 마찰 등에 의해 정전기가 발생할 우려가 있으므로 정전기 발생 시 축적되지 않도록 하는 조치가 필요하다.

정전기 방지법
• 상대습도를 70% 이상으로 유지한다.
• 접지를 한다.
• 공기를 이온화한다.

04 제3류 위험물의 일반적 성질을 설명한 것 중 옳은 것은?

① 물에 의한 냉각소화가 가능하다.
② 알킬알루미늄, 나트륨, 금속수소화물은 비중이 물보다 무겁다.
③ 제3류 위험물은 모두 무기화합물로 구성되어 있다.
④ 황린을 제외하고 모든 품목은 물과 반응하여 가연성 가스를 발생한다.

제3류 위험물은 자연발화성물질 및 금수성물질로, 황린(P_4)을 제외하고는 물과 접촉 시 심한 발열반응과 함께 가연성가스를 발생한다.

제3류 위험물의 공통성질

• 대부분 무기물의 고체이다.
• 자연발화성물질로서 공기와 접촉하여 자연발화할 우려가 있다.
• 금수성물질로서 물과 접촉하면 발열, 발화한다.

05 위험물 유별의 일반적 특성에 대한 설명으로 옳은 것은?

① 제1류 위험물은 불연성 물질로 산소를 많이 가지며, 가연물과의 접촉을 피해야 한다.
② 제2류 위험물은 불연성 물질이고 냉각소화가 적합하다.
③ 제3류 위험물은 자기 연소성이 있으며 물로 소화한다.
④ 제4류 위험물은 대개 불연성 물질이고 주수소화가 적합하다.

위험물별 공통성질

• 제1류 위험물 : 산화성고체
• 제2류 위험물 : 가연성고체
• 제3류 위험물 : 자연발화성물질 및 금수성물질
• 제4류 위험물 : 인화성액체
• 제5류 위험물 : 자기반응성물질
• 제6류 위험물 : 산화성액체

06 산화성액체 위험물의 공통 성질이 아닌 것은?

① 자신들은 모두 불연성 물질이다.
② 물보다 무겁고 물에 녹기 쉽다.
③ 과산화수소를 제외하고 모두 강산성 물질이다.
④ 제1류 위험물과 혼합 시 환원성이 증가한다.

제6류 위험물의 공통성질

- 산화성액체로 비중이 1보다 크며 물에 잘 녹는다.
- 불연성이지만 분자 내에 산소를 많이 함유하고 있어 다른 물질의 연소를 돕는 조연성 물질이다.
- 부식성이 강하며 증기는 유독하다.
- 가연물 및 분해를 촉진하는 약품과 접촉 시 분해폭발한다.

07 제2류 위험물을 취급할 때 공통으로 요구되는 안전관리 사항이 아닌 것은?

① 산화제와의 접촉을 피해야 한다.　　② 화기를 가까이 하거나 가열해서는 안 된다.
③ 냉암소에 저장해서는 안 된다.　　④ 습기를 유의하고 용기는 밀봉해야 한다.

제2류 위험물은 가연성 고체 위험물로 취급 시 점화원 및 산소공급원의 기능을 할 수 있는 물질과의 접촉을 피하여야 한다. 대부분의 위험물 저장용기는 냉암소에 저장하고 밀전·밀봉하여 저장한다.

08 가연성 고체 위험물의 화재 시 소화방법으로 가장 적당하지 않은 것은?

① 적린과 유황은 물에 의한 냉각소화를 한다.
② 금속분, 철분, 마그네슘이 연소하고 있을 때에는 절대로 주수하지 아니한다.
③ 금속분, 철분, 마그네슘, 황화린은 마른 모래, 건조분말 등으로 질식소화한다.
④ 금속분, 철분, 마그네슘의 연소 시에는 수소가 발생하므로 충분한 안전거리를 확보한다.

금속분, 철분, 마그네슘은 제2류 위험물에 속하는 금속성 물질로 가연성고체 위험물이다.
물과 접촉 시 수소가스가 발생하므로 주수소화는 절대 사용할 수 없다.

09 다음 위험물의 유별, 품명, 지정수량이 올바르게 짝지어진 것은?

① 제1류 위험물 - 과망간산염류 - 300kg　② 제2류 위험물 - 적린 - 100kg
③ 제3류 위험물 - 황린 - 10kg　　④ 제5류 위험물 - 무기과산화류 - 10kg

각 위험물별 지정수량

- 제1류 위험물 - 과망간산염류 - 1,000kg
- 제2류 위험물 - 적린 - 100kg
- 제3류 위험물 - 황린 - 20kg
- 제1류 위험물 - 무기과산화물 - 50kg

10 화재 발생 시 주수소화가 가장 적당한 물질은?

① 마그네슘　　　　　　　　② 철분
③ 칼륨　　　　　　　　　　④ 적린

철분, 마그네슘, 칼륨, 그 밖의 금속성 물질은 주수에 의해 가연성가스가 발생되므로 물과의 접촉을 피해야 하며, 적린은 제2류 위험물인 가연성고체위험물로 주수에 의한 냉각소화가 효과적이다.

11 다음 위험물 화재 시 주수에 의한 냉각소화가 좋지만 주수소화에 의해서 오히려 위험성이 있는 것은?

① 황　　　　　　　　　　② 적린
③ 황린　　　　　　　　　④ 알루미늄분

주수에 의하여 산소 또는 가연성가스가 발생되는 위험물의 종류
- 제1류 위험물 중 무기과산화물류
- 제2류 위험물 중 철분, 마그네슘, 금속분류
- 제3류 위험물 중 황린을 제외한 모든 위험물

12 다음 물질 중 지정수량이 다른 물질은?

① 황화린　　　　　　　　② 적린
③ 철분　　　　　　　　　④ 유황

황화린, 적린, 유황, 철분은 모두 제2류 위험물인 가연성 고체 위험물이다.
황화린, 적린, 유황의 지정수량은 100kg인 데 비해 철분의 지정수량은 500kg이다.

13 다음은 금속칼륨이 물과 반응했을 때 일어난 것을 나타낸 것이다. 옳은 것은?

① 수산화칼륨＋수소＋발열　　　② 수산화칼륨＋수소＋흡열
③ 수산화나트륨＋산소＋흡열　　④ 산화칼륨＋산소＋발열

금속칼륨(K)은 제3류 위험물에 해당되는 지정수량 10kg인 금수성위험물이다.
공기 중에서 습기 또는 물과 반응하면 다음과 같은 반응이 일어난다.
$2K + 2H_2O \rightarrow 2KOH + H_2 \uparrow + 92.8kcal$

14 금속칼륨을 잘못 취급하여 화재가 났을 때 가장 적당한 소화방법은?

① 마른모래를 덮어 소화한다.　　　　② 다량의 물을 사용하여 소화한다.

③ 할론소화기를 사용한다.　　　　　④ 분무상의 물을 사용한다.

> 금속칼륨(K)은 제3류 위험물인 금수성 물질로 물 또는 가스계소화약제와 반응 시 가연성가스를 발생하며 심한 발열반응을 하므로 마른모래, 팽창질석, 팽창진주암의 피복에 의한 질식작용으로 소화하는 것이 효과적이다.

15 금속수소화합물이 물과 반응할 때 생성되는 것은?

① 수소　　　　　　　　　　　　　② 산소

③ 일산화탄소　　　　　　　　　　④ 에틸아세테이트

> 금속수소화합물은 제3류 위험물에 해당되는 위험물로 지정수량 300kg인 위험물이다.
> 물과 접촉하면 가연성가스인 수소를 발생한다.
> - $LiH + H_2O \rightarrow LiOH + H_2 \uparrow$
> - $NaH + H_2O \rightarrow NaOH + H_2 \uparrow$
> - $CaH_2 + 2H_2O \rightarrow Ca(OH)_2 + 2H_2 \uparrow$

16 금속나트륨의 저장 보호액으로 사용할 수 있는 것은?

① 아세톤　　　　　　　　　　　　② 메탄올

③ 식초　　　　　　　　　　　　　④ 유동파라핀

> 금속나트륨(Na), 금속칼륨(K) 등은 제3류 위험물인 금수성물질로서 물 또는 습기와 격렬히 반응하여 가연성 가스를 발생한다. 그러므로 물과 섞이지 않는 석유류(등유, 경유, 유동파라핀 등) 속에 넣어 저장한다.

17 제3류 위험물의 성질로서 옳은 것은?

① 산화력이 강하다.　　　　　　　② 물과 반응하여 화학적으로 활성화된다.

③ 전부 보호액 중에 보관해야 된다.　④ 전부 단체 금속이다.

> 제3류 위험물 중 황린을 제외한 모든 위험물은 금수성물질로 물과 접촉 시 발열반응을 하므로 활성이 증가하게 된다.

18 다음의 화학 물질 중 저장 시 물을 이용하여 저장하는 것은?

① 황린 ② 탄화칼슘
③ 나트륨 ④ 생석회

◉ **보호액에 저장하는 위험물의 종류**

• 황린, 이황화탄소 : 물속
• 금속칼륨, 금속나트륨 : 석유 속

19 다음 물질 중 인화점이 가장 낮은 것은?

① 에테르 ② 이황화탄소
③ 아세톤 ④ 벤젠

◉ **각 위험물별 인화점**

• 에테르($C_2H_5OC_2H_5$) : $-45℃$ • 이황화탄소(CS_2) : $-30℃$
• 아세톤(CH_3COCH_3) : $-18℃$ • 벤젠(C_6H_6) : $-11℃$

20 제4류 위험물에 대한 설명 중 옳은 것은?

① 착화온도 이상의 온도로 가열하면 연소된다.
② 불이나 불꽃이 있으면 인화점 이하에서도 연소된다.
③ 상온 이하에서는 가연성증기를 발생하는 것이 없다.
④ 불이나 불꽃이 없으면 착화온도 이상의 온도라도 타지 않는다.

◉

제4류 위험물은 인화성액체로 보통 착화온도까지는 쉽게 도달되지 않지만 착화온도가 되면 스스로 연소가 진행된다.
인화점이 낮아 상온 이하에서도 가연성증기를 발생하는 것이 많으며, 특히 연소범위 하한값이 낮아 소량의 증기 발생만으로도 폭발할 위험이 크다.

21 다음 제4류 위험물 중 제2석유류의 지정품목은?

① 등유 ② 중유
③ 클레오소오트유 ④ 에틸렌 글리콜

◉ **제4류 위험물의 지정품명**

• 특수인화물 : 디에틸에테르, 이황화탄소 • 제1석유류 : 아세톤, 휘발유
• 제2석유류 : 등유, 경유 • 제3석유류 : 중유, 클레오소오트유
• 제4석유류 : 기어유, 실린더유

22 다음 인화성액체 위험물의 동식물유류 지정수량으로 맞는 것은?

① 200L   ② 2,000L
③ 6,500L   ④ 10,000L

▶ **제4류 위험물의 품명 및 지정수량**

위험등급	품명		지정수량
I	특수인화물		50L
II	제1석유류	비수용성액체	200L
		수용성액체	400L
	알코올류		400L
III	제2석유류	비수용성액체	1,000L
		수용성액체	2,000L
	제3석유류	비수용성액체	2,000L
		수용성액체	4,000L
	제4석유류		6,000L
	동식물유류		10,000L

23 1기압에서 액체로서 인화점이 21℃ 이상 70℃ 미만인 위험물은?

① 제1석유류 – 아세톤, 휘발유
② 제2석유류 – 등유, 경유
③ 제3석유류 – 중유, 클레오소오트유
④ 제4석유류 – 기계유, 실린더유

▶ **제4류 위험물의 성질에 따른 분류**

- 특수인화물 : 1기압에서 발화점이 100℃ 이하인 것 또는 인화점이 –20℃ 이하이고 비점이 40℃ 이하인 것
- 제1석유류 : 1기압에서 인화점이 21℃ 미만인 것
- 제2석유류 : 1기압에서 인화점이 21℃ 이상 70℃ 미만인 것
- 제3석유류 : 1기압에서 인화점이 70℃ 이상 200℃ 미만인 것
- 제4석유류 : 1기압에서 인화점이 200℃ 이상 250℃ 미만인 것
- 동식물유류 : 동물의 지육 또는 식물의 종자나 과육으로부터 추출한 것으로서 1기압에서 인화점이 250℃ 미만인 것

24 다음 중 벤젠의 일반적 성질로서 틀린 것은?

① 증기는 유독하다.

② 수지 및 고무 등을 잘 녹인다.

③ 휘발성 있는 무취의 노란색 액체이다.

④ 인화점은 $-11\,°\!C$이고, 분자량은 78.1이다.

> 벤젠(C_6H_6)은 제4류 위험물 중 1석유류에 해당되는 위험물로 무색의 휘발성 액체이다.
> 물에 녹지 않고 증기는 마취성, 독성이 있는 방향성을 갖는다.

25 제5류 위험물의 공통성질이 아닌 것은?

① 자연발화의 위험성을 갖는다.

② 물과의 직접적인 반응 위험성은 적다.

③ 자기연소를 일으키며 연소속도가 빠르다.

④ 산화성액체로서 가열, 충격, 마찰 등으로 폭발할 위험이 있다.

> 제5류 위험물은 자기연소성물질로 가열, 충격, 마찰 등에 의해 폭발할 수 있는 물질이며, 산화성액체는 제6류 위험물이다.

26 다음 중 제6류 위험물이 아닌 것은?

① 질산구아니딘 ② 질산

③ 할로겐간화합물 ④ 과산화수소

> **6류 위험물의 종류**
>
> 질산, 황산, 과산화수소, 그 밖의 행정안전부장관이 고시한 것(할로겐간화합물)
> ※ "질산구아니딘"은 제5류 위험물 중 행정안전부장관이 고시한 위험물이다.

27 제6류 위험물 중 공기 중에서 갈색의 연기를 내며 갈색병에 보관해야 하는 것은?

① 질산 ② 황산

③ 염산 ④ 과산화수소

> 질산은 직사광선에 의해 분해되어 갈색증기인 이산화질소(NO_2)를 생성하므로 직사광선을 피하기 위하여 갈색병에 넣어 냉암소에 저장한다.
> ※ 질산의 분해반응식
> $4HNO_3 \rightarrow 2H_2O + 4NO_2\uparrow + O_2\uparrow$

28 법령에서 정의한 제6류 위험물인 진한질산의 비중은 얼마 이상인가?

① 1.29 이상   ② 1.49 이상

③ 1.69 이상   ④ 1.89 이상

질산(HNO_3) 중 그 비중이 1.49 이상인 것은 제6류 위험물에 해당되며 지정수량은 300kg이다.

29 제1류 위험물과 제6류 위험물의 공통성상은?

① 금수성   ② 가연성

③ 산화성   ④ 자기반응성

제1류 위험물과 제6류 위험물은 모두 분해 시 산소를 발생하는 강산화제이다.

30 산화성액체 위험물의 성질에 대한 설명이 아닌 것은?

① 강산화제로 부식성이 있다.

② 일반적으로 물과 반응하여 흡열한다.

③ 유기물과 반응하여 산화 · 착화하여 유독가스를 발생한다.

④ 강산화제로 자신은 불연성이다.

산화성액체는 제6류 위험물로 물에 잘 녹으며 물과 접촉 시 심한 발열을 한다.

31 제1류 위험물 중 무기과산화물 150kg, 질산염류 150kg, 중크롬산염류 3,000kg을 저장하려 한다. 지정수량의 몇 배인가?

① 3.5배   ② 4.5배

③ 5.5배   ④ 6.5배

$$지정수량 = \frac{A품명의\ 저장량}{A품명의\ 지정수량} + \frac{B품명의\ 저장량}{B품명의\ 지정수량} + \cdots$$

$$\therefore \frac{150kg}{50kg} + \frac{150kg}{300kg} + \frac{3,000kg}{1,000kg} = 6.5$$

32 다음의 특수가연물 중 지정수량이 다른 물질은?

① 사류
② 넝마
③ 볏짚
④ 면화류

◉ 특수가연물의 종류 및 지정수량

품명		지정수량
면화류		200kg
나무껍질 및 대패밥		400kg
넝마 및 종이부스러기		1,000kg
볏짚류		1,000kg
사류		1,000kg
가연성 고체류		3,000kg
석탄 및 목탄		10,000kg
목재가공품 및 나무부스러기		10m³
가연성 액체류		2m³
합성수지류	발포시킨 것	20m³
	기타의 것	3,000kg

소화이론

CHAPTER 01 소화이론

01 소화원리

1) 소화방법

연소현상으로 인해 인적, 물적 피해가 발생하는 것을 화재라 하고 화재를 효과적으로 진압하는 이론을 소화이론이라 한다.

소화란 연소의 3요소 또는 4요소 중 일부 또는 전부를 제거하거나 부족하게 하여 화재를 진압하는 것을 말한다.

2) 물리적 소화와 화학적 소화

① 물리적 소화

　　㉠ 냉각소화(에너지 한계에 의한 소화)

　　　　가연물 또는 그 주변의 온도를 냉각시켜 인화점 또는 발화점 이하로 떨어뜨려 소화하는 방법

　　　　㉮ 물을 방사하는 방법

　　　　㉯ 강화액 소화기를 방사하는 방법

　　　　㉰ 산·알칼리소화기를 방사하는 방법

　　　　㉱ 탄산가스를 방사하는 방법

　　　　㉲ 할론약제 및 할로겐화합물, 불활성기체소화약제를 방사하는 방법

　　　　㉳ 소화분말을 방사하는 방법

　　㉡ 질식소화

　　　　정상적인 연소가 진행되기 위해서는 일정농도 이상의 산소가 필요하며, 대부분의 산소공급은 공기를 통해 이루어진다. 그러므로 가연물 주변의 공기를 차단하여 산소농도가 15% 이하로 되면 소화가 가능해진다. 질식소화를 위한 산소농도의 유효한계치는 10~15%이다.

　　　　㉮ 탄산가스(CO_2)로 연소물을 덮는 방법

　　　　㉯ 포로 연소물을 덮는 방법

　　　　㉰ 소화분말로 연소물을 덮는 방법

   ④ 할론약제 및 할로겐화합물, 불활성기체소화약제로 연소물을 덮는 방법

   ⑤ 불연성 고체로 연소물을 덮는 방법

  ⓒ **제거소화**

   ㉮ 산림화재 시 미리 벌목하여 가연물을 제거하는 것

   ㉯ 유류탱크화재에서 배관을 통하여 미연소 유류를 이송하는 것

   ㉰ 가스화재 시 가스밸브를 닫아 가스공급을 차단하는 것

   ㉱ 전기화재 시 전원공급을 차단하는 것

   ㉲ 유전화재 시 질소폭탄을 투하하는 것

   ㉳ 촛불을 입김으로 불어 소화하는 것

  ⓓ **피복소화**

   ㉮ 가연물을 덮어 가연성 가스의 발생을 억제 또는 공기를 차단하여 소화하는 것

   ㉯ 제3종 분말소화약제의 분해물인 메타인산(HPO_3)에 의한 방진작용

    제3종 분말소화약제 열분해 반응식

$$NH_4H_2PO_4 \rightarrow HPO_3 + NH_3 + H_2O - Q[kcal]$$
(인산암모늄) (메타인산)

     ↳ 가연물의 표면에 피막을 형성하여 A급 화재에서 화염의 전파에 필요한 산소 공급을 차단하므로 A급 화재에 적응성이 있다.

  ⓔ **희석소화**

   ㉮ 연소 중인 수용성 액체에 물을 주입하여 농도를 희석

   ㉯ 불연성 가스를 주입하여 가연성 가스의 농도를 희석

  ⓕ **유화효과**

   ㉮ 점성이 있는 가연성 액체에 운동량을 가진 물을 방사하게 되면 일시적으로 물과 기름이 혼합되는 Emulsion 현상이 발생하여 가연성 가스 방출 방지 및 산소 공급 차단 등의 효과가 있다.

   ㉯ 연소 중인 가연성 액체 표면에 물을 방사하는 경우 Slop over에 주의해야 한다.

 ② **화학적 소화**

  ㉠ **부촉매 소화(연쇄반응 억제)**

   ㉮ 불꽃연소에만 가능한 소화방법이다.

   ㉯ 화재 시 부촉매에 의한 연쇄반응을 차단하여 소화한다.

   ㉰ 할로겐화합물 소화약제, 분말 소화약제 등을 사용한다.

02 소화약제

1) 소화약제의 정의

소화성능이 있는 물질을 가공하여 소화에 사용하는 약제를 의미

2) 소화약제의 조건

① 연소의 4요소 중 한 가지 이상을 제거할 수 있는 능력이 탁월할 것
② 가격이 저렴할 것
③ 안정성이 있을 것
④ 인체에 무해할 것
⑤ 환경오염이 적을 것

3) 소화약제의 분류

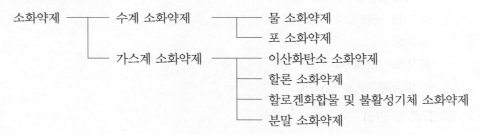

03 물 소화약제

1) 물 소화약제의 특성

물은 수소와 산소의 극성 공유결합 물질로 화학적으로 매우 안정하여 일반 가연물 화재에 적응성이 우수하나 겨울철 및 한랭지역에서는 동결의 우려가 있는 단점이 있다.

① 물의 소화효과

냉각효과	물의 높은 증발잠열은 화열보다 물에 의한 열손실을 크게 하여 냉각시키는 작용을 한다.
질식효과	물이 수증기로 기화되면 체적이 약 1,700배로 팽창되어 주변의 공기를 밀어내 산소농도를 낮추는 작용을 한다.
희석효과	수용성 액체 화재 시 물을 주입하면 가연성 물질의 농도를 낮추는 작용을 한다.
유화효과	가연성 액체 화재 시 물을 방사하게 되면 일시적으로 물과 기름이 혼합되는 Emulsion 현상이 발생하여 가연성 가스 방출 방지 및 산소 공급 차단 등의 효과가 있다.

② 물의 특성
  ㉠ 비열 : 1kcal/kg℃
  ㉡ 증발잠열 : 539kcal/kg
  ㉢ 융해잠열 : 80kcal/kg
  ㉣ 기화 체적 : 약 1,700배
  ㉤ 비중 : 1
  ㉥ 밀도 : 1,000kg/m³
  ㉦ 비중량 : 9,800N/m³

③ 장점 및 단점
  ㉠ 장점
    ㉮ 쉽게 구할 수 있으며, 독성이 없다.
    ㉯ 비열과 잠열이 커서 냉각효과가 크다.
    ㉰ 방사형태가 다양하다.(봉상주수, 적상주수, 무상주수)
    ㉱ 화학적으로 안정하여 첨가제를 혼합하여 사용할 수 있다.
  ㉡ 단점
    ㉮ 0℃ 이하에서는 동결의 우려가 있다.
    ㉯ 소화 후 수손에 의한 2차 피해 우려가 있다.
    ㉰ B급 화재(유류화재), C급 화재(전기화재), D급 화재(금속 화재)에는 적응성이 없다.

Check Point 물분자의 구조

수소원자 2개와 산소원자 1개가 극성공유결합과 물분자와 물분자 사이에는 수소결합을 이루고 있으며 이러한 수소결합의 결합력 때문에 비열과 증발잠열이 크고 표면장력이 커서 소화약제로 우수하다.

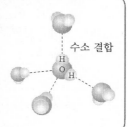

수소 결합

Check Point 물의 상태 변화

1. 현열

상태는 불변, 온도만 변할 때 열량(반응열)

열량 $Q = mc\Delta t$

여기서, m : 무게, c : 비열, Δt : 온도차

2. 잠열

상태는 변화, 온도는 불변 일 때 열량(변화열)

1) 물의 융해잠열(고체 → 액체) : 80cal/g

2) 물의 기화잠열(액체 → 기체) : 539cal/g

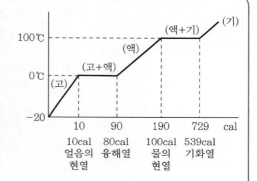

3. 비열

어떤 물질 1g을 1℃ 올리는 데 필요한 열량(cal)

1) 물의 비열 : 1cal/g · ℃

2) 얼음의 비열 : 0.5cal/g · ℃

3) 수증기의 비열 : 0.6cal/g · ℃

4. 물의 상태 변화 시 체적 변화

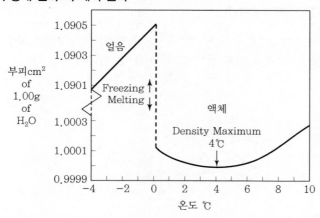

2) 물 소화약제의 방사방법

구분	형태	적용설비	소화효과	적용화재
봉상	물이 가늘고 긴 물줄기 형상	옥내소화전, 옥외소화전	냉각	A급
적상	샤워기 형상	스프링클러	냉각	A급
무상	물안개 또는 구름의 형상	물분무, 미분무	질식, 냉각, 희석, 유화	A, B, C급

3) 소화효과 증대를 위한 첨가제

첨가제	특성
부동액 (Antifreeze Agent)	• 0℃ 이하의 온도에서 물의 특성상 동결로 인한 부피팽창에 의하여 배관을 파손하게 되므로 겨울철 등 한랭지역에서는 물의 어는 온도를 낮추기 위하여 동결 방지제인 부동액을 사용 • 부동액 : 에틸렌글리콜, 프로필렌글리콜, 글리세린 등
침투제 (Wetting Agent)	• 물은 표면장력이 크므로 심부화재에 사용 시 가연물에 깊게 침투하지 못하는 성질이 있다. 물에 계면활성제 첨가로 표면장력을 낮추어 침투효과를 높인 첨가제 • 침투제 : 계면활성제 등
증점제 (Viscosity Agent)	• 물의 점성을 강화하여 부착력을 증대시켜 산불화재 등에 사용하여 잎 및 가지 등에 소화가 곤란한 부분에 소화효과를 증대시키는 첨가제 • 증점제 : CMC 등
유화제 (Emulsifier Agent)	• 에멀션(물과 기름의 혼용상태) 효과를 이용하여 산소의 차단 및 가연성가스의 증발을 막아 소화효과를 증대시킨 소화약제 • 유화제 : 친수성 콜로이드, 에틸렌글리콜, 계면활성제 등

| Reference | 물슬러리(Water－Slurry)

> 산림화재용으로 제작된 소화약제로 물과 모래의 혼합으로 가열물에 도포하면 물에 의한 냉각소화와 소화 후에 잔존하는 모래에 의한 질식소화를 얻을 수 있다.

Check Point **물의 부피와 무게의 관계(4℃ 물 기준)**

부피＝1m×1m×1m＝1m³
1m³ 공간을 액체의 체적 1,000L라 정하고 1m³ 공간의 물의
무게를 1,000kg라 정한다. 그러므로
1m³＝1,000L＝1,000kg＝1ton
비중은 물과의 상대적인 개념이므로 단위가 없다.
물의 비중량＝무게/부피＝1,000kg/m³＝9,800N/m²

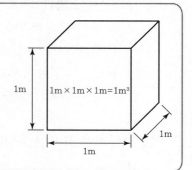

04 강화액 소화약제

심부화재 또는 주방의 식용유 화재에 대해서 신속한 소화를 위하여 개발되었으며, 물 소화약제의 단점을 보완하기 위하여 탄산칼륨 등의 수용액을 주성분으로 하여, －20℃에서도 동결하지 않고 재발화 방지에도 효과가 있으며, A급(일반화재), K급(주방화재) 등에 우수한 소화능력이 있다.

1) 강화액 소화약제의 특징

① **첨가물** : 탄산칼륨(K_2CO_3) 등
② **비중** : 1.3 이상
③ **pH값** : pH 12 이상의 강알칼리성
④ **동결점** : －20℃ 이하
⑤ **소화효과** : 미분일 경우 유류화재에도 소화효과 있음
⑥ **표면장력** : 33dyne/cm 이하(물소화약제 72.75dyne/cm)로 표면장력이 낮아서 심부화재에 효과적

2) 강화액 소화기

강화액은 물에 탄산칼륨(K_2CO_3)을 용해시킨 것으로 동절기 및 한랭지에서도 동결되지 않으므로 보온의 필요가 없으며, 재연소 방지의 효과도 있어서 봉상 주수 시 A급 화재에 대한 소화능력이 크다.
① **비중** : 1.3~1.4

② **응고점** : $-17 \sim -30℃$

③ **사용온도범위** : $-20℃$ 이상 $40℃$ 이하

④ 동절기 및 한랭지에서도 사용이 가능하다.

⑤ 독성 및 부식성이 없다.

⑥ 담황색의 알칼리성(pH 12 이상)이다.

⑦ 무상 주수 시 소규모 C급 화재에 적응성이 있다.

3) 강화액 소화기 소화원리

$$H_2SO_4 + K_2CO_3 + H_2O \rightarrow K_2SO_4 + 2H_2O + CO_2$$

05 포 소화약제

1) 포 소화약제

화재 면에 방사된 포 약제는 질식작용과 냉각작용에 의한 소화가 있으며, 물을 사용할 수 없는 유류화재에 매우 효과적이다.

2) 포 소화약제의 장단점

① **장점**

㉠ 인체에 무해하고, 화재 시 열분해에 의한 독성가스의 생성이 없다.

㉡ 인화성 · 가연성 액체 화재 시 매우 효과적이다.

㉢ 옥외에서도 소화효과가 우수하다.

② **단점**

㉠ 동절기에는 동결로 인한 포의 유동성의 한계로 설치상 제약이 있다.

㉡ 단백포 약제의 경우에는 변질 · 부패의 우려가 있다.

㉢ 소화약제 잔존물로 인한 2차 피해가 우려된다.

3) 소화효과

① **질식효과** : 방사된 포 약제가 가연물을 덮어 가연성 가스의 생성을 억제함과 동시에 산소 공급을 차단시킨다.

② **냉각효과** : 포 수용액에 포함되어 있는 물이 증발되면서 화재면 주위를 냉각시킨다.

4) 포 소화약제의 구비조건

① **소포성** : 포가 잘 깨지지 않아야 한다.

② **유동성** : 유면에 잘 확산되어야 한다.

③ **접착성** : 표면에 잘 흡착되어야 질식효과를 극대화할 수 있다.

④ **안정성, 응집성** : 경년기간이 길고 포의 안정성이 좋아야 한다.

⑤ **내유성** : 기름에 오염되지 않아야 한다.

⑥ **내열성** : 열에 견딜 수 있어야 한다.

⑦ **무독성** : 독성이 없어야 한다.

5) 포 소화약제의 종류

① **화학포 소화약제**

탄산수소나트륨($NaHCO_3$)과 황산알루미늄수용액($Al_2(SO_4)_3 \cdot 18H_2O$)에 기포안정제를 첨가한 것으로 화학반응에 의해 포를 생성한다.

 Check Point

➤ **화학포 소화약제**

1. 외약제(A제) : 탄산수소나트륨($NaHCO_3$), 기포안정제
2. 내약제(B제) : 황산알루미늄($Al_2(SO_4)_3$)
3. 화학식

   $6NaHCO_3 + Al_2(SO_4)_3 \cdot 18H_2O \rightarrow 3Na_2SO_4 + 2Al(OH)_3 + 6CO_2 + 18H_2O$

   탄산수소나트륨(외) 황산알루미늄(내) 황산나트륨 수산화알루미늄

   ≫ 화학포 부피의 비(분자수의 비 = 몰비 = 부피비 ≠ 질량비)

   탄산수소나트륨 : 황산알루미늄 = 6 : 1

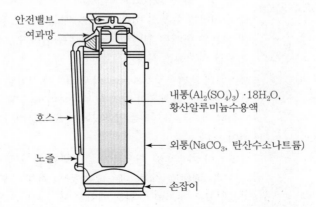

- 안전밸브
- 여과망
- 내통($Al_2(SO_4)_3$)·$18H_2O$, 황산알루미늄수용액
- 호스
- 외통($NaCO_3$, 탄산수소나트륨)
- 노즐
- 손잡이

➤ **기포안정제(소포성 방지)**
1. 가수분해 단백질(＝수용성 단백질)
2. 계면활성제
3. 사포닌
4. 젤라틴
5. 카세인 등

② **기계포 소화약제**

단백포	동물성의 뼈 등 단백질을 가성 소다로 분해·중화·농축시킨 포 소화약제로 사용 농도는 3%, 6%이다. ㉮ 내열성이 우수하여 화재 면에 오래 남으므로, 재발화가 방지된다. ㉯ 포의 안정성이 높고, 가격이 저렴하다. ㉰ 부패·별질 우려가 높아 장기 보관이 어렵다. ㉱ 유류에 접촉 시 오염 우려가 있어, 표면하주입식에는 부적합하다. ㉲ 다른 포 약제에 비해 유동성이 적어 소화속도가 느리다.
합성계면 활성제포	탄화수소계 합성계면활성제를 주원료로 하며, 모든 농도(1%, 1.5%, 2%, 3%, 6%)에 사용이 가능하다. ㉮ 저발포, 중발포, 고발포에 사용이 가능하다. ㉯ 인체에 무해하며, 포의 유동성이 우수하고, 반영구적이다. ㉰ 유류화재 외에 A급 화재에도 적용이 가능하다. ㉱ 내열성과 내유성이 좋지 않아 윤화 현상이 발생할 우려가 있다. ㉲ 쉽게 분해되지 않으므로, 환경 오염을 유발할 수 있다.
수성막포	일명 Light Water라는 상품명으로 쓰이기도 하며 불소계 계면활성제포의 일종으로 1960년 초 미국에서 개발되었다. 액면에 수성막을 형성함으로써 질식소화, 냉각소화 작용으로서 소화한다. 사용 농도는 3%, 6%이다. ㉮ 수명이 반영구적이다. ㉯ 수성막과 거품의 이중 효과로 소화 성능이 우수하다. ㉰ 석유류 화재는 휘발성이 커서 부적합하다. ㉱ C급 화재에는 사용이 곤란하다.
불화단백포	불소계의 계면활성제를 소량의 단백포에 첨가한 것으로 3%, 6%의 농도로 사용되며 단백포의 단점을 보완하여 내유성·유동성·내열성 등을 개선한 약제로 표면하주입방식에 사용 가능하나 단백포에 비해 비싼 단점이 있다.
내알코올형 포	단백질의 가수분해 생성물과 합성세제 등이 주성분이며, 수용성 액체(알코올, 에테르, 케톤, 에스테르 등)의 화재에 포를 사용할 때 발생되는 파포현상을 방지하기 위해 개발된 포 소화약제이다.

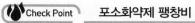 **포소화약제 팽창비**

➤ **팽창비**

$$팽창비 = \frac{방출\,후\,포의\,체적}{방출\,전\,포수용액의\,체적(포원액+물)} = \frac{방출\,후포의\,체적(l)}{\dfrac{원액의\,양(l)\times100}{농도(\%)}}$$

➤ **팽창률**

$$포\,팽창률 = \frac{V}{W_1 - W_2}$$

여기서, V : 포 수집용기의 내용적(ml), W_1 : 포 수집용기에 채집된 포의 총중량(g)

W_2 : 포 수집용기의 중량(g)

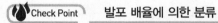 **발포 배율에 의한 분류**

구분	약제 종류	약제 농도	팽 창 비	
저발포용	단백포	3%, 6%	6배 이상 20배 이하	
	합성계면활성제포	3%, 6%	6배 이상 20배 이하	
	수성막포	3%, 6%	5배 이상 20배 이하	
	내알코올포	3%, 6%	6배 이상 20배 이하	
	불화단백포	3%, 6%	6배 이상 20배 이하	
고발포용	합성계면활성제포	1%, 1.5%, 2%	제1종 기계포	80배 이상 250배 미만
			제2종 기계포	250배 이상 500배 미만
			제3종 기계포	500배 이상 1,000배 미만

※ 저발포용에서 수성막포만 5배 이상이며, 나머지는 6배 이상임에 주의

 포 소화약제 물성 비교

구분	단백포	합성계면활성제포	수성막포	내알코올용 포
pH(20℃)	6.0~7.5	6.5~8.5	6.5~8.5	6.5~8.5
비중(20℃)	1.1~1.2	0.9~1.2	1.0~1.15	0.9~1.2
점도(Stokes)	400 이하	200 이하	200 이하	400 이하
유동점(℃)	영하 7.5	영하 12.5	영하 22.5	영하 22.5

팽창비	6배 이상	고발포 80배 이상	5배 이상	6배 이상
		저발포 80배 이상		
침전원액량	0.1 % 이하			

 Check Point　　포 소화약제의 소화효과

➤ **불화단백포 > 수성막포 > 합성계면 활성제포 > 단백포**

포성질	유동성	점착성	내열성	내유성
불화단백포	○	○	○	○
수성막포	○	×	×	○
합성계면 활성제포	○	×	○	×
단백포	×	○	○	×

➤ **소화성능** : 불화단백포 > 수성막포 > 계면활성제포 > 단백포

Check Point

➤ **25% 환원시간**

포의 25% 환원시간은 용기에 채집한 포(거품)의 25%가 포수용액으로 환원되는 데 걸리는 시간

1. 소화약제의 형식승인 및 제품검사의 기술기준(제4조)

구분	팽창률	발포 전 포수용액용량의 25%인 포수용액이 거품으로부터 환원되는 데 필요한 시간
단백포 등	6배 이상	1분 이상
수성막포	5배 이상	1분 이상
합성계면활성제포	500배 이상	3분 이상
방수포용 포	6배 이상 10배 미만	2분 이상

2. 소화설비용 헤드의 성능인증 및 제품검사의 기술기준(제28조)

구분	25% 환원시간
단백포 등	60초 이상
수성막포	60초 이상
합성계면활성제포	180초 이상

06 이산화탄소(CO₂) 소화약제

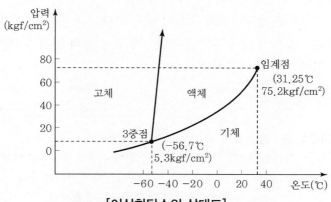

[이산화탄소의 상태도]

구분	기준값	구분	기준값
분자량	44	삼중점	−56.7℃
비중	1.53	임계온도	31.25℃
융해열	45.2cal/g	임계압력	75.2kgf/cm²
증발열	137cal/g	비점	−78℃
밀도	1.98g/l	승화점	−78.5℃

1) 이산화탄소의 소화효과

① **질식효과** : 산소 농도를 15% 이하로 떨어뜨리는 질식소화 작용을 한다.

② **냉각효과** : CO_2의 잠열 및 줄·톰슨 효과에 의해 주위의 열을 흡수하는 냉각소화작용을 한다.

2) 이산화탄소의 장단점

① **장점**

㉠ 비중이 커서 A급 심부화재에 적용이 가능하다.

㉡ 잔존물이 남지 않으며, 부패 및 변질 등의 우려가 없다.

㉢ 무색·무취이며, 화학적으로 매우 안정한 물질이다.

㉣ 전기적 비전도성인 기체로 전기화재가 적용 가능하다.

㉤ 자체 증기압이 커서 별도의 가압원이 필요하지 않다.

㉥ 임계온도가 높아 액체 상태로 저장이 가능하다.

② 단점

⊙ 방출 시 인명 피해 우려가 크다.

ⓒ 고압으로 방사되므로 소음이 매우 크다.

ⓒ 줄·톰슨 효과에 의한 운무현상과 동상 등의 피해 우려가 크다.

ⓔ 지구 온난화 물질이다.

 Check Point

➤ **이산화탄소 줄·톰슨 효과**

1. 액체상태의 이산화탄소가 기체상태로 변화할 때 주변의 열을 흡수하여 냉각되는 효과로 공기 중의 수증기가 응결하여 안개가 생기는 현상을 운무현상이라 한다.

2. 배관으로 고압의 이산화탄소가 저압인 대기 중으로 방출되면 −78℃로 급랭(줄·톰슨 효과)되어 배관에 소량의 수분이 있으면 결빙하여 고체 이산화탄소인 드라이아이스로 변하여 배관을 막는 현상으로 이산화탄소의 품질을 제2종 이상으로 제한한다.

3) 이산화탄소 소화약제의 품질

주로 제2종(순도 99.5% 이상, 수분함량 0.05% 이하)을 주로 사용

종별	함량(vol%)	수분(wt%)	비고
1종	99.0% 이상	−	무색무취
2종	99.5% 이상	0.05% 이하	−
3종	99.5% 이상	0.005% 이하	−

4) 충전비

① CO_2 소화기 : 1.5 이상

② CO_2 소화설비

⊙ 고압식 1.5 이상 1.9 이하

ⓒ 저압식 1.1 이상 1.4 이하

$$C = \frac{V}{G}$$

여기서, C : 충전비, G : 1병 충전질량(kg), V : 용기체적(l)

5) 소화기의 설치금지장소

지하층이나 무창층 또는 밀폐된 거실로서 바닥면적의 합계가 $20m^2$ 미만의 장소.
다만, 배기를 위한 유효한 개구부가 있는 장소인 경우에는 그러하지 아니하다.

▶ **이산화탄소 소화약제와 위험물과의 반응식(금속화재 사용금지)**

과산화칼륨 : $2K_2O_2 + 2CO_2 \rightarrow 2K_2CO_3 + O_2$

마그네슘 : $2Mg + CO_2 \rightarrow 2MgO + C$

칼륨과 이산화탄소 : $4K + 3CO_2 \rightarrow 2K_2CO_3 + C$

사염화탄소+탄산가스 : $CCl_4 + CO_2 \rightarrow 2COCl_2$

▶ **이산화탄소의 농도별 인체영향**

농도	인체에 미치는 영향	농도	인체에 미치는 영향
1%	공중위생상의 상한선	2%	불쾌감 감지
3%	호흡수 증가	4%	두부에 압박감 감지
6%	두통, 현기증	8%	호흡곤란
10%	시력장애, 1분 이내에 의식불명하여 방치 시 사망	20%	중추신경 마비로 사망

▶ **이산화탄소 농도**

$$CO_2[\%] = \frac{21 - O_2}{21} \times 100$$

▶ **이산화탄소 기화체적**

$$CO_2[m^3] = \frac{21 - O_2}{O_2} \times V$$

07 할론 소화약제

1) 할론 소화약제

파라핀계 탄화수소의 수소원자 1개 이상을 할로겐 원자로 치환시킨 것으로 부촉매효과가 우수하여 적은 양의 약제로도 충분한 소화능력을 발휘할 수 있는 소화약제이다.

① 소화효과

주된 소화효과는 **억제소화(부촉매효과)**로 화재 면에 방사 시 열분해에 생성물이 가연물과 산소의 반응을 억제하는 소화 작용을 한다.

② 장점 및 단점

　㉠ 역제소화의 소화능력이 우수하다.

　㉡ 전기의 비전도성으로 전기화재에 적응성이 있다.

　㉢ 약제의 변질·부패 우려가 없다.

　㉣ 소화 후 기기 등을 오염시키지 않는다.

　㉤ 오존층 파괴 물질이다.

　㉥ 열분해 시 독성 물질이 생성된다.

Check Point 할로겐 원소의 특징

➤ **전기음성도 크기, 이온화에너지 크기**

　$F > Cl > Br > I$

➤ **소화 효과, 오존층 파괴 지수**

　$F < Cl < Br < I$

원소	원자량	원소	원자량
F	19	Br	80
Cl	35.5	I	127

Check Point

1. 미군에서 제조한 것으로서 할론소화약제는 영어명을 함께 숙지하여야 한다.

2. 할로겐족 명명법

원소기호	약호	한글명(위험물에서 사용)	영어명(소화약제에서 사용)
F	F	불소	플루오린
Cl	C	염소	클로오르
Br	B	취소	브롬
I		옥소	요오드

3. 첫 번째 숫자는 탄소의 개수이며, 다음부터는 할로겐원소 차례대로 F, Cl, Br의 순으로 작성하며, 해당 원소가 없는 경우에는 0, 마지막 숫자가 0이면 생략한다.

　예 Halon　1　3　0　1　→　CF_3Br

　　Halon　①　②　③　④

　　　　① 　C 의 개수　：　C_1　→　1은 생략

　　　　② 　F 의 개수　：　F_3　→　3

　　　　③ 　Cl 의 개수　：　Cl_0　→　0은 원소 생략

　　　　④ 　Br 의 개수　：　Br_1　→　1은 생략

Check Point

➤ 할론 소화약제의 물성

구분	할론1211	할론1301	할론2402
화학식	CF_2ClBr	CF_3Br	$C_2F_4Br_2$
분자량	165.4	148.93	259.8
비점(℃)	-4	-57.75	47.5
빙점(℃)	-160.5	-168	-110.1
임계온도(℃)	153.8	67	214.6
임계압력(atm)	40.57	39.1	33.5
임계밀도(g/cm²)	0.713	0.745	0.790
대기잔존기간(년)	20	100	-
상태(20℃)	기체	기체	액체
오존층파괴지수	2.4	14.1	6.6
밀도(g/cm³)	1.83	1.57	2.18
증기비중	5.7	5.1	9.0
증발잠열(kJ/kg)	130.6	119	105

2) 할론 소화약제의 종류

구분	약제	화학식	구조식	명칭	약칭
메탄 유도체	할론1211	CF_2ClBr	Cl | F - C - F | Br	일취화일염화이불화메탄 (Bromo Chloro diFluoro methane)	BCF
	할론1301	CF_3Br	F | F - C - F | Br	일취화삼불화메탄 (Bromo Trifluoro Methane)	BTM
	할론1011	CH_2ClBr	Cl | H - C - H | Br	일취화일염화메탄 (Chloro Bromo methane)	CB
	할론104	CCl_4	Cl | Cl - C - Cl | Cl	사염화탄소 (Carbon Tetra Chloride)	CTC

| 에탄
유도체 | 할론2402 | C₂F₄Br₂ | F   F
 \| \|
F－C－C－F
 \| \|
Br Br | 이취화사불화에탄
(tetra Fluoro diBromo ethane) | FB |

3) 할론 소화약제의 특징

구분	특징
할론2402	1. 무색, 투명한 액체 2. 독성은 할론1211, 1301보다 강하지만 104보다는 약하다.
할론1211	1. 자체 압력이 부족하므로 질소가스로 가압하여 사용된다. 2. 상온에서 기체이며 증기비중은 5.7 3. 주로 유류화재와 전기화재에 사용
할론1301	1. 상온에서 기체이며 무색무취의 비전도성, 증기비중 5.13 2. 자체증기압이 1.4(MPa)이므로, 질소로 충전하여 4.2(MPa)로 사용한다. 3. 소화약제 중에서 소화효과가 가장 우수하지만, 오존파괴지수 또한 가장 크다.
할론1011	1. 상온에서 액체이며 증기비중은 4.5, 기체 밀도는 0.0058(g/cm³) 2. 독성이 있음
할론104	1. 무색투명한 휘발성 액체로 특유의 냄새와 독성이 있다. 2. 메탄에 수소 대신 염소원자 4개를 치환하여 생성 3. 공기, 수분, 이산화탄소 등과 반응하여 포스겐(COCl₂) 가스 발생

Check Point

> ▶ **연쇄반응 메커니즘**

$$CF_3Br + H \rightarrow CF_3 + HBr \qquad HBr + H \rightarrow H_2 + Br$$
$$Br + Br + M \rightarrow Br_2 + M \qquad Br_2 + H \rightarrow HBr + Br$$

> ▶ **사염화탄소 반응식 － 포스겐(COCl₂) 가스의 발생으로 현재 사용 중지**

1. 탄산가스와 반응 : $CCl_4 + CO_2 \rightarrow 2COCl_2$
2. 공기와 반응 : $2CCl_4 + O_2 \rightarrow 2COCl_2 + 2Cl_2$
3. 물과 반응 : $CCl_4 + H_2O \rightarrow COCl_2 + 2HCl$
4. 금속과 반응 : $3CCl_4 + Fe_2O_3 \rightarrow 3COCl_2 + 2FeCl_2$

> ▶ **할로겐화합물이 인체에 미치는 영향**

농도	증상
6%	현기증, 맥박 수 증가, 가벼운 지각이상, 전도는 변화 없음
9%	불쾌한 현기증, 맥박 수 증가, 심전도는 변화 없음

10%	가벼운 현기증과 지각 이상, 혈압이 내려감, 심전도 파고가 낮아짐
12~15%	심한 현기증과 지각 이상, 심전도 파고가 낮아짐

➤ **가스계 관련 소화약제 용어**

1. 오존파괴지수(ODP ; Ozone Depletion Potential) : 어떤 물질의 오존파괴능력을 상대적으로 나타내는 지표

$$ODP = \frac{\text{어떤 물질 1kg이 파괴하는 오존량}}{CFC - 11\,(CFCl_3)\ 1kg이\ 파괴하는\ 오존량}$$

할론 1301 : 14.1, NAFS - Ⅲ : 0.044

2. 지구온난화지수(GWP ; Global Warming Potential) : 어떤 물질이 기여하는 온난화 정도를 상대적으로 나타내는 지표

$$GWP = \frac{\text{어떤 물질 1kg이 기여하는 온난화 정도}}{CO_2\ 1kg이\ 기여하는\ 온난화\ 정도}$$

3. NOAEL(No Observed Adverse Effect Level, 최대허용설계농도) : 농도를 증가시킬 때 아무런 악영향도 감지할 수 없는 최대허용농도

4. LOAEL(Lowest Observed Adverse Effect Level, 최소허용농도) : 농도를 감소시킬 때 아무런 악영향도 감지할 수 있는 최소허용농도

5. ALT(Atmospheric Life Time, 대기권 잔존수명) : 물질이 방사된 후 대기권 내에서 분해되지 않고 체류하는 잔류기간(단위 : 년)

6. LC50 : 4시간 동안 쥐에게 노출했을 때 그중 50%가 사망하는 농도

7. ALC(Approximate Lethal Concentration) : 사망에 이르게 할 수 있는 최소농도

---

08 할로겐화합물 및 불활성기체 소화약제

1) 할로겐화합물 및 불활성기체 소화약제 소화기

① CFC 규제와 오존층 파괴

오존층은 지상으로부터 25~30km 부근의 성층권이라고 부르는 층에 존재한다. 이 오존은 성층권 내의 O_2가 태양의 빛에너지에 의해 생성과 파괴를 반복해서 일어나며 균형을 이루고 있으나, 할로겐화합물 및 프레온가스 등에 의해 이 균형이 무너지고 오존층이 파괴되고 있으며, 이는 인공위성 등에 의해 확인되고 있다.

오존층의 파괴는 생태계에 다음과 같은 심각한 영향을 미치고 있으며 따라서 CFC(염화불화탄소)의 규제는 불가피하게 여겨진다.

② 오존층 파괴의 영향

   ㉠ 인체에 유해한 자외선이 지표까지 도달하는 양이 많아서 피부암, 백내장 등을 유발한다.

   ㉡ 식물의 광합성 작용을 방해하여 식물의 성장을 저해하고 이에 따라 농작물 등의 수확량이 감소하게 된다.

   ㉢ 지구의 온실효과 증대로 인한 해수면 상승이 우려된다.

   ㉣ 바다의 플랑크톤 감소 등으로 먹이사슬의 붕괴 등이 염려된다.

③ CFC 규제에 관한 주요 사항

   ㉠ 몬트리올 의정서(1987년 9월)의 규제 대상물질

      ㉮ Group 1 : CFC−11, 12, 113, 114, 115

      ㉯ Group 2 : Halon 1211, Halon 1301, Halon 2402

   ㉡ UNEP(국제연합환경계획)에서 우리나라에 몬트리올 의정서 가입 요청(1987년 12월)

   ㉢ 정부에서 오존층 보호를 위한 특정물질 규제 등에 관한 법률 공포(1991.1.14.)

   ㉣ 코펜하겐 몬트리올 의정서 회의(1992.11.)−Group 2

      ㉮ 선진국 : 1994.1.1.부터 전면 사용 중지

      ㉯ 개발도상국 : 2010.1.1.부터 사용 중지(우리나라 포함)(2003년까지 국민 1인당 0.3kg 이내에 한하여 사용 연장 허용)

2) 할로겐화합물 및 불활성기체 소화약제의 구비조건

① 정의

전기적으로 비전도성이며 증발하기 쉽고 방사 시 잔류물이 없는 가스상태의 소화약제

② 할로겐화합물 및 불활성기체의 구비조건

   ㉠ 소화성능이 기존의 할론소화약제와 유사하여야 한다.

   ㉡ 독성이 낮아야 하며 설계농도는 최대허용농도(NOAEL) 이하이어야 한다.

   ㉢ 환경영향성 ODP, GWP, ALT가 낮아야 한다.

   ㉣ 소화 후 잔존물이 없어야 하고 전기적으로 비전도성이며 냉각효과가 커야 한다.

   ㉤ 저장 시 분해되지 않고 금속용기를 부식시키지 않아야 한다.

   ㉥ 기존의 할론 소화약제보다 설치비용이 크게 높지 않아야 한다.

3) 할로겐화합물 및 불활성기체 소화약제의 분류

① 할로카본(halocarbon) 소화약제

탄소(C), 수소(H), 브롬(Br), 염소(Cl), 불소(F), 요오드(I)의 성분을 포함한 것

- HFC(Hydro Fluoro Carbon) : 불화탄화수소
- HBFC(Hydro bromo Fluoro Carbon) : 브롬불화탄화수소
- HCFC(Hydro Chloro Fluoro Carbon) : 염화불화탄화수소
- FC or PFC(Perfluoro Carbon) : 불화탄소
- FIC(Fluoroiodo Carbon) : 불화요오드화탄소

② 불활성기체(inert gases and mixtures) 소화약제

소화약제의 주성분으로 헬륨, 네온, 아르곤, 질소 또는 이산화탄소 등의 가스 가운데 1가지 또는 그 이상을 함유한 소화약제

구분	소화약제		화학식	허용 농도
할로카본	퍼플루오로부탄	FC-3-1-10	C_4F_{10}	40%
	하이드로클로로 플루오카본 혼화제	HCFC BLEND A	HCFC-123($CHCl_2CF_3$) : 4.75% HCFC-22($CHClF_2$) : 82% HCFC-124($CHClFCF_3$) : 9.5% $C_{10}H_{16}$: 3.75%	10%
	클로로테트라 플루오로에탄	HCFC-124	$CHClFCF_3$	1.0%
	펜타플루오로에틴	HFC-125	CHF_2CF_3	11.5%
	헵타 플루오로프로판	HFC-227ea	CF_3CHFCF_3	10.5%
	트리플루오로메탄	HFC-23	CHF_3	30%
	헥사플루오로이오다이드	HFC-236fa	$CF_3CH_2CF_3$	12.5%
	트리플루오로이로다이드	FIC-1311	CF_3I	0.3%
	도데카플루오로-2-메틸펜탄-3-원	FK-5-1-12	$CF_3CF_2(O)CF(CF_3)_2$	10%
불활성	불연성, 불활성기체 혼합가스	IG-01	Ar	43%
		IG-100	N_2	43%
		IG-541	N_2 : 52%, Ar : 40%, CO_2 : 8%	43%
		IG-55	N_2 : 50%, Ar : 50%	43%

4) 소화효과

① 할로겐화합물 소화약제

    ㉠ 부촉매효과

    ㉡ 질식효과

    ㉢ 냉각효과

② 불활성기체 소화약제

    ㉠ 질식효과

    ㉡ 냉각효과

 Check Point

➤ 할로겐화합물 및 불활성기체 소화약제의 명명법

1. 할로겐화합물 계열

1) 계열 구분

계열	구성	할로겐화합물 소화약제명
HFC(Hydro Fluoro Carbon)	C에 F, H 결합	HFC-125, HFC-227ea HFC-23, HFC-236fa
HCFC(Hydro Chloro Fluoro Carbon)	C에 Cl, F, H 결합	HCFC-BLEND A HCFC-124
FIC(Fluoroiodo Carbon)	C에 I, F 결합	FIC-13I1
FC or PFC(Perfluoro Carbon)	C에 F 결합	FC-3-1-10 FK-5-1-12

2) 명명법

    ① 첫 번째 숫자는 탄소의 개수에서 +1

    ② 두 번째 숫자는 수소의 개수에서 -1

    ③ 세 번째 숫자는 불소의 개수

    ④ 네 번째 문자는 브롬은 B, 옥소는 I로 표시

    ⑤ 다섯 번째 숫자는 브롬이나 옥소의 개수 표시

    예 HCFC 1 2 4 → C_2HFCl_4 → $CHClFCF_3$

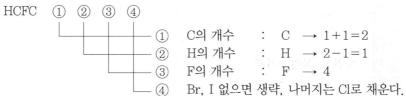

    ① C의 개수 : C → 1+1=2

    ② H의 개수 : H → 2-1=1

    ③ F의 개수 : F → 4

    ④ Br, I 없으면 생략, 나머지는 Cl로 채운다.

③ 화학식과 구조식

약제명	약제명	화학식	구조식	분자량
HFC	HFC −23	CHF_3	$F-\overset{\overset{\displaystyle H}{\mid}}{\underset{\underset{\displaystyle F}{\mid}}{C}}-F$	$12+1+19\times3$ $=70$
	HFC −125	CHF_2CF_3	$F-\overset{\overset{\displaystyle H}{\mid}}{\underset{\underset{\displaystyle F}{\mid}}{C}}-\overset{\overset{\displaystyle F}{\mid}}{\underset{\underset{\displaystyle F}{\mid}}{C}}-F$	$12\times2+1+19\times5$ $=120$
	HFC −227ea	CF_3CHFCF_3	$F-\overset{\overset{\displaystyle F}{\mid}}{\underset{\underset{\displaystyle F}{\mid}}{C}}-\overset{\overset{\displaystyle H}{\mid}}{\underset{\underset{\displaystyle F}{\mid}}{C}}-\overset{\overset{\displaystyle F}{\mid}}{\underset{\underset{\displaystyle F}{\mid}}{C}}-F$	$12\times3+1+19\times7$ $=170$
	HFC −236fa	$CF_3CH_2CF_3$	$F-\overset{\overset{\displaystyle F}{\mid}}{\underset{\underset{\displaystyle F}{\mid}}{C}}-\overset{\overset{\displaystyle H}{\mid}}{\underset{\underset{\displaystyle H}{\mid}}{C}}-\overset{\overset{\displaystyle F}{\mid}}{\underset{\underset{\displaystyle F}{\mid}}{C}}-F$	$12\times3+1\times2+19$ $\times6=152$
HCFC	HCFC− BLEND A	HCFC−123 : 4.75% HCFC−22 : 82% HCFC−124 : 9.5% $C_{10}H_{16}$: 3.75%		
	HCFC −124	$CHClFCF_3$	$F-\overset{\overset{\displaystyle H}{\mid}}{\underset{\underset{\displaystyle Cl}{\mid}}{C}}-\overset{\overset{\displaystyle F}{\mid}}{\underset{\underset{\displaystyle F}{\mid}}{C}}-F$	$12\times2+1+35.5$ $+19\times4=136.5$
FIC	FIC −13I1	CF_3I	$F-\overset{\overset{\displaystyle I}{\mid}}{\underset{\underset{\displaystyle F}{\mid}}{C}}-F$	$12+19\times3+127$ $=196$
FC	FC−3 −1−10	C_4F_{10}	$F-\overset{\overset{\displaystyle F}{\mid}}{\underset{\underset{\displaystyle F}{\mid}}{C}}-\overset{\overset{\displaystyle F}{\mid}}{\underset{\underset{\displaystyle F}{\mid}}{C}}-\overset{\overset{\displaystyle F}{\mid}}{\underset{\underset{\displaystyle F}{\mid}}{C}}-\overset{\overset{\displaystyle F}{\mid}}{\underset{\underset{\displaystyle F}{\mid}}{C}}-F$	$12\times4+19\times10$ $=238$
	FK−5 −1−12	$CF_3CF_2C(O)CF(CF_3)_2$	구조식	$12\times6+16+19$ $\times12=316$

Check Point

2. 불활성기체 계열

1) 계열 구분

종류	화학식
IG−01	Ar(100%)
IG−100	N_2(100%)
IG−55	N_2(50%), Ar(50%)
IG−541	N_2(52%), Ar(40%), CO_2(8%)

2) 명명법

① 첫 번째 숫자는 질소(N_2)의 농도 %이며 반올림하여 한 자리로 표시, 없으면 생략

② 두 번째 숫자는 아르곤(Ar)의 농도 %이며 반올림하여 한 자리로 표시, 없으면 생략

③ 세 번째 숫자는 이산화탄소(CO_2)의 농도 %이며 반올림하여 한 자리로 표시, 없으면 생략

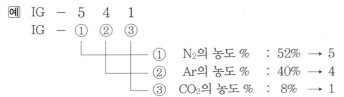

예 IG − 5 4 1
     IG − ① ② ③

　　　　　① 　N_2의 농도 % 　: 52% → 5
　　　　　② 　Ar의 농도 % 　: 40% → 4
　　　　　③ 　CO_2의 농도 % 　: 8% → 1

➤ **할로겐화합물 및 불활성기체 소화약제의 비체적**

$S = K_1 + K_2 \times t$

여기서, K_1 : 표준상태에서의 비체적, K_2 : 비체적증가분

$$K_1 = \frac{22.4}{분자량}, \qquad K_2 = K_1 \times \frac{1}{273} = \frac{22.4}{분자량} \times \frac{1}{273}$$

---

09 분말 소화약제

1) 분말 소화기

분말약제를 화재면에 방사하면 열분해반응을 통해 생성되는 Na^+, K^+, NH_4^+에 의한 부촉매작용(억제작용)과 CO_2, H_2O, HPO_2 등에 의한 질식작용 그리고 증기증발에 의한 냉각작용으로 소화효과를 유발시키는 약제이다.

2) 소화효과

① 부촉매(억제)효과

열분해 시 생성된 Na^+, K^+, NH_4^+ 등의 활성라디칼이 연쇄반응을 차단하고 억제하여 소화작용을 한다.

② 질식효과

열분해 시 생성된 수증기 및 CO_2가 산소의 농도를 떨어뜨려 질식효과에 의한 소화작용을 한다.

③ 냉각효과

열분해 시 흡열반응과 수증기에 의해 냉각작용을 한다.

④ 비누화 현상

제1종 분말($NaHCO_3$)의 Na^+가 기름을 둘러싸고, 비누 거품을 형성하여 K급 화재를 소화하는 데 효과적이다.

⑤ 방진작용

제3종 분말($NH_4H_2PO_4$)의 열분해 시 생성되는 메타인산(HPO_3)이 연료 면에 유리질의 인산피막을 형성하여 고체 가연물의 재착화를 방지한다.

3) 약제의 구비조건

① 내습성이 우수할 것
② 유동성이 좋을 것
③ 비고화성일 것
④ 미세도가 적합할 것
⑤ 일정한 겉보기 비중(검정기준 : 0.82g/mm)을 가질 것
⑥ 부식성 및 독성이 없을 것

4) 소화기의 종류

① 주성분에 의한 구분

분말 종류	주성분	분자식	성분비	색 상	적응 화재
제1종 분말	탄산수소나트륨	$NaHCO_3$	90wt% 이상	백색	B, C급
제2종 분말	탄산수소칼륨	$KHCO_3$	92wt% 이상	담회색	B, C급
제3종 분말	인산암모늄	$NH_4H_2PO_4$	75wt% 이상	담홍색	A, B, C급
제4종 분말	탄산수소칼륨과 요소	$KHCO_3 + CO(NH_2)_2$	–	회색	B, C급

② 가압방식에 의한 구분

   ㉠ **축압식** : 소화기 내부에 소화약제와 방출원으로 질소가스를 충전한 것으로 압력계가 부착되어 있으며 상용압력은 0.7~0.98MPa이다.

   ㉡ **가압식** : 소화기 내부에 소화약제와 내부의 별도 용기 속에 소화약제 방출원으로 CO_2를 넣어 충전한 것이다.

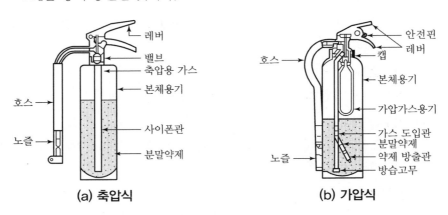

(a) 축압식   (b) 가압식

5) 열분해반응식

① **제1종 분말약제 : $NaHCO_3$(탄산수소나트륨)**

   ㉠ 270[℃]

$$2NaHCO_3 \rightarrow Na_2CO_3 + CO_2 \uparrow + H_2O \uparrow - 30.3[kcal]$$

   ㉡ 850[℃]

$$2NaHCO_3 \rightarrow Na_2O + 2CO_2 \uparrow + H_2O \uparrow - 104.4[kcal]$$

② **제2종 분말약제 : $KHCO_3$(탄산수소칼륨)**

   ㉠ 190[℃]

$$2KHCO_3 \rightarrow K_2CO_3 + CO_2 \uparrow + H_2O \uparrow - 29.82[kcal]$$

   ㉡ 890[℃]

$$2KHCO_3 \rightarrow K_2O + 2CO_2 \uparrow + H_2O \uparrow - 127.1[kcal]$$

③ **제3종 분말약제 : $NH_4H_2PO_4$(제1인산암모늄)**

   ㉠ 166[℃]

$$NH_4H_2PO_4 \rightarrow H_3PO_4 + NH_3 \uparrow \ \rightarrow 질식작용$$

   ㉡ 216[℃]

$$2H_3PO_4 \rightarrow H_4P_2O_7 + H_2O \uparrow - 77kcal \rightarrow 냉각작용$$

© 360[℃]

$$H_4P_2O_7 \rightarrow 2HPO_3 + H_2O \uparrow \rightarrow 피막을 형성하여 재연방지$$

④ **제4종 분말약제 : $KHCO_3$(탄산수소칼륨) + $CO(NH_2)_2$(요소)**

$$2KHCO_3 + CO(NH_2)_2 \rightarrow K_2CO_3 + 2NH_3 + 2CO_2 \uparrow - Q[kcal]$$

‖ Reference ‖ **분말입자의 크기**

- 입자의 범위 : 10~75micron
- 최적입자의 범위 : 20~25micron

‖ Reference ‖ **표면처리제**

스테아르산 아연, 스테아르산 알미늄, 실리콘

6) CDC(Compatible Dry Chemical) 소화약제

① 분말 소화약제의 빠른 소화능력(속소성)과 포 소화약제의 포의 재착화 방지능력을 적용시킨 소화약제이다.

② **Twin Agent System** : CDC 소화약제와 수성막포를 함께 적용한 설비

　㉠ TWIN 20/20 : ABC 분말약제 20kg + 수성막포 20l

　㉡ TWIN 40/40 : ABC 분말약제 40kg + 수성막포 40l

③ **소화효과** : 희석효과 · 질식효과 · 냉각효과 · 부촉매효과

7) 금속화재용 분말 소화약제(Dry Powder)

① 일반적으로 금속화재는 가연성 금속인 알루미늄(Al), 마그네슘(Mg), 나트륨(Na), 칼륨(K) 등이 연소하는 것을 말하며, 이러한 금속화재는 연소 온도가 매우 높아 소화의 어려움이 있다. 금속화재 시 주수소화를 하는 경우 물은 금속과 급격한 반응을 일으키거나 수증기 폭발을 일으킬 위험이 있으므로 주수소화를 금지하여야 한다.

② 금속화재용 분말소화약제(Dry Powder)는 금속표면을 덮어서 산소의 공급을 차단하거나 온도를 낮추는 것이 주된 소화원리이다.

③ **Dry Powder가 가져야 하는 특성**

　㉠ 요철이 있는 금속 표면을 피복할 수 있을 것

　㉡ 냉각효과가 있을 것

　㉢ 고온에 견딜 수 있을 것

　㉣ 금속이 용융된 경우(Na, K 등)에는 용융 액면상에 뜰 것

④ **소화효과** : 질식효과 · 냉각효과

10 간이소화용구(소화약제 외의 것을 이용)

1) 종류

마른모래, 팽창질석, 팽창진주암 등

2) 마른모래(ABCD급)

① 가연물이 포함되지 않고, 반드시 건조되어 있을 것
② 부속기구(양동이, 삽 등)를 비치할 것

3) 팽창질석

팽창질석(Vermiculite)은 운모가 풍화 또는 변질되어 생성된 것으로 함유하고 있는 수분이 탈수되면 팽창하여 늘어나는 성질을 가지고 있다.

4) 팽창진주암

팽창진주암(Perlite)은 천연유리를 조각으로 분쇄한 것을 말한다. 팽창진주암은 3~4%의 수분을 함유하고 있으며, 화재 시에 820~1,100℃의 온도에 노출되면 체적이 약 15~20배 정도 팽창하는 특성이 있다.

5) 능력단위

▼ 실제 소화능력에 따라 측정한 수치

소화용구	용량	능력단위
소화전용 물통	8*l*	0.3단위
수조(물통 3개 포함)	80*l*	1.5단위
수조(물통 6개 포함)	190*l*	2.5단위
마른모래(삽 1개 포함)	50*l*	0.5단위
팽창질석, 팽창진주암(삽 1개 포함)	160*l*	1.0단위

※ 마른모래(건조사)의 조건 – 제1류에서 제6류까지 모두 적용 가능

① 반드시 건조 상태일 것
② 가연물이 포함되지 않을 것
③ 포대 또는 드럼 등에 넣어 보관할 것
④ 반드시 삽과 함께 비치할 것

소화이론
문제풀이

PART 01 소화이론 문제풀이

01 소화방법 중 가연물 주변의 공기를 차단하여 산소 농도를 15% 이하로 떨어뜨려 소화하는 방법에 해당되지 아니하는 것은?

① 산불 화재 시 진행 방향의 나무를 벌목하는 방법
② 이산화탄소로 가연물을 덮는 방법
③ 포 소화약제로 가연물을 덮는 방법
④ 불연성 고체로 가연물을 덮는 방법

▶ **질식소화**
① 산소 농도를 15% 이하로 떨어뜨려 소화하는 방법
② 불연성 가스를 첨가 : CO_2, N_2, 수증기 등을 첨가하여 주위 산소를 밀어냄
③ 불연성의 포 거품으로 가연물 표면을 덮음
④ 담요 또는 건조사로 화염을 덮음
⑤ 이산화탄소 소화설비, 불활성기체 소화설비 등

제거소화
① 산림화재 시 미리 벌목하여 가연물을 제거하는 것
② 유류탱크화재에서 배관을 통하여 미연소 유류를 이송하는 것
③ 가스화재 시 가스밸브를 닫아 가스공급을 차단하는 것
④ 전기화재 시 전원공급을 차단하는 것
⑤ 유전화재 시 질소폭탄을 투하하는 것
⑥ 촛불을 입김으로 불어 소화하는 것

02 다음 중 화학적 소화에 대한 설명으로 틀린 것은 어느 것인가?

① 화학적 소화는 불꽃연소에 효과적이다.
② 화학적 소화는 연쇄반응을 차단시켜 소화한다.
③ 화학적 소화는 표면연소에 효과적이다.
④ 화학적 소화에는 할로겐화합물 소화약제 또는 분말 소화약제를 사용한다.

▶ **화학적 소화**
① 불꽃연소에만 가능한 소화방법이다.
② 화재 시 부촉매에 의한 연쇄반응을 차단하여 소화한다.
③ 할로겐화합물 소화약제, 분말 소화약제 등을 사용한다.

03 화재가 발생된 경우 가연성 증기의 농도를 연소범위 밖으로 벗어나게 하여 소화하는 방법을 무엇이라 하는가?

① 질식소화방법　　　　　　　　　② 제거소화방법
③ 희석소화방법　　　　　　　　　④ 억제소화방법

▶ **희석소화**

　㉮ 연소 중인 수용성 액체에 물을 주입하여 농도를 희석
　㉯ 불연성 가스를 주입하여 가연성 가스의 농도를 희석

04 다음 중 소화의 원리를 틀리게 설명한 것은?

① 가연성 물질을 인화점 이하로 냉각시킨다.
② 훈소화재는 화학적 소화가 가능하다.
③ 질식소화는 물리적 소화이다.
④ 소화란 연소의 필요 요소 중 하나 이상을 제거하는 것이다.

▶ **소화의 원리**

① 물리적 소화 : 가연물, 산소공급원, 점화원 제어
② 화학적 소화 : 연쇄반응 차단
③ 물적 조건(농도, 압력)과 에너지 조건(온도, 점화원) 제어

훈소

① 정의 : 산소와 고체 표면 간에 발생하는 상대적으로 느린 연소과정
② 특징
　㉮ 불꽃이 없고, 실내온도 상승이 느리다.
　㉯ CO 발생량이 많다.
　㉰ 훈소속도 : 0.001~0.01cm/s
　　(표면 화염 확산속도 : 액체·고체는 1~100cm/s, 기상은 약 $10~10^5$cm/s)
③ 위험성
　㉮ 많은 독성물질 배출
　㉯ 연소 표면은 고온(약 1,000℃)이므로, 온도를 낮추는 냉각소화가 효과적이다.

05 다음 중 소화원리와 소화방법의 연결이 잘못된 것은?

① 억제소화－분말소화설비　　　　② 냉각소화－스프링클러설비
③ 질식소화－이산화탄소 소화설비　④ 제거소화－옥내소화전설비

▶ **소화원리와 소화방법**

① 억제, 피복소화 : 분말소화설비
② 냉각소화 : 옥내·외소화전설비, 스프링클러설비 등
③ 질식소화 : 이산화탄소 소화설비, 불활성기체 소화설비 등

④ 제거소화 : 가연물을 제거하는 것, 가스화재 시 가스밸브를 닫아 가스 공급을 차단하는 것 등
⑤ 희석소화 : 불연성 가스를 주입하여 가연성 가스의 농도를 희석

06 다음 중 물 소화약제의 성질을 설명한 것으로 옳지 않은 것은?

① 비열과 잠열이 커서 냉각효과가 크다.　② B급, C급 화재에 적응성이 좋다.
③ 쉽게 구할 수 있고 독성이 없다.　④ 화학적으로 안정하다.

▶ 물 소화약제의 장점 및 단점

장 점	단 점
① 쉽게 구할 수 있으며, 독성이 없다.	① 0℃ 이하에서는 동결의 우려가 있다.
② 비열과 잠열이 커서 냉각효과가 크다.	② 소화 후 수손에 의한 2차 피해 우려가 있다.
③ 방사형태가 다양하다.(봉상주수, 적상주수, 무상주수)	③ B급 화재(유류화재), C급 화재(전기화재), D급 화재(금속 화재)에는 적응성이 없다.
④ 화학적으로 안정하여 첨가제를 혼합하여 사용할 수 있다.	

07 다음 중 물의 특성으로 옳지 않은 것은?

① 대기압하에서 액체 상태의 물이 수증기로 되면 체적은 약 1,000배로 증가한다.
② 물의 기화잠열은 539kcal/kg이다.
③ 0℃의 물 1kg이 100℃의 수증기로 되기 위해서는 639kcal의 열량이 필요하다.
④ 얼음의 융해잠열은 80kcal/kg이다.

▶ 물의 특성

① 비열 : 1kcal/kg · ℃　　　② 증발잠열 : 539kcal/kg
③ 융해잠열 : 80kcal/kg　　　④ 기화 체적 : 약 1,700배
⑤ 비중 : 1　　　　　　　　　⑥ 밀도 : 1,000kg/m³
⑦ 비중량 : 9,800N/m³

08 냉각소화란 물의 어떤 성질을 이용한 것인가?

① 증발잠열　　　　　　　　② 응고열
③ 응축열　　　　　　　　　④ 용해열

09 물의 소화성능을 향상시키기 위해 첨가하는 첨가제로 옳지 않은 것은?

① 부동액　　　　　　　　　② 유화제
③ 침투제　　　　　　　　　④ 내유제

◉ 첨가제

첨가제	특성
부동액 (Antifreeze Agent)	• 0℃ 이하의 온도에서 물의 특성상 동결로 인한 부피 팽창에 의하여 배관을 파손하게 되므로 겨울철 등 한랭지역에서는 물의 어는 온도를 낮추기 위하여 동결 방지제인 부동액을 사용 예 에틸렌글리콜, 프로필렌글리콜, 글리세린 등
침투제 (Wetting Agent)	• 물은 표면장력이 크므로 심부화재에 사용 시 가연물에 깊게 침투하지 못하는 성질이 있다. 침투제는 물에 계면활성제 첨가로 표면장력을 낮추어 침투효과를 높인 첨가제이다. 예 계면활성제 등
증점제 (Viscosity Agent)	• 물의 점성을 강화하여 부착력을 증대시켜 산불화재 등에 사용하여 잎 및 가지 등에 소화가 곤란한 부분에 소화효과를 증대시키는 첨가제 예 CMC 등
유화제 (Emulsifier Agent)	• 에멀션(물과 기름의 혼용상태) 효과를 이용하여 산소의 차단 및 가연성 가스의 증발을 막아 소화효과를 증대시킨 소화약제 예 친수성 콜로이드, 에틸렌글리콜, 계면활성제 등

10 다음 중 강화액 소화약제에 대한 설명으로 옳은 것은?

① 물에 침투제를 혼합한 소화약제이다.

② 물의 침투효과를 증가시키기 위해서 첨가하는 계면활성제이다.

③ 알칼리 금속염을 주성분으로 한 것으로 무색의 점성이 있는 수용액이다.

④ 탄산칼륨 등의 수용액을 주성분으로 하여 물 소화약제의 단점을 보완한 것이다.

◉ 강화액 소화약제

심부화재 또는 주방의 식용유 화재에 대해서 신속한 소화를 위하여 개발되었으며, 물 소화약제의 단점을 보완하기 위하여 탄산칼륨 등의 수용액을 주성분으로 하여, −20℃에서도 동결하지 않고 재발화 방지에도 효과가 있으며, A급(일반화재), K급(주방화재) 등에 우수한 소화능력이 있다.

11 다음 중 강화액 소화약제의 특징을 설명한 것으로 옳지 않은 것은?

① 물에 탄산칼륨(K_2CO_3) 등을 첨가한 것이다.

② 표면장력이 72.75dyne/cm로 심부화재에 효과적이다.

③ 비중이 약 1.3으로 물보다 무겁다.

④ 심부화재 또는 주방의 식용유 화재에 적응성이 좋다.

◉ 강화액 소화약제

① 첨가물 : 탄산칼륨(K_2CO_3) 등

② 비중 : 1.3 이상

③ pH 값 : pH 12 이상의 강알칼리성

④ 동결점 : −20℃ 이하

⑤ 소화효과 : 미분일 경우 유류화재에도 소화효과 있음

⑥ 표면장력 : 33dyne/cm 이하(물소화약제 72.75dyne/cm)로 표면장력이 낮아서 심부화재에 효과적

12 다음 중 포 소화약제의 장점으로 옳지 않은 것은?

① 인체에 무해하고, 화재 시 열분해에 의한 독성가스의 생성이 없다.
② 인화성 · 가연성 액체 화재 시 매우 효과적이다.
③ 옥외에서도 소화효과가 우수하다.
④ 동결의 우려가 없어 설치상 제약이 없다.

▶ 포 소화약제의 장점 및 단점

장 점	단 점
① 인체에 무해하고, 화재 시 열분해에 의한 독성가스의 생성이 없다. ② 인화성 · 가연성 액체 화재 시 매우 효과적이다. ③ 옥외에서도 소화효과가 우수하다.	① 동절기에는 동결로 인한 포의 유동성의 한계로 설치상 제약이 있다. ② 단백포 약제의 경우에는 변질 · 부패의 우려가 있다. ③ 소화약제 잔존물로 인한 2차 피해가 우려된다.

13 다음 중 포 소화약제의 주된 소화효과로 옳은 것은?

① 질식효과 · 제거효과
② 유화효과 · 부촉매효과
③ 제거효과 · 냉각효과
④ 질식효과 · 냉각효과

▶ 포 소화약제의 소화효과

① 질식효과 : 방사된 포 약제가 가연물을 덮어 가연성 가스의 생성을 억제함과 동시에 산소 공급을 차단시킨다.
② 냉각효과 : 포 수용액에 포함되어 있는 물이 증발되면서 화재면 주위를 냉각시킨다.

14 다음 중 포 소화약제가 갖추어야 할 구비조건으로 옳지 않은 것은?

① 파포 현상이 커야 한다.
② 유면에 잘 확산되어야 한다.
③ 표면에 잘 흡착되어야 한다.
④ 열에 잘 견딜 수 있어야 한다.

▶ 포 소화약제의 구비조건

① 소포성 : 포가 잘 깨지지 않아야 한다.
② 유동성 : 유면에 잘 확산되어야 한다.
③ 접착성 : 표면에 잘 흡착되어야 질식효과를 극대화할 수 있다.
④ 안정성, 응집성 : 경년기간이 길고 포의 안정성이 좋아야 한다.
⑤ 내유성 : 기름에 오염되지 않아야 한다.
⑥ 내열성 : 열에 견딜 수 있어야 한다.
⑦ 무독성 : 독성이 없어야 한다.

15 다음 중 화학포 소화약제의 주성분으로 옳은 것은?

① 황산알루미늄과 탄산나트륨　　　　② 황산나트륨과 탄산소다

③ 황산암모늄과 중탄산소다　　　　　④ 황산알루미늄과 탄산수소나트륨

▶ **화학포 소화약제**

탄산수소나트륨($NaHCO_3$)과 황산알루미늄 수용액($Al_2(SO_4)_3 \cdot 18H_2O$)에 기포안정제를 첨가한 것으로 화학반응에 의해 포를 생성한다.

① 외약제(A제) : 탄산수소나트륨($NaHCO_3$), 기포안정제

② 내약제(B제) : 황산알루미늄($Al_2(SO_4)_3$)

③ 화학식

$$6NaHCO_3 + Al_2(SO_4)_3 \cdot 18H_2O \rightarrow 3Na_2SO_4 + 2Al(OH)_3 + 6CO_2 + 18H_2O$$

탄산수소나트륨(외) 황산알루미늄(내)　황산나트륨 수산화알루미늄

16 다음 중 화학포 소화약제의 화학반응식으로 옳은 것은?

① $6NaHCO_3 + Al_2(SO_4)_3 \cdot 18H_2O \rightarrow Na_2SO_4 + Al(OH)_3 + CO_2 + H_2O$

② $6NaHCO_3 + Al_2(SO_4)_3 \cdot 18H_2O \rightarrow Na_2SO_4 + Al(OH)_3 + 3CO_2 + 9H_2O$

③ $6NaHCO_3 + Al_2(SO_4)_3 \cdot 18H_2O \rightarrow 3Na_2SO_4 + 2Al(OH)_3 + 3CO_2 + 18H_2O$

④ $6NaHCO_3 + Al_2(SO_4)_3 \cdot 18H_2O \rightarrow 3Na_2SO_4 + 2Al(OH)_3 + 6CO_2 + 18H_2O$

17 다음 중 화학포 소화약제의 기포 안정제로 옳지 않은 것은?

① 비수용성 단백질　　　　　　　　　② 계면활성제

③ 사포닌　　　　　　　　　　　　　　④ 젤라틴

▶ **화학포 소화약제의 기포 안정제**

① 가수분해 단백질(＝수용성 단백질)

② 계면활성제

③ 사포닌

④ 젤라틴

⑤ 카세인

18 다음 중 수성막포(AFFF)의 특징을 설명한 것으로 옳지 않은 것은?

① 석유류 화재에는 휘발성이 좋아 소화효과가 좋다.

② 액면에 수성막을 형성함으로써 질식소화 작용을 한다.

③ 수명이 반영구적이다.

④ 포 소화약제의 사용 농도는 3%, 6%이다.

◐ 수성막포

일명 Light Water라는 상품명으로 쓰이기도 하며 불소계 계면활성제포의 일종으로 1960년 초 미국에서 개발되었다. 액면에 수성막을 형성함으로써 질식소화, 냉각소화 작용으로서 소화한다. 사용 농도는 3%, 6%이다.
① 수명이 반영구적이다.
② 수성막과 거품의 이중 효과로 소화 성능이 우수하다.
③ 석유류 화재는 휘발성이 커서 부적합하다.
④ C급 화재에는 사용이 곤란하다.

19 일명 Light Water라는 상품명으로 쓰이기도 하며 불소계 계면활성제포의 일종인 것은?

① 단백포
② 수성막포
③ 합성계면활성제포
④ 불화단백포

20 다음 중 유류 저장탱크의 화재에 가장 적합한 포 소화약제로 옳은 것은?

① 합성계면활성제포
② 단백포
③ 수성막포
④ 내알코올형포

◐ 합성계면활성제포

탄화수소계 합성계면활성제를 주원료로 하며, 모든 농도(1%, 1.5%, 2%, 3%, 6%)에 사용이 가능하다.
① 저발포, 중발포, 고발포에 사용이 가능하다.
② 인체에 무해하며, 포의 유동성이 우수하고, 반영구적이다.
③ 유류화재 외에 A급 화재에도 적용이 가능하다.
④ 내열성과 내유성이 좋지 않아 윤화 현상이 발생할 우려가 있다.
⑤ 쉽게 분해되지 않으므로, 환경오염을 유발할 수 있다.

21 알코올이나 아세트알데히드와 같은 수용성 액체 화재에 적합한 포 소화약제로 옳은 것은?

① 합성계면활성제포
② 단백포
③ 수성막포
④ 내알코올형 포

22 기계포(공기포)를 팽창비로 구분하는 경우 제2종 기계포의 팽창비로 옳은 것은?

① 50배 이상 100배 미만
② 80배 이상 250배 미만
③ 250배 이상 500배 미만
④ 500배 이상 1,000배 미만

23 수성막포의 팽창비가 500일 경우 방출 후 포의 체적[m³]으로 옳은 것은?(단, 포 원액은 3[ℓ], 사용농도는 3[%]이다.)

① 5   ② 50   ③ 5,000   ④ 50,000

$$\text{팽창비} = \frac{\text{방출 후 포의 체적}}{\text{방출 전 포수용액의 체적(포 원액＋물)}} = \frac{\text{방출 후 포의 체적}[l]}{\dfrac{\text{원액의 양}[l]}{\text{농도}[\%]} \times 100} \text{에서,}$$

$$\text{방출 후 포의 체적} = \text{팽창비} \times \frac{\text{원액의 양}[l]}{\text{농도}[\%]} \times 100$$

$$= 500 \times \frac{3}{3} \times 100 = 50,000[l] = 50[\text{m}^3]$$

24 다음 중 이산화탄소 소화약제의 특징을 설명한 것으로 옳은 것은?

① A급의 심부화재에는 적응성이 없다.
② 임계온도가 높아 표준상태에서 액체 상태로 저장할 수 있다.
③ 액상을 유지할 수 있는 최고 온도는 21.25[℃]이다.
④ 삼중점일 때의 온도는 -56.7[℃]이다.

이산화탄소

구분	기준값	구분	기준값
분자량	44	삼중점	−56.7℃
비중	1.53	임계온도	31.25℃
융해열	45.2cal/g	임계압력	75.2kg_f/cm²
증발열	137cal/g	비점	−78℃
밀도	1.98g/ℓ	승화점	−78.5℃

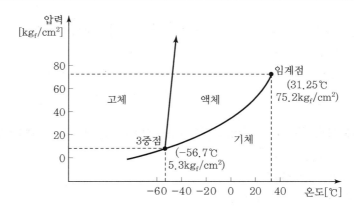

▼ 이산화탄소 소화약제의 장점 및 단점

장 점	단 점
① 비중이 커서 A급 심부화재에 적용이 가능하다. ② 잔존물이 남지 않으며, 부패 및 변질 등의 우려가 없다. ③ 무색ㆍ무취이며, 화학적으로 매우 안정한 물질이다. ④ 전기적 비전도성인 기체로 전기화재에 적용 가능하다. ⑤ 자체 증기압이 커서 별도의 가압원이 필요하지 않다. ⑥ 임계온도가 높아 액체 상태로 저장이 가능하다.	① 방출 시 인명 피해 우려가 크다. ② 고압으로 방사되므로 소음이 매우 크다. ③ 줄—톰슨 효과에 의한 운무현상과 동상 등의 피해 우려가 크다. ④ 지구 온난화 물질이다.

25 이산화탄소 소화약제의 저장 및 취급 시 주의사항으로 옳지 않은 것은?

① 주위온도가 55[℃] 이하가 되게 하여야 한다.

② 직사광선 및 빗물이 침투할 우려가 없는 곳에 설치하여야 한다.

③ 방화문으로 구획된 실에 설치하여야 한다.

④ 저장용기 간의 간격은 점검에 지장이 없도록 3[cm] 이상을 유지하여야 한다.

26 이산화탄소 소화약제의 소화효과에 대한 설명으로 옳지 않은 것은?

① 질식효과　　　　② 냉각효과　　　　③ 희석효과　　　　④ 피복효과

27 1[kg]의 액화 이산화탄소가 20[℃]의 대기 중으로 방출될 경우 이산화탄소의 부피[l]로 옳은 것은 ?

① 0.546　　　　② 10.69　　　　③ 546　　　　④ 10,690

◎ 기체의 비체적

$$S = K_1 + K_2 \times t$$
$$= \left(\frac{22.4}{분자량}\right) + \left\{\left(\frac{22.4}{분자량} \times \frac{1}{273}\right)\right\} \times t = \left(\frac{22.4}{44}\right) + \left\{\left(\frac{22.4}{44} \times \frac{1}{273}\right)\right\} \times 20$$
$$= 0.546[\mathrm{m^3/kg}] = 546.38[l/\mathrm{kg}]$$

28 다음 중 이산화탄소의 농도를 계산하는 식으로 옳은 것은?(단, 소화약제는 외부로 유출 되지 않는다고 가정한다.)

① $C[\%] = \dfrac{21-O_2}{O_2} \times 100$　　　　② $C[\%] = \dfrac{O_2-21}{O_2} \times 100$

③ $C[\%] = \dfrac{21-O_2}{21} \times 100$　　　　④ $C[\%] = \dfrac{O_2-21}{21} \times 100$

▶ **이산화탄소의 농도 및 기화체적(무유출)**

① 농도 $C[\%] = \dfrac{21 - O_2}{21} \times 100$

② 기화체적 $x[\text{m}^3] = \dfrac{21 - O_2}{O_2} \times V$

29 이산화탄소의 농도가 34[%]로 되기 위한 산소의 농도[%]로 옳은 것은?

① 7.14   ② 10.14   ③ 13.86   ④ 14.86

▶ **이산화탄소의 농도(무유출)**

$C[\%] = \dfrac{21 - O_2}{21} \times 100$ 에서,

$O_2 = 21 - \dfrac{C \times 21}{100} = 21 - \dfrac{34 \times 21}{100} = 13.86[\%]$

30 이산화탄소의 줄－톰슨 효과에 의한 운무현상을 설명한 것으로 옳은 것은?

① 저압의 이산화탄소의 방사 시 온도 상승으로 다량의 수증기가 발생한다.
② 저압의 이산화탄소의 방사 시 공기 중의 수증기가 응결하여 안개가 발생한다.
③ 고압의 이산화탄소의 방사 시 온도 상승으로 다량의 수증기가 발생한다.
④ 고압의 이산화탄소의 방사 시 공기 중의 수증기가 응결하여 안개가 발생한다.

▶ **줄－톰슨 효과**

1. 액체상태의 이산화탄소가 기체상태로 변화할 때 주변의 열을 흡수하여 냉각되는 효과로 공기 중의 수증기가 응결하여 안개가 생기는 현상을 운무현상이라 한다.
2. 배관으로 고압의 이산화탄소가 저압인 대기 중으로 방출되면 −78℃로 급랭(줄－톰슨 효과)되어 배관에 소량의 수분이 있으면 결빙하여 고체 이산화탄소인 드라이아이스로 변하여 배관을 막는 현상으로, 이산화탄소의 품질을 제2종 이상으로 제한한다.

31 다음 중 이산화탄소 소화약제의 주된 소화효과로 옳은 것은?

① 부촉매효과   ② 질식효과
③ 제거효과   ④ 억제효과

32 다음 중 독성이 매우 강하여 소화약제로 사용하지 않는 할론 소화약제로 옳은 것은?

① 할론2402   ② 할론1301
③ 할론1211   ④ 할론1040

정답   29. ③   30. ④   31. ②   32. ④

33 다음 중 할론1301의 증기 비중으로 옳은 것은?

① 5.14   ② 5.31   ③ 5.71   ④ 8.97

◉ 증기비중

할론1301의 증기 비중 $s = \dfrac{\text{할론1301의 분자량}}{\text{공기의 분자량}}$

$= \dfrac{149}{29} = 5.137$

34 할론1301의 화학적 성질을 설명한 것으로 옳은 것은?

① 상온에서 액체이며, 무색·무취의 비전도성이 있다.
② 푸른색의 비전도성 기체이며 증기 비중은 상온·상압에서 약 8.97배이다.
③ 할론 소화약제 중 소화효과가 가장 우수하지만, 오존파괴지수 또한 가장 크다.
④ 비전도성의 기체이고 화염과 접촉 시 생긴 분해 생성물은 인체에 무해하다.

◉ 할론1301

① 상온에서 기체이며 무색·무취의 비전도성 물질로, 증기 비중은 5.13이다.
② 자체 증기압이 1.4[MPa]이므로, 질소로 충전하여 4.2[MPa]로 사용한다.
③ 할론 소화약제 중에서 소화효과가 가장 우수하지만, 오존파괴지수 또한 가장 크다.

35 다음의 할로겐 원소 중 소화능력이 가장 우수한 것으로 옳은 것은?

① F   ② Cl   ③ Br   ④ I

◉ 할로겐 원소의 특징

원소	원자량	원소	원자량
F	19	Br	80
Cl	35.5	I	127

① 전기음성도 크기, 이온화 에너지 크기
   F > Cl > Br > I
② 소화 효과, 오존층 파괴 지수
   F < Cl < Br < I

36 다음의 할론 소화약제 중 수분과 반응하여 포스겐($COCl_2$)을 생성할 수 있는 것으로 옳은 것은?

① 할론1040   ② 할론1211
③ 할론1301   ④ 할론2040

◉ **사염화탄소 반응식**

포스겐($COCl_2$) 가스의 발생으로 현재 사용 중지

① 탄산가스와의 반응 : $CCl_4 + CO_2 \rightarrow 2COCl_2$

② 공기와의 반응 : $2CCl_4 + O_2 \rightarrow 2COCl_2 + 2Cl_2$

③ 물과의 반응 : $CCl_4 + H_2O \rightarrow COCl_2 + 2HCl$

④ 금속과의 반응 : $3CCl_4 + Fe_2O_3 \rightarrow 3COCl_2 + 2FeCl_2$

37 어떤 물질이 기여하는 온난화 정도를 상대적으로 나타내는 지표인 지구온난화지수로 옳은 것은?

① $GWP = \dfrac{\text{어떤 물질 1kg이 기여하는 온난화 정도}}{CO_2 \text{ 1kg이 기여하는 온난화 정도}}$

② $GWP = \dfrac{CO_2 \text{ 1kg이 기여하는 온난화 정도}}{\text{어떤 물질 1kg이 기여하는 온난화 정도}}$

③ $GWP = \dfrac{\text{어떤 물질 1kg이 기여하는 온난화 정도}}{CFC-11 \text{ 1kg이 기여하는 온난화 정도}}$

④ $GWP = \dfrac{CFC-11 \text{ 1kg이 기여하는 온난화 정도}}{\text{어떤 물질 1kg이 기여하는 온난화 정도}}$

◉ **가스계 관련 소화약제 용어**

① 오존파괴지수(ODP ; Ozone Depletion Potential) : 어떤 물질의 오존파괴능력을 상대적으로 나타내는 지표

$ODP = \dfrac{\text{어떤 물질 1kg이 파괴하는 오존량}}{CFC-11(CFCl_3) \text{ 1kg이 파괴하는 오존량}}$

② 지구온난화지수(GWP ; Global Warming Potential) : 어떤 물질이 기여하는 온난화 정도를 상대적으로 나타내는 지표

$GWP = \dfrac{\text{어떤 물질 1kg이 기여하는 온난화 정도}}{CO_2 \text{ 1kg이 기여하는 온난화 정도}}$

③ NOAEL(No Observed Adverse Effect Level, 최대허용설계농도) : 농도를 증가시킬 때 아무런 악영향도 감지할 수 없는 최대허용농도

④ LOAEL(Lowest Observed Adverse Effect Level, 최소허용농도) : 농도를 감소시킬 때 아무런 악영향도 감지할 수 있는 최소허용농도

⑤ ALT(Atmospheric Life Time, 대기권 잔존수명) : 물질이 방사된 후 대기권 내에서 분해되지 않고 체류하는 잔류기간(단위 : 년)

⑥ LC50 : 4시간 동안 쥐에게 노출했을 때 그중 50%가 사망하는 농도

⑦ ALC(Approximate Lethal Concentration) : 사망에 이르게 할 수 있는 최소농도

38 다음 중 할로겐화합물 및 불활성기체 소화약제의 구비조건으로 옳지 않은 것은?

① 소화성능이 기존의 할론 소화약제와 유사하여야 한다.
② 독성이 낮아야 하며 설계농도는 최대허용농도(NOAEL) 이상이어야 한다.
③ 환경영향성 ODP, GWP, ALT가 낮아야 한다.
④ 소화 후 잔존물이 없어야 하고 전기적으로 비전도성이며 냉각효과가 커야 한다.

▶ **할로겐화합물 및 불활성기체 소화약제의 구비조건**
① 독성이 낮아야 하며 설계농도는 최대허용농도(NOAEL) 이하이어야 한다.
② 저장 시 분해되지 않고 금속용기를 부식시키지 않아야 한다.
③ 기존의 할론 소화약제보다 설치비용이 크게 높지 않아야 한다.

39 다음 중 할로겐화합물 및 불활성기체 소화약제로 옳지 않은 것은?

① HFC-124
② HCFC BLEND A
③ FIC-13I1
④ FK-5-1-12

▶ **할로겐화합물 및 불활성기체 소화약제의 종류**
① 할로겐화합물 소화약제

구 분	소화약제	화학식		최대허용 설계농도
HFC 계열 (수소-불소-탄소화합물)	HFC-125	C_2HF_5	CHF_2CF_3	11.5%
	HFC-227ea	C_3HF_7	CF_3CHFCF_3	10.5%
	HFC-23	CHF_3	CHF_3	30%
	HFC-236fa	$C_3H_2F_6$	$CF_3CH_2CF_3$	12.5%
HCFC 계열 (수소-염소-불소-탄소 화합물)	HCFC BLEND A	• HCFC-123($CHCl_2CF_3$) : 4.75% • HCFC-22($CHClF_2$) : 82% • HCFC-124($CHClFCF_3$) : 9.5% • $C_{10}H_{16}$: 3.75%		10%
	HCFC-124	C_2HClF_4	$CHClFCF_3$	1.0%
PFC 계열 (불소-탄소화합물)	FC-3-1-10	C_4F_{10}	C_4F_{10}	40%
	FK-5-1-12	C_6OF_{12}	$CF_3CF_2C(O)CF(CF_3)_2$	10%
FIC 계열 (불소-옥소-탄소화합물)	FIC-13I1	CF_3I	CF_3I	0.3%

② 불활성기체 소화약제

소화약제	화학식	최대허용 설계농도
IG-541	N_2 : 52%, Ar : 40%, CO_2 : 8%	
IG-100	N_2	43%
IG-55	N_2 : 50%, Ar : 50%	
IG-01	Ar	

40 다음의 할로겐화합물 및 불활성기체 소화약제 중 최대허용 설계농도가 가장 낮은 것으로 옳은 것은?

① HFC-23
② FIC-13I1
③ FK-5-1-12
④ IG-541

41 다음 중 FK-5-1-12의 특성을 설명한 것으로 옳지 않은 것은?

① 물보다 약 1.7배 무겁고 다른 물질과 접촉 시 산화반응을 하지 않는다.
② 무색·무취이고, 점성이 물과 비슷하며, 비점은 49[℃]이다.
③ ODP는 0이고, GWP는 1이며, ALT는 5년이다.
④ 화학식은 $CF_3CF_2(O)CF(CF_3)_2$이며, 분자량은 316이다.

▶ FK-5-1-12 ─────
ALT(대기권 잔존연수) : 5일

42 다음 중 IG-541의 분자량으로 옳은 것은?

① 28
② 34
③ 34.08
④ 40

▶ 불활성기체 소화약제 ─────

종류	화학식	분자량
IG-01	Ar(100%)	40
IG-100	N_2(100%)	28
IG-55	N_2(50%), Ar(50%)	$(28 \times 0.5) + (40 \times 0.5) = 34$
IG-541	N_2(52%), Ar(40%), CO_2(8%)	$(28 \times 0.52) + (40 \times 0.4) + (44 \times 0.08) = 34.08$

43 다음 중 질소에 대한 설명으로 옳지 않은 것은?

① 질소의 분자량은 28이며, 공기 중에는 79[%]가 포함되어 있다.

② 질소는 산소와 반응 시 발열반응을 한다.

③ 질소의 끓는점은 −196[℃]이고, 임계온도는 −147[℃]이다.

④ 질소는 이산화탄소보다 증기 비중이 작다.

44 다음 중 분말소화약제의 색상으로 옳지 않은 것은?

① 제1종 분말 : 백색   ② 제2종 분말 : 담회색

③ 제3종 분말 : 담황색   ④ 제4종 분말 : 회색

◉ **분말소화약제**

분말 종류	주성분	분자식	성분비	색 상	적응 화재
제1종 분말	탄산수소나트륨	$NaHCO_3$	90wt% 이상	백색	B, C급
제2종 분말	탄산수소칼륨	$KHCO_3$	92wt% 이상	담회색	B, C급
제3종 분말	인산암모늄	$NH_4H_2PO_4$	75wt% 이상	담홍색	A, B, C급
제4종 분말	탄산수소칼륨과 요소	$KHCO_3 + CO(NH_2)_2$	−	회색	B, C급

45 다음의 분말소화약제 중 A · B · C급의 화재에 적응성이 있는 것으로 옳은 것은?

① 제1종 분말   ② 제2종 분말

③ 제3종 분말   ④ 제4종 분말

46 주방 화재의 소화에 제1종 분말소화약제가 제2종 분말소화약제보다 적응성이 좋은 이유로 가장 옳은 것은?

① 분말소화약제에 결합된 알칼리 금속의 분자량이 가벼워 주방 화재에 대한 소화성능이 우수하다.

② 기름의 지방산과 Na^+ 이온이 결합하여 비누거품을 형성하여 재발화를 방지한다.

③ 연쇄반응을 촉진하는 활성라디칼의 흡착력이 우수하다.

④ 나트륨이 칼륨보다 화학반응이 빨라 소화효과가 우수하다.

47 제1종 분말소화약제인 탄산수소나트륨의 열분해 시 생성되는 물질로 옳지 않은 것은?

① Na_2CO_3 ② Na_2O_2 ③ CO_2 ④ H_2O

▶ NaHCO₃(탄산수소나트륨)의 열분해 반응식

① 270[℃]

$$2NaHCO_3 \rightarrow Na_2CO_3 + CO_2 \uparrow + H_2O \uparrow - 30.3[kcal]$$

② 850[℃]

$$2NaHCO_3 \rightarrow Na_2O + 2CO_2 \uparrow + H_2O \uparrow - 104.4[kcal]$$

48 제1종 분말소화약제인 중탄산나트륨의 성분비[wt%]로 옳은 것은?

① 92　　　　　　　　　　② 90

③ 80　　　　　　　　　　④ 75

49 다음 중 제3종 분말소화약제인 제1인산암모늄의 열분해 반응식으로 옳지 않은 것은?

① $NH_4H_2PO_4 \rightarrow H_3PO_4 + NH_3 \uparrow$

② $2H_3PO_4 \rightarrow H_4P_2O_7 + H_2O \uparrow - 77[kcal]$

③ $H_4P_2O_7 \rightarrow 2HPO_3 + H_2O \uparrow$

④ $2KHCO_3 \rightarrow K_2CO_3 + CO_2 \uparrow + H_2O \uparrow - 29.82[kcal]$

▶ NH₄H₂PO₄의 열분해 반응식(제1인산암모늄)

① 166[℃]

$NH_4H_2PO_4 \rightarrow H_3PO_4 + NH_3 \uparrow$ → 질식작용

② 216[℃]

$2H_3PO_4 \rightarrow H_4P_2O_7 + H_2O \uparrow - 77[kcal]$ → 냉각작용

③ 360[℃]

$H_4P_2O_7 \rightarrow 2HPO_3 + H_2O \uparrow$ → 피막을 형성하여 재연 방지

50 다음 중 분말소화약제의 열분해 시 이산화탄소를 생성하지 아니하는 소화약제로 옳은 것은?

① 제1종 분말　　　　　　② 제2종 분말

③ 제3종 분말　　　　　　④ 제4종 분말

51 다음 중 제4종 분말소화약제의 주성분으로 옳은 것은?

① $NaHCO_3$　　　　　　② $KHCO_3$

③ $NH_4H_2PO_4$　　　　　④ $KHCO_3 + CO(NH_2)_2$

52 분말소화약제의 소화효과가 가장 좋은 입자범위로 옳은 것은?

① 10~50micron

② 10~75micron

③ 20~25micron

④ 20~75micron

53 CDC(Compatible Dry Chemical) 소화약제의 특징으로 옳지 않은 것은?

① 분말소화약제의 빠른 소화능력과 포소화약제의 재착화 방지능력을 적용시킨 소화약제이다.

② 소화효과로는 희석효과, 질식효과, 냉각효과, 부촉매효과 등이 있다.

③ TWIN 20/20는 ABC 분말약제 20[kg]과 수성막포 20[l]를 혼합한 소화약제이다.

④ TWIN 40/40는 ABC 분말약제 40[kg]과 단백포 40[l]를 혼합한 소화약제이다.

54 금속화재용 분말 소화약제(Dry Powder)가 가져야 할 특성으로 옳지 않은 것은?

① 요철이 있는 금속 표면을 피복할 수 있어야 한다.

② 냉각효과가 좋아야 한다.

③ 고온에 견딜 수 있어야 한다.

④ 금속이 용융된 경우에는 용융된 액면 아래로 가라앉을 수 있어야 한다.

> **금속화재용 분말 소화약제(Dry Powder)**
>
> ① 일반적으로 금속화재는 가연성 금속인 알루미늄(Al), 마그네슘(Mg), 나트륨(Na), 칼륨(K) 등이 연소하는 것을 말하며, 이러한 금속화재는 연소 온도가 매우 높아 소화의 어려움이 있다. 금속화재 시 주수소화를 하는 경우 물은 금속과 급격한 반응을 일으키거나 수증기 폭발을 일으킬 위험이 있으므로 주수소화를 금지하여야 한다.
>
> ② 금속화재용 분말소화약제(Dry Powder)는 금속 표면을 덮어서 산소의 공급을 차단하거나 온도를 낮추는 것이 주된 소화원리이다.

55 다음 중 간이소화용구에 대한 설명으로 옳지 않은 것은?

① 간이소화용구의 능력단위는 1단위 이상이 되어야 한다.

② 마른 모래에는 가연물이 포함되지 않고, 반드시 건조되어 있어야 한다.

③ 팽창질석은 운모가 풍화 또는 변질되어 생성된 것이다.

④ 팽창진주암은 천연유리를 조각으로 분쇄한 것이며, 3~4[%]의 수분을 함유하고 있다.

소방시설

CHAPTER 01 소방시설의 종류

01 소화설비

물 또는 그 밖의 소화약제를 사용하여 소화하는 기계 · 기구 또는 설비로서 다음의 것

① 소화기구
- 소화기
- 간이소화용구 : 에어로졸식 소화용구, 투척용 소화용구 및 소화약제 외의 것을 이용한 간이소화용구, 소공간용 소화용구
- 자동확산소화기

② 자동소화장치
- 주거용 주방자동소화장치
- 상업용 주방자동소화장치
- 캐비닛형 자동소화장치
- 가스자동소화장치
- 분말자동소화장치
- 고체에어로졸자동소화장치

③ 옥내소화전설비(호스릴옥내소화전설비를 포함한다)

④ 스프링클러설비등
- 스프링클러설비
- 간이스프링클러설비(캐비닛형 간이스프링클러설비를 포함한다)
- 화재조기진압용 스프링클러설비

⑤ 물분무등소화설비
- 물분무소화설비
- 미분무소화설비
- 포소화설비
- 이산화탄소소화설비
- 할론소화설비
- 할로겐화합물 및 불활성기체소화설비
- 분말소화설비
- 강화액소화설비
- 고체에어로졸소화설비

⑥ 옥외소화전설비

02　경보설비

화재 발생 사실을 통보하는 기계 · 기구 또는 설비로서 다음의 것

① 단독경보형 감지기

② 비상경보설비
  - 비상벨설비
  - 자동식 사이렌설비

③ 시각경보기

④ 자동화재탐지설비

⑤ 비상방송설비

⑥ 자동화재속보설비

⑦ 통합감시시설

⑧ 누전경보기

⑨ 가스누설경보기

03　피난구조설비

화재가 발생할 경우 피난하기 위하여 사용하는 기구 또는 설비로서 다음의 것

① 피난기구
  - 피난사다리
  - 구조대
  - 완강기
  - 그 밖에 법 제9조 제1항에 따라 소방청장이 정하여 고시하는 화재안전기준(이하 "화재안전기준"이라 한다)으로 정하는 것

② 인명구조기구
  - 방열복 또는 방화복
  - 공기호흡기
  - 인공소생기

③ 유도등
  - 피난유도선
  - 피난구유도등
  - 통로유도등
  - 객석유도등
  - 유도표지

④ 비상조명등 및 휴대용비상조명등

04 소화용수설비

화재를 진압하는 데 필요한 물을 공급하거나 저장하는 설비로서 다음의 것
① 상수도소화용수설비
② 소화수조 · 저수조, 그 밖의 소화용수설비

05 소화활동설비

화재를 진압하거나 인명구조활동을 위하여 사용하는 설비로서 다음의 것

① 제연설비
② 연결송수관설비
③ 연결살수설비
④ 비상콘센트설비
⑤ 무선통신보조설비
⑥ 연소방지설비

CHAPTER 02 소화기구

01 소화기의 설치대상

1) 소화기 또는 간이소화용구

① 연면적 33m² 이상인 것
② 가스시설, 발전시설 중 전기저장시설 및 지정문화재
③ 터널
④ 지하구

2) 주거용 주방용 자동소화장치

① 아파트의 세대별 주방
② 30층 이상 오피스텔 전 층의 각 실별 주방

3) 캐비닛형, 가스, 분말, 고체에어로졸 자동소화장치

화재안전기준에서 정하는 장소

02 소화기의 종류

1) 소화기

(1) 약제종류별 구분

① 분말소화기
② 이산화탄소소화기
③ 할론소화기
④ 할로겐화합물 및 불활성기체 소화약제소화기
⑤ 강화액소화기
⑥ 산알칼리소화기
⑦ 포소화기
⑧ 물소화기

| Reference | 분말의 구분

종 류	소화약제	착 색	화학반응식	적응화재
제1종	중탄산나트륨 ($NaHCO_3$)	백색	$2NaHCO_3 \rightarrow Na_2CO_3 + CO_2 + H_2O$	B · C급
제2종	중탄산칼륨 ($KHCO_3$)	담자색 (담회색)	$2KHCO_3 \rightarrow K_2CO_3 + CO_2 + H_2O$	
제3종	인산암모늄 ($NH_4H_2PO_4$)	담홍색	$NH_4H_2PO_4 \rightarrow HPO_3 + NH_3 + H_2O$	A · B · C급
제4종	중탄산칼륨＋요소 ($KHCO_3 + (NH_2)_2CO$)	회(백색)	$2KHCO_3 + (NH_2)_2CO_2 \rightarrow$ $K_2CO_3 + 2NH_3 + 2CO_2$	B · C급

(2) 용량별 구분

① 소형소화기 : 소형소화기란 능력단위가 1단위 이상이고 대형소화기의 능력단위 미만인 소화기를 말한다.

② 대형소화기 : 대형소화기란 화재 시 사람이 운반할 수 있도록 운반대와 바퀴가 설치되어 있고 A급 10단위 이상, B급 20단위 이상인 소화기를 말한다.

▼ 대형소화기의 소화약제 충전량

소화기의 종류	소화약제의 양
물 소화기	80L
기계포 소화기	20L
강화액 소화기	60L
이산화탄소 소화기	50kg
할론 소화기	30kg
분말 소화기	20kg

[대형소화기]

(3) 가압방식별 구분

① 가압식 소화기 : 소화약제의 방출원이 되는 추진가스를 별도의 전용용기에 충전하였다가 방출 시 전용용기의 봉판을 파괴하는 조작과정 등을 거쳐 소화약제 저장용기로 보내져 이때의 압력으로 소화약제가 방사되는 소화기

② 축압식 소화기 : 소화약제의 방출원이 되는 추진가스를 소화약제 저장용기에 함께 충전하여 저장하는 방식으로 추진가스가 압축가스인 경우는 압력계를 부착한 소화기

(4) 용어 정의

① 소형소화기 : 능력단위가 1단위 이상이고 대형소화기의 능력단위 미만인 소화기

② 대형소화기 : 화재 시 사람이 운반할 수 있도록 운반대와 바퀴가 설치되어 있고 능력단위가 A급 10단위 이상, B급 20단위 이상인 소화기

③ 자동확산소화기 : 화재를 감지하여 자동으로 소화약제를 방출·확산시켜 국소적으로 소화하는 소화기

④ 자동소화장치 : 소화약제를 자동으로 방사하는 고정된 소화장치로서 형식승인이나 성능인증을 받은 유효설치 범위(설계방호체적, 최대설치높이, 방호면적 등을 말한다) 이내에 설치하여 소화하는 다음의 것

　㉠ "주거용 주방자동소화장치"란 주거용 주방에 설치된 열발생 조리기구의 사용으로 인한 화재 발생 시 열원(전기 또는 가스)을 자동으로 차단하며 소화약제를 방출하는 소화장치

　㉡ "상업용 주방자동소화장치"란 상업용 주방에 설치된 열발생 조리기구의 사용으로 인한 화재 발생 시 열원(전기 또는 가스)을 자동으로 차단하며 소화약제를 방출하는 소화장치

　㉢ "캐비닛형 자동소화장치"란 열, 연기 또는 불꽃 등을 감지하여 소화약제를 방사하여 소화하는 캐비닛 형태의 소화장치

　㉣ "가스자동소화장치"란 열, 연기 또는 불꽃 등을 감지하여 가스계 소화약제를 방사하여 소화하는 소화장치

　㉤ "분말자동소화장치"란 열, 연기 또는 불꽃 등을 감지하여 분말의 소화약제를 방사하여 소화하는 소화장치

　㉥ "고체에어로졸자동소화장치"란 열, 연기 또는 불꽃 등을 감지하여 에어로졸의 소화약제를 방사하여 소화하는 소화장치

⑤ 능력단위 : 소화기 및 소화약제에 따른 간이소화용구에 있어서는 법 제36조 제1항에 따라 형식승인된 수치를 말하며, 소화약제 외의 것을 이용한 간이소화용구에 있어서는 별표 2에 따른 수치를 말한다.

⑥ 일반화재(A급 화재) : 나무, 섬유, 종이, 고무, 플라스틱류와 같은 일반 가연물이 타고 나서 재가 남는 화재를 말한다. 일반화재에 대한 소화기의 적응 화재별 표시는 'A'로 표시한다.

⑦ 유류화재(B급 화재) : 인화성 액체, 가연성 액체, 석유 그리스, 타르, 오일, 유성도료, 솔벤트, 래커, 알코올 및 인화성 가스와 같은 유류가 타고 나서 재가 남지 않는 화재를 말한다. 유류화재에 대한 소화기의 적응 화재별 표시는 'B'로 표시한다.

⑧ 전기화재(C급 화재) : 전류가 흐르고 있는 전기기기, 배선과 관련된 화재를 말한다. 전기화재에 대한 소화기의 적응 화재별 표시는 'C'로 표시한다.

⑨ 주방화재(K급 화재) : 주방에서 동식물유를 취급하는 조리기구에서 일어나는 화재를 말한다. 주방화재에 대한 소화기의 적응 화재별 표시는 'K'로 표시한다.

2) 자동소화장치

(1) 주방자동소화장치(주거용, 상업용)

① 수신부 : 탐지부에 의해 가스누설 신호를 송신받아 경보를 울리고 가스누설표시등이 점등된다. 감지부에 의해 화재신호를 송신받아 경보를 울리고 화재등이 점등된다.

② 차단장치(전기, 가스) : 가스가 누설되거나 화재가 발생할 경우 가스배관에 설치된 밸브를 구동력으로 자동차단하는 장치를 말한다. (상시 확인 및 점검이 가능하도록 설치할 것)

③ 탐지부 : 가스가 누설되면 가스를 탐지하여 수신부에 송신하는 장치이다. 공기보다 무거운 가스를 사용하는 경우 바닥에서 30cm 이내에, 공기보다 가벼운 가스를 사용하는 경우 천장에서 30cm 이내에 설치하여야 한다.

④ 감지부·소화약제 방출구

　　㉠ 감지부 : 화재를 감지하는 역할을 하는 것으로 화재의 열을 감지하는 부분이다. 설치위치는 자동식 소화기의 형식 승인된 유효높이에 설치하여야 한다.

　　㉡ 소화약제 방출구 : 소화약제가 방출되는 부분을 말하며 가스레인지 등 가스사용 장소의 중앙에 설치하여 해당 방호면적을 유효하게 소화할 수 있어야 하고 환기구 청소구부분과 분리하여 설치하여야 한다.

⑤ 소화약제 용기 : 소량의 약제를 가진 간이형 용구가 설치되며 주로 ABC분말약제나 강화액의 소화약제가 충전된 소화용기를 사용한다.

💧 Check Point　　**주거용 주방 자동소화장치의 동작순서**

① 가스 누설 시 : 탐지부에서 가스누설탐지 → 수신부에서 경보 및 가스누설표시등 점등 → 가스차단장치 동작
② 화재 발생 시 : 1차 온도센서 동작(약 90℃) → 수신부에서 경보 및 예비화재표시등 점등 → 가스차단장치 동작 → 2차 온도센서 동작(약 135℃) → 화재표시등 점등 및 소화약제 방사

‖ Reference ‖ 주거용 주방 자동소화장치의 구성

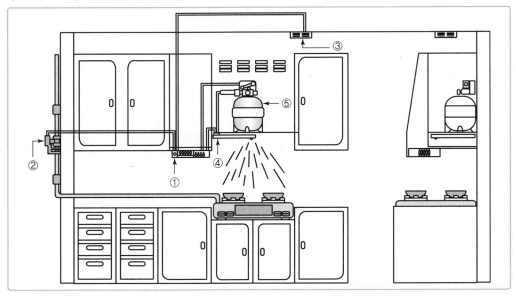

(2) 캐비닛형 자동소화장치

모듈러방식의 소화기(이산화탄소, 분말, 할론 등 이용)

[캐비닛형 자동소화장치]

(3) 가스, 분말, 고체에어로졸 자동소화장치

[가스자동소화장치]

3) 자동확산소화기

보일러실, 주방 등의 천장에 설치하여 열에 의한 개방 시 소화하는 장치

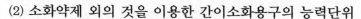

[자동확산소화기]

4) 간이소화용구

(1) 종류

① 마른모래, 팽창질석, 팽창진주암

② 투척용 소화용구

③ 에어로졸식 소화용구

④ 소공간용 소화용구

(2) 소화약제 외의 것을 이용한 간이소화용구의 능력단위

간이소화용구		능력단위
1. 마른모래	삽을 상비한 50L 이상의 것 1포	0.5단위
2. 팽창질석 또는 팽창진주암	삽을 상비한 80L 이상의 것 1포	0.5단위

03 설치기준

1) 소화기의 설치기준

① 소화기는 다음의 기준에 따라 설치할 것

　㉠ 각 층마다 설치하되, 특정소방대상물의 각 부분으로부터 1개의 소화기까지의 보행거리가 소형소화기의 경우에는 20m 이내, 대형소화기의 경우에는 30m 이내가 되도록 배치할 것. 다만, 가연성 물질이 없는 작업장의 경우에는 작업장의 실정에 맞게 보행거리를 완화하여 배치할 수 있다.

　㉡ 특정소방대상물의 각 층이 2 이상의 거실로 구획된 경우에는 ㉠의 규정에 따라각 층마다 설치하는 것 외에 바닥면적이 33m² 이상으로 구획된 각 거실(아파트의 경우에는 각 세대를 말한다)에도 배치할 것

② 능력단위가 2단위 이상이 되도록 소화기를 설치하여야 할 특정소방대상물 또는 그부분에 있어서는 간이소화용구의 능력단위가 전체 능력단위의 2분의 1을 초과하지아니하게 할 것. 다만, 노유자시설의 경우에는 그렇지 않다.

③ 소화기구(자동확산소화기를 제외한다)는 거주자 등이 손쉽게 사용할 수 있는 장소에바닥으로부터 높이 1.5m 이하의 곳에 비치하고, 소화기에 있어서는 "소화기", 투척

용 소화용구에 있어서는 "투척용 소화용구", 마른모래에 있어서는 "소화용 모래", 팽창질석 및 팽창진주암에 있어서는 "소화질석"이라고 표시한 표지를 보기 쉬운 곳에 부착할 것

④ 이산화탄소 또는 할로겐화합물을 방사하는 소화기구(자동확산소화기를 제외한다)는 지하층이나 무창층 또는 밀폐된 거실로서 그 바닥면적이 20m² 미만의 장소에는 설치할 수 없다. 다만, 배기를 위한 유효한 개구부가 있는 장소인 경우에는 그러하지 아니하다.

2) 능력단위계산

▼ 특정소방대상물별 소화기구의 능력단위기준(제4조 제1항 제2호 관련)

특정소방대상물	소화기구의 능력단위
1. 위락시설	해당 용도의 바닥면적 30m²마다 능력단위 1단위 이상
2. 공연장 · 집회장 · 관람장 · 문화재 · 장례식장 및 의료시설	해당 용도의 바닥면적 50m²마다 능력단위 1단위 이상
3. 근린생활시설 · 판매시설 · 운수시설 · 숙박시설 · 노유자시설 · 전시장 · 공동주택 · 업무시설 · 방송통신시설 · 공장 · 창고시설 · 항공기 및 자동차 관련 시설 및 관광휴게시설	해당 용도의 바닥면적 100m²마다 능력단위 1단위 이상
4. 그 밖의 것	해당 용도의 바닥면적 200m²마다 능력단위 1단위 이상

※ 소화기구의 능력단위를 산출함에 있어서 건축물의 주요구조부가 내화구조이고, 벽 및 반자의 실내에 면하는 부분이 불연재료 · 준불연재료 또는 난연재료로 된 특정소방대상물에 있어서는 위 표의 기준면적의 2배를 해당 특정소방대상물의 기준면적으로 한다.

04 소화기 관련 기타 사항

1) 방사성능

① 충전소화약제의 중량이 1kg 이하인 것에 6초 이상, 1kg을 초과하는 것에는 8초 이상이어야 한다.

② 충전된 소화약제의 용량 또는 중량의 90%(포말소화기는 85%) 이상의 양이 방사되어야 한다.

③ 안전장치는 한 동작으로 용이하게 풀리는 것이어야 하며, 풀어내는 데 지장이 없는 봉인을 하여야 한다.

2) 사용온도 범위

① 강화액소화기 : 탄산칼륨과 첨가제를 넣어 추운 지방에서 물이 동결되는 단점을 보완
  하고 물의 소화력을 높인 소화기로서 −20℃ 이상 40℃ 이하에서 사용이 가능하다.

② 포소화기 : 동결 우려가 있으므로 0℃ 이상 40℃ 이하에 사용이 가능하다.

③ 분말소화기 : 추운 지방에서 사용할 수 있는 소화기로 −20℃ 이상 40℃ 이하에서
  사용이 가능하다.

④ 할로겐화합물 및 불활성기체 : 55℃ 이하에서 사용이 가능하다.

⑤ 기타 소화기 : 0℃ 이상 40℃ 이하에서 사용이 가능하다.

3) 소화기의 도장

표면에는 방청도장을 하고, 표면의 25% 이상의 부분을 적색으로 도장할 것

4) 소화약제의 공통 성질

① 심각한 독성이나 부식성이 없을 것

② 부유물이나 침전물, 기타의 이상이 생기지 아니할 것

③ 분말상태의 소화약제는 굳지 아니할 것

④ 덩어리지지 아니할 것

⑤ 변질, 기타 이상이 생기지 아니할 것

CHAPTER 03 옥내소화전

01 옥내소화전의 설치대상

1) 연면적 3천 m² 이상(지하가 중 터널은 제외한다)이거나 지하층·무창층(축사는 제외한다) 또는 층수가 4층 이상인 것 중 바닥면적이 600m² 이상인 층이 있는 것은 모든 층

2) 지하가 중 터널로서 길이가 1천 m 이상인 터널

3) 1)에 해당하지 않는 근린생활시설, 판매시설, 운수시설, 의료시설, 노유자시설, 업무시설, 숙박시설, 위락시설, 공장, 창고시설, 항공기 및 자동차 관련 시설, 교정 및 군사시설 중 국방·군사시설, 방송통신시설, 발전시설, 장례식장 또는 복합건축물로서 연면적 1천5백 m² 이상이거나 지하층·무창층 또는 층수가 4층 이상인 층 중 바닥면적이 300m² 이상인 층이 있는 것은 모든 층

4) 건축물의 옥상에 설치된 차고 또는 주차장으로서 차고 또는 주차의 용도로 사용되는 부분의 면적이 200m² 이상인 것

5) 1) 및 3)에 해당하지 않는 공장 또는 창고시설로서 「소방기본법 시행령」 별표 2에서 정하는 수량의 750배 이상의 특수가연물을 저장·취급하는 것

02 옥내소화전(호스릴)설비의 구성 및 계통도

1) 구성

① 수원
② 가압송수장치
③ 배관 등
④ 함 및 방수구
⑤ 전원
⑥ 제어반
⑦ 배선 등
⑧ 방수구 제외
⑨ 수원 및 가압송수장치 등의 겸용

2) 계통도

화재로 소화전 사용 시 배관 내 압력이 저하되고 이를 압력챔버에서 감시하여 펌프를 자동으로 기동, 지속적인 방수압, 방수량이 나올 수 있도록 한다.

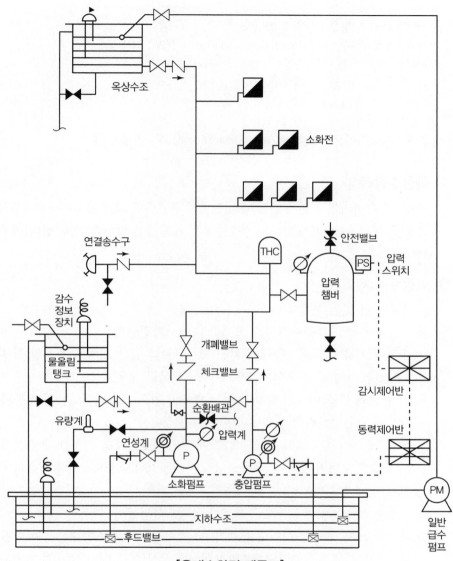

[옥내소화전 계통도]

03 수원

1) 수원의 양

옥내소화전설비의 수원은 그 저수량이 옥내소화전의 설치개수가 가장 많은 층의 설치개수(2개 이상 설치된 경우에는 2개)에 2.6m³를 곱한 양 이상이 되도록 하여야 한다. 〈개정 2021.4.1.〉

> ① 30층 미만의 경우 : 수원의 양(m^3)
> $= N \times 2.6m^3$ 이상 $= N \times 130l/min \times 20min$ 이상$(N : $ 최대 2개$)$
> ② 30층 이상 49층 이하의 경우 : 수원의 양(m^3)
> $= N \times 5.2m^3$ 이상$(N : $ 최대 5개$)$
> $= N \times 130l/min \times 40min$ 이상
> ③ 50층 이상의 경우 : 수원의 양(m^3)
> $= N \times 7.8m^3$ 이상 $= N \times 130l/min \times 60min$ 이상$(N : $ 최대 5개$)$

2) 옥상수원의 양

옥내소화전설비의 수원은 1)에 따라 산출된 유효수량 외에 유효수량의 3분의 1 이상을 옥상(옥내소화전설비가 설치된 건축물의 주된 옥상을 말한다. 이하 같다)에 설치하여야 한다.

3) 옥상수조 제외

① 지하층만 있는 건축물
② 고가수조를 가압송수장치로 설치한 옥내소화전설비
③ 수원이 건축물의 최상층에 설치된 방수구보다 높은 위치에 설치된 경우
④ 건축물의 높이가 지표면으로부터 10m 이하인 경우
⑤ 주 펌프와 동등 이상의 성능이 있는 별도의 펌프로서 내연기관의 기동과 연동하여 작동되거나 비상전원을 연결하여 설치한 경우
⑥ 학교 · 공장 · 창고시설(제4조 제2항에 따라 옥상수조를 설치한 대상은 제외한다)로서 동결의 우려가 있는 장소에 있어서는 기동스위치에 보호판을 부착하여 옥내소화전함 내에 설치하는 경우
⑦ 가압수조를 가압송수장치로 설치한 옥내소화전설비
※ 옥상수조 제외 규정 시에도 층수가 30층 이상의 특정소방대상물의 수원은 산출된 유효수량 외에 유효수량의 3분의 1 이상을 옥상(옥내소화전설비가 설치된 건축물의 주된 옥상을 말한다)에 설치하여야 한다. 다만, 고가수조방식인 경우와 수원이 건축물의 최상층에 설치된 방수구보다 높은 위치에 설치된 경우 그러하지 아니하다.

4) 전용 및 겸용

옥내소화전설비의 수원을 수조로 설치하는 경우에는 소방설비의 전용수조로 하여야 한다. 다만, 다음의 어느 하나에 해당하는 경우에는 그러하지 아니하다.
① 옥내소화전펌프의 후드밸브 또는 흡수배관의 흡수구(수직회전축펌프의 흡수구를 포함한다. 이하 같다)를 다른 설비(소방용 설비 외의 것을 말한다. 이하 같다)의 후드밸

브 또는 흡수구보다 낮은 위치에 설치한 때

② 고가수조로부터 옥내소화전설비의 수직배관에 물을 공급하는 급수구를 다른 설비의 급수구보다 낮은 위치에 설치한 때

※ 저수량을 산정할 때 다른 설비와 겸용하여 옥내소화전설비용 수조를 설치하는 경우에는 옥내소화전설비의 후드밸브·흡수구 또는 수직배관의 급수구와 다른 설비의 후드밸브·흡수구 또는 수직배관의 급수구와의 사이의 수량을 그 유효수량으로 한다.

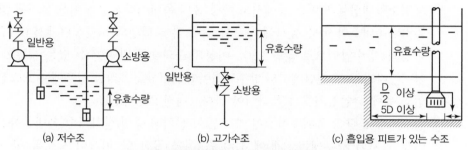

(a) 저수조   (b) 고가수조   (c) 흡입용 피트가 있는 수조

[다른 설비와 겸용하는 경우의 유효수량]

5) 수조설치기준

① 점검에 편리한 곳에 설치할 것

② 동결방지조치를 하거나 동결의 우려가 없는 장소에 설치할 것

③ 수조의 외측에 수위계를 설치할 것. 다만, 구조상 불가피한 경우에는 수조의 맨홀 등을 통하여 수조 안의 물의 양을 쉽게 확인할 수 있도록 하여야 한다.

④ 수조의 상단이 바닥보다 높은 때에는 수조의 외측에 고정식 사다리를 설치할 것

⑤ 수조가 실내에 설치된 때에는 그 실내에 조명설비를 설치할 것

⑥ 수조의 밑부분에는 청소용 배수밸브 또는 배수관을 설치할 것

⑦ 수조 외측의 보기 쉬운 곳에 "옥내소화전설비용 수조"라고 표시한 표지를 할 것. 이 경우 그 수조를 다른 설비와 겸용하는 때에는 그 겸용되는 설비의 이름을 표시한 표지를 함께 하여야 한다.

⑧ 옥내소화전펌프의 흡수배관 또는 옥내소화전설비의 수직배관과 수조의 접속부분에는 "옥내소화전설비용 배관"이라고 표시한 표지를 할 것

04 가압송수장치

1) 전동기 또는 내연기관에 따른 펌프를 이용하는 가압송수장치

[주 펌프는 전동기에 따른 펌프로 설치하여야 한다]

① 쉽게 접근할 수 있고 점검하기에 충분한 공간이 있는 장소로서 화재 및 침수 등의 재해로 인한 피해를 받을 우려가 없는 곳에 설치할 것

② 동결방지조치를 하거나 동결의 우려가 없는 장소에 설치할 것

③ 특정소방대상물의 어느 층에서도 해당 층의 옥내소화전(2개 이상 설치된 경우에는 2개의 옥내소화전)을 동시에 사용할 경우 각 소화전의 노즐선단에서 0.17MPa 이상의 방수압력으로 분당 130L 이상의 소화수를 방수할 수 있는 성능인 것으로 할 것. 다만, 노즐선단에서의 방수압력이 0.7MPa을 초과할 경우에는 호스접결구의 인입 측에 감압장치를 설치하여야 한다.〈개정 2021.4.1.〉

④ 펌프의 토출량은 옥내소화전이 가장 많이 설치된 층의 설치개수(옥내소화전이 2개 이상 설치된 경우에는 2개)에 130L/min를 곱한 양 이상이 되도록 할 것〈개정 2021.4.1.〉

⑤ 펌프는 전용으로 할 것. 다만, 다른 소화설비와 겸용하는 경우 각각의 소화설비의 성능에 지장이 없을 때에는 그러하지 아니하다.

⑥ 펌프의 토출 측에는 압력계를 체크밸브 이전에 펌프 토출 측 플랜지에서 가까운 곳에 설치하고, 흡입 측에는 연성계 또는 진공계를 설치할 것. 다만, 수원의 수위가 펌프의 위치보다 높거나 수직회전축 펌프의 경우에는 연성계 또는 진공계를 설치하지 아니할 수 있다.

⑦ 가압송수장치에는 정격부하운전 시 펌프의 성능을 시험하기 위한 배관을 설치할 것. 다만, 충압펌프의 경우에는 그러하지 아니하다.

⑧ 가압송수장치에는 체절운전 시 수온의 상승을 방지하기 위한 순환배관을 설치할 것. 다만, 충압펌프의 경우에는 그러하지 아니하다.

⑨ 기동장치로는 기동용 수압개폐장치 또는 이와 동등 이상의 성능이 있는 것을 설치할 것. 다만, 학교·공장·창고시설(옥상수조를 설치한 대상은 제외한다)로서 동결의 우려가 있는 장소에 있어서는 기동스위치에 보호판을 부착하여 옥내소화전함 내에 설치할 수 있다.

⑨의2. ⑨ 단서의 경우에는 주 펌프와 동등 이상의 성능이 있는 별도의 펌프로서 내연기관과 연동하여 작동하거나 비상전원을 연결한 펌프를 추가 설치할 것. 다만, 다음의 경우는 제외한다.

　　ㄱ 지하층만 있는 건축물

　　ㄴ 고가수조를 가압송수장치로 설치한 경우

　　ㄷ 수원이 건축물의 최상층에 설치된 방수구보다 높은 위치에 설치된 경우

　　ㄹ 건축물의 높이가 지표면으로부터 10m 이하인 경우

　　ㅁ 가압수조를 가압송수장치로 설치한 경우

⑩ 기동용 수압개폐장치(압력챔버)를 사용할 경우 그 용적은 100L 이상의 것으로 할 것

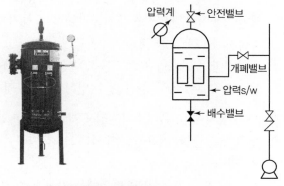

[기동용 수압개폐장치]

⑪ 수원의 수위가 펌프보다 낮은 위치에 있는 가압송수장치에는 다음의 기준에 따른 물올림장치를 설치할 것

　　ㄱ 물올림장치에는 전용의 탱크를 설치할 것

　　ㄴ 탱크의 유효수량은 100L 이상으로 하되, 구경 15mm 이상의 급수배관에 따라 해당 탱크에 물이 계속 보급되도록 할 것

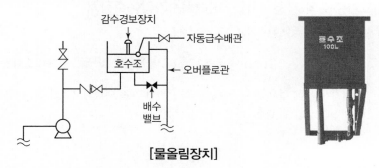

[물올림장치]

⑫ 기동용 수압개폐장치를 기동장치로 사용할 경우에는 다음의 기준에 따른 충압펌프를 설치할 것. 다만, 옥내소화전이 각 층에 1개씩 설치된 경우로서 소화용 급수펌프로도 상시 충압이 가능하고 다음 ㄱ의 성능을 갖춘 경우에는 충압펌프를 별도로 설치하지 아니할 수 있다.

ⓐ 펌프의 토출압력은 그 설비의 최고위 호스접결구의 자연압보다 적어도 0.2MPa이 더 크도록 하거나 가압송수장치의 정격토출압력과 같게 할 것

ⓑ 펌프의 정격토출량은 정상적인 누설량보다 적어서는 아니 되며, 옥내소화전설비가 자동적으로 작동할 수 있도록 충분한 토출량을 유지할 것

⑬ 내연기관을 사용하는 경우에는 다음의 기준에 적합한 것으로 할 것

ⓐ 내연기관의 기동은 ⑨의 기동장치를 설치하거나 또는 소화전함의 위치에서 원격조작이 가능하고 기동을 명시하는 적색등을 설치할 것

ⓑ 제어반에 따라 내연기관의 자동기동 및 수동기동이 가능하고, 상시 충전되어 있는 축전지설비를 갖출 것

ⓒ 내연기관의 연료량은 펌프를 20분(층수가 30층 이상 49층 이하는 40분, 50층 이상은 60분) 이상 운전할 수 있는 용량일 것

⑭ 가압송수장치에는 "옥내소화전펌프"라고 표시한 표지를 할 것. 이 경우 그 가압송수장치를 다른 설비와 겸용하는 때에는 그 겸용되는 설비의 이름을 표시한 표지를 함께 하여야 한다.

⑮ 가압송수장치가 기동이 된 경우에는 자동으로 정지되지 아니하도록 하여야 한다. 다만, 충압펌프의 경우에는 그러하지 아니하다.

⑯ 가압송수장치는 부식 등으로 인한 펌프의 고착을 방지할 수 있도록 다음 각 목의 기준에 적합한 것으로 할 것. 다만, 충압펌프는 제외한다.〈신설 2021.4.1.〉

ⓐ 임펠러는 청동 또는 스테인리스 등 부식에 강한 재질을 사용할 것

ⓑ 펌프축은 스테인리스 등 부식에 강한 재질을 사용할 것

2) 고가수조의 자연낙차를 이용하는 가압송수장치

(1) 고가수조의 자연낙차수두 산출식

$$H = h_1 + h_2 + 17m (옥내소화전 \ 및 \ 호스릴옥내소화전설비)$$

여기서, H : 필요한 낙차(m)(수조의 하단으로부터 최고층의 호스 접결구까지 수직거리)
h_1 : 소방용 호스 마찰손실수두(m)
h_2 : 배관의 마찰손실수두(m)

(2) 고가수조설치

① 수위계 　　　　　② 배수관
③ 급수관 　　　　　④ 오버플로관
⑤ 맨홀

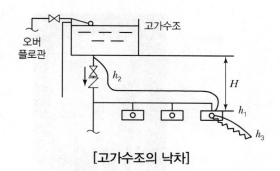

[고가수조의 낙차]

3) 압력수조를 이용하는 가압송수장치

(1) 압력수조의 필요압력 산출식

$$P = P_1 + P_2 + P_3 + 0.17MPa(옥내소화전 및 호스릴옥내소화전설비)$$

여기서, P : 필요한 압력(MPa), P_1 : 배관 및 관부속물의 마찰손실압력(MPa),
P_2 : 소방용 호스의 마찰손실압력(MPa), P_3 : 낙차의 환산압력(MPa)

(2) 압력수조설치

① 수위계

② 배수관

③ 급수관

④ 급기관

⑤ 맨홀

⑥ 압력계

⑦ 안전장치

⑧ 자동식공기압축기

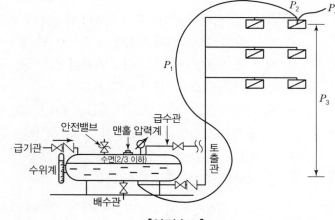

[압력수조]

4) 가압수조를 이용하는 가압송수장치

① 가압수조의 압력은 제1항 제3호에 따른 방수량 및 방수압이 20분 이상 유지되도록 할 것

② 가압수조 및 가압원은 방화구획된 장소에 설치할 것

③ 가압수조를 이용한 가압송수장치는 소방청장이 정하여 고시한 「가압수조식 가압송수장치의 성능인증 및 제품검사의 기술기준」에 적합한 것으로 설치할 것

[가압수조]

05 배관 등

1) 배관의 종류

배관과 배관이음쇠는 다음의 어느 하나에 해당하는 것 또는 동등 이상의 강도·내식성 및 내열성을 국내의 공인기관으로부터 인정받은 것을 사용하여야 하고, 배관용 스테인리스강관(KS D 3576)의 이음을 용접으로 할 경우에는 아르곤접방식에 따른다.

① 배관 내 사용압력이 1.2MPa 미만일 경우에는 다음의 어느 하나에 해당하는 것

    ㉠ 배관용 탄소강관(KS D 3507)

    ㉡ 이음매 없는 구리 및 구리합금관(KS D 5301). 다만, 습식의 배관에 한한다.

    ㉢ 배관용 스테인리스강관(KS D 3576) 또는 일반배관용 스테인리스강관(KS D 3595)

    ㉣ 덕타일 주철관(KS D 4311)

② 배관 내 사용압력이 1.2MPa 이상일 경우에는 다음 어느 하나에 해당하는 것

    ㉠ 압력배관용 탄소강관(KS D 3562)

    ㉡ 배관용 아크용접 탄소강강관(KS D 3583)

2) 합성수지배관을 설치할 수 있는 경우

다음의 어느 하나에 해당하는 장소에는 소방청장이 정하여 고시한 「소방용합성수지배관의 성능인증 및 제품검사의 기술기준」에 적합한 소방용 합성수지배관으로 설치할 수 있다.

① 배관을 지하에 매설하는 경우

② 다른 부분과 내화구조로 구획된 덕트 또는 피트의 내부에 설치하는 경우

③ 천장(상층이 있는 경우에는 상층바닥의 하단을 포함한다. 이하 같다)과 반자를 불연 재료 또는 준불연 재료로 설치하고 그 내부에 습식으로 배관을 설치하는 경우

3) 전용 및 겸용

급수배관은 전용으로 하여야 한다. 다만, 옥내소화전의 기동장치의 조작과 동시에 다른 설비의 용도에 사용하는 배관의 송수를 차단할 수 있거나, 옥내소화전설비의 성능에 지장이 없는 경우에는 다른 설비와 겸용할 수 있다. 다만, 층수가 30층 이상의 특정소방 대상물은 스프링클러설비와 겸용할 수 없다.

4) 흡입 측 배관 설치기준

① 공기고임이 생기지 아니하는 구조로 하고 여과장치를 설치할 것
② 수조가 펌프보다 낮게 설치된 경우에는 각 펌프(충압펌프를 포함한다)마다 수조로부 터 별도로 설치할 것

5) 배관의 관경

① 펌프의 토출 측 주배관의 구경은 유속이 4m/s 이하가 될 수 있는 크기 이상으로 하여 야 하고, 옥내소화전방수구와 연결되는 가지배관의 구경은 40mm(호스릴옥내소화 전설비의 경우에는 25mm) 이상으로 하여야 하며, 주배관 중 수직배관의 구경은 50mm(호스릴옥내소화전설비의 경우에는 32mm) 이상으로 하여야 한다.
② 연결송수관설비의 배관과 겸용할 경우의 주배관은 구경 100mm 이상, 방수구로 연 결되는 배관의 구경은 65mm 이상인 것으로 하여야 한다.

6) 펌프의 성능시험배관

펌프의 성능은 체절운전 시 정격토출압력의 140%를 초과하지 아니하고, 정격토출량의 150%로 운전 시 정격토출압력의 65% 이상이 되어야 하며, 펌프의 성능시험배관은 다 음의 기준에 적합하여야 한다.

① 성능시험배관은 펌프의 토출 측에 설치된 개폐밸브 이전에서 분기하여 설치하고, 유량측정장치를 기준으로 전단 직관부에 개폐밸브를 후단 직관부에는 유량조절밸브 를 설치할 것
② 유량측정장치는 성능시험배관의 직관부에 설치하되, 펌프의 정격토출량의 175% 이 상 측정할 수 있는 성능이 있을 것

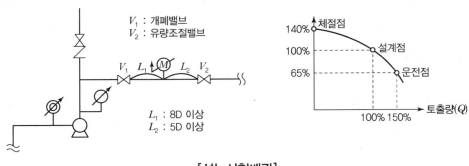

[성능시험배관]

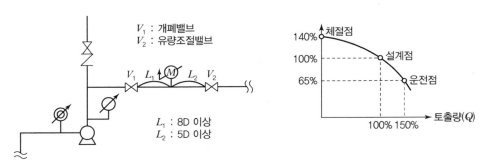

[펌프의 성능시험곡선]

7) 순환배관

가압송수장치의 체절운전 시 수온의 상승을 방지하기 위하여 체크밸브와 펌프 사이에서 분기한 구경 20mm 이상의 배관에 체절압력 미만에서 개방되는 릴리프밸브를 설치하여야 한다.

[순환배관]

8) 송수구

① 송수구는 소방차가 쉽게 접근할 수 있는 잘 보이는 장소에 설치하되 화재층으로부터

지면으로 떨어지는 유리창 등이 송수 및 그 밖의 소화작업에 지장을 주지 아니하는 장소에 설치할 것

② 송수구로부터 주 배관에 이르는 연결배관에는 개폐밸브를 설치하지 아니할 것. 다만, 스프링클러설비·물분무소화설비·포소화설비 또는 연결송수관 설비의 배관과 겸 용하는 경우에는 그러하지 아니하다.

③ 지면으로부터 높이가 0.5m 이상 1m 이하의 위치에 설치할 것

④ 구경 65mm의 쌍구형 또는 단구형으로 할 것

⑤ 송수구의 가까운 부분에 자동배수밸브(또는 직경 5mm의 배수공) 및 체크밸브를 설 치할 것. 이 경우 자동배수밸브는 배관 안의 물이 잘 빠질 수 있는 위치에 설치하되, 배수로 인하여 다른 물건 또는 장소에 피해를 주지 아니하여야 한다.

⑥ 송수구에는 이물질을 막기 위한 마개를 씌울 것

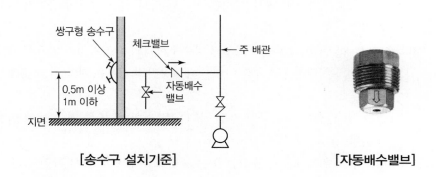

[송수구 설치기준] [자동배수밸브]

| Reference | 송수구의 설치목적

소방대가 화재현장에 도착하여 소방펌프 자동차가 송수구를 통해 가압수를 공급하여 원활한 소 화활동을 하기 위함이다.

9) 기타 배관기준

① 동결방지조치를 하거나 동결의 우려가 없는 장소에 설치하여야 한다. 다만, 보온재를 사용할 경우에는 난연재료 성능 이상의 것으로 하여야 한다.

② 급수배관에 설치되어 급수를 차단할 수 있는 개폐밸브(옥내소화전방수구를 제외한 다)는 개폐표시형으로 하여야 한다. 이 경우 펌프의 흡입 측 배관에는 버터플라이밸 브 외의 개폐표시형 밸브를 설치하여야 한다.

③ 배관은 다른 설비의 배관과 쉽게 구분이 될 수 있는 위치에 설치하거나, 그 배관표면 또는 배관 보온재표면의 색상은 「한국산업표준(배관계의 식별 표시, KS A 0503)」 또는 적색으로 식별이 가능하도록 소방용설비의 배관임을 표시하여야 한다.

④ 분기배관을 사용할 경우에는 소방청장이 정하여 고시한 「분기배관의 성능인증 및 제품검사의 기술기준」에 적합한 것으로 설치하여야 한다.

06 함 및 방수구 등

1) 함

① 함의 재질은 두께 1.5mm 이상의 강판 또는 두께 4mm 이상의 합성수지재로 하고, 문짝의 면적은 0.5m² 이상으로 하여 밸브의 조작, 호스의 수납 등에 충분한 여유를 가질 수 있도록 할 것. 연결송수관의 방수구를 같이 설치하는 경우에도 또한 같다.

② 함의 재질이 강판인 경우에는 염수분무시험방법(KS D 9502)에 따라 시험한 경우 변색 또는 부식되지 아니하여야 하고, 합성수지재인 경우에는 내열성 및 난연성의 것으로서 80℃의 온도에서 24시간 이내에 열로 인한 변형이 생기지 아니하는 것으로 할 것

③ 특정소방대상물의 각 부분으로부터 방수구까지의 수평거리가 25m를 초과하는 경우로서 기둥 또는 벽이 설치되지 아니한 대형공간의 경우는 다음 각 기준에 따라 설치할 수 있다.

    ㉠ 호스 및 관창은 방수구의 가장 가까운 장소의 벽 또는 기둥 등에 함을 설치하여 비치할 것

    ㉡ 방수구의 위치표지는 표시등 또는 축광도료 등으로 상시 확인이 가능토록 할 것

2) 방수구

① 특정소방대상물의 층마다 설치하되, 해당 특정소방대상물의 각 부분으로부터 하나의 옥내소화전방수구까지의 수평거리가 25m(호스릴옥내소화전설비를 포함한다) 이하가 되도록 할 것. 다만, 복층형 구조의 공동주택의 경우에는 세대의 출입구가 설치된 층에만 설치할 수 있다.

② 바닥으로부터의 높이가 1.5m 이하가 되도록 할 것

③ 호스는 구경 40mm(호스릴옥내소화전설비의 경우에는 25mm) 이상의 것으로서 특정소방대상물의 각 부분에 물이 유효하게 뿌려질 수 있는 길이로 설치할 것

④ 호스릴옥내소화전설비의 경우 그 노즐에는 노즐을 쉽게 개폐할 수 있는 장치를 부착할 것

3) 표시등

① 옥내소화전설비의 위치를 표시하는 표시등은 함의 상부에 설치하되, 소방청장이 고시하는 「표시등의 성능인증 및 제품검사의 기술기준」에 적합한 것으로 할 것

② 가압송수장치의 기동을 표시하는 표시등은 옥내소화전함의 상부 또는 그 직근에 설치하되 적색등으로 할 것

③ 적색등은 사용전압의 130%인 전압을 24시간 연속하여 가하는 경우에도 단선, 현저한 광속변화, 전류변화 등의 현상이 발생되지 아니할 것[2015.1.23. 삭제]

4) 표시 및 표지판

① 옥내소화전설비의 함에는 그 표면에 "소화전"이라는 표시를 해야 한다.

② 옥내소화전설비의 함 가까이 보기 쉬운 곳에 그 사용요령을 기재한 표지판을 붙여야 하며, 표지판을 함의 문에 붙이는 경우에는 문의 내부 및 외부 모두에 붙여야 한다. 이 경우, 사용요령은 외국어와 시각적인 그림을 포함하여 작성하여야 한다. 〈신설 2022.3.4.〉

07 전원

1) 상용전원

옥내소화전설비에는 그 특정소방대상물의 수전방식에 따라 다음 각 기준에 따른 상용전원회로의 배선을 설치하여야 한다. 다만, 가압수조방식으로서 모든 기능이 20분 이상 유효하게 지속될 수 있는 경우에는 그러하지 아니하다.

① 저압수전인 경우에는 인입개폐기의 직후에서 분기하여 전용배선으로 하여야 하며, 전용의 전선관에 보호되도록 할 것

② 특별고압수전 또는 고압수전일 경우에는 전력용 변압기 2차 측의 주 차단기 1차 측에서 분기하여 전용배선으로 하되, 상용전원의 상시공급에 지장이 없을 경우에는 주 차단기 2차 측에서 분기하여 전용배선으로 할 것. 다만, 가압송수장치의 정격입력전압이 수전전압과 같은 경우에는 ①의 기준에 따른다.

┃ Reference ┃ **전원의 수전방법**

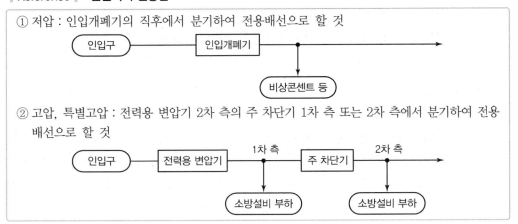

① 저압 : 인입개폐기의 직후에서 분기하여 전용배선으로 할 것

② 고압, 특별고압 : 전력용 변압기 2차 측의 주 차단기 1차 측 또는 2차 측에서 분기하여 전용배선으로 할 것

2) 비상전원

(1) 비상전원의 종류

자가발전설비 또는 축전지설비(내연기관에 따른 펌프를 사용하는 경우에는 내연기관의 기동 및 제어용 축전지를 말한다), 전기저장장치(외부 전기에너지를 저장해 두었다가 필요한 때 전기를 공급하는 장치)

(2) 비상전원의 설치대상

① 층수가 7층 이상으로서 연면적이 2,000m² 이상인 것
② ①에 해당하지 아니하는 특정소방대상물로서 지하층의 바닥면적의 합계가 3,000m² 이상인 것

(3) 비상전원의 설치 제외 경우

① 2 이상의 변전소(「전기사업법」 제67조에 따른 변전소를 말한다. 이하 같다)에서 전력을 동시에 공급받을 수 있는 경우
② 하나의 변전소로부터 전력의 공급이 중단되는 때에는 자동으로 다른 변전소로부터 전원을 공급받을 수 있도록 상용전원을 설치한 경우
③ 가압수조방식의 경우

(4) 비상전원의 설치기준

비상전원은 자가발전설비 또는 축전지설비(내연기관에 따른 펌프를 사용하는 경우에는 내연기관의 기동 및 제어용 축전지를 말한다)로서 다음 각 기준에 따라 설치하여야 한다.

① 점검에 편리하고 화재 및 침수 등의 재해로 인한 피해를 받을 우려가 없는 곳에 설치할 것
② 옥내소화전설비를 유효하게 20분 이상, 층수가 30층 이상 49층 이하는 40분 이상, 50층 이상은 60분 이상 작동할 수 있어야 할 것
③ 상용전원으로부터 전력의 공급이 중단된 때에는 자동으로 비상전원으로부터 전력을 공급받을 수 있도록 할 것
④ 비상전원(내연기관의 기동 및 제어용 축전기를 제외한다)의 설치장소는 다른 장소와 방화구획할 것. 이 경우 그 장소에는 비상전원의 공급에 필요한 기구나 설비 외의 것(열병합발전설비에 필요한 기구나 설비는 제외한다)을 두어서는 아니 된다.
⑤ 비상전원을 실내에 설치하는 때에는 그 실내에 비상조명등을 설치할 것

08 제어반

1) 감시제어반

(1) 감시제어반의 기능

① 각 펌프의 작동 여부를 확인할 수 있는 표시등 및 음향경보기능이 있어야 할 것
② 각 펌프를 자동 및 수동으로 작동시키거나 중단시킬 수 있어야 할 것
③ 비상전원을 설치한 경우에는 상용전원 및 비상전원의 공급 여부를 확인할 수 있어야 할 것
④ 수조 또는 물올림탱크가 저수위로 될 때 표시등 및 음향으로 경보할 것
⑤ 각 확인회로(기동용 수압개폐장치의 압력스위치회로·수조 또는 물올림탱크의 감시회로를 말한다)마다 도통시험 및 작동시험을 할 수 있어야 할 것
⑥ 예비전원이 확보되고 예비전원의 적합 여부를 시험할 수 있어야 할 것

(2) 감시제어반의 설치기준

① 화재 및 침수 등의 재해로 인한 피해를 받을 우려가 없는 곳에 설치할 것
② 감시제어반은 옥내소화전설비의 전용으로 할 것. 다만, 옥내소화전설비의 제어에 지장이 없는 경우에는 다른 설비와 겸용할 수 있다.
③ 감시제어반은 다음 기준에 따른 전용실 안에 설치할 것. 다만 감시제어반과 동력제어반을 같은 장소에 설치할 수 있는 경우와 공장, 발전소 등에서 설비를 집중 제어·운전할 목적으로 설치하는 중앙제어실내에 감시제어반을 설치하는 경우에는 그러하지 아니하다.
　㉠ 다른 부분과 방화구획을 할 것. 이 경우 전용실의 벽에는 기계실 또는 전기실 등의 감시를 위하여 두께 7mm 이상의 망입유리(두께 16.3mm 이상의 접합유리 또는 두께

28mm 이상의 복층유리를 포함한다)로 된 4m² 미만의 붙박이창을 설치할 수 있다.

ⓛ 피난층 또는 지하 1층에 설치할 것. 다만, 다음의 어느 하나에 해당하는 경우에는 지상 2층에 설치하거나 지하 1층 외의 지하층에 설치할 수 있다.

- 「건축법시행령」제35조에 따라 특별피난계단이 설치되고 그 계단(부속실을 포함한다) 출입구로부터 보행거리 5m 이내에 전용실의 출입구가 있는 경우
- 아파트의 관리동(관리동이 없는 경우에는 경비실)에 설치하는 경우

ⓒ 비상조명등 및 급ㆍ배기설비를 설치할 것

ⓔ 「무선통신보조설비의 화재안전기준(NFSC 505)」제5조 제3항에 따라 유효하게 통신이 가능할 것(영 별표 5의 제5호 마목에 따른 무선통신보조설비가 설치된 특정소방대상물에 한한다)〈개정 2021.3.25.〉

ⓜ 바닥면적은 감시제어반의 설치에 필요한 면적 외에 화재 시 소방대원이 그 감시제어반의 조작에 필요한 최소면적 이상으로 할 것

④ 전용실에는 특정소방대상물의 기계ㆍ기구 또는 시설 등의 제어 및 감시설비 외의 것을 두지 아니할 것

2) 동력제어반

① 앞면은 적색으로 하고 "옥내소화전설비용 동력제어반"이라고 표시한 표지를 설치할 것
② 외함은 두께 1.5mm 이상의 강판 또는 이와 동등 이상의 강도 및 내열성능이 있는 것으로 할 것
③ 화재 및 침수 등의 재해로 인한 피해를 받을 우려가 없는 곳에 설치할 것
④ 동력제어반은 옥내소화전설비의 전용으로 할 것. 다만, 옥내소화전설비의 제어에 지장이 없는 경우에는 다른 설비와 겸용할 수 있다.

3) 감시제어반과 동력제어반을 구분하여 설치하지 아니할 수 있는 경우

① 비상전원 설치대상에 해당하지 아니하는 특정소방대상물에 설치되는 옥내소화전설비
② 내연기관에 따른 가압송수장치를 사용하는 옥내소화전설비
③ 고가수조에 따른 가압송수장치를 사용하는 옥내소화전설비
④ 가압수조에 따른 가압송수장치를 사용하는 옥내소화전설비

09 배선 등

① 옥내소화전설비의 배선은 「전기사업법」제67조에 따른 기술기준에서 정한 것 외에 다음 각 기준에 따라 설치하여야 한다.

㉠ 비상전원으로부터 동력제어반 및 가압송수장치에 이르는 전원회로의 배선은 내화배선으로 할 것. 다만, 자가발전설비와 동력제어반이 동일한 실에 설치된 경우에는 자가발전기로부터 그 제어반에 이르는 전원회로의 배선은 그러하지 아니하다.

㉡ 상용전원으로부터 동력제어반에 이르는 배선, 그 밖의 옥내소화전설비의 감시·조작 또는 표시등회로의 배선은 내화배선 또는 내열배선으로 할 것. 다만, 감시제어반 또는 동력제어반 안의 감시·조작 또는 표시등회로의 배선은 그러하지 아니하다.

② 옥내소화전설비의 과전류차단기 및 개폐기에는 "옥내소화전설비용"이라고 표시한 표지를 하여야 한다.

③ 옥내소화전설비용 전기배선의 양단 및 접속단자에는 다음 각 호의 기준에 따라 표지하여야 한다.

㉠ 단자에는 "옥내소화전단자"라고 표시한 표지를 부착할 것

㉡ 옥내소화전설비용 전기배선의 양단에는 다른 배선과 식별이 용이하도록 표시할 것

④ 내화배선 및 내열배선에 사용되는 전선 및 설치방법은 다음 기준에 따른다.

㉠ 내화배선〈개정 2009.10.22., 2010.12.27., 2013.6.10.〉

사용전선의 종류	공사방법
1. 450/750V 저독성 난연 가교 폴리올레핀 절연 전선 2. 0.6/1kV 가교 폴리에틸렌 절연 저독성 난연 폴리올레핀 시스 전력케이블 3. 6/10kV 가교 폴리에틸렌 절연 저독성 난연 폴리올레핀 시스 전력용 케이블 4. 가교 폴리에틸렌 절연 비닐시스 트레이용 난연 전력 케이블 5. 0.6/1kV EP 고무절연 클로로프렌 시스 케이블 6. 300/500V 내열성 실리콘 고무 절연전선 (180℃) 7. 내열성 에틸렌-비닐 아세테이트 고무 절연 케이블 8. 버스덕트(Bus Duct) 9. 기타 전기용품안전관리법 및 전기설비기술기준에 따라 동등 이상의 내화성능이 있다고 주무부장관이 인정하는 것	금속관·2종 금속제 가요전선관 또는 합성수지관에 수납하여 내화구조로 된 벽 또는 바닥 등에 벽 또는 바닥의 표면으로부터 25mm 이상의 깊이로 매설하여야 한다. 다만 다음 각 목의 기준에 적합하게 설치하는 경우에는 그러하지 아니하다. 가. 배선을 내화성능을 갖는 배선전용실 또는 배선용 샤프트·피트·덕트 등에 설치하는 경우 나. 배선전용실 또는 배선용 샤프트·피트·덕트 등에 다른 설비의 배선이 있는 경우에는 이로부터 15cm 이상 떨어지게 하거나 소화설비의 배선과 이웃하는 다른 설비의 배선 사이에 배선지름(배선의 지름이 다른 경우에는 가장 큰 것을 기준으로 한다)의 1.5배 이상 높이의 불연성 격벽을 설치하는 경우
내화전선	케이블공사의 방법에 따라 설치하여야 한다.

비고 : 내화전선의 내화성능은 KS C IEC 60331−1과 2(온도 830℃/가열시간 120분) 표준이상을 충족하고, 난연성능 확보를 위해 KS C IEC 60332−3−24 성능 이상을 충족할 것

ⓛ 내열배선〈개정 2009.10.22., 2010.12.27., 2013.6.10.〉

사용전선의 종류	공사방법
1. 450/750V 저독성 난연 가교 폴리올레핀 절연 전선 2. 0.6/1kV 가교 폴리에틸렌 절연 저독성 난연 폴리올레핀 시스 전력케이블 3. 6/10kV 가교 폴리에틸렌 절연 저독성 난연 폴리올레핀 시스 전력용 케이블 4. 가교 폴리에틸렌 절연 비닐시스 트레이용 난연 전력 케이블 5. 0.6/1kV EP 고무절연 클로로프렌 시스 케이블 6. 300/500V 내열성 실리콘 고무 절연전선 (180℃) 7. 내열성 에틸렌－비닐 아세테이트 고무 절연 케이블 8. 버스덕트(Bus Duct) 9. 기타 전기용품안전관리법 및 전기설비기술기준에 따라 동등 이상의 내열성능이 있다고 주무부장관이 인정하는 것	금속관·금속제 가요전선관·금속덕트 또는 케이블(불연성 덕트에 설치하는 경우에 한한다.) 공사방법에 따라야 한다. 다만, 다음 각 목의 기준에 적합하게 설치하는 경우에는 그러하지 아니하다. 가. 배선을 내화성능을 갖는 배선전용실 또는 배선용 샤프트·피트·덕트 등에 설치하는 경우 나. 배선전용실 또는 배선용 샤프트·피트·덕트 등에 다른 설비의 배선이 있는 경우에는 이로부터 15cm 이상 떨어지게 하거나 소화설비의 배선과 이웃하는 다른 설비의 배선사이에 배선지름(배선의 지름이 다른 경우에는 지름이 가장 큰 것을 기준으로 한다)의 1.5배 이상 높이의 불연성 격벽을 설치하는 경우
내화전선·내열전선	케이블공사의 방법에 따라 설치하여야 한다.

10 방수구 설치 제외

불연재료로 된 특정소방대상물 또는 그 부분으로서 다음의 어느 하나에 해당하는 곳에는 옥내소화전 방수구를 설치하지 아니할 수 있다.
① 냉장창고 중 온도가 영하인 냉장실 또는 냉동창고의 냉동실
② 고온의 노가 설치된 장소 또는 물과 격렬하게 반응하는 물품의 저장 또는 취급 장소
③ 발전소·변전소 등으로서 전기시설이 설치된 장소
④ 식물원·수족관·목욕실·수영장(관람석 부분을 제외한다) 또는 그 밖의 이와 비슷한 장소
⑤ 야외음악당·야외극장 또는 그 밖의 이와 비슷한 장소

11 수원 및 가압송수장치의 펌프 등의 겸용

① 옥내소화전설비의 수원을 스프링클러설비·간이스프링클러설비·화재조기진압용 스프링클러설비·물분무소화설비·포소화전설비 및 옥외소화전설비의 수원과 겸용하여 설치하는 경우의 저수량은 각 소화설비에 필요한 저수량을 합한 양 이상이 되도록 하여야 한다. 다만, 이들 소화설비 중 고정식 소화설비(펌프·배관과 소화수 또는 소화약제를 최종 방출하는 방출구가 고정된 설비를 말한다. 이하 같다)가 2 이상 설치되어 있고, 그 소화설비가 설치된 부분이 방화벽과 방화문으로 구획되어 있는 경우에는 각 고정식 소화설비에 필요한 저수량 중 최대의 것 이상으로 할 수 있다.

② 옥내소화전설비의 가압송수장치로 사용하는 펌프를 스프링클러설비·간이스프링클러설비·화재조기진압용 스프링클러설비·물분무소화설비·포소화설비 및 옥외소화전설비의 가압송수장치와 겸용하여 설치하는 경우의 펌프의 토출량은 각 소화설비에 해당하는 토출량을 합한 양 이상이 되도록 하여야 한다. 다만, 이들 소화설비 중 고정식 소화설비가 2 이상 설치되어 있고, 그 소화설비가 설치된 부분이 방화벽과 방화문으로 구획되어 있으며 각 소화설비에 지장이 없는 경우에는 펌프의 토출량 중 최대의 것 이상으로 할 수 있다.

③ 옥내소화전설비·스프링클러설비·간이스프링클러설비·화재조기진압용 스프링클러설비·물분무소화설비·포소화설비 및 옥외소화전설비의 가압송수장치에 있어서 각 토출 측 배관과 일반급수용 가압송수장치의 토출 측 배관을 상호 연결하여 화재 시 사용할 수 있다. 이 경우 연결배관에는 개폐표시형 밸브를 설치하여야 하며, 각 소화설비의 성능에 지장이 없도록 하여야 한다.

④ 옥내소화전설비의 송수구를 스프링클러설비·간이스프링클러설비·화재조기진압용 스프링클러설비·물분무소화설비·포소화설비 또는 연결송수관비의 송수구와 겸용으로 설치하는 경우에는 스프링클러설비의 송수구의 설치기준에 따르고, 연결살수설비의 송수구와 겸용으로 설치하는 경우에는 옥내소화전설비의 송수구의 설치기준에 따르되 각각의 소화설비의 기능에 지장이 없도록 하여야 한다.

CHAPTER 04 스프링클러

01 스프링클러설비의 설치대상

① 문화 및 집회시설(동·식물원은 제외한다), 종교시설(주요구조부가 목조인 것은 제외한다), 운동시설(물놀이형 시설은 제외한다)로서 다음의 어느 하나에 해당하는 경우에는 모든 층
　㉠ 수용인원이 100명 이상인 것
　㉡ 영화상영관의 용도로 쓰이는 층의 바닥면적이 지하층 또는 무창층인 경우에는 500m² 이상, 그 밖의 층의 경우에는 1천 m² 이상인 것
　㉢ 무대부가 지하층·무창층 또는 4층 이상의 층에 있는 경우에는 무대부의 면적이 300m² 이상인 것
　㉣ 무대부가 ㉢ 외의 층에 있는 경우에는 무대부의 면적이 500m² 이상인 것

② 판매시설, 운수시설 및 창고시설(물류터미널에 한정한다)로서 바닥면적의 합계가 5천 m² 이상이거나 수용인원이 500명 이상인 경우에는 모든 층

③ 층수가 6층 이상인 특정소방대상물의 경우에는 모든 층. 다만, 주택 관련 법령에 따라 기존의 아파트 등을 리모델링하는 경우로서 건축물의 연면적 및 층높이가 변경되지 않는 경우에는 해당 아파트 등의 사용검사 당시의 소방시설 적용기준을 적용한다.

④ 다음의 어느 하나에 해당하는 용도로 사용되는 시설의 바닥면적의 합계가 600m² 이상인 것은 모든 층
　㉠ 의료시설 중 정신의료기관
　㉡ 의료시설 중 종합병원, 병원, 치과병원, 한방병원 및 요양병원(정신병원은 제외한다)
　㉢ 노유자시설
　㉣ 숙박이 가능한 수련시설

⑤ 창고시설(물류터미널은 제외한다)로서 바닥면적 합계가 5천 m² 이상인 경우에는 모든 층

⑥ 천장 또는 반자(반자가 없는 경우에는 지붕의 옥내에 면하는 부분)의 높이가 10m를 넘는 랙식 창고(rack warehouse, 물건을 수납할 수 있는 선반이나 이와 비슷한 것을 갖춘 것을 말한다)로서 바닥면적의 합계가 1천5백 m² 이상인 것

⑦ ①부터 ⑥까지의 특정소방대상물에 해당하지 않는 특정소방대상물의 지하층·무창층 (축사는 제외한다) 또는 층수가 4층 이상인 층으로서 바닥면적이 1천 m² 이상인 층

⑧ ⑥에 해당하지 않는 공장 또는 창고시설로서 다음의 어느 하나에 해당하는 시설

　　㉠ 「소방기본법 시행령」 별표 2에서 정하는 수량의 1천 배 이상의 특수가연물을 저장·취급하는 시설

　　㉡ 「원자력안전법 시행령」 제2조 제1호에 따른 중·저준위방사성폐기물(이하 "중·저준위방사성폐기물"이라 한다)의 저장시설 중 소화수를 수집·처리하는 설비가 있는 저장시설

⑨ 지붕 또는 외벽이 불연재료가 아니거나 내화구조가 아닌 공장 또는 창고시설로서 다음의 어느 하나에 해당하는 것

　　㉠ 창고시설(물류터미널에 한정한다) 중 ②에 해당하지 않는 것으로서 바닥면적의 합계가 2천5백 m² 이상이거나 수용인원이 250명 이상인 것

　　㉡ 창고시설(물류터미널은 제외한다) 중 ⑤에 해당하지 않는 것으로서 바닥면적의 합계가 2천5백 m² 이상인 것

　　㉢ 랙식 창고시설 중 ⑥에 해당하지 않는 것으로서 바닥면적의 합계가 750m² 이상인 것

　　㉣ 공장 또는 창고시설 중 ⑦에 해당하지 않는 것으로서 지하층·무창층 또는 층수가 4층 이상인 것 중 바닥면적이 500m² 이상인 것

　　㉤ 공장 또는 창고시설 중 ⑧의 ㉠에 해당하지 않는 것으로서 「소방기본법 시행령」 별표 2에서 정하는 수량의 500배 이상의 특수가연물을 저장·취급하는 시설

⑩ 지하가(터널은 제외한다)로서 연면적 1천 m² 이상인 것

⑪ 기숙사(교육연구시설·수련시설 내에 있는 학생 수용을 위한 것을 말한다) 또는 복합건축물로서 연면적 5천 m² 이상인 경우에는 모든 층

⑫ 교정 및 군사시설 중 다음의 어느 하나에 해당하는 경우에는 해당 장소

　　㉠ 보호감호소, 교도소, 구치소 및 그 지소, 보호관찰소, 갱생보호시설, 치료감호시설, 소년원 및 소년분류심사원의 수용거실

　　㉡ 「출입국관리법」 제52조 제2항에 따른 보호시설(외국인보호소의 경우에는 보호대상자의 생활공간으로 한정한다. 이하 같다)로 사용하는 부분. 다만, 보호시설이 임차건물에 있는 경우는 제외한다.

　　㉢ 「경찰관 직무집행법」 제9조에 따른 유치장

⑬ ①부터 ⑫까지의 특정소방대상물에 부속된 보일러실 또는 연결통로 등

02 스프링클러설비의 구성 및 종류

1) 구성

① 수원 ② 가압송수장치 ③ 방호구역, 방수구역, 유수검지장치 등 ④ 배관
⑤ 음향장치 및 기동장치 ⑥ 헤드 ⑦ 송수구 ⑧ 전원 ⑨ 제어반 ⑩ 배선 ⑪ 헤드 제외

2) 스프링클러설비의 종류

▼ 스프링클러설비의 종류 및 특징

설비의 종류	사용 헤드	유수검지장치 등	배관상태(1차 측/2차 측)	감지기와 연동성
습식	폐쇄형	습식 유수검지장치	가압수/가압수	없음
건식	폐쇄형	건식 유수검지장치	가압수/압축공기	없음
준비작동식	폐쇄형	준비작동식 유수검지장치	가압수/저압공기	있음
부압식	폐쇄형	준비작동식 유수검지장치	가압수/부압수	있음
일제살수식	개방형	일제개방밸브	가압수/대기압	있음

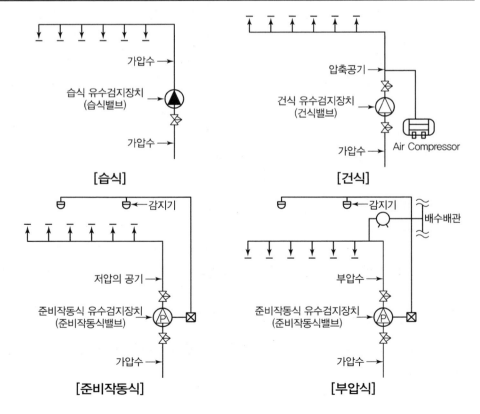

[습식]   [건식]

[준비작동식]   [부압식]

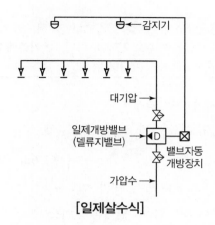

[일제살수식]

03 수원

1) 수원의 양

(1) 폐쇄형 스프링클러헤드를 사용하는 경우

① 30층 미만의 경우 : 수원의 양$(m^3)= N \times 1.6 m^3$ 이상$= N \times 80l/min \times 20min$ 이상

② 30층 이상 49층 이하의 경우 : 수원의 양$(m^3)= N \times 3.2 m^3$ 이상

$$= N \times 80l/min \times 40min \text{ 이상}$$

③ 50층 이상의 경우 : 수원의 양$(m^3)= N \times 4.8 m^3$ 이상$= N \times 80l/min \times 60min$ 이상

여기서, N : 스프링클러헤드의 설치개수가 가장 많은 층의 설치 수(최대기준개수 이하),

아파트의 경우 세대 내 헤드수

▼ 기준개수

스프링클러설비 설치장소			기준개수
지하층을 제외한 층수가 10층 이하인 소방대상물	공장 또는 창고(랙크식 창고를 포함한다)	특수가연물을 저장·취급하는 것	30
		그 밖의 것	20
	근린생활시설·판매시설·운수시설 또는 복합건축물	판매시설 또는 복합건축물(판매시설이 설치되는 복합건축물을 말한다.)	30
		그 밖의 것	20
	그 밖의 것	헤드의 부착높이가 8m 이상인 것	20
		헤드의 부착높이가 8m 미만인 것	10
아파트			10
지하층을 제외한 층수가 11층 이상인 소방대상물(아파트를 제외한다)·지하가 또는 지하역사			30

비고 : 하나의 소방대상물이 2 이상의 "스프링클러헤드의 기준개수" 난에 해당하는 때에는 기준개수가 많은 난을 기준으로 한다. 다만, 각 기준개수에 해당하는 수원을 별도로 설치하는 경우에는 그러하지 아니하다.

(2) 개방형 헤드를 사용하는 경우

① 최대 방수구역의 헤드 수가 30개 이하일 때

$$수원(m^3) = N \times 1.6m^3 \ 이상$$

여기서, N : 최대 방수구역의 헤드 수

② 최대 방수구역의 헤드 수가 30개를 초과할 때

$$수원(m^3) = Q \times 20min \ 이상$$

여기서, Q : 가압송수장치의 분당 송수량(m^3/min)

2) 옥상수원의 양

스프링클러의 수원은 1)에 따라 산출된 유효수량 외에 유효수량의 3분의 1 이상을 옥상(스프링클러설비가 설치된 건축물의 주된 옥상을 말한다. 이하 같다)에 설치하여야 한다.

3) 옥상수조 제외

① 지하층만 있는 건축물

② 고가수조를 가압송수장치로 설치한 스프링클러설비

③ 수원이 건축물의 최상층에 설치된 헤드보다 높은 위치에 설치된 경우

④ 건축물의 높이가 지표면으로부터 10m 이하인 경우

⑤ 주 펌프와 동등 이상의 성능이 있는 별도의 펌프로서 내연기관의 기동과 연동하여 작동되거나 비상전원을 연결하여 설치한 경우

⑥ 가압수조를 가압송수장치로 설치한 스프링클러설비

※ 옥상수조 제외 규정 시에도 층수가 30층 이상의 특정소방대상물의 수원은 산출된 유효수량 외에 유효수량의 3분의 1 이상을 옥상(스프링클러설비가 설치된 건축물의 주된 옥상을 말한다)에 설치하여야 한다. 다만, 고가수조방식인 경우와 수원이 건축물의 최상층헤드보다 높은 위치에 설치된 경우 그러하지 아니하다.

4) 전용 및 겸용

옥내소화전설비와 동일

5) 수조설치기준

옥내소화전설비와 동일

04 가압송수장치

1) 전동기 또는 내연기관에 따른 펌프를 이용하는 가압송수장치

① 가압송수장치의 정격토출압력은 하나의 헤드선단에 0.1MPa 이상 1.2MPa 이하의 방수압력이 될 수 있게 하는 크기일 것

② 가압송수장치의 송수량은 0.1MPa의 방수압력 기준으로 80L/min 이상의 방수성능을 가진 기준개수의 모든 헤드로부터의 방수량을 충족시킬 수 있는 양 이상의 것으로 할 것. 이 경우 속도수두는 계산에 포함하지 아니할 수 있다.

③ ②의 기준에 불구하고 가압송수장치의 1분당 송수량은 폐쇄형 스프링클러헤드를 사용하는 설비의 경우 제4조 제1항 제1호에 따른 기준개수에 80L를 곱한 양 이상으로도 할 수 있다.

④ ②의 기준에 불구하고 가압송수장치의 1분당 송수량은 개방형 스프링클러 헤드수가 30개 이하의 경우에는 그 개수에 80L를 곱한 양 이상으로 할 수 있으나 30개를 초과하는 경우에는 ① 및 ②에 따른 기준에 적합하게 할 것

⑤ 펌프는 전용으로 할 것. 다만, 다른 소화설비와 겸용하는 경우 각각의 소화설비의 성능에 지장이 없을 때에는 그러하지 아니하다.

⑥ 기타 옥내소화전과 동일

2) 고가수조의 자연낙차를 이용하는 가압송수장치

(1) 고가수조의 자연낙차수두 산출식

$$H = h_1 + 10m$$

여기서, H : 필요한 낙차(m)(수조의 하단으로부터 최고층의 헤드까지 수직거리)

h_1 : 배관의 마찰손실수두(m)

(2) 고가수조설치

① 수위계   ② 배수관

③ 급수관   ④ 오버플로관   ⑤ 맨홀

3) 압력수조를 이용하는 가압송수장치

(1) 압력수조의 필요압력 산출식

$$P = P_1 + P_2 + 0.1MPa$$

여기서, P : 필요한 압력(MPa), P_1 : 배관 및 관부속물의 마찰손실압력(MPa),
P_2 : 낙차의 환산압력(MPa)

(2) 압력수조설치

① 수위계 ② 배수관 ③ 급수관 ④ 급기관 ⑤ 맨홀 ⑥ 압력계 ⑦ 안전장치
⑧ 자동식 공기압축기

4) 가압수조를 이용하는 가압송수장치

옥내소화전설비 설치기준과 동일

05 방호구역, 방수구역, 유수검지장치 등

1) 폐쇄형 스프링클러헤드를 사용하는 설비의 방호구역 및 유수검지장치

① 하나의 방호구역의 바닥면적은 3,000m²를 초과하지 아니할 것. 다만, 폐쇄형 스프링클러설비에 격자형 배관방식(2 이상의 수평주행배관 사이를 가지배관으로 연결하는 방식을 말한다)을 채택하는 때에는 3,700m² 범위 내에서 펌프용량, 배관의 구경 등을 수리학적으로 계산한 결과 헤드의 방수압 및 방수량이 방호구역 범위 내에서 소화목적을 달성하는 데 충분할 것

② 하나의 방호구역에는 1개 이상의 유수검지장치를 설치하되, 화재 발생 시 접근이 쉽고 점검하기 편리한 장소에 설치할 것

③ 하나의 방호구역은 2개 층에 미치지 아니하도록 할 것. 다만, 1개 층에 설치되는 스프링클러헤드의 수가 10개 이하인 경우와 복층형 구조의 공동주택에는 3개 층 이내로 할 수 있다.

④ 유수검지장치를 실내에 설치하거나 보호용 철망 등으로 구획하여 바닥으로부터 0.8m 이상 1.5m 이하의 위치에 설치하되, 그 실 등에는 가로 0.5m 이상 세로 1m 이상의 출입문을 설치하고 그 출입문 상단에 "유수검지장치실"이라고 표시한 표지를 설치할 것. 다만, 유수검지장치를 기계실(공조용기계실을 포함한다) 안에 설치하는 경우에는 별도의 실 또는 보호용 철망을 설치하지 아니하고 기계실 출입문 상단에 "유수검지장치실"이라고 표시한 표지를 설치할 수 있다.

⑤ 스프링클러헤드에 공급되는 물은 유수검지장치를 지나도록 할 것. 다만, 송수구를 통하여 공급되는 물은 그러하지 아니하다.

⑥ 자연낙차에 따른 압력수가 흐르는 배관상에 설치된 유수검지장치는 화재 시 물의 흐름을 검지할 수 있는 최소한의 압력이 얻어질 수 있도록 수조의 하단으로부터 낙차를 두어 설치할 것

⑦ 조기반응형 스프링클러헤드를 설치하는 경우에는 습식 유수검지장치 또는 부압식 스프링클러설비를 설치할 것

2) 개방형 스프링클러헤드를 사용하는 설비의 방수구역 및 일제개방밸브

① 하나의 방수구역은 2개 층에 미치지 아니할 것

② 방수구역마다 일제개방밸브를 설치할 것

③ 하나의 방수구역을 담당하는 헤드의 개수는 50개 이하로 할 것. 다만, 2개 이상의 방수구역으로 나눌 경우에는 하나의 방수구역을 담당하는 헤드의 개수는 25개 이상으로 할 것

④ 일제개방밸브의 설치위치는 제6조 제4호의 기준에 따르고, 표지는 "일제개방밸브실"이라고 표시할 것

06 배관 등

1) 배관의 종류

옥내소화전설비와 동일

2) 합성수지배관을 설치할 수 있는 경우

옥내소화전설비와 동일

3) 전용 및 겸용

옥내소화전설비와 동일

4) 흡입 측 배관 설치기준

옥내소화전설비와 동일

5) 배관의 관경

① **수리계산방식** : 수리계산에 따르는 경우 가지배관의 유속은 6m/s, 그 밖의 배관의 유속은 10m/s를 초과할 수 없다. 0.1MPa의 방수압력 기준으로 80L/min 이상의

방수성능을 가진 기준개수의 모든 헤드로부터의 방수량을 충족시킬 수 있는 배관구경이 되도록 할 것

② **규약배관방식** : 별표 1에 따를 것

▼ **[별표 1] 스프링클러헤드 수별 급수관의 구경(제8조 제3항 제3호 관련)**

(단위 : mm)

구분 ＼ 급수관의 구경	25	32	40	50	65	80	90	100	125	150
가	2	3	5	10	30	60	80	100	160	161 이상
나	2	4	7	15	30	60	65	100	160	161 이상
다	1	2	5	8	15	27	40	55	90	91 이상

(주)

1. 폐쇄형 스프링클러헤드를 사용하는 설비의 경우로서 1개 층에 하나의 급수배관(또는 밸브 등)이 담당하는 구역의 최대면적은 3,000m²를 초과하지 아니할 것
2. 폐쇄형 스프링클러헤드를 설치하는 경우에는 "가"란의 헤드 수에 따를 것. 다만, 100개 이상의 헤드를 담당하는 급수배관(또는 밸브)의 구경을 100mm로 할 경우에는 수리계산을 통하여 제8조 제3항 제3호에서 규정한 배관의 유속에 적합하도록 할 것
3. 폐쇄형 스프링클러헤드를 설치하고 반자 아래의 헤드와 반자속의 헤드를 동일 급수관의 가지관상에 병설하는 경우에는 "나"란의 헤드 수에 따를 것
4. 제10조 제3항 제1호의 경우로서 폐쇄형 스프링클러헤드를 설치하는 설비의 배관구경은 "다"란에 따를 것
5. 개방형 스프링클러헤드를 설치하는 경우 하나의 방수구역이 담당하는 헤드의 개수가 30개 이하일 때는 "다"란의 헤드 수에 의하고, 30개를 초과할 때는 수리계산 방법에 따를 것

6) 펌프의 성능시험배관

옥내소화전설비와 동일

7) 순환배관

옥내소화전설비와 동일

8) 가지배관 설치기준

① 토너먼트(Tournament) 방식이 아닐 것

② 교차배관에서 분기되는 지점을 기점으로 한쪽 가지배관에 설치되는 헤드의 개수(반자 아래와 반자 속의 헤드를 하나의 가지배관상에 병설하는 경우에는 반자 아래에 설치하는 헤드의 개수)는 8개 이하로 할 것. 다만, 다음의 어느 하나에 해당하는 경우에는 그러하지 아니하다.

　㉠ 기존의 방호구역 안에서 칸막이 등으로 구획하여 1개의 헤드를 증설하는 경우

　㉡ 습식 스프링클러설비 또는 부압식 스프링클러설비에 격자형 배관방식(2 이상의 수평주행배관 사이를 가지배관으로 연결하는 방식을 말한다)을 채택하는 때에는

펌프의 용량, 배관의 구경 등을 수리학적으로 계산한 결과 헤드의 방수압 및 방수량이 소화목적을 달성하는 데 충분하다고 인정되는 경우

③ 가지배관과 스프링클러헤드 사이의 배관을 신축배관으로 하는 경우에는 소방청장이 정하여 고시한 「스프링클러설비 신축배관 성능인증 및 제품검사의 기술기준」에 적합한 것으로 설치할 것. 이 경우 신축배관의 설치길이는 소방대상물의 각 부분으로부터 헤드까지의 수평거리를 초과하지 아니할 것

ㄱ 최고사용압력은 1.4MPa 이상이어야 하고, 최고사용압력의 1.5배의 수압에 변형·누수되지 아니할 것

ㄴ 진폭을 5mm, 진동수를 매초 당 25회로 하여 6시간 동안 작동시킨 경우 또는 매초 0.35MPa부터 3.5MPa까지의 압력변동을 4,000회 실시한 경우에도 변형·누수되지 아니할 것

ㄷ 신축배관의 설치길이는 소방대상물의 각 부분으로부터 헤드까지의 수평거리를 초과하지 아니할 것

Check Point 스프링클러설비의 배관방식

① 트리방식(Tree System) : 주 배관 → 교차배관 → 가지배관 → 헤드의 단일방향으로 유수되며, 화재안전기준에 따라 일반적으로 사용하는 스프링클러 배관방식

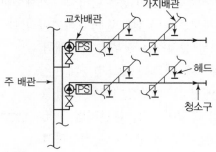

② 루프방식(Loop System)
2개의 수평주행배관 사이에 가지배관이 접속되어 SP작동 시 2방향 이상으로 급수가 공급되나 가지배관 상호 간은 연결되지 않는 방식

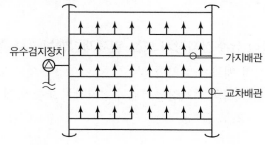

③ 격자방식(Grid System)
- 2개의 수평주행배관 사이에 가지배관이 접속되어 SP작동 시 2방향 이상으로 급수가 공급되는 방식
- 압력손실이 적고 방사압력이 균일하다.
- 충격파의 분산이 가능하고 증설·이설이 쉽다.

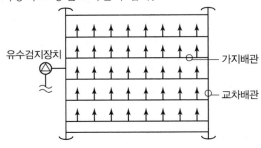

9) 교차배관의 위치, 청소구 및 가지배관의 헤드설치기준

① 교차배관은 가지배관과 수평으로 설치하거나 또는 가지배관 밑에 설치하고, 그 구경은 제3항 제3호에 따르되 최소구경이 40mm 이상이 되도록 할 것. 다만, 패들형 유수검지장치를 사용하는 경우에는 교차배관의 구경과 동일하게 설치할 수 있다.

② 청소구는 교차배관 끝에 개폐밸브를 설치하고, 호스접결이 가능한 나사식 또는 고정배수 배관식으로 할 것. 이 경우 나사식의 개폐밸브는 옥내소화전 호스접결용의 것으로 하고, 나사보호용의 캡으로 마감하여야 한다.

③ 하향식 헤드를 설치하는 경우에 가지배관으로부터 헤드에 이르는 헤드접속배관은 가지관상부에서 분기할 것. 다만, 소화설비용 수원의 수질이 「먹는물관리법」 제5조에 따라 먹는물의 수질기준에 적합하고 덮개가 있는 저수조로부터 물을 공급받는 경우에는 가지배관의 측면 또는 하부에서 분기할 수 있다.

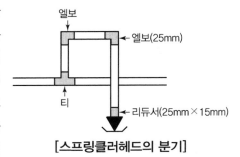

[스프링클러헤드의 분기]

10) 준비작동식 유수검지장치 또는 일제개방밸브 2차 측 부대설비기준

① 개폐표시형 밸브를 설치할 것

② ①에 따른 밸브와 준비작동식 유수검지장치 또는 일제개방밸브 사이의 배관은 다음과 같은 구조로 할 것

ⓐ 수직배수배관과 연결하고 동 연결배관상에는 개폐밸브를 설치할 것

ⓑ 자동배수장치 및 압력스위치를 설치할 것

ⓒ ⓑ에 따른 압력스위치는 수신부에서 준비작동식 유수검지장치 또는 일제개방밸브의 개방 여부를 확인할 수 있게 설치할 것

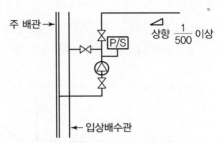

[일제개방밸브 2차 측 배관]

11) 시험장치 설치기준(습식, 건식, 부압식)

① 습식 스프링클러설비 및 부압식 스프링클러설비에 있어서는 유수검지장치 2차측 배관에 연결하여 설치하고 건식 스프링클러설비인 경우 유수검지장치에서 가장 먼 거리에 위치한 가지배관의 끝으로부터 연결하여 설치할 것. 유수검지장치 2차측 설비의 내용적이 2,840L를 초과하는 건식 스프링클러설비의 경우 시험장치 개폐밸브를 완전 개방한 후 1분 이내에 물이 방사되어야 한다.

② 시험장치 배관의 구경은 25mm 이상으로 하고, 그 끝에 개폐밸브 및 개방형 헤드 또는 스프링클러 헤드와 동등한 방수성능을 가진 오리피스를 설치할 것. 이 경우 개방형 헤드는 반사판 및 프레임을 제거한 오리피스만으로 설치할 수 있다.

③ 시험배관의 끝에는 물받이 통 및 배수관을 설치하여 시험 중 방사된 물이 바닥에 흘러내리지 아니하도록 할 것. 다만, 목욕실·화장실 또는 그 밖의 곳으로서 배수처리가 쉬운 장소에 시험배관을 설치한 경우에는 그러하지 아니하다.

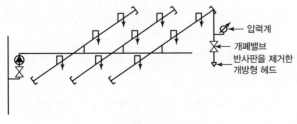

[말단시험장치]

12) 행거 설치기준

① 가지배관에는 헤드의 설치지점 사이마다 1개 이상의 행거를 설치하되, 헤드 간의 거리가 3.5m를 초과하는 경우에는 3.5m 이내마다 1개 이상 설치할 것. 이 경우 상향식 헤드와 행거 사이에는 8cm 이상의 간격을 두어야 한다.

② 교차배관에는 가지배관과 가지배관 사이마다 1개 이상의 행거를 설치하되, 가지배관 사이의 거리가 4.5m를 초과하는 경우에는 4.5m 이내마다 1개 이상 설치할 것

③ 수평주행배관에는 4.5m 이내마다 1개 이상 설치할 것

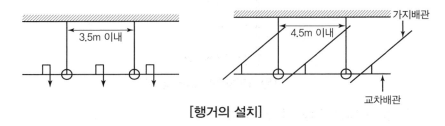

[행거의 설치]

13) 수직배수배관 설치기준

수직배수배관의 구경은 50mm 이상으로 하여야 한다. 다만, 수직배관의 구경이 50mm 미만인 경우에는 수직배관과 동일한 구경으로 할 수 있다.

14) 주차장스프링클러설비

주차장의 스프링클러설비는 습식 외의 방식으로 하여야 한다. 다만, 다음의 어느 하나에 해당하는 경우에는 그러하지 아니하다.

① 동절기에 상시 난방이 되는 곳이거나 그 밖에 동결의 염려가 없는 곳

② 스프링클러설비의 동결을 방지할 수 있는 구조 또는 장치가 된 것

15) 급수개폐밸브 작동표시 스위치(탬퍼 스위치)

급수배관에 설치되어 급수를 차단할 수 있는 개폐밸브에는 그 밸브의 개폐상태를 감시제어반에서 확인할 수 있도록 급수개폐밸브 작동표시 스위치를 다음 기준에 따라 설치하여야 한다.

① 급수개폐밸브가 잠길 경우 탬퍼 스위치의 동작으로 인하여 감시제어반 또는 수신기에 표시되어야 하며 경보음을 발할 것

② 탬퍼 스위치는 감시제어반 또는 수신기에서 동작의 유무 확인과 동작시험, 도통시험을 할 수 있을 것

③ 급수개폐밸브의 작동표시 스위치에 사용되는 전기배선은 내화전선 또는 내열전선으로 설치할 것

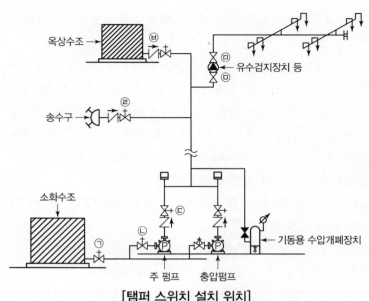

옥상수조

송수구

소화수조

유수검지장치 등

기동용 수압개폐장치

주 펌프   충압펌프

[탬퍼 스위치 설치 위치]

㉠ 지하 수조로부터 펌프 흡입
측 배관에 설치된 개폐밸브
㉡ 주펌프의 흡입측 개폐밸브
㉢ 주펌프의 토출측 개폐밸브
㉣, ㉤ 스프링클러설비의 송수구
에 설치하는 개폐표시형 밸브
/준비작동식 유수검지장치 및
일제개방밸브의 1차 측 및 2
차 측 개폐밸브
㉥ 스프링클러설비 입상관과 접
속된 고가수조의 개폐밸브

16) 배관의 배수를 위한 기울기

① 습식 스프링클러설비 또는 부압식 스프링클러설비의 배관을 수평으로 할 것. 다만,
배관의 구조상 소화수가 남아 있는 곳에는 배수밸브를 설치하여야 한다.

② 습식 스프링클러설비 또는 부압식 스프링클러설비 외의 설비에는 헤드를 향하여 상
향으로 수평주행배관의 기울기를 500분의 1 이상, 가지배관의 기울기를 250분의
1 이상으로 할 것. 다만, 배관의 구조상 기울기를 줄 수 없는 경우에는 배수를 원활하
게 할 수 있도록 배수밸브를 설치하여야 한다.

07 음향장치 및 기동장치

1) 음향장치 작동기준

① 습식 유수검지장치 또는 건식 유수검지장치를 사용하는 설비에 있어서는 헤드가 개방
되면 유수검지장치가 화재신호를 발신하고 그에 따라 음향장치가 경보되도록 할 것

② 준비작동식 유수검지장치 또는 일제개방밸브를 사용하는 설비에는 화재감지기의 감
지에 따라 음향장치가 경보되도록 할 것. 이 경우 화재감지기회로를 교차회로방식
(하나의 준비작동식 유수검지장치 또는 일제개방밸브의 담당구역 내에 2 이상의 화
재감지기회로를 설치하고 인접한 2 이상의 화재감지기가 동시에 감지되는 때에 준비
작동식 유수검지장치 또는 일제개방밸브가 개방·작동되는 방식을 말한다)으로 하

는 때에는 하나의 화재감지기회로가 화재를 감지하는 때에도 음향장치가 경보되도록 하여야 한다.

③ 음향장치는 유수검지장치 및 일제개방밸브 등의 담당구역마다 설치하되 그 구역의 각 부분으로부터 하나의 음향장치까지의 수평거리는 25m 이하가 되도록 할 것

④ 음향장치는 경종 또는 사이렌(전자식 사이렌을 포함한다)으로 하되, 주위의 소음 및 다른 용도의 경보와 구별이 가능한 음색으로 할 것. 이 경우 경종 또는 사이렌은 자동화재탐지설비 · 비상벨설비 또는 자동식사이렌설비의 음향장치와 겸용할 수 있다.

⑤ 주 음향장치는 수신기의 내부 또는 그 직근에 설치할 것

⑥ 층수가 5층 이상으로서 연면적이 3,000m²를 초과하는 특정소방대상물은 다음에 따라 경보를 발할 수 있도록 하여야 한다.

　㉠ 2층 이상의 층에서 발화한 때에는 발화층 및 그 직상층에 경보를 발할 것

　㉡ 1층에서 발화한 때에는 발화층 · 그 직상층 및 지하층에 경보를 발할 것

　㉢ 지하층에서 발화한 때에는 발화층 · 그 직상층 및 기타의 지하층에 경보를 발할 것

⑥의2. ⑥에도 불구하고 층수가 30층 이상의 특정소방대상물은 다음에 따라 경보를 발할 수 있도록 하여야 한다.

　㉠ 2층 이상의 층에서 발화한 때에는 발화층 및 그 직상 4개 층에 경보를 발할 것

　㉡ 1층에서 발화한 때에는 발화층 · 그 직상 4개 층 및 지하층에 경보를 발할 것

　㉢ 지하층에서 발화한 때에는 발화층 · 그 직상층 및 기타의 지하층에 경보를 발할 것

⑦ 음향장치는 다음 기준에 따른 구조 및 성능의 것으로 할 것

　㉠ 정격전압의 80% 전압에서 음향을 발할 수 있는 것으로 할 것

　㉡ 음량은 부착된 음향장치의 중심으로부터 1m 떨어진 위치에서 90dB 이상이 되는 것으로 할 것

| Reference | **교차회로배선**

① 배선방식 : 1개 밸브의 담당구역 내에 2 이상의 화재감지기 회로를 설치하고, 인접한 2개 이상의 화재감지기가 동시에 감지되는 때에 준비작동식밸브 또는 일제개방밸브가 개방·작동되게 하는 감지기 배선방식
② 배선목적 : 감지기 오동작에 의한 설비의 오동작 방지
③ 교차배선의 설계

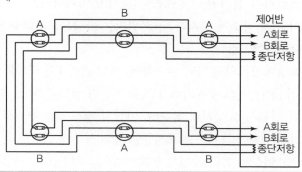

2) 펌프 작동기준

① 습식 유수검지장치 또는 건식 유수검지장치를 사용하는 설비에 있어서는 유수검지장치의 발신이나 기동용 수압개폐장치에 의하여 작동되거나 또는 이 두 가지의 혼용에 따라 작동될 수 있도록 할 것
② 준비작동식 유수검지장치 또는 일제개방밸브를 사용하는 설비에 있어서는 화재감지기의 화재감지나 기동용 수압개폐장치에 따라 작동되거나 또는 이 두 가지의 혼용에 따라 작동할 수 있도록 할 것

3) 준비작동식 유수검지장치 또는 일제개방밸브 작동기준

① 담당구역 내의 화재감지기의 동작에 따라 개방 및 작동될 것
② 화재감지회로는 교차회로방식으로 할 것. 다만, 다음의 어느 하나에 해당하는 경우에는 그러하지 아니하다.
　㉠ 스프링클러설비의 배관 또는 헤드에 누설경보용 물 또는 압축공기가 채워지거나 부압식 스프링클러설비의 경우
　㉡ 화재감지기를 「자동화재탐지설비의 화재안전기준(NFSC 203)」 제7조 제1항 단서의 각 호의 감지기로 설치한 때[오동작 없는 감지기]
③ 준비작동식 유수검지장치 또는 일제개방밸브의 인근에서 수동기동(전기식 및 배수식)에 따라서도 개방 및 작동될 수 있게 할 것
④ 화재감지기의 설치기준에 관하여는 「자동화재탐지설비의 화재안전기준(NFSC

203)」제7조 및 제11조를 준용할 것. 이 경우 교차회로방식에 있어서의 화재감지기의 설치는 각 화재감지기 회로별로 설치하되, 각 화재감지기회로별 화재감지기 1개가 담당하는 바닥면적은 「자동화재탐지설비의 화재안전기준(NFSC 203)」제7조 제3항 제5호 · 제8호부터 제10호까지에 따른 바닥면적으로 한다.

⑤ 화재감지기 회로에는 다음 각 기준에 따른 발신기를 설치할 것. 다만, 자동화재탐지설비의 발신기가 설치된 경우에는 그러하지 아니하다.

㉠ 조작이 쉬운 장소에 설치하고, 스위치는 바닥으로부터 0.8m 이상 1.5m 이하의 높이에 설치할 것

㉡ 특정소방대상물의 층마다 설치하되, 해당 특정소방대상물의 각 부분으로부터 하나의 발신기까지의 수평거리가 25m 이하가 되도록 할 것. 다만, 복도 또는 별도로 구획된 실로서 보행거리가 40m 이상일 경우에는 추가로 설치하여야 한다.

㉢ 발신기의 위치를 표시하는 표시등은 함의 상부에 설치하되, 그 불빛은 부착면으로부터 15° 이상의 범위 안에서 부착지점으로부터 10m 이내의 어느 곳에서도 쉽게 식별할 수 있는 적색등으로 할 것

08 헤드

1) 헤드의 설치장소

① 스프링클러헤드는 특정소방대상물의 천장 · 반자 · 천장과 반자 사이 · 덕트 · 선반 기타 이와 유사한 부분(폭이 1.2m를 초과하는 것에 한한다)에 설치하여야 한다. 다만, 폭이 9m 이하인 실내에 있어서는 측벽에 설치할 수 있다.

② 랙크식 창고의 경우로서「소방기본법 시행령」별표 2의 특수가연물을 저장 또는 취급하는 것에 있어서는 랙크높이 4m 이하마다, 그 밖의 것을 취급하는 것에 있어서는 랙크높이 6m 이하마다 스프링클러헤드를 설치하여야 한다. 다만, 랙크식 창고의 천장높이가 13.7m 이하로서「화재조기진압용 스프링클러설비의 화재안전기준(NFSC 103B)」에 따라 설치하는 경우에는 천장에만 스프링클러헤드를 설치할 수 있다.

2) 헤드의 수평거리

스프링클러헤드를 설치하는 천장 · 반자 · 천장과 반자 사이 · 덕트 · 선반 등의 각 부분으로부터 하나의 스프링클러헤드까지의 수평거리는 다음과 같이 하여야 한다. 다만, 성능이 별도로 인정된 스프링클러헤드를 수리계산에 따라 설치하는 경우에는 그러하지 아니하다.

소방대상물	수평거리(m)
무대부, 특수가연물을 저장 또는 취급하는 장소	1.7m 이하
일반건축물	2.1m 이하
내화건축물	2.3m 이하
랙크식 창고	2.5m 이하
공동주택(아파트) 세대 내의 거실	3.2m 이하

※ 특수가연물을 저장 또는 취급하는 랙크식 창고의 경우에는 1.7m 이하

3) 헤드의 배치

(1) 정방형 배치

헤드 간의 거리 중 가로의 거리와 세로의 거리가 동일한 헤드의 배치방식

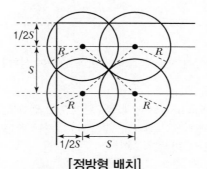

[정방형 배치]

$$S = 2r \cos 45°$$

여기서, S : 헤드 간의 거리(m), r : 수평거리(m)

(2) 장방형 배치

헤드 간의 거리 중 가로의 거리 또는 세로의 거리가 서로 다른 배치방식

① 가로열의 헤드 간의 거리 $= 2r \cos\theta$

② 세로열의 헤드 간의 거리 $= 2r \sin\theta \, (\theta = 30 \sim 60°)$

그러므로 배치각이 일정치 않을 때에는 다음 식에 따른다.

$$P_t = 2r$$

여기서, P_t : 대각선의 길이(m), r : 수평거리(m)

Check Point 장방형의 경우

① 긴 변의 길이 = 2R · sin(큰 각)   ② 짧은 변의 길이 = 2R · sin(작은 각)

4) 개방형 헤드 및 조기반응형 헤드 설치대상

① 무대부 또는 연소할 우려가 있는 개구부에 있어서는 개방형 스프링클러헤드를 설치하여야 한다.

② 다음 어느 하나에 해당하는 장소에는 조기반응형 스프링클러헤드를 설치하여야 한다.

  ㉠ 공동주택 · 노유자시설의 거실

  ㉡ 오피스텔 · 숙박시설의 침실, 병원의 입원실

Check Point

1. 조기반응형 헤드

RTI 50 이하인 속동형 헤드로 습식 설비에 한하여 설치할 수 있다.

2. 반응시간지수(RTI)

RTI(Response Time Index)란 헤드의 열에 대한 민감도, 즉 열감도를 의미하며 폐쇄형 헤드 감열부의 개방에 필요한 열을 주위로부터 얼마나 빠른 시간에 흡수할 수 있는지를 나타내는 헤드 작동시간에 따른 지수이다.

$$RTI = \tau\sqrt{u}$$

여기서, RTI : $\sqrt{m \cdot sec}$ · τ : 감열체의 시간상수(sec), u : 기류의 속도(m/sec)

3. 반응시간지수(RTI)에 따른 분류

① 표준반응형(Standard Response) 헤드 : RTI가 80 초과 350 이하인 헤드로 가장 일반적인 헤드

② 특수반응형(Special Response) 헤드 : RTI가 50 초과 80 이하인 헤드

③ 조기반응형(Fast Response) 헤드 : RTI가 50 이하인 헤드로 속동형 헤드 또는 조기반응형 헤드

5) 폐쇄형 헤드의 최고 주위온도에 따른 표시온도

설치장소의 최고 주위온도	표시온도
39℃ 미만	79℃ 미만
39℃ 이상 64℃ 미만	79℃ 이상 121℃ 이상
64℃ 이상 106℃ 미만	121℃ 이상 162℃ 미만
106℃ 이상	162℃ 이상

다만, 높이가 4m 이상인 공장 및 창고(랙크식 창고를 포함한다)에 설치하는 스프링클러 헤드는 표시온도 121℃ 이상의 것으로 할 수 있다.

6) 헤드의 설치방법

① 살수가 방해되지 아니하도록 스프링클러헤드로부터 반경 60cm 이상의 공간을 보유 할 것. 다만, 벽과 스프링클러헤드 간의 공간은 10cm 이상으로 한다.

② 스프링클러헤드와 그 부착면(상향식 헤드의 경우에는 그 헤드의 직상부의 천장 · 반 자 또는 이와 비슷한 것을 말한다. 이하 같다)과의 거리는 30cm 이하로 할 것

③ 배관 · 행거 및 조명기구 등 살수를 방해하는 것이 있는 경우에는 ① 및 ②에도 불구하 고 그로부터 아래에 설치하여 살수에 장애가 없도록 할 것. 다만, 스프링클러헤드와 장애물과의 이격거리를 장애물 폭의 3배 이상 확보한 경우에는 그러하지 아니하다.

④ 스프링클러헤드의 반사판은 그 부착면과 평행하게 설치할 것. 다만, 측벽형 헤드 또는 연소할 우려가 있는 개구부에 설치하는 스프링클러헤드의 경우에는 그러하지 아니하다.

⑤ 천장의 기울기가 10분의 1을 초과하는 경우에는 가지관을 천장의 마루와 평행하게 설치하고, 스프링클러헤드는 다음의 어느 하나의 기준에 적합하게 설치할 것

ㄱ 천장의 최상부에 스프링클러헤드를 설치하는 경우에는 최상부에 설치하는 스프 링클러헤드의 반사판을 수평으로 설치할 것

ㄴ 천장의 최상부를 중심으로 가지관을 서로 마주보게 설치하는 경우에는 최상부의 가지관 상호 간의 거리가 가지관상의 스프링클러헤드 상호 간 거리의 2분의 1 이 하(최소 1m 이상이 되어야 한다)가 되게 스프링클러헤드를 설치하고, 가지관의 최상부에 설치하는 스프링클러헤드는 천장의 최상부로부터의 수직거리가 90cm 이하가 되도록 할 것. 톱날지붕, 둥근지붕 기타 이와 유사한 지붕의 경우에도 이에 준한다.

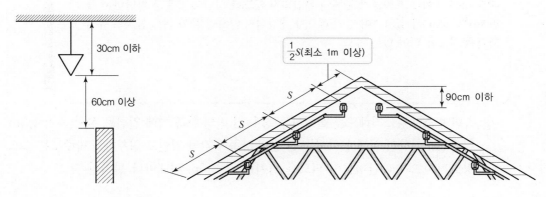

⑥ 연소할 우려가 있는 개구부에는 그 상하좌우에 2.5m 간격으로(개구부의 폭이 2.5m 이하인 경우에는 그 중앙에) 스프링클러헤드를 설치하되, 스프링클러헤드와 개구부의 내측 면으로부터 직선거리는 15cm 이하가 되도록 할 것. 이 경우 사람이 상시 출입하는 개구부로서 통행에 지장이 있는 때에는 개구부의 상부 또는 측면(개구부의 폭이 9m 이하인 경우에 한한다)에 설치하되, 헤드 상호 간의 간격은 1.2m 이하로 설치하여야 한다.

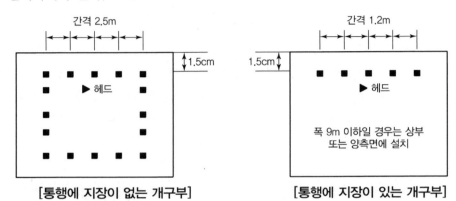

[통행에 지장이 없는 개구부]　　　　　[통행에 지장이 있는 개구부]

⑦ 습식 스프링클러설비 및 부압식 스프링클러설비 외의 설비에는 상향식 스프링클러헤드를 설치할 것. 다만, 다음의 어느 하나에 해당하는 경우에는 그러하지 아니하다.

　㉠ 드라이 펜던트 스프링클러헤드를 사용하는 경우

　㉡ 스프링클러헤드의 설치장소가 동파의 우려가 없는 곳인 경우

　㉢ 개방형 스프링클러헤드를 사용하는 경우

Check Point 　드라이 펜던트형 헤드(Dry Pendent Head)

배관 내의 물이 스프링클러 몸체에 유입되지 않도록 상단에 유로를 차단하는 플런저(Plunger)가 설치되어 있어 헤드가 개방되지 않으면 물이 헤드 몸체로 유입되지 못하도록 되어 있는 헤드

⑧ 측벽형 스프링클러헤드를 설치하는 경우 긴 변의 한쪽 벽에 일렬로 설치(폭이 4.5m 이상 9m 이하인 실에 있어서는 긴 변의 양쪽에 각각 일렬로 설치하되 마주보는 스프링클러헤드가 나란히꼴이 되도록 설치)하고 3.6m 이내마다 설치할 것

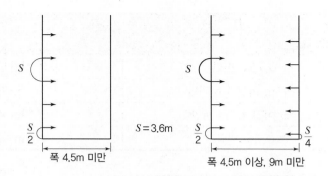

⑨ 상부에 설치된 헤드의 방출수에 따라 감열부에 영향을 받을 우려가 있는 헤드에는 방출수를 차단할 수 있는 유효한 차폐판을 설치할 것

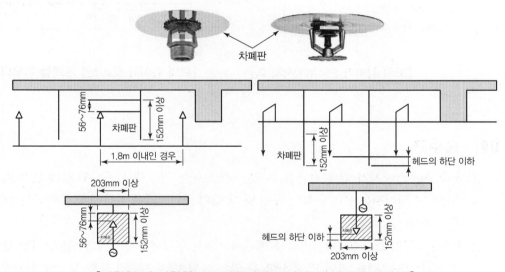

[하향형 및 상향형 스프링클러헤드 설치 시 차폐판 설치 예]

7) 헤드와 보의 이격거리

특정소방대상물의 보와 가장 가까운 스프링클러 헤드는 다음 표의 기준에 따라 설치하여야 한다. 다만, 천장 면에서 보의 하단까지의 길이가 55cm를 초과하고 보의 하단 측면 끝부분으로부터 스프링클러헤드까지의 거리가 스프링클러헤드 상호 간 거리의 2분의 1 이하가 되는 경우에는 스프링클러헤드와 그 부착면과의 거리를 55cm 이하로 할 수 있다.

스프링클러헤드의 반사판 중심과 보의 수평거리	스프링클러헤드의 반사판 높이와 보 하단 높이의 수직거리
0.75m 미만	보의 하단보다 낮을 것
0.75m 이상 1m 미만	0.1m 미만일 것
1m 이상 1.5m 미만	0.15m 미만일 것
1.5m 미만	0.3m 미만일 것

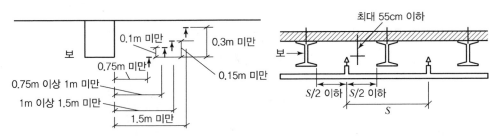

[보의 깊이가 55cm까지의 예]   [보의 깊이가 55cm를 초과할 경우의 예]

09 송수구

① 송수구는 소방차가 쉽게 접근할 수 있는 잘 보이는 장소에 설치하되 화재 층으로부터 지면으로 떨어지는 유리창 등이 송수 및 그 밖의 소화작업에 지장을 주지 아니하는 장소에 설치할 것

② 송수구로부터 스프링클러설비의 주 배관에 이르는 연결배관에 개폐밸브를 설치한 때에는 그 개폐상태를 쉽게 확인 및 조작할 수 있는 옥외 또는 기계실 등의 장소에 설치할 것

③ 구경 65mm의 쌍구형으로 할 것

④ 송수구에는 그 가까운 곳의 보기 쉬운 곳에 송수압력범위를 표시한 표지를 할 것

⑤ 폐쇄형 스프링클러헤드를 사용하는 스프링클러설비의 송수구는 하나의 층의 바닥면적이 3,000m²를 넘을 때마다 1개 이상(5개를 넘을 경우에는 5개로 한다)을 설치할 것

⑥ 지면으로부터 높이가 0.5m 이상 1m 이하의 위치에 설치할 것

⑦ 송수구의 가까운 부분에 자동배수밸브(또는 직경 5mm의 배수공) 및 체크밸브를 설치할 것. 이 경우 자동배수밸브는 배관 안의 물이 잘 빠질 수 있는 위치에 설치하되, 배수로 인하여 다른 물건 또는 장소에 피해를 주지 아니하여야 한다.

⑧ 송수구에는 이물질을 막기 위한 마개를 씌워야 한다.

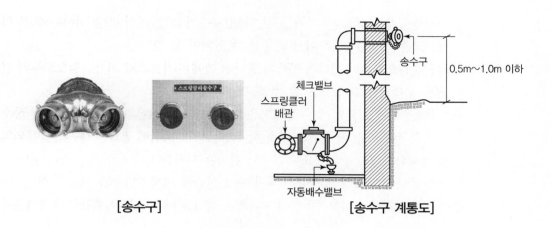

송수구

0.5m~1.0m 이하

체크밸브

스프링클러 배관

자동배수밸브

[송수구]

[송수구 계통도]

10 전원

1) 상용전원

옥내소화전설비와 동일

2) 비상전원

(1) **비상전원의 종류** : 자가발전설비 또는 축전지설비, 전기저장장치

(다만, 차고·주차장으로서 스프링클러설비가 설치된 부분의 바닥면적의 합계가 1,000m² 미만인 경우에는 비상전원수전설비로 설치할 수 있다)

(2) **비상전원의 설치대상** : 모든 스프링클러설비

(3) **비상전원의 설치 제외 경우**

① 2 이상의 변전소(「전기사업법」 제67조에 따른 변전소를 말한다. 이하 같다)에서 전력을 동시에 공급받을 수 있는 경우

② 하나의 변전소로부터 전력의 공급이 중단되는 때에는 자동으로 다른 변전소로부터 전원을 공급받을 수 있도록 상용전원을 설치한 경우

③ 가압수조방식의 경우

(4) **비상전원의 설치기준** : 비상전원은 자가발전설비 또는 축전지설비, 전기저장장치 (내연기관에 따른 펌프를 사용하는 경우에는 내연기관의 기동 및 제어용 축전지를 말한다)로서 다음 각 기준에 따라 설치하여야 한다. 비상전원수전설비의 경우 「소방시설용비상전원수전설비의 화재안전기준(NFSC 602)」에 따라 설치하여야 한다.

① 점검에 편리하고 화재 및 침수 등의 재해로 인한 피해를 받을 우려가 없는 곳에 설치할 것

② 스프링클러설비를 유효하게 20분 이상, 충수가 30층 이상 49층 이하는 40분 이상, 50층 이상은 60분 이상 작동할 수 있어야 할 것

③ 상용전원으로부터 전력의 공급이 중단된 때에는 자동으로 비상전원으로부터 전력을 공급받을 수 있도록 할 것

④ 비상전원(내연기관의 기동 및 제어용 축전기를 제외한다)의 설치장소는 다른 장소와 방화구획할 것. 이 경우 그 장소에는 비상전원의 공급에 필요한 기구나 설비 외의 것(열병합발전설비에 필요한 기구나 설비는 제외한다)을 두어서는 아니 된다.

⑤ 비상전원을 실내에 설치하는 때에는 그 실내에 비상조명등을 설치할 것

⑥ 옥내에 설치하는 비상전원실에는 옥외로 직접 통하는 충분한 용량의 급배기설비를 설치할 것

⑦ 비상전원의 출력용량은 다음의 기준을 충족할 것

　㉠ 비상전원 설비에 설치되어 동시에 운전될 수 있는 모든 부하의 합계 입력용량을 기준으로 정격출력을 선정할 것. 다만, 소방전원 보존형 발전기를 사용할 경우에는 그러하지 아니하다.

　㉡ 기동전류가 가장 큰 부하가 기동될 때에도 부하의 허용 최저입력전압 이상의 출력전압을 유지할 것

　㉢ 단시간 과전류에 견디는 내력은 입력용량이 가장 큰 부하가 최종 기동할 경우에도 견딜 수 있을 것

⑧ 자가발전설비는 부하의 용도와 조건에 따라 다음 중 하나를 설치하고 그 부하용도별 표지를 부착하여야 한다. 다만, 자가발전설비의 정격출력용량은 하나의 건축물에 있어서 소방부하의 설비용량을 기준으로 하고, ㉡의 경우 비상부하는 국토교통부장관이 정한 건축전기설비설계기준의 수용률 범위 중 최대값 이상을 적용한다.

　㉠ 소방전용 발전기 : 소방부하용량을 기준으로 정격출력용량을 산정하여 사용하는 발전기

　㉡ 소방부하 겸용 발전기 : 소방 및 비상부하 겸용으로서 소방부하와 비상부하의 전원용량을 합산하여 정격출력용량을 산정하여 사용하는 발전기

　㉢ 소방전원 보존형 발전기 : 소방 및 비상부하 겸용으로서 소방부하의 전원용량을 기준으로 정격출력용량을 산정하여 사용하는 발전기

⑨ 비상전원실의 출입구 외부에는 실의 위치와 비상전원의 종류를 식별할 수 있도록 표지판을 부착할 것

11 제어반

1) 감시제어반

(1) 감시제어반의 기능

① 각 펌프의 작동 여부를 확인할 수 있는 표시등 및 음향경보기능이 있어야 할 것

② 각 펌프를 자동 및 수동으로 작동시키거나 중단시킬 수 있어야 한다.

③ 비상전원을 설치한 경우에는 상용전원 및 비상전원의 공급 여부를 확인할 수 있어야 할 것

④ 수조 또는 물올림탱크가 저수위로 될 때 표시등 및 음향으로 경보할 것

⑤ 예비전원이 확보되고 예비전원의 적합 여부를 시험할 수 있어야 할 것

(2) 감시제어반의 설치기준

① 화재 및 침수 등의 재해로 인한 피해를 받을 우려가 없는 곳에 설치할 것

② 감시제어반은 스프링클러설비의 전용으로 할 것. 다만, 스프링클러설비의 제어에 지장이 없는 경우에는 다른 설비와 겸용할 수 있다.

③ 감시제어반은 다음의 기준에 따른 전용실 안에 설치할 것. 다만, 공장, 발전소 등에서 설비를 집중 제어·운전할 목적으로 설치하는 중앙제어실 내에 감시제어반을 설치하는 경우에는 그러하지 아니하다.

　㉠ 다른 부분과 방화구획을 할 것. 이 경우 전용실의 벽에는 기계실 또는 전기실 등의 감시를 위하여 두께 7mm 이상의 망입유리(두께 16.3mm 이상의 접합유리 또는 두께 28mm 이상의 복층유리를 포함한다)로 된 4m² 미만의 붙박이창을 설치할 수 있다.

　㉡ 피난층 또는 지하 1층에 설치할 것. 다만, 다음의 어느 하나에 해당하는 경우에는 지상 2층에 설치하거나 지하 1층 외의 지하층에 설치할 수 있다.

　　• 「건축법시행령」 제35조에 따라 특별피난계단이 설치되고 그 계단(부속실을 포함한다) 출입구로부터 보행거리 5m 이내에 전용실의 출입구가 있는 경우

　　• 아파트의 관리동(관리동이 없는 경우에는 경비실)에 설치하는 경우

　㉢ 비상조명등 및 급·배기설비를 설치할 것

　㉣ 「무선통신보조설비의 화재안전기준(NFSC 505)」 제5조 제3항에 따라 유효하게 통신이 가능할 것(영 별표 5 제5호 마목에 따른 무선통신보조설비가 설치된 특정소방대상물에 한한다)〈개정 2021.3.25.〉

　㉤ 바닥면적은 감시제어반의 설치에 필요한 면적 외에 화재 시 소방대원이 그 감시제어반의 조작에 필요한 최소면적 이상으로 할 것

④ 전용실에는 특정소방대상물의 기계·기구 또는 시설 등의 제어 및 감시설비외의 것을 두지 아니할 것

⑤ 각 유수검지장치 또는 일제개방밸브의 작동 여부를 확인할 수 있는 표시 및 경보기능이 있도록 할 것

⑥ 일제개방밸브를 개방시킬 수 있는 수동조작스위치를 설치할 것

⑦ 일제개방밸브를 사용하는 설비의 화재감지는 각 경계회로별로 화재표시가 되도록 할 것

⑧ 다음의 각 확인회로마다 도통시험 및 작동시험을 할 수 있도록 할 것

    ㉠ 기동용 수압개폐장치의 압력스위치회로

    ㉡ 수조 또는 물올림탱크의 저수위감시회로

    ㉢ 유수검지장치 또는 일제개방밸브의 압력스위치회로

    ㉣ 일제개방밸브를 사용하는 설비의 화재감지기회로

    ㉤ 개폐밸브의 폐쇄상태 확인회로

    ㉥ 그 밖의 이와 비슷한 회로

⑨ 감시제어반과 자동화재탐지설비의 수신기를 별도의 장소에 설치하는 경우에는 이들 상호 간 연동하여 화재 발생 및 (1) 감시제어반 기능의 ①, ③, ④의 기능을 확인할 수 있도록 할 것

2) 동력제어반

옥내소화전설비와 동일

3) 감시제어반과 동력제어반을 구분하여 설치하지 아니할 수 있는 경우

옥내소화전설비와 동일

4) 자가발전설비 제어반의 제어장치(소방전원 보존형 발전기 제어장치)

① 소방전원 보존형임을 식별할 수 있도록 표기할 것

② 발전기 운전 시 소방부하 및 비상부하에 전원이 동시 공급되고, 그 상태를 확인할 수 있는 표시가 되도록 할 것

③ 발전기가 정격용량을 초과할 경우 비상부하는 자동적으로 차단되고, 소방부하만 공급되는 상태를 확인할 수 있는 표시가 되도록 할 것

12 배선 등

옥내소화전설비와 동일

13 헤드의 제외

① 계단실(특별피난계단의 부속실을 포함한다)·경사로·승강기의 승강로·비상용승강기의 승강장·파이프덕트 및 덕트피트(파이프·덕트를 통과시키기 위한 구획된 구멍에 한한다)·목욕실·수영장(관람석 부분을 제외한다)·화장실·직접 외기에 개방되어 있는 복도·기타 이와 유사한 장소

② 통신기기실·전자기기실·기타 이와 유사한 장소

③ 발전실·변전실·변압기·기타 이와 유사한 전기설비가 설치되어 있는 장소

④ 병원의 수술실·응급처치실·기타 이와 유사한 장소

⑤ 천장과 반자 양쪽이 불연재료로 되어 있는 경우로서 그 사이의 거리 및 구조가 다음의 어느 하나에 해당하는 부분

   ㉠ 천장과 반자 사이의 거리가 2m 미만인 부분

   ㉡ 천장과 반자 사이의 벽이 불연재료이고 천장과 반자 사이의 거리가 2m 이상으로서 그 사이에 가연물이 존재하지 아니하는 부분

⑥ 천장·반자 중 한쪽이 불연재료로 되어 있고 천장과 반자 사이의 거리가 1m 미만인 부분

⑦ 천장 및 반자가 불연재료 외의 것으로 되어 있고 천장과 반자 사이의 거리가 0.5m 미만인 부분

⑧ 펌프실·물탱크실 엘리베이터 권상기실, 그 밖의 이와 비슷한 장소

⑨ 현관 또는 로비 등으로서 바닥으로부터 높이가 20m 이상인 장소

⑩ 영하의 냉장창고의 냉장실 또는 냉동창고의 냉동실

⑪ 고온의 노가 설치된 장소 또는 물과 격렬하게 반응하는 물품의 저장 또는 취급장소

⑫ 불연재료로 된 특정소방대상물 또는 그 부분으로서 다음 중 어느 하나에 해당하는 장소

   ㉠ 정수장·오물처리장, 그 밖의 이와 비슷한 장소

   ㉡ 펄프공장의 작업장·음료수공장의 세정 또는 충전하는 작업장, 그 밖의 이와 비슷한 장소

   ㉢ 불연성의 금속·석재 등의 가공공장으로서 가연성 물질을 저장 또는 취급하지 아니하는 장소

⑬ 실내에 설치된 테니스장·게이트볼장·정구장 또는 이와 비슷한 장소로서 실내 바닥·벽·천장이 불연재료 또는 준불연재료로 구성되어 있고 가연물이 존재하지 않는 장소로서 관람석이 없는 운동시설(지하층은 제외한다)

⑭ 「건축법 시행령」 제46조 제4항에 따른 공동주택 중 아파트의 대피공간

14 드렌처설비(수막설비) 설치기준

연소할 우려가 있는 개구부에 다음의 기준에 따른 드렌처설비를 설치한 경우에는 해당 개구부에 한하여 스프링클러헤드를 설치하지 아니할 수 있다.

① 드렌처헤드는 개구부 위 측에 2.5m 이내마다 1개를 설치할 것

② 제어밸브(일제개방밸브·개폐표시형 밸브 및 수동조작부를 합한 것을 말한다. 이하 같다)는 특정소방대상물 층마다에 바닥면으로부터 0.8m 이상 1.5m 이하의 위치에 설치할 것

③ 수원의 수량은 드렌처헤드가 가장 많이 설치된 제어밸브의 드렌처헤드의 설치개수에 1.6m³를 곱하여 얻은 수치 이상이 되도록 할 것

④ 드렌처설비는 드렌처헤드가 가장 많이 설치된 제어밸브에 설치된 드렌처헤드를 동시에 사용하는 경우에 각각의 헤드선단에 방수압력이 0.1MPa 이상, 방수량이 80L/min 이상이 되도록 할 것

⑤ 수원에 연결하는 가압송수장치는 점검이 쉽고 화재 등의 재해로 인한 피해 우려가 없는 장소에 설치할 것

[드렌처헤드 설치]

[드렌처헤드]

CHAPTER 05 간이스프링클러

01 간이스프링클러설비의 설치대상

① 근린생활시설 중 다음의 어느 하나에 해당하는 것
   ㉠ 근린생활시설로 사용하는 부분의 바닥면적 합계가 1천 m² 이상인 것은 모든 층
   ㉡ 의원, 치과의원 및 한의원으로서 입원실이 있는 시설
② 교육연구시설 내에 합숙소로서 연면적 100m² 이상인 것
③ 의료시설 중 정신의료기관 또는 요양병원으로서 다음의 어느 하나에 해당하는 시설
   ㉠ 종합병원, 병원, 치과병원, 한방병원 및 요양병원(정신병원과 의료재활시설은 제외한다)으로 사용되는 바닥면적의 합계가 600m² 미만인 시설
   ㉡ 정신의료기관 또는 의료재활시설로 사용되는 바닥면적의 합계가 300m² 이상 600m² 미만인 시설
   ㉢ 정신의료기관 또는 의료재활시설로 사용되는 바닥면적의 합계가 300m² 미만이고, 창살(철재·플라스틱 또는 목재 등으로 사람의 탈출 등을 막기 위하여 설치한 것을 말하며, 화재 시 자동으로 열리는 구조로 되어 있는 창살은 제외한다)이 설치된 시설
④ 노유자시설로서 다음의 어느 하나에 해당하는 시설
   ㉠ 제12조 제1항 제6호 각 목에 따른 시설(제12조 제1항 제6호 나목부터 바목까지의 시설 중 단독주택 또는 공동주택에 설치되는 시설은 제외하며, 이하 "노유자 생활시설"이라 한다)
   ㉡ ㉠에 해당하지 않는 노유자시설로 해당 시설로 사용하는 바닥면적의 합계가 300m² 이상 600m² 미만인 시설
   ㉢ ㉠에 해당하지 않는 노유자시설로 해당 시설로 사용하는 바닥면적의 합계가 300m² 미만이고, 창살(철재·플라스틱 또는 목재 등으로 사람의 탈출 등을 막기 위하여 설치한 것을 말하며, 화재 시 자동으로 열리는 구조로 되어 있는 창살은 제외한다)이 설치된 시설
⑤ 건물을 임차하여 「출입국관리법」 제52조 제2항에 따른 보호시설로 사용하는 부분
⑥ 숙박시설 중 생활형 숙박시설로서 해당 용도로 사용되는 바닥면적의 합계가 600m² 이상인 것

⑦ 복합건축물(별표 2 제30호 나목의 복합건축물만 해당한다)로서 연면적 1천 m² 이상인 것은 모든 층

⑧ 다중이용업소 안전관리법 시행령 별표
　　㉠ 지하층에 설치된 영업장
　　㉡ 밀폐구조의 영업장
　　㉢ 제2조 제7호에 따른 산후조리업(이하 이 표에서 "산후조리업"이라 한다) 및 같은 조 제7호의2에 따른 고시원업(이하 이 표에서 "고시원업"이라 한다)의 영업장. 다만, 무창층에 설치되지 않은 영업장으로서 지상 1층에 있거나 지상과 직접 맞닿아 있는 층(영업장의 주된 출입구가 건축물의 외부의 지면과 직접 연결된 경우를 포함한다)에 설치된 영업장은 제외한다.
　　㉣ 제2조 제7호의3에 따른 권총사격장의 영업장

02　간이스프링클러설비의 구성 및 종류

1) 구성
① 수원　② 가압송수장치　③ 방호구역, 유수검지장치　④ 배관 및 밸브
⑤ 음향장치 및 기동장치　⑥ 간이헤드　⑦ 송수구　⑧ 비상전원　⑨ 제어반

2) 스프링클러설비의 종류
① 폐쇄형 간이헤드[50l/min]를 이용하는 습식 (습식유수검지장치 사용)
② 간이스프링클러가 설치되는 특정소방대상물에 부설된 주차장 부분에는 습식 외의 방식이용(해당 주차장의 경우 표준형헤드 설치 가능[80l/min])

03　가압송수장치

① 상수도직결방식
② 전동기 또는 내연기관에 따른 펌프를 이용하는 방식
③ 고가수조의 낙차를 이용하는 방식 : 스프링클러설비와 동일
④ 압력수조의 압력을 이용하는 방식 : 스프링클러설비와 동일
⑤ 가압수조를 이용하는 방식
　　㉠ 가압수조의 압력은 간이헤드 2개를 동시에 개방할 때 적정방수량 및 방수압이 10분(근린생활시설의 경우에는 20분) 이상 유지되도록 할 것

    ⓛ 가압수조의 수조는 최대상용압력 1.5배의 물의 압력을 가하는 경우 물이 새거나 변형
       이 없어야 할 것

    ⓒ 가압수조에는 수위계 · 급수관 · 배수관 · 급기관 · 압력계 및 안전장치를 설치할 것

    ⓔ 소방청장이 정하여 고시한「가압수조식가압송수장치의 성능인증 및 제품검사의 기
       술기준」에 적합한 것으로 설치할 것

⑥ 캐비닛형 가압송수장치 이용하는 방식 : 소방청장이 정하여 고시한「캐비닛형 간이스프
  링클러설비 성능인증 및 제품검사의 기술기준」에 적합한 것으로 설치하여야 한다.

⑦ 공통기준

    ㉠ 방수압력(상수도직결형의 상수도압력)은 가장 먼 가지배관에서 2개의 간이헤드를
       동시에 개방할 경우 각각의 간이헤드 선단 방수압력은 0.1MPa 이상, 방수량은
       50L/min 이상이어야 한다. 다만, 간이스프링클러설비가 설치되는 특정소방대상물
       에 부설된 주차장부분에 표준반응형 스프링클러헤드를 사용할 경우 헤드 1개의 방수
       량은 80L/min 이상이어야 한다.

    ㉡ 위 설치대상 중 ① 또는 ⑥과 ⑦에 해당하는 특정소방대상물의 경우에는 상수도직결
       형 및 캐비닛형 간이스프링클러설비를 제외한 가압송수장치를 설치하여야 한다.

04   수원

① 수원의 양

    ㉠ 상수도직결형의 경우 : 수돗물

    ㉡ 수조를 사용하는 경우 : 최소 1개 이상의 자동급수장치를 갖출 것
       간이스프링클러설비 설치대상 중 ②~⑤, ⑧의 경우

$$수원의 양(m^3) = 2 \times 0.5m^3 \ 이상 = 2 \times 50l/min \times 10min \ 이상$$

       간이스프링클러설비 설치대상 중 ①의 ㉠, ⑥, ⑦의 경우

$$수원의 양(m^3) = 5 \times 1m^3 \ 이상 = 5 \times 50l/min \times 20min \ 이상$$

② 수원의 전용, 수조 설치기준 : 스프링클러설비와 동일

③ 옥상수조 및 옥상수원 미설치

  ※ 옥상수조(수원) 설치대상

  ㉠ 옥내소화전설비, ㉡ 스프링클러설비(폐쇄형), ㉢ 화재조기진압용 스프링클러설비

05 간이스프링클러설비의 방호구역 및 유수검지장치

① 하나의 방호구역의 바닥면적은 1,000m²를 초과하지 아니할 것

② 하나의 방호구역에는 1개 이상의 유수검지장치를 설치하되, 화재발생 시 접근이 쉽고 점검하기 편리한 장소에 설치할 것

③ 하나의 방호구역은 2개 층에 미치지 아니하도록 할 것. 다만, 1개 층에 설치되는 간이헤드의 수가 10개 이하인 경우에는 3개 층 이내로 할 수 있다.

④ 유수검지장치는 실내에 설치하거나 보호용 철망 등으로 구획하여 바닥으로부터 0.8m 이상 1.5m 이하의 위치에 설치하되, 그 실 등에는 가로 0.5m 이상 세로 1m 이상의 출입문을 설치하고 그 출입문 상단에 "유수검지장치실"이라고 표시한 표지를 설치할 것. 다만, 유수검지장치를 기계실(공조용기계실을 포함한다) 안에 설치하는 경우에는 별도의 실 또는 보호용 철망을 설치하지 아니하고 기계실 출입문 상단에 "유수검지장치실"이라고 표시한 표지를 설치할 수 있다.

⑤ 간이헤드에 공급되는 물은 유수검지장치를 지나도록 할 것. 다만, 송수구를 통하여 공급되는 물은 그러하지 아니하다.

⑥ 자연낙차에 따른 압력수가 흐르는 배관 상에 설치된 유수검지장치는 화재 시 물의 흐름을 검지할 수 있는 최소한의 압력이 얻어질 수 있도록 수조의 하단으로부터 낙차를 두어 설치할 것

⑦ 간이스프링클러설비가 설치되는 특정소방대상물에 부설된 주차장 부분에는 습식 외의 방식으로 하여야 한다. 다만, 동결의 우려가 없거나 동결을 방지할 수 있는 구조 또는 장치가 된 곳은 그러하지 아니하다.

※ 캐비닛형의 경우 ③의 기준을 만족할 것

06 제어반

① 상수도 직결형의 경우에는 급수배관에 설치되어 급수를 차단할 수 있는 개폐밸브 및 유수검지장치의 작동상태를 확인할 수 있어야 하며, 예비전원이 확보되고 예비전원의 적합여부를 시험할 수 있어야 한다.

② 상수도 직결형을 제외한 방식의 것에 있어서는 「스프링클러설비의 화재안전기준(NFSC 103)」제13조를 준용한다.

07 배관 및 밸브

1) 배관 및 밸브, 부속류 등 설치기준

스프링클러설비와 동일

2) 배관 및 밸브의 설치순서

① 상수도직결형은 다음의 기준에 따라 설치할 것

　㉠ 수도용 계량기, 급수차단장치, 개폐표시형 밸브, 체크밸브, 압력계, 유수검지장치(압력스위치 등 유수검지장치와 동등 이상의 기능과 성능이 있는 것을 포함한다. 이하 같다), 2개의 시험밸브의 순으로 설치할 것

　㉡ 간이스프링클러설비 이외의 배관에는 화재 시 배관을 차단할 수 있는 급수차단장치를 설치할 것

② 펌프 등의 가압송수장치를 이용하여 배관 및 밸브 등을 설치하는 경우에는 수원, 연성계 또는 진공계(수원이 펌프보다 높은 경우를 제외한다. 이하 같다), 펌프 또는 압력수조, 압력계, 체크밸브, 성능시험배관, 개폐표시형 밸브, 유수검지장치, 시험밸브의 순으로 설치할 것

③ 가압수조를 가압송수장치로 이용하여 배관 및 밸브 등을 설치하는 경우에는 수원, 가압수조, 압력계, 체크밸브, 성능시험배관, 개폐표시형 밸브, 유수검지장치, 2개의 시험밸브의 순으로 설치할 것

④ 캐비닛형의 가압송수장치에 배관 및 밸브 등을 설치하는 경우에는 수원, 연성계 또는 진공계(수원이 펌프보다 높은 경우를 제외한다. 이하 같다), 펌프 또는 압력수조, 압력계, 체크밸브, 개폐표시형 밸브, 2개의 시험밸브의 순으로 설치할 것. 다만, 소화용수의 공급은 상수도와 직결된 바이패스관 또는 펌프에서 공급받아야 한다.

08 간이헤드

① 폐쇄형 간이헤드를 사용할 것

② 간이헤드의 작동온도는 실내의 최대 주위천장온도가 0℃ 이상 38℃ 이하인 경우 공칭작동온도가 57℃에서 77℃의 것을 사용하고, 39℃ 이상 66℃ 이하인 경우에는 공칭작동온도가 79℃에서 109℃의 것을 사용할 것

③ 간이헤드를 설치하는 천장·반자·천장과 반자 사이·덕트·선반 등의 각 부분으로부터 간이헤드까지의 수평거리는 2.3m(「스프링클러헤드의 형식승인 및 제품검사의 기술

기준」 유효반경의 것으로 한다) 이하가 되도록 하여야 한다. 다만, 성능이 별도로 인정된 간이헤드를 수리계산에 따라 설치하는 경우에는 그러하지 아니하다.

④ 상향식간이헤드 또는 하향식간이헤드의 경우에는 간이헤드의 디플렉터에서 천장 또는 반자까지의 거리는 25mm에서 102mm 이내가 되도록 설치하여야 하며, 측벽형 간이헤드의 경우에는 102mm에서 152mm 사이에 설치할 것. 다만, 플러쉬 스프링클러헤드의 경우에는 천장 또는 반자까지의 거리를 102mm 이하가 되도록 설치할 수 있다.

⑤ 간이헤드는 천장 또는 반자의 경사·보·조명장치 등에 따라 살수장애의 영향을 받지 아니하도록 설치할 것

⑥ ④의 규정에도 불구하고 소방대상물의 보와 가장 가까운 간이헤드는 다음 표의 기준에 따라 설치할 것. 다만, 천장면에서 보의 하단까지의 길이가 55cm를 초과하고 보의 하단 측면 끝부분으로부터 간이헤드까지의 거리가 간이헤드 상호 간 거리의 2분의 1 이하가 되는 경우에는 간이헤드와 그 부착면과의 거리를 55cm 이하로 할 수 있다.

간이헤드의 반사판 중심과 보의 수평거리	간이헤드의 반사판 높이와 보의 하단 높이의 수직거리
0.75m 미만	보의 하단보다 낮을 것
0.75m 이상 1m 미만	0.1m 미만일 것
1m 이상 1.5m 미만	0.15m 미만일 것
1.5m 이상	0.3m 미만일 것

⑦ 상향식간이헤드 아래에 설치되는 하향식간이헤드에는 상향식헤드의 방출수를 차단할 수 있는 유효한 차폐판을 설치할 것

⑧ 간이스프링클러설비를 설치하여야 할 소방대상물에 있어서는 간이헤드 설치 제외에 관한 사항은 「스프링클러설비의 화재안전기준」 제15조 제1항을 준용한다.

⑨ 특정소방대상물에 부설된 주차장 부분에는 표준반응형 스프링클러헤드를 설치하여야 하며 설치기준은 「스프링클러설비의 화재안전기준(NFSC 103)」 헤드설치기준을 준용한다.

09 비상전원

간이스프링클러설비에는 다음 각 호의 기준에 적합한 비상전원 또는 「소방시설용비상전원수전설비의 화재안전기준(NFSC 602)」의 규정에 따른 비상전원수전설비를 설치하여야 한다. 다만, 무전원으로 작동되는 간이스프링클러설비의 경우에는 모든 기능이 10분(근린

생활시설의 경우에는 20분) 이상 유효하게 지속될 수 있는 구조를 갖추어야 한다.

① 간이스프링클러설비를 유효하게 10분(근린생활시설의 경우에는 20분) 이상 작동할 수 있도록 할 것

② 상용전원으로부터 전력의 공급이 중단된 때에는 자동으로 비상전원으로부터 전원을 공급받을 수 있는 구조로 할 것

CHAPTER
06 화재조기진압용 스프링클러

01 설치장소의 구조

① 해당층의 높이가 13.7m 이하일 것. 다만, 2층 이상일 경우에는 해당 층의 바닥을 내화구조로 하고 다른 부분과 방화구획 할 것

② 천장의 기울기가 1,000분의 168을 초과하지 않아야 하고, 이를 초과하는 경우에는 반자를 지면과 수평으로 설치할 것

③ 천장은 평평하여야 하며 철재나 목재트러스 구조인 경우, 철재나 목재의 돌출부분이 102mm를 초과하지 아니할 것

④ 보로 사용되는 목재 · 콘크리트 및 철재사이의 간격이 0.9m 이상 2.3m 이하일 것. 다만, 보의 간격이 2.3m 이상인 경우에는 화재조기진압용 스프링클러헤드의 동작을 원활히 하기 위하여 보로 구획된 부분의 천장 및 반자의 넓이가 28m²를 초과하지 아니할 것

⑤ 창고 내의 선반의 형태는 하부로 물이 침투되는 구조로 할 것

02 수원

1) 수원의 양

화재조기진압용 스프링클러설비의 수원은 수리학적으로 가장 먼 가지배관 3개에 각각 4개의 스프링클러헤드가 동시에 개방되었을 때 헤드선단의 압력이 별표 3에 의한 값 이상으로 60분간 방사할 수 있는 양으로 계산식은 다음과 같다.

$$\text{수원의 양 } Q(l) = 12 \times K \sqrt{10P} \times 60$$

여기서, K : 방출계수$(l/\min \cdot \mathrm{MPa}^{\frac{1}{2}})$
P : 헤드선단방수압(MPa)
12 : 12개
60 : 60[min]

2) 수원의 전용, 수조 설치기준

스프링클러설비와 동일

3) 옥상수원 용량 및 설치 제외 기준

스프링클러설비와 동일

| Reference | [별표 3] 수원의 양 선정 시 헤드의 최소방사압력(MPa) [수원량 및 양정 관련]

최대층고	최대저장높이	화재조기진압용 스프링클러헤드				
		K = 360 하향식	K = 320 하향식	K = 240 하향식	K = 240 상향식	K = 200 하향식
13.7m	12.2m	0.28	0.28	–	–	–
13.7m	10.7m	0.28	0.28	–	–	–
12.2m	10.7m	0.17	0.28	0.36	0.36	0.52
10.7m	9.1m	0.14	0.24	0.36	0.36	0.52
9.1m	7.6m	0.10	0.17	0.24	0.24	0.34

03 가압송수장치

스프링클러설비와 동일[방사압 기준 : 별표 3 참조]

04 방호구역 및 유수검지장치

스프링클러설비와 동일

05 배관

① 화재조기진압용 스프링클러설비의 배관은 습식으로 하여야 한다.
② 기타 스프링클러설비와 동일

06 음향장치 및 기동장치

스프링클러설비와 동일

07 헤드

① 헤드 하나의 방호면적은 $6.0m^2$ 이상 $9.3m^2$ 이하로 할 것

② 가지배관의 헤드 사이의 거리는 천장의 높이가 9.1m 미만인 경우에는 2.4m 이상 3.7m 이하로, 9.1m 이상 13.7m 이하인 경우에는 3.1m 이하로 할 것

③ 헤드의 작동온도는 74℃ 이하일 것. 다만, 헤드 주위의 온도가 38℃ 이상인 경우에는 그 온도에서의 화재시험 등에서 헤드작동에 관하여 공인기관의 시험을 거친 것을 사용할 것

④ 상부에 설치된 헤드의 방출수에 따라 감열부에 영향을 받을 우려가 있는 헤드에는 방출수를 차단할 수 있는 유효한 차폐판을 설치할 것

08 저장물간격

저장물품 사이의 간격은 모든 방향에서 152mm 이상의 간격을 유지하여야 한다.

09 환기구

① 공기의 유동으로 인하여 헤드의 작동온도에 영향을 주지 않는 구조일 것

② 화재감지기와 연동하여 동작하는 자동식 환기장치를 설치하지 아니할 것. 다만, 자동식 환기장치를 설치할 경우에는 최소작동온도가 180℃ 이상일 것

10 설치 제외

① 제4류 위험물

② 타이어, 두루마리 종이 및 섬유류, 섬유제품 등 연소 시 화염의 속도가 빠르고 방사된 물이 하부까지 도달하지 못하는 것

11 기타 기준

스프링클러설비와 동일

CHAPTER 07 물분무소화설비

01 설치대상[물분무등 소화설비]

① 항공기 및 자동차 관련 시설 중 항공기격납고

② 주차용 건축물(「주차장법」 제2조 제3호에 따른 기계식주차장을 포함한다)로서 연면적 800m² 이상인 것

③ 건축물 내부에 설치된 차고 또는 주차장으로서 차고 또는 주차의 용도로 사용되는 부분(「건축법 시행령」 제119조 제1항 제3호 다목의 필로티를 주차용도로 사용하는 경우를 포함한다)의 바닥면적의 합계가 200m² 이상인 것

④ 「주차장법」 제2조 제2호에 따른 기계식 주차장치를 이용하여 20대 이상의 차량을 주차할 수 있는 것

⑤ 특정소방대상물에 설치된 전기실·발전실·변전실(가연성 절연유를 사용하지 않는 변압기·전류차단기 등의 전기기기와 가연성 피복을 사용하지 않은 전선 및 케이블만을 설치한 전기실·발전실 및 변전실은 제외한다)·축전지실·통신기기실 또는 전산실, 그 밖에 이와 비슷한 것으로서 바닥면적이 300m² 이상인 것[하나의 방화구획 내에 둘 이상의 실(室)이 설치되어 있는 경우에는 이를 하나의 실로 보아 바닥면적을 산정한다]. 다만, 내화구조로 된 공정제어실 내에 설치된 주조정실로서 양압시설이 설치되고 전기기기에 220볼트 이하인 저전압이 사용되며 종업원이 24시간 상주하는 곳은 제외한다.

⑥ 소화수를 수집·처리하는 설비가 설치되어 있지 않은 중·저준위방사성폐기물의 저장시설. 다만, 이 경우에는 이산화탄소소화설비, 할로겐화합물소화설비 또는 청정소화약제소화설비를 설치하여야 한다.

⑦ 지하가 중 예상 교통량, 경사도 등 터널의 특성을 고려하여 행정안전부령으로 정하는 위험등급 이상에 해당하는 터널. 다만, 이 경우에는 물분무소화설비를 설치하여야 한다.

⑧ 「문화재보호법」 제2조 제2항 제1호 및 제2호에 따른 지정문화재 중 소방청장이 문화재청장과 협의하여 정하는 것

02 물분무소화설비의 구성 및 종류

1) 구성

① 수원　　② 가압송수장치　　③ 배관등　　④ 송수구

⑤ 기동장치　　⑥ 제어밸브등　　⑦ 물분무헤드　　⑧ 배수설비

⑨ 전원　　⑩ 제어반　　⑪ 배선 등　　⑫ 물분무헤드 제외

2) 물분무소화설비의 종류

개방형 물분무헤드를 이용하는 일제살수식 (일제개방밸브 : 제어밸브 사용)

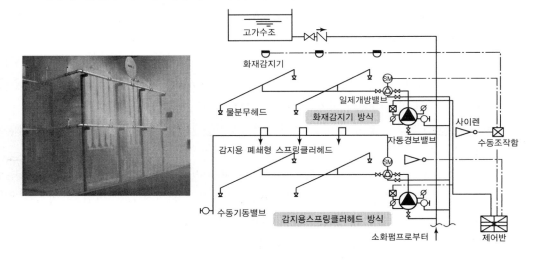

03 수원

1) 수원의 양

① 특수가연물을 저장 또는 취급하는 소방대상물

$$Q = A(m^2) \times 10l/m^2 \cdot min \times 20min$$

여기서, Q : 수원(l), A : 바닥면적(최대방수구역 바닥면적, 최소 50m² 이상)

② 차고 또는 주차장

$$Q = A(m^2) \times 20l/m^2 \cdot min \times 20min$$

여기서, Q : 수원(l), A : 바닥면적(최대방수구역 바닥면적, 최소 50m² 이상)

③ 절연유 봉입변압기

$$Q = A\,(m^2) \times 10l/m^2 \cdot \min \times 20\min$$

여기서, Q : 수원(l), A : 바닥면적을 제외한 표면적을 합한 면적(m^2)

④ 케이블 트레이, 덕트

$$Q = A\,(m^2) \times 12l/m^2 \cdot \min \times 20\min$$

여기서, Q : 수원(l), A : 투영된 바닥면적(m^2)

※ 투영(投影)된 바닥면적 : 위에서 빛을 비출 때 바닥 그림자의 면적

⑤ 컨베이어 벨트 등

$$Q = A\,(m^2) \times 10l/m^2 \cdot \min \times 20\min$$

여기서, Q : 수원(l), A : 벨트 부분의 바닥면적(m^2)

⑥ 위험물 저장탱크

$$Q = L\,(m) \times 37l/m \cdot \min \times 20\min$$

여기서, Q : 수원(l), L : 탱크의 원주둘레길이(m)

2) 수원의 전용, 수조 설치기준
스프링클러설비와 동일

3) 옥상수조 및 옥상수원 미설치
※ 옥상수조(수원) 설치대상
① 옥내소화전설비
② 스프링클러설비(폐쇄형)
③ 화재조기진압용 스프링클러설비

04 가압송수장치

① 토출량 : 수원량 산정공식에서 20분 시간 제외
② 양정 : 스프링클러양정공식에서 방사압환산수두는 설계압력 이용
③ 기타 : 스프링클러설비와 동일

④ 송수구

　㉠ 송수구는 화재층으로부터 지면으로 떨어지는 유리창 등이 송수 및 그 밖의 소화작업에 지장을 주지 아니하는 장소에 설치할 것. 이 경우 가연성가스의 저장·취급시설에 설치하는 송수구는 그 방호대상물로부터 20m 이상의 거리를 두거나 방호대상물에 면하는 부분이 높이 1.5m 이상 폭 2.5m 이상의 철근콘크리트 벽으로 가려진 장소에 설치하여야 한다. 〈개정 2015.1.23.〉

　㉡ 송수구로부터 물분무소화설비의 주배관에 이르는 연결배관에 개폐밸브를 설치한 때에는 그 개폐상태를 쉽게 확인 및 조작할 수 있는 옥외 또는 기계실 등의 장소에 설치할 것

　㉢ 구경 65mm의 쌍구형으로 할 것

　㉣ 송수구에는 그 가까운 곳의 보기 쉬운 곳에 송수압력범위를 표시한 표지를 할 것

　㉤ 송수구는 하나의 층의 바닥면적이 3,000m²를 넘을 때마다 1개(5개를 넘을 경우에는 5개로 한다) 이상을 설치할 것

　㉥ 지면으로부터 높이가 0.5m 이상 1m 이하의 위치에 설치할 것

　㉦ 송수구의 가까운 부분에 자동배수밸브(또는 직경 5mm의 배수공) 및 체크밸브를 설치할 것. 이 경우 자동배수밸브는 배관안의 물이 잘 빠질 수 있는 위치에 설치하되, 배수로 인하여 다른 물건 또는 장소에 피해를 주지 아니하여야 한다.

　㉧ 송수구에는 이물질을 막기 위한 마개를 씌울 것

05　기동장치

① 수동식 기동장치의 설치기준

　㉠ 직접조작 또는 원격조작에 의하여 각각의 가압송수장치 및 수동식 개방밸브 또는 가압송수장치 및 자동개방밸브를 개방할 수 있도록 설치할 것

　㉡ 기동장치의 가까운 곳의 보기 쉬운 곳에 '기동장치'라고 표시한 표지를 할 것

② 자동식 기동장치의 설치기준 : 자동화재탐지설비 감지기의 작동 및 폐쇄형 스프링클러헤드의 개방과 연동하여 경보를 발하고 가압송수장치 및 자동개방밸브를 기동할 수 있는 것으로 할 것. 다만, 자동화재탐지설비의 수신기가 설치되어 있는 장소에 상시 사람이 근무하고 있고 화재 시 물분무소화설비를 즉시 작동할 수 있는 경우에는 그렇지 않다.

06　제어밸브

① 제어밸브의 설치기준

　㉠ 제어밸브는 바닥으로부터 0.8m 이상 1.5m 이하의 위치에 설치할 것

　㉡ 제어밸브의 가까운 곳의 보기 쉬운 곳에 '제어밸브'라고 표시한 표지를 할 것

② **자동개방밸브 및 수동개방밸브의 설치기준**

　　㉠ 자동개방밸브의 기동조작부 및 수동식 개방밸브는 화재 시 용이하게 접근할 수 있는 곳에 설치하고 바닥으로부터 0.8m 이상 1.5m 이하의 위치에 설치할 것

　　㉡ 자동개방밸브 및 수동식 개방밸브의 2차 측 배관부분에는 당해 방수구역 외에 밸브의 작동을 시험할 수 있는 장치를 설치할 것

07 물분무헤드

① 물분무헤드는 표준방사량으로 당해 방호대상물의 화재를 유효하게 소화하는 데 필요한 수를 적정한 위치에 설치하여야 한다.

(a) 일반형 헤드　　　　　　　　　　　(b) 지하통로 및 터널용 헤드

[물분무헤드]

‖ Reference ‖ **물분무헤드의 종류**

① 충돌형 : 유수와 유수의 충돌에 의해 무상형태의 물방울을 만드는 물분무헤드
② 분사형 : 소구경의 오리피스로부터 고압으로 분사하여 무상형태의 물방울을 만드는 물분무헤드
③ 선회류형 : 선회류에 의한 확산 방출 또는 선회류와 직선류의 충돌에 의한 확산 방출에 의하여 무상형태의 물방울을 만드는 물분무헤드
④ 디플렉터형 : 수류를 살수판에 충돌하여 미세한 물방울을 만드는 물분무헤드
⑤ 슬리트형 : 수류를 슬리트에 의해 방출하여 수막상의 분무를 만드는 물분무헤드

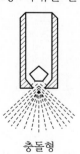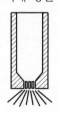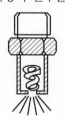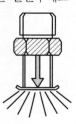

　충돌형　　　　　　분사형　　　　　선회류형　　　　디플렉터형

② 고압의 전기기기와 물분무헤드 사이의 유지거리

전압(kV)	거리(cm)	전압(kV)	거리(cm)
66 이하	70 이상	154 초과 181 이하	180 이상
66 초과 77 이하	80 이상	181 초과 220 이하	210 이상
77 초과 110 이하	110 이상	220 초과 275 이하	260 이상
110 초과 154 이하	150 이상		

08 차고 또는 주차장에 설치하는 배수설비

① 차량이 주차하는 장소의 적당한 곳에 높이 10cm 이상의 경계턱으로 배수구를 설치할 것
② 배수구에는 새어나온 기름을 모아 소화할 수 있도록 길이 40m 이하마다 집수관·소화피트 등 기름분리장치를 설치할 것
③ 차량이 주차하는 바닥은 배수구를 향하여 100분의 2 이상의 기울기를 유지할 것
④ 배수설비는 가압송수장치의 최대송수능력의 수량을 유효하게 배수할 수 있는 크기 및 기울기로 할 것

09 설치 제외 대상

① 물과 심하게 반응하는 물질 또는 물과 반응하여 위험한 물질을 생성하는 물질을 저장 또는 취급하는 장소
② 고온의 물질 및 증류범위가 넓어 끓어넘칠 위험이 있는 물질을 저장 또는 취급하는 장소
③ 운전 시에 표면의 온도가 260℃ 이상으로 되는 등 직접 분무를 하는 경우 그 부분에 손상을 입힐 우려가 있는 기계장치 등이 있는 장소

CHAPTER 08 미분무소화설비

01 용어정의

① "미분무소화설비"란 가압된 물이 헤드 통과 후 미세한 입자로 분무됨으로써 소화성능을 가지는 설비를 말하며, 소화력을 증가시키기 위해 강화액 등을 첨가할 수 있다.

② "미분무"란 물만을 사용하여 소화하는 방식으로 최소설계압력에서 헤드로부터 방출되는 물입자 중 99%의 누적체적분포가 $400\mu m$ 이하로 분무되고 A, B, C급 화재에 적응성을 갖는 것을 말한다.

③ "미분무헤드"란 하나 이상의 오리피스를 가지고 미분무소화설비에 사용되는 헤드를 말한다.

④ "개방형 미분무헤드"란 감열체 없이 방수구가 항상 열려 있는 헤드를 말한다.

⑤ "폐쇄형 미분무헤드"란 정상상태에서 방수구를 막고 있는 감열체가 일정온도에서 자동적으로 파괴·용융 또는 이탈됨으로써 방수구가 개방되는 헤드를 말한다.

⑥ "저압 미분무 소화설비"란 최고사용압력이 1.2MPa 이하인 미분무소화설비를 말한다.

⑦ "중압 미분무 소화설비"란 사용압력이 1.2MPa을 초과하고 3.5MPa 이하인 미분무소화설비를 말한다.

⑧ "고압 미분무 소화설비"란 최저사용압력이 3.5MPa을 초과하는 미분무소화설비를 말한다.

⑨ "폐쇄형 미분무소화설비"란 배관 내에 항상 물 또는 공기 등이 가압되어 있다가 화재로 인한 열로 폐쇄형 미분무헤드가 개방되면서 소화수를 방출하는 방식의 미분무소화설비를 말한다.

⑩ "개방형 미분무소화설비"란 화재감지기의 신호를 받아 가압송수장치를 동작시켜 미분무수를 방출하는 방식의 미분무소화설비를 말한다.

02 미분무소화설비의 구성 및 종류

1) 구성

① 수원   ② 가압송수장치   ③ 폐쇄형 미분무소화설비의 방호구역
④ 개방형 미분무소화설비의 방수구역   ⑤ 배관등   ⑥ 음향장치 및 기동장치
⑦ 헤드   ⑧ 전원   ⑨ 제어반   ⑩ 배선 등
⑪ 설계도서작성기준

2) 종류

① 습식설비   ② 건식설비
③ 준비작동식설비   ④ 일제살수식설비

3) 방출방식에 따른 분류

① 전역방출방식
② 국소방출방식
③ 호스릴방출방식

4) 사용압력별 분류

① 저압설비(최고사용압력이 1.2MPa 이하인 설비)
② 중압설비(최고사용압력이 1.2MPa을 초과하고 3.5MPa 이하인 설비)
③ 고압설비(최저사용압력이 3.5MPa을 초과하는 설비)

5) 헤드종류별 분류

① 자동식헤드[평상시 폐쇄상태를 유지하다가 열감지소자의 동작으로 개방]
② 비자동식헤드[평상시 개방상태를 유지하다가 별도 감지설비에 따라 작동하여 전체 구역 헤드에서 살수]
③ 복합식헤드[자동식헤드와 비자동식헤드의 기능이 복합된 헤드로, 평상시 자동식헤드처럼 열감지소자를 가지고 있는 폐쇄형의 헤드이나, 동시에 제어반으로부터 신호에 따라 개방이 가능한 구조의 헤드]

03 설계도서의 작성

① 미분무소화설비의 성능을 확인하기 위하여 하나의 발화원을 가정한 설계도서는 다음 및 별표 1을 고려하여 작성되어야 하며, 설계도서는 일반설계도서와 특별설계도서로 구분한다.

      ㉠ 점화원의 형태

      ㉡ 초기 점화되는 연료 유형

      ㉢ 화재 위치

      ㉣ 문과 창문의 초기상태(열림, 닫힘) 및 시간에 따른 변화상태

      ㉤ 공기조화설비, 자연형(문, 창문) 및 기계형 여부

      ㉥ 시공 유형과 내장재 유형

  ② 일반설계도서는 유사한 특정소방대상물의 화재사례 등을 이용하여 작성하고, 특별설계
도서는 일반설계도서에서 발화 장소 등을 변경하여 위험도를 높게 만들어 작성하여야
한다.

04 미분무소화설비의 설치기준

1) 수원

  ① 미분무수 소화설비에 사용되는 용수는 「먹는물관리법」 제5조에 적합하고, 저수조
등에 충수할 경우 필터 또는 스트레이너를 통하여야 하며, 사용되는 물에는 입자 · 용
해고체 또는 염분이 없어야 한다.

  ② 배관의 연결부(용접부 제외) 또는 주배관의 유입 측에는 필터 또는 스트레이너를 설
치하여야 하고, 사용되는 스트레이너에는 청소구가 있어야 하며, 검사 · 유지관리
및 보수 시에 배치위치를 변경하지 아니하여야 한다. 다만, 노즐이 막힐 우려가 없는
경우에는 설치하지 아니할 수 있다.

  ③ 사용되는 필터 또는 스트레이너의 메쉬는 헤드 오리피스 지름의 80% 이하가 되어야
한다.

  ④ 수원의 양은 다음의 식을 이용하여 계산한 양 이상으로 하여야 한다.

$$Q = N \times D \times T \times S + V$$

여기서, Q : 수원의 양[m^3], N : 방호구역(방수구역) 내 헤드의 개수
D : 설계유량(m^3/min), T : 설계방수시간(min)
S : 안전율(1.2 이상), V : 배관의 총체적(m^3)

  ⑤ 첨가제의 양은 설계방수시간 내에 충분히 사용될 수 있는 양 이상으로 산정한다.
이 경우 첨가제가 소화약제인 경우 「소화약제의 형식승인 및 제품검사의 기술기준」
에 적합한 것으로 사용하여야 한다.

2) 수조

① 수조의 재료는 냉간 압연 스테인리스 강판 및 강대(KS D 3698)의 STS 304 또는 이와 동등 이상의 강도 · 내식성 · 내열성이 있는 것으로 하여야 한다.

② 수조를 용접할 경우 용접찌꺼기 등이 남아 있지 아니하여야 하며, 부식의 우려가 없는 용접방식으로 하여야 한다.

③ 스프링클러설비와 동일

3) 헤드

① 미분무헤드는 소방대상물의 천장 · 반자 · 천장과 반자 사이 · 덕트 · 선반 기타 이와 유사한 부분에 설계자의 의도에 적합하도록 설치하여야 한다.

② 하나의 헤드까지의 수평거리 산정은 설계자가 제시하여야 한다.

③ 미분무설비에 사용되는 헤드는 조기반응형 헤드를 설치하여야 한다.

④ 폐쇄형 미분무헤드는 그 설치장소의 평상시 최고주위온도에 따라 다음 식에 따른 표시온도의 것으로 설치하여야 한다.

$$T_a = 0.9T_m - 27.3 ℃$$

여기서, T_a : 최고주위온도, T_m : 헤드의 표시온도

⑤ 미분무헤드는 배관, 행거 등으로부터 살수가 방해되지 아니하도록 설치하여야 한다.

⑥ 미분무헤드는 설계도면과 동일하게 설치하여야 한다.

⑦ 미분무헤드는 '한국소방산업기술원' 또는 법 제42조 제1항의 규정에 따라 성능시험기관으로 지정받은 기관에서 검증받아야 한다.

CHAPTER

09 포소화설비

01 개요

포소화설비의 포는 화학포와 기계포(공기포)가 있으며 현재 모든 포소화설비는 기계포방식을 이용하고 있다. 기계포(공기포)란 포약제와 물을 혼합하여 포수용액을 만들고 이 포수용액에 공기를 주입하여 거품을 형성하고 유류 화재 시 유류보다 비중을 작게 하여 화재면위를 덮어 소화하는 질식 및 냉각 소화약제이다.

1) 포소화설비의 특징

① 위험물 탱크 등 유류화재에 적합하다.
② 실외에서 옥외소화전보다 소화력이 좋다.
③ 화재의 확대 및 재연소방지를 하여 화재를 최소한으로 줄일 수 있다.
④ 유독성 가스의 발생이 없으므로 인체에 무해하다.
⑤ 포의 내화성이 커서 대규모 화재에 적합하다.

2) 포소화설비의 구성요소

① 배관, ② 포헤드, ③ 제어반, ④ 개방밸브, ⑤ 동력장치, ⑥ 화재감지기, ⑦ 기동장치,
⑧ 포원액 저장탱크, ⑨ 포소화약제 혼합장치, ⑩ 수원, ⑪ 가압송수장치

02 포소화설비의 종류 및 적응성

① **포워터스프링클러설비** : 방호대상물의 천장 또는 반자에 포워터스프링클러헤드를 설치하고 폐쇄형 헤드 또는 화재감지기의 동작으로 헤드를 통해 발포시켜 방사하는 방식

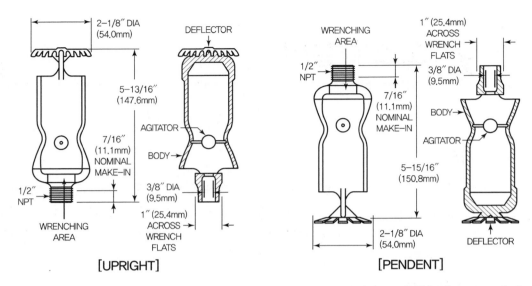

[UPRIGHT]　　　　　[PENDENT]

② **포헤드설비** : 방호대상물의 천장 또는 반자에 포헤드를 설치하고 폐쇄형 헤드 또는 화재 감지기의 동작으로 헤드를 통해 발포시켜 방사하는 방식

[포헤드]

③ **고정포방출설비** : 고정포방출구를 설치하여 방출구를 통해 발포시켜 방사하는 방식
　　㉠ 고발포용 고정포방출구 : 창고, 차고・주차장, 항공기 격납고 등의 실내에 설치하는 방출구
　　㉡ 고정포방출구 : 위험물 탱크 화재를 소화하기 위하여 탱크 내부에 설치하는 방출구

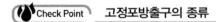

🔥 Check Point　　**고정포방출구의 종류**

① Ⅰ형 방출구 : 고정 지붕구조의 탱크에 상부포주입법을 이용하는 것으로서 방출된 포가 액면 아래로 몰입되거나 액면을 뒤섞지 않고 액면상을 덮을 수 있는 통계단 또는 미끄럼판 등의 설비 및 탱크 내의 위험물증기가 외부로 역류되는 것을 저지할 수 있는 구조・기구를 갖는 포방출구

② Ⅱ형 방출구 : 고정지붕구조 또는 부상덮개부착 고정지붕구조의 탱크에 상부포주입법을 이
용하는 것으로서 방출된 포가 탱크 옆판의 내면을 따라 흘러내려 가면서 액면 아래로 몰입
되거나 액면을 뒤섞지 않고 액면상을 덮을 수 있는 반사판 및 탱크 내의 위험물증기가 외부
로 역류되는 것을 저지할 수 있는 구조·기구를 갖는 포방출구

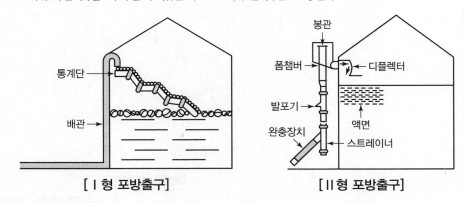

[Ⅰ형 포방출구]   [Ⅱ형 포방출구]

③ Ⅲ형 방출구 : 고정지붕구조의 탱크에 저부포주입법을 이용하는 것으로서 송포관으로부터
포를 방출하는 포방출구

④ Ⅳ형 방출구 : 고정지붕구조의 탱크에 저부포주입법을 이용하는 것으로서 평상시에는 탱크
의 액면하의 저부에 설치된 격납통에 수납되어 있는 특수호스 등이 송포관의 말단에 접속되
어 있다가 포를 보내는 것에 의하여 특수호스 등이 전개되어 그 선단이 액면까지 도달한 후
포를 방출하는 포방출구

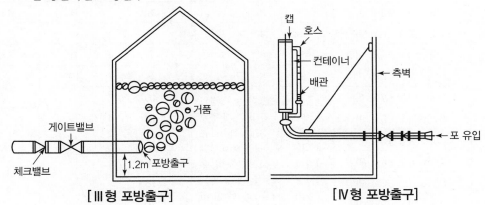

[Ⅲ형 포방출구]   [Ⅳ형 포방출구]

⑤ 특형 방출구 : 부상지붕구조의 탱크에 상부포주입법을 이용하는 것으로서 부상지붕의 부상
부분상에 높이 0.9m 이상의 금속제의 칸막이를 탱크 옆판의 내측으로부터 1.2m 이상 이격
하여 설치하고 탱크 옆판과 칸막이에 의하여 형성된 환상부분에 포를 주입하는 것이 가능한
구조의 반사판을 갖는 포방출구

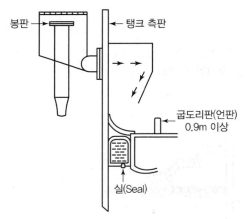

봉판 ← → 탱크 측판

굽도리판(언판)
0.9m 이상

실(Seal)

[특형 포방출구]

탱크의 구조 및 포방출구의 종류 / 탱크직경	포방출구의 개수			
	고정지붕구조		부상덮개부착 고정지붕구조	부상지붕 구조
	Ⅰ형 또는 Ⅱ형	Ⅲ형 또는 Ⅳ형	Ⅱ형	특형
13m 미만	2	1	2	2
13m 이상 19m 미만	2	1	3	3
19m 이상 24m 미만	2	1	4	4
24m 이상 35m 미만	2	2	5	5
35m 이상 42m 미만	3	3	6	6
42m 이상 46m 미만	4	4	7	7
46m 이상 53m 미만	6	6	8	8
53m 이상 60m 미만	8	8	10	10
60m 이상 67m 미만	왼쪽란에 해당하는 직경의 탱크에는 Ⅰ형 또는 Ⅱ형의 포방출구를 8개 설치하는 것 외에, 오른쪽란에 표시한 직경에 따른 포방출구의 수에서 8을 뺀 수의 Ⅲ형 또는 Ⅳ형의 포방출구를 폭 30m의 환상 부분을 제외한 중심부의 액표면에 방출할 수 있도록 추가로 설치할 것	10		10
67m 이상 73m 미만		12		12
73m 이상 79m 미만		14		12
79m 이상 85m 미만		16		14
85m 이상 90m 미만		18		14
90m 이상 95m 미만		20		16
95m 이상 99m 미만		22		16
99m 이상		24		18

④ **호스릴 포소화설비** : 노즐이 이동식 호스릴에 연결되어 포약제를 발포시켜 방사하는 방식

⑤ **포소화전설비** : 노즐이 고정된 방수구와 연결된 호스와 연결되어 포약제를 발포시켜 방사하는 방식

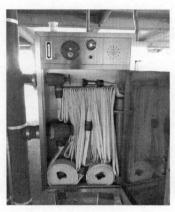

⑥ **보조포소화전설비** : 옥외탱크저장소 방유제 주변에 설치하는 포소화전설비

⑦ **포모니터노즐설비** : 원유선 정박지, 해안가 또는 선박 내에 설치하는 포소화설비

⑧ **압축공기포소화설비** : 압축공기 또는 압축질소를 일정비율로 포수용액에 강제주입하여 혼합하는 방식을 말한다.

▼ **소방대상물에 따른 포소화설비의 종류**

구분	소방대상물	포소화설비의 종류
1	특수가연물을 저장·취급하는 공장 또는 창고	• 포워터스프링클러설비 • 포헤드설비 • 고정포방출구설비 • 압축공기포소화설비
2	차고 주차장	• 포워터스프링클러설비 • 포헤드설비 • 고정포방출구설비 • 압축공기포소화설비
	※ 차고 주차장 중 ① 완전 개방된 옥상주차장 또는 고가 밑의 주차장 등으로서 주된 벽이 없고 기둥뿐이거나 주위가 위해방지용 철주 등으로 둘러싸인 부분 ② 지상 1층으로서 지붕이 없는 부분	• 호스릴 포소화설비 • 포소화전설비

3	항공기 격납고	• 포워터스프링클러설비 • 포헤드설비 • 고정포방출구설비 • 압축공기포소화설비
	※ 항공기 격납고 중 바닥면적의 합계가 1,000m² 이상이고 항공기의 격납위 치가 한정되어 있는 경우에는 그 한정된 장소 외의 부분	호스릴 포소화설비
4	발전기실, 엔진펌프실, 변압기, 전기케이블실, 유압설 비(바닥면적 300m² 미만)	고정식 압축공기포소화설비
5	위험물제조소 등	• 포헤드설비 • 고정포방출구설비 • 호스릴포소화설비
6	위험물 옥외탱크저장소(고정포방출구방식)	• 고정포방출구 + 보조포소 화전

03 저장탱크

포소화약제의 저장탱크(용기를 포함한다. 이하 같다)는 다음 기준에 따라 설치하고 혼합장
치와 배관 등으로 연결하여 두어야 한다.

① 화재 등의 재해로 인한 피해를 받을 우려가 없는 장소에 설치할 것
② 기온의 변동으로 포의 발생에 장애를 주지 아니하는 장소에 설치할 것. 다만, 기온의
   변동에 영향을 받지 아니하는 포소화약제의 경우에는 그러하지 아니하다.
③ 포소화약제가 변질될 우려가 없고 점검에 편리한 장소에 설치할 것
④ 가압송수장치 또는 포소화약제 혼합장치의 기동에 따라 압력이 가해지는 것 또는 상시
   가압된 상태로 사용되는 것은 압력계를 설치할 것
⑤ 포소화약제 저장량의 확인이 쉽도록 액면계 또는 계량봉 등을 설치할 것
⑥ 가압식이 아닌 저장탱크는 그라스게이지를 설치하여 액량을 측정할 수 있는 구조로 할 것

04 혼합장치

포소화약제의 혼합장치는 포소화약제의 사용농도에 적합한 수용액으로 혼합할 수 있도록
하고 그 종류는 다음과 같다.

① **펌프 프로포셔너방식(Pump Proportioner Type)** : 펌프의 토출관과 흡입관 사이의 배관 도중에서 분기된 바이패스배관상에 설치된 흡입기에 펌프에서 토출된 물의 일부를 보내고 농도조절밸브에서 조정된 포소화약제의 필요량을 포소화약제 탱크에서 펌프 흡입측으로 보내어 이를 혼합하는 방식

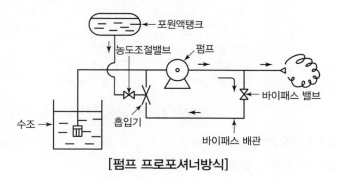

[펌프 프로포셔너방식]

② **라인 프로포셔너방식(Line Proportioner Type)** : 펌프와 발포기 중간에 설치된 벤투리관의 벤투리작용에 의하여 포소화약제를 흡입·혼합하는 방식

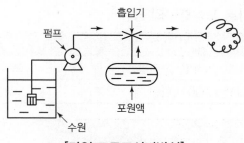

[라인 프로포셔너방식]

③ **프레셔 프로포셔너방식(Pressure Proportioner Type)** : 펌프와 발포기의 중간에 설치된 벤투리관의 벤투리작용과 펌프가압수의 포소화약제 저장탱크에 대한 압력에 의하여 포소화약제를 흡입·혼합하는 방식

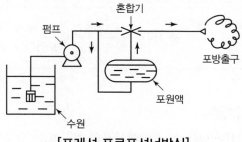

[프레셔 프로포셔너방식]

④ **프레셔 사이드 프로포셔너방식(Pressure Side Proportioner Type)** : 펌프의 토출관에 압입기를 설치하여 포소화약제 압입용 펌프로 포소화약제를 압입시켜 혼합하는 방식

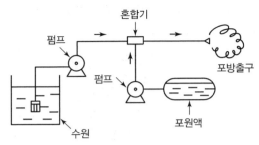

[프레셔 사이드 프로포셔너방식]

⑤ **압축공기포 믹싱챔버방식** : 압축공기 또는 압축질소를 일정 비율로 포수용액에 강제주입 혼합하는 방식을 말한다.

05 포헤드 및 고정포방출구

1) 팽창비율에 따른 포방출구의 종류

팽창비율에 따른 포의 종류	포방출구의 종류
팽창비가 20 이하인 것(저발포)	포헤드, 압축공기포헤드
팽창비가 80 이상 1,000 미만인 것(고발포)	고발포용 고정포방출구

구분	팽창비
제1종 기계포	80 이상 250 미만
제2종 기계포	250 이상 500 미만
제3종 기계포	500 이상 1,000 미만

 Check Point   팽창비

$$팽창비 = \frac{방출\ 후\ 포의\ 체적}{방출\ 전\ 포수용액의\ 체적}$$

2) 포헤드의 설치기준

① 포워터스프링클러헤드는 소방대상물의 천장 또는 반자에 설치하되, 바닥면적 8m²마다 1개 이상으로 하여 당해 방호대상물의 화재를 유효하게 소화할 수 있도록 할 것

② 포헤드는 소방대상물의 천장 또는 반자에 설치하되, 바닥면적 $9m^2$마다 1개 이상으로 하여 당해 방호대상물의 화재를 유효하게 소화할 수 있도록 할 것

③ 소방대상물의 보가 있는 부분의 포헤드는 다음 표의 기준에 따라 설치할 것

포헤드와 보의 하단의 수직거리	포헤드와 보의 수평거리
0	0.75m 미만
0.1m 미만	0.75m 이상 1m 미만
0.1m 이상 0.15m 미만	1m 이상 1.5m 미만
0.15m 이상 0.30 미만	15m 이상

④ 포헤드 상호 간에는 다음의 기준에 따른 거리 이하가 되도록 할 것

㉠ 정방형으로 배치한 경우

$$S = 2r \times \cos 45°$$

여기서, S : 포헤드 상호 간의 거리(m), r : 유효반경(2.1m)

㉡ 장방형으로 배치한 경우

$$p_t = 2r$$

여기서, p_t : 대각선의 길이(m), r : 유효반경(2.1m)

Check Point **헤드의 개수 산정식**

① 면적에 따른 개수 산정

㉠ 포워터스프링클러헤드의 설치개수

$$N = \frac{\text{바닥면적}(m^2)}{8m^2}$$

㉡ 포헤드의 설치개수

$$N = \frac{\text{바닥면적}(m^2)}{9m^2}$$

② 수평거리에 따른 개수 산정 : 유효반경(r)을 이용하여 헤드 간의 수평거리를 이용하여 얻은 헤드의 수

③ 헤드의 표준방사량에 따른 개수 산정

$$N = \frac{\text{방호구역의 분당방사량}(l/min)}{\text{헤드의 분당방사량}(l/min \cdot 개)}$$

※ 위의 ①, ②, ③에 의한 헤드 수 중 많은 개수의 헤드를 설치한다.

⑤ 포헤드와 벽 방호구역의 경계선과는 ④의 규정에 따른 거리의 2분의 1 이하의 거리를 둘 것

3) 차고, 주차장에 설치하는 호스릴포소화설비 또는 포소화전설비 설치기준

① 소방대상물의 어느 층에 있어서도 그 층에 설치된 호스릴포방수구 또는 포소화전방수구(호스릴포방수구 또는 포소화전방수구가 5개 이상 설치된 경우에는 5개)를 동시에 사용할 경우 각 이동식 포노즐 선단의 포수용액 방사압력이 0.35MPa 이상이고 300L/min 이상(1개 층의 바닥면적이 200m² 이하인 경우에는 230L/min 이상)의 포수용액을 수평거리 15m 이상으로 방사할 수 있도록 할 것

② 저발포의 포소화약제를 사용할 수 있는 것으로 할 것

③ 호스릴 또는 호스를 호스릴 포방수구 또는 포소화전방수구로 분리하여 비치하는 때에는 그로부터 3m 이내의 거리에 호스릴함 또는 호스함을 설치할 것

④ 호스릴함 또는 호스함은 바닥으로부터 높이 1.5m 이하의 위치에 설치하고 그 표면에는 "포호스릴함(또는 포소화전함)"이라고 표시한 표지와 적색의 위치표시등을 설치할 것

⑤ 방호대상물의 각 부분으로부터 하나의 호스릴 포방수구까지의 수평거리는 15m 이하(포소화전 방수구의 경우에는 25m 이하)가 되도록 하고 호스릴 또는 호스의 길이는 방호대상물의 각 부분에 포가 유효하게 뿌려질 수 있도록 할 것

CHAPTER 10 이산화탄소소소화설비

01 계통도 및 작동순서

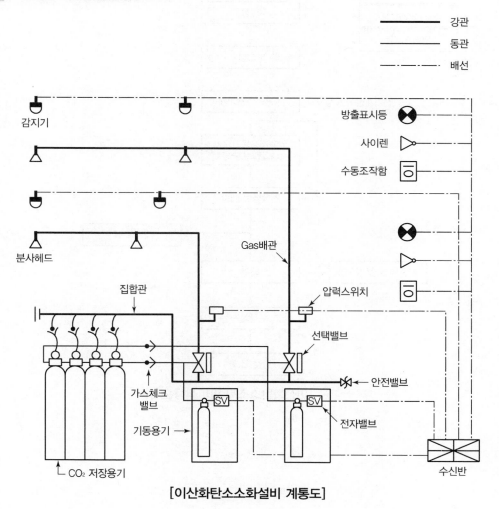

[이산화탄소소화설비 계통도]

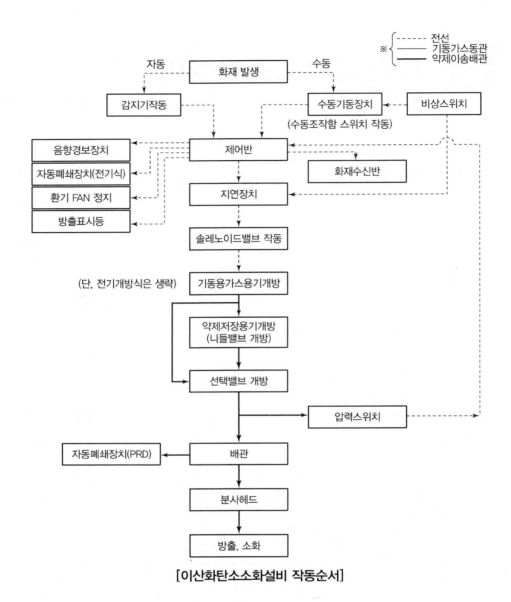

[이산화탄소소화설비 작동순서]

02 이산화탄소소화설비의 분류

1) 저장방식에 따른 분류

① **고압식** : CO_2 저장용기에 액화탄산가스를 저장하고 2.1MPa 이상의 압력으로 방사하는 방식

② **저압식** : CO_2 저장용기에 액화탄산가스를 −18℃ 이하에서 2.1MPa의 압력으로 유지하고 1.05MPa 이상의 압력으로 방사하는 방식

2) 방출방식에 따른 분류

① **전역방출방식** : 방호구역의 개구부가 작고 약제 방출 전 밀폐 가능한 곳으로 가연물이 화재실 전체에 균일하게 분포되어 있을 때 방호구역 전역에 균일하고 신속하게 소화약제를 방사하여 산소의 농도를 낮추어 소화하는 방식

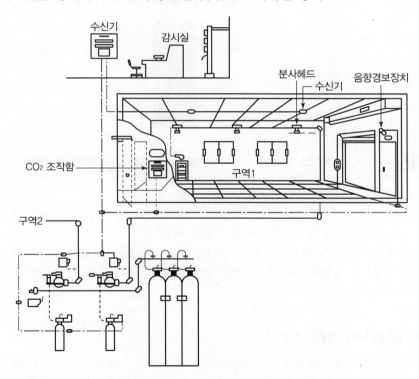

② **국소방출방식** : 방호구역의 개구부가 넓어 밀폐가 불가능하거나 넓은 방호구역 중 어느 일부분에만 가연물이 있을 때 가연물을 중심으로 일정공간에 분사헤드를 설치하여 집중적으로 약제를 방사하는 방식

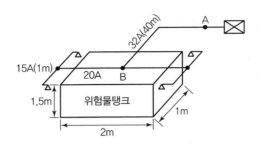

③ **호스릴방출방식** : 전역방출방식, 국소방출방식은 분사헤드가 고정설치되어 있는 반면 호스릴방출방식은 호스를 끌고 화점 가까이 접근하여 수동밸브를 개방하여 약제를 방사하는 방식

 Check Point ┃ **호스릴 이산화탄소설비의 설치 가능 장소(할론, 분말설비 동일)**

화재 시 현저하게 연기가 찰 우려가 없는 장소로서
• 지상 1층 및 피난층 중 지상에서 수동 또는 원격조작에 따라 개방할 수 있는 개구부의 유효면적의 합계가 바닥면적의 15% 이상이 되는 부분
• 전기설비가 설치되어 있는 부분 또는 다량의 화기를 사용하는 부분(당해 설비의 주위 5m 이내의 부분을 포함한다)의 바닥면적이 당해 설비가 설치되어 있는 구획 바닥면적의 5분의 1 미만이 되는 부분

3) 기동방식에 따른 분류

① **가스압력식** : 화재감지기의 동작 또는 수동조작스위치의 조작에 의해 기동용기의 전자밸브가 개방되며 기동용기의 압력에 의해 선택밸브 및 CO_2 저장용기의 밸브가 개방되는 방식

② **전기식** : 화재감지기의 작동 또는 수동조작스위치의 동작에 의해 CO_2 저장용기 및 선택밸브에 설치된 전자밸브가 개방되는 방식

③ **기계식** : 밸브 내의 압력차에 의해 개방되는 방식

03 이산화탄소소화설비의 약제 및 저장용기 등

1) 저장용기 설치장소 기준

① 방호구역 외의 장소에 설치할 것. 다만, 방호구역 내에 설치할 경우에는 피난 및 조작이 용이하도록 피난구 부근에 설치할 것

② 온도가 40℃ 이하이고 온도변화가 적은 곳에 설치할 것

③ 직사광선 및 빗물이 침투할 우려가 없는 곳에 설치할 것

④ 방화문으로 구획된 실에 설치할 것

⑤ 용기의 설치장소에는 당해 용기가 설치된 곳임을 표시하는 표지를 할 것

⑥ 용기 간의 간격은 점검에 지장이 없도록 3cm 이상의 간격을 유지할 것

⑦ 저장용기와 집합관을 연결하는 연결배관에는 체크밸브를 설치할 것. 다만, 저장용기가 하나의 방호구역만을 담당하는 경우에는 그러하지 아니하다.

2) 저장용기 설치기준

① 충전비

㉠ 고압식 : 1.5 이상 1.9 이하

㉡ 저압식 : 1.1 이상 1.4 이하

┃ Reference ┃ 저장용기의 약제 충전량 계산식

$$G = \frac{V}{C}$$

여기서, G : 충전질량(kg), C : 충전비, V : 용기의 내용적(l)

② 저압식 저장용기의 부속장치

㉠ 안전장치(안전밸브, 봉판)

㉡ 액면계

㉢ 압력계

㉣ 압력경보장치 : 2.3MPa 이상 1.9MPa 이하의 압력에서 작동

㉤ 자동냉동장치 : 용기 내부의 온도가 −18℃ 이하로 유지될 수 있도록 설치

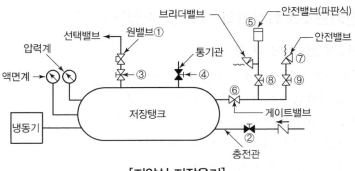

[저압식 저장용기]

| Reference

1. 안전장치 작동압력
  ① 기동용 가스용기 : 내압시험압력의 0.8배 내지 내압시험압력 이하에서 작동
  ② 저장용기와 선택밸브 또는 개폐밸브 사이 : 내압시험압력의 0.8배에서 작동
  ③ 저압식 저장용기
    ㉠ 안전밸브 : 내압시험압력의 0.64~0.8배에서 작동
    ㉡ 봉판 : 내압시험압력의 0.8~내압시험압력에서 작동

2. 내압시험압력
  ① 고압식 저장용기 : 25MPa 이상
  ② 저압식 저장용기 : 3.5MPa 이상
  ③ 기동용기 및 밸브 : 25MPa 이상

04 배관 등

1) 배관의 설치기준

① 배관은 전용으로 할 것

② 강관을 사용하는 경우의 배관은 압력배관용 탄소강관(KS D 3562) 중 스케줄 80(저압식에 있어서는 스케줄 40) 이상의 것 또는 이와 동등 이상의 강도를 가진 것으로 아연도금 등으로 방식처리된 것을 사용할 것. 다만, 배관의 호칭구경이 20mm 이하인 경우에는 스케줄 40 이상인 것을 사용할 수 있다.

③ 동관을 사용하는 경우의 배관은 이음이 없는 동 및 동합금관(KS D 5301)으로서 고압식은 16.5MPa 이상, 저압식은 3.75MPa 이상의 압력에 견딜 수 있는 것을 사용할 것

④ 고압식의 경우 개폐밸브 또는 선택밸브의 2차 측 배관부속은 2MPa의 압력에 견딜

수 있는 것을 사용하여야 하며, 1차 측 배관부속은 4MPa의 압력에 견딜 수 있는 것을 사용하여야 하고 저압식의 경우에는 2MPa의 압력에 견딜 수 있는 배관부속을 사용할 것

2) 배관의 구경

소요량이 다음의 기준에 따른 시간 내에 방사될 수 있는 것으로 할 것

① 전역방출방식

㉠ 표면화재(가연성액체 또는 가연성가스 등) 방호대상물의 경우에는 1분

㉡ 심부화재(종이, 목재, 석탄, 석유류, 합성수지류 등) 방호대상물의 경우에는 7분. 이 경우 설계농도가 2분 이내에 30%에 도달하여야 한다.

② 국소방출방식의 경우에는 30초

3) 수동잠금밸브

소화약제의 저장용기와 선택밸브 사이의 집합배관에는 수동잠금밸브를 설치하되 선택밸브 직전에 설치할 것. 다만, 선택밸브가 없는 설비의 경우에는 저장용기실 내에 설치하되 조작 및 점검이 쉬운 위치에 설치하여야 한다.

05 선택밸브

하나의 소방대상물 또는 그 부분에 2 이상의 방호구역 또는 방호대상물이 있어 이산화탄소 저장용기를 공용하는 경우에는 다음 각 호의 기준에 따라 선택밸브를 설치할 것
① 방호구역 또는 방호대상물마다 설치할 것
② 각 선택밸브에는 그 담당 방호구역 또는 방호대상물을 표시할 것

06 분사헤드

① 전역방출방식의 분사헤드
- ㉠ 방사된 소화약제가 방호구역의 전역에 균일하게 신속히 확산할 수 있도록 할 것
- ㉡ 분사헤드의 방사압력이 2.1MPa(저압식은 1.05MPa) 이상인 것으로 할 것
- ㉢ 소화약제의 저장량을 표면화재는 1분, 심부화재는 7분 이내에 방사할 수 있을 것

② 국소방출방식의 분사헤드
- ㉠ 방사된 소화약제가 방호구역의 전역에 균일하게 신속히 확산할 수 있도록 할 것
- ㉡ 분사헤드의 방사압력이 2.1MPa(저압식은 1.05MPa) 이상인 것으로 할 것
- ㉢ 소화약제의 저장량은 30초 이내에 방사할 수 있는 것으로 할 것
- ㉣ 소화약제의 방사에 따라 가연물이 비산하지 아니하는 장소에 설치할 것

③ 분사헤드의 오리피스 구경
- ㉠ 분사헤드에는 부식방지조치를 하여야 하며 오리피스의 크기, 제조일자, 제조업체가 표시되도록 할 것
- ㉡ 분사헤드의 개수는 방호구역에 방사시간이 충족되도록 설치할 것
- ㉢ 분사헤드의 방출률 및 방출압력은 제조업체에서 정한 값으로 할 것
- ㉣ 분사헤드 오리피스의 면적은 분사헤드가 연결되는 배관구경 면적의 70%를 초과하지 아니할 것

‖ Reference ‖ 분사헤드의 분출구면적 산출식

$$\text{분출구의 면적}(cm^2) = \frac{\text{헤드 1개당 방사량}(kg)}{\text{방출률}(kg/cm^2 \cdot min) \times \text{방사시간}(min)}$$

④ 호스릴이산화탄소소화설비 설치기준
- ㉠ 방호대상물의 각 부분으로부터 하나의 호스접결구까지의 수평거리가 15m 이하가 되도록 할 것
- ㉡ 노즐은 20℃에서 하나의 노즐마다 60kg/min 이상의 소화약제를 방사할 수 있는 것으로 할 것

ⓒ 소화약제 저장용기는 호스릴을 설치하는 장소마다 설치할 것

ⓡ 소화약제 저장용기의 개방밸브는 호스의 설치장소에서 수동으로 개폐할 수 있는 것으로 할 것

ⓜ 소화약제 저장용기의 가장 가까운 곳의 보기 쉬운 곳에 표시등을 설치하고, 호스릴이산화탄소 소화설비가 있다는 뜻을 표시한 표지를 할 것

07 분사헤드 설치 제외 장소

① 방재실 · 제어실 등 사람이 상시 근무하는 장소
② 니트로셀룰로오스 · 셀룰로이드제품 등 자기연소성 물질을 저장 · 취급하는 장소
③ 나트륨 · 칼륨 · 칼슘 등 활성금속물질을 저장 · 취급하는 장소
④ 전시장 등의 관람을 위하여 다수인이 출입 · 통행하는 통로 및 전시실 등

08 자동식기동장치의 화재감지기

① 각 방호구역 내의 화재감지기의 감지에 따라 작동되도록 할 것
② 화재감지기의 회로는 교차회로방식으로 설치할 것. 다만, 화재감지기를 자동화재탐지설비의 화재안전기준(NFSC 203)의 오동작 없는 감지기를 설치하는 경우에는 그러하지 아니하다.
③ 교차회로 내의 각 화재감지기 회로별로 설치된 화재감지기 1개가 담당하는 바닥면적은 자동화재탐지설비의 화재안전기준(NFSC 203) 규정에 따른 바닥면적으로 할 것

09 음향경보장치

① 음향경보장치의 설치기준
　㉠ 수동식 기동장치를 설치한 것에 있어서는 그 기동장치의 조작과정에서, 자동식 기동장치를 설치한 것에 있어서는 화재감지기와 연동하여 자동으로 경보를 발하는 것으로 할 것
　㉡ 소화약제의 방사 개시 후 1분 이상 경보를 계속할 수 있는 것으로 할 것
　㉢ 방호구역 또는 방호대상물이 있는 구획 안에 있는 자에게 유효하게 경보할 수 있는 것으로 할 것

② **방송에 따른 경보장치의 설치기준**
　㉠ 증폭기 재생장치는 화재 시 연소의 우려가 없고 유지관리가 쉬운 장소에 설치할 것
　㉡ 방호구역 또는 방호대상물이 있는 구획의 각 부분으로부터 하나의 확성기까지의 수평거리는 25m 이하가 되도록 할 것
　㉢ 제어반의 복구스위치를 조작하여도 경보를 계속 발할 수 있는 것으로 할 것

CHAPTER 11 할론소화설비

01 할론소화설비의 분류

1) 가압방식에 따른 분류

① **가압식** : 할론약제와 압축가스인 N_2가스를 서로 다른 용기에 저장하고 배관을 연결하고 있다가 화재로 인한 방출 시 N_2가스 용기를 먼저 개방하여 할론약제를 밀어내어 방사하는 방식

② **축압식** : 할론약제와 N_2를 동일한 용기에 충전해두었다가 화재 시 용기밸브의 개방에 의해 방사하는 방식

| Reference |

할론약제는 증기압이 작아 할론약제 단독으로는 필요압력으로 방출이 어려우므로 압축가스인 N_2를 가압 또는 축압의 방식을 통하여 할론용기와 연결하고 N_2의 압력을 이용하여 방사하는 방식을 택한다.

할론약제별 비교

할론약제의 종류	증기압(20℃ 기준)	방사압력	방식
할론 2402	$0.5kgf/cm^2$	0.1MPa	가압식 또는 축압식
할론 1211	$2.5kgf/cm^2$	0.2MPa	축압식
할론 1301	$14kgf/cm^2$	0.9MPa	축압식

2) 방출방식에 따른 분류

① 전역방출방식

② 국소방출방식

③ 호스릴방출방식

3) 기동(개방)방식에 따른 분류

① 가스압력식

② 전기식

③ 기계식

02 할론소화설비의 약제 및 저장용기 등

1) **저장용기 설치장소의 기준**

이산화탄소 소화설비와 동일

2) **저장용기의 설치기준**

① 축압식 저장용기의 압력은 온도 20℃에서 할론 1211을 저장하는 것은 1.1MPa 또는 2.5MPa, 할론 1301을 저장하는 것은 2.5MPa 또는 4.2MPa이 되도록 질소가스로 축압하여야 한다.

② 동일 집합관에 접속되는 용기의 소화약제 충전량은 동일 충전비의 것이어야 한다.

③ 저장용기의 충전비

ㄱ 할론 2402
  • 가압식 : 0.51 이상, 0.67 미만
  • 축압식 : 0.67 이상, 2.75 이하

ㄴ 할론 1211 : 0.7 이상, 1.4 이하

ㄷ 할론 1301 : 0.9 이상, 1.6 이하

3) 가압용 가스용기는 질소가스가 충전된 것으로 하고, 그 압력은 21℃에서 2.5MPa 또는 4.2MPa이 되도록 하여야 한다.

4) 할론소화약제 저장용기의 개방밸브는 전기식 · 가스압력식 또는 기계식에 따라 자동으로 개방되고 수동으로도 개방되는 것으로서 안전장치가 부착된 것으로 하여야 한다.

5) 가압식 저장용기에는 2MPa 이하의 압력으로 조정할 수 있는 압력조정장치를 설치하여야 한다.

6) 하나의 구역을 담당하는 소화약제 저장용기의 소화약제량의 체적합계보다 그 소화약제 방출 시 방출경로가 되는 배관(집합관 포함)의 내용적이 1.5배 이상일 경우에는 당해 방호구역에 대한 설비는 별도 독립방식으로 하여야 한다.

03 분사헤드

① **전역방출방식의 분사헤드**

ㄱ 방사된 소화약제가 방호구역의 전역에 균일하게 신속히 확산할 수 있도록 할 것

ㄴ 할론 2402를 방출하는 분사헤드는 당해 소화약제가 무상으로 분무되는 것으로 할 것

ㄷ 분사헤드의 방사압력은 할론 2402를 방사하는 것은 0.1MPa 이상, 할론 1211을 방사하는 것은 0.2MPa 이상, 할론 1301을 방사하는 것은 0.9MPa 이상으로 할 것

ㄹ 기준저장량의 소화약제를 10초 이내에 방사할 수 있는 것으로 할 것

② **국소방출방식의 분사헤드**

    ㉠ 소화약제의 방사에 따라 가연물이 비산하지 아니하는 장소에 설치할 것

    ㉡ 할론 2402를 방사하는 분사헤드는 당해 소화약제가 무상으로 분무되는 것으로 할 것

    ㉢ 분사헤드의 방사압력은 할론 2402를 방사하는 것은 0.1MPa 이상, 할론 1211을 방사하는 것은 0.2MPa 이상, 할론 1301을 방사하는 것은 0.9MPa 이상으로 할 것

    ㉣ 기준저장량의 소화약제를 10초 이내에 방사할 수 있는 것으로 할 것

③ **호스릴 설치 가능 장소** : 화재 시 현저하게 연기가 찰 우려가 없는 장소로서 다음에 해당하는 장소

    ㉠ 지상 1층 및 피난층에 있는 부분으로서 지상에서 수동 또는 원격조작에 따라 개방할 수 있는 개구부의 유효면적의 합계가 바닥면적의 15% 이상이 되는 부분

    ㉡ 전기설비가 설치되어 있는 부분 또는 다량의 화기를 사용하는 부분(당해 설비의 주위 5m 이내의 부분을 포함한다)의 바닥면적이 당해 설비가 설치되어 있는 구획의 바닥면적의 5분의 1 미만이 되는 부분

④ **호스릴 할론소화설비의 설치기준**

    ㉠ 방호대상물의 각 부분으로부터 하나의 호스접결구까지의 수평거리가 20m 이하가 되도록 할 것

    ㉡ 소화약제의 저장용기의 개방밸브는 호스릴의 설치장소에서 수동으로 개폐할 수 있는 것으로 할 것

    ㉢ 소화약제의 저장용기는 호스릴을 설치하는 장소마다 설치할 것

    ㉣ 노즐은 20℃에서 하나의 노즐마다 1분당 다음 표에 따른 소화약제를 방사할 수 있는 것으로 할 것

소화약제의 종별	소화약제의 양(kg)
할론 2402	45
할론 1211	40
할론 1301	35

    ㉤ 소화약제 저장용기의 가까운 곳의 보기 쉬운 곳에 적색의 표시등을 설치하고, 호스릴 할론소화설비가 있다는 뜻을 표시한 표지를 할 것

⑤ **분사헤드의 오리피스구경·방출률·크기 등에 관한 기준** : 이산화탄소 소화설비와 동일

CHAPTER

12 할로겐화합물 및 불활성기체 소화설비

01 할로겐화합물 및 불활성기체 소화약제의 정의 및 종류

1) 할로겐화합물 및 불활성기체 소화약제의 정의

① "할로겐화합물 및 불활성기체"라 함은 할로겐화합물(할론 1301, 할론 2402, 할론 1211 제외) 및 불활성 기체로서 전기적으로 비전도성이며 휘발성이 있거나 증발 후 잔여물을 남기지 않는 소화약제를 말한다.

② "할로겐화합물 소화약제"라 함은 불소, 염소, 브롬 또는 요오드 중 하나 이상의 원소를 포함하고 있는 유기화합물을 기본성분으로 하는 소화약제를 말한다.

③ "불활성기체 소화약제"라 함은 헬륨, 네온, 아르곤 또는 질소가스 중 하나 이상의 원소를 기본성분으로 하는 소화약제를 말한다.

④ "충전밀도"라 함은 용기의 단위용적당 소화약제의 중량의 비율을 말한다.

2) 소화약제의 종류

소화약제	화학식
퍼플루오로부탄(이하 "FC－3－1－10"이라 한다.)	C_4F_{10}
하이드로클로로플루오로카본혼화제(이하 "HCFC BLEND A"라 한다.)	HCFC－123($CHCl_2CF_3$) : 4.75% HCFC－22($CHClF_2$) : 82% HCFC－124($CHClFCF_3$) : 9.5% $C_{10}H_{16}$: 3.75%
클로로테트라플루오로에탄(이하 "HCFC－124"라 한다.)	$CHClFCF_3$
펜타플루오로에탄(이하 "HFC－125"라 한다.)	CHF_2CF_3
헵타플루오로프로판(이하 "HFC－227ea"라 한다.)	CF_3CHFCF_3
트리플루오로메탄(이하 "HFC－23"라 한다.)	CHF_3
헥사플루오로프로판(이하 "HFC－236fa"라 한다.)	$CF_3CH_2CF_3$
트리플루오로이오다이드(이하 "FIC－1311"라 한다.)	CF_3I
도데카플루오로－2－메틸펜탄－3－원(이하 "FK－5－1－12"라 한다.)	$CF_3CF_2C(O)CF(CF_3)_2$

소화약제	화학식
불연성 · 불활성기체 혼합가스(이하 "IG－01"라 한다.)	Ar
불연성 · 불활성기체 혼합가스(이하 "IG－100"라 한다.)	N_2
불연성 · 불활성기체 혼합가스(이하 "IG－541"라 한다.)	N_2 : 52%, Ar : 40%, CO_2 : 8%
불연성 · 불활성기체 혼합가스(이하 "IG－55"라 한다.)	N_2 : 50%, Ar : 50%

02 할로겐화합물 및 불활성기체 소화설비의 약제 및 저장용기 등

1) 할로겐화합물 및 불활성기체 소화약제의 저장용기 등

① 저장용기 설치장소의 기준

ⓐ 온도가 55℃ 이하이고 온도의 변화가 적은 곳에 설치할 것

ⓑ 그 밖의 사항은 이산화탄소 소화설비와 동일

② **할로겐화합물 및 불활성기체 소화약제 저장용기의 충전밀도 · 충전압력 및 배관의 최소 사용설계압력**

ⓐ 할로겐화합물 소화약제

소화약제 \ 항목	HFC－227ea			FC－3－1－10	HCFC BLEND A	
최대충전밀도(kg/m^3)	1,201.4	1,153.3	1,153.3	1,281.4	900.2	900.2
21℃ 충전압력(kPa)	1,034*	2,482*	4,137*	2,482*	4,137*	2,482*
최소사용설계압력 (kPa)	1,379	2,868	5,654	2,482	4,689	2,979

소화약제 \ 항목	HFC－23				
최대충전밀도(kg/m^3)	768.9	720.8	640.7	560.6	480.6
21℃ 충전압력(kPa)	4,198**	4,198**	4,198**	4,198**	4,198**
최소사용설계압력 (kPa)	9,453	8,605	7,626	6,943	6,392

소화약제 항목	HCFC-124		HFC-125		HFC-236fa		FK-5-1-12	
최대충전밀도(kg/m³)	1,185.4	1,185.4	865	897	1,185.4	1,201.4	1,185.4	1,441.7
21℃ 충전압력(kPa)	1,655*	2,482*	2,482*	4,137*	1,655*	2,482*	4,137*	2,482* 4,206*
최소사용설계압력 (kPa)	1,951	3,199	3,392	5,764	1,931	3,310	6,068	2,482

비고 • "＊" 표시는 질소로 축압한 경우를 표시한다.
　　 • "＊＊" 표시는 질소로 축압하지 아니한 경우를 표시한다.

ⓛ 불활성기체 소화약제

소화약제 항목		IG-01		IG-541			IG-55			IG-100		
21℃ 충전압력 (kPa)		16,341	20,436	14,997	19,996	31,125	15,320	20,423	30,634	16,575	22,312	28,000
최소사용 설계압력 (kPa)	1차 측	16,341	20,436	14,997	19,996	31,125	15,320	20,423	30,634	16,575	22,312	227.4
	2차 측	비고 2 참조										

비고 • 1차 측과 2차 측은 강압장치를 기준으로 한다.
　　 • 2차 측 최소사용설계압력은 제조사의 설계프로그램에 의한 압력값에 따른다.

ⓒ 저장용기는 약제명·저장용기의 자체중량과 총중량·충전일시·충전압력 및 약제의 체적을 표시할 것

ⓔ 집합관에 접속되는 저장용기는 동일한 내용적을 가진 것으로 충전량 및 충전압력이 같도록 할 것

ⓜ 저장용기에 충전량 및 충전압력을 확인할 수 있는 장치를 하는 경우에는 해당 소화약제에 적합한 구조로 할 것

ⓗ 저장용기의 약제량 손실이 5%를 초과하거나 압력손실이 10%를 초과할 경우에는 재충전하거나 저장용기를 교체할 것. 다만, 불활성가스청정소화약제 저장용기의 경우에는 압력손실이 5%를 초과할 경우 재충전하거나 저장용기를 교체하여야 한다.

③ 하나의 방호구역을 담당하는 저장용기의 소화약제의 체적합계보다 소화약제의 방출 시 방출경로가 되는 배관(집합관을 포함한다.) 내용적의 비율이 청정소화약제 제조업체(이하 "제조업체"라 한다.)의 설계기준에서 정한 값 이상일 경우에는 당해 방호구역에 대한 설비는 별도 독립방식으로 하여야 한다.

2) 할로겐화합물 및 불활성기체 소화설비 설치 제외 장소

① 사람이 상주하는 곳으로서 최대허용설계농도를 초과하는 장소

② 제3류 위험물 및 제5류 위험물을 사용하는 장소. 다만, 소화성능이 인정되는 위험물은

제외한다.

▼ 할로겐화합물 및 불활성기체 소화약제 최대허용설계농도

소화약제	최대허용설계농도(%)
FC-3-1-10	40
HCFC BLEND A	10
HCFC-124	1.0
HFC-125	11.5
HFC-227ea	10.5
HFC-23	30
HFC-236fa	12.5
FIC-13I1	0.3
FK-5-1-12	10
IG-01	43
IG-100	43
IG-541	43
IG-55	43

03 분사헤드

① 분사헤드의 설치기준

　㉠ 분사헤드의 설치 높이는 방호구역의 바닥으로부터 최소 0.2m 이상, 최대 3.7m 이하로 하여야 하며 천장높이가 3.7m를 초과할 경우에는 추가로 다른 열의 분사 헤드를 설치할 것. 다만, 분사헤드의 성능인정 범위 내에서 설치하는 경우에는 그러하지 아니하다.

　㉡ 분사헤드의 개수는 방호구역에 할로겐화합물 소화약제가 10초(불활성기체 소화 약제는 A · C급 화재-2분, B급 화재-1분) 이내에 방호구역 각 부분에 최소설계 농도의 95% 이상 해당하는 약제량이 방출할 수 있는 수량으로 할 것

　㉢ 분사헤드에는 부식방지조치를 하여야 하며 오리피스의 크기, 제조일자, 제조업 체가 표시되도록 할 것

② 분사헤드의 방출률 및 방출압력은 제조업체에서 정한 값으로 한다.

③ 분사헤드의 오리피스 면적은 분사헤드가 연결되는 배관구경 면적의 70%를 초과하여 서는 아니 된다.

CHAPTER 13 분말소화설비

01 분말소화약제의 종류 및 설비의 종류

Check Point 대상물별 소화약제의 종류

① 차고 또는 주차장 : 3종 분말
② 그 밖의 소방대상물 : 1종 분말, 2종 분말, 3종 분말, 4종 분말

1) 방출방식에 의한 분류

전역방출방식, 국소방출방식, 호스릴방출방식

2) 가압방식에 의한 분류

① **가압식** : 분말약제와 가압가스인 N_2 또는 CO_2가스를 서로 다른 용기에 저장, 설치하고 방출 시 이들 가스가 분말약제용기 안으로 들어가 분말약제를 밀어 내어 분사하는 방식으로 정압작동장치가 필요하다.
② **축압식** : 분말약제와 가압가스인 N_2가스를 동일한 용기에 사전에 충전해두고 이를 분사하는 방식으로 항상 필요압력의 확인을 위해 압력계가 부착되어 있다.

3) 기동방식에 따른 분류

① **가스압력식** : 화재감지기의 동작 또는 수동조작스위치의 조작에 의해 기동용기의 전자밸브가 개방되며 기동용기의 압력에 의해 선택밸브 및 가압가스용기 또는 축압식 저장용기의 밸브가 개방되는 방식
② **전기식** : 화재감지기의 작동 또는 수동조작스위치의 동작에 의해 축압식저장용기 및 선택밸브에 설치된 전자밸브가 개방되는 방식
③ **기계식** : 밸브 내의 압력차에 의해 개방되는 방식

02 계통도 및 작동순서

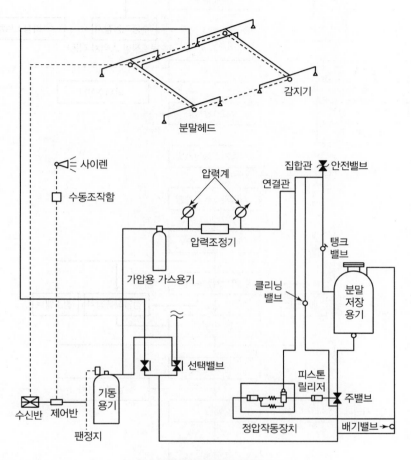

[분말소화설비의 계통도]

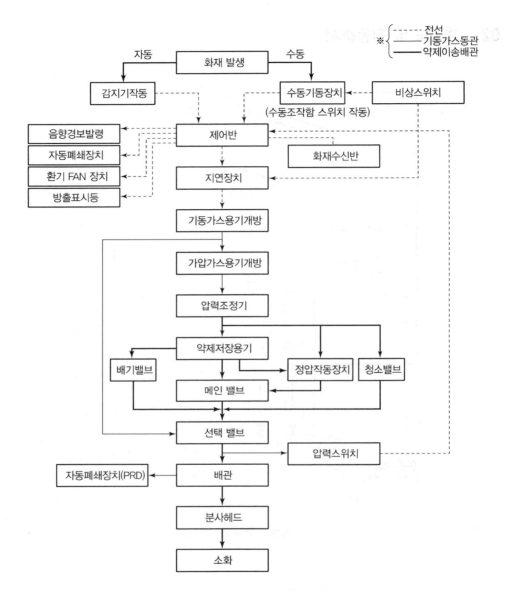

[분말소화설비의 작동순서]

03   분말소화설비의 약제 및 저장용기 및 가압용기 등

1) 저장용기 등

① **저장용기 설치장소의 기준** : 이산화탄소 소화설비와 동일

② **저장용기의 설치기준**

    ㉠ 저장용기의 내용적은 다음 표에 따를 것

소화약제의 종별	소화약제 1kg당 저장용기의 내용적
제1종 분말(탄산수소나트륨을 주성분으로 한 분말)	0.8l
제2종 분말(탄산수소칼륨을 주성분으로 한 분말)	1l
제3종 분말(인산염을 주성분으로 한 분말)	1l
제4종 분말(탄산수소칼륨과 요소가 화합된 분말)	1.25l

    ㉡ 저장용기에는 가압식은 최고사용압력의 1.8배 이하, 축압식은 용기 내압시험압력의 0.8배 이하의 압력에서 작동하는 안전밸브를 설치할 것

    ㉢ 저장용기에는 저장용기의 내부압력이 설정압력으로 되었을 때 주밸브를 개방하는 정압작동 장치를 설치할 것

    ㉣ 저장용기의 충전비는 0.8 이상으로 할 것

    ㉤ 저장용기 및 배관에는 잔류 소화약제를 처리할 수 있는 청소장치를 설치할 것

    ㉥ 축압식의 분말소화설비는 사용압력의 범위를 표시한 지시압력계를 설치할 것

2) 가압용 가스용기

① 분말소화약제의 가스용기는 분말소화약제 저장용기에 접속하여 설치하여야 한다.

② 분말소화약제의 가압용 가스 용기를 3병 이상 설치한 경우에는 2개 이상의 용기에 전자개방밸브를 부착하여야 한다.

③ 분말소화약제의 가압용 가스 용기에는 2.5MPa 이하의 압력에서 조정이 가능한 압력조정기를 설치하여야 한다.

④ 가압용 가스 또는 축압용 가스는 다음의 기준에 따라 설치하여야 한다.

    ㉠ 가압용 가스 또는 축압용 가스는 질소가스 또는 이산화탄소로 할 것

    ㉡ 가압용 가스에 질소가스를 사용하는 것의 질소가스는 소화약제 1kg마다 40L(35℃에서 1기압의 압력상태로 환산한 것) 이상, 이산화탄소를 사용하는 것의 이산화탄소는 소화약제 1kg에 대하여 20g에 배관의 청소에 필요한 양을 가산한 양 이상으로 할 것

    ㉢ 축압용 가스에 질소가스를 사용하는 것의 질소가스는 소화약제 1kg에 대하여 10L(35℃에서 1기압의 압력상태로 환산한 것) 이상, 이산화탄소를 사용하는 것

의 이산화탄소는 소화약제 1kg에 대하여 20g에 배관의 청소에 필요한 양을 가산한 양 이상으로 할 것

ㄹ 배관의 청소에 필요한 양의 가스는 별도의 용기에 저장할 것

04 분사헤드

① **전역방출방식의 분사헤드**
ㄱ 방사된 소화약제가 방호구역의 전역에 균일하고 신속하게 확산할 수 있도록 할 것
ㄴ 규정에 따른 소화약제 저장량을 30초 이내에 방사할 수 있는 것으로 할 것

② **국소방출방식의 분사헤드**
ㄱ 소화약제의 방사에 따라 가연물이 비산하지 아니하는 장소에 설치할 것
ㄴ 규정에 따른 기준저장량의 소화약제를 30초 이내에 방사할 수 있는 것으로 할 것

③ **호스릴 분말소화설비의 설치기준**
ㄱ 방호대상물의 각 부분으로부터 하나의 호스접결구까지의 수평거리가 15m 이하가 되도록 할 것
ㄴ 소화약제 저장용기의 개방밸브는 호스릴의 설치장소에서 수동으로 개폐할 수 있는 것으로 할 것
ㄷ 소화약제 저장용기는 호스릴을 설치하는 장소마다 설치할 것
ㄹ 노즐은 하나의 노즐마다 1분당 다음 표에 따른 소화약제를 방사할 수 있는 것으로 할 것

소화약제의 종별	1분당 방사하는 소화약제의 양
제1종 분말	45kg/min
제2종, 3종 분말	27kg/min
제4종 분말	18kg/min

ㅁ 저장용기에는 그 가까운 곳의 보기 쉬운 곳에 적색의 표시등을 설치하고, 이동식 분말소화설비가 있다는 뜻을 표시한 표지를 할 것

CHAPTER 14 옥외소화전설비

01 설치대상

① 지상 1층 및 2층의 바닥면적의 합계가 9,000m² 이상인 것

이 경우 동일구내에 2 이상의 특정소방대상물이 행정안전부령이 정하는 연소 우려가 있는 구조인 경우에는 이를 하나의 특정 소방대상물로 본다.

②「문화재보호법」제5조에 따라 국보 또는 보물로 지정된 목조건축물

③ 공장 또는 창고로서 지정수량의 750배 이상인 특수가연물을 저장·취급하는 것

02 수원

1) 수원의 양

옥외소화전설비의 수원은 그 저수량이 옥외소화전의 설치개수(옥외소화전이 2개 이상 설치된 경우에는 2개)에 7m³를 곱한 양 이상이 되도록 하여야 한다.

2) 전용 및 겸용

옥내소화전설비와 동일

3) 수조설치기준

① 점검에 편리한 곳에 설치할 것

② 동결방지조치를 하거나 동결의 우려가 없는 장소에 설치할 것

③ 수조의 외측에 수위계를 설치할 것. 다만, 구조상 불가피한 경우에는 수조의 맨홀 등을 통하여 수조 안의 물의 양을 쉽게 확인할 수 있도록 하여야 한다.

④ 수조의 상단이 바닥보다 높은 때에는 수조의 외측에 고정식 사다리를 설치할 것

⑤ 수조가 실내에 설치된 때에는 그 실내에 조명설비를 설치할 것

⑥ 수조의 밑부분에는 청소용 배수밸브 또는 배수관을 설치할 것

⑦ 수조의 외측의 보기 쉬운 곳에 "옥외소화전설비용 수조"라고 표시한 표지를 할 것. 이 경우 그 수조를 다른 설비와 겸용하는 때에는 그 겸용되는 설비의 이름을 표시한 표지를 함께 하여야 한다.

⑧ 옥외소화전펌프의 흡수배관 또는 옥외소화전설비의 수직배관과 수조의 접속부분에는 "옥외소화전설비용 배관"이라고 표시한 표지를 할 것

03 가압송수장치

1) 전동기 또는 내연기관에 따른 펌프를 이용하는 가압송수장치

① 당해 소방대상물에 설치된 옥외소화전(2개 이상 설치된 경우에는 2개의 옥외소화전)을 동시에 사용할 경우 각 옥외소화전의 노즐선단에서의 방수압력이 0.25MPa 이상이고, 방수량이 350L/min 이상이 되는 성능의 것으로 할 것. 이 경우 하나의 옥외소화전을 사용하는 노즐선단에서의 방수압력이 0.7MPa을 초과할 경우에는 호스접결구의 인입 측에 감압장치를 설치하여야 한다.

$$전양정 \ H = h_1 + h_2 + h_3 + 25m$$

여기서, h_1 : 소방용 호스 마찰손실수두(m)
h_2 : 배관의 마찰손실수두(m)
h_3 : 실양정(m)

② 그 밖의 옥내소화전설비와 동일

2) 고가수조의 자연낙차를 이용하는 가압송수장치

① 고가수조의 자연낙차수두 산출식

$$H = h_1 + h_2 + 25m$$

여기서, H : 필요한 낙차(m)(수조의 하단으로부터 최고층의 호스 접결구까지 수직거리)
h_1 : 소방용 호스 마찰손실수두(m)
h_2 : 배관의 마찰손실수두(m)

② 고가수조 설치

ㄱ 수위계
ㄴ 배수관
ㄷ 급수관
ㄹ 오버플로관
ㅁ 맨홀

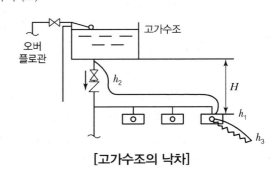

[고가수조의 낙차]

3) 압력수조를 이용하는 가압송수장치

① 압력수조의 필요압력 산출식

$$P = P_1 + P_2 + P_3 + 0.25\text{MPa}$$

여기서, P : 필요한 압력(MPa), P_1 : 배관 및 관부속물의 마찰손실압력(MPa),
P_2 : 소방용 호스의 마찰손실압력(MPa), P_3 : 낙차의 환산압력(MPa)

② 압력수조설치

　ⓐ 수위계

　ⓑ 배수관

　ⓒ 급수관

　ⓓ 급기관

　ⓔ 맨홀

　ⓕ 압력계

　ⓖ 안전장치

　ⓗ 자동식공기압축기

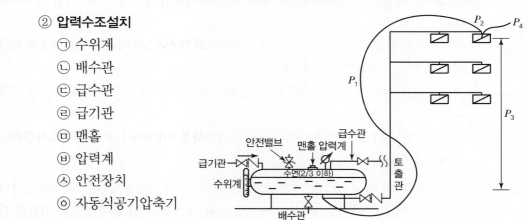

4) 가압수조를 이용하는 가압송수장치

① 가압수조의 압력은 규정에 따른 방수량 및 방수압이 20분 이상 유지되도록 할 것

② 가압수조는 최대상용압력 1.5배의 물의 압력을 가하는 경우 물이 새지 않고 변형이 없을 것〈삭제 2015.1.23.〉

③ 가압수조 및 가압원은 「건축법 시행령」 제46조에 따른 방화구획 된 장소에 설치할 것

④ 가압수조에는 수위계·급수관·배수관·급기관·압력계·안전장치 및 수조에 소화수와 압력을 보충할 수 있는 장치를 설치할 것〈삭제 2015.1.23.〉

⑤ 소방청장이 정하여 고시한 「가압수조식 가압송수장치의 성능인증 및 제품검사의 기술기준」에 적합한 것으로 설치할 것

04　배관 등

① 호스접결구는 지면으로부터 높이가 0.5m 이상 1m 이하의 위치에 설치하고 특정소방대상물의 각 부분으로부터 하나의 호스접결구까지의 수평거리가 40m 이하가 되도록 설치하여야 한다.

② 호스는 구경 65mm인 것으로 하여야 한다.
③ 그 밖의 사항은 옥내소화전과 동일

05 소화전함 등

① 옥외소화전설비에는 옥외소화전마다 그로부터 5m 이내의 장소에 소화전함을 설치하여
   야 한다.
   ㉠ 옥외소화전이 10개 이하 설치된 때에는 옥외소화전마다 5m 이내의 장소에 1개 이상
      의 소화전함을 설치하여야 한다.
   ㉡ 옥외소화전이 11개 이상, 30개 이하 설치된 때에는 11개 이상의 소화전함을 각각
      분산하여 설치하여야 한다.
   ㉢ 옥외소화전이 31개 이상 설치된 때에는 옥외소화전 3개마다 1개 이상의 소화전함을
      설치하여야 한다.
② 옥외소화전설비의 함은 소방청장이 정하여 고시한 「소화전함 성능인증 및 제품검사의
   기술기준」에 적합한 것으로 설치하되 밸브의 조작, 호스의 수납 등에 충분한 여유를 가
   질 수 있도록 할 것. 연결송수관의 방수구를 같이 설치하는 경우에도 또한 같다.
③ 그 밖의 사항은 옥내소화전과 동일

06 전원, 제어반, 배선, 겸용 등

옥내소화전설비와 동일

CHAPTER 15 비상경보설비 및 단독경보형 감지기

01 설치대상

1) 비상경보설비 설치대상

① 연면적 400m²(지하가 중 터널 또는 사람이 거주하지 않거나 벽이 없는 축사는 제외한다) 이상이거나 지하층 또는 무창층의 바닥면적이 150m²(공연장의 경우 100m²) 이상인 것

② 지하가 중 터널로서 길이가 500m 이상인 것

③ 50명 이상의 근로자가 작업하는 옥내 작업장

2) 단독경보형 감지기 설치대상

① 연면적 1천 m² 미만인 아파트 등

② 연면적 1천 m² 미만인 기숙사

③ 교육연구시설 또는 수련시설 내에 있는 합숙소 또는 기숙사로서 연면적 2천 m² 미만인 것

④ 연면적 600m² 미만인 숙박시설

⑤ 숙박시설이 있는 수련시설로서 수용인원 100명 미만인 것

⑥ 연면적 400m² 미만 유치원

02 구성

1) 비상벨설비

① 비상벨 : 화재발생 상황을 경보하는 장치, 경종(Alarm Bell)이라고도 한다.

② 표시등 : 위치표시등은 필수, 기동표시등은 필요에 따라 설치

③ 발신기 : 화재발생 신호를 수신기에 수동으로 발신하는 장치

④ 수신기 : 발신기에서 발하는 화재신호를 직접 수신하여 화재의 발생을 표시 및 경보하여 주는 장치

⑤ **전원**

㉠ 상용전원 : 평상시의 주전원으로 교류전압옥내간선 또는 축전지설비가 있다.

㉡ 비상전원 : 정전, 비상시를 대비한 전원으로 축전지설비가 있다.

⑥ **배선** : 배선 간, 배선과 기기 간, 기기 상호 간의 신호를 전달하는 기능

2) 자동식 사이렌설비

① **자동식 사이렌** : 화재발생 상황을 사이렌(Siren)으로 경보하는 장치

② **표시등** : 위치표시등은 필수, 기동표시등은 필요에 따라 설치

③ **발신기** : 화재발생 신호를 수신기에 수동으로 발신하는 장치

④ **수신기** : 발신기에서 발하는 화재신호를 직접 수신하여 화재의 발생을 표시 및 경보하여 주는 장치

⑤ **전원**

㉠ 상용전원 : 교류전압옥내간선 또는 축전지설비(평상시의 주전원)

㉡ 비상전원 : 축전지설비(정전, 비상시를 대비한 전원)

⑥ **배선** : 배선 간, 배선과 기기 간, 기기 상호 간의 신호를 전달하는 경로

[비상벨(경종)]　　　　　　[자동식 사이렌]

3) 단독경보형 감지기

화재감지부, 경보부 및 전원부가 일체형이므로 수신기와 별도로 화재상황을 단독으로 경보하는 장치

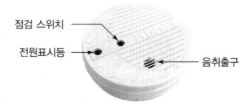

점검 스위치

전원표시등

음취출구

※ 발신기, 경종, 표시등 및 P형 수신기 없이 감지기가 자체적으로 화재를 조기에 감지 및 경보

03 설치기준

1) 비상벨 또는 자동식 사이렌

① 부식성 가스 또는 습기 등으로 인하여 부식의 우려가 없는 장소에 설치하여야 한다.

② 지구음향장치는 소방대상물의 층마다 설치하되, 당해 소방대상물의 각 부분으로부터 하나의 음향장치까지의 수평거리가 25m 이하가 되도록 하고, 당해 층의 각 부분에 유효하게 경보를 발할 수 있도록 설치하여야 한다. 다만, 「비상방송설비의 화재안전기준(NFSC 202)」에 적합한 방송설비를 비상벨설비 또는 자동식 사이렌설비와 연동하여 작동하도록 설치한 경우에는 지구음향장치를 설치하지 아니할 수 있다.

③ 음향장치는 정격전압의 80% 전압에서 음향을 발할 수 있도록 하여야 한다.

④ 음향장치의 음량은 부착된 음향장치의 중심으로부터 1m 떨어진 위치에서 90dB 이상이 되는 것으로 하여야 한다.

⑤ 발신기의 화재안전기준(지하구의 경우 발신기 설치 생략 가능)

　㉠ 조작이 쉬운 장소에 설치하고, 조작스위치는 바닥으로부터 0.8m 이상 1.5m 이하의 높이에 설치할 것

　㉡ 소방대상물의 층마다 설치하되, 당해 소방대상물의 각 부분으로부터 하나의 발신기까지의 수평거리가 25m 이하가 되도록 할 것. 다만, 복도 또는 별도로 구획된 실로서 보행거리가 40m 이상일 경우에는 추가로 설치하여야 한다.

　㉢ 발신기의 위치표시등은 함의 상부에 설치하되, 그 불빛은 부착면으로부터 15° 이상의 범위 안에서 부착지점으로부터 10m 이내의 어느 곳에서도 쉽게 식별할 수 있는 적색등으로 할 것

⑥ **상용전원** : 전원은 전기가 정상적으로 공급되는 축전지, 전기저장장치(외부전기에너지를 저장해 두었다가 필요한 때 전기를 공급하는 장치) 또는 교류전압의 옥내 간선으로 하고, 전원까지의 배선은 전용으로 할 것

⑦ **축전지설비(예비전원 또는 전기저장장치)** : 비상경보설비에 대한 감시상태를 60분간 지속한 후 유효하게 10분 이상 경보할 수 있어야 한다.(수신기에 내장하는 경우도 포함)

⑧ **배선**

　㉠ 전원회로의 배선은 내화배선, 그 밖의 배선은 내화배선 또는 내열배선으로 할 것

　㉡ 부속회로의 전로와 대지 사이 및 배선 상호 간의 절연저항은 1경계구역마다 직류 250[V]의 절연저항측정기로 측정한 값이 0.1MΩ 이상일 것

　㉢ 다른 전선과 별도의 관·덕트(절연효력이 있는 것으로 구획한 때에는 그 구획된

부분은 별개의 덕트로 간주)·몰드 또는 풀박스 등에 설치할 것. 다만, 60V 미만인 약전류회로에 사용하는 전선으로서 각각의 전압이 같을 때에는 그러하지 아니하다.

2) 단독경보형 감지기

단독경보형 감지기라 함은 화재발생 상황을 단독으로 감지하여 자체에 내장된 음향장치로 경보하는 감지기를 말한다.

① 각 실(이웃하는 실내의 바닥면적이 각각 30m² 미만이고, 벽체의 상부의 전부 또는 일부가 개방되어 이웃하는 실내와 공기가 상호유통되는 경우에는 이를 1개의 실로 본다)마다 설치하되, 바닥면적이 150m²를 초과하는 경우에는 150m²마다 1개 이상 설치할 것

② 최상층 계단실의 천장(외기가 상통하는 계단실은 제외)에 설치할 것

③ 건전지를 주전원으로 사용하는 단독경보형 감지기는 정상적인 작동상태를 유지할 수 있도록 건전지를 교환할 것

④ 상용전원을 주전원으로 사용하는 2차전지는 성능시험에 합격한 것일 것

⑤ 단독경보형 감지기의 음량 : 1m 거리에서 85dB 이상(배터리 교체시기 알림음량 70dB)

CHAPTER 16 비상방송설비

01 설치대상

① 연면적 3천5백 m^2 이상인 것
② 지하층을 제외한 층수가 11층 이상인 것
③ 지하층의 층수가 3층 이상인 것

02 구성

① **기동장치 또는 발신기** : 입력기능 및 전력을 증폭하는 기능의 장치
② **입력장치** : 입력신호의 발생 장치로 마이크로폰, 테이프, 사이렌, 플레이어, 라디오 등으로 구성
③ **조작장치** : 원격조작 또는 회로조작을 하는 장치
④ **확성기(Speaker)** : 소리를 크게 하여 멀리까지 전달될 수 있도록 하는 출력장치
⑤ **음량조절기(Attenuator)** : 가변저항을 이용하여 전류를 변화시켜 음량을 크게 하거나 작게 조절할 수 있는 장치 → 3선식 배선

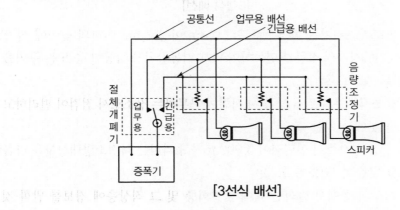

[3선식 배선]

⑥ **증폭기(AMP ; Amplifier)** : 전압전류의 진폭을 늘려 감도를 좋게 하고 미약한 음성전류를 커다란 음성전류로 변화시켜 소리를 크게 하는 장치

⑦ **전원** : 상용전원 및 비상전원 장치로 구성

03 설치기준

1) 음향장치(엘리베이터 내부에 별도의 음향장치 설치 가능)

① 확성기의 음성입력은 3W(실내에 설치하는 것은 1W) 이상일 것

② 확성기는 각 층마다 설치하되, 그 층의 각 부분으로부터 하나의 확성기까지의 수평거리가 25m 이하가 되도록 하고, 당해 층의 각 부분에 유효하게 경보를 발할 수 있도록 설치할 것

③ 음량조정기를 설치하는 경우 음량조정기의 배선은 3선식으로 할 것

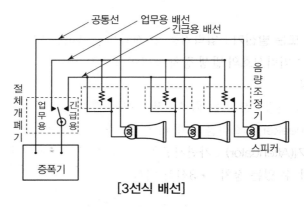

[3선식 배선]

④ 조작부의 조작스위치는 바닥으로부터 0.8m 이상 1.5m 이하의 높이에 설치할 것

⑤ 조작부는 기동장치의 작동과 연동하여 당해 기동장치가 작동한 층 또는 구역을 표시할 수 있는 것으로 할 것

⑥ 증폭기 및 조작부는 수위실 등 상시 사람이 근무하는 장소로서 점검이 편리하고 방화상 유효한 곳에 설치할 것

⑦ 층수가 5층 이상으로서 연면적이 3,000m²를 초과하는 특정소방대상물은 다음에 따라 경보를 발할 수 있도록 할 것

    ㉠ 2층 이상의 층에서 발화한 때에는 발화층 및 그 직상층에 경보를 발할 것

    ㉡ 1층에서 발화한 때에는 발화층 · 그 직상층 및 지하층에 경보를 발할 것

    ㉢ 지하층에서 발화한 때에는 발화층 · 그 직상층 및 기타의 지하층에 경보를 발할 것

Check Point **층수가 30층 이상인 특정소방대상물의 비상방송설비**

층수가 30층 이상인 특정소방대상물은 다음에 따라 경보를 발할 수 있도록 할 것
- 2층 이상의 층에서 발화한 때에는 발화층 및 그 직상 4개 층에 경보를 발할 것
- 1층에서 발화한 때에는 발화층 · 그 직상 4개 층 및 지하층에 경보를 발할 것
- 지하층에서 발화한 때에는 발화층 · 그 직상층 및 기타의 지하층에 경보를 발할 것

⑧ 다른 방송설비와 공용하는 것은 화재 시 비상경보 외의 방송을 차단할 수 있는 구조로 할 것

⑨ 다른 전기회로에 따라 유도장애가 생기지 아니하도록 할 것

⑩ 하나의 소방대상물에 2 이상의 조작부가 설치되어 있는 때에는 각각의 조작부가 있는 장소 상호 간에 동시통화가 가능한 설비를 설치하고, 어느 조작부에서도 당해 소방대상물의 전구역에 방송을 할 수 있도록 할 것

⑪ 기동장치에 따른 화재신고를 수신한 후 필요한 음량으로 화재발생 상황 및 피난에 유효한 방송이 자동으로 개시될 때까지의 소요시간은 10초 이하로 할 것

⑫ 음향장치는 다음 기준에 따른 구조 및 성능의 것으로 하여야 한다.
- ㉠ 정격전압의 80% 전압에서 음향을 발할 수 있는 것으로 할 것(→ 음압 : 90dB 이상)
- ㉡ 자동화재탐지설비의 작동과 연동하여 작동할 수 있는 것으로 할 것

CHAPTER 17 자동화재탐지설비 및 시각경보장치

01 설치대상

① 근린생활시설(목욕장은 제외한다), 의료시설, 숙박시설, 위락시설, 장례식장 및 복합건축물로서 연면적 600m² 이상인 것

② 공동주택, 근린생활시설 중 목욕장, 문화 및 집회시설, 종교시설, 판매시설, 운수시설, 운동시설, 업무시설, 공장, 창고시설, 위험물 저장 및 처리 시설, 항공기 및 자동차 관련 시설, 교정 및 군사시설 중 국방 · 군사시설, 방송통신시설, 발전시설, 관광 휴게시설, 지하가(터널은 제외한다)로서 연면적 1천 m² 이상인 것

③ 교육연구시설(교육시설 내에 있는 기숙사 및 합숙소를 포함한다), 수련시설(수련시설 내에 있는 기숙사 및 합숙소를 포함하며, 숙박시설이 있는 수련시설은 제외한다), 동물 및 식물 관련 시설(기둥과 지붕만으로 구성되어 외부와 기류가 통하는 장소는 제외한다), 분뇨 및 쓰레기 처리시설, 교정 및 군사시설(국방 · 군사시설은 제외한다) 또는 묘지 관련 시설로서 연면적 2천 m² 이상인 것

④ 지하구

⑤ 지하가 중 터널로서 길이가 1천 m 이상인 것

⑥ 노유자 생활시설

⑦ ⑥에 해당하지 않는 노유자시설로서 연면적 400m² 이상인 노유자시설 및 숙박시설이 있는 수련시설로서 수용인원 100명 이상인 것

⑧ ②에 해당하지 않는 공장 및 창고시설로서 「소방기본법 시행령」 별표 2에서 정하는 수량의 500배 이상의 특수가연물을 저장 · 취급하는 것

⑨ 의료시설 중 정신의료기관 또는 요양병원으로서 다음의 어느 하나에 해당하는 시설
　㉠ 요양병원(정신병원과 의료재활시설은 제외한다)
　㉡ 정신의료기관 또는 의료재활시설로 사용되는 바닥면적의 합계가 300m² 이상인 시설
　㉢ 정신의료기관 또는 의료재활시설로 사용되는 바닥면적의 합계가 300m² 미만이고, 창살(철재 · 플라스틱 또는 목재 등으로 사람의 탈출 등을 막기 위하여 설치한 것을 말하며, 화재 시 자동으로 열리는 구조로 되어 있는 창살은 제외한다)이 설치된 시설

⑩ 판매시설 중 전통시장

02 구성도 및 계통도

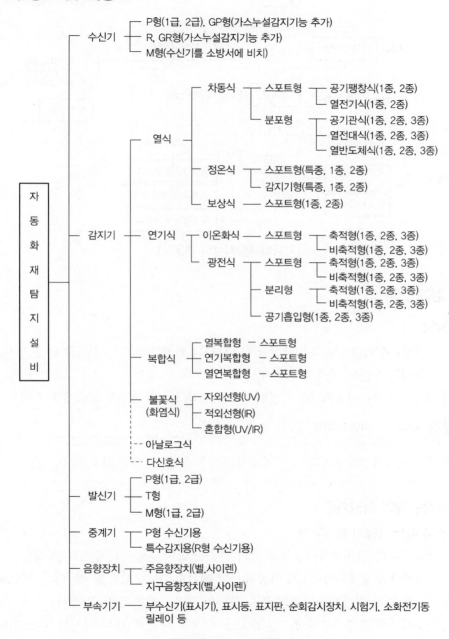

[자동화재탐지설비 구성도]

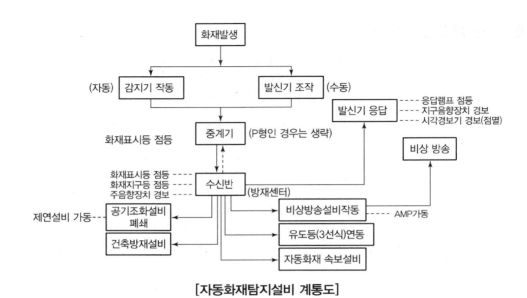

[자동화재탐지설비 계통도]

03 경계구역

1) 정의

① "경계구역"이라 함은 소방대상물 중 화재신호를 발신하고 그 신호를 수신 및 유효하게 제어할 수 있는 구역을 말한다.

② 1경계구역 : 자동화재탐지설비 1회선(1회로)이 화재를 유효하게 감지하는 구역

 **Check Point** 개념의 확립

경계구역 수＝종단저항의 수＝P형 수신기의 지구선(회로선 또는 신호선) 수

2) 경계구역의 설정기준

① 수평적 개념의 경계구역

㉠ 하나의 경계구역이 2개 이상의 건축물에 미치지 아니하도록 할 것

㉡ 하나의 경계구역이 2개 이상의 층에 미치지 아니하도록 할 것. 다만, 500m² 이하의 범위 안에서는 2개의 층을 하나의 경계구역으로 할 수 있다.

㉢ 하나의 경계구역의 면적은 600m² 이하로 하고 한 변의 길이는 50m 이하로 할 것. 다만, 당해 소방대상물의 주된 출입구에서 그 내부 전체가 보이는 것(실내경기장, 실내체육관, 실내관람장, 집회장, 극장 등의 관람석 부분 또는 학교 강당)에서는 한 변의 길이가 50m의 범위 내에서 1,000m² 이하로 할 수 있다.

㉣ 터널에서 하나의 경계구역의 길이는 100m 이하로 할 것

② **수직적 개념의 경계구역**

　ⓐ 계단(직통계단 외의 것에서는 떨어져 있는 상하계단의 상호 간의 수평거리가 5m 이하로서 서로 간에 구획되지 아니한 것에 한함) · 경사로(에스컬레이터 경사로 포함) · 엘리베이터 승강로(권상기실이 있는 경우 권상기실) · 린넨슈트 · 파이프 피트 및 덕트, 기타 이와 유사한 부분에 대하여는 별도로 경계구역을 설정하되, 하나의 경계구역은 높이 45m 이하(계단 및 경사로에 한함)로 한다.

　ⓑ 2 이상의 계단 · 경사로 등이 있는 경우에는 이를 각각 별개의 경계구역으로 할 수 있다.

　ⓒ 지하층의 계단 및 경사로(지하 1층인 경우는 제외)는 별도로 하나의 경계구역으로 설정하여야 한다.

③ 외기에 면하여 상시 개방된 부분이 있는 차고 · 주차장 · 창고 등에서는 외기에 면하는 각 부분으로부터 5m 미만의 범위 안에 있는 부분은 경계구역의 면적에 산입하지 않음

④ 스프링클러설비 또는 물분무 등 소화설비 또는 제연설비의 화재감지장치로서 화재감지기를 설치한 경우의 경계구역은 당해 소화설비의 방사구역 또는 제연구역과 동일하게 설정할 수 있다.

소방설비		방사(방호)구역 또는 제연구역	설정 기준
스프링클러 소화설비	폐쇄형	바닥면적 기준	3,000m² 이하마다 설정
		층별 기준	1개 층을 하나의 방사구역으로 설정
			1개 층에 헤드가 10개 이하인 경우 3개 층마다 하나의 방호구역으로 설정
	개방형	층별 기준	1개 층을 하나의 방수구역으로 설정
		헤드 기준	50개 이하마다 설정
물분무 등 소화설비		방사구역 기준	방사구역마다 설정
제연설비		제연대상 기준	제연구역마다 설정

04 수신기

1) 수신기의 정의

각 경계구역별로 설치된 감지기 또는 발신기에서 보낸 화재신호를 수신하여 기록 또는 표시함으로써 화재발생구역을 간편하게 파악할 수 있도록 설치하는 기기로, 방재실 등 방재요원이 상시 근무하는 장소에 설치하며 기종 및 회로수 선택에 주의하여야 한다.

2) 수신기의 종류

수신기 종류 ┬ P형(1급, 2급), GP형(1급, 2급)
　　　　　　├ R형, GR형
　　　　　　└ M형

① P형

감지기 또는 P형 발신기에서 보낸 신호를 받으면 화재등, 지구등이 점등되며 동시에 수신기 측 주경종과 해당 지구의 경종이 경보를 발하는 시스템이다. 1급, 2급이 있으며 1급수신기는 1회선~다회선(약 200회선)까지 있고 2급수신기는 1회선과 2~5회인 것 2가지가 있다. 가스누설 경보기능이 첨가된 것을 GP형이라 하는데 이것도 1급과 2급이 있다. GP형은 화재신호 수신 시 적색등, 가스누설신호 수신 시 황색등이 점등된다.

② R형

감지기 또는 P형 발신기에서 보낸 화재신호를 중계기를 거쳐 수신하는 것이 특징인데, 화재등, 지구등이 점등되고 경종(주경종 및 지구경종)이 경보됨과 동시에 프린터로 기록된다. 가스누설 경보기능이 첨가된 것을 GR형이라 하며, GR형은 화재신호 수신 시 적색등, 가스누설신호 수신 시 황색등이 점등된다.

③ M형

관할소방서 내에 설치한다.

구분	P형 수신기	R형 수신기
적용대상물	중·소형 소방대상물	다수동·대형 소방대상물·대단위 단지
신호전달방식	개별신호 방식	다중신호 방식
표시방식	지도식, 창구식	지도식, 창구식, 디지털식, CRT식
신호의 종류	전체회로의 공통신호 방식	각 회로마다의 고유신호 방식
중계기	불필요	반드시 필요
도통시험	수신기와 말단감지기 사이	• 수신기와 중계기 사이 • 수신기와 말단감지기 사이 • 중계기와 말단감지기 사이
경제성	• 수신기 자체는 저가 • 배관, 간선수가 많아 전체 시스템 비용 및 인건비가 많이 들고, 증설의 난점 등을 고려하면 경제성 낮음	• 수신기 자체는 고가 • 배관, 간선수가 적고 증설, 이설 등의 용이성을 고려하면 경제적임
설치공간	충분한 공간이 필요	최소한의 공간 필요

(a) 벽부형(자동화재탐지설비 전용)   (b) 자립형(복합형 : 자동화재탐지설비 및
소화 · 제연 겸용)

[P형 1급 수신기]

[R형 수신기]

3) 수신기의 설치기준

① 자동화재탐지설비의 수신기는 다음 각 호의 기준에 적합한 것으로 설치하여야 한다.

    ㉠ 해당 특정소방대상물의 경계구역을 각각 표시할 수 있는 회선수 이상의 수신기를 설치할 것

    ㉡ 4층 이상의 특정소방대상물에는 발신기와 전화통화가 가능한 수신기를 설치할 것 〈삭제 2022.5.9.〉

    ㉢ 해당 특정소방대상물에 가스누설탐지설비가 설치된 경우에는 가스누설탐지설비로부터 가스누설신호를 수신하여 가스누설경보를 할 수 있는 수신기를 설치할 것(가스누설탐지설비의 수신부를 별도로 설치한 경우에는 제외한다)

② 자동화재탐지설비의 수신기는 특정소방대상물 또는 그 부분이 지하층 · 무창층 등으로서 환기가 잘되지 아니하거나 실내면적이 40m² 미만인 장소, 감지기의 부착면과 실내바닥과의 거리가 2.3m 이하인 장소로서 일시적으로 발생한 열 · 연기 또는 먼지

등으로 인하여 감지기가 화재신호를 발신할 우려가 있는 때에는 축적기능 등이 있는 것(축적형 감지기가 설치된 장소에는 감지기회로의 감시전류를 단속적으로 차단시켜 화재를 판단하는 방식외의 것을 말한다)으로 설치하여야 한다. 다만, 비화재보 방지기능이 있는 감지기를 설치한 경우에는 그러하지 아니하다.

Check Point 비화재보 방지기능이 있는 감지기의 종류

- 불꽃감지기
- 분포형 감지기
- 광전식 분리형 감지기
- 다신호방식의 감지기
- 정온식 감지선형 감지기
- 복합형 감지기
- 아날로그방식의 감지기
- 축적방식의 감지기

③ 수신기는 다음의 기준에 따라 설치하여야 한다.

㉠ 수위실 등 상시 사람이 근무하는 장소에 설치할 것. 다만, 사람이 상시 근무하는 장소가 없는 경우에는 관계인이 쉽게 접근할 수 있고 관리가 용이한 장소에 설치할 수 있다.

㉡ 수신기가 설치된 장소에는 경계구역 일람도를 비치할 것. 다만, 모든 수신기와 연결되어 각 수신기의 상황을 감시하고 제어할 수 있는 수신기(이하 "주수신기"라 한다)를 설치하는 경우에는 주수신기를 제외한 기타 수신기는 그러하지 아니하다.

㉢ 수신기의 음향기구는 그 음량 및 음색이 다른 기기의 소음 등과 명확히 구별될 수 있는 것으로 할 것

㉣ 수신기는 감지기·중계기 또는 발신기가 작동하는 경계구역을 표시할 수 있는 것으로 할 것

㉤ 화재·가스 전기등에 대한 종합방재반을 설치한 경우에는 해당 조작반에 수신기의 작동과 연동하여 감지기·중계기 또는 발신기가 작동하는 경계구역을 표시할 수 있는 것으로 할 것

㉥ 하나의 경계구역은 하나의 표시등 또는 하나의 문자로 표시되도록 할 것

㉦ 수신기의 조작 스위치는 바닥으로부터의 높이가 0.8m 이상 1.5m 이하인 장소에 설치할 것

㉧ 하나의 특정소방대상물에 2 이상의 수신기를 설치하는 경우에는 수신기를 상호 간 연동하여 화재발생 상황을 각 수신기마다 확인할 수 있도록 할 것.

㉨ 화재로 인하여 하나의 층의 지구음향장치 배선이 단락되어도 다른 층의 화재통보에 지장이 없도록 각 층 배선상에 유효한 조치를 할 것〈신설 2022.5.9.〉

05 중계기

1) 중계기의 정의

① 감지기 또는 발신기가 작동하여 보내온 신호를 받아 수신기에 발신하거나 소화설비, 제연설비, 기타 설비의 신호를 발신한다. P형 수신기용과 R형 수신기용이 있는데, 이 중 R형 수신기용은 필수적으로 설치하여야 한다.

② 일반적으로 R형 설비에서 사용하는 신호 변환장치로서 감지기, 발신기 등 Local 기기장치와 수신기 사이에 설치하여 화재 신호를 수신기에 통보하고, 이에 대응하는 출력신호를 Local 기기장치에 송출하는 방식으로 중계역할을 하는 장치이다. 중계기는 전원 장치의 내장 유무 및 사용회로에 따라 집합형과 분산형으로 구분한다.

2) 중계기의 종류

① **집합형**

    ㉠ 전원장치를 내장(A.C 110/220V)하며 보통 전기피트(Pit)실 등에 설치한다.

    ㉡ 회로는 대용량의 회로(30~40회로)를 수용하며 하나의 중계기당 보통 2~3개 층을 담당한다.

② **분산형**

    ㉠ 전원장치를 내장하지 않고 수신기의 전원(D.C 24V)을 이용하며 소화전함, 발신기함 등에 내장하여 설치한다.

    ㉡ 회로는 소용량(5회로 미만)으로 Local 기기별로 중계기를 설치한다.

▼ 집합형과 분산형 중계기의 비교

구분	집합형	분산형
입력전원	교류 220V	직류 24V
전원공급	• 외부 전원을 이용 • 정류기 및 비상전원 내장	• 수신기의 비상전원을 이용 • 중계기에 전원장치 없음
회로수용능력	대용량(30~40회로)	소용량(5회로 미만)
외형크기	대형	소형
설치방법	• 전기 Pit실 등에 설치 • 2~3개 층당 1대씩	• 발신기함, 소화전함, 수동조작함, SVP, 연동제어기에 내장하거나 별도의 격납함에 설치 • 각 말단(local) 기기별 1대씩
전원공급 사고 시	내장된 예비전원에 의해 정상적인 동작을 수행	중계기 전원 선로의 사고 시 해당 계통 전체 시스템 마비
설치적용	• 전압 강하가 우려되는 장소 • 수신기와 거리가 먼 초고층 빌딩	• 전기피트 등의 공간이 좁은 건축물 • 아날로그 감지기를 객실별로 설치하는 호텔, 오피스텔, 아파트 등

3) 중계기의 설치기준

① 수신기에서 직접 감지기회로의 도통시험을 행하지 아니하는 것은 수신기와 감지기 사이에 설치할 것

② 조작 및 점검에 편리하고 화재 및 침수 등의 재해로 인한 피해를 받을 우려가 없는 장소에 설치할 것

③ 수신기에 따라 감시되지 아니하는 배선을 통하여 전력을 공급받는 것(집합형 중계기)은 전원입력 측의 배선에 과전류차단기를 설치하고 당해 전원의 정전이 즉시 수신기에 표시되는 것으로 하며, 상용전원 및 예비전원의 시험을 할 수 있도록 할 것

06 감지기

1) 감지기의 정의

화재 시 생성되는 열, 연기 또는 불꽃을 감지(검출)하여 자동적으로 수신기로 송신하여 화재사실을 경보하게 하는 기기(자체적으로 감지 및 경보를 발하는 것은 단독경보형 감지기)

2) 감지기의 종류

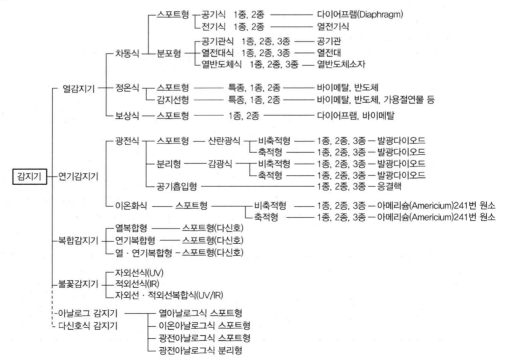

3) 감지기의 종류별 정의

① **차동식 스포트(Spot)형 감지기** : 주위온도가 일정상승률 이상으로 증가하는 경우 작동하는 것으로서 일국소의 열효과에 의하여 작동하는 것[열감지기]

② **차동식 분포형 감지기** : 주위온도가 일정상승률 이상으로 증가하는 경우 작동하는 것으로서 넓은 범위 내에서의 열효과에 의하여 작동하는 것[열감지기]

③ **정온식 스포트형 감지기** : 일국소의 주위온도가 일정 온도 이상이 되는 경우 작동하는 것으로서 외관이 전선으로 되어 있지 아니한 것[열감지기]

④ **정온식 감지선형 감지기** : 일국소의 주위온도가 일정 온도 이상이 되는 경우 작동하는 것으로서 외관이 전선으로 되어 있는 것[열감지기]

⑤ **보상식 스포트형 감지기** : 차동식 스포트형 감지기와 정온식 스포트형 감지기의 성능을 겸한 것으로서 차동식 스포트형 감지기 또는 정온식 스포트형 감지기의 성능 중 어느 한 기능이 작동되면 작동신호를 발하는 것[열감지기]

⑥ **이온화식 감지기** : 주위의 공기가 일정 농도의 연기를 포함하게 되는 경우 작동하는 것으로서 일국소의 연기에 의하여 이온전류가 변화하여 작동하는 것[연기감지기]

⑦ **광전식 감지기** : 주위의 공기가 일정 농도의 연기를 포함하게 되는 경우 작동하는 것으로서 일국소의 연기에 의하여 광전소자에 접하는 광량의 변화로 작동하는 것[연기감지기]

⑧ **열복합형 감지기** : 차동식 스포트형 감지기와 정온식 스포트형 감지기의 성능이 있는 것으로서 두 가지 성능의 감지기능이 함께 작동될 때 화재신호를 발신하거나 두 개의 화재신호를 각각 발신하는 것[열감지기]

⑨ **연복합형 감지기** : 이온화식 감지기와 광전식 감지기의 성능이 있는 것으로서 두 가지 성능의 감지기능이 함께 작동될 때 화재신호를 발신하거나 두 개의 화재신호를 각각 발신하는 것[연기감지기]

⑩ **열연복합형 감지기** : 두 가지 성능의 감지기능이 함께 작동될 때 화재신호를 발하거나 또는 두 개의 화재신호를 각각 발신하는 것[열 및 연기감지기]

ㄱ 차동식 스포트형 감지기와 이온화식 감지기의 성능이 있는 것

ㄴ 차동식 스포트형 감지기와 광전식 감지기의 성능이 있는 것

ㄷ 정온식 스포트형 감지기와 이온화식 감지기의 성능이 있는 것

ㄹ 정온식 스포트형 감지기와 광전식 감지기의 성능이 있는 것

4) 감지기의 형식별 분류

① **방수형 감지기** : 구조가 방수구조로 되어 있는 감지기(↔ 비방수형)

② **재용형 감지기** : 작동 복귀 후 다시 사용이 가능한 감지기(↔ 비재용형)

③ **축적형 감지기** : 일정 농도 이상의 연기가 일정시간(공칭축적 시간) 연속하는 것을 전기적으로 검출함으로써 작동하는 감지기(↔ 비축적형)

④ **방폭형 감지기** : 폭발성 가스가 용기 내부에서 폭발하였을 때 그 압력에 견디거나 폭발성 가스에 인화될 우려가 없도록 된 감지기(↔ 비방폭형)

⑤ **다신호식 감지기** : 하나의 감지기에 종별이 다르거나 감도 등이 다른 기능을 갖춘 것으로서 일정시간 간격을 두고 각각 다른 2개 이상의 화재신호를 발하는 감지기 (↔ 단신호식)

⑥ **아날로그식 감지기** : 주위의 온도 또는 연기량의 변화에 따라 각각 다른 전류치 또는 전압치 등의 출력을 발하는 방식의 감지기(↔ 일반 감지기)

5) 감지기의 종류별 구조 및 기능

(1) 차동식 스포트형 감지기

① 공기팽창식

㉠ 구조 : 감열실(Chamber), 리크공(Leak Hole), 접점, 다이어프램(Diaphragm), 작동표시장치(LED), 증판(Base), 전원 및 배선으로 이루어져 있다.

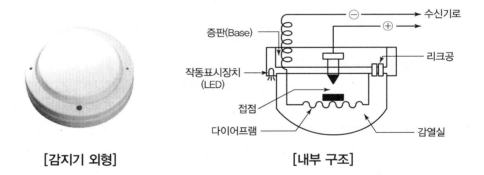

[감지기 외형]　　　　　　　　[내부 구조]

㉡ 동작원리 : 화재열로 실내온도가 급격히 상승하는 경우 감열실의 공기가 팽창하여 다이어프램을 밀어올린다. 이때 접점이 폐로되어 수신기로 화재신호를 보낸다. 그러나 난방 등으로 실내온도가 완만히 상승하면 감열실 내 팽창된 공기가 리크공으로 누설되어 압력이 조절되고 접점은 폐로되지 않는다. (리크공이 오작동 방지 역할)

② 열기전력 이용방식

㉠ 구조 : 반도체열전대, 감열실, 고감도릴레이, 접점 및 배선으로 구성

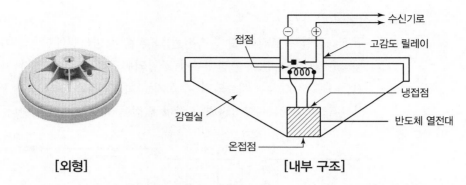

[외형]　　　　　　　　　　　[내부 구조]

ⓛ 동작원리 : 발화하면 화재열이 감열실 하단의 반도체 열전대에 전달되어 열
　　기전력을 일으키고 고감도릴레이를 작동시킨다. 이때 접점이 폐로되어 수신
　　기로 화재신호를 발한다. 그러나 난방 등에 의한 완만한 온도 상승 시 온접점
　　측 열기전력과 크기가 같은 냉접점측 열기전력(반대부호의 역기전력)이 생
　　겨 서로 상쇄되므로 접점이 폐로되지 않는다.

(2) **차동식 분포형 감지기**

① 공기관식 감지기

　ㄱ 구조 : 감열부와 검출부로 나뉜다. 감열부는 공기관, 검출부는 리크공, 다이
　　어프램, 접점, 시험장치 및 배선으로 구성

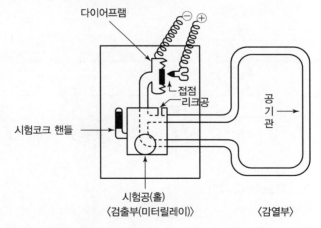

〈검출부(미터릴레이)〉　　　　　　〈감열부〉

ⓛ 동작원리 : 화재실에 길게 설치된 공기관에 열이 가해지면 공기관 내의 공기
　　가 선팽창하여 검출부의 다이어프램을 부풀린다. 이때 접점이 폐로되면 수신
　　기로 화재신호를 보낸다. 그러나 난방 등 완만한 온도 상승 시에는 팽창공기
　　가 리크공으로 누설되어 감지기는 작동하지 않는다.

② 열전대식 감지기

    ㉠ 구조 : 감열부(열전대 및 접속전선)와 검출부(미터릴레이, 접점)로 구성

    ㉡ 동작원리 : 화재열로 열전대부가 가열되면 열기전력이 생겨 미터릴레이로 전류가 흘러 접점이 폐로되며, 수신기로 화재신호가 전달된다. 난방 등 완만한 온도 상승 시는 열기전력이 작아 접점을 폐로시키지 못한다.

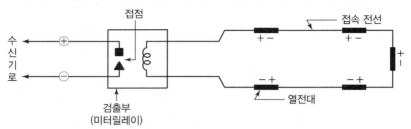

③ 열반도체식 감지기

    ㉠ 구조 : 감열부(열반도체소자, 수열판 및 접속전선)와 검출부(미터릴레이, 접점)로 구성

    ㉡ 동작원리 : 화재열이 수열판에 전달되면 열반도체소자($Bi-Sb-Te$계 화합물)에서 열기전력이 발생하여 폐회로를 구성, 수신기에 화재신호를 발한다. 그러나 난방 등에 의한 완만한 온도 상승 시 동니켈($Cu-Ni$)선에서 발생한 역기전력에 의해 오동작을 방지한다.

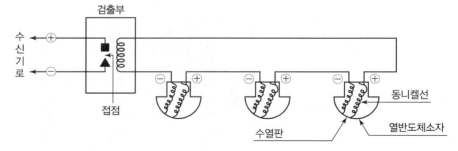

(3) **정온식 스포트형 감지기**

    ① 바이메탈의 활곡을 이용한 방식 : 열을 받은 바이메탈(가변접점)이 굴곡되어 고정 접점에 닿으면 화재신호가 수신기로 전달된다.

    ② 원반바이메탈의 반전을 이용한 방식 : 원반형 바이메탈이 가열되면 반전되어 접점이 폐로되어 화재신호를 발한다.

    ③ 금속의 팽창계수차를 이용한 방식 : 외부는 고팽창 금속을, 내부에는 저팽창 금속을 달고 화재 시 고팽창금속이 길이 방향으로 팽창하면 내부의 접점이 닿게 되는 방식의 감지기

④ 가용절연물을 이용한 방식 : 주위온도가 일정온도에 도달하면 가용절연물이 녹아 Y형 내부전선이 벌어져 측벽의 금속판에 닿음으로써 폐로를 구성한다.(비재용형 감지기)

⑤ 액체의 팽창을 이용한 방식 : 수열체가 가열되어 일정 온도에 도달하면 반전판의 액체가 팽창하여 접점을 붙게 한다. 액체는 보통 알코올을 사용한다.

(4) **정온식 감지선형 감지기** : 전기적으로 절연시켜 놓은 2개의 선이 화재열을 받아 일정 온도가 되면 가용(可溶) 절연물(Thermo-plastic)이 녹아 두 선이 접촉되면서 폐회로를 구성, 화재신호를 발한다.

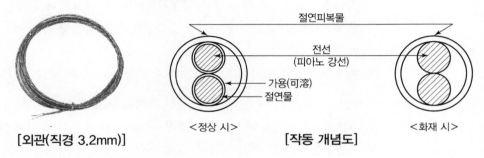

[외관(직경 3.2mm)]　　　　<정상 시>　　[작동 개념도]　　<화재 시>

(5) **보상식 스포트형 감지기**

① 구성 : 감열실, 다이어프램, 리크공, 고팽창금속, 저팽창금속, 접점으로 구성

② 작동원리 : 차동식 스포트형과 정온식 스포트형의 성능을 모두 가진 것으로 일국소의 주위온도의 변화에 따라서 감도가 달라지는 감지기이다.

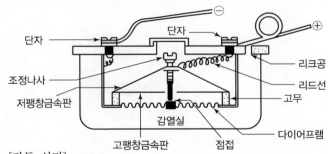

[작동 설명]

• 차동식 작동원리 : 평상의 난방 시에는 리크공이 있어 오동작을 방지하고 화재로 실내온도가 급상승 시에는 다이어프램의 팽창으로 접점이 폐로되어 화재신호를 발한다.

• 정온식 작동원리 : 화재로 실내온도가 일정온도에 도달하면 고팽창금속이 활곡 또는 선팽창하여 접점을 폐로시킴으로써 화재신호를 발한다.

(6) 연기감지기[이온화식, 광전식(스포트형, 분리형, 공기흡입형)]

① 이온화식 감지기 : 연소생성물인 연기가 이온실(외부)로 유입되면 이온전류가 감소하여 화재신호를 발하는 감지기

    ㉠ 구성

        ⓐ 이온실 : 연기를 검출하는 부분(내부이온실은 밀폐구조, 외부이온실은 개방구조이며, 발연 시 연기를 검출하는 부분은 외부이온실)

        ⓑ 신호증폭회로 : 이온실에서 발생한 전류에 의한 전압변동치를 증폭시키는 부분

        ⓒ 스위칭회로 : 증폭된 신호가 일정치 이상이면 폐로되어 화재신호를 발함

        ⓓ 작동표시장치(LED) : 감지기의 동작상태를 표시(통상 적색으로 작동 시에만 점등)

        ⓔ 배선 : 감지기의 화재신호 전류를 수신반으로 전송시키는 경로

    ㉡ 동작원리 : 평상시 이온실에 방사선원 아메리슘(Am241), 라듐(Ra) 또는 폴로늄(Po)으로 α선을 조사하면 전류(이온전류)가 흐르는데 이때 내부 및 외부 이온실에 인가된 전압은 균등하다. 그러나 화재 시 외부 이온실에 연기가 유입됨으로써 외부 이온실의 전압 특성도는 A에서 B로 변하는데, 전압은 V_1에서 V_2로 되어 전압차 $\Delta V(= V_2 - V_1)$가 발생한다. 이때, 전압차가 일정값 이상이 되면 스위칭회로가 폐로되어 화재신호를 발하게 된다.(유입된 연기와 전자가 화학결합하여 전위차가 발생함)

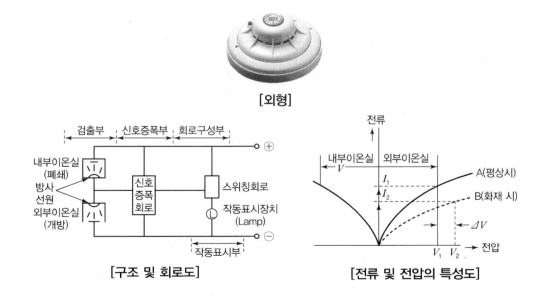

[외형]

[구조 및 회로도]　　　　[전류 및 전압의 특성도]

② 광전식 스포트형 감지기(발광소자와 수광소자가 일체형)
 ㉠ 구성
  ⓐ 발광부(광원) : 발광소자로 되어 있으며 주기적으로 빛을 송출하는 부분
  ⓑ 수광부(감광부) : 감광소자가 있어 연기입자에서 산란되어 들어온 빛을
   검출하는 부분 → FET(전계효과 트랜지스터), Photo Cell을 사용
  ⓒ 차광판 : 발광부의 직진광이 수광부로 비추지 않게 하기 위해 중간에 설치
   한 차단판
  ⓓ 신호증폭회로 : 산란광 증가로 발생한 신호를 증폭시키는 부분
  ⓔ 스위칭회로 : 증폭된 신호가 일정치 이상이면 폐로되어 화재신호를 발함
  ⓕ 작동표시장치(LED) : 감지기의 동작상태를 표시(작동 시에만 적색 LED
   점등)
  ⓖ 배선 : 감지기의 화재신호 전류를 수신반으로 전송시키는 경로

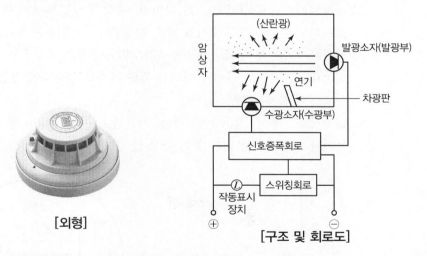

[외형]

[구조 및 회로도]

 ㉡ 동작원리 : 산란광식(散亂光式)의 감지기로서 밀폐된 암실의 한쪽 끝에 놓인
 발광부에서 주기적으로 빛을 조사하며, 화재 시 암상자로 연기가 유입될 때
 연기입자에서 산란(난반사)된 빛의 일부를 수광부에서 검출하여 접점을 폐
 로시키고 화재신호를 발한다.

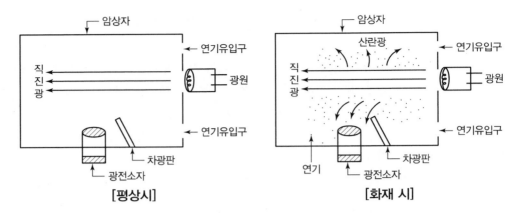

| [평상시] | [화재 시] |

③ 광전식 분리형 감지기(발광소자와 수광소자가 분리형)

   ㉠ 구성 : 발광소자(광원), 수광소자 및 제어부로 구성되어 있으며, 스포트형과 달리 발광소자(광원), 수광소자가 서로 분리되어 설치된다.

   ㉡ 동작원리 : 감광식(減光式)의 감지기. 평상시 발광부에서 주기적으로 빛을 조사하면 수광부에서 수시로 빛을 감지한다. 그러나 화재로 발생한 연기가 발광부와 수광부의 광축선상에 축적되면 수광부로 조사되는 빛의 양이 감소되는데, 그 광량이 규정치 이하가 되면 화재로 인식하여 접점이 폐로, 화재신호를 발하게 된다.

   ㉢ 설치장소 : 공장, 창고, 쇼핑센터, 체육관, 전력용 Plant 등과 같이 천장이 높거나 비화재보 우려가 있는 공장 등

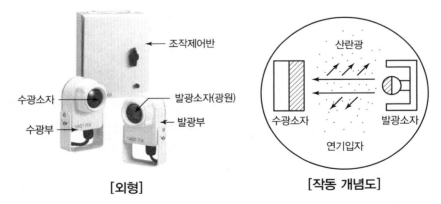

| [외형] | [작동 개념도] |

④ 공기흡입형 감지기(Air Sampling Detector)

   ㉠ 구조 : 관경이 25mm인 PVC파이프로 된 흡입관에 연기샘플용 구멍(2mm)을 내어 화재 시 발생한 연기를 이 구멍을 통해 흡입하며, 흡입된 연기를 Cloud Chamber라고 하는 습윤실(상대습도가 높은 실)로 보낸다.

   ㉡ 작동원리 : 샘플구멍으로 유입된 연기가 습윤실로 들어오면 연기를 응결핵

으로 하여 습윤실 내 물방울 입자가 커져 산란되는 빛의 양이 증가한다. 이후는 산란광식의 원리로 연기농도를 검출한다.

(7) 복합형감지기[열복합형, 연기복합형, 열연기복합형]

① 열복합형 : 차동식 스포트형과 정온식 스포트형의 두 성능을 갖춘 감지기로, 두 가지 기능이 동시에 작동되는 경우에 화재신호를 발하거나 2개의 화재신호를 각각 동시에 발한다.

② 연기복합형 : 이온화식 스포트형과 광전식 스포트형의 두 성능을 갖춘 감지기로, 두 가지 기능이 동시에 작동되는 경우에 화재신호를 발하거나 2개의 화재신호를 각각 동시에 발한다.

③ 열연기복합형 : 차동식 스포트형과 이온화식 스포트형, 차동식 스포트형과 광전식 스포트형, 정온식 스포트형과 이온화식 스포트형, 정온식 스포트형과 광전식 스포트형의 성능을 갖춘 감지기로, 두 가지 기능이 동시에 작동되는 경우에 화재신호를 발하거나 2개의 화재신호를 각각 동시에 발한다.

(8) 다신호식 감지기의 구조 및 기능 : 감지기의 성능, 종별, 공칭작동온도, 공칭축적시간 등의 기준에 따라 다른 종류의 화재신호를 하나의 스포트형 감지기에서 발하는 감지기이며, 복합형 감지기, 아날로그식 감지기 등이 여기에 속한다. 다신호식감지기를 수용하는 감지기는 2신호식 수신기에 연결하여 사용한다.

(9) 불꽃감지기의 구조 및 기능

① 적외선식 불꽃감지기(IR ; Infrared Flame Detector) : 화염에서 발산되는 적외선이 일정량 이상으로 변화할 때 검출하는 감지기로, 일국소의 적외선에 의하여 수광소자에 유입되는 수광량이 규정치 이상이면 작동하는 감지기이다. 온도, 습도, 진동 등이 없는 장소에 설치하며, 난로나 전기스토브 등의 열원이 감지기의 오동작 원인이 될 수 있으므로 감시각 범위 내에 오지 않도록 설치하여야 한다.

② 자외선식 불꽃감지기(UV ; Ultraviolet Flame Detector) : 화염에서 발산되는 자외선의 변화가 일정치 이상이 되면 작동하는 감지기로, 일국소의 자외선에 의해 수광소자로 유입되는 수광량 변화를 검출하여 작동하는 감지기이다.

③ 혼합형 불꽃감지기 : 일국소의 자외선 또는 적외선에 의해 수광소자로 유입되는 수광량 변화로 1개의 화재신호를 발하는 감지기이다.

④ 복합형 불꽃감지기 : 자외선과 적외선의 성능을 모두 갖춘 감지기로, 두 가지의 성능이 동시에 작동하거나 2개의 화재신호를 각각 발하는 감지기이다.

⑤ 도로형 불꽃감지기 : 도로에 국한하여 설치하는 감지기로, 불꽃의 검출 시야각이 180° 이상이다.

6) 감지기의 설치기준

① 자동화재탐지설비의 감지기는 부착높이에 따라 다음 표에 따른 감지기를 설치하여야 한다. 다만, 지하층·무창층 등으로서 환기가 잘되지 아니하거나 실내면적이 40m² 미만인 장소, 감지기의 부착면과 실내바닥과의 거리가 2.3m 이하인 곳으로서 일시적으로 발생한 열·연기 또는 먼지 등으로 인하여 화재신호를 발신할 우려가 있는 장소(제5조 제2항 본문에 따른 수신기를 설치한 장소를 제외한다)에는 다음 각 호에서 정한 감지기 중 적응성 있는 감지기를 설치하여야 한다.

① 불꽃감지기　　　　　　　② 정온식감지선형감지기
③ 분포형감지기　　　　　　④ 복합형감지기
⑤ 광전식분리형감지기　　　⑥ 아날로그방식의 감지기
⑦ 다신호방식의 감지기　　　⑧ 축적방식의 감지기

부착높이	감지기의 종류
4m 미만	차동식(스포트형, 분포형) 보상식 스포트형 정온식(스포트형, 감지선형) 이온화식 또는 광전식(스포트형, 분리형, 공기흡입형) 열복합형, 연기복합형, 열연기복합형, 불꽃감지기
4m 이상 8m 미만	차동식(스포트형, 분포형) 보상식 스포트형 정온식(스포트형, 감지선형 특종 또는 1종) 이온화식 1종 또는 2종 광전식(스포트형, 분리형, 공기흡입형) 1종 또는 2종 열복합형, 연기복합형, 열연기복합형, 불꽃감지기
8m 이상 15m 미만	차동식 분포형 이온화식 1종 또는 2종 광전식(스포트형, 분리형, 공기흡입형) 1종 또는 2종 연기복합형 불꽃감지기
15m 이상 20m 미만	이온화식 1종 광전식(스포트형, 분리형, 공기흡입형) 1종 연기복합형 불꽃감지기
20m 이상	불꽃감지기 광전식(분리형, 공기흡입형) 중 아날로그방식

비고
1. 감지기별 부착높이 등에 대하여 별도로 형식승인 받은 경우에는 그 성능 인정범위 내에서 사용할 수 있다.
2. 부착높이 20m 이상에 설치되는 광전식 중 아날로그방식의 감지기는 공칭감지농도 하한값이 감광률 5%/m 미만인 것으로 한다.

(2) 다음의 장소에는 연기감지기를 설치하여야 한다. 다만, 교차회로방식에 따른 감지기가 설치된 장소 또는 제1항 단서에 따른 감지기가 설치된 장소에는 그러하지 아니하다.

① 계단·경사로 및 에스컬레이터 경사로

② 복도(30m 미만의 것을 제외한다)

③ 엘리베이터 승강로(권상기실이 있는 경우에는 권상기실)·린넨슈트·파이프 피트 및 덕트 기타 이와 유사한 장소

④ 천장 또는 반자의 높이가 15m 이상 20m 미만의 장소

⑤ 다음의 어느 하나에 해당하는 특정소방대상물의 취침·숙박·입원 등 이와 유사한 용도로 사용되는 거실〈신설 2015.1.23.〉

   ㉠ 공동주택·오피스텔·숙박시설·노유자시설·수련시설

   ㉡ 교육연구시설 중 합숙소

   ㉢ 의료시설, 근린생활시설 중 입원실이 있는 의원·조산원

   ㉣ 교정 및 군사시설

   ㉤ 근린생활시설 중 고시원

(3) 감지기는 다음의 기준에 따라 설치하여야 한다. 다만, 교차회로방식에 사용되는 감지기, 급속한 연소 확대가 우려되는 장소에 사용되는 감지기 및 축적기능이 있는 수신기에 연결하여 사용하는 감지기는 축적기능이 없는 것으로 설치하여야 한다.

① 감지기(차동식분포형의 것을 제외한다)는 실내로의 공기유입구로부터 1.5m 이상 떨어진 위치에 설치할 것

② 감지기는 천장 또는 반자의 옥내에 면하는 부분에 설치할 것

③ 보상식스포트형감지기는 정온점이 감지기 주위의 평상시 최고온도보다 20℃ 이상 높은 것으로 설치할 것

④ 정온식감지기는 주방·보일러실 등으로서 다량의 화기를 취급하는 장소에 설치하되, 공칭작동온도가 최고주위온도보다 20℃ 이상 높은 것으로 설치할 것

⑤ 차동식스포트형·보상식스포트형 및 정온식스포트형 감지기는 그 부착 높이 및 특정소방대상물에 따라 다음 표에 따른 바닥면적마다 1개 이상을 설치할 것

(단위 : m²)

부착높이 및 특정소방대상물의 구분		감지기의 종류						
		차동식 스포트형		보상식 스포트형		정온식 스포트형		
		1종	2종	1종	2종	특종	1종	2종
4m 미만	주요구조부를 내화구조로 한 특정소방대상물 또는 그 부분	90	70	90	70	70	60	20
	기타 구조의 특정소방대상물 또는 그 부분	50	40	50	40	40	30	15
4m 이상 8m 미만	주요구조부를 내화구조로 한 특정소방대상물 또는 그 부분	45	35	45	35	35	30	
	기타 구조의 특정소방대상물 또는 그 부분	30	25	30	25	25	15	

⑥ 스포트형감지기는 45° 이상 경사되지 아니하도록 부착할 것

⑦ 공기관식 차동식분포형감지기는 다음의 기준에 따를 것

　㉠ 공기관의 노출부분은 감지구역마다 20m 이상이 되도록 할 것

　㉡ 공기관과 감지구역의 각 변과의 수평거리는 1.5m 이하가 되도록 하고, 공기관 상호 간의 거리는 6m(주요구조부를 내화구조로 한 특정소방대상물 또는 그 부분에서는 9m) 이하가 되도록 할 것

　㉢ 공기관은 도중에서 분기하지 아니하도록 할 것

　㉣ 하나의 검출부분에 접속하는 공기관의 길이는 100m 이하로 할 것

　㉤ 검출부는 5° 이상 경사되지 아니하도록 부착할 것

　㉥ 검출부는 바닥으로부터 0.8m 이상 1.5m 이하의 위치에 설치할 것

⑧ 열전대식 차동식분포형감지기는 다음의 기준에 따를 것

　㉠ 열전대부는 감지구역의 바닥면적 18m²(주요구조부가 내화구조로 된 특정소방대상물은 22m²)마다 1개 이상으로 할 것. 다만, 바닥면적이 72m²(주요구조부가 내화구조로 된 특정소방대상물은 88m²) 이하인 특정소방대상물은 4개 이상으로 하여야 한다.

　㉡ 하나의 검출부에 접속하는 열전대부는 20개 이하로 할 것. 다만, 각각의 열전대부에 대한 작동여부를 검출부에서 표시할 수 있는 것(주소형)은 형식승인 받은 성능인정범위 내의 수량으로 설치할 수 있다.

⑨ 열반도체식 차동식분포형감지기는 다음의 기준에 따를 것

㉠ 감지부는 그 부착높이 및 특정소방대상물에 따라 다음 표에 따른 바닥면적마다 1개 이상으로 할 것. 다만, 바닥면적이 다음 표에 따른 면적의 2배 이하인 경우에는 2개(부착높이가 8m 미만이고, 바닥면적이 다음 표에 따른 면적 이하인 경우에는 1개) 이상으로 하여야 한다.

(단위 : m²)

부착높이 및 소방대상물의 구분		감지기의 종류	
		1종	2종
8m 미만	주요구조부가 내화구조로 된 소방대상물 또는 그 부분	65	36
	기타 구조의 소방대상물 또는 그 부분	40	23
8m 이상 15m 미만	주요구조부가 내화구조로 된 소방대상물 또는 그 부분	50	36
	기타 구조의 소방대상물 또는 그 부분	30	23

㉡ 하나의 검출기에 접속하는 감지부는 2개 이상 15개 이하가 되도록 할 것. 다만, 각각의 감지부에 대한 작동여부를 검출기에서 표시할 수 있는 것(주소형)은 형식승인 받은 성능인정범위 내의 수량으로 설치할 수 있다.

⑩ 연기감지기는 다음의 기준에 따라 설치할 것

㉠ 감지기의 부착높이에 따라 다음 표에 따른 바닥면적마다 1개 이상으로 할 것

(단위 : m²)

부착높이	감지기의 종류	
	1종 및 2종	3종
4m 미만	150	50
4m 이상 20m 미만	75	−

㉡ 감지기는 복도 및 통로에는 보행거리 30m(3종은 20m)마다, 계단 및 경사로에 있어서는 수직거리 15m(3종은 10m)마다 1개 이상으로 할 것

㉢ 천장 또는 반자가 낮은 실내 또는 좁은 실내에는 출입구의 가까운 부분에 설치할 것

㉣ 천장 또는 반자부근에 배기구가 있는 경우에는 그 부근에 설치할 것

㉤ 감지기는 벽 또는 보로부터 0.6m 이상 떨어진 곳에 설치할 것

⑪ 열복합형감지기의 설치에 관하여는 ③ 및 ⑨를, 연기복합형감지기의 설치에 관하여는 ⑩ 연기감지기 설치기준을, 열연기복합형감지기의 설치에 관하여는 ⑤ 열

감지기 스포트형 감지면적기준 및 ⑩ 연기감지기 설치기준 중 ○ 또는 ○을 준용하여 설치할 것

⑫ 정온식감지선형감지기는 다음의 기준에 따라 설치할 것

㉠ 보조선이나 고정금구를 사용하여 감지선이 늘어지지 않도록 설치할 것

㉡ 단자부와 마감 고정금구와의 설치간격은 10cm 이내로 설치할 것

㉢ 감지선형 감지기의 굴곡반경은 5cm 이상으로 할 것

㉣ 감지기와 감지구역의 각 부분과의 수평거리가 내화구조의 경우 1종 4.5m 이하, 2종 3m 이하로 할 것. 기타 구조의 경우 1종 3m 이하, 2종 1m 이하로 할 것

㉤ 케이블트레이에 감지기를 설치하는 경우에는 케이블트레이 받침대에 마감 금구를 사용하여 설치할 것

㉥ 창고의 천장 등에 지지물이 적당하지 않은 장소에서는 보조선을 설치하고 그 보조선에 설치할 것

㉦ 분전반 내부에 설치하는 경우 접착제를 이용하여 돌기를 바닥에 고정시키고 그곳에 감지기를 설치할 것

㉧ 그 밖의 설치방법은 형식승인 내용에 따르며 형식승인 사항이 아닌 것은 제조사의 시방(示方)에 따라 설치할 것

⑬ 불꽃감지기는 다음의 기준에 따라 설치할 것

㉠ 공칭감시거리 및 공칭시야각은 형식승인 내용에 따를 것

㉡ 감지기는 공칭감시거리와 공칭시야각을 기준으로 감시구역이 모두 포용될 수 있도록 설치할 것

㉢ 감지기는 화재감지를 유효하게 감지할 수 있는 모서리 또는 벽 등에 설치할 것

㉣ 감지기를 천장에 설치하는 경우에는 감지기는 바닥을 향하여 설치할 것

㉤ 수분이 많이 발생할 우려가 있는 장소에는 방수형으로 설치할 것

㉥ 그 밖의 설치기준은 형식승인 내용에 따르며 형식승인 사항이 아닌 것은 제조사의 시방에 따라 설치할 것

⑭ 아날로그방식의 감지기는 공칭감지온도범위 및 공칭감지농도범위에 적합한 장소에, 다신호방식의 감지기는 화재신호를 발신하는 감도에 적합한 장소에 설치할 것. 다만, 이 기준에서 정하지 않은 설치방법에 대하여는 형식승인 사항이나 제조사의 시방에 따라 설치할 수 있다.

⑮ 광전식분리형감지기는 다음의 기준에 따라 설치할 것

㉠ 감지기의 수광면은 햇빛을 직접 받지 않도록 설치할 것

ⓛ 광축(송광면과 수광면의 중심을 연결한 선)은 나란한 벽으로부터 0.6m 이상 이격하여 설치할 것

ⓒ 감지기의 송광부와 수광부는 설치된 뒷벽으로부터 1m 이내 위치에 설치할 것

ⓔ 광축의 높이는 천장 등(천장의 실내에 면한 부분 또는 상층의 바닥하부면을 말한다) 높이의 80% 이상일 것

ⓜ 감지기의 광축의 길이는 공칭감시거리 범위 이내일 것

ⓗ 그 밖의 설치기준은 형식승인 내용에 따르며 형식승인 사항이 아닌 것은 제조사의 시방에 따라 설치할 것

7) 광전식분리형감지기 또는 불꽃감지기를 설치하거나 광전식공기흡입형감지기를 설치할 수 있는 장소

① 화학공장 · 격납고 · 제련소 등 : 광전식분리형감지기 또는 불꽃감지기. 이 경우 각 감지기의 공칭감시거리 및 공칭시야각 등 감지기의 성능을 고려하여야 한다.

② 전산실 또는 반도체 공장 등 : 광전식공기흡입형감지기. 이 경우 설치장소 · 감지면 적 및 공기흡입관의 이격거리 등은 형식승인 내용에 따르며 형식승인 사항이 아닌 것은 제조사의 시방에 따라 설치하여야 한다.

8) 감지기 설치 제외 장소

① 천장 또는 반자의 높이가 20m 이상인 장소. 다만, 6) (1) 단서 각 호의 감지기로서 부착높이에 따라 적응성이 있는 장소는 제외한다.

② 헛간 등 외부와 기류가 통하는 장소로서 감지기에 따라 화재발생을 유효하게 감지할 수 없는 장소

③ 부식성가스가 체류하고 있는 장소

④ 고온도 및 저온도로서 감지기의 기능이 정지되기 쉽거나 감지기의 유지관리가 어려운 장소

⑤ 목욕실 · 욕조나 샤워시설이 있는 화장실 · 기타 이와 유사한 장소

⑥ 파이프덕트 등 그 밖의 이와 비슷한 것으로서 2개 층마다 방화구획된 것이나 수평단면적이 5m² 이하인 것

⑦ 먼지 · 가루 또는 수증기가 다량으로 체류하는 장소 또는 주방 등 평시에 연기가 발생하는 장소(연기감지기에 한한다)

⑧ 〈삭제 2015.1.23.〉 [실내의 용적이 20m³ 이하인 장소]

⑨ 프레스공장 · 주조공장 등 화재발생의 위험이 적은 장소로서 감지기의 유지관리가 어려운 장소

9) 30층 이상의 경우 감지기 설치기준

층수가 30층 이상의 특정소방대상물에 설치하는 감지기는 아날로그방식의 감지기로서 감지기의 작동 및 설치지점을 수신기에서 확인할 수 있는 것으로 설치하여야 한다. 다만, 공동주택의 경우에는 감지기별로 작동 및 설치지점을 수신기에서 확인할 수 있는 아날로그방식 외의 감지기로 설치할 수 있다.

07 발신기

1) 발신기의 정의

① 화재를 발견한 사람이 수동으로 누름스위치를 눌러 수신기로 화재신호를 발신하는 기기이다.

② 종류에는 P형(Push Button : 누름식), T형(Telephone : 전화식), M형(Municipal : 공공용)이 있다.

2) 발신기의 구조 및 기능

(1) **P형 발신기** : 1급과 2급으로 나뉘며 통상 발신기, 표시등(Pilot Lamp), 경종(Bell)이 하나의 함(발신기세트함)에 들어 있다.

① P형 1급

㉠ 누름스위치 : 수동조작으로 화재신호를 발신하는 장치

㉡ 보호판 : 누름스위치 보호용 커버(무기질 또는 유기질 유리)

㉢ 전화잭 : 수신기와 통화할 때 송수화기 플러그를 꽂는 곳

㉣ 응답램프 : 발신기의 신호가 수신기로 전해졌음을 확인시키는 램프

[외형]

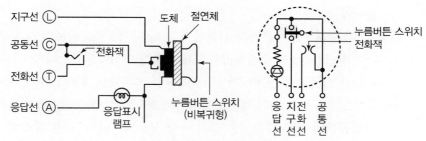

[구조도 및 회로도]

② P형 2급

    ㉠ 누름스위치 : 수동조작으로 화재신호를 발신하는 장치

    ㉡ 보호판 : 누름스위치 보호용 커버(무기질 또는 유기질 유리)

(2) **T형 발신기** : 그림과 같이 송수화기형으로 되어 있으며, 송수화기를 들면 화재신호 발신과 동시에 통화가 가능한 발신기이다.

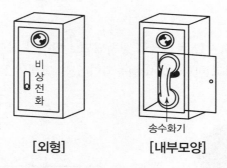

[외형]　　　**[내부모양]**

(3) **M형 발신기** : 수동으로 각 발신기의 고유신호를 수신기로 발하며, 1개 회로에 최대 100개까지 직렬접속이 가능하다.

🔥 **Check Point**   **P형 1급과 P형 2급 발신기의 비교**

① P형 1급 : 전화연락장치, 응답램프가 있으며, 접속 가능한 수신기는 P형 1급 및 R형 수신기
   (기본 선수는 4선 → 지구선, 공통선, 전화선, 응답선)
② P형 2급 : 전화연락장치, 응답램프가 없으며, 접속 가능한 수신기는 P형 2급 및 R형 수신기
   (기본 선수는 2선 → 지구선, 공통선)

---

3) 발신기의 설치기준

  ① 자동화재탐지설비의 발신기는 다음의 기준에 따라 설치하여야 한다. 다만, 지하구의 경우에는 발신기를 설치하지 아니할 수 있다. 〈개정 2021.1.15.〉

    ㉠ 조작이 쉬운 장소에 설치하고, 스위치는 바닥으로부터 0.8m 이상 1.5m 이하의

높이에 설치할 것

ⓛ 특정소방대상물의 층마다 설치하되, 해당 특정소방대상물의 각 부분으로부터 하나의 발신기까지의 수평거리가 25m 이하가 되도록 할 것. 다만, 복도 또는 별도로 구획된 실로서 보행거리가 40m 이상일 경우에는 추가로 설치하여야 한다.

ⓒ ⓛ에도 불구하고 ⓛ의 기준을 초과하는 경우로서 기둥 또는 벽이 설치되지 아니한 대형공간의 경우 발신기는 설치 대상 장소의 가장 가까운 장소의 벽 또는 기둥 등에 설치할 것

② 발신기의 위치를 표시하는 표시등은 함의 상부에 설치하되, 그 불빛은 부착면으로부터 15° 이상의 범위 안에서 부착지점으로부터 10m 이내의 어느 곳에서도 쉽게 식별할 수 있는 적색등으로 하여야 한다.

08 표시등

발신기의 위치를 표시할 목적으로 설치되므로 발신기 직근에 설치하며 통상 위치표시등(Pilot Lamp)이라고 한다. 상시 점등되어 있는 적색의 등이다.

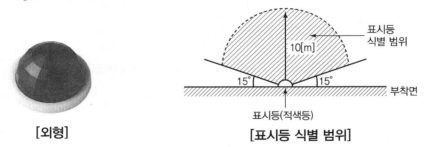

[외형] [표시등 식별 범위]

09 음향장치

1) 음향장치의 구분

① **위치에 따른 구분**

　ⓐ 주음향장치 : 수신기 내부 또는 직근에 설치

　ⓑ 지구음향장치 : 발신기 직근 또는 발신기함 내에 설치

② **음색에 따른 구분**

　ⓐ 경종(Bell) : 주로 경보설비에 사용되며, 강철재 내부에 장착된 공이가 빠르게 움직여 요란하게 타종한다.

ⓒ 사이렌(Siren) : 주로 소화설비에 사용되며 전자사이렌, 모터사이렌 등이 있다.

ⓒ 부저(Buzzer) : 누전경보기 등에 사용되며 경종이나 사이렌보다 음량이 작다.

2) 음향장치의 설치기준

① 주음향장치는 수신기의 내부 또는 그 직근에 설치할 것

② 층수가 11층(공동주택의 경우에는 16층) 이상의 특정소방대상물은 다음에 따라 경보를 발할 수 있도록 하여야 한다. 〈개정 2022.5.9.〉

   ㉠ 2층 이상의 층에서 발화한 때에는 발화층 및 그 직상 4개 층에 경보를 발할 것

   ㉡ 1층에서 발화한 때에는 발화층·그 직상 4개 층 및 지하층에 경보를 발할 것

   ㉢ 지하층에서 발화한 때에는 발화층·그 직상층 및 그 밖의 지하층에 경보를 발할 것

②의2. ②에도 불구하고 층수가 30층 이상의 특정소방대상물은 다음에 따라 경보를 발할 수 있도록 하여야 한다.

   ㉠ 2층 이상의 층에서 발화한 때에는 발화층 및 그 직상 4개 층에 경보를 발할 것

   ㉡ 1층에서 발화한 때에는 발화층·그 직상 4개 층 및 지하층에 경보를 발할 것

   ㉢ 지하층에서 발화한 때에는 발화층·그 직상층 및 기타의 지하층에 경보를 발할 것 〈삭제 2022.5.9.〉

③ 지구음향장치는 특정소방대상물의 층마다 설치하되, 해당 특정소방대상물의 각 부분으로부터 하나의 음향장치까지의 수평거리가 25m 이하가 되도록 하고, 해당 층의 각 부분에 유효하게 경보를 발할 수 있도록 설치할 것. 다만, 비상방송설비의 화재안전기준(NFSC 202)에 적합한 방송설비를 자동화재탐지설비의 감지기와 연동하여 작동하도록 설치한 경우에는 지구음향장치를 설치하지 아니할 수 있다.

④ 음향장치는 다음의 기준에 따른 구조 및 성능의 것으로 하여야 한다.

   ㉠ 정격전압의 80% 전압에서 음향을 발할 수 있는 것으로 할 것

   ㉡ 음량은 부착된 음향장치의 중심으로부터 1m 떨어진 위치에서 90dB 이상이 되는 것으로 할 것

   ㉢ 감지기 및 발신기의 작동과 연동하여 작동할 수 있는 것으로 할 것

⑤ ③에도 불구하고 ③의 기준을 초과하는 경우로서 기둥 또는 벽이 설치되지 아니한 대형공간의 경우 지구음향장치는 설치 대상 장소의 가장 가까운 장소의 벽 또는 기둥 등에 설치할 것

10 시각경보장치

1) 시각경보장치의 정의

청각장애인용 시각경보장치는 청각장애인의 피난을 위해 설치하는 점멸형태의 시각경보기

2) 시각경보장치의 설치기준

① 복도·통로·청각장애인용 객실 및 공용으로 사용하는 거실(로비, 회의실, 강의실, 식당, 휴게실, 오락실, 대기실, 체력단련실, 접객실, 안내실, 전시실, 기타 이와 유사한 장소를 말한다)에 설치하며, 각 부분으로부터 유효하게 경보를 발할 수 있는 위치에 설치할 것

② 공연장·집회장·관람장 또는 이와 유사한 장소에 설치하는 경우에는 시선이 집중되는 무대부 부분 등에 설치할 것

③ 설치높이는 바닥으로부터 2m 이상 2.5m 이하의 장소에 설치할 것. 다만, 천장의 높이가 2m 이하인 경우에는 천장으로부터 0.15m 이내의 장소에 설치하여야 한다.

④ 시각경보장치의 광원은 전용의 축전지설비 또는 전기저장장치에 의하여 점등되도록 할 것. 다만, 시각경보기에 작동전원을 공급할 수 있도록 형식승인을 얻은 수신기를 설치 한 경우에는 그러하지 아니하다.

11 전원

1) 상용전원

전기가 정상적으로 공급되는 축전지, 전기저장장치 또는 교류전압옥내간선으로 하고, 전원까지의 배선은 전용으로 할 것

2) 비상전원

축전지설비 또는 전기저장장치를 사용하며, 상용전원 정전 시 자동적으로 절환되며, 상용전원 복구 시 자동적으로 비상전원에서 상용전원으로 자동 복구될 수 있을 것

3) 전원의 설치기준

① 상용전원의 설치기준

㉠ 전원은 전기가 정상적으로 공급되는 축전지, 전기저장장치 또는 교류전압의 옥내간선으로 하고, 전원까지의 배선은 전용으로 할 것

㉡ 개폐기에는 "자동화재탐지설비용"이라고 표시한 표지를 할 것

② **예비전원의 확보** : 자동화재탐지설비에 대한 감시상태를 60분간 지속한 후 유효하게 10분 이상(층수가 30층 이상이면 30분 이상) 경보할 수 있는 축전지설비(수신기에 내장하는 경우도 포함) 또는 전기저장장치를 설치하여야 한다. 다만, 상용전원이 축전지설비인 경우에는 그러하지 아니하다.

12 배선

① 전원회로의 배선은「옥내소화전설비의 화재안전기준(NFSC 102)」별표 1에 따른 내화배선에 따르고, 그 밖의 배선(감지기 상호 간 또는 감지기로부터 수신기에 이르는 감지기회로의 배선을 제외한다)은「옥내소화전설비의 화재안전기준(NFSC 102)」별표 1에 따른 내화배선 또는 내열배선에 따라 설치할 것

② 감지기 상호 간 또는 감지기로부터 수신기에 이르는 감지기회로의 배선은 다음의 기준에 따라 설치할 것. 다만, 감지기 상호 간의 배선은 600V 비닐절연전선으로 설치할 수 있다.
- ㉠ 아날로그식, 다신호식 감지기나 R형 수신기용으로 사용되는 것은 전자파 방해를 방지하기 위하여 쉴드선 등을 사용할 것. 다만, 전자파 방해를 받지 아니하는 방식의 경우에는 그러하지 아니하다.
- ㉡ ㉠ 외의 일반배선을 사용할 때는「옥내소화전설비의 화재안전기준(NFSC 102)」별표 1에 따른 내화배선 또는 내열배선으로 사용할 것

③ 감지기회로의 도통시험을 위한 종단저항은 다음의 기준에 따를 것
- ㉠ 점검 및 관리가 쉬운 장소에 설치할 것
- ㉡ 전용함을 설치하는 경우 그 설치 높이는 바닥으로부터 1.5m 이내로 할 것
- ㉢ 감지기 회로의 끝부분에 설치하며, 종단감지기에 설치할 경우에는 구별이 쉽도록 해당감지기의 기판 및 감지기 외부 등에 별도의 표시를 할 것

④ 감지기 사이의 회로의 배선은 송배전식으로 할 것

⑤ 전원회로의 전로와 대지 사이 및 배선 상호 간의 절연저항은「전기사업법」제67조에 따른 기술기준이 정하는 바에 의하고, 감지기회로 및 부속회로의 전로와 대지 사이 및 배선 상호 간의 절연저항은 1경계구역마다 직류 250V의 절연저항측정기를 사용하여 측정한 절연저항이 0.1MΩ 이상이 되도록 할 것

⑥ 자동화재탐지설비의 배선은 다른 전선과 별도의 관·덕트(절연효력이 있는 것으로 구획한 때에는 그 구획된 부분은 별개의 덕트로 본다)·몰드 또는 풀박스 등에 설치

할 것. 다만, 60V 미만의 약 전류회로에 사용하는 전선으로서 각각의 전압이 같을 때에는 그러하지 아니하다.

⑦ 피(P)형 수신기 및 지피(G.P.)형 수신기의 감지기 회로의 배선에서 하나의 공통선에 접속할 수 있는 경계구역은 7개 이하로 할 것

⑧ 자동화재탐지설비의 감지기회로의 전로저항은 50Ω 이하가 되도록 하여야 하며, 수신기의 각 회로별 종단에 설치되는 감지기에 접속되는 배선의 전압은 감지기 정격 전압의 80% 이상이어야 할 것

CHAPTER 18 자동화재속보설비

01 설치대상

① 업무시설, 공장, 창고시설, 교정 및 군사시설 중 국방·군사시설, 발전시설(사람이 근무하지 않는 시간에는 무인경비시스템으로 관리하는 시설만 해당한다)로서 바닥면적이 1천5백 m² 이상인 층이 있는 것. 다만, 사람이 24시간 상시근무하고 있는 경우에는 자동화재속보설비를 설치하지 않을 수 있다.

② 노유자 생활시설

③ ②에 해당하지 않는 노유자시설로서 바닥면적이 500m² 이상인 층이 있는 것. 다만, 사람이 24시간 상시근무하고 있는 경우에는 자동화재속보설비를 설치하지 않을 수 있다.

④ 수련시설(숙박시설이 있는 건축물만 해당한다)로서 바닥면적이 500m² 이상인 층이 있는 것. 다만, 사람이 24시간 상시근무하고 있는 경우에는 자동화재속보설비를 설치하지 않을 수 있다.

⑤ 「문화재보호법」 제23조에 따라 보물 또는 국보로 지정된 목조건축물. 다만, 사람이 24시간 상시근무하고 있는 경우에는 자동화재속보설비를 설치하지 않을 수 있다.

⑥ 근린생활시설 중 다음의 어느 하나에 해당하는 시설
  ㉠ 의원, 치과의원 및 한의원으로서 입원실이 있는 시설
  ㉡ 조산원 및 산후조리원

⑦ 의료시설 중 다음의 어느 하나에 해당하는 것
  ㉠ 종합병원, 병원, 치과병원, 한방병원 및 요양병원(정신병원과 의료재활시설은 제외한다)
  ㉡ 정신병원과 의료재활시설로 사용되는 바닥면적의 합계가 500m² 이상인 층이 있는 것

⑧ 판매시설 중 전통시장

⑨ ①부터 ⑧까지에 해당하지 않는 특정소방대상물 중 층수가 30층 이상인 것

02 구성

자동화재탐지설비의 수신기에 접속하여 사용하며, 자동화재탐지설비의 화재감지신호를 소방서에 보낸다. 자동화재속보기, 전화선, 상용전원 및 예비전원, 배선 등으로 구성되어 있다.

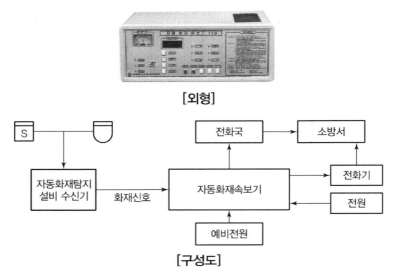

[외형]

[구성도]

<hr/>

Check Point 　 **자동화재속보설비의 기능**

• 화재경보의 표시기능　　　　• 작동시간 표시기능
• 작동횟수 표시기능　　　　　• 전화번호의 표시기능
• 비상스위치 작동 표시기능

03 종류 및 특징

1) 종류

① **A형 화재속보기** : P형 또는 R형 수신기로부터 입력된 화재신호를 20초 이내에 소방서로 통보하고 3회 이상 녹음내용을 자동적으로 반복 통보하는 성능이 있다. 지구등이 없는 구조이다.

② **B형 화재속보기** : P형 또는 R형 수신기에 A형 화재속보기의 기능을 겸한 것으로, 감지기 또는 발신기에서 오는 화재신호나 중계를 거쳐 오는 화재신호를 소방대상물의 관계인은 물론 소방서에 20초 이내에 녹음내용을 3회 이상 자동적으로 반복 통보하는 성능이 있다. 지구등이 있는 구조이다.(Tape의 녹음용량은 5분 이상으로 함)

2) 특징

① 화재발생 시 사람 없이도 신속한 속보가 가능하다.

② 녹음테이프로 정보를 전달하므로 정확히 통보할 수 있다.

③ 오보를 제어, 선별하는 기능이 있으므로 오보의 우려가 없다.

④ 일반전화에 용이하게 연결하여 사용할 수 있으며, 일반전화 사용 중에도 이를 차단하고 소방서로 즉시 속보할 수 있다.

⑤ 대규모 건물에 대하여도 1대의 자동화재속보설비로 대응할 수 있다.

⑥ 방재센터가 설치되어 있고 상주인이 근무하는 경우에는 설치를 면제할 수 있으나, 상주하지 않는 경우에는 반드시 자동화재속보설비를 설치하여야 한다.

04 설치기준

1) 자동화재속보설비의 설치기준

① 자동화재탐지설비와 연동으로 작동하여 자동적으로 화재발생 상황을 소방관서에 전달되는 것으로 할 것

② 스위치는 바닥으로부터 0.8m 이상 1.5m 이하의 높이에 설치하고, 그 보기 쉬운 곳에 스위치임을 표시한 표지를 할 것

③ 속보기는 소방관서에 통신망으로 통보하도록 하며, 데이터 또는 코드전송방식을 부가적으로 설치할 수 있다. 단, 데이터 및 코드전송방식의 기준은 소방청장이 정하여 고시한 「자동화재속보설비의 속보기의 성능인증 및 제품검사의 기술기준」에 따른다.

④ 문화재에 설치하는 자동화재속보설비는 ①의 기준에 불구하고 속보기에 감지기를 직접 연결하는 방식(자동화재탐지설비 1개의 경계구역에 한한다)으로 할 수 있다.

⑤ 속보기는 소방청장이 정하여 고시한 「자동화재속보설비의 속보기의 성능인증 및 제품검사의 기술기준」에 적합한 것으로 설치하여야 한다.

2) 설치 제외

〈삭제 2015.1.23.〉

(관계인이 24시간 상시 근무하고 있는 경우에는 자동화재속보설비를 설치하지 아니할 수 있다)

CHAPTER 19 누전경보기

01 구성요소

누전경보기(누전차단기)는 내화구조가 아닌 건축물로서 벽, 바닥 또는 천장의 전부나 일부를 불연재료 또는 준불연재료가 아닌 재료에 철망을 넣어 만든 건물의 전기설비로부터 누설전류를 탐지하여 경보를 발하며 변류기와 수신부로 구성된다.[계약전류 용량이 100A를 초과하는 특정소방대상물에 설치]

1) 영상변류기(ZCT)

경계전로의 누설전류를 자동적으로 검출하여 이를 누전경보기의 수신부에 송신하는 것(관통형과 분할형이 있다)

2) 수신부

변류기로부터 검출된 신호를 수신하여 누전의 발생을 당해 소방대상물의 관계인에게 경보하여 주는 것(차단기구를 갖는 것도 포함)으로 집합형과 단독형이 있다.
→ 기능 : 수신, 증폭, 경보, 표시, 차단기능

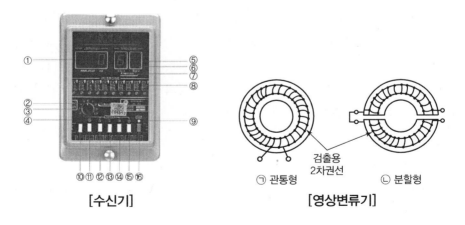

[수신기]　　　　　　　[영상변류기]

02 구조 및 기능

1) 공칭작동전류 및 감도조정 범위

① **공칭작동 전류치** : 200mA 이하(누전경보기를 동작시키는 데 필요한 누설전류치로 제조자가 표시)

② **감도조정 범위** : 200mA, 500mA, 1,000mA(최대치 1,000mA, 즉 1A)

2) 변류기(ZCT)

① **관통형 변류기** : 환상형 철심에 검출용 2차 코일을 내장시키고 수지로 몰딩 처리하여 중앙의 빈 공간에 전선을 통과시켜 누설전류를 검출하는 변류기(정확도가 높아 널리 사용)

② **분할형 변류기** : 철심을 2개로 분할하여 전선로를 차단하지 않고, 삽입시켜 누설전류를 검출하는 변류기

3) 수신기

① **기능** : 수신부는 변류기에서 검출한 신호를 받아 계전기가 동작 가능하게 증폭시켜 계전기를 동작시켜 주고 관계자에게 경보음으로써 누전 사실을 알려준다.

② **구조**

㉠ 전원을 표시하는 장치를 하여야 한다.(다만, 2급 수신기는 제외)

㉡ 다음 회로의 단락사고 시 유효한 보호장치를 설치하여야 한다.
  • 전원 입력측의 회로(2급인 경우는 제외)
  • 수신부의 외부 회로

㉢ 감도 조정장치를 제외한 감도 조정부는 외함 밖으로 노출되지 않도록 한다.

㉣ 주전원의 양극을 동시에 개폐할 수 있는 전원스위치를 설치하여야 한다.

㉤ 전원 입력측의 양선 및 외부 부하에 직접 전원을 송출하도록 구성된 회로에는 퓨즈 또는 차단기(Breaker) 등을 설치하여야 한다.

4) 음향장치

① 사용전압의 80%인 전압에서 소리를 낼 것

② 음압(음량)은 무향실 내에서 정위치에 부착된 음향장치의 중심으로부터 1m 떨어진 지점에서 70dB(고장표시장치용 음압은 60dB) 이상일 것

5) 표시등

① 사용전압의 130%인 교류전압을 20시간 연속하여 가하는 경우 단선, 현저한 광속 변화, 흑화, 전류의 저하 등이 발생하지 않을 것

② 소켓은 접촉이 확실하여야 하며, 쉽게 전구를 교체할 수 있도록 부착할 것

③ 전구는 2개 이상을 병렬로 접속할 것(다만, 방전등 또는 발광다이오드의 경우는 제외)

④ 전구에는 적당한 보호커버를 설치할 것(다만, 발광다이오드의 경우는 제외)

⑤ 표시등의 색상

　㉠ 누전화재의 발생을 표시하는 표시등(누전등)은 적색으로 할 것

　㉡ 경계전로 위치를 표시하는 표시등(지구등)은 적색으로 할 것

　㉢ 그 밖의 표시등 : 적색 이외의 색으로 할 것(누전등, 지구등과 구별이 용이하게 부착된 경우에는 적색이어도 무방)

⑥ 주위의 밝기가 300lx인 장소에서, 앞면으로부터 3m 떨어진 곳에서 켜진 등이 확실히 식별될 수 있을 것

03 회로의 결선

① 상용전원은 분전반과 전용회로로 연결하며, 전용회로에 개폐기 및 과전류차단기(적색 표시)를 설치할 것

② 변류기에 선로의 전선을 모두 관통시킬 것

　단상 3선식이면 3선, 3상 4선식이면 4선 모두 관통

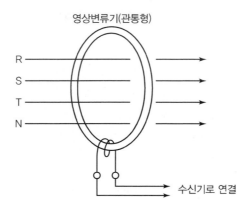

③ 수신기의 전원은 다른 전원과 병렬로 하지 말고, 변류기 이전에서 분리하여 별도의 배선으로 연결할 것

④ 누전으로 인해 보수를 한 후에도 수신기표시등이 계속 점등 상태에 있으므로 필히 복귀시킬 것

⑤ 기기 설치 후 모든 기능이 정상인지 동작상태 등을 확인할 것

04 설치기준

1) 설치방법 등

① 경계전로의 정격전류가 60A를 초과하는 전로에는 1급 누전경보기를, 60A 이하의 전로에는 1급 또는 2급 누전경보기를 설치할 것. 다만, 정격전류가 60A를 초과하는 경계전로가 분기되어 각 분기회로의 정격전류가 60A 이하로 되는 경우 당해 분기회로마다 2급 누전경보기를 설치한 때에는 당해 경계전로에 1급 누전경보기를 설치한 것으로 본다.

② 변류기는 소방대상물의 형태, 인입선의 시설방법 등에 따라 옥외 인입선의 제1지점의 부하 측 또는 제2종 접지선측의 점검이 쉬운 위치에 설치할 것. 다만, 인입선의 형태 또는 소방대상물의 구조상 부득이한 경우에는 인입구에 근접한 옥내에 설치할 수 있다.

③ 변류기를 옥외의 전로에 설치하는 경우에는 옥외형으로 설치할 것

2) 수신부

① **수신부의 설치장소** : 옥내의 점검에 편리한 장소에 설치하되, 가연성의 증기·먼지 등이 체류할 우려가 있는 장소의 전기회로에는 당해 부분의 전기회로를 차단할 수 있는 차단기구를 가진 수신부를 설치하여야 한다. 이 경우 차단기구의 부분은 당해 장소 외의 안전한 장소에 설치하여야 한다.

② **수신부의 설치 제외 장소** : 수신부는 다음 장소 외의 장소에 설치하여야 한다. 다만, 당해 누전경보기에 대하여 방폭·방식·방습·방온·방진 및 정전기 차폐 등의 방호조치를 한 것은 그러하지 아니하다.

　㉠ 가연성의 증기·먼지·가스 등이나 부식성의 증기·가스 등이 다량으로 체류하는 장소

　㉡ 화약류를 제조하거나 저장 또는 취급하는 장소

　㉢ 습도가 높은 장소

　㉣ 온도의 변화가 급격한 장소

　㉤ 대전류회로·고주파 발생회로 등에 따른 영향을 받을 우려가 있는 장소

3) 음향장치

수위실 등 상시 사람이 근무하는 장소에 설치하여야 하며, 그 음량 및 음색은 다른 기기의 소음 등과 명확히 구별할 수 있는 것으로 하여야 한다.

4) 전원

① 전원은 분전반으로부터 전용회로로 하고, 각 극에 개폐기 및 15A 이하의 과전류차단기(배선용 차단기는 20A 이하의 것으로 각 극을 개폐할 수 있는 것)를 설치할 것

② 전원을 분기할 때에는 다른 차단기에 따라 전원이 차단되지 아니하도록 할 것

③ 전원의 개폐기에는 "누전경보기용"임을 표시한 표지를 할 것

CHAPTER 20 가스누설경보기

01 가스누설경보기의 종류 및 구성

1) 종류

① **단독형** : 가정용(1회로용)

② **분리형** : 공업용(多회로용), 영업용(1회로용)

2) 구성 기기

① **탐지부(가스검지기)** : 가스탐지 방식에 따라 반도체식, 접촉연소식, 기체열전도식으로 나뉜다.

② **경보부**

㉠ 수신기 : G형, GP형, GR형 수신기

㉡ 경보 및 표시장치 : 가스누설표시등, 가스누설지구표시등, 음성경보장치, 가스누설경보등, 화재표시등 ⇒ 가스누설표시등 및 가스누설지구표시등은 황색, 화재표시등은 적색

02 가스누설경보기의 흡입식 탐지부의 구조

① 흡입량은 1분마다 1.5L 이상일 것

② 흡입량을 표시하기 위한 장치를 부착할 것

③ 탐지부의 입력 측 및 출력 측의 배관 내에 불꽃으로 인하여 가스에 불이 붙는 것을 방지할 수 있는 구조일 것

④ 시험용 밸브 등이 부착되어 있을 것

03 가스검지기와 연소기와의 이격거리

① **중가스(증기비중>1)의 경우** : 수평거리 4m 이내

② **경가스(증기비중<1)의 경우** : 수평거리 8m 이내

04 가스검지기의 설치위치

① **중가스의 경우** : 바닥에서 0.3m 이내
② **경가스의 경우** : 천장에서 0.3m 이내

05 가스누설경보기의 절연저항 측정

① **측정기기** : 직류 500V의 절연저항계
② **판정기준**
　　㉠ 절연된 충전부와 외함 사이 : 5MΩ 이상
　　㉡ 교류 입력측과 외함 사이 : 20MΩ 이상
　　㉢ 절연된 선로 간 : 20MΩ 이상

피난기구

01 설치대상

피난기구는 특정소방대상물의 모든 층에 화재안전기준에 적합한 것으로 설치하여야 한다.
다만, 피난층, 지상 1층, 지상 2층(노유자시설 중 피난층이 아닌 지상 1층과 피난층이 아닌
지상 2층은 제외) 및 층수가 11층 이상인 층과 위험물 저장 및 처리시설 중 가스시설, 지하가
중 터널 또는 지하구의 경우에는 그러하지 아니하다.

02 종류 및 용어정의

① "피난사다리"란 화재 시 긴급대피를 위해 사용하는 사다리를 말한다.

    ⊙ 고정식 사다리 : 상시 사용할 수 있도록 소방대상물의 벽면에 고정시켜 사용되는 것
      으로 구조상 수납식, 접어개기식 및 신축식 등이 있다.

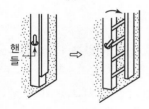

[고정식 사다리(수납식)]   [고정식 사다리(접어개기식)]   

[고정식 사다리(신축식)]

    ⓛ 올림식 사다리 : 소방대상물에 올림식 사다리의 상부 지지점을 걸고 올려 받혀서 사
      용하는 것으로서 신축식과 접어 굽히는 식이 있다.

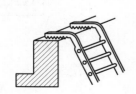

[올림식 사다리(접어 굽히는 식)]   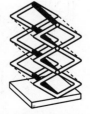

[올림식 사다리(신축식)]

ⓒ 내림식 사다리 : 소방대상물의 견고한 부분에 달아 매어서 접어 개든가 축소시켜 보관하고 사용하는 것으로 접어개기식, 와이어식, 체인식 등이 있다.

[와이어식]　　　　　　　　[접어개기식]

② "완강기"란 사용자의 몸무게에 따라 자동적으로 내려올 수 있는 기구 중 사용자가 교대하여 연속적으로 사용할 수 있는 것을 말한다.

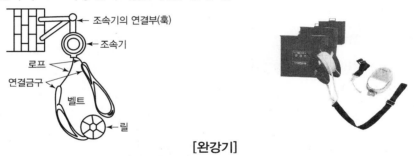

[완강기]

③ "간이완강기"란 사용자의 몸무게에 따라 자동적으로 내려올 수 있는 기구 중 사용자가 연속적으로 사용할 수 없는 것을 말한다.

④ "구조대"란 포지 등을 사용하여 자루형태로 만든 것으로서 화재 시 사용자가 그 내부에 들어가서 내려옴으로써 대피할 수 있는 것을 말한다.

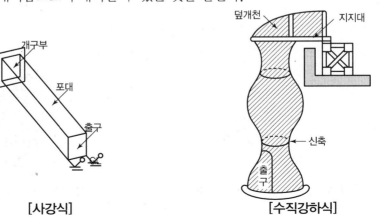

[사강식]　　　　　　　　[수직강하식]

⑤ "공기안전매트"란 화재 발생 시 사람이 건축물 내에서 외부로 긴급히 뛰어내릴 때 충격을 흡수하여 안전하게 지상에 도달할 수 있도록 포지에 공기 등을 주입하는 구조로 되어 있는 것을 말한다.

⑥ "피난밧줄"이란 급격한 하강을 방지하기 위한 매듭 등을 만들어 놓은 밧줄을 말한다. 〈삭제 2015.1.23.〉

⑦ "다수인 피난장비"란 화재 시 2인 이상의 피난자가 동시에 해당층에서 지상 또는 피난층으로 하강하는 피난기구를 말한다.

⑧ "승강식 피난기"란 사용자의 몸무게에 의하여 자동으로 하강하고 내려서면 스스로 상승하여 연속적으로 사용할 수 있는 무동력 승강식 피난기를 말한다.

⑨ "하향식 피난구용 내림식 사다리"란 하향식 피난구 해치에 격납하여 보관하고 사용 시에는 사다리 등이 소방대상물과 접촉되지 아니하는 내림식 사다리를 말한다.

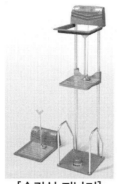

[승강식 피난기]

[하향식 피난구용 내림식 사다리]

03 피난기구의 적응성

설치 장소별 구분 \ 층별	지하층	1층	2층	3층	4층 이상 10층 이하
1. 노유자시설	피난용트랩	미끄럼대·구조대·피난교·다수인피난장비·승강식피난기	미끄럼대·구조대·피난교·다수인피난장비·승강식피난기	미끄럼대·구조대·피난교·다수인피난장비·승강식피난기	피난교·다수인피난장비·승강식피난기
2. 의료시설·근린생활시설 중 입원실이 있는 의원·접골원·조산원	피난용트랩	–	–	미끄럼대·구조대·피난교·피난용트랩·다수인피난장비·승강식피난기	구조대·피난교·피난용트랩·다수인피난장비·승강식피난기
3. 「다중이용업소의 안전관리에 관한 특별법 시행령」 제2조에 따른 다중이용업소로서 영업장의 위치가 4층 이하인 다중이용업소	–	–	미끄럼대·피난사다리·구조대·완강기·다수인피난장비·승강식피난기	미끄럼대·피난사다리·구조대·완강기·다수인피난장비·승강식피난기	미끄럼대·피난사다리·구조대·완강기·다수인피난장비·승강식피난기

| 4. 그 밖의 것 | 피난사다리·
피난용트랩 | – | – | 미끄럼대·
피난사다리·
구조대·
완강기·
피난교·
피난용트랩·
간이완강기·
공기안전매트·
다수인피난장비·
승강식피난기 | 피난사다리·
구조대·
완강기·
피난교·
간이완강기·
공기안전매트·
다수인피난장비·
승강식피난기 |

비고 : 간이완강기의 적응성은 숙박시설의 3층 이상에 있는 객실에, 공기안전매트의 적응성은 공동주택(공동주택관리법 시행령 제2조의 규정에 해당하는 공동주택)에 한한다.

04 피난기구의 설치수

피난기구는 다음의 기준에 따른 개수 이상을 설치하여야 한다.

① 층마다 설치하되, 숙박시설·노유자시설 및 의료시설로 사용되는 층에는 그 층의 바닥면적 500m²마다, 위락시설·문화집회 및 운동시설·판매시설로 사용되는 층 또는 복합용도의 층에는 그 층의 바닥면적 800m²마다, 계단실형 아파트에는 각 세대마다, 그 밖의 용도의 층에는 그 층의 바닥면적 1,000m²마다 1개 이상 설치할 것

② ①에 따라 설치한 피난기구 외에 숙박시설(휴양콘도미니엄을 제외한다)의 경우에는 추가로 객실마다 완강기 또는 둘 이상의 간이완강기를 설치할 것

③ ①에 따라 설치한 피난기구 외에 공동주택(「공동주택관리법 시행령」 제2조의 규정에 따른 공동주택)의 경우에는 하나의 관리주체가 관리하는 공동주택 구역마다 공기안전매트 1개 이상을 추가로 설치할 것. 다만, 옥상으로 피난이 가능하거나 인접세대로 피난할 수 있는 구조인 경우에는 추가로 설치하지 아니할 수 있다.

05 피난기구의 설치기준

1) 피난기구

① 피난기구는 계단·피난구 기타 피난시설로부터 적당한 거리에 있는 안전한 구조로 된 피난 또는 소화활동상 유효한 개구부(가로 0.5m 이상 세로 1m 이상인 것을 말한다. 이 경우 개구부 하단이 바닥에서 1.2m 이상이면 발판 등을 설치하여야 하고, 밀폐된 창문은 쉽게 파괴할 수 있는 파괴장치를 비치하여야 한다)에 고정하여 설치하

거나 필요한 때에 신속하고 유효하게 설치할 수 있는 상태에 둘 것

② 피난기구를 설치하는 개구부는 서로 동일직선상이 아닌 위치에 있을 것. 다만, 피난교·피난용트랩·간이완강기·아파트에 설치되는 피난기구(다수인 피난장비는 제외한다) 기타 피난상 지장이 없는 것에 있어서는 그러하지 아니하다.

③ 피난기구는 소방대상물의 기둥·바닥·보 기타 구조상 견고한 부분에 볼트조임·매입·용접 기타의 방법으로 견고하게 부착할 것

④ 4층 이상의 층에 피난사다리(하향식 피난구용 내림식 사다리는 제외한다)를 설치하는 경우에는 금속성 고정사다리를 설치하고, 당해 고정사다리에는 쉽게 피난할 수 있는 구조의 노대를 설치할 것

⑤ 완강기는 강하 시 로프가 소방대상물과 접촉하여 손상되지 아니하도록 할 것

⑥ 완강기로프의 길이는 부착위치에서 지면 기타 피난상 유효한 착지 면까지의 길이로 할 것

⑦ 미끄럼대는 안전한 강하속도를 유지하도록 하고, 전락방지를 위한 안전조치를 할 것

⑧ 구조대의 길이는 피난상 지장이 없고 안정한 강하속도를 유지할 수 있는 길이로 할 것

2) 다수인 피난장비

① 피난에 용이하고 안전하게 하강할 수 있는 장소에 적재 하중을 충분히 견딜 수 있도록 「건축물의 구조기준 등에 관한 규칙」 제3조에서 정하는 구조안전의 확인을 받아 견고하게 설치할 것

② 다수인 피난장비 보관실(이하 "보관실"이라 한다)은 건물 외측보다 돌출되지 아니하고, 빗물·먼지 등으로부터 장비를 보호할 수 있는 구조일 것

③ 사용 시에 보관실 외측 문이 먼저 열리고 탑승기가 외측으로 자동으로 전개될 것

④ 하강 시에 탑승기가 건물 외벽이나 돌출물에 충돌하지 않도록 설치할 것

⑤ 상·하층에 설치할 경우에는 탑승기의 하강경로가 중첩되지 않도록 할 것

⑥ 하강 시에는 안전하고 일정한 속도를 유지하도록 하고 전복, 흔들림, 경로이탈 방지를 위한 안전조치를 할 것

⑦ 보관실의 문에는 오작동 방지조치를 하고, 문 개방 시에는 당해 소방대상물에 설치된 경보설비와 연동하여 유효한 경보음을 발하도록 할 것

⑧ 피난층에는 해당층에 설치된 피난기구가 착지에 지장이 없도록 충분한 공간을 확보할 것

⑨ 한국소방산업기술원 또는 법 제42조 제1항에 따라 성능시험기관으로 지정받은 기관에서 그 성능을 검증받은 것으로 설치할 것

3) 승강식 피난기 및 하향식 피난구용 내림식 사다리

① 승강식 피난기 및 하향식 피난구용 내림식 사다리는 설치경로가 설치층에서 피난층 까지 연계될 수 있는 구조로 설치할 것. 단, 건축물 규모가 지상 5층 이하로서 구조 및 설치 여건상 불가피한 경우는 그러하지 아니한다.

② 대피실의 면적은 $2m^2$(2세대 이상일 경우에는 $3m^2$) 이상으로 하고, 「건축법 시행령」 제46조 제4항의 규정에 적합하여야 하며 하강구(개구부) 규격은 직경 60cm 이상일 것. 단, 외기와 개방된 장소에는 그러하지 아니한다.

③ 하강구 내측에는 기구의 연결 금속구 등이 없어야 하며 전개된 피난기구는 하강구 수평투영면적 공간 내의 범위를 침범하지 않는 구조이어야 할 것. 단, 직경 60cm 크기의 범위를 벗어난 경우이거나, 직하층의 바닥 면으로부터 높이 50cm 이하의 범 위는 제외한다.

④ 대피실의 출입문은 60분+ 또는 60분 방화문으로 설치하고, 피난방향에서 식별할 수 있는 위치에 "대피실" 표지판을 부착할 것. 단, 외기와 개방된 장소에는 그러하지 아니한다.

⑤ 착지점과 하강구는 상호 수평거리 15cm 이상의 간격을 둘 것

⑥ 대피실 내에는 비상조명등을 설치할 것

⑦ 대피실에는 층의 위치표시와 피난기구 사용설명서 및 주의사항 표지판을 부착할 것

⑧ 대피실 출입문이 개방되거나, 피난기구 작동 시 해당층 및 직하층 거실에 설치된 표시 등 및 경보장치가 작동되고, 감시 제어반에서는 피난기구의 작동을 확인할 수 있어야 할 것

⑨ 사용 시 기울거나 흔들리지 않도록 설치할 것

⑩ 승강식 피난기는 한국소방산업기술원 또는 법 제42조 제1항에 따라 성능시험기관으 로 지정받은 기관에서 그 성능을 검증받은 것으로 설치할 것

06 표지 설치기준

① 피난기구를 설치한 장소에는 가까운 곳의 보기 쉬운 곳에 피난기구의 위치를 표시하는 발광식 또는 축광식표지와 그 사용방법을 표시한 표지를 부착하되, 축광식표지는 소방청 장이 정하여 고시한 「축광표지의 성능인증 및 제품검사의 기술기준」에 적합하여야 한다. 다만, 방사성물질을 사용하는 위치표지는 쉽게 파괴되지 아니하는 재질로 처리할 것

② 축광식 표지는 다음 기준에 적합한 것으로 할 것 〈삭제 2015.1.23.〉

㉠ 방사성물질을 사용하는 위치표지는 쉽게 파괴되지 아니하는 재질로 처리할 것

ⓛ 위치표지는 주위 조도 0lx에서 60분간 발광 후 직선거리 10m 떨어진 위치에서 보통 시력으로 표시면의 문자 또는 화살표 등을 쉽게 식별할 수 있는 것으로 할 것

ⓒ 위치표지의 표시면은 쉽게 변형·변질 또는 변색되지 아니할 것

ⓔ 위치표지의 표시면의 휘도는 주위 조도 0lx에서 60분간 발광 후 $7mcd/m^2$로 할 것

07 피난기구설치의 감소

① 다음의 기준에 적합한 층에는 피난기구의 2분의 1을 감소할 수 있다. 이 경우 설치하여야 할 피난기구의 수에서 소수점 이하의 수는 1로 한다.

ⓖ 주요구조부가 내화구조로 되어 있을 것

ⓛ 직통계단인 피난계단 또는 특별피난계단이 2 이상 설치되어 있을 것

② 주요구조부가 내화구조이고 다음의 기준에 적합한 건널복도가 설치되어 있는 층에는 피난기구의 수에서 당해 건널복도 수의 2배의 수를 뺀 수로 한다.

ⓖ 내화구조 또는 철골조로 되어 있을 것

ⓛ 건널복도 양단의 출입구에 자동폐쇄장치를 한 60분$^+$ 또는 60분 방화문이 설치되어 있을 것

ⓒ 피난·통행 또는 운반의 전용 용도일 것

③ 다음의 기준에 적합한 노대가 설치된 거실의 바닥면적은 피난기구의 설치개수 산정을 위한 바닥면적에서 이를 제외한다.

ⓖ 노대를 포함한 소방대상물의 주요구조부가 내화구조일 것

ⓛ 노대가 거실의 외기에 면하는 부분에 피난상 유효하게 설치되어 있어야 할 것

ⓒ 노대가 소방사다리차가 쉽게 통행할 수 있는 도로 또는 공지에 면하여 설치되어 있거나 또는 거실부분과 방화구획되어 있거나 또는 노대에 지상으로 통하는 계단, 그 밖의 피난기구가 설치되어 있어야 할 것

08 피난기구의 설치 제외

다음에 해당하는 소방대상물 또는 그 부분에는 피난기구를 설치하지 아니할 수 있다. 다만, 숙박시설(휴양콘도미니엄을 제외한다)에 설치되는 완강기 및 간이완강기의 경우에는 그러하지 아니하다.

① **다음의 기준에 적합한 층**

ㄱ 주요구조부가 내화구조로 되어 있어야 할 것

ㄴ 실내의 면하는 부분의 마감이 불연재료·준불연재료 또는 난연재료로 되어 있고 방화구획이 되어야 할 것

ㄷ 거실의 각 부분으로부터 직접 복도로 쉽게 통할 수 있어야 할 것

ㄹ 복도에 2 이상의 특별피난계단 또는 피난계단이 적합하게 설치되어 있어야 할 것

ㅁ 복도의 어느 부분에서도 2 이상의 방향으로 각각 다른 계단에 도달할 수 있어야 할 것

② **다음 기준에 적합한 소방대상물 중 그 옥상의 직하층 또는 최상층**

ㄱ 주요구조부가 내화구조로 되어 있어야 할 것

ㄴ 옥상의 면적이 1,500m² 이상이어야 할 것

ㄷ 옥상으로 쉽게 통할 수 있는 창 또는 출입구가 설치되어 있어야 할 것

ㄹ 옥상이 소방사다리차가 쉽게 통행할 수 있는 도로 또는 공지에 면하여 설치되어 있거나 옥상으로부터 피난층 또는 지상으로 통하는 2 이상의 피난계단 또는 특별피난계단이 설치되어 있을 것

③ 주요구조부가 내화구조이고 지하층을 제외한 층수가 4층 이하이며 소방사다리차가 쉽게 통행할 수 있는 도로 또는 공지에 면하는 부분에 다음 기준을 모두 만족하는 개구부가 2 이상 설치되어 있는 층

ㄱ 개구부의 크기가 지름 50cm 이상의 원이 내접할 수 있을 것

ㄴ 그 층의 바닥으로부터 개구부 밑부분까지의 높이가 1.2m 이내일 것

ㄷ 도로 또는 차량의 진입이 가능한 공지에 면할 것

ㄹ 화재시 건물로부터 쉽게 피난할 수 있도록 창살, 그 밖의 장애물이 설치되지 아니할 것

ㅁ 내부 또는 외부에서 쉽게 파괴 또는 개방이 가능할 것

④ 편복도형 아파트 또는 발코니 등을 통하여 인접세대로 피난할 수 있는 구조로 되어 있는 계단실형 아파트

⑤ 주요구조부가 내화구조로서 거실의 각 부분으로 직접 복도로 피난할 수 있는 학교

⑥ 무인공장 또는 자동창고로서 사람의 출입이 금지된 장소

⑦ 건축물의 옥상 부분으로서 거실에 해당하지 아니하고 「건축법 시행령」 제119조 제1항 제9호에 해당하여 층수로 산정된 층으로 사람이 근무하거나 거주하지 아니하는 장소

CHAPTER 22 인명구조기구

01 설치대상

특정소방대상물	인명구조기구의 종류	설치 수량
지하층을 포함하는 층수가 7층 이상인 관광호텔 및 5층 이상인 병원	• 방열복 또는 방화복(헬멧, 보호장갑 및 안전화 포함) • 공기호흡기 • 인공소생기	각 2개 이상 비치할 것. 다만, 병원의 경우에는 인공소생기를 설치하지 않을 수 있다.
• 문화 및 집회시설 중 수용인원 100명 이상의 영화상영관 • 판매시설 중 대규모 점포 • 운수시설 중 지하역사 • 지하가 중 지하상가	공기호흡기	층마다 2개 이상 비치할 것. 다만, 각 층마다 갖추어 두어야 할 공기호흡기 중 일부를 직원이 상주하는 인근 사무실에 갖추어 둘 수 있다.
물분무소화설비 중 이산화탄소소화설비를 설치하여야 하는 특정소방대상물	공기호흡기	이산화탄소소화설비가 설치된 장소의 출입구 외부 인근에 1대 이상 비치할 것

02 용어정의

① "방열복"이란 고온의 복사열에 가까이 접근하여 소방활동을 수행할 수 있는 내열피복을 말한다.

② "공기호흡기"란 소화활동 시에 화재로 인하여 발생하는 각종 유독가스 중에서 일정시간 사용할 수 있도록 제조된 압축공기식 개인호흡장비(보조마스크를 포함한다)를 말한다.

③ "인공소생기"란 호흡 부전 상태인 사람에게 인공호흡을 시켜 환자를 보호하거나 구급하는 기구를 말한다.

④ "방화복"이란 화재진압 등의 소방활동을 수행할 수 있는 피복을 말한다.

03 설치기준

① 화재 시 쉽게 반출 사용할 수 있는 장소에 비치할 것
② 인명구조기구가 설치된 가까운 장소의 보기 쉬운 곳에 "인명구조기구"라는 축광식표지와 그 사용방법을 표시한 표지를 부착하되 축광식표지는 소방청장이 고시한 「축광표지의 성능인증 및 제품검사의 기술기준」에 적합한 것으로 설치할 것
③ 방열복은 소방청장이 고시한 「소방용방열복의 성능인증 및 제품검사의 기술기준」에 적합한 것으로 설치할 것
④ 방화복(헬멧, 보호장갑 및 안전화 포함)은 「소방장비 표준규격 및 내용연수에 관한 규정」 제3조에 적합한 것으로 설치할 것

CHAPTER 23 유도등 및 유도표지, 피난유도선

01 유도등 및 유도표지의 종류

① 유도등
- ㉠ 피난구유도등 : 대형피난구유도등, 중형피난구유도등, 소형피난구유도등
- ㉡ 통로유도등 : 거실통로유도등, 복도통로유도등, 계단통로유도등
- ㉢ 객석유도등

② 유도표지
- ㉠ 피난구유도표지
- ㉡ 통로유도표지

③ 피난유도선
- ㉠ 축광방식 피난유도선
- ㉡ 광원점등방식 피난유도선

02 용어정의

① "유도등"이란 화재 시에 피난을 유도하기 위한 등으로서 정상상태에서는 상용전원에 따라 켜지고 상용전원이 정전되는 경우에는 비상전원으로 자동전환되어 켜지는 등을 말한다.

② "피난구유도등"이란 피난구 또는 피난경로로 사용되는 출입구를 표시하여 피난을 유도하는 등을 말한다.

③ "통로유도등"이란 피난통로를 안내하기 위한 유도등으로 복도통로유도등, 거실통로유도등, 계단통로유도등을 말한다.

④ "복도통로유도등"이란 피난통로가 되는 복도에 설치하는 통로유도등으로서 피난구의 방향을 명시하는 것을 말한다.

⑤ "거실통로유도등"이란 거주, 집무, 작업, 집회, 오락, 그 밖에 이와 유사한 목적을 위하여 계속적으로 사용하는 거실, 주차장 등 개방된 통로에 설치하는 유도등으로 피난의 방향을 명시하는 것을 말한다.

⑥ "계단통로유도등"이란 피난통로가 되는 계단이나 경사로에 설치하는 통로유도등으로 바닥면 및 디딤바닥면을 비추는 것을 말한다.

⑦ "객석유도등"이란 객석의 통로, 바닥 또는 벽에 설치하는 유도등을 말한다.

⑧ "피난구유도표지"란 피난구 또는 피난경로로 사용되는 출입구를 표시하여 피난을 유도하는 표지를 말한다.

⑨ "통로유도표지"란 피난통로가 되는 복도, 계단등에 설치하는 것으로서 피난구의 방향을 표시하는 유도표지를 말한다.

⑩ "피난유도선"이란 햇빛이나 전등불에 따라 축광(이하 "축광방식"이라 한다)하거나 전류에 따라 빛을 발하는(이하 "광원점등방식"이라 한다) 유도체로서 어두운 상태에서 피난을 유도할 수 있도록 띠 형태로 설치되는 피난유도시설을 말한다.

⑪ "입체형"이란 유도등 표시면을 2면 이상으로 하고 각 면마다 피난유도표시가 있는 것을 말한다.〈신설 2021.7.8.〉

03 유도등 및 유도표지의 적응성

특정소방대상물의 용도별로 설치하여야 할 유도등 및 유도표지는 다음 표에 따라 그에 적응하는 종류의 것으로 설치하여야 한다.

설치장소	유도등 및 유도표지의 종류
1. 공연장 · 집회장(종교집회장 포함) · 관람장 · 운동시설 2. 유흥주점영업시설(「식품위생법 시행령」 제21조 제8호 라목의 유흥주점영업 중 손님이 춤을 출 수 있는 무대가 설치된 카바레, 나이트클럽 또는 그 밖에 이와 비슷한 영업시설만 해당한다.)	• 대형피난구유도등 • 통로유도등 • 객석유도등
3. 위락시설 · 판매시설 · 운수시설 · 「관광진흥법」 제3조 제1항 제2호에 따른 관광숙박업 · 의료시설 · 장례식장 · 방송통신시설 · 전시장 · 지하상가 · 지하철역사	• 대형피난구유도등 • 통로유도등
4. 숙박시설(3의 관광숙박업 외의 것을 말한다) · 오피스텔 5. 1부터 3까지 외의 건축물로서 지하층 · 무창층 또는 층수가 11층 이상인 특정소방대상물	• 중형피난구유도등 • 통로유도등
6. 1부터 5까지 외의 건축물로서 근린생활시설 · 노유자시설 · 업무시설 · 발전시설 · 종교시설(집회장 용도를 사용하는 부분 제외) · 교육연구시설 · 수련시설 · 공장 · 창고시설 · 교정 및 군사시설(국방 · 군사시설 제외) · 기숙사 · 자동차정비공장 · 운전학원 및 정비학원 · 다중이용업소 · 복합건축물 · 아파트	• 소형피난구유도등 • 통로유도등
7. 그 밖의 것	• 피난구유도표지 • 통로유도표지

※ 비고
1. 소방서장은 특정소방대상물의 위치·구조 및 설비의 상황을 판단하여 대형피난구유도등을 설치하여야
   할 장소에 중형피난구유도등 또는 소형피난구유도등을, 중형피난구유도등을 설치하여야 할 장소에 소형
   피난구유도등을 설치하게 할 수 있다.
2. 복합건축물과 아파트의 경우, 주택의 세대 내에는 유도등을 설치하지 아니할 수 있다.

04   피난구유도등의 설치장소 및 설치기준

① 피난구유도등의 설치 장소
   ㉠ 옥내로부터 직접 지상으로 통하는 출입구 및 그 부속실의 출입구
   ㉡ 직통계단·직통계단의 계단실 및 그 부속실의 출입구
   ㉢ 위 ㉠ 및 ㉡의 규정에 따른 출입구에 이르는 복도 또는 통로로 통하는 출입구
   ㉣ 안전구획된 거실로 통하는 출입구

② 피난구의 바닥으로부터 높이 1.5m 이상으로서 출입구에 인접하도록 설치할 것
③ 피난층으로 향하는 피난구의 위치를 안내할 수 있도록 ①의 ㉠ 또는 ②의 출입구 인근
   천장에 ①의 ㉠ 또는 ②에 따라 설치된 피난구유도등의 면과 수직이 되도록 피난구유도
   등을 추가로 설치하여야 한다. 다만, ①의 ㉠ 또는 ②에 따라 설치된 피난구유도등이
   입체형인 경우에는 그러하지 아니하다.〈신설 2021.7.8.〉

05   통로유도등의 설치장소 및 설치기준

특정 소방대상물의 각 거실과 그로부터 지상에 이르는 복도 또는 계단의 통로에 다음 기준
에 따라 설치하여야 한다.
① 복도통로유도등의 설치기준
   ㉠ 복도에 설치하되 피난구유도등이 설치된 출입구의 맞은편 복도에는 입체형으로 설치
      하거나, 바닥에 설치할 것〈개정 2021.7.8.〉
   ㉡ 구부러진 모퉁이 및 ㉠에 따라 설치된 통로유도등을 기점으로 보행거리 20m마다
      설치할 것〈개정 2021.7.8.〉
   ㉢ 바닥으로부터 높이 1m 이하의 위치에 설치할 것, 다만, 지하층 또는 무창층의 용도가
      도매시장·소매시장·여객자동차터미널·지하역사 또는 지하상가인 경우에는 복
      도·통로 중앙부분의 바닥에 설치하여야 한다.
   ㉣ 바닥에 설치하는 통로유도등은 하중에 따라 파괴되지 아니하는 강도의 것으로 할 것

② 거실통로유도등의 설치기준

    ㉠ 거실의 통로에 설치할 것. 다만, 거실의 통로가 벽체 등으로 구획된 경우에는 복도통로유도등을 설치하여야 한다.

    ㉡ 구부러진 모퉁이 및 보행거리 20m마다 설치할 것

    ㉢ 바닥으로부터 높이 1.5m 이상의 위치에 설치할 것(단, 거실통로에 기둥이 설치된 경우 기둥의 바닥으로부터 높이 1.5m 이하의 위치에 설치)

③ 계단통로유도등의 설치기준

    ㉠ 각 층의 경사로참 또는 계단참마다(1개 층에 경사로참 또는 계단참이 2 이상 있는 경우에는 2개의 계단참마다) 설치할 것

    ㉡ 바닥으로부터 높이 1m 이하의 위치에 설치할 것

④ 통행에 지장이 없도록 설치할 것

⑤ 주위에 이와 유사한 등화광고물, 게시물 등을 설치하지 아니할 것

06 객석유도등의 설치장소 및 설치기준

① 객석유도등은 객석의 통로, 바닥 또는 벽에 설치할 것

② 객석 내의 통로가 경사로 또는 수평로로 되어 있는 부분에는 다음의 식에 따라 산출한 수(소수점 이하의 수는 1로 간주)의 유도등을 설치하여야 한다.

$$N(\text{설치개수}) = \frac{\text{객석 통로의 직선부분의 길이[m]}}{4} - 1(\text{개})$$

③ 객석 내의 통로가 옥외 또는 이와 유사한 부분에 있는 경우에는 당해 통로 전체에 미칠 수 있는 수의 유도등을 설치하되, 그 조도는 통로바닥의 중심선 0.5m의 높이에서 측정하여 0.2lx 이상일 것

> **Check Point**   **표시면의 색상**
>
> ① 피난구유도등 : 녹색바탕에 백색문자(녹색등화)
> ② 통로 유도등 : 백색바탕에 녹색문자(백색등화)
> ③ 객석 유도등 : 백색바탕에 녹색문자(백색등화)

07　유도표지의 설치기준

1) 설치기준

① 계단에 설치하는 것을 제외하고는 각 층마다 복도 및 통로의 각 부분으로부터 하나의 유도표지까지의 보행거리가 15m 이하가 되는 곳과 구부러진 모퉁이의 벽에 설치할 것

② 피난구유도표지는 출입구 상단에 설치하고, 통로유도표지는 바닥으로부터 높이 1m 이하의 위치에 설치할 것

③ 주위에는 이와 유사한 등화ㆍ광고물ㆍ게시물 등을 설치하지 아니할 것

④ 유도표지는 부착판 등을 사용하여 쉽게 떨어지지 아니하도록 설치할 것

2) 유도표지의 성능적합 기준 [소방청장이 고시한 축광표지의 성능인증 및 제품검사의 기술기준에 적합한 것으로 설치할 것]

① (표시면의 두께 및 크기) 축광유도표지 및 축광위치표지의 표시면의 두께는 1.0mm 이상(금속재질인 경우 0.5mm 이상)이어야 하며, 축광유도표지 및 축광위치표지의 표시면의 크기는 다음에 적합하여야 한다. 다만, 표시면이 사각형이 아닌 경우에는 표시면에 내접하는 사각형의 크기가 다음에 적합하여야 한다.

　㉠ 피난구축광유도표지는 긴 변의 길이가 360mm 이상, 짧은 변의 길이가 120mm 이상이어야 한다.

　㉡ 통로축광유도표지는 긴 변의 길이가 250mm 이상, 짧은 변의 길이가 85mm 이상이어야 한다.

　㉢ 축광위치표지는 긴 변의 길이가 200mm 이상, 짧은 변의 길이가 70mm 이상이어야 한다.

　㉣ 보조축광표지는 짧은 변의 길이가 20mm 이상이며 면적은 2,500mm² 이상이어야 한다.

② (식별도시험)

　㉠ 축광유도표지 및 축광위치표지는 200lx 밝기의 광원으로 20분간 조사시킨 상태에서 다시 주위 조도를 0lx로 하여 60분간 발광시킨 후 직선거리 20m(축광위치표지의 경우 10m) 떨어진 위치에서 유도표지 또는 위치표지가 있다는 것이 식별되어야 하고, 유도표지는 직선거리 3m의 거리에서 표시면의 표시 중 주체가 되는 문자 또는 주체가 되는 화살표 등이 쉽게 식별되어야 한다. 이 경우 측정자는 보통 시력(시력 1.0에서 1.2의 범위를 말한다)을 가진 자로서 시험실시 20분 전까지 암실에 들어가 있어야 한다.

ⓛ 축광보조표지는 200lx 밝기의 광원으로 20분간 조사시킨 상태에서 다시 주위조
도를 0lx로 하여 60분간 발광시킨 후 직선거리 10m 떨어진 위치에서 축광보조표
지가 있다는 것이 식별되어야 한다. 이 경우 측정자의 조건은 ㉠의 조건을 적용한
다. 〈개정 2021.10.1.〉

③ (표시 및 취급설명서)

㉠ 표시면의 앞면에는 다음의 사항을 쉽게 지워지지 아니하도록 표시하여야 한다. 다
만, 도자기질 타일 재질의 제품의 경우에는 상표를 표시면 뒷면에 표시할 수 있다.
- 상표
- 축광유도표지의 경우에는 "유도등이 설치되어야 하는 법정장소에는 사용할
수 없음"이라는 별도표시를 하여야 한다. 〈개정 2021.10.1.〉

㉡ 표시면의 뒷면에는 다음 각 호의 사항을 쉽게 지워지지 아니하도록 표시하여야 한다.
- 종별
- 성능인증번호
- 제조연월 및 제조번호(또는 로트번호)
- 제조업체명
- 설치방법
- 사용상 주의사항
- 그 밖에 필요한 사항

08 피난유도선의 설치기준

① **축광방식의 피난유도선 설치기준**

㉠ 구획된 각 실로부터 주출입구 또는 비상구까지 설치할 것

㉡ 바닥으로부터 높이 50cm 이하의 위치 또는 바닥 면에 설치할 것

㉢ 피난유도 표시부는 50cm 이내의 간격으로 연속되도록 설치할 것

㉣ 부착대에 의하여 견고하게 설치할 것

㉤ 외광 또는 조명장치에 의하여 상시 조명이 제공되거나 비상조명등에 의한 조명이
제공되도록 설치할 것

② **광원점등방식의 피난유도선 설치기준**

㉠ 구획된 각 실로부터 주출입구 또는 비상구까지 설치할 것

㉡ 피난유도 표시부는 바닥으로부터 높이 1m 이하의 위치 또는 바닥 면에 설치할 것

㉢ 피난유도 표시부는 50cm 이내의 간격으로 연속되도록 설치하되 실내장식물 등으로
설치가 곤란할 경우 1m 이내로 설치할 것

② 수신기로부터의 화재신호 및 수동조작에 의하여 광원이 점등되도록 설치할 것

⑪ 비상전원이 상시 충전상태를 유지하도록 설치할 것

ⓑ 바닥에 설치되는 피난유도 표시부는 매립하는 방식을 사용할 것

ⓢ 피난유도 제어부는 조작 및 관리가 용이하도록 바닥으로부터 0.8m 이상 1.5m 이하의 높이에 설치할 것

09 유도등의 전원

① 유도등의 전원은 축전지, 전기저장장치 또는 교류전압의 옥내간선으로 하고, 전원까지의 배선은 전용으로 하여야 한다.

② 비상전원은 다음 각 호의 기준에 적합하게 설치하여야 한다.

㉠ 축전지로 할 것

㉡ 유도등을 20분 이상 유효하게 작동시킬 수 있는 용량으로 할 것. 다만, 다음의 특정소방대상물의 경우에는 그 부분에서 피난층에 이르는 부분의 유도등을 60분 이상 유효하게 작동시킬 수 있는 용량으로 하여야 한다.
- 지하층을 제외한 층수가 11층 이상의 층
- 지하층 또는 무창층으로서 용도가 도매시장·소매시장·여객자동차터미널·지하역사 또는 지하상가

㉢ 3선식 배선은 「옥내소화전설비의 화재안전기준(NFSC 102)」 별표 1에 따른 내화배선 또는 내열배선으로 사용할 것〈신설 2021.7.8.〉

③ 배선은 「전기사업법」 제67조에서 정한 것 외에 다음의 기준에 따라야 한다.

㉠ 유도등의 인입선과 옥내배선은 직접 연결할 것

㉡ 유도등은 전기회로에 점멸기를 설치하지 아니하고 항상 점등상태를 유지할 것. 다만, 특정소방대상물 또는 그 부분에 사람이 없거나 다음의 어느 하나에 해당하는 장소로서 3선식 배선에 따라 상시 충전되는 구조인 경우에는 그러하지 아니하다.
- 외부광(光)에 따라 피난구 또는 피난방향을 쉽게 식별할 수 있는 장소
- 공연장, 암실(暗室) 등으로서 어두워야 할 필요가 있는 장소
- 특정소방대상물의 관계인 또는 종사원이 주로 사용하는 장소

㉢ 3선식 배선은 「옥내소화전설비의 화재안전기준(NFSC 102)」 별표 1에 따른 내화배선 또는 내열배선으로 사용할 것 〈신설 2021.7.8.〉

④ 3선식 배선으로 상시 충전되는 유도등의 전기회로에 점멸기를 설치하는 경우에는 다음의 어느 하나에 해당되는 경우에 점등되도록 하여야 한다.

ⓐ 자동화재탐지설비의 감지기 또는 발신기가 작동되는 때

ⓑ 비상경보설비의 발신기가 작동되는 때

ⓒ 상용전원이 정전되거나 전원선이 단선되는 때

ⓓ 방재업무를 통제하는 곳 또는 전기실의 배전반에서 수동으로 점등하는 때

ⓔ 자동소화설비가 작동되는 때

▼ 3선식과 2선식 유도등 비교

구분	3선식	2선식
특징	상시 소등, 비상시 점등	상시 및 비상시 점등
유도등 작동	• 점멸기로 유도등 소등 • 평상시 유도등 소등상태이나 예비전원은 늘 충전상태(감시상태) • 상용전원의 전원이나 단선 시 자동적으로 예비전원에 의해 20분 이상 유도등 점등	• 평상시 늘 점등상태 • 상용전원의 정전이나 단선 시 예비전원에 의해 유도등 점등(20분 이상)
결선	• 전원선(공통선), 점등선, 충전선의 3선 이용하여 접속 • 점멸기를 설치하여 축전지는 항상 충전상태 유지	• 2선으로 결선 • 점멸기를 설치하지 않음
조건	• 소등 중에는 축전지가 항상 충전상태로 대기 • 화재 시 또는 정전 시 자동 점등될 것	정상 시는 물론 화재 또는 정전 시 계속 점등될 것
장점	• 조명이 양호하거나 주광이 확보되는 장소에는 소등하므로 합리적임 • 절전효과 • 등기구의 수명 연장	• 평상시 상시 점등되므로 불량 개소 파악 등 유지관리에 용이 • 평소 피난구의 위치, 피난 인식을 부여
단점	• 배선, 등기구, 램프 등의 이상 여부 파악이 어려움 • 관리자의 잦은 손길이 요구 • 평소 피난구의 위치, 피난 인식을 상실	• 경제적 손실(전력 소모, 등기구 수명단축 등) • 조명이 양호하거나 주광이 확보되는 장소에 상시 점등되는 불합리성이 있음

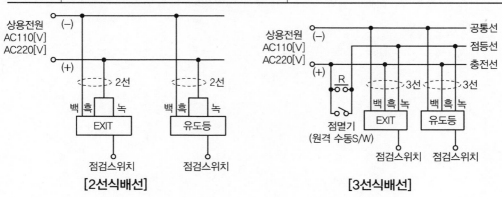

[2선식배선]　　　　　　　　[3선식배선]

10 유도등 및 유도표지의 설치 제외

① **피난구유도등의 설치 제외**

㉠ 바닥면적이 1,000m² 미만인 층으로서 옥내로부터 직접 지상으로 통하는 출입구(외부의 식별이 용이한 경우에 한함)

㉡ 대각선 길이가 15m 이내인 구획된 실의 출입구〈개정 2021.7.8.〉

㉢ 거실 각 부분으로부터 하나의 출입구에 이르는 보행거리가 20m 이하이고 비상조명등과 유도표지가 설치된 거실의 출입구

㉣ 출입구가 3 이상 있는 거실로서 그 거실 각 부분으로부터 하나의 출입구에 이르는 보행 거리가 30m 이하인 경우에는 주된 출입구 2개소 외의 출입구(유도표지가 부착된 출입구). 다만, 공연장·집회장·관람장·전시장·판매시설 및 영업시설·숙박시설·노유자시설·의료시설의 경우에는 그러하지 아니하다.

② **통로유도등의 설치 제외**

㉠ 구부러지지 아니한 복도 또는 통로로서 길이가 30m 미만인 복도 또는 통로

㉡ ㉠에 해당하지 아니하는 복도 또는 통로로서 보행거리가 20m 미만이고 그 복도 또는 통로와 연결된 출입구 또는 그 부속실의 출입구에 피난구유도등이 설치된 복도 또는 통로

③ **객석유도등의 설치 제외**

㉠ 주간에만 사용하는 장소로서 채광이 충분한 객석

㉡ 거실 등의 각 부분으로부터 하나의 거실출입구에 이르는 보행거리가 20m 이하인 객석의 통로로서 그 통로에 통로유도등이 설치된 객석

④ **유도표지의 설치 제외**

㉠ 유도등이 규정에 적합하게 설치된 출입구·복도·계단 및 통로

㉡ 피난구 및 통로유도등의 설치규정에 해당하는 출입구·복도·계단 및 통로

CHAPTER
24 비상조명등 및 휴대용 비상조명등

01 설치대상

① 비상조명등을 설치하여야 하는 특정소방대상물(창고시설 중 창고 및 하역장, 위험물 저장 및 처리 시설 중 가스시설은 제외한다)은 다음의 어느 하나와 같다.
　㉠ 지하층을 포함하는 층수가 5층 이상인 건축물로서 연면적 3천 m² 이상인 것
　㉡ ㉠에 해당하지 않는 특정소방대상물로서 그 지하층 또는 무창층의 바닥면적이 450m² 이상인 경우에는 그 지하층 또는 무창층
　㉢ 지하가 중 터널로서 그 길이가 500m 이상인 것

② 휴대용 비상조명등을 설치하여야 하는 특정소방대상물은 다음의 어느 하나와 같다.
　㉠ 숙박시설
　㉡ 수용인원 100명 이상의 영화상영관, 판매시설 중 대규모점포, 철도 및 도시철도 시설 중 지하역사, 지하가 중 지하상가

02 종류 및 정의

① "비상조명등"이란 화재발생 등에 따른 정전 시에 안전하고 원활한 피난활동을 할 수 있도록 거실 및 피난통로 등에 설치되어 자동 점등되는 조명등을 말한다.
② "휴대용 비상조명등"이란 화재발생 등으로 정전 시 안전하고 원활한 피난을 위하여 피난자가 휴대할 수 있는 조명등을 말한다.

[비상조명등]

[휴대용 비상조명등]

03 설치기준

1) 비상조명등 설치기준

① 특정소방대상물의 각 거실과 그로부터 지상에 이르는 복도·계단 및 그 밖의 통로에 설치할 것

② 조도는 비상조명등이 설치된 장소의 각 부분의 바닥에서 $1lx$ 이상이 되도록 할 것

③ 예비전원을 내장하는 비상조명등에는 평상시 점등여부를 확인할 수 있는 점검스위치를 설치하고 해당 조명등을 유효하게 작동시킬 수 있는 용량의 축전지와 예비전원 충전장치를 내장할 것

④ 예비전원을 내장하지 아니하는 비상조명등의 비상전원은 자가발전설비 또는 축전지설비 또는 전기저장장치를 다음 각 목의 기준에 따라 설치하여야 한다.

ㄱ 점검에 편리하고 화재 및 침수 등의 재해로 인한 피해를 받을 우려가 없는 곳에 설치할 것

ㄴ 상용전원으로부터 전력의 공급이 중단된 때에는 자동으로 비상전원으로부터 전력을 공급받을 수 있도록 할 것

ㄷ 비상전원의 설치장소는 다른 장소와 방화구획 할 것. 이 경우 그 장소에는 비상전원의 공급에 필요한 기구나 설비외의 것(열병합발전설비에 필요한 기구나 설비는 제외한다)을 두어서는 아니된다.

ㄹ 비상전원을 실내에 설치하는 때에는 그 실내에 비상조명등을 설치할 것

⑤ 비상전원은 비상조명등을 20분 이상 유효하게 작동시킬 수 있는 용량으로 할 것. 다만, 다음 각 목의 특정소방대상물의 경우에는 그 부분에서 피난층에 이르는 부분의 비상조명등을 60분 이상 유효하게 작동시킬 수 있는 용량으로 하여야 한다.

ㄱ 지하층을 제외한 층수가 11층 이상의 층

ㄴ 지하층 또는 무창층으로서 용도가 도매시장·소매시장·여객자동차터미널·지하역사 또는 지하상가

2) 휴대용비상조명등 설치기준

① 다음의 장소에 설치할 것

ㄱ 숙박시설 또는 다중이용업소에는 객실 또는 영업장 안의 구획된 실마다 잘 보이는 곳(외부에 설치 시 출입문 손잡이로부터 1m 이내 부분)에 1개 이상 설치

ㄴ 「유통산업발전법」 제2조 제3호에 따른 대규모점포(지하상가 및 지하역사를 제외한다)와 영화상영관에는 보행거리 50m 이내마다 3개 이상 설치

ㄷ 지하상가 및 지하역사에는 보행거리 25m 이내마다 3개 이상 설치

② 설치높이는 바닥으로부터 0.8m 이상 1.5m 이하의 높이에 설치할 것

③ 어둠 속에서 위치를 확인할 수 있도록 할 것

④ 사용 시 자동으로 점등되는 구조일 것

⑤ 외함은 난연성능이 있을 것

⑥ 건전지를 사용하는 경우에는 방전방지조치를 하여야 하고, 충전식 배터리의 경우에는 상시 충전되도록 할 것

⑦ 건전지 및 충전식 배터리의 용량은 20분 이상 유효하게 사용할 수 있는 것으로 할 것

04 설치 제외

① 다음의 어느 하나에 해당하는 경우에는 비상조명등을 설치하지 아니한다.
  ㉠ 거실의 각 부분으로부터 하나의 출입구에 이르는 보행거리가 15m 이내인 부분
  ㉡ 의원 · 경기장 · 공동주택 · 의료시설 · 학교의 거실

② 지상 1층 또는 피난층으로서 복도 · 통로 또는 창문 등의 개구부를 통하여 피난이 용이한 경우 또는 숙박시설로서 복도에 비상조명등을 설치한 경우에는 휴대용 비상조명등을 설치하지 아니할 수 있다.

CHAPTER 25 상수도소화용수설비

01 설치대상

상수도소화용수설비를 설치하여야 하는 특정소방대상물은 다음의 어느 하나와 같다. 다만, 상수도소화용수설비를 설치하여야 하는 특정소방대상물의 대지 경계선으로부터 180m 이내에 지름 75mm 이상인 상수도용 배수관이 설치되지 않은 지역의 경우에는 화재 안전기준에 따른 소화수조 또는 저수조를 설치하여야 한다.

① 연면적 5천 m² 이상인 것. 다만, 위험물 저장 및 처리 시설 중 가스시설, 지하가 중 터널 또는 지하구의 경우에는 그러하지 아니하다.

② 가스시설로서 지상에 노출된 탱크의 저장용량의 합계가 100톤 이상인 것

02 용어의 정의

① "호칭지름"이라 함은 일반적으로 표기하는 배관의 직경을 말한다.

② "수평투영면"이라 함은 건축물을 수평으로 투영하였을 경우의 면을 말한다.

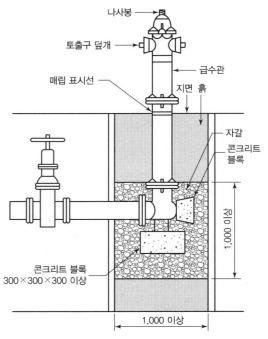

03 설치기준

상수도 소화용수설비는 수도법의 규정에 따른 기준 외에 다음 기준에 따라 설치하여야 한다.

① 호칭지름 75mm 이상의 수도배관에 호칭지름 100mm 이상의 소화전을 접속할 것

② ①의 규정에 따른 소화전은 소방자동차 등의 진입이 쉬운 도로변 또는 공지에 설치할 것

③ ①의 규정에 따른 소화전은 소방대상물의 수평투영면의 각 부분으로부터 140m 이하가 되도록 설치할 것

CHAPTER 26 소화수조 및 저수조설비

01 설치대상

상수도소화용수설비를 설치하여야 하는 특정소방대상물은 다음의 어느 하나와 같다. 다만, 상수도소화용수설비를 설치하여야 하는 특정소방대상물의 대지 경계선으로부터 180m 이내에 지름 75mm 이상인 상수도용 배수관이 설치되지 않은 지역의 경우에는 화재안전기준에 따른 소화수조 또는 저수조를 설치하여야 한다.

① 연면적 5천 m² 이상인 것. 다만, 위험물 저장 및 처리 시설 중 가스시설, 지하가 중 터널 또는 지하구의 경우에는 그러하지 아니하다.

② 가스시설로서 지상에 노출된 탱크의 저장용량의 합계가 100톤 이상인 것

02 용어의 정의

① "소화수조 또는 저수조"라 함은 수조를 설치하고 여기에 소화에 필요한 물을 항시 채워두는 것을 말한다.

② "채수구"라 함은 소방차의 소방호스와 접결되는 흡입구를 말한다.

03 소화수조 등

① 소화수조, 저수조의 채수구 또는 흡수관투입구는 소방차가 2m 이내의 지점까지 접근할 수 있는 위치에 설치하여야 한다.

② 소화수조 또는 저수조의 저수량은 소방대상물의 연면적을 다음 표에 따른 기준면적으로 나누어 얻은 수(소수점 이하의 수는 1로 본다)에 20m³를 곱한 양 이상이 되도록 하여야 한다.

소방대상물의 구분	면적
1층 및 2층의 바닥면적 합계가 15,000m² 이상인 소방대상물	7,500m²
그 밖의 소방대상물	12,500m²

③ 소화수조 또는 저수조는 다음의 기준에 따라 흡수관투입구 또는 채수구를 설치하여야 한다.

  ㉠ 지하에 설치하는 소화용수설비의 흡수관투입구는 그 한 변이 0.6m 이상이거나 직경이 0.6m 이상인 것으로 하고, 소요수량이 80m³ 미만인 것에는 1개 이상, 80m³ 이상인 것에는 2개 이상을 설치하여야 하며, "흡수관투입구"라고 표시한 표지를 할 것

  ㉡ 소화용수설비에 설치하는 채수구는 다음의 기준에 따라 설치할 것

   • 채수구는 다음 표에 따라 소방용 호스 또는 소방용 흡수관에 사용하는 구경 65mm 이상의 나사식 결합 금속구를 설치할 것

소요수량	20m³ 이상 40m³ 미만	40m³ 이상 100m³ 미만	100m³ 이상
채수구의 수	1개	2개	3개

   • 채수구는 지면으로부터의 높이가 0.5m 이상, 1m 이하의 위치에 설치하고 "채수구"라고 표시한 표지를 할 것

④ 소화용수설비를 설치하여야 할 소방대상물에 유수의 양이 0.8m³/min 이상인 유수를 사용할 수 있는 경우에는 소화수조를 설치하지 아니할 수 있다.

04 가압송수장치

① 소화수조 또는 저수조가 지표면으로부터의 깊이(수조 내부바닥까지의 길이를 말한다)가 4.5m 이상인 지하에 있는 경우에는 다음 표에 따라 가압송수장치를 설치하여야 한다. 다만, 규정에 따른 저수량을 지표면으로부터 4.5m 이하인 지하에서 확보할 수 있는 경우에는 소화수조 또는 저수조의 지표면으로부터의 깊이에 관계없이 가압송수장치를 설치하지 아니할 수 있다.

소요수량	20m³ 이상 40m³ 미만	40m³ 이상 100m³ 미만	100m³ 이상
기압송수장치의 1분당 양수량	1,100l 이상	2,200l 이상	3,300l 이상

② 소화수조가 옥상 또는 옥탑의 부분에 설치된 경우에는 지상에 설치된 채수구에서의 압력이 0.15MPa 이상이 되도록 하여야 한다.

③ 전동기 또는 내연기관에 따른 펌프를 이용하는 가압송수장치는 다음의 기준에 따라 설치하여야 한다.

  ㉠ 기동장치로는 보호판을 부착한 기동스위치를 채수구 직근에 설치할 것

  ㉡ 그 밖의 사항은 옥내소화전과 동일

CHAPTER 27 제연설비

01 설치대상

① 문화 및 집회시설, 종교시설, 운동시설로서 무대부의 바닥면적이 200m² 이상 또는 문화 및 집회 시설 중 영화상영관으로서 수용인원 100명 이상인 것

② 지하층이나 무창층에 설치된 근린생활시설, 판매시설, 운수시설, 숙박시설, 위락시설 또는 창고 시설(물류터미널만 해당한다)로서 해당 용도로 사용되는 바닥면적의 합계가 1천 m² 이상인 것

③ 운수시설 중 시외버스정류장, 철도 및 도시철도 시설, 공항시설 및 항만시설의 대합실 또는 휴게 시설로서 지하층 또는 무창층의 바닥면적이 1천 m² 이상인 것

④ 지하가(터널은 제외한다)로서 연면적 1천 m² 이상인 것

⑤ 지하가 중 예상 교통량, 경사도 등 터널의 특성을 고려하여 행정안전부령으로 정하는 위험등급 이상에 해당하는 터널

⑥ 특정소방대상물(갓복도형 아파트는 제외한다)에 부설된 특별피난계단 또는 비상용 승강기의 승강장

02 용어의 정의

① "제연구역"이라 함은 제연경계(제연설비의 일부인 천장을 포함한다)에 의해 구획된 건물 내의 공간을 말한다.

② "예상제연구역"이라 함은 화재발생 시 연기의 제어가 요구되는 제연구역을 말한다.

③ "제연경계의 폭"이라 함은 제연경계의 천장 또는 반자로부터 그 수직하단까지의 거리를 말한다.

④ "수직거리"라 함은 제연경계의 바닥으로부터 그 수직하단까지의 거리를 말한다.

⑤ "공동예상제연구역"이라 함은 2개 이상의 예상제연구역을 말한다.

⑥ "방화문"이라 함은 건축법 시행령 제64조의 규정에 따른 60분+, 60분 방화문 또는 30분 방화문으로서 언제나 닫힌 상태를 유지하거나 화재로 인한 연기의 발생 또는 온도의 상승에 따라 자동적으로 닫히는 구조를 말한다.

⑦ "유입풍도"라 함은 예상제연구역으로 공기를 유입하도록 하는 풍도를 말한다.

⑧ "배출풍도"라 함은 예상제연구역의 공기를 외부로 배출하도록 하는 풍도를 말한다.

03 제연설비의 제연구역

① **제연구역의 구획기준**

ㄱ 하나의 제연구역의 면적은 1,000m² 이내로 할 것

ㄴ 거실과 통로는 상호 제연구획할 것

ㄷ 통로상의 제연구역은 보행중심선의 길이가 60m를 초과하지 아니할 것

ㄹ 하나의 제연구역은 직경 60m 원 내에 들어갈 수 있을 것

ㅁ 하나의 제연구역은 2개 이상 층에 미치지 아니하도록 할 것. 다만, 층의 구분이 불분
명한 부분은 그 부분을 다른 부분과 별도로 제연구획하여야 한다.

② 제연구역의 구획은 보ㆍ제연경계벽(이하 "제연경계"라 한다) 및 벽(화재 시 자동으로
구획되는 가동벽ㆍ셔터ㆍ방화문을 포함한다. 이하 같다)으로 하되, 다음의 기준에 적
합하여야 한다.

ㄱ 재질은 내화재료, 불연재료 또는 제연경계벽으로 성능을 인정받은 것으로서 화재
시 쉽게 변형ㆍ파괴되지 아니하고 연기가 누설되지 않는 기밀성 있는 재료로 할 것

ㄴ 제연경계는 제연경계의 폭이 0.6m 이상이고, 수직거리는 2m 이내이어야 한다. 다
만, 구조상 불가피한 경우는 2m를 초과할 수 있다.

ㄷ 제연경계벽은 배연 시 기류에 따라 그 하단이 쉽게 흔들리지 아니하여야 하며, 또한
가동식의 경우에는 급속히 하강하여 인명에 위해를 주지 아니하는 구조일 것

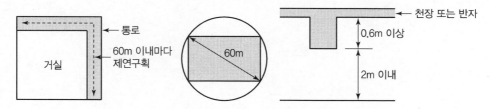

04 제연설비 주요 설치기준

① 배출구 설치기준
예상 제연구역의 각 부분으로부터 하나의 배출구까지의 수평거리는 10m 이내가 되도
록 한다.

② 공기유입방식 및 유입구 설치기준

예상제연구역에 공기가 유입되는 순간의 풍속은 초속 5m 이하가 되도록 한다. 유입구 구조는 공기를 하향 60° 이내로 분출할 수 있도록 하여야 한다.

③ 배출풍도(＝배출 덕트) 설치기준

배출기의 흡입 측 풍도 안의 풍속은 15m/s 이하로 하고, 배출 측 풍속은 20m/s 이하로 한다.

④ 유입풍도 설치기준

유입풍도 안의 풍속은 20m/s 이하로 한다.

CHAPTER 28 특별피난계단의 계단실 및 부속실 · 비상용 승강기 승강장 제연설비

01 설치대상

특정소방대상물(갓복도형 아파트는 제외한다)에 부설된 특별피난계단 또는 비상용 승강기의 승강장

▼ 제연설비 설치대상

적용대상	관련 법률
특정소방대상물(갓복도형 아파트 제외)에 부설된 특별피난계단 비상용승강기 승강장	「화재예방, 소방시설 설치 · 유지 및 안전관리에 관한 법률 시행령」 별표 5
• 특별피난계단장치 : 지상 11층 이상, 지하 3층 이하 16층 이상 공동주택 • 비상용승강기 : 높이 31m 이상, 10층 이상 공동주택	「건축법」 제64조 「건축법 시행령」 제35조 「주택건설기준 등에 관한 규정」 제15조 제2항

∥ Reference ∥ **건축법 시행령 제35조**

① 법 제49조 제1항에 따라 5층 이상 또는 지하 2층 이하인 층에 설치하는 직통계단은 국토교통부령으로 정하는 기준에 따라 피난계단 또는 특별피난계단으로 설치하여야 한다. 다만, 건축물의 주요구조부가 내화구조 또는 불연재료로 되어 있는 경우로서 다음 각 호의 어느 하나에 해당하는 경우에는 그러하지 아니하다.
1. 5층 이상인 층의 바닥면적의 합계가 200제곱미터 이하인 경우
2. 5층 이상인 층의 바닥면적 200제곱미터 이내마다 방화구획이 되어 있는 경우
② 건축물(갓복도식 공동주택은 제외한다)의 11층(공동주택의 경우에는 16층) 이상인 층(바닥면적이 400제곱미터 미만인 층은 제외한다) 또는 지하 3층 이하인 층(바닥면적이 400제곱미터 미만인 층은 제외한다)으로부터 피난층 또는 지상으로 통하는 직통계단은 제1항에도 불구하고 특별피난계단으로 설치하여야 한다.
③ 제1항에서 판매시설의 용도로 쓰는 층으로부터의 직통계단은 그중 1개소 이상을 특별피난계단으로 설치하여야 한다.
④ 건축물의 5층 이상인 층으로서 문화 및 집회시설 중 전시장 또는 동 · 식물원, 판매시설, 운수시설(여객용 시설만 해당한다), 운동시설, 위락시설, 관광휴게시설(다중이 이용하는 시설만 해당한다) 또는 수련시설 중 생활권 수련시설의 용도로 쓰는 층에는 제34조에 따른 직통계 외에 그 층의 해당 용도로 쓰는 바닥면적의 합계가 2천 제곱미터를 넘는 경우에는 그 넘는 2천 제곱미터 이내마다 1개소의 피난계단 또는 특별피난계단(4층 이하의 층에는 쓰지 아니하는 피난계단 또는 특별피난계단만 해당한다)을 설치하여야 한다.

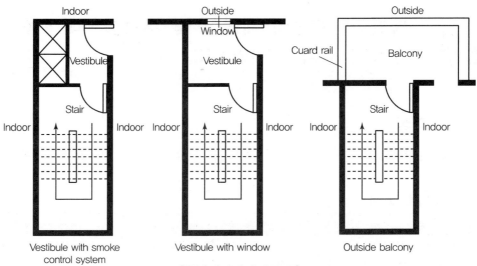

[특별피난계단의 종류]

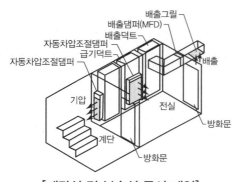

[계단실 및 부속실 동시 제연]

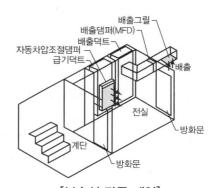

[부속실 단독 제연]

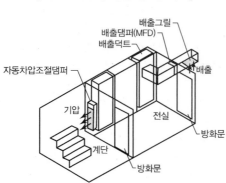

[계단실 단독 제연]

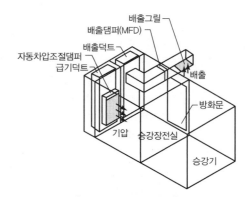

[승강장 단독 제연]

02 제연구역의 선정

① 계단실 및 그 부속실을 동시에 제연하는 것
② 부속실만을 단독으로 제연하는 것
③ 계단실 단독 제연하는 것
④ 비상용 승강기 승강장 단독 제연하는 것

03 제연설비의 설치기준

1) 차압등

① 제연구역과 옥내와의 사이에 유지하여야 하는 최소차압은 40Pa(옥내에 스프링클러 설비가 설치된 경우에는 12.5Pa) 이상으로 하여야 한다.
② 제연설비가 가동되었을 경우 출입문의 개방에 필요한 힘은 110N 이하로 하여야 한다.
③ 출입문이 일시적으로 개방되는 경우 개방되지 아니하는 제연구역과 옥내와의 차압은 ①의 기준에 따른 차압의 70% 미만이 되어서는 아니 된다.
④ 계단실과 부속실을 동시에 제연하는 경우 부속실의 기압은 계단실과 같게 하거나 계단실의 기압보다 낮게 할 경우에는 부속실과 계단실의 압력 차이는 5Pa 이하가 되도록 하여야 한다.

2) 급기송풍기

① 송풍기의 송풍능력은 송풍기가 담당하는 제연구역에 대한 급기량의 1.15배 이상으로 할 것
② 송풍기에는 풍량조절장치를 설치하여 풍량조절을 할 수 있도록 할 것
③ 송풍기에는 풍량 및 풍량을 실측할 수 있는 유효한 조치를 할 것
④ 송풍기는 인접장소의 화재로부터 영향을 받지 아니하고 접근 및 점검이 용이한 곳에 설치할 것
⑤ 송풍기는 옥내 화재감지기의 동작에 따라 작동하도록 할 것
⑥ 송풍기와 연결되는 캔버스는 내열성(석면재료를 제외한다)이 있는 것으로 할 것

3) 수동기동장치

① 배출댐퍼 및 개폐기의 직근과 제연구역에는 다음의 기준에 따른 장치의 작동을 위하여 전용의 수동기동장치를 설치하여야 한다. 다만, 계단실 및 그 부속실을 동시에 제연하는 제연구역에는 그 부속실에만 설치할 수 있다.

ㄱ 전 층의 제연구역에 설치된 급기댐퍼의 개방

ㄴ 당해 층의 배출댐퍼 또는 개폐기의 개방

ㄷ 급기송풍기 및 유입공기의 배출용 송풍기의 작동

ㄹ 개방·고정된 모든 출입문(제연구역과 옥내 사이의 출입문에 한한다)의 개폐장치의 작동

② 수동기동장치는 옥내에 설치된 수동발신기의 조작에 의해서도 작동될 수 있도록 할 것

CHAPTER

29 연결송수관설비

01 설치대상

① 층수가 5층 이상으로서 연면적 6천 m² 이상인 것
② ①에 해당하지 않는 특정소방대상물로서 지하층을 포함하는 층수가 7층 이상인 것
③ ① 및 ②에 해당하지 않는 특정소방대상물로서 지하층의 층수가 3층 이상이고 지하층의 바닥면적의 합계가 1천 m² 이상인 것
④ 지하가 중 터널로서 길이가 1천 m 이상인 것

02 계통도

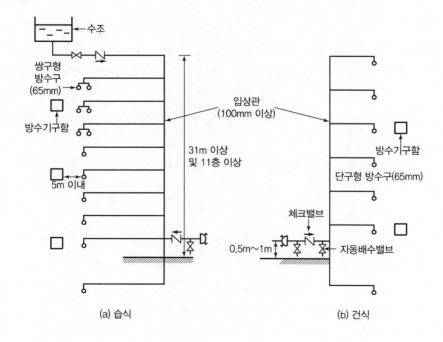

(a) 습식   (b) 건식

03 용어의 정의

① "송수구"라 함은 소화설비에 소화용수를 보급하기 위하여 건물 외벽 또는 구조물의 외벽에 설치하는 관을 말한다.

② "방수구"라 함은 소화설비로부터 소화용수를 방수하기 위하여 건물내벽 또는 구조물의 외벽에 설치하는 관을 말한다.

04 설치기준

1) 송수구

① 소방차가 쉽게 접근할 수 있고 잘 보이는 장소에 설치할 것

② 지면으로부터 높이가 0.5m 이상, 1m 이하의 위치에 설치할 것

③ 송수구는 화재층으로부터 지면으로 떨어지는 유리창 등이 송수 및 그 밖의 소화작업에 지장을 주지 아니하는 장소에 설치할 것

④ 송수구로부터 연결송수관설비의 주배관에 이르는 연결배관에 개폐밸브를 설치한 때에는 그 개폐상태를 쉽게 확인 및 조작할 수 있는 옥외 또는 기계실 등의 장소에 설치할 것. 이 경우 개폐밸브에는 그 밸브의 개폐상태를 감시제어반에서 확인할 수 있도록 급수개폐밸브 작동표시 스위치를 다음 기준에 따라 설치하여야 한다.

  ㉠ 급수개폐밸브가 잠길 경우 탬퍼 스위치의 동작으로 인하여 감시제어반 또는 수신기에 표시되어야 하며 경보음을 발할 것

  ㉡ 탬퍼 스위치는 감시제어반 또는 수신기에서 동작의 유무확인과 동작시험, 도통시험을 할 수 있을 것

  ㉢ 급수개폐밸브의 작동표시 스위치에 사용되는 전기배선은 내화전선 또는 내열전선으로 설치할 것

⑤ 구경 65mm의 쌍구형으로 할 것

⑥ 송수구에는 그 가까운 곳의 보기 쉬운 곳에 송수압력범위를 표시한 표지를 할 것

⑦ 송수구는 연결송수관의 수직배관마다 1개 이상을 설치할 것. 다만, 하나의 건축물에 설치된 각 수직배관이 중간에 개폐밸브가 설치되지 아니한 배관으로 상호 연결되어 있는 경우에는 건축물마다 1개씩 설치할 수 있다.

⑧ 송수구의 부근에는 자동배수밸브 및 체크밸브를 다음의 기준에 따라 설치할 것. 이 경우 자동배수밸브는 배관 안의 물이 잘 빠질 수 있는 위치에 설치하되 배수로 인하여 다른 물건이나 장소에 피해를 주지 아니하여야 한다.

ⓐ 습식의 경우에는 송수구 · 자동배수밸브 · 체크밸브의 순으로 설치할 것

ⓑ 건식의 경우에는 송수구 · 자동배수밸브 · 체크밸브 · 자동배수밸브의 순으로 설치할 것

⑨ 송수구에는 가까운 곳의 보기 쉬운 곳에 "연결송수관설비송수구"라고 표시한 표지를 설치할 것

⑩ 송수구에는 이물질을 막기 위한 마개를 씌울 것

2) 배관 등

① 배관은 다음의 기준에 따라 설치하여야 한다.

ⓐ 주배관의 구경은 100mm 이상의 것으로 할 것

ⓑ 지면으로부터의 높이가 31m 이상인 특정소방대상물 또는 지상 11층 이상인 특정소방대상물에는 습식설비로 할 것

② 연결송수관설비의 배관은 주배관의 구경이 100mm 이상인 옥내소화전설비 · 스프링클러 설비 또는 물분무 등 소화설비의 배관과 겸용할 수 있다. 다만, 층수가 30층 이상의 특정소방대상물은 스프링클러설비의 배관과 겸용할 수 없다.

③ 연결송수관설비의 수직배관은 내화구조로 구획된 계단실(부속실을 포함한다.) 또는 파이프덕트 등 화재의 우려가 없는 장소에 설치하여야 한다. 다만, 학교 또는 공장이거나 배관주위를 1시간 이상의 내화성능이 있는 재료로 보호하는 경우에는 그러하지 아니하다.

④ 기타 배관 규정은 옥내소화전 배관 규정과 동일하다.

3) 방수구

① 연결송수관설비의 방수구는 그 소방대상물의 층마다 설치할 것

> **Check Point 방수구를 설치하지 않아도 되는 층**
>
> ① 아파트의 1층 및 2층
> ② 소방차의 접근이 가능하고 소방대원이 소방차로부터 각 부분에 쉽게 도달할 수 있는 피난층
> ③ 송수구가 부설된 옥내소화전을 설치한 소방대상물로서 다음에 해당하는 층
> · 지하층을 제외한 층수가 4층 이하이고 연면적이 6,000m² 미만인 소방대상물의 지상층
> · 지하층의 층수가 2 이하인 소방대상물의 지하층

② 방수구는 아파트 또는 바닥면적이 1,000m² 미만인 층에는 계단으로부터 5m 이내에, 바닥면적 1,000m² 이상인 층에는 각 계단으로부터 5m 이내에 설치할 것

③ 각 부분으로부터 방수구까지의 수평거리

      ⊙ 지하가 또는 지하층의 바닥면적의 합계가 3,000m² 이상인 것 : 25m

      ⓒ ⊙에 해당하지 아니하는 것 : 50m

④ 11층 이상의 부분에 설치하는 방수구는 쌍구형으로 할 것

Check Point   **11층 이상인 층 중 단구형 방수구를 설치할 수 있는 경우**

• 아파트의 용도로 사용되는 층
• 스프링클러설비가 유효하게 설치되어 있고 방수구가 2개소 이상 설치된 층

⑤ 방수구의 호스접결구는 바닥으로부터 높이 0.5m 이상, 1m 이하의 위치에 설치할 것

⑥ 방수구는 연결송수관설비의 전용방수구 또는 옥내소화전방수구로서 구경 65mm의 것으로 설치할 것

⑦ 방수구의 위치표시는 표시등 또는 축광식표지로 하되 다음의 기준에 따라 설치할 것

      ⊙ 표시등을 설치하는 경우에는 함의 상부에 설치하되 그 불빛은 부착면으로부터 15° 이상의 범위 안에서 부착지점으로부터 10m 이내의 어느 곳에서도 쉽게 식별할 수 있는 적색등으로 할 것[표시등의 성능인증 및 제품검사의 기술기준]

      ⓒ ⊙의 규정에 따른 적색등은 사용전압의 130%인 전압을 24시간 연속하여 가하는 경우에도 단선, 현저한 광속변화, 전류변화 등의 현상이 발생되지 아니할 것

      ⓒ 축광식 표지를 설치하는 경우에는 「축광표지의 성능인증 및 제품검사의 기술기준」에 적합할 것

⑧ 방수구는 개폐기능을 가진 것으로 설치하여야 하며, 평상시 닫힌 상태를 유지할 것

4) 방수기구함

연결송수관설비의 방수용기구함을 다음의 기준에 따라 설치하여야 한다.

① 방수기구함은 피난층과 가장 가까운 층을 기준으로 3개 층마다 설치하되, 그 층의 방수구마다 보행거리 5m 이내에 설치할 것

② 방수기구함에는 길이 15m의 호스와 방사형 관창을 다음의 기준에 따라 비치할 것

      ⊙ 호스는 방수구에 연결하였을 때 그 방수구가 담당하는 구역의 각 부분에 유효하게 물이 뿌려질 수 있는 개수 이상을 비치할 것. 이 경우 쌍구형 방수구는 단구형 방수구의 2배 이상의 개수를 설치하여야 한다.

      ⓒ 방사형 관창은 단구형 방수구의 경우에는 1개, 쌍구형 방수구의 경우에는 2개 이상 비치할 것

③ 방수기구함에는 "방수기구함"이라고 표시한 축광식 표지를 할 것

5) 가압송수장치

지표면에서 최상층 방수구의 높이가 70m 이상의 소방대상물에는 다음의 기준에 따라 연결송수관설비의 가압송수장치를 설치하여야 한다.

① 펌프의 토출량은 다음 기준에 적합할 것

대상물의 층당 방수구	1~3개	4개	5개 이상
일반 대상물	2,400*l*/min 이상	3,200*l*/min 이상	4,000*l*/min 이상
계단실형 아파트	1,200*l*/min 이상	1,600*l*/min 이상	2,000*l*/min 이상

② 펌프의 양정은 최상층에 설치된 노즐선단의 압력이 0.35MPa 이상의 압력이 되도록 할 것

③ 가압송수장치는 방수구가 개방될 때 자동으로 기동되거나 또는 수동스위치의 조작에 따라 기동되도록 할 것. 이 경우 수동스위치는 2개 이상을 설치하되, 그중 1개는 다음의 기준에 따라 송수구의 부근에 설치하여야 한다.

㉠ 송수구로부터 5m 이내의 보기 쉬운 장소에 바닥으로부터 높이 0.8m 이상, 1.5m 이하로 설치할 것

㉡ 1.5mm 이상의 강판함에 수납하여 설치할 것. 이 경우 문짝은 불연재료로 설치할 수 있다.

㉢ 접지하고 빗물 등이 들어가지 아니하는 구조로 할 것

④ 그 밖의 사항은 옥내소화전과 동일

CHAPTER
30 연결살수설비

01 설치대상

① 판매시설, 운수시설, 창고시설 중 물류터미널로서 해당 용도로 사용되는 부분의 바닥면
적의 합계가 1천 m² 이상인 것

② 지하층(피난층으로 주된 출입구가 도로와 접한 경우는 제외한다)으로서 바닥면적의 합
계가 150m² 이상인 것. 다만, 「주택법 시행령」 제21조 제4항에 따른 국민주택규모 이
하인 아파트의 지하층(대피시설로 사용하는 것만 해당한다)과 교육연구시설 중 학교의
지하층의 경우에는 700m² 이상인 것으로 한다.

③ 가스시설 중 지상에 노출된 탱크의 용량이 30톤 이상인 탱크시설

④ ① 및 ②의 특정소방대상물에 부속된 연결통로

02 계통도

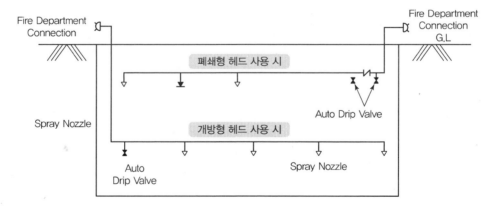

03 설치기준

1) 송수구 등

① 송수구의 설치기준

㉠ 소방차가 쉽게 접근할 수 있고 노출된 장소에 설치할 것. 이 경우 가연성 가스의

저장·취급시설에 설치하는 연결살수설비의 송수구는 그 방호대상물로부터 20m 이상의 거리를 두거나 방호대상물에 면하는 부분이 높이 1.5m 이상, 폭 2.5m 이상의 철근콘크리트 벽으로 가려진 장소에 설치하여야 한다.

ⓛ 송수구는 구경 65mm의 쌍구형으로 설치할 것. 다만, 하나의 송수구역에 부착하는 살수헤드의 수가 10개 이하인 것은 단구형으로 할 수 있다.

ⓒ 개방형 헤드를 사용하는 송수구의 호스접결구는 각 송수구역마다 설치할 것. 다만, 송수구역을 선택할 수 있는 선택밸브가 설치되어 있고 각 송수구역의 주요구조부가 내화구조로 되어 있는 경우에는 그러하지 아니하다.

ⓔ 지면으로부터 높이가 0.5m 이상, 1m 이하의 위치에 설치할 것

ⓜ 송수구로부터 주배관에 이르는 연결배관에는 개폐밸브를 설치하지 아니할 것. 다만, 스프링클러설비·물분무소화설비·포소화설비 또는 연결송수관설비의 배관과 겸용하는 경우에는 그러하지 아니하다.

ⓗ 송수구의 부근에는 "연결살수설비송수구"라고 표시한 표지와 송수구역 일람표를 설치할 것

ⓢ 송수구에는 이물질을 막기 위한 마개를 씌워야 한다.

② **연결살수설비의 선택밸브의 설치기준**
ㄱ 화재 시 연소의 우려가 없는 장소로서 조작 및 점검이 쉬운 위치에 설치할 것
ㄴ 자동개방밸브에 따른 선택밸브를 사용하는 경우에는 송수구역에 방수하지 아니하고 자동밸브의 작동시험이 가능하도록 할 것
ㄷ 선택밸브의 부근에는 송수구역 일람표를 설치할 것

③ **송수구의 가까운 부분에 자동배수밸브 및 체크밸브의 설치기준**
ㄱ 폐쇄형 헤드를 사용하는 설비의 경우에는 송수구·자동배수밸브·체크밸브의 순으로 설치할 것
ㄴ 개방형 헤드를 사용하는 설비의 경우에는 송수구·자동배수밸브의 순으로 설치할 것
ㄷ 자동배수밸브는 배관 안의 물이 잘 빠질 수 있는 위치에 설치하되, 배수로 인하여 다른 물건 또는 장소에 피해를 주지 아니할 것

④ 개방형 헤드를 사용하는 연결살수설비에 하나의 송수구역에 설치하는 살수헤드의 수는 10개 이하가 되도록 하여야 한다.

2) 배관 등

① 배관의 구경

㉠ 연결살수설비 전용헤드를 사용하는 경우

하나의 배관에 부착하는 살수헤드의 개수	1개	2개	3개	4개 또는 5개	6개 이상 10개 이하
배관의 구경(mm)	32	40	50	65	80

㉡ 스프링클러헤드를 사용하는 경우   (단위 : mm)

급수관의 직경 / 구분	25	32	40	50	65	80	90	100	125	150
가	2	3	5	10	30	60	80	100	160	161 이상
나	2	4	7	15	30	60	65	100	160	161 이상
다	1	2	5	8	15	27	40	55	90	91 이상

② 폐쇄형 헤드를 사용하는 연결살수설비의 주배관은 옥내소화전설비의 주배관 및 수도 배관 또는 옥상에 설치된 수조에 접속하여야 한다. 이 경우 연결살수설비의 주배관과 옥내소화전설비의 주배관·수도배관·옥상에 설치된 수조의 접속부분에는 체크밸 브를 설치하되 점검하기 쉽게 하여야 한다.

③ 폐쇄형 헤드를 사용하는 연결살수설비에는 다음의 기준에 따른 시험배관을 설치하여 야 한다.

㉠ 송수구에서 가장 먼 거리에 위치한 가지배관의 끝으로부터 연결하여 설치할 것

㉡ 시험장치 배관의 구경은 25mm 이상으로 하고, 그 끝에는 물받이통 및 배수관을 설치하여 시험 중 방사된 물이 바닥으로 흘러내리지 아니하도록 할 것. 다만, 목욕 실·화장실 또는 그 밖의 배수처리가 쉬운 장소의 경우에는 물받이통 또는 배수관 을 설치하지 아니할 수 있다.

④ 개방형 헤드를 사용하는 연결살수설비에 수평주행배관은 헤드를 향하여 상향으로 100분의 1 이상의 기울기로 설치하고 주배관 중 낮은 부분에는 자동배수밸브를 설치 하여야 한다.

⑤ 가지배관 또는 교차배관을 설치하는 경우에는 가지배관의 배열은 토너먼트방식이 아니어야 하며, 가지배관은 교차배관 또는 주배관에서 분기되는 지점을 기점으로 한쪽 가지배관에 설치되는 헤드의 개수는 8개 이하로 하여야 한다.

⑥ 습식 연결살수설비의 배관은 동결방지조치를 하거나 동결의 우려가 없는 장소에 설 치하여야 한다.

⑦ 급수배관에 설치되어 급수를 차단할 수 있는 개폐밸브는 개폐표시형으로 하여야 한다. 이 경우 펌프의 흡입 측 배관에는 버터플라이밸브 외의 개폐표시형 밸브를 설치하여야 한다.

⑧ 연결살수설비 교차배관의 위치·청소구 및 가지배관의 설치기준은 다음과 같다.

　㉠ 교차배관은 가지배관과 수평으로 설치하거나 또는 가지배관 밑에 설치하고 그 구경은 ②를 따르되 최소구경이 40mm 이상이 되도록 할 것

　㉡ 폐쇄형 헤드를 사용하는 연결살수설비의 청소구는 주배관 또는 교차배관 끝에 40mm 이상 크기의 개폐밸브를 설치하고, 호스접결이 가능한 나사식 또는 고정 배수 배관식으로 할 것

　㉢ 폐쇄형 헤드를 사용하는 연결살수설비에 하향식 헤드를 설치하는 경우에는 가지배관으로부터 헤드에 이르는 헤드접속배관은 가지관상부에서 분기할 것. 다만, 소화설비용 수원의 수질이 「먹는물관리법」 제5조에 따라 먹는물의 수질기준에 적합하고 덮개가 있는 저수조로부터 물을 공급받는 경우에는 가지배관의 측면 또는 하부에서 분기할 수 있다.

3) 연결살수설비 헤드

(1) 연결살수설비의 헤드는 연결살수설비 전용헤드 또는 스프링클러헤드로 설치하여야 한다.

(2) 연결살수설비 헤드의 설치기준

① 천장 또는 반자의 실내에 면하는 부분에 설치할 것

② 천장 또는 반자의 각 부분으로부터 하나의 살수헤드까지의 수평거리가 연결살수설비 전용헤드의 경우는 3.7m 이하, 스프링클러헤드의 경우는 2.3m 이하로 할 것. 다만, 살수헤드의 부착면과 바닥과의 높이가 2.1m 이하인 부분에는 살수헤드의 살수분포에 따른 거리로 할 수 있다.

(3) 폐쇄형 스프링클러헤드를 설치하는 경우의 설치기준

① 그 설치장소의 평상시 최고 주위온도에 따라 다음 표에 따른 표시온도의 것으로 설치할 것. 다만, 높이가 4m 이상인 공장 및 창고(랙크식 창고를 포함한다)에 설치하는 스프링클러헤드는 그 설치장소의 평상시 최고 주위온도에 관계없이 표시온도 121℃ 이상의 것으로 할 수 있다.

설치장소의 최고 주위온도	표시온도
39℃ 미만	79℃ 미만
39℃ 이상 64℃ 미만	79℃ 이상 212℃ 미만
64℃ 이상 106℃ 미만	121℃ 이상 162℃ 미만
106℃ 이상	162℃ 이상

② 살수가 방해되지 아니하도록 스프링클러헤드로부터 반경 60cm 이상의 공간을 보유할 것. 다만, 벽과 스프링클러헤드 간의 공간은 10cm 이상으로 한다.

③ 스프링클러헤드와 그 부착면(상향식 헤드의 경우에는 그 헤드의 직상부의 천장·반자 또는 이와 비슷한 것을 말한다. 이하 같다)과의 거리는 30cm 이하로 할 것

④ 배관·행거 및 조명기구 등 살수를 방해하는 것이 있는 경우에는 ②의 규정에 불구하고 그로부터 아래에 설치하여 살수에 장애가 없도록 할 것. 다만, 연결살수헤드와 장애물과의 이격거리를 장애물 폭의 3배 이상 확보한 경우에는 그러하지 아니하다.

⑤ 스프링클러헤드의 반사판은 그 부착면과 평행하게 설치할 것

⑥ 천장의 기울기가 10분의 1을 초과하는 경우에는 가지관을 천장의 마루와 평행하게 설치하고, 스프링클러헤드는 다음의 기준에 적합하게 설치할 것

　㉠ 천장의 최상부에 스프링클러헤드를 설치하는 경우에는 최상부에 설치하는 스프링클러헤드의 반사판을 수평으로 설치할 것

　㉡ 천장의 최상부를 중심으로 가지관을 서로 마주보게 설치하는 경우에는 최상부의 가지관 상호 간의 거리가 가지관상의 스프링클러헤드 상호 간의 거리의 2분의 1 이하(최소 1m 이상이 되어야 한다)가 되게 스프링클러헤드를 설치하고, 가지관의 최상부에 설치하는 스프링클러헤드는 천장의 최상부로부터의 수직거리가 90cm 이하가 되도록 할 것. 톱날지붕, 둥근지붕 기타 이와 유사한 지붕의 경우에도 이에 준한다.

⑦ 연소할 우려가 있는 개구부에는 그 상하좌우에 2.5m 간격으로(개구부의 폭이 2.5m 이하인 경우에는 그 중앙에) 스프링클러헤드를 설치하되, 스프링클러헤드와 개구부의 내측면으로부터의 직선거리는 15cm 이하가 되도록 할 것. 이 경우 사람이 상시 출입하는 개구부로서 통행에 지장이 있는 때에는 개구부의 상부 또는 측면(개구부의 폭이 9m 이하인 경우에 한한다)에 설치하되, 헤드 상호 간의 간격은 1.2m 이하로 설치하여야 한다.

⑧ 습식 연결살수설비 외의 설비에는 상향식 스프링클러헤드를 설치할 것. 다만, 다음에 해당하는 경우에는 그러하지 아니하다.

         ㉠ 드라이펜던트 스프링클러헤드를 사용하는 경우

         ㉡ 스프링클러헤드의 설치장소가 동파의 우려가 없는 곳인 경우

         ㉢ 개방형 스프링클러헤드를 사용하는 경우

    ⑨ 측벽형 스프링클러헤드를 설치하는 경우 긴 변의 한쪽 벽에 일렬로 설치(폭이 4.5m 이상 9m 이하인 실에는 긴 변의 양쪽에 각각 일렬로 설치하되 마주보는 스프링클러헤드가 나란하도록 설치)하고 3.6m 이내마다 설치할 것

④ **가연성 가스의 저장·취급시설에 설치하는 연결살수설비 헤드의 설치기준**

    ㉠ 연결살수설비 전용의 개방형 헤드를 설치할 것

    ㉡ 가스저장탱크·가스홀더 및 가스발생기의 주위에 설치하되, 헤드 상호 간의 거리는 3.7m 이하로 할 것

    ㉢ 헤드의 살수범위는 가스저장탱크·가스홀더 및 가스발생기의 몸체의 중간 윗부분의 모든 부분이 포함되도록 하여야 하고 살수된 물이 흘러내리면서 살수범위에 포함되지 아니한 부분에도 모두 적셔질 수 있도록 할 것

CHAPTER 31 비상콘센트설비

01 설치대상

① 층수가 11층 이상인 특정소방대상물의 경우에는 11층 이상의 층
② 지하층의 층수가 3층 이상이고 지하층의 바닥면적의 합계가 1천 m² 이상인 것은 지하층의 모든 층
③ 지하가 중 터널로서 길이가 5백 m 이상인 것

02 용어의 정의

① "저압"이란 직류는 750V 이하, 교류는 600V 이하인 것을 말한다.
② "고압"이란 직류는 750V를, 교류는 600V를 초과하고 7kV 이하인 것을 말한다.
③ "특고압"이란 7kV를 초과하는 것을 말한다.

03 설치기준

1) 전원 및 콘센트 등

(1) 전원의 기준

① 상용전원회로의 배선은 저압수전인 경우에는 인입개폐기의 직후에서, 특고압수전 또는 고압수전인 경우에는 전력용 변압기 2차 측의 주차단기 1차 측 또는 2차 측에서 분기하여 전용배선으로 할 것

② 지하층을 제외한 층수가 7층 이상으로서 연면적이 2,000m² 이상이거나 지하층의 바닥면적의 합계가 3,000m² 이상인 소방대상물의 비상콘센트설비에는 자가발전설비 또는 비상전원수전설비, 전기저장장치를 비상전원으로 설치할 것. 다만, 2 이상의 변전소에서 전력을 동시에 공급받을 수 있거나 하나의 변전소로부터 전력의 공급이 중단되는 때에는 자동으로 다른 변전소로부터 전력을 공급받을 수 있도록 상용전원을 설치한 경우(2중모선 배전방식의 경우)에는 비상전원을 설

치하지 아니할 수 있다.

③ 위 ②의 규정에 따른 비상전원 중 자가발전설비는 다음의 기준에 따라 설치하고, 비상전원수전설비는 소방시설용 「비상전원수전설비의 화재안전기준(NFSC 602)」에 따라 설치할 것

　ㄱ 점검에 편리하고 화재 및 침수 등의 재해로 인한 피해를 받을 우려가 없는 곳에 설치할 것

　ㄴ 비상콘센트설비를 유효하게 20분 이상 작동시킬 수 있는 용량으로 할 것

　ㄷ 상용전원으로부터 전력의 공급이 중단된 때에는 자동으로 비상전원으로부터 전력을 공급받을 수 있도록 할 것

　ㄹ 비상전원의 설치장소는 다른 장소와 방화구획할 것

　ㅁ 비상전원을 실내에 설치하는 때에는 그 실내에 비상조명등을 설치할 것

(2) 전원회로(비상콘센트에 전력을 공급하는 회로)의 기준

① 비상콘센트설비의 전원회로는 단상교류 220V인 것으로서, 그 공급용량은 1.5kVA이상인 것으로 할 것

② 전원회로는 각 층에 있어서 2 이상이 되도록 설치할 것. 다만, 설치하여야 할 층의 비상콘센트가 1개인 때에는 하나의 회로로 할 수 있다.

③ 전원회로는 주배전반에서 전용회로로 할 것. 다만, 다른 설비 회로의 사고에 따른 영향을 받지 아니하도록 되어 있는 것에는 그러하지 아니하다.

④ 전원으로부터 각 층의 비상콘센트에 분기되는 경우에는 분기배선용 차단기를 보호함 안에 설치할 것

⑤ 콘센트마다 배선용 차단기를 설치하여야 하며, 충전부가 노출되지 아니하도록 할 것

⑥ 개폐기에는 "비상콘센트"라고 표시한 표지를 할 것

⑦ 비상콘센트용 풀박스 등은 방청도장을 한 것으로서, 두께 1.6mm 이상의 철판으로 할 것

⑧ 하나의 전용회로에 설치하는 비상콘센트는 10개 이하로 할 것. 이 경우 전선의 용량은 각 비상콘센트(비상콘센트가 3개 이상인 경우에는 3개)의 공급용량을 합한 용량 이상의 것으로 하여야 한다.

(3) 플러그(Plug)접속기 : 접지형 2극 플러그접속기(KS C 8305)를 사용할 것

(4) 접지공사 : 플러그접속기 칼받이의 접지극에는 접지공사(제3종)를 할 것

(5) 비상콘센트의 설치기준

① 층수가 11층 이상의 각 층마다 설치할 것

② 바닥으로부터 높이 0.8m 이상 1.5m 이하의 위치에 설치할 것

③ 비상콘센트의 배치는 아파트 또는 바닥면적이 1,000m² 미만인 층에는 계단의 출입구(계단의 부속실을 포함하며 계단이 2 이상 있는 경우에는 그중 1개의 계단)로부터 5m 이내에, 바닥면적 1,000m² 이상인 층(아파트는 제외)에는 각 계단의 출입구 또는 계단부속실의 출입구(계단의 부속실을 포함하며 계단이 3 이상 있는 층의 경우에는 그 중 2개의 계단)로부터 5m 이내에 설치하되, 그 비상콘센트로부터 그 층의 각 부분까지의 거리가 다음의 기준을 초과하는 경우에는 그 기준 이하가 되도록 비상콘센트를 추가하여 설치할 것

㉠ 지하상가 또는 지하층의 바닥면적의 합계가 3,000m² 이상인 것은 수평거리 25m

㉡ 그 밖의 것은 수평거리 50m

㉢ 터널은 주행방향의 측벽길이 50m

(6) 절연저항 및 절연내력의 적합기준

① 절연저항 : 전원부와 외함 사이를 500V 절연저항계로 측정할 때 20MΩ 이상일 것

② 절연내력 : 전원부와 외함 사이에 다음과 같이 실효전압을 가하는 시험에서 1분 이상 견디는 것일 것

㉠ 정격전압이 150V 이하인 경우 : 1,000V의 실효전압을 인가

㉡ 정격전압이 150V 초과인 경우 : (정격전압×2)＋1,000V의 실효전압을 인가

2) 보호함의 기준

① 보호함에는 쉽게 개폐할 수 있는 문을 설치할 것

② 보호함 표면에 "비상콘센트"라고 표시한 표지를 할 것

③ 보호함 상부에 적색의 표시등을 설치할 것(다만, 비상콘센트의 보호함을 옥내소화전함 등과 접속하여 설치하는 경우에는 옥내소화전함 등의 표시등과 겸용)

CHAPTER 32 무선통신보조설비

01 설치대상

① 지하가(터널은 제외한다)로서 연면적 1천 m² 이상인 것
② 지하층의 바닥면적의 합계가 3천 m² 이상인 것 또는 지하층의 층수가 3층 이상이고 지하층의 바닥면적의 합계가 1천 m² 이상인 것은 지하층의 모든 층
③ 지하가 중 터널로서 길이가 5백 m 이상인 것
④ 「국토의 계획 및 이용에 관한 법률」 제2조 제9호에 따른 공동구
⑤ 층수가 30층 이상인 것으로서 16층 이상 부분의 모든 층

02 종류 및 통신원리

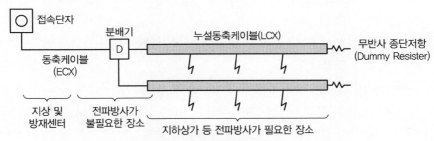

[누설동축케이블 방식]

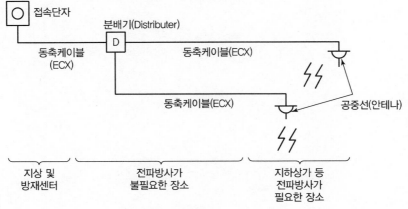

[안테나 방식]

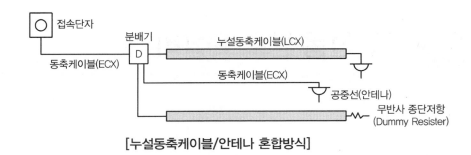

[누설동축케이블/안테나 혼합방식]

03 용어정의

① "누설동축케이블"이란 동축케이블의 외부도체에 가느다란 홈을 만들어서 전파가 외부로 새어나갈 수 있도록 한 케이블을 말한다.

② "분배기"란 신호의 전송로가 분기되는 장소에 설치하는 것으로 임피던스 매칭(Matching)과 신호 균등분배를 위해 사용하는 장치를 말한다.

③ "분파기"란 서로 다른 주파수의 합성된 신호를 분리하기 위해서 사용하는 장치를 말한다.

④ "혼합기"란 두 개 이상의 입력신호를 원하는 비율로 조합한 출력이 발생하도록 하는 장치를 말한다.

⑤ "증폭기"란 신호 전송 시 신호가 약해져 수신이 불가능해지는 것을 방지하기 위해서 증폭하는 장치를 말한다.

⑥ "무선중계기"란 안테나를 통하여 수신된 무전기 신호를 증폭한 후 음영지역에 재방사하여 무전기 상호 간 송수신이 가능하도록 하는 장치를 말한다.〈신설 2021. 3. 25.〉

⑦ "옥외안테나"란 감시제어반 등에 설치된 무선중계기의 입력과 출력포트에 연결되어 송수신 신호를 원활하게 방사·수신하기 위해 옥외에 설치하는 장치를 말한다.〈신설 2021. 3. 25.〉

04 설치기준

1) 설치 제외

지하층으로서 소방대상물의 바닥부분 2면 이상이 지표면과 동일하거나 지표면으로부터의 깊이가 1m 이하인 경우에는 해당 층에 한하여 무선통신보조설비를 설치하지 아니할 수 있다.

2) 누설동축케이블 등의 설치기준

① **누설동축케이블 등**

　㉠ 소방전용주파수대에서 전파의 전송 또는 복사에 적합한 것으로서 소방전용의 것으로 할 것. 다만, 소방대 상호 간의 무선연락에 지장이 없는 경우에는 다른 용도와 겸용할 수 있다.

　㉡ 누설동축케이블과 이에 접속하는 안테나 또는 동축케이블과 이에 접속하는 안테나에 따른 것으로 할 것

　㉢ 누설동축케이블 및 동축케이블은 불연 또는 난연성의 것으로서 습기에 따라 전기의 특성이 변질되지 아니하는 것으로 하고, 노출하여 설치한 경우에는 피난 및 통행에 장애가 없도록 할 것〈개정 2021.3.25〉

　㉣ 누설동축케이블 및 동축케이블은 화재에 따라 해당 케이블의 피복이 소실된 경우에 케이블 본체가 떨어지지 아니하도록 4m 이내마다 금속제 또는 자기제 등의 지지금구로 벽·천장·기둥 등에 견고하게 고정시킬 것. 다만, 불연재료로 구획된 반자 안에 설치하는 경우에는 그러하지 아니하다.〈개정 2021.3.25.〉

　㉤ 누설동축케이블 및 안테나는 금속판 등에 따라 전파의 복사 또는 특성이 현저하게 저하되지 아니하는 위치에 설치할 것

　㉥ 누설동축케이블 및 안테나는 고압의 전로로부터 1.5m 이상 떨어진 위치에 설치할 것(정전기 차폐장치를 설치한 경우는 제외)

　㉦ 누설동축케이블의 끝부분에는 무반사(Dummy) 종단저항을 견고하게 설치할 것

② **임피던스(Impedance)** : 누설동축케이블 또는 동축케이블의 임피던스는 50Ω으로 하고, 이에 접속하는 안테나·분배기, 기타의 장치는 당해 임피던스에 적합한 것으로 할 것

③ 무선통신보조설비는 다음 각 호의 기준에 따라 설치하여야 한다.〈신설 2021.3.25.〉

　㉠ 누설동축케이블 또는 동축케이블과 이에 접속하는 안테나가 설치된 층은 모든 부분(계단실, 승강기, 별도 구획된 실 포함)에서 유효하게 통신이 가능할 것

　㉡ 옥외안테나와 연결된 무전기와 건축물 내부에 존재하는 무전기 간의 상호통신,

건축물 내부에 존재하는 무전기 간의 상호통신, 옥외 안테나와 연결된 무전기와 방재실 또는 건축물 내부에 존재하는 무전기와 방재실 간의 상호통신이 가능할 것

3) 옥외안테나의 설치기준

① 건축물, 지하가, 터널 또는 공동구의 출입구(「건축법 시행령」 제39조에 따른 출구 또는 이와 유사한 출입구를 말한다) 및 출입구 인근에서 통신이 가능한 장소에 설치할 것

② 다른 용도로 사용되는 안테나로 인한 통신장애가 발생하지 않도록 설치할 것

③ 옥외안테나는 견고하게 설치하며 파손의 우려가 없는 곳에 설치하고 그 가까운 곳의 보기 쉬운 곳에 "무선통신보조설비 안테나"라는 표시와 함께 통신 가능거리를 표시한 표지를 설치할 것

④ 수신기가 설치된 장소 등 사람이 상시 근무하는 장소에는 옥외안테나의 위치가 모두 표시된 옥외안테나 위치표시도를 비치할 것

4) 분배기 · 분파기 및 혼합기 등의 설치기준

① 먼지 · 습기 및 부식 등에 따라 기능에 이상을 가져오지 아니하도록 할 것

② 임피던스는 $50\,\Omega$의 것으로 할 것

③ 점검에 편리하고 화재 등의 재해로 인한 피해의 우려가 없는 장소에 설치할 것

5) 증폭기 및 무선이동중계기의 설치기준

① 전원은 전기가 정상적으로 공급되는 축전지, 전기저장장치 또는 교류전압 옥내간선으로 하고, 전원까지의 배선은 전용으로 할 것

② 증폭기의 전면에는 주회로의 전원이 정상인지의 여부를 표시할 수 있는 표시등 및 전압계를 설치할 것

③ 증폭기에는 비상전원이 부착된 것으로 하고 당해 비상전원 용량은 무선통신보조설비를 유효하게 30분 이상 작동시킬 수 있는 것으로 할 것

④ 증폭기 및 무선중계기를 설치하는 경우에는 「전파법」 제58조의2에 따른 적합성 평가를 받은 제품으로 설치하고 임의로 변경하지 않도록 할 것 〈개정 2021.3.25.〉

⑤ 디지털 방식의 무전기를 사용하는 데 지장이 없도록 설치할 것 〈신설 2021.3.25.〉

CHAPTER 33 도로터널

01 설치대상(터널 길이에 따른 소방시설의 종류)

① 모든 터널

소화기

② 500m 이상

비상경보설비, 시각경보기, 비상조명등설비, 비상콘센트설비, 무선통신보조설비

③ 1,000m 이상

옥내소화전설비, 자동 화재탐지설비, 연결송수관설비

④ 지하가 중 예상 교통량, 경사도 등 터널의 특성을 고려하여 행전안전부령으로 정하는 터널

옥내소화전설비, 물분무소화설비, 제연설비

02 용어 정의

① 도로터널

「도로법」 제8조에서 규정한 도로의 일부로서 자동차의 통행을 위해 지붕이 있는 지하 구조물을 말한다.

② 설계화재강도

터널 화재 시 소화설비 및 제연설비 등의 용량산정을 위해 적용하는 차종별 최대열방출률(MW)을 말한다.

③ 종류환기방식

터널 안의 배기가스와 연기 등을 배출하는 환기설비로서 기류를 종방향(출입구 방향)으로 흐르게 하여 환기하는 방식을 말한다.

④ **횡류환기방식**

터널 안의 배기가스와 연기 등을 배출하는 환기설비로서 기류를 횡방향(바닥에서 천장)으로 흐르게 하여 환기하는 방식을 말한다.

⑤ **반횡류환기방식**

터널 안의 배기가스와 연기 등을 배출하는 환기설비로서 터널에 수직배기구를 설치해서 횡방향과 종방향으로 기류를 흐르게 하여 환기하는 방식을 말한다.

⑥ **양방향터널**

하나의 터널 안에서 차량의 흐름이 서로 마주보게 되는 터널을 말한다.

⑦ **일방향터널**

하나의 터널 안에서 차량의 흐름이 하나의 방향으로만 진행되는 터널을 말한다.

⑧ **연기발생률**

일정한 설계화재강도의 차량에서 단위 시간당 발생하는 연기량을 말한다.

⑨ **피난연결통로**

본선터널과 병설된 상대터널이나 본선터널과 평행한 피난통로를 연결하기 위한 연결통로를 말한다.

⑩ **배기구**

터널 안의 오염공기를 배출하거나 화재 발생 시 연기를 배출하기 위한 개구부를 말한다.

03 소화기 설치기준

① 소화기의 능력단위(「소화기구의 화재안전기준(NFSC101)」 제3조 제6호에 따른 수치를 말한다. 이하 같다)는 A급 화재는 3단위 이상, B급 화재는 5단위 이상 및 C급 화재에 적응성이 있는 것으로 할 것
② 소화기의 총중량은 사용 및 운반이 편리성을 고려하여 7kg 이하로 할 것
③ 소화기는 주행차로의 우측 측벽에 50m 이내의 간격으로 2개 이상을 설치하며, 편도 2차선 이상의 양방향 터널과 4차로 이상의 일방향 터널의 경우에는 양쪽 측벽에 각각 50m 이내의 간격으로 엇갈리게 2개 이상을 설치할 것
④ 바닥면(차로 또는 보행로를 말한다. 이하 같다)으로부터 1.5m 이하의 높이에 설치할 것
⑤ 소화기구함의 상부에 "소화기"라고 조명식 또는 반사식의 표지판을 부착하여 사용자가 쉽게 인지할 수 있도록 할 것

04 옥내소화전설비 설치기준

① 소화전함과 방수구는 주행차로 우측 측벽을 따라 50m 이내의 간격으로 설치하며, 편도 2차선 이상의 양방향 터널이나 4차로 이상의 일방향 터널의 경우에는 양쪽 측벽에 각각 50m 이내의 간격으로 엇갈리게 설치할 것

② 수원은 그 저수량이 옥내소화전의 설치개수 2개(4차로 이상의 터널의 경우 3개)를 동시에 40분 이상 사용할 수 있는 충분한 양 이상을 확보할 것

③ 가압송수장치는 옥내소화전 2개(4차로 이상의 터널인 경우 3개)를 동시에 사용할 경우 각 옥내소화전의 노즐선단에서의 방수압력은 0.35MPa 이상이고 방수량은 190l/min 이상이 되는 성능의 것으로 할 것. 다만, 하나의 옥내소화전을 사용하는 노즐선단에서의 방수압력이 0.7MPa을 초과할 경우에는 호스접결구의 인입 측에 감압장치를 설치하여야 한다.

④ 압력수조나 고가수조가 아닌 전동기 및 내연기관에 의한 펌프를 이용하는 가압송수장치는 주펌프와 동등 이상인 별도의 예비펌프를 설치할 것

⑤ 방수구는 40mm 구경의 단구형을 옥내소화전이 설치된 벽면의 바닥면으로부터 1.5m 이하의 높이에 설치할 것

⑥ 소화전함에는 옥내소화전 방수구 1개, 15m 이상의 소방호스 3본 이상 및 방수노즐을 비치할 것

⑦ 옥내소화전 설비의 비상전원은 40분 이상 작동할 수 있을 것

05 물분무소화설비 설치기준

① 물분무 헤드는 도로면에 1m²당 6L/min 이상의 수량을 균일하게 방수할 수 있도록 할 것

② 물분무설비의 하나의 방수구역은 25m 이상으로 하며, 3개 방수구역을 동시에 40분 이상 방수할 수 있는 수량을 확보 할 것

③ 물분무설비의 비상전원은 40분 이상 기능을 유지할 수 있도록 할 것

06 비상경보설비 설치기준

① 발신기는 주행차로 한쪽 측벽에 50m 이내의 간격으로 설치하며, 편도 2차선 이상의 양방향 터널이나 4차로 이상의 일방향 터널의 경우에는 양쪽의 측벽에 각각 50m 이내의 간격으로 엇갈리게 설치할 것

② 발신기는 바닥면으로부터 0.8m 이상 1.5m 이하의 높이에 설치할 것

③ 음향장치는 발신기 설치위치와 동일하게 설치할 것. 다만, 「비상방송설비의 화재안전기

준(NFSC 202)」에 적합하게 설치된 방송설비를 비상경보설비와 연동하여 작동하도록 설치한 경우에는 비상경보설비의 지구음향장치를 설치하지 아니할 수 있다.

④ 음량장치의 음량은 부착된 음향장치의 중심으로부터 1m 떨어진 위치에서 90dB 이상이 되도록 할 것

⑤ 음향장치는 터널내부 전체에 동시에 경보를 발하도록 설치할 것

⑥ 시각경보기는 주행차로 한쪽 측벽에 50m 이내의 간격으로 비상경보설비 상부 직근에 설치하고, 전체 시각경보기는 동기방식에 의해 작동될 수 있도록 할 것

07 자동 화재탐지설비 설치기준

① 터널에 설치할 수 있는 감지기의 종류는 다음 각 호의 어느 하나와 같다.
　㉠ 차동식 분포형 감지기
　㉡ 정온식 감지선형 감지기(아날로그식에 한한다. 이하 같다)
　㉢ 중앙기술심의위원회의 심의를 거쳐 터널화재에 적응성이 있다고 인정된 감지기

② 하나의 경계구역의 길이는 100m 이하로 하여야 한다.

③ ①에 의한 감지기의 설치기준은 다음 각 호와 같다. 다만, 중앙기술심의위원회의 심의를 거쳐 제조사 시방서에 따른 설치방법이 터널화재에 적합하다고 인정되는 경우에는 다음 각 호의 기준에 의하지 아니하고 심의결과에 의한 제조사 시방서에 따라 설치할 수 있다.
　㉠ 감지기의 감열부(열을 감지하는 기능을 갖는 부분을 말한다. 이하 같다)와 감열부 사이의 이격거리는 10m 이하로, 감지기와 터널 좌·우측 벽면과의 이격거리는 6.5m 이하로 설치할 것
　㉡ ㉠에도 불구하고 터널 천장의 구조가 아치형의 터널에 감지기를 터널 진행방향으로 설치하고자 하는 경우에는 감열부와 감열부 사이의 이격거리를 10m 이하로 하여 아치형 천장의 중앙 최상부에 1열로 감지기를 설치하여야 하며, 감지기를 2열 이상으로 설치하고자 하는 경우에는 감열부와 감열부 사이의 이격거리는 10m 이하로, 감지기 간의 이격거리는 6.5m 이하로 설치할 것
　㉢ 감지기를 천장면(터널 안 도로 등에 면한 부분 또는 상층의 바닥 하부면을 말한다. 이하 같다)에 설치하는 경우에는 감기기가 천장면에 밀착되지 않도록 고정금구 등을 사용하여 설치할 것
　㉣ 형식승인 내용에 설치방법이 규정된 경우에는 형식승인 내용에 따라 설치할 것. 다만, 감지기와 천장면의 이격거리에 대해 제조사의 시방서에 규정되어 있는 경우에는 시방서의 규정에 따라 설치할 수 있다.

④ ②에도 불구하고 감지기의 작동에 의하여 다른 소방시설 등이 연동되는 경우로서 해당

소방시설 등의 작동을 위한 정확한 발화위치를 확인할 필요가 있는 경우에는 경계구역의 길이가 해당 설비의 방호구역 등에 포함되도록 설치하여야 한다.

⑤ 발신기 및 지구음향장치는 비상경보설비설치기준을 준용하여 설치하여야 한다.

08 비상조명등 설치기준

① 상시 조명이 소등된 상태에서 비상조명등이 점등되는 경우 터널안의 차도 및 보도의 바닥면의 조도는 10lx 이상, 그 외 모든 지점의 조도는 1lx 이상이 될 수 있도록 설치할 것

② 비상조명등은 상용전원이 차단되는 경우 자동으로 비상전원으로 60분 이상 점등되도록 설치할 것

③ 비상조명등에 내장된 예비전원이나 축전지설비는 상용전원의 공급에 의하여 상시 충전상태를 유지할 수 있도록 설치할 것

09 제연설비 설치기준

① 제연설비는 다음 각 호의 사양을 만족하도록 설계하여야 한다.

　㉠ 설계화재강도 20MW를 기준으로 하고, 이때 연기발생률은 $80m^3/s$로 하며, 배출량은 발생된 연기와 혼합된 공기를 충분히 배출할 수 있는 용량 이상을 확보할 것

　㉡ ㉠에도 불구하고 화재강도가 설계화재강도보다 높을 것으로 예상될 경우 위험도분석을 통하여 설계화재강도를 설정하도록 할 것

② 제연설비는 다음 각 호의 기준에 따라 설치하여야 한다.

　㉠ 종류환기방식의 경우 제트팬의 소손을 고려하여 예비용 제트팬을 설치하도록 할 것

　㉡ 횡류환기방식(또는 반횡류환기방식) 및 대배기구 방식의 배연용 팬은 덕트의 길이에 따라서 노출온도가 달라질 수 있으므로 수치해석 등을 통해서 내열온도 등을 검토한 후에 적용하도록 할 것

　㉢ 대배기구의 개폐용 전동모터는 정전 등 전원이 차단되는 경우에도 조작상태를 유지할 수 있도록 할 것

　㉣ 화재에 노출이 우려되는 제연설비와 전원공급선 및 제트팬 사이의 전원공급장치 등은 250℃의 온도에서 60분 이상 운전상태를 유지할 수 있도록 할 것

③ 제연설비의 기동은 다음 각 호의 어느 하나에 의하여 자동 또는 수동으로 기동될 수 있도록 하여야 한다.

　㉠ 화재감지기가 동작되는 경우

　㉡ 발신기의 스위치 조작 또는 자동소화설비의 기동장치를 동작시키는 경우

    ⓒ 화재수신기 또는 감시제어반의 수동조작스위치를 동작시키는 경우

④ 비상전원은 60분 이상 작동할 수 있도록 하여야 한다.

10 연결송수관설비 설치기준

① 방수압력은 0.35MPa 이상, 방수량은 400l/min 이상을 유지할 수 있도록 할 것

② 방수구는 50m 이내의 간격으로 옥내소화전함에 병설하거나 독립적으로 터널출입구 부근과 피난연결통로에 설치할 것

③ 방수기구함은 50m 이내의 간격으로 옥내소화전함 안에 설치하거나 독립적으로 설치하고, 하나의 방수기구함에는 65mm 방수노즐 1개와 15m 이상의 호스 3본을 설치하도록 할 것

11 무선통신보조설비 설치기준

① 무선통신보조설비의 무전기접속단자는 방재실과 터널의 입구 및 출구, 피난연결통로에 설치하여야 한다.

② 라디오 재방송설비가 설치되는 터널의 경우에는 무선통신보조설비와 겸용으로 설치할 수 있다.

12 비상콘센트설비 설치기준

① 비상콘센트설비의 전원회로는 단상교류 220V인 것으로서, 그 공급용량은 1.5kVA 이상인 것으로 할 것

② 전원회로는 주배전반에서 전용회로로 할 것. 다만, 다른 설비의 회로의 사고에 따른 영향을 받지 아니하도록 되어 있는 것은 그러하지 아니하다.

③ 콘센트마다 배선용 차단기(KS C 8321)를 설치하여야 하며, 충전부가 노출되지 아니하도록 할 것

④ 주행차로의 우측 측벽에 50m 이내의 간격으로 바닥으로부터 0.8m 이상 1.5m 이하의 높이에 설치할 것

CHAPTER 34 고층건축물

01 용어 정의

① 이 기준에서 사용하는 용어의 정의는 다음과 같다.

ㄱ **고층건축물**

건축법 제2조 제1항 제19호 규정에 따른 건축물을 말한다.

ㄴ **급수배관**

수원 및 옥외송수구로부터 옥내소화전 방수구 또는 스프링클러헤드, 연결송수관 방수구에 급수하는 배관을 말한다.

② 이 기준에서 사용하는 용어는 ①에서 규정한 것을 제외하고는 관계법령 및 개별 화재안전기준에서 정하는 바에 따른다.

| Reference | 건축법 용어 정의

"고층건축물"이란 층수가 30층 이상이거나 높이가 120미터 이상인 건축물을 말한다.

02 옥내소화전설비 설치기준

① 수원은 그 저수량이 옥내소화전의 설치개수가 가장 많은 층의 설치개수(5개 이상 설치된 경우에는 5개)에 5.2m³(호스릴옥내소화전 설비를 포함한다)를 곱한 양 이상이 되도록 하여야 한다. 다만, 층수가 50층 이상인 건축물의 경우에는 7.8m³를 곱한 양 이상이 되도록 하여야 한다.

② 수원은 ①에 따라 산출된 유효수량 외에 유효수량의 3분의 1 이상을 옥상(옥내소화전 설비가 설치된 건축물의 주된 옥상을 말한다. 이하 같다)에 설치하여야 한다. 다만, 「옥내소화전 설비의 화재안전기준(NFSC 102)」 제4조 제2항 제3호 또는 제4호에 해당하는 경우에는 그러하지 아니하다.

③ 전동기 또는 내연기관을 이용한 펌프방식의 가압송수장치는 옥내소화전 설비 전용으로 설치하여야 하며, 옥내소화전 설비 주펌프 이외에 동등 이상인 별도의 예비펌프를 설치하여

야 한다.

④ 급수배관은 전용으로 하여야 한다. 다만, 옥내소화전 설비의 성능에 지장이 없는 경우에는 연결송수관설비의 배관과 겸용할 수 있다.

⑤ 50층 이상인 건축물의 옥내소화전 주배관 중 수직배관은 2개 이상(주배관 성능을 갖는 동일호칭배관)으로 설치하여야 하며, 하나의 수직배관의 파손 등 작동 불능 시에도 다른 수직배관으로부터 소화용수가 공급되도록 구성하여야 한다.

⑥ 비상전원은 자가발전설비, 축전지설비(내연기관에 따른 펌프를 사용하는 경우에는 내연기관의 기동 및 제어용 축전지를 말한다) 또는 전기저장장치로서 옥내소화전 설비를 40분 이상 작동할 수 있을 것. 다만, 50층 이상인 건축물의 경우에는 60분 이상 작동할 수 있어야 한다.

03 스프링클러설비 설치기준

① 수원은 스프링클러설비 설치장소별 스프링클러헤드의 기준개수에 $3.2m^3$를 곱한 양 이상이 되도록 하여야 한다. 다만, 50층 이상인 건축물의 경우에는 $4.8m^3$를 곱한 양 이상이 되도록 하여야 한다.

② 스프링클러설비의 수원은 ①에 따라 산출된 유효수량 외에 유효수량의 3분의 1 이상을 옥상(스프링클러설비가 설치된 건축물의 주된 옥상을 말한다. 이하 같다)에 설치하여야 한다. 다만, 「스프링클러설비의 화재안전기준(NFSC 103)」 제4조 제2항 제3호 또는 제4호에 해당하는 경우에는 그러하지 아니하다.

③ 전동기 또는 내연기관을 이용한 펌프방식의 가압송수장치는 스프링클러설비 전용으로 설치하여야 하며, 스프링클러설비 주펌프 이외에 동등 이상인 별도의 예비펌프를 설치하여야 한다.

④ 급수배관은 전용으로 설치하여야 한다.

⑤ 50층 이상인 건축물의 스프링클러설비 주배관 중 수직배관은 2개 이상(주배관 성능을 갖는 동일호칭배관)으로 설치하고, 하나의 수직배관이 파손 등 작동 불능 시에도 다른 수직배관으로부터 소화용수가 공급되도록 구성하여야 하며, 각각의 수직배관에 유수검지장치를 설치하여야 한다.

⑥ 50층 이상인 건축물의 스프링클러 헤드에는 2개 이상의 가지배관 양방향에서 소화용수가 공급되도록 하고, 수리계산에 의한 설계를 하여야 한다.

⑦ 스프링클러설비의 음향장치는 「스프링클러설비의 화재안전기준(NFS C103)」 제9조에 따라 설치하되, 다음 각 호의 기준에 따라 경보를 발할 수 있도록 하여야 한다.

　㉠ 2층 이상의 층에서 발화한 때에는 발화층 및 그 직상 4개 층에 경보를 발할 것

ⓒ 1층에서 발화한 때에는 발화층·그 직상 4개 층 및 지하층에 경보를 발할 것

ⓒ 지하층에서 발화한 때에는 발화층·그 직상층 및 기타의 지하층에 경보를 발할 것

⑧ 비상전원을 설치할 경우 자가발전설비, 축전지설비(내연기관에 따른 펌프를 사용하는 경우에는 내연기관의 기동 및 제어용 축전지를 말한다) 또는 전기저장장치로서 스프링 클러설비를 40분 이상 작동할 수 있을 것. 다만, 50층 이상인 건축물의 경우에는 60분 이상 작동할 수 있어야 한다.

04 비상방송설비 설치기준

① 비상방송설비의 음향장치는 다음 각 호의 기준에 따라 경보를 발할 수 있도록 하여야 한다.

ⓒ 2층 이상의 층에서 발화한 때에는 발화층 및 그 직상 4개 층에 경보를 발할 것

ⓒ 1층에서 발화한 때에는 발화층·그 직상 4개 층 및 지하층에 경보를 발할 것

ⓒ 지하층에서 발화한 때에는 발화층·그 직상층 및 기타의 지하층에 경보를 발할 것

② 비상방송설비에는 그 설비에 대한 감시상태를 60분간 지속한 후 유효하게 30분 이상 경보할 수 있는 축전지설비(수신기에 내장하는 경우를 포함한다) 또는 전기저장장치를 설치할 것

05 자동화재탐지설비 설치기준

① 감지기는 아날로그방식의 감지기로서 감지기의 작동 및 설치지점을 수신기에서 확인할 수 있는 것으로 설치하여야 한다. 다만, 공동주택의 경우에는 감지기별로 작동 및 설치지점을 수신기에서 확인할 수 있는 아날로그방식 외의 감지기로 설치할 수 있다.

② 자동화재탐지설비의 음향장치는 다음 각 호의 기준에 따라 경보를 발할 수 있도록 하여야 한다.

ⓒ 2층 이상의 층에서 발화한 때에는 발화층 및 그 직상 4개 층에 경보를 발할 것

ⓒ 1층에서 발화한 때에는 발화층·그 직상 4개 층 및 지하층에 경보를 발할 것

ⓒ 지하층에서 발화한 때에는 발화층·그 직상층 및 기타의 지하층에 경보를 발할 것

③ 50층 이상인 건축물에 설치하는 통신·신호배선은 이중배선을 설치하도록 하고 단선 (斷線) 시에도 고장표시가 되며 정상 작동할 수 있는 성능을 갖도록 설비를 하여야 한다.

ⓒ 수신기와 수신기 사이의 통신배선

ⓒ 수신기와 중계기 사이의 신호배선

ⓒ 수신기와 감지기 사이의 신호배선

④ 자동화재탐지설비에는 그 설비에 대한 감시상태를 60분간 지속한 후 유효하게 30분 이상 경보할 수 있는 축전지설비(수신기에 내장하는 경우를 포함한다) 또는 전기저장장치를 설치하여야한다. 다만, 상용전원이 축전지설비인 경우에는 그러하지 아니하다.

06 특별피난계단의 계단실 및 부속실 제연설비 설치기준

「특별피난계단의 계단실 및 그 부속실 제연설비의 화재안전기준(NFSC 501A)」에 따라 설치하되, 비상전원은 자가발전설비 등으로 하고 제연설비를 유효하게 40분 이상 작동할 수 있도록 할 것. 다만, 50층 이상인 건축물의 경우에는 60분 이상 작동할 수 있어야 한다.

07 피난안전구역의 소방시설 설치기준

「초고층 및 지하연계 복합건축물 재난관리에 관한 특별법 시행령」 제14조 제2항에 따라 피난안전구역에 설치하는 소방시설은 별표 1과 같이 설치하여야 하며, 이 기준에서 정하지 아니한 것은 개별 화재안전기준에 따라 설치하여야 한다.

「초고층 및 지하연계 복합건축물 재난관리에 관한 특별법 시행령」 제14조 제2항

제14조(피난안전구역 설치기준 등)

① 초고층 건축물등의 관리 주체는 법 제18조 제1항에 따라 다음 각 호의 구분에 따른 피난안전구역을 설치하여야 한다.

1. 초고층 건축물 : 「건축법 시행령」 제34조 제3항에 따른 피난안전구역을 설치할 것
2. 16층 이상 29층 이하인 지하연계 복합건축물 : 지상층별 거주밀도가 제곱미터당 1.5명을 초과하는 층은 해당 층의 사용형태별 면적의 합의 10분의 1에 해당하는 면적을 피난안전구역으로 설치할 것
3. 초고층 건축물등의 지하층이 법 제2조 제2호나목의 용도로 사용되는 경우 : 해당 지하층에 별표 2의 피난안전구역 면적 산정기준에 따라 피난안전구역을 설치하거나, 선큰[지표 아래에 있고 외기(外氣)에 개방된 공간으로서 건축물 사용자 등의 보행·휴식 및 피난 등에 제공되는 공간을 말한다. 이하 같다]을 설치할 것

② 제1항에 따라 설치하는 피난안전구역은 「건축법 시행령」 제34조 제5항에 따른 피난안전구역의 규모와 설치기준에 맞게 설치하여야 하며, 다음 각 호의 소방시설(「화재예방, 소방시설 설치·유지 및 안전관리에 관한 법률 시행령」 별표 1에 따른 소방시설을 말한다)을 모두 갖추어야 한다. 이 경우 소방시설은 「화재예방, 소방시설 설치·유지 및 안전관리에 관한 법률」 제9조 제1항에 따른 화재안전기준에 맞는 것이어야 한다.

1. 소화설비 중 소화기구(소화기 및 간이소화용구만 해당한다), 옥내소화전 설비 및 스프링클러 설비
2. 경보설비 중 자동 화재탐지설비

---

3. 피난설비 중 방열복, 공기호흡기(보조마스크를 포함한다), 인공소생기, 피난유도선(피난안전구역으로 통하는 직통계단 및 특별피난계단을 포함한다), 피난안전구역으로 피난을 유도하기 위한 유도등·유도표지, 비상조명등 및 휴대용 비상조명등
4. 소화활동설비 중 제연설비, 무선통신보조설비

■ [별표 1]

피난안전구역에 설치하는 소방시설 설치기준(제10조 관련)

구분	설치기준
1. 제연설비	피난안전구역과 비제연구역 간의 차압은 50Pa(옥내에 스프링클러설비가 설치된 경우에는 12.5Pa) 이상으로 하여야 한다. 다만, 피난안전구역의 한쪽 면 이상이 외기에 개방된 구조의 경우에는 설치하지 아니할 수 있다.
2. 피난유도선	피난유도선은 다음 각 호의 기준에 따라 설치하여야 한다. 가. 피난안전구역이 설치된 층의 계단실 출입구에서 피난안전구역 주 출입구 또는 비상구까지 설치할 것 나. 계단실에 설치하는 경우 계단 및 계단참에 설치할 것 다. 피난유도 표시부의 너비는 최소 25mm 이상으로 설치할 것 라. 광원점등방식(전류에 의하여 빛을 내는 방식)으로 설치하되, 60분 이상 유효하게 작동할 것
3. 비상조명등	피난안전구역의 비상조명등은 상시 조명이 소등된 상태에서 그 비상조명등이 점등되는 경우 각 부분의 바닥에서 조도는 10lx 이상이 될 수 있도록 설치할 것
4. 휴대용 비상조명등	가. 피난안전구역에는 휴대용 비상조명등을 다음 각 호의 기준에 따라 설치하여야 한다. 　1) 초고층 건축물에 설치된 피난안전구역 : 피난안전구역 위층의 재실자수(「건축물의 피난·방화구조 등의 기준에 관한 규칙」 별표 1의2에 따라 산정된 재실자수를 말한다)의 10분의 1 이상 　2) 지하연계 복합건축물에 설치된 피난안전구역 : 피난안전구역이 설치된 층의 수용인원(영 별표 2에 따라 산정된 수용인원을 말한다)의 10분의 1 이상 나. 건전지 및 충전식 건전지의 용량은 40분 이상 유효하게 사용할 수 있는 것으로 한다. 다만, 피난안전구역이 50층 이상에 설치되어 있을 경우의 용량은 60분 이상으로 할 것
5. 인명구조기구	가. 방열복, 인공소생기를 각 2개 이상 비치할 것 나. 45분 이상 사용할 수 있는 성능의 공기호흡기(보조마스크를 포함한다)를 2개 이상 비치하여야 한다. 다만, 피난안전구역이 50층 이상에 설치되어 있을 경우에는 동일한 성능의 예비용기를 10개 이상 비치할 것

> 다. 화재 시 쉽게 반출할 수 있는 곳에 비치할 것
>
> 라. 인명구조기구가 설치된 장소의 보기 쉬운 곳에 "인명구조기구"라는 표지판 등을 설치할 것

08 연결송수관설비 설치기준

① 연결송수관설비의 배관은 전용으로 한다. 다만, 주배관의 구경이 100mm 이상인 옥내 소화전 설비와 겸용할 수 있다.

② 연결송수관설비의 비상전원은 자가발전설비, 축전지설비(내연기관에 따른 펌프를 사용하는 경우에는 내연기관의 기동 및 제어용 축전지를 말한다) 또는 전기저장장치로서 연결송수관설비를 유효하게 40분 이상 작동할 수 있어야 할 것. 다만, 50층 이상인 건축물의 경우에는 60분 이상 작동할 수 있어야 한다.

CHAPTER 35 지하구

01 용어의 정의

① **지하구** : 영 별표 2 제28호에서 규정한 지하구를 말한다.

② **제어반** : 설비, 장치 등의 조작과 확인을 위해 제어용 계기류, 스위치 등을 금속제 외함에 수납한 것을 말한다.

③ **분전반** : 분기개폐기 · 분기과전류차단기, 그 밖에 배선용기기 및 배선을 금속제 외함에 수납한 것을 말한다.

④ **방화벽** : 화재 시 발생한 열, 연기 등의 확산을 방지하기 위하여 설치하는 벽을 말한다.

⑤ **분기구** : 전기, 통신, 상하수도, 난방 등의 공급시설의 일부를 분기하기 위하여 지하구의 단면 또는 형태를 변화시키는 부분을 말한다.

⑥ **환기구** : 지하구의 온도, 습도의 조절 및 유해가스를 배출하기 위해 설치되는 것으로 자연환기구와 강제환기구로 구분된다.

⑦ **작업구** : 지하구의 유지관리를 위하여 자재, 기계기구의 반 · 출입 및 작업자의 출입을 위하여 만들어진 출입구를 말한다.

⑧ **케이블접속부** : 케이블이 지하구 내에 포설되면서 발생하는 직선 접속 부분을 전용의 접속재로 접속한 부분을 말한다.

⑨ **특고압 케이블** : 사용전압이 7,000V를 초과하는 전로에 사용하는 케이블을 말한다.

02 소화기구 및 자동소화장치

① 소화기구는 다음 각 호의 기준에 따라 설치하여야 한다.

　㉠ 소화기의 능력단위(「소화기구 및 자동소화장치의 화재안전기준(NFSC 101)」 제3조제6호에 따른 수치를 말한다. 이하 같다)는 A급 화재는 개당 3단위 이상, B급 화재는 개당 5단위 이상 및 C급 화재에 적응성이 있는 것으로 할 것

　㉡ 소화기 한 대의 총중량은 사용 및 운반의 편리성을 고려하여 7kg 이하로 할 것

　㉢ 소화기는 사람이 출입할 수 있는 출입구(환기구, 작업구를 포함한다) 부근에 5개 이상 설치할 것

　㉣ 소화기는 바닥면으로부터 1.5m 이하의 높이에 설치할 것

      ⓜ 소화기의 상부에 "소화기"라고 표시한 조명식 또는 반사식의 표지판을 부착하여 사용
        자가 쉽게 인지할 수 있도록 할 것

② 지하구 내 발전실 · 변전실 · 송전실 · 변압기실 · 배전반실 · 통신기기실 · 전산기기
    실 · 기타 이와 유사한 시설이 있는 장소 중 바닥면적이 $300m^2$ 미만인 곳에는 유효설치
    방호체적 이내의 가스 · 분말 · 고체에어로졸 · 캐비닛형 자동소화장치를 설치하여야
    한다. 다만, 해당 장소에 물분무등소화설비를 설치한 경우에는 설치하지 않을 수 있다.

③ 제어반 또는 분전반마다 가스 · 분말 · 고체에어로졸 자동소화장치 또는 유효설치 방호
    체적 이내의 소공간용 소화용구를 설치하여야 한다.

④ 케이블접속부(절연유를 포함한 접속부에 한한다)마다 다음 각 호의 자동소화장치를 설치
    하되 소화성능이 확보될 수 있도록 방호공간을 구획하는 등 유효한 조치를 하여야 한다.
      ㉠ 가스 · 분말 · 고체에어로졸 자동소화장치
      ㉡ 중앙소방기술심의위원회의 심의를 거쳐 소방청장이 인정하는 자동소화장치

03 자동화재탐지설비

① 감지기는 다음 각 호에 따라 설치하여야 한다.
      ㉠ 「자동화재탐지설비 및 시각경보장치의 화재안전기준(NFSC 203)」 제7조제1항 각
        호의 감지기 중 먼지 · 습기 등의 영향을 받지 아니하고 발화지점(1m 단위)과 온도를
        확인할 수 있는 것을 설치할 것
      ㉡ 지하구 천장의 중심부에 설치하되 감지기와 천장 중심부 하단과의 수직거리는 30cm
        이내로 할 것. 다만, 형식승인 내용에 설치방법이 규정되어 있거나, 중앙기술심의위
        원회의 심의를 거쳐 제조사 시방서에 따른 설치방법이 지하구 화재에 적합하다고 인
        정되는 경우에는 형식승인 내용 또는 심의결과에 의한 제조사 시방서에 따라 설치할
        수 있다.
      ㉢ 발화지점이 지하구의 실제거리와 일치하도록 수신기 등에 표시할 것
      ㉣ 공동구 내부에 상수도용 또는 냉 · 난방용 설비만 존재하는 부분은 감지기를 설치하
        지 않을 수 있다.

② 발신기, 지구음향장치 및 시각경보기는 설치하지 않을 수 있다.

04 유도등

사람이 출입할 수 있는 출입구(환기구, 작업구를 포함한다)에는 해당 지하구 환경에 적합한
크기의 피난구유도등을 설치하여야 한다.

05　연소방지설비

① 연소방지설비의 배관은 다음 각 호의 기준에 따라 설치하여야 한다.

ㄱ 배관용 탄소강관(KS D 3507) 또는 압력배관용 탄소강관(KS D 3562)이나 이와 동등 이상의 강도·내식성 및 내열성을 가진 것으로 하여야 한다.

ㄴ 급수배관(송수구로부터 연소방지설비 헤드에 급수하는 배관을 말한다. 이하 같다)은 전용으로 하여야 한다.

ㄷ 배관의 구경은 다음 각 목의 기준에 적합한 것이어야 한다.

ⓐ 연소방지설비전용헤드를 사용하는 경우에는 다음 표에 따른 구경 이상으로 할 것

하나의 배관에 부착하는 살수헤드의 개수	1개	2개	3개	4개 또는 5개	6개 이상
배관의 구경(mm)	32	40	50	65	80

ⓑ 개방형 스프링클러헤드를 사용하는 경우에는 「스프링클러설비의 화재안전기준(NFSC103)」 별표1의 기준에 따를 것

ㄹ 교차배관은 가지배관과 수평으로 설치하거나 또는 가지배관 밑에 설치하고, 그 구경은 ㄷ에 따르되, 최소구경이 40mm 이상이 되도록 할 것

ㅁ 배관에 설치되는 행거는 다음 각 목의 기준에 따라 설치하여야 한다.

ⓐ 가지배관에는 헤드의 설치지점 사이마다 1개 이상의 행거를 설치하되, 헤드 간의 거리가 3.5m를 초과하는 경우에는 3.5m 이내마다 1개 이상 설치할 것. 이 경우 상향식헤드와 행거 사이에는 8cm 이상의 간격을 두어야 한다.

ⓑ 교차배관에는 가지배관과 가지배관 사이마다 1개 이상의 행거를 설치하되, 가지배관 사이의 거리가 4.5m를 초과하는 경우에는 4.5m 이내마다 1개 이상 설치할 것

ⓒ ㄱ과 ㄴ의 수평주행배관에는 4.5m 이내마다 1개 이상 설치할 것

ㅂ 분기배관을 사용할 경우에는 「분기배관의 성능인증 및 제품검사의 기술기준」에 적합한 것으로 설치하여야 한다.

② 연소방지설비의 헤드는 다음 각 호의 기준에 따라 설치하여야 한다.

ㄱ 천장 또는 벽면에 설치할 것

ㄴ 헤드 간의 수평거리는 연소방지설비 전용헤드의 경우에는 2m 이하, 스프링클러헤드의 경우에는 1.5m 이하로 할 것

ㄷ 소방대원의 출입이 가능한 환기구·작업구마다 지하구의 양쪽 방향으로 살수헤드를 설정하되, 한쪽 방향의 살수구역의 길이는 3m 이상으로 할 것. 다만, 환기구 사이의 간격이 700m를 초과할 경우에는 700m 이내마다 살수구역을 설정하되, 지하구의 구조를 고려하여 방화벽을 설치한 경우에는 그러하지 아니하다.

  ㉣ 연소방지설비 전용헤드를 설치할 경우에는「소화설비용헤드의 성능인증 및 제품검
   사 기술기준」에 적합한 '살수헤드'를 설치할 것
 ③ 송수구는 다음 각 호의 기준에 따라 설치하여야 한다.
  ㉠ 소방차가 쉽게 접근할 수 있는 노출된 장소에 설치하되, 눈에 띄기 쉬운 보도 또는
   차도에 설치할 것
  ㉡ 송수구는 구경 65mm의 쌍구형으로 할 것
  ㉢ 송수구로부터 1m 이내에 살수구역 안내표지를 설치할 것
  ㉣ 지면으로부터 높이가 0.5m 이상 1m 이하의 위치에 설치할 것
  ㉤ 송수구의 가까운 부분에 자동배수밸브(또는 직경 5mm의 배수공)를 설치할 것. 이
   경우 자동배수밸브는 배관 안의 물이 잘 빠질 수 있는 위치에 설치하되, 배수로 인하
   여 다른 물건 또는 장소에 피해를 주지 아니하여야 한다.
  ㉥ 송수구로부터 주배관에 이르는 연결배관에는 개폐밸브를 설치하지 아니할 것
  ㉦ 송수구에는 이물질을 막기 위한 마개를 씌어야 한다.

06 연소방지재

지하구 내에 설치하는 케이블・전선 등에는 다음 각 호의 기준에 따라 연소방지재를 설치하
여야 한다. 다만, 케이블・전선 등을 다음 ①의 난연성능 이상을 충족하는 것으로 설치한
경우에는 연소방지재를 설치하지 않을 수 있다.

① 연소방지재는 한국산업표준(KS C IEC 60332-3-24)에서 정한 난연성능 이상의 제품을
 사용하되 다음 각 목의 기준을 충족하여야 한다.
 ㉠ 시험에 사용되는 연소방지재는 시료(케이블 등)의 아래쪽(점화원으로부터 가까운 쪽)
  으로부터 30cm 지점부터 부착 또는 설치되어야 한다.
 ㉡ 시험에 사용되는 시료(케이블 등)의 단면적은 325mm^{2}로 한다.
 ㉢ 시험성적서의 유효기간은 발급 후 3년으로 한다.
② 연소방지재는 다음 각 목에 해당하는 부분에 ①과 관련된 시험성적서에 명시된 방식으로
 시험성적서에 명시된 길이 이상으로 설치하되, 연소방지재 간의 설치 간격은 350m를
 넘지 않도록 하여야 한다.
 ㉠ 분기구
 ㉡ 지하구의 인입부 또는 인출부
 ㉢ 절연유 순환펌프 등이 설치된 부분
 ㉣ 기타 화재발생 위험이 우려되는 부분

07 방화벽

방화벽은 다음 각 호에 따라 설치하고 항상 닫힌 상태를 유지하거나 자동폐쇄장치에 의하여
화재 신호를 받으면 자동으로 닫히는 구조로 하여야 한다.

① 내화구조로서 홀로 설 수 있는 구조일 것
② 방화벽의 출입문은 갑종방화문으로 설치할 것
③ 방화벽을 관통하는 케이블 · 전선 등에는 국토교통부 고시(내화구조의 인정 및 관리기
   준)에 따라 내화충전 구조로 마감할 것
④ 방화벽은 분기구 및 국사 · 변전소 등의 건축물과 지하구가 연결되는 부위(건축물로부
   터 20m 이내)에 설치할 것
⑤ 자동폐쇄장치를 사용하는 경우에는 「자동폐쇄장치의 성능인증 및 제품검사의 기술기준」
   에 적합한 것으로 설치할 것

08 무선통신보조설비

무선통신보조설비의 무전기접속단자는 방재실과 공동구의 입구 및 연소방지설비 송수구
가 설치된 장소(지상)에 설치하여야 한다.

09 통합감시시설

통합감시시설은 다음 각 호의 기준에 따라 설치한다.
① 소방관서와 지하구의 통제실 간에 화재 등 소방활동과 관련된 정보를 상시 교환할 수
   있는 정보통신망을 구축할 것
② ①의 정보통신망(무선통신망을 포함한다)은 광케이블 또는 이와 유사한 성능을 가진
   선로일 것
③ 수신기는 지하구의 통제실에 설치하되 화재신호, 경보, 발화지점 등 수신기에 표시되는
   정보가 별표1에 적합한 방식으로 119상황실이 있는 관할 소방관서의 정보통신장치에
   표시되도록 할 것

CHAPTER
36 임시소방시설

01 용어 정의

① 소화기

「소화기구의 화재안전기준(NFSC 101)」 제3조 제2호에서 정의하는 소화기를 말한다.

② 간이소화장치

공사현장에서 화재위험작업 시 신속한 화재 진압이 가능하도록 물을 방수하는 이동식 또는 고정식 형태의 소화장치를 말한다.

③ 비상경보장치

화재위험작업 공간 등에서 수동조작에 의해서 화재경보상황을 알려줄 수 있는 설비(비상벨, 사이렌, 휴대용 확성기 등)를 말한다.

④ 간이피난유도선

화재위험작업 시 작업자의 피난을 유도할 수 있는 케이블 형태의 장치를 말한다.

02 소화기의 성능 및 설치기준

소화기의 성능 및 설치기준은 다음 각 호와 같다.

① 소화기의 소화약제는 「소화기구의 화재안전기준(NFSC 101)」의 별표 1에 따른 적응성이 있는 것을 설치하여야 한다.

② 소화기는 각 층마다 능력단위 3단위 이상인 소화기 2개 이상을 설치하고, 「화재예방, 소방시설 설치·유지 및 안전관리에 관한 법률 시행령」(이하 "영"이라 한다) 제15조의5 제1항에 해당하는 경우 작업종료 시까지 작업지점으로부터 5m 이내의 쉽게 보이는 장소에 능력단위 3단위 이상인 소화기 2개 이상과 대형소화기 1개를 추가 배치하여야 한다.

03 간이소화장치의 성능 및 설치기준

간이소화장치의 성능 및 설치기준은 다음 각 호와 같다.

① 수원은 20분 이상의 소화수를 공급할 수 있는 양을 확보하여야 하며, 소화수의 방수압력은 최소 0.1MPa 이상, 방수량은 65ℓ/min 이상이어야 한다.

② 영 제15조의5 제1항에 해당하는 작업을 하는 경우 작업종료 시까지 작업지점으로부터 25m 이내에 설치 또는 배치하여 상시 사용이 가능하여야 하며 동결 방지조치를 하여야 한다.

③ 넘어질 우려가 없어야 하고 손쉽게 사용할 수 있어야 하며, 식별이 용이하도록 "간이소화장치" 표시를 하여야 한다.

04 비상경보장치의 성능 및 설치기준

비상경보장치의 성능 및 설치기준은 다음 각 호와 같다.

① 비상경보장치는 영 제15조의5 제1항에 해당하는 작업을 하는 경우 작업종료 시까지 작업지점으로부터 5m 이내에 설치 또는 배치하여 상시 사용이 가능하여야 한다.

② 비상경보장치는 화재사실 통보 및 대피를 해당 작업장의 모든 사람이 알 수 있을 정도의 음량으로 확보하여야 한다.

05 간이피난유도선의 성능 및 설치기준

간이피난유도선의 성능 및 설치기준은 다음 각 호와 같다.

① 간이피난유도선은 광원점등방식으로 공사장의 출입구까지 설치하고 공사의 작업 중에는 상시 점등되어야 한다.

② 설치위치는 바닥으로부터 높이 1m 이하로 하며, 작업장의 어느 위치에서도 출입구로의 피난방향을 알 수 있는 표시를 하여야 한다.

06 간이소화장치 설치 제외

영 제15조의5 제3항 별표 5의2 제3호 가목의 "소방청장이 정하여 고시하는 기준에 맞는 소화기"란 "대형소화기를 작업지점으로부터 25m 이내의 쉽게 보이는 장소에 6개 이상을 배치한 경우"를 말한다.

소방시설
문제풀이

PART 05 소방시설 문제풀이

01 소방시설 중 화재를 진압하거나 인명구조활동을 위하여 사용하는 설비를 무엇이라 하는가?

① 소화설비
② 소화활동설비
③ 피난구조설비
④ 소화용수설비

▶ **소방시설의 종류별 목적**

• 소화설비 : 물, 그 밖의 소화약제를 사용하여 소화하는 기계 · 기구 또는 설비
• 경보설비 : 화재발생 사실을 통보하는 기계 · 기구 또는 설비
• 피난구조설비 : 화재가 발생할 경우 피난하기 위하여 사용하는 기구 또는 설비
• 소화용수설비 : 화재를 진압하는 데 필요한 물을 공급하거나 저장하는 설비
• 소화활동설비 : 화재를 진압하거나 인명구조활동을 위하여 사용하는 설비

02 소방시설을 5가지로 구분할 때의 구분에 해당되지 않는 것은?

① 소화설비
② 피난구조설비
③ 소화용수설비
④ 통합감시설비

▶ **소방시설의 종류**

소화설비, 경보설비, 피난설비, 소화용수설비, 소화활동설비

03 소화설비 중 물분무 등 소화설비에 해당되지 않는 것은?

① 포소화설비
② 할로겐화합물 및 불활성기체 소화설비
③ 간이 스프링클러설비
④ 분말소화설비

▶ **물분무 등 소화설비의 종류**

물분무소화설비, 포소화설비, 이산화탄소소화설비, 할론소화설비, 할로겐화합물 및 불활성기체 소화설비, 분말소화설비, 강화액소화설비, 고체에어로졸소화설비

04 소방시설의 종류 중 소화활동설비에 해당되는 것은?

① 상수도소화용수설비
② 제연설비
③ 소화용수설비
④ 통합감시시설

◐ **소화활동설비의 종류**

- 제연설비
- 연결송수관설비
- 연결살수설비
- 비상콘센트설비
- 무선통신보조설비
- 연소방지설비

---

05 소방시설 중 화재발생 사실을 통보하는 기계, 기구 또는 설비를 총괄하여 무엇이라 하는가?

① 경보설비　　　　　　　　　　　② 비상방송설비
③ 통합감시설비　　　　　　　　　④ 자동화재탐지설비

◐ **소방시설의 종류별 목적**

- 소화설비 : 물, 그 밖의 소화약제를 사용하여 소화하는 기계 · 기구 또는 설비
- 경보설비 : 화재발생 사실을 통보하는 기계 · 기구 또는 설비
- 피난구조설비 : 화재가 발생할 경우 피난하기 위하여 사용하는 기구 또는 설비
- 소화용수설비 : 화재를 진압하는 데 필요한 물을 공급하거나 저장하는 설비
- 소화활동설비 : 화재를 진압하거나 인명구조활동을 위하여 사용하는 설비

---

06 소화기구의 종류에 해당되는 것이 아닌 것은?

① 소화기　　　② 간이소화용구　　　③ 자동확산기　　　④ 자동소화장치

◐ **소화기구의 종류**

- 소화기
- 자동확산소화기
- 간이소화용구

자동소화장치의 종류

- 주거용 주방자동소화장치
- 상업용 주방자동소화장치
- 캐비닛형 자동소화장치
- 가스자동소화장치
- 분말자동소화장치
- 고체에어로졸자동소화장치

---

07 피난구조설비에 해당되는 것이 아닌 것은?

① 구조대　　　② 유도등　　　③ 시각경보기　　　④ 비상조명등

◐ **피난구조설비의 종류**

- 피난기구 : 미끄럼대 · 피난사다리 · 구조대 · 완강기 · 피난교 · 공기안전매트 등 그 밖의 피난기구
- 인명구조기구 : 방열복 · 공기호흡기 및 인공소생기
- 유도등 및 유도표지, 피난유도선
- 비상조명등 및 휴대용 비상조명등

08 소화기는 각 층마다 설치하되 소방대상물의 각 부분으로부터 1개의 소화기까지의 거리로 맞는 것은?

① 소형 소화기 – 수평거리 20m 이내　　　② 소형 소화기 – 보행거리 30m 이내

③ 대형 소화기 – 수평거리 20m 이내　　　④ 대형 소화기 – 보행거리 30m 이내

▶ ─────────────────────────────

　　소화기는 각 층마다 설치하되, 소방대상물의 각 부분으로부터 1개의 소화기까지의 보행거리가 소형 소화기의 경우에는 20m 이내, 대형 소화기의 경우에는 30m 이내가 되도록 배치하여야 한다.

09　소화기의 설치기준으로 옳지 않은 것은?

① 소방대상물의 각 층마다 설치한다.

② 소형 소화기는 소방대상물의 각 부분으로부터 보행거리 20m마다 설치한다.

③ 대형 소화기는 소방대상물의 각 부분으로부터 보행거리 30m마다 설치한다.

④ 바닥으로부터 1.2m 이하의 위치에 설치한다.

▶ ─────────────────────────────

　　소화기는 소방대상물의 각 층마다 설치하되 그 층 바닥으로부터 1.5m 이하의 위치에 설치한다.

10 자동소화설비가 설치되지 아니한 소방대상물의 보일러실에 자동확산소화기를 설치하려 한다. 보일러실 바닥면적이 23m²이면 자동확산소화기는 몇 개를 설치하여야 하는가?

① 1개　　　　　② 2개　　　　　③ 3개　　　　　④ 4개

▶ ─────────────────────────────

　　보일러실, 건조실, 세탁소 등은 자동확산소화기를 바닥면적 10m² 이하는 1개, 10m² 초과는 2개를 설치하여야 한다.

11 대형 소화기의 능력단위 기준 및 보행거리 배치기준이 적절하게 표시된 항목은?

① A급화재 : 10단위 이상, B급화재 : 20단위 이상, 보행거리 : 30m 이내

② A급화재 : 20단위 이상, B급화재 : 20단위 이상, 보행거리 : 30m 이내

③ A급화재 : 10단위 이상, B급화재 : 20단위 이상, 보행거리 : 40m 이내

④ A급화재 : 20단위 이상, B급화재 : 20단위 이상, 보행거리 : 40m 이내

▶ **대형 소화기의 기준** ─────────────────

　　능력단위가 A급 10단위 이상, B급 20단위 이상인 소화기

소화기 배치기준

　　소방대상물의 각 부분으로부터 보행거리가 소형 소화기의 경우에는 20m 이내, 대형 소화기의 경우에는 30m 이내가 되도록 배치

12 겨울철 실내의 최저온도가 −15℃인 경우 적합한 소화기는?

① 화학포소화기　　　　　　　　② 기계포소화기
③ 산·알칼리소화기　　　　　　　④ ABC 분말소화기

▶ **소화기의 사용온도 범위**

- 강화액, 분말소화기 : −20~40℃ 이하
- 포말소화기 : 5~40℃ 이하
- 그 밖의 소화기 : 0~40℃ 이하

소화기 종류	사용온도 범위
강화액소화기	−20℃ 이상 40℃ 이하
포소화기	5℃ 이상 40℃ 이하
분말소화기	−20℃ 이상 40℃ 이하
청정소화기	55℃ 이하에 사용할 수 있다.
기타소화기	0℃ 이상 40℃ 이하

※ 위 규정에 의한 사용온도의 범위를 확대하고자 할 때에는 10℃ 단위로 하여야 한다.

13 지하층이나 무창층 또는 밀폐된 거실 및 사무실로서 그 바닥면적이 20m² 미만의 장소에는 설치할 수 없는 소화기로 맞는 것은?

① 분말소화기　　　　　　　　　② 강화액소화기
③ 이산화탄소 소화기　　　　　　④ 산, 알칼리소화기

▶ **이산화탄소, 할론소화기 설치 제외장소**

- 지하층
- 무창층
- 거실 및 사무실로서 그 바닥면적이 20m² 미만의 장소

14 소화기 또는 간이소화용구의 설치대상이 아닌 것은?

① 사무실의 연면적 50m²　　　　② 지정문화재 25m²
③ 가스시설 40m²　　　　　　　④ 공연장 25m²

▶ **소화기 또는 간이소화용구의 설치대상**

- 연면적 33m² 이상인 것
- 지정문화재 및 가스시설
- 터널

15 소화기 중 대형 소화기에 충전하는 소화약제 용량의 기준이 잘못된 것은?

① 물소화기 : 80L
② 강화액소화기 : 60L
③ 이산화탄소 소화기 : 40kg
④ 할론소화기 : 30kg

▶ 대형소화기의 약제량 기준

소화기의 종류	소화약제의 양	소화기의 종류	소화약제의 양
물소화기	80L	이산화탄소 소화기	50kg
화학포소화기	80L	할론소화기	30kg
기계포소화기	20L	분말소화기	20kg
강화액소화기	60L	–	–

16 소화기 외부에 표시하지 않아도 되는 내용은?

① 소화기의 능력단위 수치
② 사용방법
③ 대형, 소형 소화기 구분
④ 제조연월일

▶ 소화기 외부 표시사항

- 소화기의 명칭
- 적응화재표시
- 사용방법
- 용기합격 및 중량표시
- 취급상 주의사항
- 능력단위
- 제조연월일

화재의 종류	소화기 용기 표시
일반화재	백색의 둥근 표지에 흑색 문자(A)
유류화재	황색의 둥근 표지에 흑색 문자(B)
전기화재	청색의 둥근 표지에 백색 문자(C)

17 소화기의 방사성능에 대한 설명으로 옳은 것은?

① 충전소화약제의 중량이 1kg 이하인 것은 10초 이상 방사할 수 있는 성능이어야 한다.
② 충전소화약제의 중량이 1kg을 초과하는 것은 20초 이상 방사할 수 있는 성능이어야 한다.
③ 충전된 소화약제의 용량 또는 중량의 90% 이상의 양이 방사되어야 한다.
④ 포소화기의 경우 충전된 소화약제의 용량 또는 중량의 80% 이상의 양이 방사되어야 한다.

▶

- 충전소화약제의 중량이 1kg 이하인 것은 6초 이상, 1kg을 초과하는 것은 8초 이상이어야 한다.
- 충전된 소화약제의 용량 또는 중량의 90%(포말소화기는 85%) 이상의 양이 방사되어야 한다.

18 옥내소화전설비의 기동장치에 대해서 설명한 것 중 가장 적합한 것은?

① 원격 조작식의 전원은 소화설비 전용 전원 이외에서 끄는 것이 좋다.
② 원격 조작식의 기동장치는 옥내소화전의 누름단추를 누름으로써 가압송수장치를 전기적으로 기동시키는 방식이다.
③ 기동장치는 전화연락을 받은 수위실의 펌프 계원에 의해 기동시키는 것이다.
④ 자동식의 기동장치는 건식의 옥내소화전설비에만 사용되는 것이다.

▶
　　기동장치는 자동기동을 원칙으로 하지만 학교·공장·창고시설로서 동결의 우려가 있는 장소에 있어서는 기동스위치에 보호판을 부착하여 옥내소화전함 내에 설치할 수 있다.

19 간이소화용구인 마른모래(삽을 상비한 50L 이상의 것 1포)의 능력단위는?

① 0.5단위　　　　　　　② 1단위
③ 1.5단위　　　　　　　④ 2단위

◑ 소화약제 외의 것을 이용한 간이소화용구의 능력단위

간이소화용구		능력단위
1. 마른모래	삽을 상비한 50L 이상의 것 1포	0.5 단위
2. 팽창질석 또는 팽창진주암	삽을 상비한 80L 이상의 것 1포	

20 옥내소화전설비의 규정 방수압력과 규정 방사량으로 옳게 짝지어진 것은?

① 0.1MPa－80L/분　　　② 0.1MPa－20L/분
③ 0.17MPa－130L/분　　④ 0.25MPa－350L/분

▶
　　옥내소화전 규정 방수압 및 방수량＝0.17MPa, 130LPM

21 옥내소화전설비에서 송수펌프의 토출량을 옳게 나타낸 것은?

① $Q = N \times 130$L/min　　　② $Q = N \times 350$L/min
③ $Q = N \times 80$L/min　　　④ $Q = N \times 160$L/min

▶
　　옥내소화전 규정 방수압 및 방수량＝0.17MPa, 130LPM

22 옥내소화전의 수원의 양은 동시 방수 소화전수에 얼마를 곱한 양 이상으로 하여야 하는가?(단, 30층 미만인 경우)

① 2.6m^3　　　　　　　　　　　② 5m^3

③ 7m^3　　　　　　　　　　　④ 13m^3

▶ **수원의 양**

　옥내소화전설비의 수원은 그 저수량이 옥내소화전의 설치개수가 가장 많은 층의 설치개수(2개 이상 설치된 경우에는 2개)에 2.6m^3(호스릴옥내소화전설비를 포함한다)를 곱한 양 이상이 되도록 하여야 한다. 다만, 층수가 30층 이상 49층 이하는 5.2m^3를, 50층 이상은 7.8m^3를 곱한 양 이상이 되도록 하여야 한다.(30층 이상의 경우 기준개수 5개)

> • 30층 미만의 경우 : 수원의 양(m^3) $= N \times 2.6\text{m}^3$ 이상
> 　　　　　　　　　　　　　　　　 $= N \times 130l/\text{min} \times 20\text{min}$ 이상(최대 2개)
> • 30층 이상 49층 이하의 경우 : 수원의 양(m^3) $= N \times 5.2\text{m}^3$ 이상
> 　　　　　　　　　　　　　　　　　　　　　　 $= N \times 130l/\text{min} \times 40\text{min}$ 이상(최대 5개)
> • 50층 이상의 경우 : 수원의 양(m^3) $= N \times 7.8\text{m}^3$ 이상
> 　　　　　　　　　　　　　　　　　 $= N \times 130l/\text{min} \times 60\text{min}$ 이상(최대 5개)

23 옥내소화전설비의 층별 설치개수는 다음과 같다. 본 소화설비에 필요한 전용수원의 용량은 얼마 이상이어야 하는가?(단, 건물의 층수는 25층이고, 1층 : 5개, 2층 : 5개, 3층 : 4개, 4층 : 4개, 5층 : 3개소씩 설치)

① 5.2m^3　　　　　　　　　　　② 7.8m^3

③ 13m^3　　　　　　　　　　　④ 54.6m^3

▶
　$2 \times 2.6\text{m}^3 = 5.2\text{m}^3$

24 옥내소화전설비의 저장수량이 15,000L라고 하면 몇 L를 옥상에 설치하여야 하는가?

① 5,000 이상　　　　　　　　　　② 7,500 이상

③ 10,000 이상　　　　　　　　　④ 15,000 이상

▶ **옥상수원의 양**

　옥내소화전설비의 수원은 유효수량 외에 유효수량의 3분의 1 이상을 옥상(옥내소화전설비가 설치된 건축물의 주된 옥상을 말한다. 이하 같다)에 설치하여야 한다.

25 펌프의 토출 측에 설치하여야 하는 것이 아닌 것은?

① 연성계
② 수온의 상승을 방지하기 위한 배관
③ 성능시험배관
④ 압력계

◉ **옥내소화전설비의 구성요소**

수원,가압송수장치, 배관, 함 및 방수구, 전원, 제어반, 배선

옥내소화전설비의 주요부품

- 펌프 흡입 측 : 수조, 후트밸브, 스트레이너, 개폐밸브, 진공계 또는 연성계
- 펌프 : 주펌프, 충압펌프
- 펌프 토출 측 : 체크밸브, 순환배관, 성능시험배관, 압력계, 물올림장치, 기동용수압개폐장치, 송수구, 방수구, 호스, 노즐, 소화전위치표시등, 펌프기동확인표시등, 소화전함, 배관(주배관, 가지배관)

26 옥내소화전설비의 가압송수장치에 대한 내용 중 잘못된 것은 어느 것인가?

① 내연기관의 기동은 소화전함의 위치에서 원격조작이 가능하고, 기동을 명시하는 황색표시등을 설치할 것
② 펌프에는 토출 측에 압력계, 흡입 측에 연성계를 설치할 것
③ 펌프에는 정격 부하 운전 시의 펌프 성능을 시험하기 위한 배관설비를 할 것
④ 펌프에는 체절운전 시에 수온 상승 방지를 위한 순환배관을 설치할 것

◉ ──────────────────────────────

적색표시등 설치

27 옥내소화전설비 수조의 설치기준으로 틀린 것은?

① 수조를 실내에 설치하였을 경우에는 조명설비를 설치한다.
② 수조의 상단이 바닥보다 높을 때는 수조 내측에 사다리를 설치한다.
③ 점검이 편리한 곳에 설치한다.
④ 수조 밑부분에 청소용 배수밸브, 배수관을 설치한다.

◉ **옥내소화전설비용 수조의 설치기준**

1. 점검에 편리한 곳에 설치할 것
2. 동결방지조치를 하거나 동결의 우려가 없는 장소에 설치할 것
3. 수조의 외측에 수위계를 설치할 것. 다만, 구조상 불가피한 경우에는 수조의 맨홀 등을 통하여 수조 안의 물의 양을 쉽게 확인할 수 있도록 하여야 한다.
4. 수조의 상단이 바닥보다 높은 때에는 수조의 외측에 고정식 사다리를 설치할 것
5. 수조가 실내에 설치된 때에는 그 실내에 조명설비를 설치할 것
6. 수조의 밑부분에는 청소용 배수밸브 또는 배수관을 설치할 것

7. 수조의 외측의 보기 쉬운 곳에 "옥내소화전설비용 수조"라고 표시한 표지를 할 것. 이 경우 그 수조를 다른 설비와 겸용하는 때에는 그 겸용되는 설비의 이름을 표시한 표지를 함께 하여야 한다.

8. 옥내소화전펌프의 흡수배관 또는 옥내소화전설비의 수직배관과 수조의 접속부분에는 "옥내소화전설비용 배관"이라고 표시한 표지를 할 것. 다만, 수조와 가까운 장소에 옥내소화전펌프가 설치되고 옥내소화전펌프에 제5조제1항제14호에 따른 표지를 설치한 때에는 그러하지 아니하다.

28 옥내소화전설비 중 펌프를 이용하는 가압송수장치에 대한 내용이 잘못된 것은?

① 기동용 수압개폐장치를 사용할 경우에 압력챔버 용적은 100L 이상으로 한다.
② 펌프의 흡입 측에는 진공계, 토출 측에는 연성계를 설치한다.
③ 가압송수장치에는 체절운전 시 수온의 상승을 방지하기 위한 순환배관을 설치한다.
④ 가압송수장치에는 정격부하 운전 시 펌프의 성능을 시험하기 위하여 배관을 사용한다.

▶ 옥내소화전설비 펌프의 토출 측에는 압력계를 설치할 것

29 옥내소화전설비에서 가압송수장치의 기동을 나타내는 표시등의 색상은?

① 청색
② 황색
③ 흑색
④ 적색

▶ 적색표시등 설치

30 송수펌프의 수원에 설치하는 후트밸브의 기능은?

① 여과, 체크밸브기능
② 송수 및 여과기능
③ 급수 및 체크밸브기능
④ 여과 및 유량측정기능

▶ 후트밸브 : 여과기능, 체크밸브기능

31 소화펌프의 성능시험방법 및 배관에 대한 설명으로 맞는 것은?

① 펌프의 성능은 체절운전 시 정격토출압력의 150%를 초과하지 아니하여야 할 것
② 정격토출량의 150%로 운전 시 정격토출압력의 65% 이상이어야 할 것
③ 성능시험배관은 펌프의 토출 측에 설치된 개폐밸브 이후에서 분기할 것
④ 유량측정장치는 펌프의 정격토출압력의 165% 이상 측정할 수 있는 성능이 있을 것

> 펌프의 성능은 체절운전 시 정격토출압력의 140%를 초과하지 아니하고, 정격토출량의 150%로 운전 시 정격토출압력의 65% 이상이 되어야 하며, 펌프의 성능시험배관은 다음의 기준에 적합하여야 한다.
> 1. 성능시험배관은 펌프의 토출 측에 설치된 개폐밸브 이전에서 분기하여 설치하고, 유량측정장치를 기준으로 전단 직관부에 개폐밸브를 후단 직관부에는 유량조절밸브를 설치할 것
> 2. 유량측정장치는 성능시험배관의 직관부에 설치하되, 펌프의 정격토출량의 175% 이상 측정할 수 있는 성능이 있을 것

32 옥내소화전설비에서 펌프의 성능시험배관의 설치 위치로서 적합한 것은?

① 펌프의 토출 측과 개폐밸브 사이에
② 펌프의 흡입 측과 개폐밸브 사이에
③ 펌프로부터 가장 가까운 소화전 사이에
④ 펌프로부터 가장 먼 소화전 사이에

> 성능시험배관은 펌프의 토출 측에 설치된 개폐밸브 이전에서 분기하여 설치할 것

33 옥내소화전설비의 펌프의 전양정의 공식의 내용 중 맞지 않는 것은?

$$H = h_1 + h_2 + h_3 + 17$$

① H는 전양정
② h_1은 노즐선단 방수압력의 환산수두
③ h_2는 배관의 마찰손실수두
④ h_3는 낙차

> $H = h_1 + h_2 + h_3 + 17\text{m}$
> 여기서, H : 전양정(m), h_1 : 배관 및 관부속물 마찰손실수두(m)
> h_2 : 호스마찰손실수두(m), h_3 : 실양정(m)

34 물올림장치의 용량은 얼마 이상이어야 하는가?

① 50L ② 100L ③ 150L ④ 200L

> 수원의 수위가 펌프보다 낮은 위치에 있는 가압송수장치에는 다음의 기준에 따른 물올림장치를 설치할 것
> 가. 물올림장치에는 전용의 탱크를 설치할 것
> 나. 탱크의 유효수량은 100l 이상으로 하되, 구경 15mm 이상의 급수배관에 따라 해당 탱크에 물이 계속 보급되도록 할 것

35 기동용 수압개폐장치의 구성요소 중 압력챔버의 역할이 아닌 것은?

① 수격작용 방지
② 배관 내의 이물질 침투방지
③ 배관 내의 압력저하 시 충압펌프의 자동기동
④ 배관 내의 압력저하 시 주펌프의 자동기동

▶ 압력챔버의 역할 : 펌프의 자동기동 및 정지, 수격작용방지

36 옥내소화전설비의 기동용 수압개폐장치를 사용할 경우, 압력챔버 용적의 기준이 되는 수치는?

① 50L 이상
② 100L 이상
③ 150L 이상
④ 200L 이상

▶ 기동용 수압개폐장치(압력챔버)를 사용할 경우 그 용적은 100L 이상의 것으로 할 것

37 옥내소화전설비의 방수량에 맞는 것은?

① $Q = 0.653D^2\sqrt{10P}$
② $Q = K\sqrt{10P}$
③ $Q = N \times 250\text{L/min}$
④ $Q = N \times 350\text{L/min}$

▶ 노즐 방수량 계산 : $Q = 0.653D^2\sqrt{10P}$

38 옥내소화전의 주배관의 구경은 최소 몇 mm 이상이어야 하는가?

① 30mm 이상
② 40mm 이상
③ 50mm 이상
④ 60mm 이상

▶ • 펌프의 토출 측 주배관의 구경은 유속이 4m/s 이하가 될 수 있는 크기 이상으로 하여야 하고, 옥내소화전방수구와 연결되는 가지배관의 구경은 40mm(호스릴옥내소화전설비의 경우에는 25mm) 이상으로 하여야 하며, 주배관 중 수직배관의 구경은 50mm(호스릴옥내소화전설비의 경우에는 32mm) 이상으로 하여야 한다.
• 연결송수관설비의 배관과 겸용할 경우의 주배관은 구경 100mm 이상, 방수구로 연결되는 배관의 구경은 65mm 이상의 것으로 하여야 한다.

39 펌프의 토출 측 주 배관의 구경은 유속이 얼마 이하가 될 수 있는 크기 이상으로 하여야 하는가?

① 1m/s
② 2m/s
③ 3m/s
④ 4m/s

펌프의 토출 측 주배관의 구경은 유속이 4m/s 이하가 될 수 있는 크기 이상으로 하여야 한다.

40 다음은 무엇을 구하는 공식인가?

$$P = \frac{0.163 \times Q \times H}{E} \times K$$

① 마찰손실 산출공식
② 펌프모터의 소요동력 산출공식
③ 배관구경 결정공식
④ 분말약제 산출공식

P : 전동기의 출력(kW)
Q : 토출량(m^3/min)
H : 양정(m)
E : 효율
K : 전달계수

펌프의 효율 예

펌프 구경(mm)	효율
40	0.4~0.45
50~65	0.45~0.55
80	0.55~0.6
100	0.6~0.65
125~150	0.65~0.7

전달계수 예

동력의 종류	K의 값
전동기 직결	1.1
전동기 이외의 원동기	1.15~1.20

전양정

- 옥내소화전 $H = h_1 + h_2 + h_3 + 17m$
- 옥외소화전 $H = h_1 + h_2 + h_3 + 25m$
- 스프링클러설비 $H = h_1 + h_2 + 10m$
- 물분무소화설비 $H = h_1 + h_2 + h_4$

정답 39 ④ 40 ②

41 옥내소화전설비의 방수구 설치기준에 관한 설명이다. 틀린 것은?

① 방수구는 소방대상물의 각 부분으로부터 보행거리 25m 이하가 되도록 설치하여야 한다.
② 바닥으로부터의 높이가 1.5m 이하가 되도록 설치하여야 한다.
③ 호스는 호칭구경 40mm 이상의 것으로 물이 유효하게 뿌려질 수 있는 길이로 설치할 것
④ 방수구는 소방대상물의 각 층마다 설치한다.

▶ ────────────────────────────────────

　　수평거리 25m 이하

42 옥내소화전 방수구 설치 제외 대상이 아닌 것은?

① 고온의 노가 설치된 장소
② 병원의 수술실·응급처치실 기타 이와 유사한 장소
③ 냉장창고의 냉장실 또는 냉동창고의 냉동실
④ 야외음악당·야외극장·식물원·목욕실

▶ **옥내소화전 방수구 설치 제외 장소** ────────────────────────

• 냉장창고의 냉장실 또는 냉동창고의 냉동실
• 고온의 노가 설치된 장소 또는 물과 격렬하게 반응하는 물품의 저장 또는 취급장소
• 발전소·변전소 등으로서 전기시설이 설치된 장소
• 식물원·수족관·목욕실·수영장(관람석 부분을 제외한다) 또는 그 밖의 이와 비슷한 장소
• 야외음악당·야외극장 또는 그 밖의 이와 비슷한 장소

43 옥내소화전설비의 방수구는 해당층의 바닥으로부터 몇 m 이하의 위치에 설치하여야 하는가?

① 1.5m 이상　　　　　　　　　　② 1.5m 이하
③ 1.5~2.0m　　　　　　　　　　④ 1.0m 이하

▶ ────────────────────────────────────

　　1.5m 이하

44 옥외소화전설비의 법정 방수압력과 방수량으로 맞는 것은?

① 0.13MPa−130L/min　　　　　② 0.25MPa−350L/min
③ 0.35MPa−350L/min　　　　　④ 0.17MPa−130L/min

45 일반 건축물에 옥외소화전이 6개 설치되어 있는데 송수펌프를 설치한다면 펌프의 토출량(m^3/min)은 얼마인가?

① 0.5m^3/min
② 0.7m^3/min
③ 1.05m^3/min
④ 0.65m^3/min

$Q = 2 \times 350 l/min = 700 l/min = 0.7 m^3/min$

46 어떤 소방대상물에 옥외소화전이 3개 설치되어 있다. 이곳에 설치하여야 할 수원의 양(m^3)은 얼마 이상으로 하여야 하는가?

① 7m^3
② 14m^3
③ 18m^3
④ 21m^3

$Q = 2 \times 350 l/min \times 20min \times 10^{-3} m^3/l = 14 m^3$

47 옥외소화전의 노즐의 구경은 얼마인가?

① 11mm
② 13mm
③ 16mm
④ 19mm

• 옥내소화전 노즐 : 13mm
• 옥외소화전 노즐 : 19mm

48 옥외소화전설비에서 소방대상물의 각 부분으로부터 하나의 호스접결구까지의 수평거리는 몇 m 이하가 되도록 설치하여야 하는가?

① 25m
② 30m
③ 40m
④ 50m

수평거리 40m

49 옥외소화전은 소화전의 외함으로부터 얼마의 거리에 설치하여야 하는가?

① 5m 이내
② 6m 이내
③ 7m 이내
④ 8m 이내

정답 45 ② 46 ② 47 ④ 48 ③ 49 ①

▶ **제7조(소화전함 등)**

옥외소화전설비에는 옥외소화전마다 그로부터 5m 이내의 장소에 소화전함을 다음 각 호의 기준에 따라 설치하여야 한다.

1. 옥외소화전이 10개 이하 설치된 때에는 옥외소화전마다 5m 이내의 장소에 1개 이상의 소화전함을 설치하여야 한다.
2. 옥외소화전이 11개 이상 30개 이하 설치된 때에는 11개 이상의 소화전함을 각각 분산하여 설치하여야 한다.
3. 옥외소화전이 31개 이상 설치된 때에는 옥외소화전 3개마다 1개 이상의 소화전함을 설치하여야 한다.

50 옥외소화전이 60개 설치되어 있을 때 소화전함 설치개수는 몇 개인가?

① 5   ② 11

③ 20   ④ 30

▶

$\dfrac{60}{3} = 20$개

51 용량 2t의 탱크에 물을 가득 채운 소방차가 화재현장에 출동하여 노즐압력 0.4MPa, 노즐구경 2.5cm를 사용하여 방수한다면 소방차 내의 물이 전부 방수되는 데 약 몇 분이 소요되는가?

① 약 2분 30초   ② 약 3분 30초

③ 약 4분 30초   ④ 약 5분 30초

▶

$$Q(l/\min) = 0.653 \times 25^2 \times \sqrt{10 \times 0.4} = 816.25 l/\min$$

$2,000 l \div 816.25 l/\min = 2.45 \min$

따라서 2분 30초

52 스프링클러설비 배관의 직경을 정하는 데 가장 중요한 요소는 무엇인가?

① 유속   ② 압력

③ 압력손실   ④ 헤드의 형식

▶

배관의 구경은 제5조제1항제10호에 적합하도록 수리계산에 의하거나 별표 1의 기준에 따라 설치할 것. 다만, 수리계산에 따르는 경우 가지배관의 유속은 6m/s, 그 밖의 배관의 유속은 10m/s를 초과할 수 없다.

53 폐쇄형 건식 스프링클러설비의 계통도로 맞는 것은?

① 가압송수장치 $\xrightarrow{\text{물}}$ 자동경보밸브 $\xrightarrow{\text{물}}$ 폐쇄형 헤드

② 가압송수장치 $\xrightarrow{\text{물}}$ 건식 밸브 $\xrightarrow{\text{압축공기}}$ 폐쇄형 헤드

③ 가압송수장치 $\xrightarrow{\text{공기}}$ 건식밸브 $\xrightarrow{\text{공기}}$ 폐쇄형 헤드

④ 가압송수장치 $\xrightarrow{\text{물}}$ 준비작동식 밸브 $\xrightarrow{\text{공기}}$ 폐쇄형 헤드

54 다음 구성 요인 중 건식 설비에 해당되지 않는 것은?

① 리타딩 챔버
② 익저스터
③ 에어 레귤레이터
④ 액셀러레이터

> 리타딩 챔버 : 습식 유수검지장치

55 스프링클러설비시스템 중에서 건식 스프링클러설비에 물의 공급을 신속하게 하기 위해서 설치하는 부속장치는 다음 중 어느 것인가?

① 익저스터(Exhauster)
② 리타딩 챔버(Retarding Chamber)
③ 파일럿 밸브(Pilot Valve)
④ 중간 챔버(Intermediate Chamber)

> 건식 스프링클러 긴급개방장치 : 엑셀레이터, 익저스터

56 방수구에 감열체가 없이 항상 열려 있는 스프링클러헤드를 무엇이라 하는가?

① 조기반응형 헤드
② 화재조기진압용 헤드
③ 개방형 헤드
④ 폐쇄형 헤드

> 개방형 헤드는 방수구가 항상 열려 있는 개방상태의 헤드로 화재 확산이 매우 빠른 곳이거나, 폐쇄형 헤드가 개방되기 어려운 곳 등에 설치하는 헤드이다.

57 다음 중 자동경보밸브의 오보를 방지하기 위하여 설치하는 것은?

① 배수밸브   ② 압력스위치

③ 작동시험밸브   ④ 리타딩 챔버

▶

유수검지장치를 사용하는 스프링클러설비의 오동작, 오보를 방지하기 위한 설비는 리타딩 챔버이다.

58 습식 스프링클러설비에서 말단시험배관을 설치하는 이유로 옳은 것은?

① 정기적인 배관의 청소를 위해서

② 유수경보장치의 기능을 수시로 점검하기 위해서

③ 실제로 헤드를 개방하지 않고도 유수검지장치의 기능 및 가압송수장치의 동작을 확인하기 위해서

④ 배관 수압의 정상유무를 확인하기 위해서

▶

말단시험배관(장치)은 헤드에서 방사되는 가압수의 압력을 간접적으로 테스트하기 위한 것으로 가압송수장치의 정상기동, 방수압력, 유수검지장치의 기능확인도 함께 할 수 있다.

59 폐쇄형 스프링클러설비는 방호구역의 2개 층에 미치지 아니하여야 하며 바닥면적 몇 m^2 이하가 되어야 하는가?

① $600m^2$ ② $1,000m^2$

③ $3,000m^2$ ④ $5,000m^2$

▶ **방호구역의 기준**

• 하나의 방호구역은 2개 층에 미치지 아니하도록 할 것

  다만, 1개 층에 설치되는 스프링클러헤드의 수가 10개 이하인 경우에는 3개 층 이내로 할 수 있다.

• 하나의 방호구역의 바닥면적은 $3,000m^2$를 초과하지 아니할 것

60 개방형 스프링클러설비 하나의 방수구역에 설치할 수 있는 개방형 헤드의 개수는 몇 개 이하인가?

① 20개   ② 25개   ③ 30개   ④ 50개

▶ **방수구역의 기준**

• 하나의 방수구역은 2개 층에 미치지 아니할 것

• 하나의 방수구역을 담당하는 헤드의 개수는 50개 이하로 할 것

  다만, 2개 이상의 방수구역으로 나눌 경우에는 하나의 방수구역을 담당하는 헤드의 개수를 25개 이상으로 할 것

정답   57 ④   58 ③   59 ③   60 ④

61 스프링클러헤드 설치 시 유지하여야 할 수평거리 중 맞지 않는 것은?

① 무대부에는 1.7m 이하

② 랙크식 창고에는 2.5m 이하

③ 공동주택(아파트) 세대 내의 거실에는 3.2m 이하

④ 연소 우려가 있는 부분의 개구부에는 3.0m 이하

▶ 천장 또는 반자의 각 부분으로부터 스프링클러헤드까지의 수평거리

소방대상물	수평거리
무대부, 특수가연물을 저장 또는 취급하는 장소	1.7m 이하
일반건축물	2.1m 이하
내화건축물	2.3m 이하
랙크식 창고	2.5m 이하
공동주택(아파트) 세대 내의 거실	3.2m 이하

62 스프링클러설비 배관 중 교차배관에서 분기되는 지점을 기점으로 한쪽 가지배관에서 스프링클러헤드를 최대 몇 개(반자 아래의 헤드 개수)까지 설치할 수 있는가?

① 6개　　　　② 8개　　　　③ 10개　　　　④ 12개

▶ 가지배관의 배열은 토너먼트(Tournament)방식이 아니어야 하며 교차배관에서 분기되는 지점을 기점으로 한쪽 가지배관에 설치되는 헤드의 개수(반자 아래와 반자 속의 헤드를 하나의 가지배관상에 병설하는 경우에는 반자 아래에 설치하는 헤드의 개수)는 8개 이하로 하여야 한다.

63 스프링클러설비에 설치하는 수직배수배관의 구경은 몇 mm 이상이어야 하는가?

① 100mm　　　② 80mm　　　③ 65mm　　　④ 50mm

▶ 수직배수배관의 구경은 50mm 이상으로 하여야 한다.
다만, 수직배관의 구경이 50mm 미만인 경우에는 수직배관과 동일한 구경으로 할 수 있다.

64 지하층을 제외한 층수가 10층인 병원건물에 습식 스프링클러설비가 설치되어 있다면, 스프링클러설비에 필요한 수원의 양은 얼마 이상이어야 하는가?(단, 헤드는 각 층별로 200개씩 설치되어 있고 헤드의 부착높이는 3.5m 이하이다.)

① 16m³　　　② 24m³　　　③ 32m³　　　④ 48m³

○ 스프링클러설비의 수원

병원의 경우 충당 헤드의 수가 10개 이상이면 10개로 계산하므로

$Q = N \times 1.6m^3 = 10 \times 1.6m^3 = 16m^3$

65 스프링클러설비의 형식 중 개방형 헤드를 사용하는 설비는?

① 습식 ② 건식
③ 일제살수식 ④ 준비작동식

○ 스프링클러설비의 종류 및 특징

설비의 종류	사용 헤드	유수검지장치 등	배관상태(1차 측/2차 측)	감지기와 연동성
습식	폐쇄형	습식 유수검지장치	가압수/가압수	없음
건식	폐쇄형	건식 유수검지장치	가압수/압축공기	없음
준비작동식	폐쇄형	준비작동식 유수검지장치	가압수/저압공기	있음
부압식	폐쇄형	준비작동식 유수검지장치	가압수/부압수	있음
일제살수식	개방형	일제개방밸브	가압수/대기압	있음

66 스프링클러설비 중 준비작동식 스프링클러설비의 2차 측 배관 내 유체는 무엇인가?

① 물 ② 질소
③ 공기 ④ 압축가스

○

준비작동식 스프링클러설비의 준비작동밸브 1차 측에는 가압수가 채워져 있으며 2차 측에는 저압 또는 무압의 질소가 채워져 있다. 공기를 사용할 수도 있지만 공기는 응축의 우려가 있으므로 압축 가스인 질소를 사용하는 것이 좋다.

67 스프링클러헤드가 설치되는 배관을 무슨 배관이라 하는가?

① 주배관 ② 수평주행배관
③ 교차배관 ④ 가지배관

○ 스프링클러설비 배관의 구분

• 주배관 : 주로 수직배관으로 충과 충을 관통하는 배관
• 수평주행배관 : 유수검지장치 등에서 교차배관까지의 배관
• 교차배관 : 가지배관을 분기시키는 배관
• 가지배관 : 헤드가 분기되는 배관

68 유수검지장치의 종류가 아닌 것은?

① 습식 밸브(알람체크밸브) ② 건식 밸브(드라이밸브)

③ 준비작동식 밸브(프리액션밸브) ④ 일제개방식 밸브(델류지밸브)

▶ **방수구역의 기준**

- 습식 유수검지장치
- 건식 유수검지장치
- 준비작동식 유수검지장치

69 폐쇄형 스프링클러헤드의 기준개수가 30개인 소방대상물의 저장수량과 펌프의 토출량을 계산한 것이다. 옳은 것은?

① 78m³, 2.4m³/분 ② 78m³, 3.9m³/분

③ 48m³, 3.9m³/분 ④ 48m³, 2.4m³/분

▶ **스프링클러설비 폐쇄형 헤드 사용 시 수원과 토출량**

- 수원＝N×1.6m³＝30×1.6m³＝48m³
- 토출량＝N×80l/분＝30×80l/분＝2,400l/분＝2.4m³/분

70 스프링클러설비 가압송수장치의 정격토출압력은 하나의 헤드선단에서 얼마의 압력이 되어야 하는가?

① 0.1MPa 이상 0.7MPa 이하 ② 0.17MPa 이상 1.2MPa 이하

③ 0.1MPa 이상 1.2MPa 이하 ④ 0.17MPa 이상 0.7MPa 이하

▶

스프링클러설비 가압송수장치의 정격토출량은 80l/min 이상, 정격토출압력은 0.1MPa 이상 1.2MPa 이하이다.

71 스프링클러설비 말단시험장치에 대한 설명으로 옳지 않은 것은?

① 습식 스프링클러설비에는 설치하여야 한다.

② 펌프에서 가장 먼 스프링클러설비헤드가 연결된 가지배관에 연결 설치하여야 한다.

③ 말단시험장치는 배수가 용이한 곳에 설치하여야 한다.

④ 말단시험배관의 구경은 연결되는 가지배관과 같은 구경으로 하여야 한다.

▶

말단시험장치는 유수검지장치에서 가장 먼 가지배관 끝에 연결 설치하여야 한다.

72 스프링클러헤드를 설치하지 않아도 되는 것으로 틀린 것은?

① 통신기기실, 전자기기실

② 변전실, 발전실

③ 천장, 반자 중 한쪽이 불연재료로 되어 있고 천장과 반자 사이의 거리가 1m 미만인 부분

④ 현관 또는 로비 등으로서 바닥으로부터 높이가 10m 이상인 장소

📀 제15조(헤드의 설치 제외)

스프링클러설비를 설치하여야 할 특정소방대상물에 있어서 다음 각 호의 어느 하나에 해당하는 장소에는 스프링클러헤드를 설치하지 아니할 수 있다.

1. 계단실(특별피난계단의 부속실을 포함한다)·경사로·승강기의 승강로·비상용승강기의 승강장·파이프덕트 및 덕트피트(파이프·덕트를 통과시키기 위한 구획된 구멍에 한한다)·목욕실·수영장(관람석부분을 제외한다)·화장실·직접 외기에 개방되어 있는 복도·기타 이와 유사한 장소

2. 통신기기실·전자기기실·기타 이와 유사한 장소

3. 발전실·변전실·변압기·기타 이와 유사한 전기설비가 설치되어 있는 장소

4. 병원의 수술실·응급처치실·기타 이와 유사한 장소

5. 천장과 반자 양쪽이 불연재료로 되어 있는 경우로서 그 사이의 거리 및 구조가 다음 각 목의 어느 하나에 해당하는 부분
   가. 천장과 반자 사이의 거리가 2m 미만인 부분
   나. 천장과 반자 사이의 벽이 불연재료이고 천장과 반자 사이의 거리가 2m 이상으로서 그 사이에 가연물이 존재하지 아니하는 부분

6. 천장·반자 중 한쪽이 불연재료로 되어있고 천장과 반자 사이의 거리가 1m 미만인 부분

7. 천장 및 반자가 불연재료 외의 것으로 되어 있고 천장과 반자 사이의 거리가 0.5m 미만인 부분

8. 펌프실·물탱크실 엘리베이터 권상기실 그 밖의 이와 비슷한 장소〈신설 2008.12.15.〉

9. 삭제〈2013.6.10.〉

10. 현관 또는 로비 등으로서 바닥으로부터 높이가 20m 이상인 장소

11. 영하의 냉장창고의 냉장실 또는 냉동창고의 냉동실〈신설 2008.12.15.〉

12. 고온의 노가 설치된 장소 또는 물과 격렬하게 반응하는 물품의 저장 또는 취급장소

13. 불연재료로 된 특정소방대상물 또는 그 부분으로서 다음 각 목의 어느 하나에 해당하는 장소
    가. 정수장·오물처리장 그 밖의 이와 비슷한 장소
    나. 펄프공장의 작업장·음료수공장의 세정 또는 충전하는 작업장 그 밖의 이와 비슷한 장소
    다. 불연성의 금속·석재 등의 가공공장으로서 가연성물질을 저장 또는 취급하지 아니하는 장소

14. 실내에 설치된 테니스장·게이트볼장·정구장 또는 이와 비슷한 장소로서 실내 바닥·벽·천장이 불연재료 또는 준불연재료로 구성되어 있고 가연물이 존재하지 않는 장소로서 관람석이 없는 운동시설(지하층은 제외한다)

15. 「건축법 시행령」 제46조제4항에 따른 공동주택 중 아파트의 대피공간〈신설 2013.6.10.〉

73 근린생활시설에 간이스프링클러설비를 설치하여 간이형 헤드가 6개 설치되어 있을 때 확보해야 할 수원은 최소 몇 m³인가?

① 1m³   ② 2m³   ③ 3m³   ④ 5m³

> 간이형 스프링클러헤드의 표준방사량은 50l/min이며, 근린생활시설의 경우 20분간 사용 가능하여야 한다.
> 그러므로 수원의 양 = 5 × 50l/min × 20min = 5,000l = 5m³

74 간이스프링클러설비의 헤드를 간이형 스프링클러헤드로 설치하고 수원을 수조로 설치하고자 하는 경우 수원의 산정식으로 옳은 것은?

① 수원 = 2 × 0.5m³   ② 수원 = 2 × 0.6m³
③ 수원 = 2 × 0.8m³   ④ 수원 = 2 × 1.6m³

> **간이스프링클러의 수원산정식**
> • 간이형 스프링클러헤드 설치 시 : 2 × 0.5m³
> • 표준형 스프링클러헤드 설치 시 : 2 × 0.8m³

75 간이스프링클러설비의 정격토출압, 정격토출량을 옳게 설명한 것은?

① 간이형 스프링클러헤드 설치 시 방수압력은 0.06MPa 이상, 방수량은 50l/min 이상
② 간이형 스프링클러헤드 설치 시 방수압력은 0.1MPa 이상, 방수량은 80l/min 이상
③ 표준형 스프링클러헤드 설치 시 방수압력은 0.1MPa 이상, 방수량은 50l/min 이상
④ 표준형 스프링클러헤드 설치 시 방수압력은 0.1MPa 이상, 방수량은 80l/min 이상

> **간이스프링클러설비의 정격토출압력, 정격토출량**
> 가장 먼 가지배관에서 2개의 간이헤드를 동시에 개방할 경우
> • 간이형 스프링클러헤드 : 방수압력은 0.1MPa 이상, 방수량은 50l/min 이상
> • 표준형 스프링클러헤드 : 방수압력은 0.1MPa 이상, 방수량은 80l/min 이상

76 화재조기진압용 스프링클러설비의 수원산정식을 옳게 표현한 것은?(단, Q : 수원의 양(l), K : 상수[l/min/(MPa)1/2], P : 헤드 선단의 방사압력(MPa))

① $Q = 12 \times K \sqrt{10P} \times 20$ ② $Q = 12 \times K \sqrt{10P} \times 60$
③ $Q = 30 \times K \sqrt{10P} \times 20$ ④ $Q = 30 \times K \sqrt{10P} \times 60$

◉ **화재조기진압용 스프링클러설비의 수원산정식**

$Q = 12 \times K\sqrt{10P} \times 60$

여기서, Q : 수원의 양(l), K : 상수[$l/\min/(MPa)^{\frac{1}{2}}$], P : 헤드선단의 방사압력(MPa)

77 **화재조기진압용 스프링클러설비의 설치가 제외되는 위험물은 몇 류 위험물인가?**

① 제1류 위험물 　　② 제2류 위험물 　　③ 제4류 위험물 　　④ 제5류 위험물

◉ **화재조기진압용 스프링클러설비의 설치 제외 대상**

• 제4류 위험물
• 타이어, 두루마리 종이 및 섬유류, 섬유제품 등 연소 시 화염의 속도가 빠르고 방사된 물이 하부까지 도달하지 못하는 것

78 **특수가연물 저장실에 설치하는 물분무소화설비에서 수원의 양은 얼마나 되겠는가?**

① 바닥면적(m^2) × $10l/m^2 \cdot \min \times 20\min$　　② 바닥면적(m^2) × $8l/m^2 \cdot \min \times 20\min$

③ 바닥면적(m^2) × $4l/m^2 \cdot \min \times 20\min$　　④ 바닥면적(m^2) × $30l/m^2 \cdot \min \times 20\min$

◉ **물분무소화설비의 수원산정식**

• 특수가연물 : $Q = Am^2$(최대방수구역 바닥면적, 최소 $50m^2$) × $10l/m^2 \cdot \min \times 20\min$
• 차고 또는 주차장 : $Q = Am^2$(최대방수구역 바닥면적, 최소 $50m^2$) × $20l/m^2 \cdot \min \times 20\min$
• 절연유 봉입변압기 : $Q = Am^2 \times 10l/m^2 \cdot \min \times 20\min$
• 케이블 트레이, 덕트 등 : $Q = Am^2 \times 12l/m^2 \cdot \min \times 20\min$
• 위험물저장탱크 : $Q = Lm \times 37l/m \cdot \min \times 20\min$
• 컨베이어벨트 등 : $Q = Am^2 \times 10l/m^2 \cdot \min \times 20\min$

79 **물분무소화설비의 설치 제외 대상에 해당되지 않는 것은?**

① 운전 시에 표면의 온도가 260℃ 이상으로 되는 등 직접 분무를 하는 경우 그 부분에 손상을 입힐 우려가 있는 기계장치 등이 있는 장소
② 물에 심하게 반응하는 물질 또는 물과 반응하여 위험물질을 생성하는 물질을 저장 · 취급하는 장소
③ 154kV 이상 182kV까지의 고압 전기시설이 있는 장소
④ 고온의 물질 및 증류범위가 넓어 끓어 넘치는 위험이 있는 물질을 저장 · 취급하는 장소

◉ **물분무소화설비 설치 제외대상**

• 물과 심하게 반응하는 물질 또는 물과 반응하여 위험한 물질을 생성하는 물질을 저장 또는 취급하는 장소
• 고온의 물질 및 증류범위가 넓어 끓어넘칠 위험이 있는 물질을 저장 또는 취급하는 장소
• 운전 시에 표면의 온도가 260℃ 이상으로 되는 등 직접 분무를 하는 경우 그 부분에 손상을 입힐 우려가 있는 기계장치 등이 있는 장소

정답 77 ③ 　78 ① 　79 ③

80 물분무소화설비의 설치대상의 기준에 해당되는 것은?

① 주차용 건축물로서 연면적 200m² 이상인 것

② 건축물 내부에 설치된 차고 또는 주차장으로서 차고 또는 주차의 용도로 사용되는 부분의 바닥면적의 합계가 300m² 이상인 것

③ 기계식 주차장으로서 20대 이상의 차량을 주차할 수 있는 것

④ 전기실·발전실·변전실·축전지실·통신기기실 또는 전산실로서 바닥면적이 200m² 이상인 것

◉ 물분무소화설비의 설치대상 ───────────────────────

- 항공기 격납고
- 주차용 건축물로서 연면적 800m² 이상인 것
- 건축물 내부에 설치된 차고 또는 주차장으로서 차고 또는 주차의 용도로 사용되는 부분의 바닥면적의 합계가 200m² 이상인 것
- 기계식 주차장으로서 20대 이상의 차량을 주차할 수 있는 것
- 전기실·발전실·변전실·축전지실·통신기기실 또는 전산실로서 바닥면적이 300m² 이상인 것 (동일한 방화구획 내에 2 이상의 실이 설치되어 있는 경우에는 이를 1개의 실로 보아 바닥면적을 산정한다)
  다만, 내화구조로 된 공정제어실 내에 설치된 주조정실로서 양압시설이 설치되고 전기기기에 220 볼트 이하인 저전압이 사용되며 종업원이 24시간 상주하는 것을 제외한다.

81 위험물탱크 중 콘루프 탱크 내부에 설치하는 고정포방출구가 아닌 것은?

① Ⅰ형 포방출구 　　　　　② Ⅱ형 포방출구

③ Ⅲ형 포방출구 　　　　　④ 특형 포방출구

◉ 위험물탱크별 고정포방출구의 종류 ───────────────────

탱크의 종류	고정포방출구의 종류
콘루프 탱크	Ⅰ형 방출구, Ⅱ형 방출구, Ⅲ형 방출구, Ⅳ형 방출구
플루팅루프 탱크	특형 방출구

82 포혼합장치 중 펌프와 발포기 중간에 설치된 벤투리관의 벤투리작용에 의하여 포소화약제를 흡입·혼합하는 방식을 무엇이라고 하는가?

① 펌프 프로포셔너방식(Pump Proportioner Type)

② 라인 프로포셔너방식(Line Proportioner Type)

③ 프레셔 프로포셔너방식(Pressure Proportioner Type)

④ 프레셔 사이드 프로포셔너방식(Pressure Side Proportioner Type)

◉ 포혼합장치의 종류

• 펌프 프로포셔너방식(Pump Proportioner Type) : 펌프의 토출관과 흡입관 사이의 배관 도중에서 분기된 바이패스배관상에 설치된 흡입기에 펌프에서 토출된 물의 일부를 보내고 농도조절밸브에서 조정된 포소화약제의 필요량을 포소화약제 탱크에서 펌프 흡입 측으로 보내어 이를 혼합하는 방식

• 라인 프로포셔너방식(Iine Proportioner Type) : 펌프와 발포기 중간에 설치된 벤투리관의 벤투리작용에 의하여 포소화약제를 흡입ㆍ혼합하는 방식

• 프레셔 프로포셔너방식(Pressure Proportioner Type) : 펌프와 발포기의 중간에 설치된 벤투리관의 벤투리작용과 펌프 가압수의 포소화약제 저장탱크에 대한 압력에 의하여 포소화약제를 흡입ㆍ혼합하는 방식

• 프레셔 사이드 프로포셔너방식(Pressure Side Proportioner Type) : 펌프의 토출관에 압입기를 설치하여 포소화약제 압입용 펌프로 포소화약제를 압입시켜 혼합하는 방식

83 포소화설비에 혼합장치를 사용하는 목적 중 옳은 것은?

① 일정한 포방출압력을 유지하기 위하여
② 공기를 많이 흡입하기 위하여
③ 일정한 혼합비를 유지하기 위하여
④ 일정한 유량을 유지하기 위하여

◉

포소화설비의 혼합장치는 물과 포원액을 혼합하여 일정한 혼합비를 유지하기 위한 장치로 그 종류는 펌프 프로포셔너, 라인 프로포셔너, 프레셔 프로포셔너, 프레셔 사이드 프로포셔너가 있다.

84 다음 중 차고ㆍ주차장에 설치하는 포소화전설비의 설치기준으로 틀린 것은 무엇인가?

① 그 층에 설치된 포소화전방수구(5개 이상 설치된 경우에는 5개)를 동시에 사용할 경우 포노즐 선단의 포수용액 방사압력이 0.35MPa 이상일 것
② 저발포, 고발포의 포소화약제를 사용할 수 있는 것으로 할 것
③ 300l/min 이상(1개 층의 바닥면적이 200m^2 이하인 경우에는 230l/min 이상)의 포수용액을 수평거리 15m 이상으로 방사할 수 있도록 할 것
④ 호스함은 바닥으로부터 높이 1.5m 이하의 위치에 설치할 것

◉ 차고ㆍ주차장에 설치하는 호스릴 포소화설비 또는 포소화전설비의 설치기준

• 소방대상물의 어느 층에도 그 층에 설치된 호스릴 포방수구 또는 포소화전방수구(호스릴 포방수구 또는 포소화전방수구가 5개 이상 설치된 경우에는 5개)를 동시에 사용할 경우 각 이동식 포노즐 선단의 포수용액 방사압력이 0.35MPa 이상이고, 300l/min 이상(1개 층의 바닥면적이 200m^2 이하인 경우에는 230l/min 이상)의 포수용액을 수평거리 15m 이상으로 방사할 수 있도록 할 것

• 저발포의 포소화약제를 사용할 수 있는 것으로 할 것

- 호스릴 또는 호스를 호스릴 포방수구 또는 포소화전방수구로 분리하여 비치하는 때에는 그로부터 3m 이내의 거리에 호스릴함 또는 호스함을 설치할 것
- 호스릴함 또는 호스함은 바닥으로부터 높이 1.5m 이하의 위치에 설치하고 그 표면에는 "포호스릴함(또는 포소화전함)"이라고 표시한 표지와 적색의 위치표시등을 설치할 것
- 방호대상물의 각 부분으로부터 하나의 호스릴포 방수구까지의 수평거리는 15m 이하(포소화전 방수구의 경우에는 25m 이하)가 되도록 하고 호스릴 또는 호스의 길이는 방호대상물의 각 부분에 포가 유효하게 뿌려질 수 있도록 할 것

85 포소화약제의 저장량은 고정포방출구에서 방출하기 위하여 필요한 양 이상으로 하여야 한다. 공식에 대한 설명이 틀린 것은?

$$Q = A \times Q_1 \times T \times S$$

① Q : 포소화약제의 양(l)
② T : 방출시간(분)
③ A : 탱크의 체적(m^3)
④ S : 포소화약제의 농도

▶ **고정포방출구에서 필요한 수원의 양 산출식**

$Q = A \times Q_1 \times T \times S$

여기서, Q : 포소화약제의 양(l), A : 탱크의 액표면적(m^2)
Q_1 : 단위 포소화약제의 양(l/m^2분),
T : 방출시간(분), S : 포소화약제의 사용농도

86 위험물 탱크 내부에 설치하는 고정포방출구 중 다음의 설명에 해당되는 방출구의 종류는?

고정지붕구조의 탱크에 저부포주입법을 이용하는 것으로서 평상시에는 탱크의 액면하의 저부에 설치된 격납통에 수납되어 있는 특수호스 등이 송포관의 말단에 접속되어 있다가 포를 보내는 것에 의하여 특수호스 등이 전개되어 그 선단이 액면까지 도달한 후 포를 방출하는 포방출구

① I형 방출구
② II형 방출구
③ III형 방출구
④ IV형 방출구

▶ **고정포방출구의 종류**

- I형 방출구 : 고정 지붕구조의 탱크에 상부포주입법을 이용하는 것으로서 방출된 포가 액면 아래로 몰입되거나 액면을 뒤섞지 않고 액면상을 덮을 수 있는 통계단 또는 미끄럼판 등의 설비 및 탱크 내의 위험물증기가 외부로 역류되는 것을 저지할 수 있는 구조·기구를 갖는 포방출구
- II형 방출구 : 고정지붕구조 또는 부상덮개부착 고정지붕구조의 탱크에 상부포주입법을 이용하는 것으로서 방출된 포가 탱크 옆판의 내면을 따라 흘러내려 가면서 액면 아래로 몰입되거나 액면을 뒤섞지 않고 액면상을 덮을 수 있는 반사판 및 탱크 내의 위험물증기가 외부로 역류되는 것을 저지할 수 있는 구조·기구를 갖는 포방출구
- III형 방출구 : 고정지붕구조의 탱크에 저부포주입법을 이용하는 것으로서 송포관으로부터 포를 방출하는 포방출구

- Ⅳ형 방출구 : 고정지붕구조의 탱크에 저부포주입법을 이용하는 것으로서 평상시에는 탱크의 액면 하의 저부에 설치된 격납통에 수납되어 있는 특수호스 등이 송포관의 말단에 접속되어 있다가 포를 보내 특수호스 등이 전개되어 그 선단이 액면까지 도달한 후 포를 방출하는 포방출구
- 특형 방출구 : 부상지붕구조의 탱크에 상부포주입법을 이용하는 것으로서 부상지붕의 부상부분상에 높이 0.9m 이상의 금속제의 칸막이를 탱크 옆판의 내측으로부터 1.2m 이상 이격하여 설치하고 탱크 옆판과 칸막이에 의하여 형성된 환상 부분에 포를 주입하는 것이 가능한 구조의 반사판을 갖는 포방출구

87 이산화탄소 소화설비의 적용대상으로 적당하지 못한 것은?

① 가연성 기체와 액체류를 취급하는 장소
② 발전기, 변압기 등의 전기설비
③ 박물관, 문서고 등 소화약제로 인한 오손이 문제가 되는 대상
④ 화약류 저장창고

이산화탄소 소화설비의 주된 소화효과는 질식효과이다.
화약류의 경우 물질 내부에 충분한 양의 산소를 가지고 있는 자기연소성 물질로 질식에 의한 소화효과는 전혀 효과가 없다.

88 이산화탄소 소화설비 분사헤드의 설치장소 제외 대상이 아닌 것은?

① 나트륨·칼륨·칼슘 등 활성금속물질을 저장·취급하는 장소
② 전시장 등의 관람을 위하여 다수인이 출입·통행하는 통로 및 전시실 등
③ 박물관, 서고 등 심부화재의 우려가 있는 곳
④ 니트로셀룰로오스·셀룰로이드제품 등 자기연소성 물질을 저장·취급하는 장소

분사헤드 설치 제외

- 방재실·제어실 등 사람이 상시 근무하는 장소
- 니트로셀룰로오스·셀룰로이드제품 등 자기연소성 물질을 저장·취급하는 장소
- 나트륨·칼륨·칼슘 등 활성금속물질을 저장·취급하는 장소
- 전시장 등의 관람을 위하여 다수인이 출입·통행하는 통로 및 전시실 등

89 탄산가스소화설비 중 저압식 저장용기에는 자동냉동장치를 설치하여 용기 내부온도와 압력을 얼마로 유지하여야 하는가?

① 0℃, 0.53MPa 이상
② −18℃, 2.1MPa 이상
③ 35℃, 2.0MPa 이상
④ 40℃, 2.0MPa 이상

저압식 저장용기에는 자동냉동장치를 설치하여 −18℃ 이하에서 2.1MPa 이상을 유지하여야 한다.

90 이산화탄소 저장용기 설치장소의 기준에 적합하지 않은 것은?

① 온도가 섭씨 40도 이하인 장소　　　② 방호구역

③ 직사광선 및 빗물이 침투할 우려가 없는 곳　④ 온도변화가 적은 곳

◉ **이산화탄소 저장용기 설치장소의 기준** ─────────────

- 방호구역 외의 장소에 설치할 것
  다만, 방호구역 내에 설치할 경우에는 피난 및 조작이 용이하도록 피난구 부근에 설치할 것
- 온도가 40℃ 이하이고, 온도변화가 적은 곳에 설치할 것
- 직사광선 및 빗물이 침투할 우려가 없는 곳에 설치할 것
- 방화문으로 구획된 실에 설치할 것
- 용기의 설치장소에는 당해 용기가 설치된 곳임을 표시하는 표지를 할 것
- 용기 간의 간격은 점검에 지장이 없도록 3cm 이상의 간격을 유지할 것
- 저장용기와 집합관을 연결하는 연결배관에는 체크밸브를 설치할 것
  다만, 저장용기가 하나의 방호구역만을 담당하는 경우에는 그러하지 아니하다.

91 호스릴 이산화탄소 소화설비에 있어서 소화약제의 저장량은 얼마 이상이어야 하는가?

① 하나의 노즐에 대하여 70kg　　　② 하나의 노즐에 대하여 90kg

③ 하나의 노즐에 대하여 120kg　　　④ 하나의 노즐에 대하여 150kg

◉ ─────────────────────────────

호스릴 이산화탄소 소화설비는 노즐마다 90kg 이상을 저장하여야 한다.

92 이산화탄소 소화설비의 특징이 아닌 것은?

① 화재 진화 후 깨끗하다.　　　② 약제는 독성이 없다.

③ 소음이 크다.　　　④ 전기, 기계, 유류화재에 효과가 없다.

◉ **이산화탄소 소화설비의 장단점** ─────────────

① 장점
- 화재 진압 후 깨끗하다.　　• 약제는 독성이 없다.
- 피연소물에 피해가 없다.　　• 증거보존이 용이하여 화재원인 조사가 쉽다.
- 전기의 부도체이므로 전기화재에 유효하다.　• 심부화재에 유효하다.

② 단점
- 질식의 우려가 있다.
- 저온에 의한 동상의 우려가 있다.
- 고압가스이므로 취급ㆍ저장에 유의해야 한다.
- 방사 시 소음이 심하다.
- 화재의 빠른 진화가 어렵다.
- 재발화의 우려가 있다.

93 이산화탄소(CO_2)를 저압식으로 설치할 때 분사헤드의 방사압력은 얼마인가?

① 1.05MPa 이상　　　　　　　　② 1.3MPa 이상
③ 1.5MPa 이상　　　　　　　　④ 2.0MPa 이상

◉ 이산화탄소 소화설비 분사헤드의 방사압력
- 고압식 : 2.1MPa 이상　　　　　　• 저압식 : 1.05MPa 이상

94 이산화탄소 용기는 내용적이 68l인 것이 보통이다. 충전비를 1.5로 하였을 때의 액체가스의 중량은 얼마인가?

① 6kg　　　　　　　　② 16kg
③ 45kg　　　　　　　　④ 59kg

◉

$$G = \frac{V}{C}$$

　　여기서, G : 충전질량(kg), C : 충전비(l/kg), V : 용기의 내용적(l)

$$\therefore G = \frac{68}{1.5} = 45\text{kg}$$

95 다음은 호스릴 이산화탄소 소화설비의 설치기준이다. 옳지 않은 것은?

① 소화약제 저장용기의 가장 가깝고 보기 쉬운 곳에 표시등을 설치하여야 한다.
② 소화약제 저장용기는 호스릴 2개마다 1개 이상 설치하여야 한다.
③ 노즐당 소화약제 방출량은 20℃에서 1분당 60kg 이상이어야 한다.
④ 약제 개방밸브는 호스의 장소에서 수동으로 개폐할 수 있어야 한다.

◉ 호스릴 이산화탄소 소화설비의 설치기준
- 방호대상물의 각 부분으로부터 하나의 호스접결구까지의 수평거리가 15m 이하가 되도록 할 것
- 노즐은 20℃에서 하나의 노즐마다 60kg/min 이상의 소화약제를 방사할 수 있는 것으로 할 것
- 소화약제 저장용기는 호스릴을 설치하는 장소마다 설치할 것
- 소화약제 저장용기의 개방밸브는 호스의 설치장소에서 수동으로 개폐할 수 있는 것으로 할 것
- 소화약제 저장용기의 가장 가까운 곳의 보기 쉬운 곳에 표시등을 설치하고 호스릴 이산화탄소 소화설비가 있다는 뜻을 표시한 표지를 할 것

96 할론 1301 소화설비의 소화약제는 20℃에서 4.2MPa의 압력으로 축압되어 있다. 이때 축압용으로 사용되는 가스는 무엇인가?

① 수소　　　　　　　　② 질소
③ 이너전(IG－541)　　　　　　④ 이산화탄소

정답 93 ① 94 ③ 95 ② 96 ②

◎ **할론소화설비의 충전압력**

- 축압식 저장용기의 압력은 20℃에서 할론 1211을 저장하는 것은 1.1MPa 또는 2.5MPa, 할론 1301을 저장하는 것은 2.5MPa 또는 4.2MPa가 되도록 질소가스로 축압한다.
- 가압용 가스용기는 질소가스가 충전된 것으로 하고, 그 압력은 21℃에서 2.5MPa 또는 4.2MPa 이 되도록 하여야 한다.

97 호스릴 할론 1301 소화설비에서 하나의 노즐마다 1분에 방사하여야 하는 약제의 양은 얼마인가?(단, 저장용기량이 아니다.)

① 35kg ② 40kg
③ 45kg ④ 50kg

◎ **호스릴 할론소화설비의 분당 방사량**

소화약제의 종별	1분당 방사하는 소화약제의 양
할론 2402	45kg
할론 1211	40kg
할론 1301	35kg

98 할론 2402를 방사하는 분사헤드의 방사압력은?

① 0.1MPa 이상 ② 0.2MPa 이상
③ 0.5MPa 이상 ④ 0.9MPa 이상

◎ **할론소화설비 분사헤드의 방사압력**

- 할론 2402 : 0.1MPa 이상
- 할론 1211 : 0.2MPa 이상
- 할론 1301 : 0.9MPa 이상

99 할론소화설비의 특징으로 적당하지 않은 것은?

① 오존층을 보호하여 준다.
② 연소 억제작용이 크며, 소화능력이 크다.
③ 금속에 대한 부식성이 적다.
④ 변질, 분해 등이 적다.

◎

할론 소화약제는 오존층 파괴와 화재실에 방사 시 연쇄반응 차단효과에 의한 유독성 기체를 발생시킨다.

정답 97 ① 98 ① 99 ①

100 할로겐화합물 소화약제 중 하나인 "HFC-125"의 분자식으로 옳은 것은?

① $CHClFCF_3$

② CHF_2CF_3

③ CF_3CHFCF_3

④ CHF_3

▶

① $CHClFCF_3$: HCFC-124

② CHF_2CF_3 : HFC-125

③ CF_3CHFCF_3 : HFC-227ea

④ CHF_3 : HFC-23

101 할로겐화합물 및 불활성기체 소화약제 용기 간 간격기준은 얼마인가?

① 1cm

② 2cm

③ 3cm

④ 5cm

◈ **할로겐화합물 및 불활성기체(청정) 소화약제 저장용기의 설치기준**

• 방호구역 외의 장소에 설치할 것
  다만, 방호구역 내에 설치할 경우에는 피난 및 조작이 용이하도록 피난구 부근에 설치할 것
• 온도가 55℃ 이하이고, 온도변화가 적은 곳에 설치할 것
• 직사광선 및 빗물이 침투할 우려가 없는 곳에 설치할 것
• 방화문으로 구획된 실에 설치할 것
• 용기의 설치장소에는 당해 용기가 설치된 곳임을 표시하는 표지를 할 것
• 용기 간의 간격은 점검에 지장이 없도록 3cm 이상의 간격을 유지할 것
• 저장용기와 집합관을 연결하는 연결배관에는 체크밸브를 설치할 것
  다만, 저장용기가 하나의 방호구역만을 담당하는 경우에는 그러하지 아니하다.

102 할로겐화합물 및 불활성기체 소화약제 저장용기 설치장소의 유지온도로 옳은 것은?

① 35℃ 이하

② 40℃ 이하

③ 50℃ 이하

④ 55℃ 이하

▶

할로겐화합물 및 불활성기체(청정) 소화약제 저장용기의 설치장소는 온도가 55℃ 이하이고 온도의 변화가 적은 곳에 설치할 것

103 불활성기체 소화약제 중 "IG-541"의 주성분을 옳게 나타낸 것은?

① N_2 : 40%, Ar : 40%, CO_2 : 20%

② N_2 : 52%, Ar : 40%, CO_2 : 8%

③ N_2 : 60%, Ar : 32%, CO_2 : 8%

④ N_2 : 48%, Ar : 32%, CO_2 : 20%

◈ **불활성기체의 종별 주성분**

• "IG-01"-Ar : 100%

• "IG-55"-N_2 : 50%, Ar : 50%

• "IG-100"-N_2 : 100%

• "IG-541"-N_2 : 52%, Ar : 40%, CO_2 : 8%

104 할로겐화합물 소화약제의 용기를 재충전하거나 저장용기를 교체해야 되는 기준을 옳게 나타낸 것은?

① 약제량 손실이 3%를 초과하거나 압력손실이 10%를 초과할 경우
② 약제량 손실이 3%를 초과하거나 압력손실이 15%를 초과할 경우
③ 약제량 손실이 5%를 초과하거나 압력손실이 10%를 초과할 경우
④ 약제량 손실이 5%를 초과하거나 압력손실이 15%를 초과할 경우

◉ **할로겐화합물 및 불활성기체 소화약제 용기의 재충전 또는 교체 기준**

- 할로겐화합물 청정소화약제 저장용기 : 약제량 손실이 5%를 초과하거나 압력손실이 10%를 초과할 경우
- 불활성가스 청정소화약제 저장용기 : 압력손실이 5%를 초과할 경우

105 할로겐화합물 및 불활성기체 소화설비를 설치할 수 없는 장소는?

① 제3류 위험물 저장소　　　　② 전기실
③ 제4류 위험물 저장소　　　　④ 컴퓨터실

◉ **제5조(설치 제외)**

할로겐화합물 및 불활성기체 소화설비는 다음 각 호에서 정한 장소에는 설치할 수 없다.
1. 사람이 상주하는 곳으로서 제7조제2항의 최대허용설계농도를 초과하는 장소
2. 「위험물안전기본법 시행령」 별표 1의 제3류 위험물 및 제5류 위험물을 사용하는 장소. 다만, 소화성능이 인정되는 위험물은 제외한다.

106 할로겐화합물 소화약제를 구성하는 원소에 해당되지 않는 원소는?

① 요오드　　　　② 염소
③ 불소　　　　④ 아르곤

◉

"할로겐화합물 소화약제"란은 불소, 염소, 브롬 또는 요오드 중 하나 이상의 원소를 포함하고 있는 유기화합물을 기본성분으로 하는 소화약제를 말한다.

107 A, B, C급 분말소화기의 주성분은?

① $NaHCO_3$　　　　② $KHCO_3$
③ $NH_4H_2PO_4$　　　　④ $KHCO_3 + (NH_2)_2CO$

◉ **분말 약제의 종류별 착색 및 적응화재**

종별	주성분	착색	적응화재
제1종 분말	$NaHCO_3$	백색	B, C
제2종 분말	$KHCO_3$	자색	B, C
제3종 분말	$NH_4H_2PO_4$	담홍색	A, B, C
제4종 분말	$kNCO_3+NH_2CONH_2$	회색	B, C

108 분말소화설비에서 분말소화약제의 방사시간으로 적합한 것은?

① 20초   ② 30초   ③ 40초   ④ 60초

◉

분말소화설비의 전역, 국소방출방식의 분사헤드는 규정에 따른 소화약제 기준 저장량을 30초 이내에 방사할 수 있는 것으로 하여야 한다.

109 호스릴 분말소화설비의 노즐은 제4종 분말을 분당 몇 kg을 방사할 수 있어야 하는가?

① 45kg   ② 27kg   ③ 18kg   ④ 9kg

◉ **호스릴 분말소화설비의 노즐 1개당 약제 보유량 및 방사량**

소화약제의 종별	소화약제 보유량	1분간 방사량
제1종 분말	50kg	45kg
제2종, 제3종 분말	30kg	27kg
제4종 분말	20kg	18kg

110 차고 또는 주차장에 설치하는 분말소화설비에 사용되는 소화약제는 어느 것인가?

① 제1종 분말   ② 제2종 분말
③ 제3종 분말   ④ 제4종 분말

◉

차고, 주차장의 화재는 일반화재(A급화재)이므로 ABC 분말소화약제인 3종 분말을 사용하여야 한다.

111 면적 200m²인 실 4개가 있는 기숙사에 단독경보형 감지기를 설치하고자 한다. 모두 몇 개를 설치하여야 하는가?

① 2개   ② 4개   ③ 6개   ④ 8개

단독경보형 감지기는 실별 150m²마다 설치하므로

감지기 설치수 $N = \dfrac{200}{150} ≒ 2$개, 4개의 실이므로 전체는 8개

112 비상경보설비의 설치대상으로 옳지 않은 것은?

① 연면적 400m²(지하가 중 터널 또는 사람이 거주하지 않거나 벽이 없는 축사는 제외한다) 이상인 것
② 지하층 또는 무창층의 바닥면적이 200m²(공연장의 경우 150m²) 이상인 것
③ 지하가 중 터널로서 길이가 500m 이상인 것
④ 50명 이상의 근로자가 작업하는 옥내 작업장

▶ 비상경보설비 설치대상

- 연면적 400m²(지하가 중 터널 또는 사람이 거주하지 않거나 벽이 없는 축사는 제외한다) 이상이거나 지하층 또는 무창층의 바닥면적이 150m²(공연장의 경우 100m²) 이상인 것
- 지하가 중 터널로서 길이가 500m 이상인 것
- 50명 이상의 근로자가 작업하는 옥내 작업장

113 비상벨설비 또는 자동식사이렌설비의 설치기준으로 옳지 않은 것은?

① 부식성 가스 또는 습기 등으로 인하여 부식의 우려가 없는 장소에 설치할 것
② 지구음향장치는 소방대상물의 층마다 설치하되, 당해 소방대상물의 각 부분으로부터 하나의 음향장치까지의 수평거리가 25m 이하가 되도록 할 것
③ 음향장치는 정격전압의 80% 전압에서 음향을 발할 수 있도록 하여야 한다.
④ 음향장치의 음량은 부착된 음향장치의 중심으로부터 1m 떨어진 위치에서 70dB 이상이 되는 것으로 하여야 한다.

▶ 제4조(비상벨설비 또는 자동식사이렌설비)

① 비상벨설비 또는 자동식사이렌설비는 부식성가스 또는 습기 등으로 인하여 부식의 우려가 없는 장소에 설치하여야 한다.
② 지구음향장치는 특정소방대상물의 층마다 설치하되, 해당 특정소방대상물의 각 부분으로부터 하나의 음향장치까지의 수평거리가 25m 이하가 되도록 하고, 해당층의 각 부분에 유효하게 경보를 발할 수 있도록 설치하여야 한다. 다만, 「비상방송설비의 화재안전기준(NFSC 202)」에 적합한 방송설비를 비상벨설비 또는 자동식사이렌설비와 연동하여 작동하도록 설치한 경우에는 지구음향장치를 설치하지 아니할 수 있다.
③ 음향장치는 정격전압의 80% 전압에서 음향을 발할 수 있도록 하여야 한다. 다만, 건전지를 주전원으로 사용하는 음향장치는 그러하지 아니하다. 〈개정 2019.5.24.〉
④ 음향장치의 음량은 부착된 음향장치의 중심으로부터 1m 떨어진 위치에서 90dB 이상이 되는 것으로 하여야 한다.
⑤ 발신기는 다음 각 호의 기준에 따라 설치하여야 한다. 〈개정 2021.1.15.〉

1. 조작이 쉬운 장소에 설치하고, 조작스위치는 바닥으로부터 0.8m 이상 1.5m 이하의 높이에 설치할 것
2. 특정소방대상물의 층마다 설치하되, 해당 특정소방대상물의 각 부분으로부터 하나의 발신기까지의 수평거리가 25m 이하가 되도록 할 것. 다만, 복도 또는 별도로 구획된 실로서 보행거리가 40m 이상일 경우에는 추가로 설치하여야 한다.
3. 발신기의 위치표시등은 함의 상부에 설치하되, 그 불빛은 부착 면으로부터 15° 이상의 범위 안에서 부착지점으로부터 10m 이내의 어느 곳에서도 쉽게 식별할 수 있는 적색등으로 할 것

⑥ 비상벨설비 또는 자동식사이렌설비의 상용전원은 다음 각 호의 기준에 따라 설치하여야 한다.
1. 전원은 전기가 정상적으로 공급되는 축전지, 전기저장장치(외부 전기에너지를 저장해 두었다가 필요한 때 전기를 공급하는 장치) 또는 교류전압의 옥내 간선으로 하고, 전원까지의 배선은 전용으로 할 것
2. 개폐기에는 "비상벨설비 또는 자동식사이렌설비용"이라고 표시한 표지를 할 것

⑦ 비상벨설비 또는 자동식사이렌설비에는 그 설비에 대한 감시상태를 60분간 지속한 후 유효하게 10분 이상 경보할 수 있는 축전지설비(수신기에 내장하는 경우를 포함한다) 또는 전기저장장치(외부 전기에너지를 저장해 두었다가 필요한 때 전기를 공급하는 장치)를 설치하여야 한다. 다만, 상용전원이 축전지설비인 경우 또는 건전지를 주전원으로 사용하는 무선식 설비인 경우에는 그러하지 아니하다. 〈개정 2019.5.24.〉

⑧ 비상벨설비 또는 자동식사이렌설비의 배선은 「전기사업법」 제67조에 따른 기술기준에서 정한 것 외에 다음 각 호의 기준에 따라 설치하여야 한다.
1. 전원회로의 배선은 「옥내소화전설비의 화재안전기준(NFSC 102)」 별표 1에 따른 내화배선에 의하고 그 밖의 배선은 「옥내소화전설비의 화재안전기준(NFSC 102)」 별표 1에 따른 내화배선 또는 내열배선에 따를 것
2. 전원회로의 전로와 대지 사이 및 배선 상호 간의 절연저항은 「전기사업법」 제67조에 따른 기술기준이 정하는 바에 의하고, 부속회로의 전로와 대지 사이 및 배선 상호 간의 절연저항은 1경계구역마다 직류 250V의 절연저항측정기를 사용하여 측정한 절연저항이 0.1MΩ 이상이 되도록 할 것
3. 배선은 다른 전선과 별도의 관·덕트(절연효력이 있는 것으로 구획한 때에는 그 구획된 부분은 별개의 덕트로 본다)·몰드 또는 풀박스 등에 설치할 것. 다만, 60V 미만의 약전류회로에 사용하는 전선으로서 각각의 전압이 같을 때에는 그러하지 아니하다.

114 단독경보형감지기의 설치기준으로 옳지 않은 것은?

① 각 실마다 설치하되, 바닥면적이 100m²를 초과하는 경우에는 100m²마다 1개 이상 설치할 것
② 최상층 계단실의 천장(외기가 상통하는 계단실은 제외)에 설치할 것
③ 건전지를 주전원으로 사용하는 단독경보형감지기는 정상적인 작동상태를 유지할 수 있도록 건전지를 교환할 것
④ 상용전원을 주전원으로 사용하는 2차전지는 성능시험에 합격한 것일 것

▶ 제5조(단독경보형감지기)

단독경보형감지기는 다음 각 호의 기준에 따라 설치하여야 한다.

1. 각 실(이웃하는 실내의 바닥면적이 각각 30m² 미만이고 벽체의 상부의 전부 또는 일부가 개방되어 이웃하는 실내와 공기가 상호유통되는 경우에는 이를 1개의 실로 본다)마다 설치하되, 바닥면적이 150m²를 초과하는 경우에는 150m²마다 1개 이상 설치할 것
2. 최상층의 계단실의 천장(외기가 상통하는 계단실의 경우를 제외한다)에 설치할 것
3. 건전지를 주전원으로 사용하는 단독경보형감지기는 정상적인 작동상태를 유지할 수 있도록 건전지를 교환할 것
4. 상용전원을 주전원으로 사용하는 단독경보형감지기의 2차전지는 법 제39조에 따라 제품검사에 합격한 것을 사용할 것〈개정 2012.8.20.〉

115 비상방송 음향장치의 설치기준 중 옳은 것은?

① 확성기의 음성입력은 2W(실내에 설치하는 것에는 1W) 이상일 것
② 확성기는 각 층마다 설치하되, 그 층의 각 부분으로부터 하나의 확성기까지의 수평거리가 20m 이하가 되도록 하고, 당해 층의 각 부분에 유효하게 경보를 발할 수 있도록 설치할 것
③ 음량조정기를 설치하는 경우 음량조정기의 배선은 3선식으로 할 것
④ 조작부의 조작스위치는 바닥으로부터 0.5m 이상 1.0m 이하의 높이에 설치할 것

◉ 제4조(음향장치)

비상방송설비는 다음 각 호의 기준에 따라 설치하여야 한다. 이 경우 엘리베이터 내부에는 별도의 음향장치를 설치할 수 있다.
1. 확성기의 음성입력은 3W(실내에 설치하는 것에 있어서는 1W) 이상일 것
2. 확성기는 각층마다 설치하되, 그 층의 각 부분으로부터 하나의 확성기까지의 수평거리가 25m 이하가 되도록 하고, 해당층의 각 부분에 유효하게 경보를 발할 수 있도록 설치할 것
3. 음량조정기를 설치하는 경우 음량조정기의 배선은 3선식으로 할 것
4. 조작부의 조작스위치는 바닥으로부터 0.8m 이상 1.5m 이하의 높이에 설치할 것
5. 조작부는 기동장치의 작동과 연동하여 해당 기동장치가 작동한 층 또는 구역을 표시할 수 있는 것으로 할 것
6. 증폭기 및 조작부는 수위실 등 상시 사람이 근무하는 장소로서 점검이 편리하고 방화상 유효한 곳에 설치할 것
7. 층수가 5층 이상으로서 연면적이 3,000m²를 초과하는 특정소방대상물은 다음 각 목에 따라 경보를 발 할 수 있도록 하여야 한다.〈개정 2008.12.15, 2012.2.15.〉
   가. 2층 이상의 층에서 발화한 때에는 발화층 및 그 직상층에 경보를 발할 것
   나. 1층에서 발화한 때에는 발화층·그 직상층 및 지하층에 경보를 발할 것
   다. 지하층에서 발화한 때에는 발화층·그 직상층 및 기타의 지하층에 경보를 발할 것
7의2. 삭제〈2013.6.11.〉
8. 다른 방송설비와 공용하는 것에 있어서는 화재 시 비상경보외의 방송을 차단할 수 있는 구조로 할 것
9. 다른 전기회로에 따라 유도장애가 생기지 아니하도록 할 것
10. 하나의 특정소방대상물에 2 이상의 조작부가 설치되어 있는 때에는 각각의 조작부가 있는 장소 상호 간에 동시통화가 가능한 설비를 설치하고, 어느 조작부에서도 해당 특정소방대상물의 전 구역에 방송을 할 수 있도록 할 것
11. 기동장치에 따른 화재신고를 수신한 후 필요한 음량으로 화재발생 상황 및 피난에 유효한 방송

이 자동으로 개시될 때까지의 소요시간은 10초 이하로 할 것
12. 음향장치는 다음 각 목의 기준에 따른 구조 및 성능의 것으로 하여야 한다.
　가. 정격전압의 80% 전압에서 음향을 발할 수 있는 것을 할 것
　나. 자동화재탐지설비의 작동과 연동하여 작동할 수 있는 것으로 할 것

116 발신기와 전화통화가 가능한 수신기는 몇 층 이상의 소방대상물에 설치하여야 하는가?

① 3층　　　　　　　　　　　　　② 4층
③ 5층　　　　　　　　　　　　　④ 11층

▶ 제5조(수신기)

자동화재탐지설비의 수신기는 다음 각 호의 기준에 적합한 것으로 설치하여야 한다.
1. 해당 특정소방대상물의 경계구역을 각각 표시할 수 있는 회선수 이상의 수신기를 설치할 것
2. 4층 이상의 특정소방대상물에는 발신기와 전화통화가 가능한 수신기를 설치할 것
3. 해당 특정소방대상물에 가스누설탐지설비가 설치된 경우에는 가스누설탐지설비로부터 가스누설 신호를 수신하여 가스누설경보를 할 수 있는 수신기를 설치할 것(가스누설탐지설비의 수신부를 별도로 설치한 경우에는 제외한다)

117 수신기의 설치기준으로 옳지 않은 것은?

① 수위실 등 상시 사람이 근무하고 있는 장소에 설치하고 그 장소에는 경계구역 일람도를 비치 할 것
② 수신기의 음향기구는 그 음량 및 음색이 다른 기기의 소음 등과 명확히 구별될 수 있는 것으로 할 것
③ 하나의 표시등에는 두 개 이상의 경계구역이 표시되도록 할 것
④ 화재·가스·전기 등에 대한 종합방재반을 설치한 경우에는 당해 조작반에 수신기의 작동과 연동하여 감지기·중계기 또는 발신기가 작동하는 경계구역을 표시할 수 있는 것으로 할 것

▶ 수신기의 설치기준

• 수위실 등 상시 사람이 근무하고 있는 장소에 설치하고 그 장소에는 경계구역 일람도를 비치할 것
• 수신기의 음향기구는 그 음량 및 음색이 다른 기기의 소음등과 명확하게 구별될 수 있는 것으로 할 것
• 하나의 경계구역은 하나의 표시등 또는 하나의 문자로 표시되도록 할 것
• 수신기의 조작스위치는 바닥으로부터 0.8m 이상 1.5m 이하인 장소에 설치할 것
• 하나의 소방대상물에 2 이상의 수신기를 설치하는 경우에는 수신기가 설치된 장소 상호 간에 동시 통화가 가능한 설비를 할 것
• 4층 이상의 소방대상물에는 발신기와 전화통화가 가능한 수신기를 설치할 것

118 스포트형 감지기는 몇 도 이상 경사되지 않도록 부착해야 하는가?

① 15　　　　　　② 25　　　　　　③ 35　　　　　　④ 45

> ◎ **감지기 설치기준**
> - 감지기(차동식 분포형의 것 제외)는 실내의 공기유입구로부터 1.5m 이상 떨어진 곳에 설치
> - 보상식 스포트형 감지기는 정온점이 감지기 주위의 평상시 최고 온도보다 20℃ 이상 높은 것으로 설치해야 한다.
> - 스포트형 감지기는 45° 이상 경사되지 않도록 부착할 것
> - 차동식 분포형 감지기의 검출부는 5° 이상 경사되지 않도록 부착
> - 정온식 감지기는 주방·보일러실 등으로서 다량의 화기를 취급하는 장소에 설치하되, 공칭작동온도가 최고 주위온도보다 20℃ 이상 높은 것으로 설치할 것

119 다음 중 P형 1급 발신기의 구조나 기능이 아닌 것은?

① 응답확인램프 ② 스위치 ③ 회로시험 ④ 전화잭

> ◎ **P형 1급 발신기**
> ① 용도 : P형 1급 수신기 또는 R형 수신기에 접속하여 사용
> ② 구성
> - 누름버튼 스위치 : 화재 발견자가 화재상황을 알리기 위해 수동조작하는 스위치
> - 응답확인램프 : 발신자가 발신한 신호를 수신기가 수신한 것을 확인할 수 있는 표시등
> - 전화잭 : 수신기와 발신기 간 상호 연락할 수 있는 전화장치인 전화잭
> - 보호판 : 누름버튼 스위치를 보호하는 기능(유리, 아크릴판으로 제조됨)

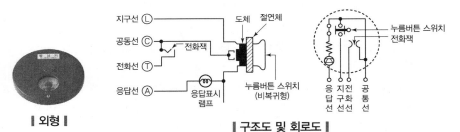

‖ 외형 ‖ ‖ 구조도 및 회로도 ‖

> ③ P형 1급 및 P형 2급 발신기의 기능 비교

종별	누름버튼 스위치	전화연락장치	응답장치	접속 수신기
P형 1급	○	○	○	P형 1급, R형
P형 2급	○	×	×	P형 2급, R형

120 R형 수신기의 기능과 가스누설경보기의 수신부 기능을 겸한 수신기는?

① M형 수신기 ② R형 수신기
③ GP형 수신기 ④ GR형 수신기

▶ 수신기의 종류

- P형 수신기 : 가장 기본이 되는 일반형의 수신기로서 P형 1급 수신기, P형 2급 수신기로 분류된다.
- R형 수신기 : 감지기 또는 발신기로부터 발해지는 신호를 직접 또는 중계기를 통해 고유 신호로 수신하여 화재의 발생을 당해 소방대상물의 관계자에게 경보해 주는 것을 말한다.
- M형 수신기 : 도로에 설치된 발신기(M형)를 이용하여 소방서에 설치된 수신기에 화재 발생을 통보하는 화재속보설비를 겸한 것으로 신호 전달은 발신기별로 고유 신호를 전달하는 방식이다.
- GP형 수신기 : P형 수신기의 기능과 가스누설경보기의 기능을 겸한 것을 말한다.
- GR형 수신기 : R형 수신기의 기능과 가스누설경보기의 기능을 겸한 것을 말한다.

121 부착면의 높이가 8m 이상의 장소에는 사용하지 않는 감지기는?

① 차동식 분포형 ② 정온식 스포트형
③ 이온화식 2종 ④ 광전식 1종

▶ 부착높이에 따른 감지기 종류

부착높이	감지기의 종류
4m 미만	차동식(스포트형, 분포형) 보상식 스포트형 정온식(스포트형, 감지선형) 이온화식 또는 광전식(스포트형, 분리형, 공기흡입형) 열복합형, 연기복합형, 열연기복합형, 불꽃감지기
4m 이상 8m 미만	차동식(스포트형, 분포형) 보상식 스포트형 정온식(스포트형, 감지선형 특종 또는 1종) 이온화식 1종 또는 2종 광전식(스포트형, 분리형, 공기흡입형) 1종 또는 2종 열복합형, 연기복합형, 열연기복합형, 불꽃감지기
8m 이상 15m 미만	차동식 분포형 이온화식 1종 또는 2종 광전식(스포트형, 분리형, 공기흡입형) 1종 또는 2종 연기복합형 불꽃감지기
15m 이상 20m 미만	이온화식 1종 광전식(스포트형, 분리형, 공기흡입형) 1종 연기복합형 불꽃감지기
20m 이상	불꽃감지기 광전식(분리형, 공기흡입형) 중 아날로그방식

122 감지기 설치 제외 장소에 속하지 않는 것은?

① 천장 또는 반자의 높이가 20m 이상인 장소

② 실내의 용적이 20m³ 이하인 장소

③ 목욕실 · 욕조나 샤워시설이 있는 화장실 · 기타 이와 유사한 장소

④ 파이프덕트 등 그 밖의 이와 비슷한 것으로서 2개 층마다 방화구획된 것이나 수평단면적이 5m² 이하인 것

◎ **감지기 설치 제외 장소**

1. 천장 또는 반자의 높이가 20m 이상인 장소. 다만, 제1항 단서 각 호의 감지기로서 부착높이에 따라 적응성이 있는 장소는 제외한다.
2. 헛간 등 외부와 기류가 통하는 장소로서 감지기에 따라 화재발생을 유효하게 감지할 수 없는 장소
3. 부식성가스가 체류하고 있는 장소
4. 고온도 및 저온도로서 감지기의 기능이 정지되기 쉽거나 감지기의 유지관리가 어려운 장소
5. 목욕실 · 욕조나 샤워시설이 있는 화장실 · 기타 이와 유사한 장소
6. 파이프덕트 등 그 밖의 이와 비슷한 것으로서 2개 층마다 방화구획된 것이나 수평단면적이 5m² 이하인 것
7. 먼지 · 가루 또는 수증기가 다량으로 체류하는 장소 또는 주방 등 평시에 연기가 발생하는 장소 (연기감지기에 한한다)
8. 삭제 〈2015.1.23.〉
9. 프레스공장 · 주조공장 등 화재발생의 위험이 적은 장소로서 감지기의 유지관리가 어려운 장소

123 자동화재속보설비는 어떤 설비와 연동으로 작동하여 소방관서에 전달되는 것으로 하여야 하는가?

① 누전경보설비   ② 자동화재탐지설비

③ 비상경보설비   ④ 피난설비

◎ **자동화재속보설비의 동작**

자동화재탐지설비의 발신기 또는 감지기에서 감지된 화재신호를 수신기에서 수신하여 20초 이내에 오보 또는 화재인가를 판별한 후 자동화재 속보설비에 접속된 상용전화선로를 차단함과 동시에 소방관서에 자동적으로 3회 이상 반복하여 신고

124 완강기의 구조에 관한 사항으로 적당치 않은 것은?

① 완강기의 조속기는 후크와 연결되도록 한다.

② 완강기의 조속기는 내구성이 있고 회전에 의한 발열량이 없고 모래 등의 이물질이 용이하게 들어가지 않도록 한다.

③ 완강기의 조속기는 피난자가 그 강하속도를 조절할 수 있다.

④ 완강기의 조속기는 피난자의 체중에 의하여 로프가 V자 홈이 있는 활자를 회전시켜 이 회전이 치차에 의하여 원심 브레이크를 작동시켜 강하속도를 조정한다.

▶ ─────────────────────────────────

완강기의 조속기는 안전한 하강속도를 유지하기 위하여 0.16~1.5m/sec의 범위를 유지하여야 하고 피난자의 체중에 의해 하강속도가 조절되는 것으로 사용자가 임의로 하강속도를 조절할 수 없도록 완전 밀봉시켜야 된다.

125 피난기구를 설치하지 않아도 되는 층이 아닌 것은?

① 지상 1층
② 지상 2층
③ 지상 10층
④ 피난층

▶ ─────────────────────────────────

피난기구를 설치하지 않아도 되는 층은 피난층, 지상 1층, 지상 2층, 지상 11층 이상의 층이다.

126 다음 중 인명구조기구에 해당되지 않는 것은?

① 방열복
② 인공소생기
③ 산소마스크
④ 공기호흡기

▶ **인명구조기구의 종류** ─────────────────

방열복, 방화복, 공기호흡기, 인공소생기

127 피난구유도등은 피난구의 바닥으로부터 몇 m 이상의 높이에 설치하여야 하는가?

① 1m
② 1.5m
③ 1.8m
④ 2.5m

▶ **피난구유도등의 설치위치** ─────────────────

피난구의 바닥으로부터 1.5m 이상의 높이

128 통로유도등의 표시색으로 적합한 것은?

① 녹색바탕에 백색문자
② 녹색바탕에 적색문자
③ 백색바탕에 적색문자
④ 백색바탕에 녹색문자

▶ ─────────────────────────────────

통로유도등은 백색바탕에 녹색으로 피난방향을 표시한 등으로 하여야 한다. 다만, 계단에 설치하는 것은 피난의 방향을 표시하지 않을 수 있다.

129 피난구유도등의 설치장소로 적당하지 않은 곳은?

① 거실 각 부분으로부터 쉽게 도달할 수 있는 출입구
② 옥내로부터 직접 지상으로 통하는 출입구
③ 직통계단, 직통계단의 계단실 및 그 부속실의 출입구
④ 안전구획된 거실로 통하는 출입구

◉ **피난구유도등 설치장소**

• 옥내로부터 직접 지상으로 통하는 출입구 및 그 부속실의 출입구
• 직통계단, 직통계단의 계단실 및 그 부속실의 출입구
• 안전구획된 거실로 통하는 출입구

130 소화용수설비의 깊이가 지면에서 얼마 이상이면 가압송수장치를 설치하여야 하는가?

① 3.2m　　　　　　② 4.5m
③ 5.5m　　　　　　④ 10m

◉ 소화수조 또는 저수조가 지표면으로부터의 깊이(수조 내부바닥까지의 길이를 말한다)가 4.5m 이상인 지하에 있는 경우에는 가압송수장치를 설치하여야 한다.

131 소화용수설비의 저수조 소요수량이 120m³인 경우 채수구는 최소 몇 개를 설치하여야 하는가?

① 1개　　　　　　② 2개
③ 3개　　　　　　④ 4개

◉ **소화용수설비에 소요수량별 설치하는 채수구의 수**

소요수량	20m³ 이상 40m³ 미만	40m³ 이상 100m³ 미만	100m³ 이상
채수구의 수	1개	2개	3개

132 제연설비에서 가동식의 벽, 제연경계벽, 댐퍼 및 배출기의 작동은 무엇과 연동되어야 하며, 예상제연구역 및 제어반에서 어떤 기동이 가능하도록 하여야 하는가?

① 자동화재감지기, 자동기동　　　② 자동화재감지기, 수동기동
③ 비상경보설비, 자동기동　　　④ 비상경보설비, 수동기동

◉ 가동식의 벽·제연경계벽·댐퍼 및 배출기의 작동은 자동화재감지기와 연동되어야 하며, 예상제연구역(또는 인접장소) 및 제어반에서 수동으로 기동이 가능하도록 하여야 한다.

133 제연구획에 대한 설명 중 잘못된 것은?

① 하나의 제연구역의 면적은 1,000m² 이내로 하여야 한다.
② 거실과 통로는 상호 제연구획하여야 한다.
③ 제연구역의 구획은 보·제연경계벽 및 벽으로 하여야 한다.
④ 통로상의 제연구역은 보행중심선으로 길이가 최대 50m 이내이어야 한다.

▶ 제연구역의 구획기준

- 하나의 제연구역의 면적은 1,000m² 이내로 할 것
- 거실과 통로는 상호 제연구획할 것
- 통로상의 제연구역은 보행중심선의 길이가 60m를 초과하지 아니할 것
- 하나의 제연구역은 직경 60m 원내에 들어갈 수 있을 것
- 하나의 제연구역은 2개 이상 층에 미치지 아니하도록 할 것
  다만, 층의 구분이 불분명한 부분은 그 부분을 다른 부분과 별도로 제연구획하여야 한다.

134 특별피난계단의 계단실 및 부속실 제연에 대한 설명으로 옳지 않은 것은?

① 계단실 및 그 부속실을 동시에 제연하는 방법도 가능하다.
② 계단실만을 단독 제연할 수 있다.
③ 비상용 승강기의 승강로를 단독 제연할 수 있다.
④ 부속실만을 단독으로 제연할 수 있다.

▶ 특별피난계단의 계단실 및 부속실 제연의 제연구역

- 계단실 및 그 부속실을 동시에 제연하는 것
- 부속실만을 단독으로 제연하는 것(피난층에 부속실이 설치되어 있는 경우에 한한다. 다만, 직통계단식 공동주택 또는 지하층에만 부속실이 설치된 경우에는 그러하지 아니하다)
- 계단실 단독 제연하는 것
- 비상용 승강기 승강장 단독 제연하는 것

135 특별피난계단의 부속실 제연에서 제연구역과 옥내와의 차압은 얼마 이상으로 하여야 하는가?

① 40Pa   ② 50Pa
③ 60Pa   ④ 80Pa

▶

특별피난계단의 계단실 및 부속실 제연에서 제연구역과 옥내와의 사이에 유지하여야 하는 최소차압은 40Pa(옥내에 스프링클러설비가 설치된 경우에는 12.5Pa) 이상으로 하여야 한다.

136 연결송수관설비에서 가압송수장치를 설치하여야 하는 소방대상물의 높이는?

① 40m   ② 55m

③ 70m   ④ 100m

> 연결송수관설비에는 최고층 방수구의 높이가 지표면으로부터 70m 이상의 소방대상물에는 가압송수장치를 설치하여야 한다.

137 연결송수관설비의 방수기구함은 피난층과 가장 가까운 층을 기준으로 몇 개 층마다 설치하는가?

① 1개 층   ② 2개 층

③ 3개 층   ④ 4개 층

> 연결송수관설비의 방수기구함은 방수구가 가장 많은 층을 기준으로 3개 층마다 설치하고, 방수구로부터 보행거리 5m 이내에 설치하여야 한다.

138 연결송수관설비의 방수구에 대한 설명으로 적합하지 않은 것은?

① 소방대상물의 3층부터 설치한다.
② 11층 이상의 층부터는 쌍구형 방수구로 한다.
③ 방수구의 결합 금속구는 구경 65mm의 것으로 한다.
④ 방수구는 당해 층의 바닥으로부터 0.5~1.0m 위치에 설치한다.

> 방수구는 소방대상물의 층마다 설치하고 바닥으로부터 0.5~1.0m 위치에 설치하여야 한다.

139 습식형의 연결송수관설비를 설치해야 하는 소방대상물은?

① 지면으로부터 높이가 48m 이상인 소방대상물 또는 7층 이상인 소방대상물
② 지면으로부터 높이가 48m 이상인 소방대상물 또는 11층 이상인 소방대상물
③ 지면으로부터 높이가 31m 이상인 소방대상물 또는 7층 이상인 소방대상물
④ 지면으로부터 높이가 31m 이상인 소방대상물 또는 11층 이상인 소방대상물

> 연결송수관설비의 주배관 구경은 100mm 이상으로 하며, 지면으로부터의 높이가 31m 이상인 소방대상물 또는 지상 11층 이상인 소방대상물에는 습식설비로 하여야 한다.

140 연결살수설비에서 송수구역으로부터 자동배수밸브-체크밸브 등 부속기기의 설치순서로 옳은 것은?

① 개방형 헤드를 사용하는 경우 : 송수구-자동배수밸브-체크밸브-자동배수밸브
② 폐쇄형 헤드를 사용하는 경우 : 송수구-체크밸브-자동배수밸브
③ 개방형 헤드를 사용하는 경우 : 송수구-자동배수밸브-체크밸브
④ 폐쇄형 헤드를 사용하는 경우 : 송수구-자동배수밸브-체크밸브

◉ 연결살수설비 송수구 부근의 설치기준

• 폐쇄형 헤드를 사용하는 경우 : 송수구 · 자동배수밸브 · 체크밸브의 순으로 설치
• 개방형 헤드를 사용하는 경우 : 송수구 · 자동배수밸브의 순으로 설치

141 연결살수설비에서 하나의 송수구역에 부착하는 살수헤드의 수가 몇 개 이상일 경우 쌍구형의 송수구를 설치하는가?

① 4개　　　　② 5개　　　　③ 9개　　　　④ 11개

연결살수설비의 송수구의 구경은 65mm의 쌍구형으로 설치하여야 한다.
다만, 하나의 송수구역에 부착하는 살수헤드의 수가 10개 이하인 것은 단구형으로 할 수 있다.

142 연결살수설비의 구성과 관계없는 것은?

① 송수구　　　　　　　　② 살수헤드
③ 가압펌프　　　　　　　④ 배관 및 밸브

연결살수설비는 소화활동상 필요한 설비로 소방대가 이용하는 본격소화에 이용되는 설비이다.
연결살수설비의 구성은 송수구, 배관, 밸브 및 부속물, 살수헤드 등이다.

143 비상콘센트설비의 전원부와 외함 사이의 절연저항은 몇 $M\Omega$ 이상이어야 하는가?(단, 500V 절연저항계로 측정한 경우임)

① 5　　　　② 10　　　　③ 15　　　　④ 20

◉ 비상콘센트

• 하나의 전용회로에 설치하는 비상콘센트는 10개 이하로 할 것
• 비상콘센트설비의 전원부와 외함 사이의 절연저항은 500V 절연저항계로 측정할 때 그 절연저항 값이 20MΩ 이상이 되어야 한다.
• 전원회로는 각 층에 전압별로 2 이상이 되도록 설치할 것
• 제3종 접지공사를 해야 한다. 접지저항값 100Ω 이하, 접지선의 굵기 1.6mm 이상

144 비상콘센트설비의 비상콘센트에 관한 시설기준으로 옳지 않은 것은?

① 하나의 전용회로에 설치하는 비상콘센트는 10개 이하로 해야 한다.

② 층수가 11층 이상의 각 층에 설치한다.

③ 바닥으로부터 1m 이상 1.5m 이하에 설치한다.

④ 비상콘센트용의 풀박스는 두께 1.6mm 이상의 철판을 사용한다.

● 비상콘센트 설치기준

비상콘센트설비의 전원회로(비상콘센트에 전력을 공급하는 회로를 말한다)는 다음 각 호의 기준에 따라 설치하여야 한다. 〈개정 2012.8.20.〉

1. 비상콘센트설비의 전원회로는 단상교류 220V인 것으로서, 그 공급용량은 1.5 kVA 이상인 것으로 할 것〈개정 2008.12.15, 2013.9.3.〉

2. 전원회로는 각층에 2 이상이 되도록 설치할 것. 다만, 설치하여야 할 층의 비상콘센트가 1개인 때에는 하나의 회로로 할 수 있다. 〈개정 2012.8.20.〉

3. 전원회로는 주배전반에서 전용회로로 할 것. 다만, 다른 설비의 회로의 사고에 따른 영향을 받지 아니하도록 되어 있는 것은 그러하지 아니하다. 〈개정 2012.8.20.〉

4. 전원으로부터 각 층의 비상콘센트에 분기되는 경우에는 분기배선용 차단기를 보호함 안에 설치할 것

5. 콘센트마다 배선용 차단기(KS C 8321)를 설치하여야 하며, 충전부가 노출되지 아니하도록 할 것

6. 개폐기에는 "비상콘센트"라고 표시한 표지를 할 것

7. 비상콘센트용의 풀박스 등은 방청도장을 한 것으로서, 두께 1.6mm 이상의 철판으로 할 것

8. 하나의 전용회로에 설치하는 비상콘센트는 10개 이하로 할 것. 이 경우 전선의 용량은 각 비상콘센트(비상콘센트가 3개 이상인 경우에는 3개)의 공급용량을 합한 용량 이상의 것으로 하여야 한다.

9. 바닥으로부터 높이 0.8m 이상 1.5m 이하의 위치에 설치할 것〈개정 2008.12.15.〉

10. 비상콘센트의 배치는 아파트 또는 바닥면적이 1,000m² 미만인 층은 계단의 출입구(계단의 부속실을 포함하며 계단이 2 이상 있는 경우에는 그중 1개의 계단을 말한다)로부터 5m 이내에, 바닥면적 1,000m² 이상인 층(아파트를 제외한다)은 각 계단의 출입구 또는 계단부속실의 출입구(계단의 부속실을 포함하며 계단이 3 이상 있는 층의 경우에는 그중 2개의 계단을 말한다)로부터 5m 이내에 설치하되, 그 비상콘센트로부터 그 층의 각 부분까지의 거리가 다음 각 목의 기준을 초과하는 경우에는 그 기준 이하가 되도록 비상콘센트를 추가하여 설치할 것〈개정 2012.8.20.〉

　가. 지하상가 또는 지하층의 바닥면적의 합계가 3,000m² 이상인 것은 수평거리 25m

　나. 가목에 해당하지 아니하는 것은 수평거리 50m

　다. 삭제〈2008.12.15.〉

　　정답　144 ③

145 터널 길이가 500m인 경우 설치하여야 하는 소방시설에 해당하지 아니하는 것은?

① 비상경보설비
② 자동화재탐지설비
③ 무선통신보조설비
④ 비상조명등

◉ 터널 길이에 따라 설치하여야 하는 소방시설의 종류

소방시설	적용기준
소화기	모든 터널
비상경보설비, 시각경보기, 비상조명등, 비상콘센트설비, 무선통신보조설비	길이가 500m 이상
옥내소화전설비, 자동화재탐지설비, 연결송수관설비	길이가 1,000m 이상
옥내소화전설비, 물분무소화설비, 제연설비	행정안전부령으로 정하는 지하가 중 터널

146 도로 터널에 설치하는 소화기 설치기준 중 틀린 것은?

① 소화기의 능력단위는 A급 화재는 2단위 이상, B급 화재는 3단위 이상 및 C급 화재에 적응성이 있는 것으로 할 것
② 소화기의 총 중량은 사용 및 운반이 편리성을 고려하여 7kg 이하로 할 것
③ 소화기는 주행차로의 우측 측벽에 50m 이내의 간격으로 2개 이상을 설치하며, 편도 2차선 이상의 양방향 터널과 4차로 이상의 일방향 터널의 경우에는 양쪽 측벽에 각각 50m 이내의 간격으로 엇갈리게 2개 이상을 설치할 것
④ 바닥면(차로 또는 보행로를 말한다)으로부터 1.5m 이하의 높이에 설치할 것

◉ 도로 터널에 설치하는 소화기 설치기준(제4조)

1. 소화기의 능력단위는 A급 화재는 3단위 이상, B급 화재는 5단위 이상 및 C급 화재에 적응성이 있는 것으로 할 것
2. 소화기의 총 중량은 사용 및 운반이 편리성을 고려하여 7kg 이하로 할 것
3. 소화기는 주행차로의 우측 측벽에 50m 이내의 간격으로 2개 이상을 설치하며, 편도 2차선 이상의 양방향 터널과 4차로 이상의 일방향 터널의 경우에는 양쪽 측벽에 각각 50m 이내의 간격으로 엇갈리게 2개 이상을 설치할 것
4. 바닥면(차로 또는 보행로를 말한다)으로부터 1.5m 이하의 높이에 설치할 것
5. 소화기구함의 상부에 "소화기"라고 조명식 또는 반사식의 표지판을 부착하여 사용자가 쉽게 인지할 수 있도록 할 것

147 도로 터널에 설치하는 옥내소화전설비의 설치기준 중 틀린 것은?

① 소화전함과 방수구는 주행차로 우측 측벽을 따라 50m 이내의 간격으로 설치한다.

② 소화전함과 방수구는 편도 2차선 이상의 양방향 터널이나 4차로 이상의 일방향 터널의 경우에는 양쪽 측벽에 각각 50m 이내의 간격으로 엇갈리게 설치할 것

③ 가압송수장치는 옥내소화전 2개(4차로 이상의 터널인 경우 3개)를 동시에 사용할 경우 각 옥내소화전의 노즐선단에서의 방수압력은 0.25MPa 이상이고 방수량은 350*l*/min 이상이 되는 성능의 것으로 할 것

④ 방수구는 40mm 구경의 단구형을 옥내소화전이 설치된 벽면의 바닥으로부터 1.5m 이하의 높이에 설치할 것

◉ 도로 터널 옥내소화전설비의 설치기준(제5조)

1. 소화전함과 방수구는 주행차로 우측 측벽을 따라 50m 이내의 간격으로 설치하고, 편도 2차선 이상의 양방향 터널이나 4차로 이상의 일방향 터널의 경우에는 양쪽 측벽에 각각 50m 이내의 간격으로 엇갈리게 설치할 것

2. 수원은 그 저수량이 옥내소화전의 설치개수 2개(4차로 이상의 터널인 경우 3개)를 동시에 40분 이상 사용할 수 있는 충분한 양 이상을 확보할 것

3. 가압송수장치는 옥내소화전 2개(4차로 이상의 터널인 경우 3개)를 동시에 사용할 경우 각 옥내소화전의 노즐선단에서의 방수압력은 0.35MPa 이상이고 방수량은 190*l*/min 이상이 되는 성능의 것으로 할 것. 다만, 하나의 옥내소화전을 사용하는 노즐선단의 방수압력이 0.7MPa을 초과할 경우에는 호스접결구의 인입측에 감압장치를 설치하여야 한다.

4. 압력수조나 고가수조가 아닌 전동기 및 내연기관에 의한 펌프를 이용하는 가압송수장치는 주펌프와 동등 이상인 별도의 예비펌프를 설치할 것

5. 방수구는 40mm 구경의 단구형을 옥내소화전이 설치된 벽면의 바닥으로부터 1.5m 이하의 높이에 설치할 것

6. 소화전함에는 옥내소화전 방수구 1개, 15m 이상의 소방호스 3본 이상 및 방수노즐을 비치할 것

7. 옥내소화전설비의 비상전원은 40분 이상 작동할 수 있을 것

148 도로 터널에 설치하는 물분무소화설비의 설치기준 중 틀린 것은?

① 물분무 헤드는 도로면에 1m²당 6*l*/min 이상의 수량을 균일하게 방수할 수 있도록 할 것

② 물분무설비의 하나의 방수구역은 25m 이상으로 할 것

③ 2개의 방수구역을 동시에 40분 이상 방수할 수 있는 수량을 확보할 것

④ 물분무설비의 비상전원은 40분 이상 기능을 유지할 수 있도록 할 것

◉ 도로 터널 물분무소화설비의 설치기준(제5조의2)

1. 물분무 헤드는 도로면에 1m²당 6*l*/min 이상의 수량을 균일하게 방수할 수 있도록 할 것

2. 물분무설비의 하나의 방수구역은 25m 이상으로 하며, 3개의 방수구역을 동시에 40분 이상 방수할 수 있는 수량을 확보할 것

3. 물분무설비의 비상전원은 40분 이상 기능을 유지할 수 있도록 할 것

149 길이가 2,000m, 폭이 6m인 터널에 물분무소화설비를 설치하는 경우 수원(m³)의 양은 얼마 이상으로 하여야 하는가?

① 36　　　　　　② 54　　　　　　③ 108　　　　　　④ 162

▶ **도로터널의 물분무소화설비 수원**

$$\text{수원 } Q = A[\text{m}^2] \times 6[l/\text{min} \cdot \text{m}^2] \times 3 \times 40[\text{min}]$$
$$= 25 \times 6 \times 6 \times 3 \times 40 = 108,000[l] = 108[\text{m}^3]$$

150 터널에 설치할 수 있는 감지기의 종류로 옳은 것은?

① 차동식 스포트형　　　　　　② 차동식 분포형
③ 보상식 스포트형　　　　　　④ 정온식 스포트형

▶ **터널에 설치할 수 있는 감지기의 종류(제7조제1항)**

1. 차동식 분포형 감지기
2. 정온식 감지선형 감지기(아날로그식에 한한다)
3. 중앙기술심의위원회의 회의를 거쳐 터널화재에 적응성이 있다고 인정된 감지기

151 터널에 설치하는 자동화재탐지설비는 하나의 경계구역의 길이는 몇 (m) 이하로 하여야 하는가?

① 25　　　　　　　　　　　② 50
③ 100　　　　　　　　　　　④ 200

152 터널에 설치하는 감지기의 설치기준 중 틀린 것은?

① 감지기의 감열부와 감열부 사이의 이격거리는 10m 이하로 할 것
② 감지기와 터널 좌·우측 벽면과의 이격거리는 6.5m 이하로 설치할 것
③ 터널 천장의 구조가 아치형의 터널에 감지기를 터널 진행방향으로 설치하고자 하는 경우에는 감열부와 감열부 사이의 이격거리를 10m 이하로 하여 아치형 천장의 중앙 최상부에 2열로 감지기를 설치하여야 한다.
④ 감지기를 천장면에 설치하는 경우에는 감지기가 천장면에 밀착되지 않도록 고정금구 등을 사용하여 설치할 것

▶ **터널의 자동화재탐지설비 설치기준(제7조제3항)**

1. 감지기의 감열부와 감열부 사이의 이격거리는 10m 이하로, 감지기와 터널 좌·우측 벽면과의 이격거리는 6.5m 이하로 설치할 것
2. 터널 천장의 구조가 아치형의 터널에 감지기를 터널 진행방향으로 설치하고자 하는 경우에는 감열부와 감열부 사이의 이격거리를 10m 이하로 하여 아치형 천장의 중앙 최상부에 1열로 감지기

정답　149. ③　150. ②　151. ③　152. ③

를 설치하여야 하며, 감지기를 2열 이상으로 설치하고자 하는 경우에는 감열부와 감열부 사이의 이격거리를 10m 이하로 감지기간의 이격거리는 6.5m 이하로 할 것

3. 감지기를 천장면에 설치하는 경우에는 감지기가 천장면에 밀착되지 않도록 고정금구 등을 사용하여 설치할 것
4. 형식승인 내용에 설치방법이 규정되니 경우 형식승인 내용에 따라 설치할 것
5. 감지기와 천장면의 이격거리에 대해 제조사 시방서에 규정된 경우 그 규정에 의해 설치할 수 있다.

153 터널에 설치하는 비상조명등의 조도 및 비상전원 용량으로 옳은 것은?(단, 터널 안의 차도 및 보도의 바닥면의 조도를 말한다)

① 10lx 이상, 30분 이상
② 10lx 이상, 60분 이상
③ 1lx 이상, 30분 이상
④ 1lx 이상, 60분 이상

◉ 터널의 비상조명등 설치기준(제8조)

1. 상시조명이 소등된 상태에서 비상조명등이 점등되는 경우 터널 안의 차도 및 보도의 바닥면의 조도는 10lx 이상, 그 외 모든 지점의 조도는 1lx 이상이 될 수 있도록 설치할 것
2. 비상조명등은 상용전원이 차단되는 경우 자동으로 비상전원으로 60분 이상 점등되도록 설치할 것
3. 비상조명등에 내장된 예비전원이나 축전지설비는 상용전원의 공급에 의하여 상시 충전상태를 유지할 수 있도록 설치할 것

154 터널에 설치하는 제연설비의 설계화재강도의 기준은 얼마인가?

① 10MW
② 20MW
③ 30MW
④ 50MW

◉ 제연설비의 설계화재강도(터널)(제9조제1항)

1. 설계화재강도는 20MW를 기준으로 하고, 연기발생률은 80m³/s로 하며, 배출량은 발생된 연기와 혼합된 공기를 충분히 배출할 수 있는 용량 이상을 확보할 것
2. 화재강도가 설계화재강도보다 높을 것으로 예상될 경우 위험도분석을 통하여 설계화재강도를 설정하도록 할 것

155 터널에 설치하는 제연설비의 설치기준으로 틀린 것은?

① 종류환기방식의 경우 제트팬의 소손을 고려하여 예비용 제트팬을 설치하도록 할 것
② 횡류환기방식(또는 반횡류환기방식) 및 대배기구 방식의 배연용 팬은 덕트의 길이에 따라서 노출온도가 달라질 수 있으므로 수치해석 등을 통해서 내열온도 등을 검토한 후에 적용하도록 할 것
③ 대배기구의 개폐용 전동모터는 정전 등 전원이 차단되는 경우에도 조작상태를 유지할 수 있도록 할 것
④ 화재에 노출이 우려되는 제연설비와 전원공급선 및 제트팬 사이의 전원공급장치 등은 100℃의 온도에서 30분 이상 운전상태를 유지할 수 있도록 할 것

◉ 터널의 제연설비 설치기준(제9조제2항)

    4. 화재에 노출이 우려되는 제연설비와 전원공급선 및 제트팬 사이의 전원공급장치 등은 250℃의 온도에서 60분 이상 운전상태를 유지할 수 있도록 할 것

156 터널에 설치된 제연설비는 자동 또는 수동으로 기동될 수 있도록 하여야 한다. 다음 중 제연설비가 기동되어야 하는 경우로 틀린 것은?

① 화재감지기가 동작되는 경우
② 발신기의 스위치 조작 또는 자동소화설비의 기동장치를 동작시키는 경우
③ 화재수신기 또는 감시제어반의 수동조작스위치를 동작시키는 경우
④ 상용전원이 정전되거나 전원선이 단선되는 경우

◉ 제연설비의 기동(제9조제3항)

    1. 화재감지기가 동작되는 경우
    2. 발신기의 스위치 조작 또는 자동소화설비의 기동장치를 동작시키는 경우
    3. 화재수신기 또는 감시제어반의 수동조작스위치를 동작시키는 경우

157 연결송수관설비를 터널에 설치하고자 할 때 방수압력과 방수량은 얼마 이상으로 하여야 하는가?

① 0.13MPa 이상, 130l/min 이상   ② 0.35MPa 이상, 190l/min 이상
③ 0.35MPa 이상, 400l/min 이상   ④ 0.25MPa 이상, 350l/min 이상

◉ 터널의 연결송구관설비 설치기준(제10조)

    1. 방수압력은 0.35MPa 이상, 방수량은 400l/min 이상을 유지할 수 있도록 할 것
    2. 방수구는 50m 이내의 간격으로 옥내소화전함에 병설하거나 독립적으로 터널출입구 부근과 피난 연결통로에 설치할 것
    3. 방수기구함은 50m 이내의 간격으로 옥내소화전함에 병설하거나 독립적으로 설치하고, 하나의 방수기구함에는 65mm 방수노즐 1개와 15m 이상의 호스 3본을 설치하도록 할 것

158 터널에 설치하는 비상콘센트설비의 전원회로 기준으로 옳은 것은?

① 단상교류 220V인 것으로서 그 공급용량은 1.5kVA 이상인 것으로 할 것
② 단상교류 220V인 것으로서 그 공급용량은 3kVA 이상인 것으로 할 것
③ 3상교류 380V인 것으로서 그 공급용량은 1.5kVA 이상인 것으로 할 것
④ 3상교류 380V인 것으로서 그 공급용량은 3kVA 이상인 것으로 할 것

정답 156. ④   157. ③   158. ①

◉ **터널의 비상콘센트설비 설치기준(제12조)**

1. 비상콘센트의 전원회로는 단상교류 220V인 것으로서 그 공급용량은 1.5kVA 이상인 것으로 할 것
2. 전원회로는 주배전반에서 전용회로로 할 것. 다만, 다른 설비의 회로의 사고에 따른 영향을 받지 아니하도록 되어 있는 것은 그러하지 아니하다.
3. 콘센트마다 배선용 차단기를 설치하여야 하며, 충전부가 노출되지 않도록 할 것
4. 주행차로의 우측 측벽에 50m 이내의 간격으로 바닥으로부터 0.8m 이상 1.5m 이하의 높이에 설치할 것

159 고층건축물의 화재안전기준 중 옥내소화전의 설치기준으로 옳은 것은?

① 수원은 그 저수량이 옥내소화전의 설치개수가 가장 많은 층의 설치개수(5개 이상 설치된 경우에는 5개)에 7.8m³(호스릴옥내소화전설비를 포함한다)를 곱한 양 이상이 되도록 하여야 한다.
② 급수배관은 전용으로 하여야 한다. 다만, 옥내소화전설비의 성능에 지장이 없는 경우에는 스프링클러설비의 배관과 겸용할 수 있다.
③ 50층 이상인 건축물의 옥내소화전 주 배관 중 수직배관은 3개 이상(주 배관 성능을 갖는 동일호칭배관)으로 설치하여야 하며, 하나의 수직배관의 파손 등 작동 불능 시에도 다른 수직배관으로부터 소화용수가 공급되도록 구성하여야 한다.
④ 비상전원은 자가발전설비, 축전지설비(내연기관에 따른 펌프를 사용하는 경우에는 내연기관의 기동 및 제어용 축전지를 말한다) 또는 전기저장장치로서 옥내소화전설비를 40분 이상 작동할 수 있을 것. 다만, 50층 이상인 건축물의 경우에는 60분 이상 작동할 수 있어야 한다.

◉ **고층건축물의 옥내소화전설비(제5조)**

① 수원은 그 저수량이 옥내소화전의 설치개수가 가장 많은 층의 설치개수(5개 이상 설치된 경우에는 5개)에 5.2m³(호스릴옥내소화전설비를 포함한다)를 곱한 양 이상이 되도록 하여야 한다. 다만, 층수가 50층 이상인 건축물의 경우에는 7.8m³를 곱한 양 이상이 되도록 하여야 한다.
② 수원은 ①에 따라 산출된 유효수량 외에 유효수량의 3분의 1 이상을 옥상(옥내소화전설비가 설치된 건축물의 주된 옥상을 말한다)에 설치하여야 한다. 다만, 「옥내소화전설비의 화재안전기준(NFSC 102)」 제4조제2항 제3호 또는 제4호에 해당하는 경우에는 그러하지 아니하다.

> [NFSC 102 제4조제2항]
> 제3호 : 고가수조를 가압송수장치로 사용한 옥내소화전설비
> 제4호 : 수원이 건축물의 최상층에 설치된 방수구보다 높은 위치에 설치된 경우

③ 전동기 또는 내연기관을 이용한 펌프방식의 가압송수장치는 옥내소화전설비 전용으로 설치하여야 하며, 옥내소화전설비 주 펌프 이외에 동등 이상인 별도의 예비펌프를 설치하여야 한다.
④ 급수배관은 전용으로 하여야 한다. 다만, 옥내소화전설비의 성능에 지장이 없는 경우에는 연결송수관설비의 배관과 겸용할 수 있다.
⑤ 50층 이상인 건축물의 옥내소화전 주 배관 중 수직배관은 2개 이상(주 배관 성능을 갖는 동일호칭배관)으로 설치하여야 하며, 하나의 수직배관의 파손 등 작동 불능 시에도 다른 수직배관으로부터 소화용수가 공급되도록 구성하여야 한다.

⑥ 비상전원은 자가발전설비, 축전지설비(내연기관에 따른 펌프를 사용하는 경우에는 내연기관의 기동 및 제어용 축전지를 말한다) 또는 전기저장장치로서 옥내소화전설비를 40분 이상 작동할 수 있을 것. 다만, 50층 이상인 건축물의 경우에는 60분 이상 작동할 수 있어야 한다.

160 지상 35층, 지하 3층 건축물에 지하 1층에서 화재가 발생하여 스프링클러설비의 음향장치가 작동된 경우 우선적으로 경보를 발하여야 하는 층으로 옳은 것은?

① 지상 1층, 지하 1층, 지하 2층, 지하 3층
② 지하 1층, 지상 1층
③ 지상 1층, 지상 2층, 지상 3층, 지상 4층, 지하 1층, 지하 2층, 지하 3층
④ 지하 1층, 지하 2층, 지하 3층

▶ **고층건축물의 경보방식(제7조제1항)**
1. 2층 이상의 층에서 발화한 때에는 발화층 및 그 직상 4개 층에 경보를 발할 것
2. 1층에서 발화한 때에는 발화층·그 직상 4개 층 및 지하층에 경보를 발할 것
3. 지하층에서 발화한 때에는 발화층·그 직상층 및 기타의 지하층에 경보를 발할 것

161 층수가 50층이고 각 층의 바닥면적이 4,000m²인 특정소방대상물에 스프링클러소화설비를 설치하는 경우 유수검지장치의 최소 설치 수량은 몇 개 이상인가?

① 100　　② 200　　③ 300　　④ 400

▶ **고층건축물의 스프링클러설비(제6조)**
- 50층 이상인 건축물의 스프링클러설비 주 배관 중 수직배관은 2개 이상(주 배관 성능을 갖는 동일호칭배관)으로 설치하고, 하나의 수직배관이 파손 등 작동 불능 시에도 다른 수직배관으로부터 소화용수가 공급되도록 구성하여야 하며, 각각의 수직배관에 유수검지장치를 설치
- 각 층의 유수검지장치 $= \dfrac{4{,}000\text{m}^2}{3{,}700\text{m}^2} = 1.08$　∴ 2개
  50층 이상은 2개의 수직배관에 각각 유수검지장치를 설치해야 하므로, 50층×2개×2개=200개

162 소방대상물의 층수가 50층 이상인 경우 건축물에 설치하는 통신·신호배선은 이중배선을 설치하도록 하여야 하는데 다음 중 이중배선으로 하지 아니하여도 되는 경우는?

① 수신기와 수신기 사이의 통신배선　② 수신기와 발신기 사이의 신호배선
③ 수신기와 중계기 사이의 신호배선　④ 수신기와 감지기 사이의 신호배선

▶ **50층 이상 건축물에 설치하는 통신·신호배선을 이중배선으로 설치하여야 하는 배선**
- 수신기와 수신기 사이의 통신배선
- 수신기와 중계기 사이의 신호배선
- 수신기와 감지기 사이의 신호배선

163 고층건축물에 설치하는 소방시설에 대한 비상전원 기준을 설명한 것 중 틀린 것은?

① 옥내소화전설비의 비상전원은 자가발전설비, 축전지설비(내연기관에 따른 펌프를 사용하는 경우에는 내연기관의 기동 및 제어용 축전지를 말한다) 또는 전기저장장치로서 옥내소화전설비를 40분 이상 작동할 수 있을 것. 다만, 50층 이상인 건축물의 경우에는 60분 이상 작동할 수 있어야 한다.

② 자동화재탐지설비에는 그 설비에 대한 감시상태를 60분간 지속한 후 유효하게 60분 이상 경보할 수 있는 축전지설비(수신기에 내장하는 경우를 포함한다) 또는 전기저장장치를 설치하여야 한다. 다만, 상용전원이 축전지설비인 경우에는 그러하지 아니하다.

③ 특별피난계단의 계단실 및 부속실 제연설비의 비상전원은 자가발전설비 등으로 하고 제연설비를 유효하게 40분 이상 작동할 수 있도록 할 것. 다만, 50층 이상인 건축물의 경우에는 60분 이상 작동할 수 있어야 한다.

④ 연결송수관설비의 비상전원은 자가발전설비, 축전지설비(내연기관에 따른 펌프를 사용하는 경우에는 내연기관의 기동 및 제어용 축전지를 말한다) 또는 전기저장장치로서 연결송수관설비를 유효하게 40분 이상 작동할 수 있어야 할 것. 다만, 50층 이상인 건축물의 경우에는 60분 이상 작동할 수 있어야 한다.

▶ **고층건축물 비상전원 기준(제7조)**

② 자동화재탐지설비 및 비상방송설비

그 설비에 대한 감시상태를 60분간 지속한 후 유효하게 30분 이상 경보할 수 있는 축전지설비(수신기에 내장하는 경우를 포함한다) 또는 전기저장장치를 설치하여야 한다. 다만, 상용전원이 축전지설비인 경우에는 그러하지 아니하다.[단서조항은 자동화재탐지설비에만 해당]

164 피난안전구역에 설치하는 소방시설의 설치기준으로 옳은 것은?

① 제연설비에서 피난안전구역과 비제연구역 간의 차압은 40Pa(옥내에 스프링클러설비가 설치된 경우에는 12.5Pa) 이상으로 하여야 한다. 다만, 피난안전구역의 한쪽 면 이상이 외기에 개방된 구조의 경우에는 설치하지 아니할 수 있다.

② 피난유도선은 축광방식으로 설치하되, 30분 이상 유효하게 작동할 것

③ 피난안전구역의 비상조명등은 상시 조명이 소등된 상태에서 그 비상조명등이 점등되는 경우 각 부분의 바닥에서 조도는 10lx 이상이 될 수 있도록 설치할 것

④ 인명구조기구에는 30분 이상 사용할 수 있는 성능의 공기호흡기(보조마스크를 포함한다)를 3개 이상 비치하여야 한다. 다만, 피난안전구역이 50층 이상에 설치되어 있을 경우에는 동일한 성능의 예비용기를 5개 이상 비치할 것

▶ **피난안전구역에 설치하는 소방시설의 설치기준**

1) 제연설비

피난안전구역과 비제연구역 간의 차압은 50Pa(옥내에 스프링클러설비가 설치된 경우에는 12.5Pa) 이상으로 하여야 한다. 다만, 피난안전구역의 한쪽 면 이상이 외기에 개방된 구조의 경우에는 설

치하지 아니할 수 있다.

2) 피난유도선
① 피난안전구역이 설치된 층의 계단실 출입구에서 피난안전구역 주 출입구 또는 비상구까지 설치할 것
② 계단실에 설치하는 경우 계단 및 계단참에 설치할 것
③ 피난유도 표시부의 너비는 최소 25mm 이상으로 설치할 것
④ 광원점등방식(전류에 의하여 빛을 내는 방식)으로 설치하되, 60분 이상 유효하게 작동할 것

3) 비상조명등
피난안전구역의 비상조명등은 상시 조명이 소등된 상태에서 그 비상조명등이 점등되는 경우 각 부분의 바닥에서 조도는 10lx 이상이 될 수 있도록 설치할 것

4) 휴대용 비상조명등
① 피난안전구역에는 휴대용 비상조명등을 다음 각 호의 기준에 따라 설치하여야 한다.
  ㉠ 초고층 건축물에 설치된 피난안전구역 : 피난안전구역 위층의 재실자 수의 10분의 1 이상
  ㉡ 지하연계 복합건축물에 설치된 피난안전구역 : 피난안전구역이 설치된 층의 수용인원의 10분의 1 이상
② 건전지 및 충전식 건전지의 용량은 40분 이상 유효하게 사용할 수 있는 것으로 한다. 다만, 피난안전구역이 50층 이상에 설치되어 있을 경우의 용량은 60분 이상으로 할 것

5) 인명구조기구
① 방열복, 인공소생기를 각 2개 이상 비치할 것
② 45분 이상 사용할 수 있는 성능의 공기호흡기(보조마스크를 포함한다)를 2개 이상 비치하여야 한다. 다만, 피난안전구역이 50층 이상에 설치되어 있을 경우에는 동일한 성능의 예비용기를 10개 이상 비치할 것
③ 화재 시 쉽게 반출할 수 있는 곳에 비치할 것
④ 인명구조기구가 설치된 장소의 보기 쉬운 곳에 "인명구조기구"라는 표지판 등을 설치할 것

165 다음 중 화재위험작업장에 설치하여야 하는 소방시설의 종류로 틀린 것은?

① 소화기
② 간이스프링클러설비
③ 비상경보장치
④ 간이피난유도선

▶ 임시소방시설의 종류

임시소방시설	설치대상	설치면제
소화기	모든 건축허가 동의 대상	–
간이소화장치	• 연면적 3천 m² 이상 • 해당 층의 바닥면적이 600m² 이상인 지하층, 무창층 및 4층 이상의 층	옥내소화전 및 소방청장이 정하여 고시하는 기준에 맞는 소화기
비상경보장치	• 연면적 400m² 이상 • 해당 층의 바닥면적이 150m² 이상인 지하층 또는 무창층	비상방송설비 또는 자동화재탐지설비
간이피난유도선	바닥면적이 150m² 이상인 지하층 또는 무창층	피난유도선, 피난구유도등, 통로유도등 또는 비상조명등

166 임시소방시설의 설치기준으로 옳은 것은?

① 소화기는 각 층마다 능력단위 2단위 이상인 소화기 3개 이상을 설치하고, 화재위험작업에 해당하는 경우 작업종료 시까지 작업 지점으로부터 5m 이내 쉽게 보이는 장소에 능력단위 2단위 이상인 소화기 3개 이상과 대형소화기 2개를 추가 배치하여야 한다.

② 간이소화장치의 수원은 10분 이상의 소화수를 공급할 수 있는 양을 확보하여야 하며, 소화수의 방수압력은 최소 0.1MPa 이상, 방수량은 65l/min 이상이어야 한다.

③ 비상경보장치는 화재사실 통보 및 대피를 해당 작업장의 모든 사람이 알 수 있을 정도의 음량을 확보하여야 한다.

④ 간이피난유도선은 축광방식으로 공사장의 출입구까지 설치하고, 설치위치는 바닥으로부터 높이 0.5m 이하로 하며, 작업장의 어느 위치에서도 출입구로의 피난방향을 알 수 있는 표시를 하여야 한다.

◉ **임시소방시설의 설치기준**

① 소화기의 성능 및 설치기준
  ㉠ 소화기의 소화약제는 「소화기구의 화재안전기준(NFSC 101)」의 별표 1에 따른 적응성이 있는 것을 설치하여야 한다.
  ㉡ 소화기는 각 층마다 능력단위 3단위 이상인 소화기 2개 이상을 설치하고, 「화재예방, 소방시설 설치·유지 및 안전관리에 관한 법률 시행령」 제15조의5 제1항에 해당하는 경우 작업종료 시까지 작업지점으로부터 5m 이내 쉽게 보이는 장소에 능력단위 3단위 이상인 소화기 2개 이상과 대형소화기 1개를 추가 배치하여야 한다.

② 간이소화장치 성능 및 설치기준
  ㉠ 수원은 20분 이상의 소화수를 공급할 수 있는 양을 확보하여야 하며, 소화수의 방수압력은 최소 0.1MPa 이상, 방수량은 65l/min 이상이어야 한다.
  ㉡ 영 제15조의5 제1항에 해당하는 작업을 하는 경우 작업 종료 시까지 작업지점으로부터 25m 이내에 설치 또는 배치하여 상시 사용이 가능하여야 하며 동결방지조치를 하여야 한다.
  ㉢ 넘어질 우려가 없어야 하고 손쉽게 사용할 수 있어야 하며, 식별이 용이하도록 "간이소화장치" 표시를 하여야 한다.
  ㉣ 간이소화장치 설치 제외
  영 제15조의5 제3항 별표 5의2 제3호 가목의 "소방청장이 정하여 고시하는 기준에 맞는 소화기"란 "대형소화기를 작업지점으로부터 25m 이내 쉽게 보이는 장소에 6개 이상을 배치한 경우"를 말한다.

③ 비상경보장치의 성능 및 설치기준
  ㉠ 비상경보장치는 영 제15조의5 제1항에 해당하는 작업을 하는 경우 작업종료 시까지 작업지점으로부터 5m 이내에 설치 또는 배치하여 상시 사용이 가능하여야 한다.
  ㉡ 비상경보장치는 화재사실 통보 및 대피를 해당 작업장의 모든 사람이 알 수 있을 정도의 음량을 확보하여야 한다.

④ 간이피난유도선의 성능 및 설치기준
  ㉠ 간이피난유도선은 광원점등방식으로 공사장의 출입구까지 설치하고 공사의 작업 중에는 상시 점등되어야 한다.
  ㉡ 설치위치는 바닥으로부터 높이 1m 이하로 하며, 작업장의 어느 위치에서도 출입구로의 피난방향을 알 수 있는 표시를 하여야 한다.

정답 166. ③

167 인화성 물품을 취급하는 작업 등 대통령령으로 정하는 작업에 해당하지 않는 것은?

① 인화성 · 가연성 · 폭발성 물질을 취급하거나 가연성 가스를 발생시키는 작업

② 용접 · 용단 등 불꽃을 발생시키거나 화기를 취급하는 작업

③ 가연성 가스를 100톤 이상 저장하는 작업

④ 소방청장이 정하여 고시하는 폭발성 부유분진을 발생시킬 수 있는 작업

▶ 인화성 물품을 취급하는 작업 등 대통령령으로 정하는 작업

(화재예방, 소방시설 설치 · 유지 및 안전관리에 관한 법률 시행령 제15조의5 제1항)

1. 인화성 · 가연성 · 폭발성 물질을 취급하거나 가연성 가스를 발생시키는 작업
2. 용접 · 용단 등 불꽃을 발생시키거나 화기를 취급하는 작업
3. 전열기구, 가열전선 등 열을 발생시키는 기구를 취급하는 작업
4. 소방청장이 정하여 고시하는 폭발성 부유분진을 발생시킬 수 있는 작업
5. 그 밖에 제1호부터 제4호까지와 비슷한 작업으로 소방청장이 정하여 고시하는 작업

168 지하구에 설치하는 소화기구 및 자동소화장치 설치기준 중 옳은 것은?

① 소화기의 능력단위는 A급 화재는 개당 2단위 이상, B급 화재는 개당 3단위 이상 및 C급 화재에 적응성이 있는 것으로 할 것

② 지하구 내 발전실 · 변전실 · 송전실 · 변압기실 · 배전반실 · 통신기기실 · 전산기기실 · 기타 이와 유사한 시설이 있는 장소 중 바닥면적이 300m² 미만인 곳에는 유효설치 방호체적 이내의 가스 · 분말 · 고체에어로졸 · 캐비닛형 자동소화장치를 설치하여야 한다. 다만, 해당 장소에 스프링클러소화설비를 설치한 경우에는 설치하지 않을 수 있다.

③ 제어반 또는 분전반마다 가스 · 분말 · 고체에어로졸 자동소화장치 또는 유효설치 방호체적 이내의 소공간용 소화용구를 설치하여야 한다.

④ 케이블접속부(절연유를 포함한 접속부는 제외한다)마다 가스 · 분말 · 고체에어로졸 자동소화장치를 설치하되 소화성능이 확보될 수 있도록 방호공간을 구획하는 등 유효한 조치를 하여야 한다.

▶ 소화기구 및 자동소화장치 설치기준(제4조)

① 소화기의 능력단위는 A급 화재는 개당 3단위 이상, B급 화재는 개당 5단위 이상 및 C급 화재에 적응성이 있는 것으로 할 것

② 지하구 내 발전실 · 변전실 · 송전실 · 변압기실 · 배전반실 · 통신기기실 · 전산기기실 · 기타 이와 유사한 시설이 있는 장소 중 바닥면적이 300m² 미만인 곳에는 유효설치 방호체적 이내의 가스 · 분말 · 고체에어로졸 · 캐비닛형 자동소화장치를 설치하여야 한다. 다만, 해당 장소에 물분무등소화설비를 설치한 경우에는 설치하지 않을 수 있다.

④ 케이블접속부(절연유를 포함한 접속부에 한한다)마다 가스 · 분말 · 고체에어로졸 자동소화장치를 설치하되 소화성능이 확보될 수 있도록 방호공간을 구획하는 등 유효한 조치를 하여야 한다.

169 지하구에 설치하는 자동화재탐지설비의 설치기준 중 틀린 것은?

① 지하구 천장의 중심부에 설치하되 감지기와 천장 중심부 하단과의 수직거리는 20cm 이내로 할 것

② 발화지점이 지하구의 실제거리와 일치하도록 수신기 등에 표시할 것

③ 공동구 내부에 상수도용 또는 냉·난방용 설비만 존재하는 부분은 감지기를 설치하지 않을 수 있다.

④ 발신기, 지구음향장치 및 시각경보기는 설치하지 않을 수 있다.

▶ 자동화재탐지설비 설치기준(제5조)

① 감지기는 다음 각 호에 따라 설치하여야 한다.

1. 「자동화재탐지설비 및 시각경보장치의 화재안전기준(NFSC 203)」 제7조제1항 각 호의 감지기 중 먼지·습기 등의 영향을 받지 아니하고 발화지점(1m 단위)과 온도를 확인할 수 있는 것을 설치할 것

2. 지하구 천장의 중심부에 설치하되 감지기와 천장 중심부 하단과의 수직거리는 30cm 이내로 할 것. 다만, 형식승인 내용에 설치방법이 규정되어 있거나, 중앙기술심의위원회의 심의를 거쳐 제조사 시방서에 따른 설치방법이 지하구 화재에 적합하다고 인정되는 경우에는 형식승인 내용 또는 심의결과에 의한 제조사 시방서에 따라 설치할 수 있다.

3. 발화지점이 지하구의 실제거리와 일치하도록 수신기 등에 표시할 것

4. 공동구 내부에 상수도용 또는 냉·난방용 설비만 존재하는 부분은 감지기를 설치하지 않을 수 있다.

② 발신기, 지구음향장치 및 시각경보기는 설치하지 않을 수 있다.

170 지하구에 연소방지설비 전용헤드를 설치하는 경우 배관구경이 40mm인 경우 하나의 배관에 부착하는 살수헤드의 최대개수는?

① 1개　　　　② 2개　　　　③ 3개　　　　④ 4개 또는 5개

▶ 연소방지설비(제7조제2항)

① 연소방지설비 전용헤드

하나의 배관에 부착하는 살수헤드의 개수	1개	2개	3개	4개 또는 5개	6개 이상
배관의 구경[mm]	32	40	50	65	80

② 연결살수설비 전용헤드

하나의 배관에 부착하는 살수헤드의 개수	1개	2개	3개	4개 또는 5개	6개 이상 10개 이하
배관의 구경[mm]	32	40	50	65	80

171 지하구에 설치하는 연소방지설비 방수헤드의 설치기준 중 틀린 것은?

① 천장 또는 벽면에 설치할 것
② 헤드 간의 수평거리는 연소방지설비 전용헤드의 경우에는 2m 이하, 스프링클러헤드의 경우에는 1.5m 이하로 할 것
③ 살수구역은 환기구 등을 기준으로 지하구의 길이방향으로 350m 이내마다 1개 이상 설치할 것
④ 한쪽 방향의 살수구역의 길이는 3m 이상으로 할 것

▶ **연소방지설비(제7조제2항)** ─────────────

　　3. 소방대원의 출입이 가능한 환기구·작업구마다 지하구의 양쪽 방향으로 살수헤드를 설정하되, 한쪽 방향의 살수구역의 길이는 3m 이상으로 할 것. 다만, 환기구 사이의 간격이 700m를 초과할 경우에는 700m 이내마다 살수구역을 설정하되, 지하구의 구조를 고려하여 방화벽을 설치한 경우에는 그러하지 아니하다.

172 지하구에 설치하는 방화벽의 설치기준 중 틀린 것은?

① 내화구조로서 홀로 설 수 있는 구조일 것
② 방화벽의 출입문은 방화문으로 설치할 것
③ 방화벽을 관통하는 케이블·전선 등에는 국토교통부 고시(내화구조의 인정 및 관리기준)에 따라 내화충전 구조로 마감할 것
④ 방화벽은 분기구 및 국사·변전소 등의 건축물과 지하구가 연결되는 부위(건축물로부터 20m 이내)에 설치할 것

▶ **방화벽(제9조)** ─────────────

　　2. 방화벽의 출입문은 갑종방화문으로 설치할 것

173 지하구의 화재안전기준 중 틀린 것은?

① 송수구는 구경 65mm의 쌍구형으로 설치하여야 하며, 송수구로부터 1m 이내에 살수구역 안내표지를 설치할 것
② 연소방지재는 분기구, 지하구의 인입부 또는 인출부, 절연유 순환펌프 등이 설치된 부분에 설치하여야 한다.
③ 가지배관에는 헤드의 설치지점 사이마다 1개 이상의 행가를 설치하되, 헤드 간의 거리가 3.5m를 초과하는 경우에는 3.5m 이내마다 1개 이상 설치할 것. 이 경우 상향식헤드와 행가 사이에는 8cm 이상의 간격을 두어야 한다.
④ 주 수신기는 관할 소방관서에, 보조 수신기는 지하구의 통제실에 설치하여야 하고, 수신기에는 원격제어 기능이 있을 것

▶ **통합감시시설(제11조)** ─────────────

　　3. 수신기는 지하구의 통제실에 설치하되 화재신호, 경보, 발화지점 등 수신기에 표시되는 정보가 별표 1에 적합한 방식으로 119상황실이 있는 관할 소방관서의 정보통신장치에 표시되도록 할 것

소방조직

CHAPTER 01 소방의 의의

01 소방의 정의

1) "소방"이란 끌 소(消) 막을 방(防)으로 이루어진 단어로서 화재의 예방, 경계, 진압에 국한된 개념이다.
2) 최근에는 재난 , 재해 그밖의 위급한 상황에서의 구조, 구급의 개념까지 확대되었고, 나아가 사회안전의 확보라는 개념까지 포괄하여 사용하고 있다.

‖ Reference ‖

• 협의의 소방 : 화재의 예방, 경계, 진압, 구조, 구급을 통한 국민의 생명 · 신체 및 재산을 보호함
• 광의의 소방 : 현대사회의 다양한 소방서비스 요구에 부합하는 각종 재난 및 안전 관련 업무까지 포함

3) 소방의 심벌은 "새매"이며, 캐릭터는 "영웅이"를 사용하고 있다.

‖ Reference ‖

• 형식적 의미의 소방 : 실정법상 "소방기관"이 수행하는 모든 사무
• 실질적 의미의 소방 : 소방의 목적을 이루기 위한 민간 및 공공, 타 행정기관까지 포함하여 목적을 이루기 위한 업무

02 소방의 목적

화재를 예방 · 경계하거나 진압하고 화재, 재난 · 재해, 그 밖의 위급한 상황에서의 구조 · 구급 활동 등을 통하여 국민의 생명 · 신체 및 재산을 보호함으로써 공공의 안녕 및 질서 유지와 복리증진에 이바지함을 목적으로 한다.(소방기본법 제1조)

03 소방의 업무와 임무

1) 시대별 소방업무

소방업무는 고정적이지 않고 시대 상황과 사회적 요구에 따라 변해왔다.

① 1950년대 이전 : 화재의 경계와 진압에 중점을 두었다.

② 1958년 : 소방법이 제정되어 화재뿐만 아니라 풍수해, 설해의 예방, 방어까지 소방 업무로 규정되었다.

③ 1967년 : 풍수해대책법의 제정으로 자연재해 업무가 이관되어 소방의 업무는 화재 의 예방 · 경계 · 진압으로 축소되었다.

④ 1983년 : 1981년 일부 지역 소방관서에서 시범실시된 야간통행금지시간대 응급환 자 이송업무가 국민의 호응을 얻기 시작해 1983년 12월 30일 개정된 소방법에 구급 업무를 소방의 업무에 포함시키게 되었다(구급대 발대 : 1982년).

⑤ 1989년 : 1988년 서울올림픽 당시 119특별구조대를 설치하여 인명구조활동을 수 행하였고 1989년 12월 30일 소방법을 개정하여 구조업무를 소방의 업무로 법제화 하였다(구조대 발대 : 1988년).

⑥ 1999년 : 소방법 제1조에 화재의 예방 · 경계 · 진압과 재난 · 재해, 그 밖의 위급 한 상황에서의 구조 · 구급활동을 명시하였다.

2) 기본적 임무와 파생적 임무

① 소방의 기본적 임무는 사회공동체 및 구성원의 안전을 화재로부터 보호하는 것이다. 현대 정부의 기능 중 질서기능, 그 가운데에서도 보안기능에 속한다. 화재의 예방 · 경계 · 진압을 통해 국민의 생명 · 신체 및 재산을 보호하는 임무가 이에 해당한다.

② 소방의 파생적 임무는 정부의 기능 중 봉사기능, 그 가운데에서도 직접적 서비스 기능 에 속하는 것으로 구조대 및 구급대의 운영 등이 이에 해당한다.

04 소방의 이념과 상징

1) 소방인의 이념

소방은 국민의 행복한 생활을 영위할 수 있도록 재난과 사고로부터 국민의 생명과 재산 을 지키는 사명을 가진다. 이 숭고한 사명을 완수하기 위해 소방인은 명예, 신뢰, 안전 지킴의 정신을 가진다.

① 어떠한 경우에도 나는 부끄러운 행동을 하지 않는다.(명예)

② 보이지 않아도 나는 너를 믿는다.(신뢰)

③ 들리지 않아도 우리는 당신을 구한다.(안전)

2) 소방의 상징

- 새매 : 우리나라 전통 텃새로서 천연기념물로 지정, 예방과 경계, 용맹 상징
- 방수모 : 완전한 안전 상징
- 무궁화 : 소방청의 대표성 상징
- 횃불 : 국민에게 희망을 전달하는 소방활동 상징
- 리본 : 소방청의 단합을 상징
- 육각수 : 맑은 소방용수와 투명한 신념의 소방청 의미
- 관창 : 소방본부의 대표장비로 소방청의 정체성 상징

CHAPTER 02 소방의 역사

01 역사별 소방체제 변환

여러 기록들을 통해 우리나라는 이미 삼국시대에 화재를 사회적 재앙으로 인식했으며 통일
신라시대에는 방화의식이 있었음을 알 수 있다. 또한 고려시대에 금화제도가 마련되고 조
선 초기에는 최초의 소방조직인 금화도감이 설치되었다. 구한말 근대소방제도가 도입되기
시작하여 일제강점기와 과도기인 미군정기, 대한민국 정부 수립 이후까지 수차례 체제상의
변화를 거치며 소방조직 및 제도는 발전을 거듭해 왔다.

소방청 2017.7.26. 소방청 출범	2017.7.26. 정부조직법 개정안(소방청 신설 내용) 통과 기구 : 1관 2국, 14담당관·과 2소속기관, 18시·도 소방본부
국민안전처 (중앙소방본부) 2014.11.19. 이후	2014.11.7. 정부조직법 개정안 통과 기구 : 1본부, 2국, 8과, 2소속기관, 18시·도 소방본부 신분 : 중앙소방본부 : 국가직 시·도 : 지방직
소방방재청 2004.6.1. 이후	체제 : 소방방재청 기구 : 2국, 7과, 2소속기관, 18시·도 소방본부 신분 : 소방방재청 : 국가직 시·도 : 지방직
내무부 행정자치부 (소방국) ·1992년 이후	
내무부 (소방국) 1975~1992	
내무부 (치안국) 정부 수립 이후(1948~1975)	
미군정시대(1946~1948)	중앙 : 소방위원회(소방청) 지방 : 도 소방본부(지방소방청) 시·읍·면 : 소방부
조선~구한말	1426 금화도감, 수성금화도감 1481 수성금화사 1925 경성소방서(현 종로소방서)

02 선사시대

일반적으로 인류가 처음 불을 얻게 된 계기는 낙뢰(落雷)나 자연발화된 산불 등으로 본다. 우리나라에서는 충남 공주 석장리 등 구석기 유적에서 불의 사용을 알 수 있는 화덕터가 발견되었고, 황해도 봉산군 지탑리 신석기 유적에서 화덕과 탄화된 곡식이 발견되었다.

03 삼국시대

1) 화재에 대한 최초의 기록 : 262년(신라 미추왕) 금성 서문에서의 화재
2) 사회적 재앙으로 인식 : 596년(신라 진평왕), 영흥사 화재 시 왕이 친히 이재민을 위문 · 구제하였다고 기록되어 국가에서 구휼한 것으로 짐작된다.

04 통일신라시대

상업도시로 번창한 경주 영화사에 3차례 화재(문무왕)가 있었다는 기록이 있다.
1) 화재를 담당하는 별도의 조직이 없고 군대와 백성들이 화재를 진화하였다.
2) 화재에 대한 예방의식 : 백성들은 초가 대신 기와 지붕을 하고 나무 대신 숯을 이용해 밥을 지었다(헌강왕 6년).

05 고려시대

도시의 성장과 인구의 증가, 잦은 병란 등으로 대형화재가 많이 발생하였고 큰 창고(大倉)에도 수차례 화재가 있었다. 소방을 소재라고 칭하기도 하였다.

1) 금화원(금화관리자)제도 : 고려 전기 문종 20년 운흥창의 화재를 계기로 수도 개성과 각 창고 소재지에 일반 관리 외에 별도로 방화(防火) 전담 관리를 둔 것으로 우리나라 최초의 소방행정의 근원이다. 다만 화재를 담당하는 전문조직이나 관서가 있었던 것은 아니었다.
2) 화통도감 : 화약 제조와 사용량이 늘어감에 따라 화통도감을 설치하여 특별관리하였다.
3) 방화 및 실화자에 대한 처벌제도 : 방화(防火)에 소홀한 관리는 그 책임을 물어 관직을 박탈하기도 하였고 일반 백성이 방화(放火)한 경우는 징역형에, 실화한 경우는 볼기를 치는 신체형에 처하였다.
4) 이외에도 화재를 예방하기 위해 창고를 지하에 설치하거나 건물이 밀집한 개경에선 화재 시 연소 확대를 막기 위해 지붕을 기와로 짓도록 하였다.

Check Point

- **구석기** : 불 사용의 시작
- **삼국시대** : 화재가 사회적 재앙으로 등장
- **통일신라시대** : 지붕을 짚이나 갈대를 사용한 초옥 대신 기와 사용, 취사를 위해 나무 대신 숯을 사용
- **고려시대** : 소재, 금화제도(시작), 금화관리자 배치

06 조선시대

1) 금화법령

1417년(태종 17년) 우리나라 최초의 소방법규라 볼 수 있는 금화령(禁火令)이 호조의 건의에 의해 시행되었으며, 세조 때 시작되어 정종 때 완성된 경국대전의 편찬으로 금화법령의 골격이 만들어졌다. 경국대전은 중앙직제 및 관직 등을 규정하고 있는 이전(吏典)에서 소방관서인 수성금화사를, 군사에 관한 병전(兵典)에서 행순·방화·금화 관계 법령을, 형벌에 관한 형전(刑典)에서 실화 및 방화에 대한 처벌을 규정하고 있다.

① 행순(行巡) : 야간에 아장 또는 부장 같은 장교와 병조 소속 군사들이 통행인을 단속하고 화재에 대비하기 위해 궁궐 안팎을 순찰하며 근무하는 것을 말한다.

② 금화(禁火) : 병조, 의금부, 형조, 한성부, 수성금화사 및 5부의 숙직하는 관원이 행순하여 화재를 단속하는 것을 말한다. 의금부에서 종루에 올라 화재를 감시하며 화재 시 종을 치는 것, 통행금지 시간에 불을 끄러 가다 구류를 당하지 않도록 불을 끄러 가는 증명으로 구화패를 발급하는 것 외에 순찰경계, 구화시설 등에 대하여 규정하고 있다.

③ 방화(防火) : 중국의 주례를 본떠 철에 따라 불씨를 바꾸도록 국법으로 시행하였다.

④ 실화 및 방화(放火)에 관한 형률 : 실화 및 방화에 대해서는 대명률을 준용하도록 하였다.

　㉠ 실화로 자기 집을 태운 자는 장(杖) 40대

　㉡ 관가와 민가를 태운 자는 장(杖) 50대

　㉢ 인명에 상해를 가한 자는 장(杖) 100대

　㉣ 자기 집을 방화한 자는 장(杖) 100대

　㉤ 관가와 민가를 방화한 자는 장(杖) 100대와 더불어 3년간 추방

　㉥ 방화하여 물건을 훔친 자는 참(斬)하였다.

2) 금화조건(禁火條件)

궁궐에 화재가 발생한 경우 화재를 진압하는 방법을 규정한 것을 말하며 세종 5년(1423. 6.) 병조가 만들어 시행하였다. 주요 내용은 다음과 같다.

① 공조에서 사다리, 저수기, 물 푸는 그릇 등을 만들어 궐 내 각 처소에 놓아두도록 하였다.

② 궐 내에 화재가 발생하면 불이 완전히 꺼질 때까지 종을 치게 하였고, 불을 끄는 군사를 미리 정해서 그들 외에는 출입을 금하도록 하였다.

③ 화재가 너무 커져서 불을 끄는 데 부득이하게 외부인이 필요한 경우에는 내신이 아패(牙牌)를 가지고 외부인을 인솔하도록 하였다.

3) 금화조직의 설치 및 변천

① 금화도감의 설치

㉠ 설치의 계기 및 의의 : 한성부의 대형화재를 계기로 병조에 금화도감을 설치하게 되었는데[세종 8년(1426. 2.)], 상비 소방제도로서의 관서는 아니지만 화재를 방비하는 독자적 기구로서 우리나라 최초의 소방기구라 볼 수 있다.

㉡ 구성 : 금화도감은 제조 7명, 사 5명, 부사 6명, 판관 6명으로 구성되었다.

㉢ 금화도감에서 시행한 화재진압대책

㉮ 통금시간이 지나 불을 끄는 사람에게 구화패(금화패)를 발급하였다.

㉯ 화재를 진압할 때 군인은 병조에서, 각 관아의 노비는 한성부에서 감독하였다.

㉰ 화재발생 시 의금부가 종을 쳐 담당관원이나 군인에게 화재를 알렸다.

② 수성금화도감으로의 병합

㉠ 병합의 계기 및 소속 : 1426년 6월에 성문도감과 금화도감은 상시로 다스릴 일이 없는데 각각 따로 설치하여 모든 사령을 접대하는 폐단이 있어 이를 병합하여 공조 소속으로 수성금화도감을 설치하였다.

㉡ 수성금화도감의 구성 : 수성금화도감은 제조 4명, 사 2명, 부사 2명, 판관 2명으로 구성되었다.

㉢ 수성금화도감의 기능

㉮ 성을 수리했다.

㉯ 화재를 금했다.

㉰ 천거(도랑·하천)를 정비했다.

㉱ 길과 다리를 수리하는 일을 했다.

③ 수성금화도감의 한성부로의 합속

세조 6년(1460)에 관제 개편으로 독립기구였던 수성금화도감이 한성부에 속하는 기구 중 하나로 되었다.

4) 구화조직의 설치 및 변천

① 금화군은 세종 13년(1431) 금화도감 설치 뒤에도 화재가 그치지 아니하자 의정부, 육조, 한성부, 금화도감 제조 등이 논의하여 만들었다. 금화도감에서 각 사의 노비를 그 수를 참작하여 금화군으로 편성하였다.

② 멸화군은 세조 13년(1467) 금화군을 개편한 것이며 도끼, 쇠갈고리, 불 덮개 등 구화 기구를 의무적으로 갖춘 50명의 일정 인원으로 구성된 구화조직이다. 임진왜란을 거치는 동안 없어졌다.

③ 5가작통제는 세종 13년(1431)에 시행하였는데 불을 놓고 물건을 훔치는 화적(火賊) 들에 대한 대비로 설치된 제도이다. 한 마을마다 다섯 집에 장(長)을 두고, 長마다 각각 통기(統記)가 있어 다섯 집의 인명을 기록하면, 도감이 통기를 보고 단독자를 제외하고는 존비를 막론하고 수를 정하여 모두 물통을 준비하였다가 불이 나면 근처 의 각 호가 각각 그 집을 구하도록 하였다.

│ Reference │

금화제도(고려) → 금화조건 1423년(세종5) → 금화도감 1426년(세종8) → 금화군 1431년(세종13)

07 갑오개혁 전후

1) '소방'이라는 용어의 사용

1895. 5. 3.「경무청처리계획」제정 시 총무국 분장 사무에 "수화소방은"이라 하여 처음 으로 '소방'이라는 용어를 사용하였다.

2) 새로운 소방제도의 도입

① 최초의 장비 수입은 중국으로부터 수입한 수총기이다(경종 3년, 1723년).
② 수도의 개설로 소화전이 설치되었다(1909).
③ 1906년에 일본인이 한국 내에 화재보험회사 대리점을 설치하기 시작해서 1908년에 는 우리나라 최초 화재보험회사를 설립하였으며, 화재보험제도는 1925년경에 실시 되었다.

08 일제강점기

① 1910년 한일합방 이전부터 상비소방수가 있었고, 소방조의 명문화는 1915년 6월 23일 소방조규칙을 제정하면서부터이다.

② 1925년 최초의 소방서인 경성소방서(현 종로소방서)가 설치되었다.

③ 1939년 경방단 규칙을 공포, 소방조와 수방단을 통합하여 경방단을 설치하였다.

> **Check Point** 일제시대 중앙소방 기구 흐름
>
> 1910년 6월 경무과 → 1910년 7월 보안과 내 소방계 → 1919년 경무국 내 보안과 → 1939년 경무국 내 방호과 → 1943년 12월 경비과

09 해방/과도기 미군정시대

① 해방 이후 조선총독부를 인수한 미군정은 소방업무와 통신업무를 합쳐 소방과를 설치하였고 그 후 소방부로 개칭, 도 경찰부 산하에 소방과를 설치하였다.

② 1946년 4월 10일, 소방부와 소방위원회를 설치하고 일시적으로 소방행정을 경찰로부터 분리하여 자치화하였다.

③ 상무부 토목국에 중앙소방위원회를 설치하였고, 위원회는 7인으로 구성되어 있었으며 그중 1인이 서기장으로 임명되었다.

④ **중앙소방위원회의 주요임무**

　㉠ 전국 소방예산안 작성

　㉡ 각 지역 소방부 운영경비 추천

　㉢ 소방상 중요사항의 규격에 관한 규칙 연구

　㉣ 군정장관이 규칙 결재 시 관보에 공포

　㉤ 1946년 남조선 과도정부 동위원회 집행기구로 소방청 설치

　㉥ 소방청에는 청장 1인, 군정고문 1인을 두었으며, 총무과·소방과·예방과를 두었다.

⑤ **도 소방위원회**

　㉠ 각 도에는 소방기관으로 도 소방위원회를 설치하였다.

　㉡ 소화, 방화의 전문지식이 있는 자로 시·도지사가 5인을 임명하였다.

　㉢ 1인이 서기장이 되고 각 위원회에 기술보조원 및 직원을 둘 수 있었다.

⑥ **도 소방위원회의 주요임무**

　㉠ 화재로 인한 손해와 화재위험에 관한 연구

ⓒ 소화 및 방화에 관한 계획수립

ⓒ 중앙소방위원회를 원조하는 사항

ⓔ 사무집행기구로는 서울에 소방부, 도에는 소방청을 두었으며, 각 도 소방청에는 소방과와 예방과를 두었다.

10 대한민국 정부 수립 이후(1948~1970년)

① 정부 수립과 동시에 소방은 다시 국가소방체제로 경찰사무에 포함되어 운영되었다.

② 중앙은 내무부 치안국 소방과에서 업무를 취급하였다.

③ 지방은 경찰국 소방과에서 업무를 취급하였다.

④ 1958년 소방법이 제정되었다.

⑤ 1961년 지방세법 개정으로 소방공동시설세가 신설되어 소방재원을 확보할 수 있게 되었다.

⑥ 소방공무원은 해방 직후 1948년부터 국가공무원법을 적용받다가 1969년 경찰 공무원법이 제정됨에 따라 경찰공무원법을 적용받았다.

11 성장/발전기(1970~1992년)

① 국가소방과 자치소방의 이원화 시기였다.

② 1972년 서울과 부산은 소방본부를 설치하였고, 다른 지역은 국가소방체제였다.

③ 1973년 지방소방공무원법이 제정되어 소방공무원의 신분(국가직 소방공무원 : 경찰공무원, 지방직 소방공무원 : 지방소방공무원)이 이원화되었다.

④ 1975년 내무부에 민방위본부 설치로 민방위제도를 실시하게 되면서 치안본부 소방과에서 민방위본부 소방국으로 이관되면서 소방이 경찰로부터 분리되었다.

⑤ 1977년 소방공무원법이 제정되었고, 1년 뒤인 1978년 시행되어 소방공무원은 국가공무원 및 지방공무원 모두 소방공무원으로 신분이 일원화되었다.

12 성숙기(1992년~현재) - 자치소방체제

① 시 · 도(광역) 자치소방체제이다.

② 1992년 소방본부가 일제히 설치되면서 소방사무는 시 · 도지사의 책임으로 일원화되었다.

③ 대형 재난사고로 인하여 1994년 12월에 방재국을 신설하였다.

④ 1995년 5월에 소방국 내 구조구급과를 신설하였다.

⑤ 삼풍백화점 붕괴 이후인 1995년 7월 18일 재난관리법을 제적하고 민방위본부를 민방위 재난통제본부로 확대·개편함과 동시에 재난관리국과 소방국 내 장비통신과를 신설하였다.

⑥ 1998년 2월 총무처와 내무부를 통합하여 행정자치부가 출범하면서 민방위국에 재난관리국이 다시 흡수되어 민방위재난관리국으로 개칭되었다.

⑦ 2004년 6월 1일 소방방재청이 신설되었으며, 조직은 예방기획국, 대응관리국, 복구지원국으로 편재하였으며 지원부서로서 기획관리관을 두었다.

⑧ 2014년 11월 19일 국민안전처가 신설되었으며, 그 산하에 중앙소방본부와 해양경비안전본부를 두어 재난안전 총괄부처의 기능을 수행하도록 하였다.

⑨ 2017년 7월 26일 국민안전처가 해산되고 다시 소방청체제로 변환되었으며 소방청 산하에 중앙119구조본부, 중앙소방학교 등을 두고 있다.

⑩ 2020년 4월 1일 소방공무원법이 개정되어 지방소방공무원이 국가소방공무원으로 전환되었다.

Check Point

• **조선시대** : 세종 8년 ~ 구한말
• **과도기**[미군정(1945~1948)] : 자치소방체제
• **초창기** 정부 수립 이후(1948~1970) : 국가소방체제
• **발전기**(1970~1992) : 국가·자치 이원화
• **정착기**(1992~2003) : 시·도(광역)자치소방
• **제1성장기**(2004~2014.11) : 소방방재청 체제
• **제2성장기**(2014.11~2017.7.26) : 국민안전처 체제
• **제3성장기** (2017.7.26~현재) : 소방청 체제

Check Point 소방공무원 신분의 변천

국가공무원법 (1949.8.12 ~1969.1.6)	→	경찰공무원법 (1969.1.7 ~1978.2.28)	→	소방공무원법 (1978.3.1 ~1982.12.31)	→	소방공무원법 (1983.1.1~현재)
⇓		⇓				⇓
일반직 공무원		별정직 공무원				특정직 공무원

CHAPTER 03 소방행정체제

01 소방행정의 개념

소방행정이란 소방의 임무를 이루기 위해 사용하는 방법으로서 소방공무원들의 협동행위나 의사결정을 하는 관리적 행정을 말한다.

02 소방행정의 수단

1) 계몽 및 지도 : 사회공공의 질서유지를 고려하여 소방법규 변경 등에 의해 발생되는 혼란과 오해로 인한 위법행위를 방지하기 위한 방법을 말한다.
2) 봉사활동 : 구조구급을 통해 직접적인 혜택을 받는 사람들을 중심으로 하는 상대적 봉사활동과 인접한 소방대상물의 연소방지 및 인명, 재산피해를 최소화하기 위한 소화활동으로서 불특정다수인이 혜택을 받는 포괄적 봉사활동이 있다.
3) 명령과 강제 : 소방법상 강제적인 방법으로 올바른 상태를 만들고 유지하기 위한 소방행정상의 조치를 말한다.

03 소방행정의 분류적 특성

1) 고도의 공공행정 : 소방행정은 화재를 예방, 경계하고 진압하여 국민의 생명신체 및 재산을 보호함을 주된 목적으로 하는 고도의 공공행정의 특성을 가진다.
2) 특수전문행정 : 소방행정은 화재를 예방, 경계, 진압하는 것뿐만 아니라 각종 재난, 재해, 기타 위급한 상황에 대처하는 것을 목적으로 하는 특수전문행정의 특성을 가진다.
3) 국민생명 유지행정 : 소방행정은 화재뿐만 아니라 각종 재난, 재해 기타 위급상황에 처한 국민의 신체와 생명을 구조구급하는 것을 목적으로 하는 국민생명유지행정의 특성을 가진다.
4) 사회목적적 행정 : 소방행정은 사회의 공공안녕질서유지 또는 사회의 공공복리증진을 목적으로 하는 사회목적적 행정이라는 특성을 가진다.

04 소방행정작용의 특성

1) 우월성 : 소방행정기관은 당사자의 허락을 받지 않고 일방적인 결정에 의한 행정조치를

취하는 우월성을 가진다(예방조치, 강제처분).

2) 획일성 : 건축물이 사용되는 용도가 같으면 원칙적으로 소방법을 적용함에 있어 획일적으로 적용되어야 한다는 원칙을 말한다.

3) 기술성 : 소방행정은 소방목적을 이루기 위한 수단, 방법을 강구함에 있어 윤리성이나 도덕성을 참작하기에 앞서 재난, 재해로부터 국민의 생명과 재산을 보호함이 우선되어야 한다는 특성을 가진다.

4) 강제성 : 소방행정의 실효성을 확보하기 위해 소방법에 의해 부과된 의무를 위반한 경우 그에 대해 제재를 가할 수 있는 강제성을 가진다.

05 소방행정행위의 개념 및 종류

1) 개념

① 소방행정행위란 공권력행사 또는 그 거부와 그 밖에 이에 준하는 행정작용을 말한다.

② 소방행정의 주체는 소방행정의 객체에 대하여 소방행정력을 행사할 수 있는 행정기관을 말한다.

③ 소방행정의 객체는 소방행정의 주체인 국가와 시도의 행정권 또는 지배에 복종하는 자를 말한다.

④ 소방기관은 소방행정의 주체를 대신하여 소방행정의 객체에 대하여 소방행정사무를 수행하는 기관을 말한다.

⑤ 소방공무원은 소방기관 내부에서 실제 소방행정사무를 수행하면서 소방행정의 주체와 의무, 권리의 관계에 있는 자를 말한다.

2) 종류

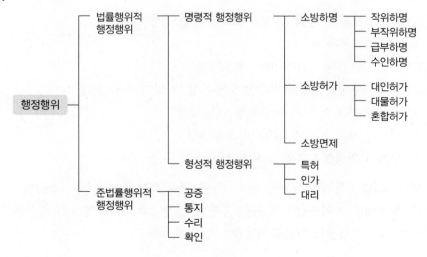

① 행정청의 의사에 따라 법적 효과가 발생하는 행정행위를 법률행위적 행정행위라고 하고, 행정청의 의사와는 무관하게 법률이 정하는 효과가 발생하는 행정행위를 준법률행위적 행정행위라고 한다.

② 명령적 행정행위란 의무와 관련된 행정행위로 의무를 부과하거나 해제시켜 주거나 면제해 주는 행정 행위를 말하며 하명, 허가, 면제 등이 이에 해당한다. 형성적 행정행위란 권리, 능력, 법률상의 지위를 설정, 변경, 소멸시키는 행정행위로서 특허, 인가, 대리 등이 이에 해당한다.

06 소방하명

소방이라는 목적을 달성하기 위하여 불특정 다수인에게 작위, 부작위, 급부, 수인의 의무를 명령하는 행정행위이다.

1) 작위하명 : 특정한 행위를 적극적으로 해야 할 의무를 명하는 행정행위
   ① 화재예방 조치명령
      ㉠ 타고 남은 불이나 재의 처리
      ㉡ 함부로 버려두거나 방치된 위험물 그 밖에 불에 탈 수 있는 물건을 관계인으로 하여금 옮기거나 치우게 하는 조치
      ㉢ 위험물 또는 물건의 관계인의 주소와 성명을 알 수 없어서 소속 공무원으로 하여금 옮기거나 치우게 하는 조치
   ② 화재경계지구 지정에 대한 명령
   ③ 소방활동 종사명령
   ④ 피난명령
   ⑤ 화재조사를 위한 보고 및 자료제출명령
   ⑥ 소방특별조사
   ⑦ 소방특별조사 결과에 따른 조치명령
   ⑧ 특정소방대상물에 설치하는 소방시설 및 방염에 관한 명령
   ⑨ 위험물 제조소 등의 예방규정 변경명령
   ⑩ 위험물 제조소 등의 감독 및 조치명령
   ⑪ 무허가 위험물시설의 조치명령

2) 부작위하명 : 특정한 행위를 금지하도록 하는 의무를 명하는 행정행위
   ① 화재예방 조치명령 : 모닥불, 불장난, 흡연, 화기취급행위 등의 금지명령
   ② 소방용수시설의 사용금지명령

       ⊙ 정당한 사유 없이 소방용수시설을 사용하는 행위

       ⓛ 정당한 사유 없이 소방용수시설의 효용을 해치는 행위

       ⓒ 소방용수시설의 정당한 사용을 방해하는 행위

  ③ 소방특별조사 결과에 따른 조치명령

       ⊙ 소방대상물의 개수, 이전, 제거, 사용금지, 제한, 폐쇄명령

       ⓛ 공사의 정지, 중지명령

3) 급부하명 : 소방의 목적으로 금전, 물품, 노력 등을 제공할 의무를 명하는 행정행위

  ① 위험물제조소 등의 설치 또는 변경허가의 수수료 납입 등을 명하는 행위

  ② 위험물제조소 등의 탱크안전성능검사에 따른 수수료 납입 등을 명하는 행위

  ③ 지정수량 이상의 위험물의 임시저장 및 취급의 승인에 따른 수수료 납입 등을 명하는 행위

  ④ 위험물제조소 등의 완공검사에 따른 수수료 납입 등을 명하는 행위

  ⑤ 제조소 등 설치자의 지위승계신고에 따른 수수료 납입 등을 명하는 행위

  ⑥ 탱크안전성능시험자의 등록에 따른 수수료 납입 등을 명하는 행위

  ⑦ 탱크안전성능시험자의 등록사항 변경신고에 따른 수수료 납입 등을 명하는 행위

  ⑧ 위험물운반용기의 검사에 따른 수수료 납입 등을 명하는 행위

  ⑨ 안전교육에 따른 교육비 납입 등을 명하는 행위

4) 수인하명 : 행정주체(행정청)의 권한행사에 대하여 저항하지 아니할 의무를 명하는 행정행위

  ① 강제처분명령

       ⊙ 화재가 발생하거나 불이 번질 우려가 있는 소방대상물 및 토지의 일시적인 사용, 그 사용의 제한 또는 소방활동에 필요한 처분명령

       ⓛ 긴급 출동 시 소방자동차의 통행과 소방활동에 방해가 되는 주차 또는 정차된 차량 및 물건의 이동, 제거처분명령

  ② 소방대의 긴급통행

  ③ 소방자동차의 우선통행

  ④ 소방공무원의 출입 · 조사

07   소방허가

특정한 경우 소방상 목적 때문에 일반적인 금지사항을 해제하여 합법적인 행위를 할 수 있도록 하는 행정처분

1) 대인허가 : 특정인의 자격 등을 고려하여 허가되는 행정행위(소방기술자에 대한 허가)
2) 대물허가 : 지정수량 이상의 위험물을 저장·취급하는 제조소 등의 허가
3) 혼합허가 : 소방시설 관리업 등록, 소방시설업 등록

08 소방면제

소방작위, 소방급부, 소방수인 의무의 소멸을 명하는 행정행위(면제시켜 주는 행정행위)

09 형성적 행정행위(특허, 인가, 대리)

1) 특허 : 특정인에 대하여 새로운 권리, 능력 또는 포괄적인 법률관계를 설정하는 행정행위이다. 형성적 행정 행위에 속하며, 행정법학에서만 사용되는 용어로 일반적인 의미의 특허와는 다르다. 개인의 기본권을 회복시켜주는 의미의 허가와는 구별되나 점차 그 구분기준이 상대화되고 있다.
법령 및 실제 행정에서는 "특허"라고 표현하는 경우는 드물고, "허가", "인가"로 표현하는 게 대부분이므로 해석상 주의를 요한다.(한국소방안전원 설립, 한국소방산업기술원 설립)
2) 인가 : 정관변경 등에 따른 소방청장의 인가, 예방규정의 인가
3) 대리 : 행정주체가 제3자 대신 공권력 행사(소방법령상 예가 없음)

10 준법률행위적 행정행위(공증, 통지, 수리, 확인)

1) 공증
① 소방안전관리자의 자격증 및 자격수첩 교부, 화재 증명원 발급, 소방시설 완비 증명서 발급
② 인식표시행위
2) 통지 : 소방특별조사계획을 서면으로 통보
3) 수리 : 각종 허가신청 및 신고 접수
4) 확인
① 소방 관련 자격 합격자 결정, 소방안전관리자 자격 인정
② 판단표시행위

11 소방행정의 실효성 확보수단(소방강제집행, 소방즉시강제, 소방행정벌)

1) 소방강제집행

① **대집행**

ⓐ 작위의무 불이행자

ⓑ 소방강제집행의 일반적인 수단

ⓒ 절차 : 계고 → 통지 → 실행 → 비용징수

② **집행벌**

ⓐ 작위, 부작위 의무 불이행자

ⓑ 징역, 벌금

③ **직접강제**

ⓐ 작위, 부작위, 수인의무 불이행자

ⓑ 함부로 버려두거나 방치된 위험물이나 물건을 관계인으로 하여금 옮기거나 치우게 하는 조치

④ **강제징수** : 과태료 납부의무 불이행 시 가압류 조치

2) 소방즉시강제

① 미리 의무를 명할 시간적 여유가 없거나 의무를 명하여서는 목적달성이 곤란할 때

② 위험물이나 물건의 관계인의 주소와 성명을 알 수 없어 소속 공무원으로 하여금 옮기거나 치우게 하는 조치

③ 수단 : 대인적 · 대물적 · 대가택 강제수단

3) 소방행정벌

① **행정형벌**

ⓐ 형법에 의해 부과하는 벌   ⓑ 징역, 금고, 벌금

② **행정질서법**

ⓐ 질서유지를 위해 부과하는 벌   ⓑ 과태료

12 소방행정구제

1) 행정구제의 개념

행정주체의 행정작용에 의해 행정객체의 권익이 침해당한 경우에 행정주체에 대하여 원상회복, 손해배상 또는 당해 행정작용의 시정을 요구하는 절차를 말한다.

2) 행정구제의 구분

▼ 소방행정구제

사전행정구제	사후행정구제
① 행정절차법 ② 청원법 ③ 옴부즈맨제도	① 손해배상 ② 손실보상 ③ 행정심판 ④ 행정소송

3) 사전행정구제

① **행정절차법**

   ㉠ 행정행위의 행정절차에 관해 규정해 놓은 법을 말한다.

   ㉡ 행정의 공정성·투명성·신뢰성을 확보하고 국민의 권익을 보호하기 위한 제도이다.

② **청원법**

   ㉠ 국가기관 등에 서면으로 진술할 수 있도록 규정해 놓은 법을 말한다.

   ㉡ 국민의 기본권리 중 하나로 국가에 대한 불만의 제기 및 시정을 요구하거나 희망을 개진할 수 있다.

③ **옴부즈맨제도** : 행정기능의 확대강화로 행정에 대한 통제가 어렵게 되자 국회에 의해 임명된 재판관 및 행정관이 공무원의 권력남용, 직무집행 등을 조사·감시하는 제도이다.

4) 사후행정구제

① 손해배상 : 국가 및 공무원의 위법행위로 인하여 손해가 발생하였을 때 국가 또는 지방자치단체에 행정상 손해배상을 청구할 수 있다.

② 손실보상 : 적법하게 행사된 공권력에 의해 발생한 손실에 대하여 행정상 손실보상을 하는 것이다.

③ 행정심판 : 행정심판법에 따라 행정주체의 위법·부당한 행정처분·기타의 공권력 행사 등으로 권리 또는 이익을 침해받은 자가 행정주체에 대하여 시정을 요구하는 절차이다.

④ 행정소송 : 행정법규의 적용에 관하여 분쟁이 있을 때 법원이 재판절차에 따라 판결하는 것을 말한다.

13 소방행정권의 한계

1) 소방행정권의 한계

소방행정기관의 공권력 행사로부터 국민의 권리를 보호하고, 권리의 손실을 방지하기 위해 소방행정기관의 공권력 사용권한에 한계를 정하여 적용하여야 할 원칙을 말한다.

2) 소방행정권의 한계 구분

① **소방 소극적인 목적의 원칙** : 화재의 예방과 사회 공공의 안전 등을 위하여 소방행정 권을 발동시키지만. 그렇지 않을 경우에는 발동시킬 수가 없다. 이와 같이 우리 사회의 안녕·질서 유지에 방해가 되는 위험 요소가 있는 경우에만 이를 제거한다는 소극적인 목적의 원칙을 말한다.

② **소방공공의 원칙** : 소방의 목적을 달성하는 데 있어서 직접적인 영향을 주지 않는 사생활에는 관여하지 않는다는 원칙을 말한다.
  ㉠ 사생활의 불가침원칙
  ㉡ 사주거의 불가침원칙
  ㉢ 민사법률의 불간섭원칙
  ㉣ 소방책임의 원칙
  ㉤ 개인의 행동에 대한 책임원칙
  ㉥ 물건상태에 대한 책임원칙

③ **소방비례의 원칙** : 사회의 공공안전 등을 위하여 일정한 의무를 국민에게 과하는 행정 행위는 모든 사람에게 균형 있게 적용되어야 한다는 원칙을 말한다.

14 소방행정의 책임

1) 소방대상물에 대한 책임

① 관계인(소유자·관리자·점유자)
② 원칙적으로는 소유자
③ 소유자가 관리자에게 관리의 권원을 위임한 경우 : 관리자
④ 계약에 의한 소방대상물에 대한 책임 : 점유자

2) 소방행정에 대한 책임

시·도지사(특별시장·광역시장·도지사·특별자치도지사 또는 특별자치시장)

CHAPTER 04 소방조직체제

01 소방조직의 개념

1) 조직의 개념

조직은 일정한 규모의 구성원들이 그들이 세운 목표를 위해 구조를 이루고 있는 유기체이다.

2) 조직의 특징

① 반드시 목표가 있어야 한다.
② 일정한 체제를 갖추고 있어야 한다.
③ 일정 규모 이상의 구성원이 존재해야 한다.
④ 주변환경과 끊임없이 교류하며 적응할 수 있는 유기체이어야 한다.

02 소방조직의 구조

1) 기능중심조직 : 화재진화를 위한 진압대, 구조를 위한 구조대, 응급환자를 위한 구급대 등 기능을 중심으로 구성한 조직체이다.

2) 분업중심조직 : 소방조직의 규모가 커지면서 세분화된 업무를 서비스 수요자 중심으로 구성하는 방식을 말하며, 위 기능중심처럼 분업한 업무조직 특성을 가진다.

3) 애드호크라시 조직 : 해결해야 할 문제를 중심으로 구성된 전문가 집단으로 임시적, 역동적, 유기적인 조직을 말한다. 이중적인 상사의 감독과 명령체계를 갖는 것이 특징인데, 일반적인 업무는 자기가 원래 속한 기능중심부서의 감독을 받으며, 특별한 프로젝트 구성 시 프로젝트관리자의 지휘감독을 받게 된다.

03 소방조직의 원리

1) 분업의 원리 : 한 사람이나 한 부서가 한 가지의 주된 업무를 맡는다는 원리

2) 명령계통일의 원리 : 지휘, 명령의 혼선을 막기 위해 하나의 조직체가 한 사람의 상급자의 명령을 받고, 보고해야 한다는 원리

3) 계층제의 원리 : 업무에 대한 권한 및 책임에 따른 상하의 계층을 형성하는 원리이다.

4) **계선의 원리** : 특정사안의 최종결정권자는 소속기관의 장이다.

5) **업무조정의 원리** : 분업, 전문화되어 있는 개인이나 조직을 통합하고 행동을 통일시키는 원리

6) **통솔범위의 원리** : 한 명의 상관이 부하를 효과적으로 직접 통솔할 수 있는 범위는 평상시에는 7~12명이 효과적이나 비상시에는 3~4명이 적당하다.

04 소방조직의 특수성

1) 법제적 특성

화재의 진압구조구급 등의 전문적인 업무를 수행해야 하므로 임용절차 · 자격 · 계급구분 · 징계방법 · 보수체계 · 신분보장 등에 있어서 소방업무 고유의 특수성과 전문성이 인정되어야 한다.

2) 조직적 특성

국가위기관리조직의 일부로서 국가재난관리상황에서 원활한 업무수행을 위해 강력한 위계질서 확립을 위한 계급체계와 상명하복의 지휘 · 명령체계로 이루어진 조직이다.

3) 업무적 특성

① **현장성** : 소방업무는 화재현장에서 직접 화재와 싸워야 하는 현장중심의 업무특성을 갖는다.

② **대기성** : 화재를 포함한 재난은 언제 발생할지 예측할 수 없고, 출동이 지체되면 곧바로 대형 재난으로 이어지게 되기 때문에 대응태세를 상시적으로 갖추어야 하는 업무특성을 갖는다.

③ **신속 · 정확성** : 전문적 지식과 경험을 갖춘 소방공무원이 화재 등 재난에 대해 한정된 시간 내에 신속하고 정확한 대처를 해야 실효를 거둘 수 있는 업무적 특성을 갖는다.

④ **전문성** : 소방업무는 화재에 대한 지식뿐만 아니라 전기 · 가스 · 위험물 · 건축 · 화공 · 물리 등의 다양한 분야의 전문성이 요구되는 전문기술업무로서의 특성을 갖는다.

⑤ **일체성** : 소방업무는 화재 등 재난에 대해 신속하고 효과적인 대처를 하기 위해서는 강력한 지휘 · 명령권과 기동성이 확립된 조직의 일체성이 요구된다.

⑥ **가외성** : 화재 등 재난은 그 규모나 양상을 예측할 수 없으므로 그러한 불확실성에 대한 적응실패를 방지하기 위해 현재 필요한 소방력보다 많은 여유자원을 갖추고 있어야 한다.

⑦ **위험성** : 소방업무는 각종 재난의 신고접수 → 출동 → 처리 → 마무리 단계에 이르는

전 과정에 항상 위험이 따르므로 소방공무원 자신이 이러한 위험에 대비하여 강한 체력과 사명감을 가져야 한다.

⑧ **결과성** : 소방업무는 대형재난으로 인명과 재산 피해가 발생하였을 때 과정과 절차를 중시하는 일반 행정과 달리 상대적으로 결과를 중시한다.

05 우리나라 소방행정조직(총칙, 소방청, 중앙소방학교, 중앙119구조본부, 각 시도별 소방안전본부, 소방서, 119안전센터)

1) 총칙

① **목적** : 이 영은 소방청과 그 소속기관의 조직과 직무범위, 그 밖에 필요한 사항을 규정함을 목적으로 한다.

② **소속기관** : 소방청장의 관장사무를 지원하기 위하여 소방청장 소속으로 중앙소방학교 및 중앙 119구조본부를 둔다.

2) 소방청

① **직무** : 소방청은 소방에 관한 사무를 관장한다.

② **청장** : 청장은 소방총감으로 보한다.

③ **차장** : 차장은 소방정감으로 보한다.

④ **하부조직**

㉠ 소방청에 운영지원과 · 소방정책국 및 119구조구급국을 둔다.

㉡ 청장 밑에 대변인 및 119종합상황실장 각 1명을 두고, 차장 밑에 기획조정관 1명을 둔다.

⑤ **대변인** : 대변인은 소방준감으로 보한다.

⑥ **종합상황실장** : 119종합상황실장은 소방준감으로 보한다.

⑦ **기획조정관** : 기획조정관은 소방감으로 보한다.

⑧ **운영지원과** : 운영지원과장은 소방준감으로 보한다.

⑨ **소방정책국** : 소방정책국에 국장 1명을 두며, 국장은 소방감으로 보한다.

⑩ **119구조구급국** : 119구조구급국에 국장 1명을 두며, 국장은 소방감으로 보한다.

3) 중앙소방학교

① **직무**

㉠ 소방공무원, 소방간부후보생, 의무소방원 및 소방관서에서 근무하는 사회복무요원의 교육훈련에 관한 사항

　　ⓛ 학생, 의용소방대원, 민간자원봉사자 등에 대한 소방안전체험교육 등 대국민 안
　　　전교육훈련에 관한 사항

　　ⓒ 소방정책의 연구와 소방안전기술의 연구·개발 및 보급에 관한 사항

　　ⓔ 화재원인 및 위험성 화학물질 성분에 대한 과학적 조사연구 분석 및 감정에 관한
　　　사항

② **교장**

　　㉠ 중앙소방학교에 교장 1명을 두며, 교장은 소방감으로 보한다.

　　㉡ 교장은 소방청장의 명을 받아 소관사무를 총괄하고, 소속 공무원을 지휘·감독
　　　한다.

③ **하부조직**

　　중앙소방학교에 두는 보좌기관 또는 보조기관은 소방청의 소속기관에 두는 공무원
　　정원의 범위에서 행정안전부령으로 정한다.

4) 중앙119구조본부

① **직무**

　　㉠ 각종 대형특수재난사고의 구조현장 지휘 및 지원

　　㉡ 재난유형별 구조기술의 연구보급 및 구조대원의 교육훈련(재난 및 안전관리기본
　　　법 제3조 제7호에 따른 긴급구조기관과 같은 조 제8호에 따른 긴급구조지원기관
　　　및 외국의 긴급구조기관으로부터 요청을 받은 인명구조훈련을 포함한다.)

　　㉢ 특별시장·광역시장·특별자치시장·도지사 및 특별자치도지사의 요청 시 중
　　　앙119구조본부장이 필요하다고 판단하는 재난사고의 구조 및 지원

　　㉣ 위성중계차량 운영에 관한 사항

　　㉤ 그 밖에 중앙긴급구조통제단장이 필요하다고 판단하는 재난 사고의 구조 및 지원

② **본부장**

　　㉠ 중앙119구조본부에 본부장 1명을 두며, 본부장은 소방감으로 보한다.

　　㉡ 본부장은 소방청장의 명을 받아 소관사무를 총괄하고, 소속 공무원을 지휘·감독
　　　한다.

③ **하부조직** : 중앙119구조본부에 두는 보좌기관 또는 보조기관은 소방청의 소속기관
　　에 두는 공무원 정원의 범위에서 행정안전부령으로 정한다.

④ **특수구조대**

　　㉠ 중앙119구조본부의 소관사무를 분장하기 위하여 중앙119구조본부장 소속으로
　　　119특수구조대를 둔다.

ⓛ 119특수구조대의 명칭 및 위치는 별표 1과 같고, 그 관할구역은 행정안전부령으로 정한다.

ⓒ 각 119특수구조대에 대장 1명을 두며, 각 대장은 소방정으로 보한다.

ⓐ 각 119특수구조대장은 중앙119구조본부장의 명을 받아 소관사무를 총괄하고, 소속 공무원을 지휘 · 감독한다.

5) 119화학구조센터

① 119특수구조대의 소관사무를 분장하기 위하여 119특수구조대장 소속으로 119화학구조센터를 둔다.

② 119화학구조센터의 명칭 · 위치 및 관할구역은 행정안전부령으로 정한다.

③ 각 119화학구조센터에 센터장 1명을 두며, 각 센터장은 소방령으로 보한다.

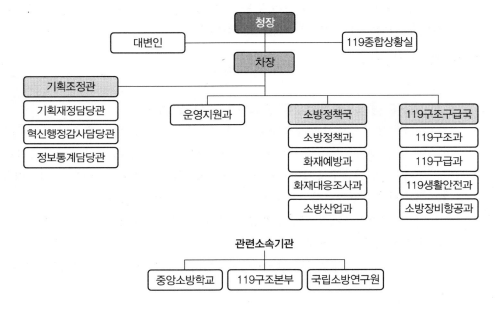

06 민간소방조직(의용소방대, 자위소방체제, 청원소방원제도, 자체소방대)

1) 의용소방대

① **의용소방대의 설치 등**

㉠ 특별시장 · 광역시장 · 특별자치시장 · 도지사 · 특별자치도지사(시 · 도지사) 또는 소방서장은 소방업무를 보조하기 위하여 의용소방대를 설치할 수 있다.

ⓛ 의용소방대는 특별시 · 광역시 · 특별자치시 · 도 · 특별자치도(시 · 도), 시 ·

읍 · 면에 의용소방대를 둔다.

ⓒ 시 · 도지사 또는 소방서장은 필요한 경우 관할구역을 따로 정하여 그 지역에 의용소방대를 설치할 수 있다.

ⓔ 시 · 도지사 또는 소방서장은 필요한 경우 화재진압 등을 전담하는 의용소방대(전담의용소방대)를 운영할 수 있다.

ⓜ 의용소방대의 설치 등에 필요한 사항은 행정안전부령으로 정한다.

의용소방대 설치 및 운영에 관한 법률 시행규칙 제2조

① 특별시장 · 광역시장 · 특별자치시장 · 도지사 · 특별자치도지사(이하 "시 · 도지사"라 한다.) 또는 소방서장은 「의용소방대 설치 및 운영에 관한 법률」(이하 "법"이라 한다) 제2조 제1항에 따라 의용소방대를 설치하는 경우 남성만으로 구성하는 의용소방대, 여성만으로 구성하는 의용소방대 또는 남성과 여성으로 구성하는 의용소방대로 구분하여 설치할 수 있다.

② 시 · 도지사 또는 소방서장은 지역특수성에 따라 소방업무 관련 전문기술 · 자격자 등으로 구성하는 전문의용소방대(이하 "전문의용소방대"라 한다)를 설치할 수 있다.

③ 시 · 도지사 또는 소방서장은 법 제2조 제4항에 따른 전담의용소방대(이하 "전담의용소방대"라 한다)를 운영하려는 경우에는 별표 1에 따른 시설과 장비를 갖추어야 한다.

④ 제1항부터 제3항까지에서 규정한 사항 외에 의용소방대의 설치 등에 필요한 세부적인 사항은 시 · 도의 조례로 정한다.

---

② **의용소방대원의 임명** : 시 · 도지사 또는 소방서장은 그 지역에 거주 또는 상주하는 구민 가운데 희망하는 사람으로서 다음에 해당하는 사람을 의용소방대원으로 임명한다.

㉠ 관할 구역 내에서 안정된 사업장에 근무하는 사람

㉡ 신체가 건강하고 협동정신이 강한 사람

㉢ 희생정신과 봉사정신이 투철하다고 인정되는 사람

㉣ 소방시설공사업법 제28조에 따른 소방기술 관련 자격 · 학력 또는 경력이 있는 사람

㉤ 의사 · 간호사 또는 응급구조사 자격을 가진 사람

㉥ 기타 의용소방대의 활동에 필요한 기술과 재능을 보유한 사람

③ **의용소방대원의 해임**

㉠ 시 · 도지사 또는 소방서장은 의용소방대원이 다음의 어느 하나에 해당하는 때에는 해임하여야 한다.

㉮ 소재를 알 수 없는 경우

㉯ 관할 구역 외로 이주한 경우. 다만, 2개 이상의 소방서가 설치되어 있는 시

　　　　지역에서는 대원으로서 활동하는 데 지장이 없다고 인정되는 경우에는 그러
　　　　하지 아니하다.
　　　ⓓ 심신장애로 직무를 수행할 수 없다고 인정되는 경우
　　　ⓔ 직무를 태만히 하거나 직무상의 의무를 이행하지 아니한 경우
　　　ⓕ 제11조에 따른 행위금지 의무를 위반한 경우
　　　ⓖ 그 밖에 행정안전부령으로 정하는 사유에 해당하는 경우
　　ⓛ 그 밖에 의용소방대원의 해임절차 등에 필요한 사항은 행정안전부령으로 정한다.
　④ **정년** : 의용소방대원의 정년은 65세로 한다.

> **의용소방대 설치 및 운영에 관한 법률 시행규칙 제7조(정년)**
> 의용소방대원은 그 정년에 이른 날이 1월부터 6월 사이에 있으면 6월 30일에, 7월부터 12월 사이에 있으면 12월 31일에 각각 당연히 퇴직한다.

　⑤ **조직**
　　ⓐ 의용소방대에는 대장·부대장·부장·반장 또는 대원을 둔다.
　　ⓛ 대장 및 부대장은 의용소방대원 중 관할 소방서장의 추천에 따라 시·도지사가 임명한다.
　　ⓒ 그 밖에 의용소방대의 조직 등에 필요한 사항은 행정안전부령으로 정한다.

> **의용소방대 설치 및 운영에 관한 법률 시행규칙 제9조(대장 및 부대장)**
> ① 관할 소방서장은 법 제6조 제2항에 따라 대장 및 부대장을 시·도지사에게 추천할 때에는 운영위원회의 심의를 거쳐야 한다.
> ② 대장은 소방본부장 및 소방서장의 명을 받아 소속 의용소방대의 업무를 총괄하고 의용소방대원을 지휘·감독한다.
> ③ 부대장은 대장을 보좌하고, 대장이 부득이한 사유로 직무를 수행할 수 없는 경우에는 그 직무를 대리한다.

> **의용소방대 설치 및 운영에 관한 법률 시행규칙 제10조(대장 등의 임기)**
> ① 대장 및 부대장의 임기는 3년으로 하며, 한 차례만 연임할 수 있다.
> ② 제1항에서 규정한 사항 외에 의용소방대원의 임기 등에 관한 세부적인 사항은 시·도의 조례로 정한다.

> **의용소방대 설치 및 운영에 관한 법률 시행규칙 제11조(정원 등)**
> ① 의용소방대에 두는 의용소방대원의 정원은 다음 각 호와 같다. 〈개정 2017.8.29.〉
> 　　1. 시 · 도 : 60명 이내
> 　　2. 시 · 읍 : 60명 이내
> 　　3. 면 : 50명 이내
> 　　4. 법 제2조제3항에 따라 관할 구역을 따로 정한 지역에 설치하는 의용소방대 : 50 명 이내
> 　　5. 전문의용소방대 : 50명 이내
> ② 의용소방대원은 관할 행정구역(동 · 리) 단위로 균형 있게 배치되도록 임명하여야 한다.
> ③ 시 · 도지사 또는 소방서장은 제1항에서 정하고 있는 정원의 범위 내에서 시 · 도의 조례로 정원을 따로 정할 수 있다.
> ④ 제1항에도 불구하고 시 · 도지사 또는 소방서장은 행정구역이 통폐합 되는 경우 행정구역 통폐합 이전 각각의 의용소방대 조직과 정원을 그대로 운영할 수 있다. 〈신설 2017.8.29.〉

⑥ **임무**
　㉠ 화재의 경계와 진압업무의 보조
　㉡ 구조 · 구급 업무의 보조
　㉢ 화재 등 재난 발생 시 대피 및 구호업무의 보조
　㉣ 화재예방업무의 보조
　㉤ 그 밖에 행정안전부령으로 정하는 사항
　　㉮ 집회, 공연 등 각종 행사장의 안전을 위한 지원활동
　　㉯ 주민생활의 안전을 위한 지원활동
　　㉰ 그 밖에 화재예방 홍보 등 소방서장이 필요하다고 인정하는 사항

⑦ **복장착용 등**
　㉠ 의용소방대원이 임무를 수행하는 경우에는 복장을 착용하고 신분증을 소지하여야 한다.
　㉡ 소방본부장 또는 소방서장은 의용소방대원 또는 의용소방대원이었던 자가 경력증명발급을 신청하는 경우에는 경력증명서를 발급하고 관리하여야 한다.
　㉢ 의용소방대원의 복장 · 신분증과 경력증명서 등에 필요한 사항은 행정안전부령으로 정한다.

⑧ **의용소방대원의 근무 등**
　㉠ 의용소방대원은 비상근으로 한다.
　㉡ 소방본부장 또는 소방서장은 소방업무를 보조하게 하기 위하여 필요한 때에는

의용소방대원을 소집할 수 있다.

⑨ **재난현장 출동 등**

ㄱ 의용소방대원은 소집명령에 따라 화재, 구조ㆍ구급 등 재난현장에 출동하여 소방본부장 또는 소방서장의 지휘와 감독을 받아 소방업무를 보조한다.

ㄴ 전담소방대원은 소방본부장 또는 소방서장의 소집명령이 없어도 긴급하거나 통신두절 등 특별한 경우에는 자체적으로 화재진압을 수행할 수 있다. 이 경우 전담의용소방대장은 화재진압에 관하여 행정안전부령으로 정하는 바에 따라 소방본부장 또는 소방서장에게 보고하여야 한다.

ㄷ 시ㆍ도지사 또는 소방서장은 의용소방대에 대하여 소방장비 등 필요한 물품을 무상으로 대여하거나 허용하게 할 수 있다.

ㄹ 대여 또는 사용에 필요한 사항은 행정안전부령으로 정한다.

⑩ **행위의 금지** : 의용소방대원은 의용소방대의 명칭을 사용하여 다음의 어느 하나에 해당하는 행위를 하여서는 아니 된다.

ㄱ 기부금을 모금하는 행위

ㄴ 영리목적으로 의용소방대의 명의를 사용하는 행위

ㄷ 정치활동에 관여하는 행위

ㄹ 소송ㆍ분쟁ㆍ쟁의에 참여하는 행위

ㅁ 그 밖에 의용소방대의 명예가 훼손되는 행위

⑪ **복무에 대한 지도ㆍ감독** : 소방방본부장 또는 소방서장은 의용소방대원이 그 품위를 유지할 수 있도록 복무에 대한 지도ㆍ감독을 실시하여야 한다.

⑫ **교육 및 훈련**

ㄱ 소방청장, 소방본부장 또는 소방서장은 의용소방대원에 대하여 교육ㆍ훈련을 실시하여야 한다.

ㄴ 교육ㆍ훈련의 내용, 주기, 방법 등에 필요한 사항은 행정안전부령으로 정한다.

㉮ 소방본부장 또는 소방서장은 의용소방대원에 대하여 매월 2시간 이상 업무수행에 관한 교육 및 훈련을 실시하여야 한다. 다만, 전담의용소방대원에 대해서는 매월 3시간 이상 장비조작 및 화재진압 등에 관한 교육 및 훈련을 실시하여야 한다.

㉯ 소방본부장 또는 소방서장은 지역여건 등을 고려하여 교육ㆍ훈련의 주기를 조정할 수 있다.

㉰ 소방청장, 소방본부장 또는 소방서장은 교육ㆍ훈련을 소방학교 또는 교육훈

런기관이나 한국소방안전협회 등에 위탁하여 운영할 수 있다.

    ㉣ 소방청장, 소방본부장 또는 소방서장은 의용소방대원의 교육·훈련에 필요한 장비 및 교재를 개발하여 보급할 수 있다.

    ㉤ 의용소방대원의 교육·훈련에 필요한 세부적인 사항은 시·도의 조례로 정한다.

⑬ **경비의 부담**

    ㉠ 의용소방대의 운영과 활동 등에 필요한 경비를 해당 시·도지사가 부담한다.

    ㉡ 국가는 경비의 일부를 예산의 범위에서 지원할 수 있다.

⑭ **소집수당 등**

    ㉠ 시·도지사는 의용소방대원이 임무를 수행하는 때에는 예산의 범위에서 수당을 지급할 수 있다.

    ㉡ 수당의 지급방법 등에 필요한 사항은 행정안전부령으로 정하는 기준에 따라 시·도의 조례로 정한다.

⑮ **활동비 지원** : 시장·군수·구청장(자치구의 구청장을 말한다)은 관할 구역에서 의용소방대원이 임무를 수행하는 경우 그 임무 수행에 필요한 비용의 전부 또는 일부를 지원할 수 있다.

⑯ **재해보상 등**

    ㉠ 시·도지사는 의용소방대원이 임무의 수행 또는 교육·훈련으로 인하여 질병에 걸리거나 부상을 입거나 사망한 때에는 행정안전부령으로 정하는 범위에서 시·도의 조례로 정하는 바에 따라 보상금을 지급하여야 한다.

    ㉡ 재해보상의 종류

      ㉮ 요양보상

      ㉯ 장애보상

      ㉰ 장제보상

      ㉱ 유족보상

⑰ **전국의용소방대연합회 설립**

    ㉠ 재난관리를 위한 자율적 봉사활동의 효율적 운영 및 상호협조 증진을 위하여 전국의용소방대연합회(이하 "전국연합회"라 한다)를 설립할 수 있다.

    ㉡ 전국연합회의 구성 및 조직 등에 필요한 사항은 행정안전부령으로 정한다.

⑱ **업무**

㉠ 의용소방대의 효율적 운영을 위한 연구에 관한 사항

㉡ 대규모 재난현장의 구조·지원 활동을 위한 네트워크 구축에 관한 사항

㉢ 의용소방대원의 복지증진에 관한 사항

㉣ 그 밖에 의용소방대의 활성화에 필요한 사항

⑲ **회의**

㉠ 전국연합회의 회의는 정기총회 및 임시총회로 구분한다.

㉡ 정기총회는 1년에 한 번 개최하고, 다음의 사항을 의결한다.

㉮ 전국연합회의 회칙 및 운영과 관련된 사항

㉯ 전국연합회 기능 수행을 위한 사업계획에 관한 사항

㉰ 회계감사 결과에 관한 사항

㉱ 그 밖에 회장이 총회에 안건으로 상정하는 사항

㉢ 임시총회는 전국연합회의 회장 또는 재적회원 3분의 1 이상이 요구하는 경우 소집한다.

㉣ 그 밖에 회의운영에 필요한 사항은 행정안전부령으로 정한다.

⑳ **전국연합회의 지원** : 소방청장은 국민의 소방방재 봉사활동의 참여증진을 위하여 전국연합회의 설립 및 운영을 지원할 수 있다.

㉑ **전국연합회의 지도 및 관리감독** : 소방청장은 전국연합회의 운영 등에 대하여 지도 및 관리·감독을 할 수 있다.

2) 자위소방체제

① 직장 내 자위소방조직 운영 등이 있다.

② 소방대상물에 대한 소방안전관리제도이다.

3) 청원소방원제도

① 공장·시장·호텔 등 중요 소방대상물에 대한 소방조직이다.

② 자체소방능력을 높였다.

4) 자체소방대

① **자체소방대를 설치해야 하는 사업소**

㉠ 제4류 위험물을 취급하는 제조소, 일반취급소

Check Point **자체소방대의 설치 제외대상인 일반취급소**

1. 보일러, 버너 그 밖에 이와 유사한 장치로 위험물을 소비하는 일반취급소
2. 이동저장탱크 그 밖에 이와 유사한 것에 위험물을 주입하는 일반취급소
3. 용기에 위험물을 채우는 일반취급소
4. 유압장치, 윤활유순환장치 그 밖에 이와 유사한 장치로 위험물을 취급하는 일반취급소
5. 광산보안법의 적용을 받는 일반취급소

　　ⓛ 지정수량의 3,000배 이상의 위험물을 저장·취급하는 사업소

② 자체소방대를 설치하는 사업소의 관계인은 화학소방자동차 및 자체소방대원을 두어야 한다.

③ 화학소방자동차의 방사능력과 비치량

화학소방자동차의 구분	방사능력	비치량
포수용액 방사차	2,000l/분 이상	10만l 이상
이산화탄소 방사차	40kg/초 이상	3,000kg 이상
분말 방사차	35kg/초 이상	1,400kg 이상
할로겐화합물 방사차	40kg/초 이상	1,000kg 이상

07　광역자치소방행정체제(각 시도별 소방안전본부, 소방서, 119안전센터)

1) 장점

① 소방업무의 효율적 운영이 가능해졌다.(도 단위의 소방력을 총괄적으로 운영하여 소방업무의 효율적 운영이 가능해졌다.)

② 소방공무원의 사기진작에 기여하였다.(소방인사에 대한 탄력적 운영으로 소방공무원의 사기진작에 기여하였다.)

③ 균등한 소방수혜를 주었다.(지역주민의 소방수요에 따라 필요한 지역에 소방서를 설치하여 균등한 소방수혜를 주었다.)

④ 시·군의 재정적 부담을 경감시켰다.(재정이 부족한 시·군의 소방업무를 인근 소방서에서 담당하므로 시·군의 재정적 부담을 경감시켰다.)

⑤ 소방의 균형적 발전에 기여하였다.(소방응원체제의 확립과 소방서 및 관할구역 간 업무조정을 통해 소방의 균형적 발전에 기여하였다.)

2) 단점

① 도와 시·군 사이의 권한과 책임한계가 불분명해졌다.

② 지역성격에 맞는 소방행정조직의 육성 및 발전을 저해할 우려가 있다.

③ 시·군의 자주 소방력이 미흡하고, 광역자치단체의 의지대로 행정을 수행함으로써 불균형적 소방서비스를 받게 될 우려가 있다.

④ 시장·군수는 소방업무를 도의 업무로만 인식함으로써 소방행정에 대한 지원협조가 미흡하다.

⑤ 시·도의 재정적 부담을 가중시켰다.

CHAPTER 05 소방인사체계

01 개요

1) 소방인사행정이란 정부조직 내의 인적자원의 관리활동을 말한다.
2) 소방인사행정의 기능은 소방인적자원의 확보, 개발, 관리, 통제 등으로 분류된다.

02 인사행정의 이념

1) 효율성 : 비용의 최소화 측면으로서 경제성, 능률성, 효과성을 모두 함축하는 의미이다. 생산성과 유사한 개념이기도 하다.
2) 민주성 : 입법부가 만든 법과 대통령의 명령을 따르는 합법성을 의미하기도 한다. 인사행정은 민주성이 있어야 한다.
3) 형평성 : 누구에게나 동등한 기회를 부여하는 인사행정이 되어야 한다.
4) 공무원의 권익보호 : 정부나 상관의 자의적 판단에 의하여 공무원이 불이익을 받는 일이 없도록 하여야 한다.

03 소방공무원의 지위

1) 개요

소방공무원은 경력직 중 특정직 공무원이다. 소방공무원에 관하여 국가공무원법 및 지방공무원법에 우선하여 적용되는 소방공무원법은 소방공무원의 책임 및 직무의 중요성과 신분 및 근무조건의 특수성을 고려하여 그 임용, 교육훈련, 복무, 신분보장 등에 관하여 국가공무원법 및 지방공무원법에 대한 특례를 규정하고 있다.

2) 우리나라 공무원 분류

경력직 공무원과 특수경력직 공무원 : 실적주의와 신분보장의 여부에 따라 경력직 공무원과 특수경력직 공무원으로 나뉜다.

① **경력직 공무원** : 경력직 공무원은 실적과 가격에 의하여 임용되고 그 신분이 보장되

며, 정년까지 근무할 것이 예정되어 있는 공무원을 말하는데, 다시 일반직 · 특정직 · 기능직 공무원으로 나뉜다.

ⓐ **일반직 공무원** : 기술 · 연구 또는 행정 일반에 대한 업무를 담당하는 공무원을 말한다. 다시 직군과 직렬 등으로 분류된다.

ⓑ **특정직 공무원** : 법관, 검사, 외부공무원, 경찰공무원, 소방공무원, 교육공무원, 군인, 군무원, 헌법재판소 헌법연구관, 국가정보원의 직원과 특수 분야의 업무를 담당하는 공무원으로서 다른 법률에서 특정직 공무원으로 지정하는 공무원을 말한다. 일반직 공무원과 같이 실적과 자격에 의해 임명되고 신분이 보장되나 담당 직무의 특수성을 인정할 필요가 있어 별도로 분류된다.

② **특수경력직 공무원** : 경력직 공무원을 제외한 공무원으로서 실적주의와 신분보장을 내용으로 하는 직업공무원 제의 적용을 받지 않는 공무원을 말하는데 정무직 · 별정직으로 나뉜다.

ⓐ **정무직 공무원** : 선거로 취임하거나 임명할 때 국회의 동의가 필요한 공무원과 고도의 정책결정 업무를 담당하거나 이러한 업무를 보조하는 공무원으로서 법률이나 대통령령(대통령실의 조직에 관한 대통령령만 해당한다)에서 정무직으로 지정하는 공무원을 말한다.

ⓑ **별정직 공무원** : 비서관 · 비서 등 보좌업무 등을 수행하거나 특정한 업무 수행을 위하여 법령에서 별정직으로 지정하는 공무원을 말한다.

💧 **Check Point** **인사용어의 정의(국가공무원법 제5조)**

① "직위(職位)"란 1명의 공무원에게 부여할 수 있는 직무와 책임을 말한다.
　예 국민안전처장관, 소방정책국장, 소방서장, 소방행정과장, 119안전센터장
② "직급(職級)"이란 직무의 종류 · 곤란성과 책임도가 상당히 유사한 직위의 군을 말한다.(통상 소방공무원의 경우 계급을 의미한다.)
　예 소방정, 지방소방위, 소방교, 지방소방사
③ "정급(定級)"이란 직위를 직급 또는 직무등급에 배정하는 것을 말한다.
　예 119안전센터장이란 직위를 소방경이라는 계급에 배정
④ "강임(降任)"이란 같은 직렬 내에서 하위 직급에 임명하거나 또는 하위 직급이 없어 다른 직렬의 하위 직급으로 임명하거나 고위공무원단에 속하는 일반직 공무원을 고위공무원단 직위가 아닌 하위 직위에 임명하는 것을 말한다. 다만, 소방공무원법 제1조의 2에서는 "소방공무원을 동종의 직무 내에서 하위의 직위에 임명하는 것"으로 정의하고 있다.
⑤ "전직(轉職)"이란 직렬을 달리하는 임명을 말한다.
⑥ "전보(轉補)"란 같은 직급 내에서의 보직 변경 또는 고위공무원단 직위 간의 보직 변경을 말한다. 다만, 소방공무원법 제1조의2에서는 "소방공무원의 동일 직위 및 자격 내에서의 근무기관이나 부서를 달리하는 임용"으로 정의하고 있다.

⑦ "직군(職群)"이란 직무의 성질이 유사한 직렬의 군을 말한다.

　　예 행정직군, 기술직군, 관리운영직군

⑧ "직렬(職列)"이란 직무의 종류가 유사하고 그 책임과 곤란성의 정도가 서로 다른 직급의 군을 말한다.

　　예 행정직렬, 세무직렬, 사회복지직렬 / 공업직렬, 농업직렬

⑨ "직류(職類)"란 같은 직렬 내에서 담당 분야가 같은 직무의 군을 말한다.

　　예 일반행정, 법무행정, 교육행정

　　※ 직류＜직렬＜직군

⑩ "직무등급"이란 직무의 곤란성과 책임도가 상당히 유사한 직위의 군을 말한다.

⑪ "임용"이라 함은 신규채용 · 승진 · 전보 · 파견 · 강임 · 휴직 · 직위해제 · 정직 · 강등 · 복직 · 면직 · 해임 및 파면을 말한다.(소방공무원법 제2조)

⑫ "복직"이라 함은 휴직 · 직위해제 또는 정직(강등에 따른 정직을 포함한다) 중에 있는 소방공무원을 직위에 복귀시키는 것을 말한다.(소방공무원법 제2조)

▼ 소방공무원의 계급구분

소방총감		소방경	
소방정감		소방위	
소방감		소방장	
소방준감		소방교	
소방정		소방사	
소방령		–	–

04 소방공무원의 징계

1) 징계의 의의

징계는 법령, 규칙, 명령 위반자에 대한 처벌이자 공무원이 맡은 바 직무를 좀 더 성실하게 수행하고 행동규범을 준수하게 하기 위한 통제활동이다. 따라서 의무 위반자에 대한 제재를 통해 공무원들의 잘못된 형태를 교정하려는 목적과 사전에 그러한 행위를 막으려는 예방적 목적을 동시에 추구하고 있다.

2) 국가공무원법에 의한 징계의 사유

① 법 및 법에 의한 명령에 위반하였을 때
② 직무상의 의무에 위반하거나 직무에 태만하였을 때
③ 직무의 내외를 불문하고, 그 체면 또는 위신을 손상하는 행위

3) 징계처분의 종류

징계의 종류로는 파면, 해임, 강등, 정직, 감봉, 견책 6가지가 있으며, 중징계에는 파면, 해임, 강등, 정직이 있고 경징계는 감봉과 견책이 있다. 또한 신분은 유지하나 이익 일부를 제한하는 교정징계는 강등, 정직, 감봉, 견책이 있으며, 신분을 배제하는 배제징계는 파면과 해임이 있다. 훈계, 경고, 계고, 엄중주의, 권고 등은 징계의 종류는 아니다.

① **견책** : 잘못된 행동에 대해 훈계하고 회개하게 하는 처분으로, 가장 가벼운 징계에 해당되지만 공식적인 징계 절차를 거쳐 처분하고 그 결과를 인사기록에 기재한다.
② **감봉** : 1개월 이상 3개월 이하의 기간 동안 보수의 1/3을 삭감하여 지급하는 것이다.
③ **정직** : 1개월 이상 3개월 이하의 기간 동안 공무원의 신분은 보유하지만 직무에 종사할 수 없도록 하는 것이다. 정직기간 중 보수의 전액을 삭감한다.
④ **강등** : 직급을 1단계 강등, 신분 보유, 3개월의 직무정지. 강등기간 중 보수의 전액을 삭감한다.
⑤ **해임** : 공무원 신분을 상실하게 하는 처분이며, 해임 후 3년 내에는 공무원으로 재임용될 수 없지만 연금법상의 불이익은 없다.

⑥ **파면**
　㉠ 공무원 신분을 상실하게 하는 처분이며, 5분 내에는 공무원으로 재임용될 수 없고, 퇴직급여액의 1/2을 삭감하는 가장 무거운 벌이다.
　㉡ 해임은 3년 동안 공무원 임용을 제한받으며, 파면은 5년간 임용자격을 제한한다.

Check Point 임용결격사유

① 피성년후견인
② 파산선고를 받고 복권되지 아니한 자
③ 금고 이상의 실형을 선고받고 그 집행이 종료되거나 집행을 받지 아니하기로 확정된 후 5년이 지나지 아니한 자
④ 금고 이상의 형을 선고받고 그 집행유예기간이 끝난 날부터 2년이 지나지 아니한 자
⑤ 금고 이상의 형의 선고유예를 받은 경우에 그 선고유예기간 중에 있는 자
⑥ 법원의 판결 또는 다른 법률에 따라 자격이 상실되거나 정지된 자
⑦ 공무원으로 재직기간 중 직무와 관련하여 「형법」 제355조 및 제356조에 규정된 죄를 범한 자로서 300만 원 이상의 벌금형을 선고받고 그 형이 확정된 후 2년이 지나지 아니한 자
⑧ 「성폭력범죄의 처벌 등에 관한 특례법」 제2조에 규정된 죄를 범한 사람으로서 100만 원 이상의 벌금형을 선고받고 그 형이 확정된 후 3년이 지나지 아니한 사람
⑨ 미성년자에 대한 다음 각 목의 어느 하나에 해당하는 죄를 저질러 파면·해임되거나 형 또는 치료감호를 선고받아 그 형 또는 치료감호가 확정된 사람(집행유예를 선고받은 후 그 집행유예기간이 경과한 사람을 포함한다)
　가. 「성폭력범죄의 처벌 등에 관한 특례법」 제2조에 따른 성폭력범죄
　나. 「아동·청소년의 성보호에 관한 법률」 제2조제2호에 따른 아동·청소년대상 성범죄
⑩ 징계로 파면처분을 받은 때부터 5년이 지나지 아니한 자
⑪ 징계로 해임처분을 받은 때부터 3년이 지나지 아니한 자

CHAPTER 06 화재진압 및 화재조사

01 화재진압

1) 개요

(1) 화재진압의 정의

① 화재진압(Fire Suppression)은 화재현장에서 화재피해를 최대한 줄이고 화재를 소화하는 현상을 말한다. 일반적으로 화재 그 자체를 소화하는 것이다(Fire Fighting).

② 화재진압(Fire Control)은 연소를 저지하는 진압을 의미한다.

(2) 화재진압의 의의

국민의 생명과 신체 및 재산을 보호함으로써 공공의 안녕 및 질서를 유지하고 복지증진에 이바지하기 위한 모든 소방활동을 말한다.

2) 소방력의 기준

소방력이란 소방활동을 할 수 있는 소방의 힘으로서 인력, 장비, 용수를 말한다.

(1) 소방대원

① **지휘자** : 일반적으로 소방서장이 지정하는 소방장 이상의 계급이 있는 자를 지휘자라 한다.

② **대원** : 소방활동 시에는 신속성과 정확성이 동반된 대원을 필요로 하며, 지휘자의 지시와 명령에 따라 행동하여야 한다. 또한 체력과 정신력 및 소방에 대한 지식이 있어야 한다.

(2) 장비(소방장비의 분류)(소방장비관리법 시행령 별표 1)

① **기동장비** : 자체에 동력원이 부착되어 자력으로 이동하거나 견인되어 이동할 수 있는 장비

구분	품목
소방자동차	소방펌프차, 소방물탱크차, 소방화학차, 소방고가차, 무인방수차, 구조차 등
행정지원차	행정 및 교육지원차 등
소방선박	소방정, 구조정, 지휘정 등
소방항공기	고정익항공기, 회전익항공기 등

② **화재진압장비** : 화재진압활동에 사용되는 장비

구분	품목
소화용수장비	소방호스류, 결합금속구, 소방관창류 등
간이소화장비	소화기, 휴대용 소화장비 등
소화보조장비	소방용 사다리, 소화 보조기구, 소방용 펌프 등
배연장비	이동식 송 · 배풍기 등
소화약제	분말 소화약제, 액체형 소화약제, 기체형 소화약제 등
원격장비	소방용 원격장비 등

③ **구조장비** : 구조활동에 사용되는 장비

구분	품목
일반구조장비	개방장비, 조명기구, 총포류 등
산악구조장비	등하강 및 확보장비, 산악용 안전벨트, 고리 등
수난구조장비	급류 구조장비 세트, 잠수장비 등
화생방 및 대테러 구조장비	경계구역 설정라인, 제독 · 소독장비, 누출물 수거장비 등
절단 구조장비	절단기, 톱, 드릴 등
중량물 작업장비	중량물 유압장비, 휴대용 윈치(winch : 밧줄이나 쇠사슬로 무거운 물건을 들어 올리거나 내리는 장비를 말한다), 다목적 구조 삼각대 등
탐색 구조장비	적외선 야간 투시경, 매몰자 탐지기, 영상송수신장비 세트 등
파괴장비	도끼, 방화문 파괴기, 해머 드릴 등

④ **구급장비** : 구급활동에 사용되는 장비

구분	품목
환자평가장비	신체검진기구 등
응급처치장비	기도확보유지기구, 호흡유지기구, 심장박동회복기구 등
환자이송장비	환자운반기구 등
구급의약품	의약품, 소독제 등
감염방지장비	감염방지기구, 장비소독기구 등
활동보조장비	기록장비, 대원보호장비, 일반보조장비 등
재난대응장비	환자분류표 등
교육실습장비	구급대원 교육실습장비 등

⑤ **정보통신장비** : 소방업무 수행을 위한 의사전달 및 정보교환 · 분석에 필요한 장비

구분	품목
기반보호장비	항온항습장비, 전원공급장비 등
정보처리장비	네트워크장비, 전산장비, 주변 입출력장치 등
위성통신장비	위성장비류 등
무선통신장비	무선국, 이동 통신단말기 등
유선통신장비	통신제어장비, 전화장비, 영상음향장비, 주변장치 등

⑥ **측정장비** : 소방업무 수행에 수반되는 각종 조사 및 측정에 사용되는 장비

구분	품목
소방시설 점검장비	공통시설 점검장비, 소화기구 점검장비, 소화설비 점검장비 등
화재조사 및 감식장비	발굴용 장비, 기록용 장비, 감식감정장비 등
공통측정장비	전기측정장비, 화학물질 탐지 · 측정장비, 공기성분 분석기 등
화생방 등 측정장비	방사능 측정장비, 화학생물학 측정장비 등

⑦ **보호장비** : 소방현장에서 소방대원의 신체를 보호하는 장비

구분	품목
호흡장비	공기호흡기, 공기공급기, 마스크류 등
보호장구	방화복, 안전모, 보호장갑, 안전화, 방화두건 등
안전장구	인명구조 경보기, 대원 위치추적장치, 대원 탈출장비 등

⑧ **보조장비** : 소방업무 수행을 위하여 간접 또는 부수적으로 필요한 장비

구분	품목
기록보존장비	촬영 및 녹음장비, 운행기록장비, 디지털이미지 프린터 등
영상장비	영상장비 등
정비기구	일반정비기구, 세탁건조장비 등
현장지휘소 운영장비	지휘 텐트, 발전기, 출입통제선 등
그 밖의 보조장비	차량이동기, 안전매트 등

비고 : 위 표에서 분류된 소방장비의 분류 기준 · 절차 및 소방장비의 세부적인 품목 등에 관한 사항은 소방청장이 정한다.

(3) 소방용수

① **소방용수의 분류** : 소방용수에는 자연적으로 존재하는 자연용수와 인공용수로 구분할 수 있으며, 인공용수에는 소화전, 저수조, 급수탑이 있다.

② **소방용수시설의 설치 및 관리**

㉠ 설치 및 유지관리자

소방활동에 필요한 소방용수시설(소화전, 저수조, 급수탑)은 시 · 도지사가 설치 · 유지 관리하고, 수도법의 규정에 의해 설치하는 일반수도사업자는 관할 소방서장과 사전협의를 거친 후 소화전을 설치하여야 하며, 설치 사실을 관할 소방서장에서 통지하고, 그 소화전을 유지 · 관리하여야 한다.

㉡ 소방용수표지

ⓐ 지하에 설치하는 소화전 또는 저수조의 경우 소방용수표지

- 맨홀뚜껑은 지름 648밀리미터 이상의 것으로 해야 한다.
- 맨홀뚜껑에는 "소화전 · 주정차금지" 또는 "저수조 · 주정차금지"의 표시를 해야 한다.
- 맨홀뚜껑 부근에 황색 반사도료로 폭 15센티미터의 선을 그 둘레를 따라 칠해야 한다.

ⓑ 급수탑 및 지상에 설치하는 소화전저수조의 경우 소방용수표지

※ 비 고
1. 안쪽문자는 흰색, 바깥쪽문자는 노란색으로, 안쪽바탕은 붉은색, 바깥쪽바탕은 파란색으로 하고 반사도료를 사용하여야 한다.
2. 위의 표지를 세우는 것이 매우 어렵거나 부적당한 경우에는 그 규격 등을 다르게 할 수 있다.

③ 소방용수시설의 설치기준

　㉠ 공통기준

　　ⓐ 주거지역 · 상업지역 및 공업지역에 설치하는 경우 : 소방대상물과의 수평거리를 100미터 이하가 되도록 한다.

　　ⓑ 위 외의 지역에 설치하는 경우 : 소방대상물과의 수평거리를 140미터 이하가 되도록 한다.

　㉡ 소방용수시설별 설치기준

　　ⓐ 소화전의 설치기준 : 상수도와 연결하여 지하식 또는 지상식의 구조로 하고, 소방용 호스와 연결하는 소화전의 연결금속구의 구경은 65밀리미터로 해야 한다.

　　ⓑ 급수탑의 설치기준 : 급수배관의 구경은 100밀리미터 이상으로 하고, 개폐밸브는 지상에서 1.5미터 이상, 1.7미터 이하의 위치에 설치하도록 해야 한다.

　　ⓒ 저수조의 설치기준

- 지면으로부터의 낙차가 4.5미터 이하로 해야 한다.
- 흡수부분의 수심이 0.5미터 이상으로 해야 한다.
- 소방펌프자동차가 쉽게 접근할 수 있도록 해야 한다.
- 흡수에 지장이 없도록 토사 및 쓰레기 등을 제거할 수 있는 설비를 갖추어야 한다.
- 흡수관의 투입구가 사각형의 경우에는 한 변의 길이가 60센티미터 이상, 원형의 경우에는 지름이 60센티미터 이상으로 해야 한다.
- 저수조의 물은 상수도에 연결하여 자동으로 급수되는 구조로 해야 한다.

④ 소방용수시설조사 및 지리조사
　　㉠ 소방본부장 또는 소방서장은 원활한 소방활동을 위하여 소방용수시설 조사
　　　및 지리조사를 월 1회 이상 실시하여야 한다.
　　㉡ 조사대상은 소방용수시설, 소방대상물이 인접한 도로의 폭, 교통상황, 도로
　　　주변 토지의 고저, 건축물의 개황, 그 밖의 소방활동에 필요한 지리에 대한
　　　조사이다.
　　㉢ 조사결과는 2년간 보관한다.
　　㉣ 소방용수시설을 정당한 사유 없이 사용하거나, 그 효용을 해하는 행위, 함부로
　　　사용하는 행위는 5년 이하 징역 또는 5,000만 원 이하의 벌금에 해당한다.

3) 소방활동의 절차 및 법적 근거

(1) 소방활동의 절차
① 상황판단 : 출동 전, 출동 중, 현장상황 파악
② 강제진입
③ 진화
④ 인명구조
⑤ 연소확대방지
⑥ 장비통제
⑦ 사다리 전개
⑧ 재산보호
⑨ 화재조사
⑩ 환기
⑪ 응급조치
⑫ 지휘

(2) 소방활동의 법적 근거
① 긴급조치권
　　㉠ 강제처분권자 : 소방본부장, 소방서장, 소방대장
　　㉡ 강제처분의 방법 : 일시 사용
② 우선조치권
　　㉠ 우선통행 방해금지
　　㉡ 소방자동차
　　　ⓐ 화재진압, 구조 · 구급활동, 훈련 시 사이렌 사용 가능
　　　ⓑ 위급한 상황이 발생한 현장에 신속하게 출동하기 위하여 긴급한 때에는

일반적인 통행에 사용하지 아니하는 도로, 빈터 또는 물 위로 통행할 수 있음

ⓒ 현장활동권

ⓐ 설정자 : 소방대장

ⓑ 출입할 수 있는 사람

- 소유자, 점유자, 관리자
- 전기, 가스, 수도, 통신, 교통의 업무에 종사하는 사람으로서 원활한 소방활동을 위하여 필요한 사람
- 구조 · 구급업무에 종사하는 사람
- 보도업무에 종사하는 사람
- 수사업무에 종사하는 사람
- 소방대장이 출입을 허가한 사람

4) 소방전술

(1) 소방전술의 기본원칙

① 신속대응의 원칙

② 인명구조 최우선의 원칙

③ 선착대 우위의 원칙

④ 포위공격의 원칙

⑤ 중점주의의 원칙

(2) 소방전술의 분류

① 포위전술 : 화원에 노즐을 포위하여 진압하는 전술

② 블록전술 : 인근 건물의 화재 확대방지를 위하여 블록의 4방면 중 화재 확대가 가능한 곳을 동시에 방어하는 전술

③ 중점전술 : 대규모의 폭발 우려가 있는 곳을 중점적으로 활동하는 전술

④ 집중전술 : 위험물 탱크의 화재 등 1개 분대가 집중적으로 활동하는 전술

Check Point **소방전술의 공격전술과 수비전술**

① 공격전술
- 화재의 진압을 목적으로 한다.
- 소방력이 화세보다 우세한 경우의 소방전술이다.
- 직접방수 등의 방법으로 일시에 소화한다.
- 소방력을 화점에 집중적으로 발휘한다.

② 수비전술
- 화재의 연소방지를 목적으로 한다.
- 소방력이 화세보다 약한 경우의 소방전술이다.
- 화면을 포위하고 방수 등의 방법으로 화세를 저지한다.
- 화세의 감소에 따라 공격전술로 전환하여야 한다.
- 비화경계, 대형화재 시의 풍하냉각, 위험물탱크 화재 시 인접탱크의 냉각 등이 있다.

5) 화재진압

(1) 화재진압 단계별 활동

① 화재각지 : 연락을 받은 시점
② 화재출동 : 각지하고 소방대가 현장에 도착할 때까지
③ 현장도착
  ㉠ 선착대(화재각지로부터 5분 이내 도착하는 출동대)
  - 인명검색 및 구조활동을 우선시함
  - 연소위험이 가장 큰 방면에 포위 부서
  - 화점 근처의 소방용수시설을 점령
  - 사전 경방계획을 충분히 고려하여 행동
  - 재해실태, 인명위험, 소방활동상 위험요인, 확대위험 등을 신속히 상황보고 및 정보제공
  ㉡ 후착대
  - 인명구조활동 등 중요임무 수행을 지원
  - 화재방어는 인접건물 및 선착대가 진입하지 않는 곳을 우선
  - 급수 및 비화경계, 수손방지 등의 업무수행
  - 불필요한 파괴는 하지 않음
④ 상황판단
⑤ 인명구조
⑥ 수관연장 : 연장순서는 사다리, 파괴기 운반, 호스연장순
⑦ 노즐 배치
⑧ 파괴활동
⑨ 방수활동
⑩ 진입활동 : 연기가 충만하기 쉬운 건축물 화재에서는 급기 측으로부터의 진입이 철칙
⑪ 잔화처리
⑫ 소방용 설비의 활용

02 화재조사

1) 소방의 화재조사에 관한 법률(약칭 : 화재조사법)

제1장 총칙

제1조(목적)
이 법은 화재예방 및 소방정책에 활용하기 위하여 화재원인, 화재성장 및 확산, 피해현황 등에 관한 과학적 · 전문적인 조사에 필요한 사항을 규정함을 목적으로 한다.

제2조(정의)
① 이 법에서 사용하는 용어의 뜻은 다음과 같다.
　1. "화재"란 사람의 의도에 반하거나 고의 또는 과실에 의하여 발생하는 연소 현상으로서 소화할 필요가 있는 현상 또는 사람의 의도에 반하여 발생하거나 확대된 화학적 폭발현상을 말한다.
　2. "화재조사"란 소방청장, 소방본부장 또는 소방서장이 화재원인, 피해상황, 대응활동 등을 파악하기 위하여 자료의 수집, 관계인등에 대한 질문, 현장 확인, 감식, 감정 및 실험 등을 하는 일련의 행위를 말한다.
　3. "화재조사관"이란 화재조사에 전문성을 인정받아 화재조사를 수행하는 소방공무원을 말한다.
　4. "관계인등"이란 화재가 발생한 소방대상물의 소유자 · 관리자 또는 점유자(이하 "관계인"이라 한다) 및 다음 각 목의 사람을 말한다.
　　가. 화재 현장을 발견하고 신고한 사람
　　나. 화재 현장을 목격한 사람
　　다. 소화활동을 행하거나 인명구조활동(유도대피 포함)에 관계된 사람
　　라. 화재를 발생시키거나 화재발생과 관계된 사람
② 이 법에서 사용하는 용어의 뜻은 제1항에서 규정하는 것을 제외하고는 「소방기본법」, 「화재예방, 소방시설 설치 · 유지 및 안전관리에 관한 법률」에서 정하는 바에 따른다.

제3조(국가 등의 책무)
① 국가와 지방자치단체는 화재조사에 필요한 기술의 연구 · 개발 및 화재조사의 정확도를 향상시키기 위한 시책을 강구하고 추진하여야 한다.
② 관계인등은 화재조사가 적절하게 이루어질 수 있도록 협력하여야 한다.

제4조(다른 법률과의 관계)
화재조사에 관하여 다른 법률에 특별한 규정이 있는 경우를 제외하고는 이 법에서 정하는 바에 따른다.

제2장 화재조사의 실시 등

제5조(화재조사의 실시)
① 소방청장, 소방본부장 또는 소방서장(이하 "소방관서장"이라 한다)은 화재발생 사실을 알

게 된 때에는 지체 없이 화재조사를 하여야 한다. 이 경우 수사기관의 범죄수사에 지장을 주어서는 아니 된다.

② 소방관서장은 제1항에 따라 화재조사를 하는 경우 다음 각 호의 사항에 대하여 조사하여야 한다.

   1. 화재원인에 관한 사항
   2. 화재로 인한 인명 · 재산피해상황
   3. 대응활동에 관한 사항
   4. 소방시설 등의 설치 · 관리 및 작동 여부에 관한 사항
   5. 화재발생건축물과 구조물, 화재유형별 화재위험성 등에 관한 사항
   6. 그 밖에 대통령령으로 정하는 사항

③ 제1항 및 제2항에 따른 화재조사의 대상 및 절차 등에 필요한 사항은 대통령령으로 정한다.

제6조(화재조사전담부서의 설치 · 운영 등)

① 소방관서장은 전문성에 기반하는 화재조사를 위하여 화재조사전담부서(이하 "전담부서"라 한다)를 설치 · 운영하여야 한다.

② 전담부서는 다음 각 호의 업무를 수행한다.

   1. 화재조사의 실시 및 조사결과 분석 · 관리
   2. 화재조사 관련 기술개발과 화재조사관의 역량증진
   3. 화재조사에 필요한 시설 · 장비의 관리 · 운영
   4. 그 밖의 화재조사에 관하여 필요한 업무

③ 소방관서장은 화재조사관으로 하여금 화재조사 업무를 수행하게 하여야 한다.

④ 화재조사관은 소방청장이 실시하는 화재조사에 관한 시험에 합격한 소방공무원 등 화재조사에 관한 전문적인 자격을 가진 소방공무원으로 한다.

⑤ 전담부서의 구성 · 운영, 화재조사관의 구체적인 자격기준 및 교육훈련 등에 필요한 사항은 대통령령으로 정한다.

제7조(화재합동조사단의 구성 · 운영)

① 소방관서장은 사상자가 많거나 사회적 이목을 끄는 화재 등 대통령령으로 정하는 대형화재 등이 발생한 경우 종합적이고 정밀한 화재조사를 위하여 유관기관 및 관계 전문가를 포함한 화재합동조사단을 구성 · 운영할 수 있다.

② 제1항에 따른 화재합동조사단의 구성과 운영 등에 필요한 사항은 대통령령으로 정한다.

제8조(화재현장 보존 등)

① 소방관서장은 화재조사를 위하여 필요한 범위에서 화재현장 보존조치를 하거나 화재현장과 그 인근 지역을 통제구역으로 설정할 수 있다. 다만, 방화(放火) 또는 실화(失火)의 혐의로 수사의 대상이 된 경우에는 관할 경찰서장 또는 해양경찰서장(이하 "경찰서장"이라 한다)이 통제구역을 설정한다.

② 누구든지 소방관서장 또는 경찰서장의 허가 없이 제1항에 따라 설정된 통제구역에 출입하여서는 아니 된다.

③ 제1항에 따라 화재현장 보존조치를 하거나 통제구역을 설정한 경우 누구든지 소방관서장

또는 경찰서장의 허가 없이 화재현장에 있는 물건 등을 이동시키거나 변경 · 훼손하여서는
아니 된다. 다만, 공공의 이익에 중대한 영향을 미친다고 판단되거나 인명구조 등 긴급한
사유가 있는 경우에는 그러하지 아니하다.
④ 화재현장 보존조치, 통제구역의 설정 및 출입 등에 필요한 사항은 대통령령으로 정한다.

제9조(출입 · 조사 등)

① 소방관서장은 화재조사를 위하여 필요한 경우에 관계인에게 보고 또는 자료 제출을 명하거
나 화재조사관으로 하여금 해당 장소에 출입하여 화재조사를 하게 하거나 관계인등에게 질
문하게 할 수 있다.
② 제1항에 따라 화재조사를 하는 화재조사관은 그 권한을 표시하는 증표를 지니고 이를 관계
인등에게 보여주어야 한다.
③ 제1항에 따라 화재조사를 하는 화재조사관은 관계인의 정당한 업무를 방해하거나 화재조사를
수행하면서 알게 된 비밀을 다른 용도로 사용하거나 다른 사람에게 누설하여서는 아니 된다.

제10조(관계인등의 출석 등)

① 소방관서장은 화재조사가 필요한 경우 관계인등을 소방관서에 출석하게 하여 질문할 수 있다.
② 제1항에 따른 관계인등의 출석 및 질문 등에 필요한 사항은 대통령령으로 정한다.

제11조(화재조사 증거물 수집 등)

① 소방관서장은 화재조사를 위하여 필요한 경우 증거물을 수집하여 검사 · 시험 · 분석 등을
할 수 있다. 다만, 범죄수사와 관련된 증거물인 경우에는 수사기관의 장과 협의하여 수집할
수 있다.
② 소방관서장은 수사기관의 장이 방화 또는 실화의 혐의가 있어서 이미 피의자를 체포하였거
나 증거물을 압수하였을 때에 화재조사를 위하여 필요한 경우에는 범죄수사에 지장을 주지
아니하는 범위에서 그 피의자 또는 압수된 증거물에 대한 조사를 할 수 있다. 이 경우 수사
기관의 장은 소방관서장의 신속한 화재조사를 위하여 특별한 사유가 없으면 조사에 협조하
여야 한다.
③ 제1항에 따른 증거물 수집의 범위, 방법 및 절차 등에 필요한 사항은 대통령령으로 정한다.

제12조(소방공무원과 경찰공무원의 협력 등)

① 소방공무원과 경찰공무원(제주특별자치도의 자치경찰공무원을 포함한다)은 다음 각 호의
사항에 대하여 서로 협력하여야 한다.
  1. 화재현장의 출입 · 보존 및 통제에 관한 사항
  2. 화재조사에 필요한 증거물의 수집 및 보존에 관한 사항
  3. 관계인등에 대한 진술 확보에 관한 사항
  4. 그 밖에 화재조사에 필요한 사항
② 소방관서장은 방화 또는 실화의 혐의가 있다고 인정되면 지체 없이 경찰서장에게 그 사실을
알리고 필요한 증거를 수집 · 보존하는 등 그 범죄수사에 협력하여야 한다.

제13조(관계 기관 등의 협조)

① 소방관서장, 중앙행정기관의 장, 지방자치단체의 장, 보험회사, 그 밖의 관련 기관 · 단체

의 장은 화재조사에 필요한 사항에 대하여 서로 협력하여야 한다.

② 소방관서장은 화재원인 규명 및 피해액 산출 등을 위하여 필요한 경우에는 금융감독원, 관계 보험회사 등에「개인정보 보호법」제2조제1호에 따른 개인정보를 포함한 보험가입 정보 등을 요청할 수 있다. 이 경우 정보 제공을 요청받은 기관은 정당한 사유가 없으면 이를 거부할 수 없다.

제3장 화재조사 결과의 공표 등

제14조(화재조사 결과의 공표)
① 소방관서장은 국민이 유사한 화재로부터 피해를 입지 않도록 하기 위한 경우 등 필요한 경우 화재조사 결과를 공표할 수 있다. 다만, 수사가 진행 중이거나 수사의 필요성이 인정되는 경우에는 관계 수사기관의 장과 공표 여부에 관하여 사전에 협의하여야 한다.
② 제1항에 따른 공표의 범위·방법 및 절차 등에 관하여 필요한 사항은 행정안전부령으로 정한다.

제15조(화재조사 결과의 통보)
소방관서장은 화재조사 결과를 중앙행정기관의 장, 지방자치단체의 장, 그 밖의 관련 기관·단체의 장 또는 관계인 등에게 통보하여 유사한 화재가 발생하지 않도록 필요한 조치를 취할 것을 요청할 수 있다.

제16조(화재증명원의 발급)
① 소방관서장은 화재와 관련된 이해관계인 또는 화재발생 내용 입증이 필요한 사람이 화재를 증명하는 서류(이하 이 조에서 "화재증명원"이라 한다) 발급을 신청하는 때에는 화재증명원을 발급하여야 한다.
② 화재증명원의 발급신청 절차·방법·서식 및 기재사항, 온라인 발급 등에 필요한 사항은 행정안전부령으로 정한다.

제4장 화재조사 기반구축

제17조(감정기관의 지정·운영 등)
① 소방청장은 과학적이고 전문적인 화재조사를 위하여 대통령령으로 정하는 시설과 전문인력 등 지정기준을 갖춘 기관을 화재감정기관(이하 "감정기관"이라 한다)으로 지정·운영하여야 한다.
② 소방청장은 제1항에 따라 지정된 감정기관에서의 과학적 조사·분석 등에 소요되는 비용의 전부 또는 일부를 지원할 수 있다.
③ 소방청장은 감정기관으로 지정받은 자가 다음 각 호의 어느 하나에 해당하는 경우에는 지정을 취소할 수 있다. 다만, 제1호에 해당하는 경우에는 지정을 취소하여야 한다.
1. 거짓이나 그 밖의 부정한 방법으로 지정을 받은 경우
2. 제1항에 따른 지정기준에 적합하지 아니하게 된 경우
3. 고의 또는 중대한 과실로 감정 결과를 사실과 다르게 작성한 경우

　4. 그 밖에 대통령령으로 정하는 사항을 위반한 경우

④ 소방청장은 제3항에 따라 감정기관의 지정을 취소하려면 청문을 하여야 한다.

⑤ 감정기관의 지정기준, 지정 절차, 지정 취소 및 운영 등에 필요한 사항은 대통령령으로 정한다.

제18조(벌칙 적용에서 공무원 의제)

제17조에 따라 지정된 감정기관의 임직원은 「형법」 제127조 및 제129조부터 제132조까지의 규정에 따른 벌칙을 적용할 때에는 공무원으로 본다.

제19조(국가화재정보시스템의 구축·운영)

① 소방청장은 화재조사 결과, 화재원인, 피해상황 등에 관한 화재정보를 종합적으로 수집·관리하여 화재예방과 소방활동에 활용할 수 있는 국가화재정보시스템을 구축·운영하여야 한다.

② 제1항에 따른 화재정보의 수집·관리 및 활용 등에 필요한 사항은 대통령령으로 정한다.

제20조(연구개발사업의 지원)

① 소방청장은 화재조사 기법에 필요한 연구·실험·조사·기술개발 등(이하 이 조에서 "연구개발사업"이라 한다)을 지원하는 시책을 수립할 수 있다.

② 소방청장은 연구개발사업을 효율적으로 추진하기 위하여 다음 각 호의 어느 하나에 해당하는 기관 또는 단체 등에게 연구개발사업을 수행하게 하거나 공동으로 수행할 수 있다.

　1. 국공립 연구기관

　2. 「특정연구기관 육성법」 제2조에 따른 특정연구기관

　3. 「과학기술분야 정부출연연구기관 등의 설립·운영 및 육성에 관한 법률」에 따라 설립된 과학기술분야 정부출연연구기관

　4. 「고등교육법」 제2조에 따른 대학·산업대학·전문대학·기술대학

　5. 「민법」이나 다른 법률에 따라 설립된 법인으로서 화재조사 관련 연구기관 또는 법인 부설 연구소

　6. 「기초연구진흥 및 기술개발지원에 관한 법률」 제14조의2제1항에 따라 인정받은 기업부설연구소 또는 기업의 연구개발전담부서

　7. 그 밖에 대통령령으로 정하는 화재조사와 관련한 연구·조사·기술개발 등을 수행하는 기관 또는 단체

③ 소방청장은 제2항 각 호의 기관 또는 단체 등에 대하여 연구개발사업을 실시하는 데 필요한 경비의 전부 또는 일부를 출연하거나 보조할 수 있다.

④ 연구개발사업의 추진에 필요한 사항은 행정안전부령으로 정한다.

제5장 벌칙

제21조(벌칙)

　다음 각 호의 어느 하나에 해당하는 사람은 300만원 이하의 벌금에 처한다.

　1. 제8조제3항을 위반하여 허가 없이 화재현장에 있는 물건 등을 이동시키거나 변경·훼손한 사람

2. 정당한 사유 없이 제9조제1항에 따른 화재조사관의 출입 또는 조사를 거부·방해 또는 기피한 사람

3. 제9조제3항을 위반하여 관계인의 정당한 업무를 방해하거나 화재조사를 수행하면서 알게 된 비밀을 다른 용도로 사용하거나 다른 사람에게 누설한 사람

4. 정당한 사유 없이 제11조제1항에 따른 증거물 수집을 거부·방해 또는 기피한 사람

제22조(양벌규정)

법인의 대표자나 법인 또는 개인의 대리인, 사용인, 그 밖의 종업원이 그 법인 또는 개인의 업무에 관하여 제21조에 해당하는 위반행위를 하면 그 행위자를 벌하는 외에 그 법인 또는 개인에게도 해당 조문의 벌금형을 과(科)한다. 다만, 법인 또는 개인이 그 위반행위를 방지하기 위하여 해당 업무에 관하여 상당한 주의와 감독을 게을리하지 아니한 경우에는 그러하지 아니하다.

제23조(과태료)

① 다음 각 호의 어느 하나에 해당하는 사람에게는 200만원 이하의 과태료를 부과한다.

1. 제8조제2항을 위반하여 허가 없이 통제구역에 출입한 사람

2. 제9조제1항에 따른 명령을 위반하여 보고 또는 자료 제출을 하지 아니하거나 거짓으로 보고 또는 자료를 제출한 사람

3. 정당한 사유 없이 제10조제1항에 따른 출석을 거부하거나 질문에 대하여 거짓으로 진술한 사람

② 제1항에 따른 과태료는 대통령령으로 정하는 바에 따라 소방관서장 또는 경찰서장이 부과·징수한다.

부칙

〈제18204호, 2021.6.8.〉

제1조(시행일)

이 법은 공포 후 1년이 경과한 날부터 시행한다.

제2조(일반적 경과조치)

이 법 시행 당시 종전의 「소방기본법」에 따라 행한 처분·절차와 그 밖의 행위로서 이 법에 그에 해당하는 규정이 있을 때에는 이 법의 해당 규정에 따라 행하여진 것으로 본다.

제3조(종전의 전담조사반에 관한 경과조치)

이 법 시행 당시 종전의 「소방기본법」 제29조제2항에 따라 운영되는 전담조사반은 제6조에 따라 설치·운영하는 화재조사전담부서로 본다.

제4조(종전의 화재조사자에 대한 경과조치)

이 법 시행 당시 종전의 「소방기본법」 제29조제2항에 따라 화재조사자의 자격을 가진 소방공무원은 제6조제4항에 따른 화재조사관의 자격을 가진 소방공무원으로 본다.

제5조(벌칙 등에 관한 경과조치)

이 법 시행 전의 위반행위에 대하여 벌칙이나 과태료를 적용할 때에는 종전의 규정에 따른다.

제6조(다른 법률의 개정)

소방기본법 일부를 다음과 같이 개정한다.

제29조부터 제33조까지, 제52조제2호, 제53조제2호 및 제56조제2항제5호를 각각 삭제한다.

제7조(다른 법령과의 관계)

이 법 시행 당시 다른 법령에서 종전의 「소방기본법」 또는 그 규정을 인용한 경우에 이 법 가운데 그에 해당하는 규정이 있으면 종전의 「소방기본법」 또는 그 규정을 갈음하여 이 법 또는 이 법의 해당 규정을 인용한 것으로 본다.

2) 화재조사 및 보고규정

제1장 총칙

제1조(목적)

이 규정은 「소방기본법」 제5장에 따른 화재조사의 집행과 보고 및 사무처리에 필요한 사항을 정하는 것을 목적으로 한다.

제2조(용어의 정의)

이 규정에서 사용하는 용어의 정의는 다음과 같다.

1. "화재"란 사람의 의도에 반하거나 고의에 의해 발생하는 연소 현상으로서 소화설비 등을 사용하여 소화할 필요가 있거나 또는 사람의 의도에 반해 발생하거나 확대된 화학적인 폭발현상을 말한다.

1의2. "화학적인 폭발현상"란 화학적 변화가 있는 연소 현상의 형태로서, 급속히 진행되는 화학반응에 의해 다량의 가스와 열을 발생하면서 폭음, 불꽃 및 파괴가 일어나는 현상을 말한다.

2. "조사"란 화재원인을 규명하고 화재로 인한 피해를 산정하기 위하여 자료의 수집, 관계자 등에 대한 질문, 현장확인, 감식, 감정 및 실험 등을 하는 일련의 행동을 말한다.

3. "감식"이란 화재원인의 판정을 위하여 전문적인 지식, 기술 및 경험을 활용하여 주로 시각에 의한 종합적인 판단으로 구체적인 사실관계를 명확하게 규명하는 것을 말한다.

4. "감정"이란 화재와 관계되는 물건의 형상, 구조, 재질, 성분, 성질 등 이와 관련된 모든 현상에 대하여 과학적 방법에 의한 필요한 실험을 행하고 그 결과를 근거로 화재원인을 밝히는 자료를 얻는 것을 말한다.

5. "화재조사관"이란 소방청, 소방본부, 소방서에서 화재조사업무를 수행하는 소방공무원(내근)을 말한다.

6. "광역 화재조사단"이란 화재조사의 중요성을 감안하여 시·도 소방본부장이 권역별로 설치한 화재조사 전담부서를 말한다.

6. 삭제

7. "관계자 등"이란 「소방기본법」 제2조제3호에 의한 관계인과 화재의 발견자, 통보자, 초기 소화자 및 기타 조사 참고인을 말한다.

8. "발화"란 열원에 의하여 가연물질에 지속적으로 불이 붙는 현상을 말한다.

9. "발화열원"이란 발화의 최초원인이 된 불꽃 또는 열을 말한다.

10. "발화지점"이란 열원과 가연물이 상호작용하여 화재가 시작된 지점을 말한다.

11. "발화장소"란 화재가 발생한 장소를 말한다.

12. "최초착화물"이란 발화열원에 의해 불이 붙고 이 물질을 통해 제어하기 힘든 화세로 발전한 가연물을 말한다.

13. "발화요인"이란 발화열원에 의하여 발화로 이어진 연소현상에 영향을 준 인적 · 물적 · 자연적인 요인을 말한다.

14. "발화관련 기기"란 발화에 관련된 불꽃 또는 열을 발생시킨 기기 또는 장치나 제품을 말한다.

15. "동력원"이란 발화관련 기기나 제품을 작동 또는 연소시킬 때 사용되어진 연료 또는 에너지를 말한다.

16. "연소확대물"이란 연소가 확대되는데 있어 결정적 영향을 미친 가연물을 말한다.

17. "재구입비"란 화재 당시의 피해물과 같거나 비슷한 것을 재건축(설계 감리비를 포함한다) 또는 재취득하는 데 필요한 금액을 말한다.

18. "내용연수"란 고정자산을 경제적으로 사용할 수 있는 연수를 말한다.

19. "손해율"이란 피해물의 종류, 손상 상태 및 정도에 따라 피해액을 적정화시키는 일정한 비율을 말한다.

20. "잔가율"이란 화재 당시에 피해물의 재구입비에 대한 현재가의 비율을 말한다.

21. "최종잔가율"이란 피해물의 경제적 내용연수가 다한 경우 잔존하는 가치의 재구입비에 대한 비율을 말한다.

22. "화재현장"이란 화재가 발생하여 소방대 및 관계자 등에 의해 소화활동이 행하여지고 있는 장소를 말한다.

23. "상황실"이라 함은 소방관서 또는 소방기관에서 화재 · 구조 · 구급 등 각종 소방상황을 접수 · 전파 처리 등의 업무를 행하는 곳을 말한다.

24. "소방 · 방화시설"이란 소방시설 및 방화시설을 말한다.

25. "접수"란 119상황실에서 화재 등의 신고를 받은 최초의 시각을 말한다.

26. "출동"이란 화재를 접수하고 119상황실로부터 출동지령을 받아 소방대가 소방서 차고에서 출발하는 것을 말한다.

27. "도착"이란 출동지령을 받고 출동한 선착대가 현장에 도착하는 것을 말한다.

28. "초진"이란 소방대의 소화활동으로 화재확대의 위험이 현저하게 줄어들거나 없어진 상태를 말한다.

29. "잔불정리"란 화재를 진압한 후, 잔불을 점검하고 처리하는 것을 말한다. 이 단계에서는 열에 의한 수증기나 화염 없이 연기만 발생하는 연소현상이 포함될 수 있다.

30. "완진"이란 소방대에 의한 소화활동의 필요성이 사라진 것을 말한다.

31. "철수"란 진화가 끝난 후, 소방대가 현장에서 복귀하는 것을 말한다.

32. "잔불감시"란 화재를 진화한 후 화재가 재발되지 않도록 감시조를 편성하여 불씨가 완전히 소멸될 때까지 확인하는 것을 말한다.

제3조(조사구분 및 범위)

화재조사는 화재원인조사와 화재피해조사로 구분하고 그 범위는 다음 각 호와 같다.

　　1. 화재원인조사

　　　　가. 발화원인 조사 : 발화지점, 발화열원, 발화요인, 최초착화물 및 발화관련기기 등

　　　　나. 발견, 통보 및 초기소화상황 조사 : 발견경위, 통보 및 초기소화 등 일련의 행동과정

　　　　다. 연소상황 조사 : 화재의 연소경로 및 연소확대물, 연소확대사유 등

　　　　라. 피난상황 조사 : 피난경로, 피난상의 장애요인 등

　　　　마. 소방·방화시설 등 조사 : 소방·방화시설의 활용 또는 작동 등의 상황

　　2. 화재피해조사

　　　　가. 인명피해

　　　　　　1) 화재로 인한 사망자 및 부상자

　　　　　　2) 화재진압 중 발생한 사망자 및 부상자

　　　　　　3) 사상자 정보 및 사상 발생원인

　　　　나. 재산피해

　　　　　　1) 소실피해 : 열에 의한 탄화, 용융, 파손 등의 피해

　　　　　　2) 수손피해 : 소화활동으로 발생한 수손피해 등

　　　　　　3) 기타피해 : 연기, 물품반출, 화재중 발생한 폭발 등에 의한 피해 등

제2장 조사업무의 체계

제1절 조사책임

제4조(조사책임)

① 소방(방재·안전·재난)본부장 또는 소방서장(이하 "본부장" 또는 "서장"이라 한다)은 관할구역 내의 화재에 대하여 조사를 하여야 한다. 다만 광역조사 화재에 대하여는 광역 화재조사단에서 조사 책임을 지고 조사를 하여야 한다.

② 운행 중인 차량, 선박 및 항공기에서 발생한 화재는 소화활동을 행한 장소를 관할하는 본부장 또는 서장이 조사하여야 한다.

제5조(조사업무의 능력향상)

① 본부장 또는 서장은 조사업무를 담당할 인원과 장비 및 시설을 기준 이상으로 확보하여 조사업무 수행에 만전을 기하여야 한다.

② 삭제

③ 본부장 또는 서장은 조사관에 대하여 조사업무의 관련교육, 연구회 개최 및 과제를 부여 또는 국내·외 소방관련 전문기관에 위탁교육을 실시하는 등 화재조사능력 향상에 노력하여야 한다.

제5조의2(화재조사관의 전문보수교육)

① 소방청장은 화재조사관의 자질향상을 위하여 「소방기본법 시행규칙」 제13조제2항에 따른 전문보수교육을 실시하여야 한다.

② 소방청장은 제1항에 따른 보수교육에 관한 업무를 본부장 또는 소방학교장에게 위탁하여 실시할 수 있다.

③ 소방청장, 본부장 또는 소방학교장은 화재조사관 자격증을 취득한 자에 대한 전문보수교육을 실시할 때에는 자격증을 발급한 날로부터 2년마다 4시간 이상으로 하고, 전문보수교육 내용은 화재조사관의 업무에 관한 사항과 업무지침의 내용을 포함한다.

④ 제3항에 따른 교육을 실시한 기관의 장은 보수교육을 받은 자에 대하여 관리하여야 한다.

제2절 조사전담부서의 설치 등

제6조(조사전담부서 설치 등)

① 화재조사의 원인감식과 피해조사의 전문화와 업무 발전을 위하여 소방(방재 · 안전 · 재난) 본부(이하 "소방본부"라 한다)와 소방서에 화재조사 전담부서를 설치 운영한다.

② 화재조사 전담부서는 간부급 소방공무원과 소방청장이 실시하는 화재조사에 관한 시험에 합격한 소방공무원으로 구성하여 운영하여야 한다. 다만, 화재조사에 관한 시험에 합격한 자가 없는 경우에는 소방공무원 중 「국가기술자격법」에 따른 건축 · 위험물 · 전기 · 안전관리(가스 · 소방 · 소방설비 · 전기안전 · 화재감식평가 종목에 한한다) 분야 산업기사 이상의 자격을 취득한 자 또는 소방공무원으로서 화재조사분야에서 1년 이상 근무한 자로 지정하여 운영하되 우선적으로 이들에게 화재조사에 관한 전문교육을 이수하도록 하여 소방청장이 실시하는 화재조사에 관한 시험에 응시할 수 있도록 하여야 한다.

③ 화재조사의 정확성을 기하기 위하여 원인조사와 피해조사로 구분하여 조사하고 보조요원을 지정 운영하여야 한다.

④ 소방학교장은 화재조사 전문가 육성과 화재원인 등을 조사 · 연구할 부서를 설치 운영한다.

제7조(책무)

① 조사관은 조사에 필요한 전문적 지식과 기술의 습득에 노력하여 조사업무를 능률적이고 효율적으로 수행하여야 한다.

② 조사관은 그 직무를 이용하여 관계자의 민사분쟁에 개입하여서는 아니된다.

제8조(지도)

본부장은 서장이 실시하는 조사업무에 대하여 지도 감독하여야 한다.

제9조(감식, 감정 및 시험 등)

① 본부장 또는 서장은 조사상 특히 전문지식과 기술이 필요하다고 인정되는 경우 별지 제1호 서식에 따른 감식 및 감정을 전문기관 또는 전문인에게 의뢰하거나 전문인 또는 전문기관과 합동으로 조사할 수 있다. 다만, 외부의 감식 · 감정기관에서 별도의 지정 서식을 사용하고 있을 때에는 그 서식으로 의뢰할 수 있다.

② 전 항의 감식 및 감정을 의뢰받은 전문기관 또는 전문인은 그 결과를 별지 제2호 서식에 작성, 본부장 또는 서장에게 통지하여야 한다. 다만, 별도의 지정 서식을 사용하고 있을 때에는 그 서식으로 통지할 수 있다.

③ 본부장 또는 서장은 과학적이고 합리적인 화재원인 규명을 위하여 화재현장에서 수거된 물

품에 대하여 감정을 실시하고 원인입증을 위한 재현 등 시험을 실시 할 수 있다.

④ 제3항에 따른 감정, 시험 등을 위하여 소방본부에 "화재조사 시험·분석연구실"을, 소방서에 "화재조사분석실"을 설치·운영한다.

제3절 조사본부의 설치운영

제10조(설치운영)

본부장 또는 서장은 대형화재·중요화재 및 특수화재 등이 발생하여 조사를 위해 필요할 경우 조사본부를 설치운영할 수 있다. 이 경우 소방본부 조사요원은 소방서 조사업무를 지원하여야 한다.

제11조(설치장소)

조사본부는 소방관서 또는 조사업무 수행에 편리한 곳에 설치하여야 한다.

제12조(편성)

조사본부에는 조사본부장과 조사관 등을 둔다. 또한 조사상 필요한 경우에는 감식 및 감정에 관한 전문기관 또는 전문인을 포함하여 둘 수 있다.

제13조(조사본부장)

① 조사본부장은 화재조사 업무를 관장하는 과장으로 한다. 다만, 부득이한 경우에는 별도로 지정할 수 있다.

② 조사본부장의 책임은 다음 각 호와 같다.

 1. 조사요원 등의 지휘감독과 화재조사 집행
 2. 현장보존, 정보관리 및 관계기관에서의 협조
 3. 그 밖의 조사본부 운영 및 총괄에 관한 사항처리

제14조(조사관)

조사관은 소방본부 및 소방서의 화재조사업무를 담당하고, 그 책임은 다음 각 호와 같다.

 1. 화재조사 집행
 2. 조사기록 서류 등의 분석 및 관리

제15조(본부요원)

본부요원은 조사의 집행에 필요한 제반업무를 담당하여 원활한 조사가 이루어지도록 노력한다.

제16조(조사본부의 지원 등)

본부장 및 서장은 조사에 필요한 인적, 물적 지원을 하여야 한다.

제17조(현장지휘자로부터의 정보인수)

조사본부장은 화재현장 지휘자로부터 화재조사에 관련된 필요정보를 인수받아 조사의 원활한 수행을 기하도록 하여야 한다.

제18조(조사결과의 대외적 발표)

조사본부장은 소방행정상 필요한 경우와 외부기관으로부터 조사내용의 발표 요청이 있는 경우에는 특별한 사유가 없는 한 그 내용을 발표한다.

제19조(조사본부의 해체)

본부장 또는 서장은 조사본부의 기능이 완료되거나 계속할 필요가 없다고 인정할 경우에는 이를 해체한다.

제20조(조사의 원칙)

조사는 물적 증거를 바탕으로 과학적인 방법을 통해 합리적인 사실의 규명을 원칙으로 한다.

제3장 조사업무처리의 기본사항

제1절 조사실시상의 총칙

제21조(관계자 등의 협조)

조사를 실시함에 있어 관계자 등의 입회하에 현장과 기타 관계있는 장소에 출입하는 것을 원칙으로 한다.

제22조(출입의 원칙) 삭 제

제23조(질문)

① 질문을 할 때에는 시기, 장소 등을 고려하여 진술을 하는 사람으로부터 임의진술을 얻도록 하여야 한다.

② 질문을 할 때에는 기대나 희망하는 진술내용을 얻기 위하여 상대방에게 암시하는 등의 방법으로 유도하여서는 아니 된다.

③ 소문 등에 의한 사항은 그 사실을 직접 경험한 사람의 진술을 얻도록 하여야 한다.

④ 관계자 등에 대한 질문 사항은 별지 제4호 서식의 질문기록서에 작성하여 그 증거를 확보한다.

제24조(자료, 정보의 수집)

조사관은 관계자 등으로부터 조사상 필요한 정보를 확보하여야 한다.

제25조(조사기록)

조사관은 조사결과와 기타 참고사항을 기록 유지하여야 한다.

제26조(화재건수의 결정)

1건의 화재란 1개의 발화지점에서 확대된 것으로 발화부터 진화까지를 말한다. 다만, 다음 각 목의 경우에는 당해 각 호에 의한다.

1. 동일범이 아닌 각기 다른 사람에 의한 방화, 불장난은 동일 대상물에서 발화했더라도 각각 별 건의 화재로 한다.
2. 동일 소방대상물의 발화점이 2개소 이상 있는 다음의 화재는 1건의 화재로 한다.
   가. 누전점이 동일한 누전에 의한 화재
   나. 지진, 낙뢰 등 자연현상에 의한 다발화재

제2절 기본적 사항의 처리

제27조(관할구역이 2개소 이상 걸친 화재)

화재범위가 2 이상의 관할구역에 걸친 화재에 대해서는 발화 소방대상물의 소재지를 관할하는 소방서에서 1건의 화재로 한다.

제28조(화재의 유형)
① 화재는 다음 각 호와 같이 구분한다.
    1. 건축·구조물 화재 : 건축물, 구조물 또는 그 수용물이 소손된 것
    2. 자동차·철도차량 화재 : 자동차, 철도차량 및 피견인 차량 또는 그 적재물이 소손된 것
    3. 위험물·가스제조소 등 화재 : 위험물제조소 등, 가스제조·저장·취급시설 등이 소손된 것
    4. 선박·항공기화재 : 선박, 항공기 또는 그 적재물이 소손된 것
    5. 임야화재 : 산림, 야산, 들판의 수목, 잡초, 경작물 등이 소손된 것
    6. 기타화재 : 위의 각 호에 해당되지 않는 화재
② 제1항의 화재가 복합되어 발생한 경우에는 화재의 구분을 화재피해액이 많은 것으로 한다.
③ 제2항의 경우 화재피해액이 같은 경우나 화재피해액이 큰 것으로 구분하는 것이 사회관념상 적당치 않을 경우에는 발화장소로 화재를 구분한다.

제29조(발화일시의 결정)
발화일시의 결정은 관계자의 화재발견상황통보(인지)시간 및 화재발생 건물의 구조, 재질 상태와 화기취급 등의 상황을 종합적으로 검토하여 결정한다. 다만, 인지시간은 소방관서에 최초로 신고된 시점을 말하며 자체진화 등의 사후인지 화재로 그 결정이 곤란한 경우에는 발생시간을 추정할 수 있다.

제30조(화재의 소실정도)
① 건축·구조물화재의 소실정도는 3종류로 구분하며 그 내용은 다음의 각 호에 따른다.
    1. 전소 : 건물의 70% 이상(입체면적에 대한 비율을 말한다. 이하 같다)이 소실되었거나 또는 그 미만이라도 잔존부분을 보수하여도 재사용이 불가능한 것
    2. 반소 : 건물의 30% 이상 70% 미만이 소실된 것
    3. 부분소 : 전소, 반소화재에 해당되지 아니하는 것
② 자동차·철도차량, 선박 및 항공기 등의 소실 정도는 제1항의 규정을 준용한다.

제31조(건물동수의 산정)
건물 동수의 산정은 별표1에 따른다.

제32조(세대수의 산정)
세대수의 산정은 거주와 생계를 함께 하고 있는 사람들의 집단 또는 하나의 가구를 구성하여 살고 있는 독신자로서 자신의 주거에 사용되는 건물에 대하여 재산권을 행사할 수 있는 사람을 1세대로 한다.

제33조(소실면적의 산정)
① 건물의 소실면적 산정은 소실 바닥면적으로 산정 한다. 다만, 화재피해 범위가 건물의 6면 중 2면 이하인 경우에는 6면 중의 피해면적의 합에 5분의 1을 곱한 값을 소실면적으로 한다.
② 수손 및 기타 파손의 경우는 제1항의 규정에 준한다.

제34조(화재피해액의 산정)

① 화재피해액은 화재 당시의 피해물과 동일한 구조, 용도, 질, 규모를 재건축 또는 재구입하는 데 소요되는 가액에서 사용손모 및 경과연수에 따른 감가공제를 하고 현재가액을 산정하는 실질적 · 구체적 방식에 따른다. 단, 회계장부상 현재가액이 입증된 경우에는 그에 따른다.

② 제1항의 규정에도 불구하고 정확한 피해물품을 확인하기 곤란하거나 기타 부득이한 사유에 의하여 실질적 · 구체적 방식에 의할 수 없는 경우에는 소방청장이 정하는 화재피해액산정매뉴얼(이하 "매뉴얼"이라 한다)의 간이평가방식으로 산정할 수 있다.

③ 건물 등 자산에 대한 최종잔가율은 건물 · 부대설비 · 구축물 · 가재도구는 20%로 하며, 그 이외의 자산은 10%로 정한다.

④ 건물 등 자산에 대한 내용연수는 매뉴얼에서 정한 바에 따른다.

⑤ 대상별 화재피해액 산정기준은 별표3에 따른다.

제35조(화재피해액 계산방법)

고정자산에 대한 피해액은 별표3 기준에 따라 매뉴얼에서 정하는 방법으로 계산한다.(2007. 3. 22. 본조개정)

제36조(사상자)

사상자는 화재현장에서 사망한 사람과 부상당한 사람을 말한다. 단, 화재현장에서 부상을 당한 후 72시간 이내에 사망한 경우에는 당해 화재로 인한 사망으로 본다.

제37조 (부상정도)

부상의 정도는 의사의 진단을 기초로 하여 다음 각 호와 같이 분류한다.

　　1. 중상 : 3주 이상의 입원치료를 필요로 하는 부상을 말한다.
　　2. 경상 : 중상 이외의(입원치료를 필요로 하지 않는 것도 포함한다) 부상을 말한다. 다만, 병원치료를 필요로 하지 않고 단순하게 연기를 흡입한 사람은 제외한다.

제4장 조사업무의 집행

제1절 화재출동 시의 조사

제38조(조사의 개시)

조사관은 화재 사실을 인지하는 즉시 조사활동을 시작하여야 한다.

제39조(화재출동 시의 상황파악)

① 조사관은 출동 중 또는 현장에서 관계자 등에게 질문을 하거나 현장의 상황으로부터 화기관리, 화재 발견, 신고, 초기소화, 피난상황, 인명피해상황, 재산피해상황, 소방시설 사용 및 작동상황 등 화재개요를 파악하여 현장조사의 원활한 진행에 노력하여야 한다.

② 제1항의 현장에서 관계자 등의 질문은 신속, 정확히 하여야 하며 진실한 진술을 얻을 수 있도록 노력하여야 한다.

③ 화재현장에 출동하는 직원은 출동 중에도 조사에 도움이 되는 사항을 확인하여야 하며 화재현장에서도 소방활동을 통한 상황파악을 하여 조사업무에 협조하여야 하고 119안전센터 등의 선임자는 화재 시 별지 제5호 서식에 따라 지체 없이 국가화재정보시스템에 화재현장

출동보고서를 작성·입력하여야 한다.

④ 조사관은 화재조사에 필요한 자료 등을 관계자에게 요구할 수 있으며, 관계자가 반환을 요구할 때는 조사의 목적을 달성한 후 관계자에게 반환하여야 한다.

제40조(소방활동구역의 설정 및 현장보존)

① 본부장 또는 서장은 현장조사를 위하여 필요하다고 인정될 때에는 「소방기본법」 제23조에 따른 소방활동구역을 설정할 수 있다.

② 소방활동구역의 설정은 필요한 최소의 범위로 한다.

③ 소방활동구역의 관리는 수사기관과 상호 협조하여야 한다.

④ 소방활동구역의 표시는 로프 등으로 범위를 한정하고 경고판을 부착하며 「소방기본법시행령」 제8조에 따라 출입을 통제하는 등 현장보존에 최대한 노력하여야 한다.

⑤ 본부장 또는 서장은 소화활동 시 현장물건 등의 이동 또는 파괴를 최소화하여 원활한 화재조사활동이 이루어질 수 있도록 현장보존에 노력하여야 한다.

제2절 현장조사

제41조(화재현장조사)

감식 등 화재현장조사는 화재 시 및 진화 후에 걸쳐 실시하는 것을 원칙으로 한다. 다만, 정확한 조사를 위해 본부장 또는 서장이 필요하다고 인정할 경우에는 다음 날 주간에 화재현장조사를 실시할 수 있다.

제42조(화재원인 등 조사 및 분류)

① 조사관은 화재발생원인, 연소상황, 피난상황, 소방시설 상황 등의 화재원인을 조사하여야 한다.

② 제1항의 화재원인조사는 화재출동 시 확인사항 등 각종 상황과 현장상황을 고찰하여 과학적인 검토와 확인에 의하도록 하여야 한다.

③ 화재원인은 발화열원, 발화요인, 최초착화물 등을 종합적으로 검토하여 소방청장이 정하는 국가화재분류체계에 의한 화재원인 등 분류표에 의하여 분류한다.

④ 화재발생장소, 발화지점, 소방방화시설 등에 대하여는 소방청장이 정하는 국가화재분류체계에 의한 화재장소 등 분류표에 의하여 분류한다.

제43조(화재피해조사)

① 조사관은 화재발생 건물 등의 인명피해와 재산피해 발생상황을 조사하여야 하며 필요한 경우나 또는 피해당사자가 소방기관의 피해조사내용에 이의를 제기할 경우에는 별지 제6호 서식부터 별지 제7호 서식까지의 규정에 따른 피해신고서를 받아야 한다.

② 제1항에 따른 신고서를 접수한 관할 소방서장은 이를 검토하여야 하고 필요시 피해액을 재산정한다.

제44조(자료의 보관)

「소방기본법」 제30조에 따른 자료 접수 시는 제출자에 대하여 보관증을 발급하여야 한다. 다만 소유권을 포기한 경우에는 그러하지 아니한다.

제3절 보고

제45조(긴급상황보고)

① 조사활동 중 본부장 또는 서장이 소방청장에게 긴급상황을 보고하여야 할 화재는 다음 각 호와 같다.

  1. 대형화재

    가. 인명피해 : 사망 5명 이상이거나 사상자 10명 이상 발생화재

    나. 재산피해 : 50억원 이상 추정되는 화재

  2. 중요화재

    가. 관공서, 학교, 정부미 도정공장, 문화재, 지하철, 지하구 등 공공 건물 및 시설의 화재

    나. 관광호텔, 고층건물, 지하상가, 시장, 백화점, 대량위험물을 제조 · 저장 · 취급하는 장소, 중점관리대상 및 화재경계지구

    다. 이재민 100명 이상 발생화재

  3. 특수화재

    가. 철도, 항구에 매어둔 외항선, 항공기, 발전소 및 변전소의 화재

    나. 특수사고, 방화 등 화재원인이 특이하다고 인정되는 화재

    다. 외국공관 및 그 사택

    라. 그 밖에 대상이 특수하여 사회적 이목이 집중될 것으로 예상되는 화재

② 화재상황보고는 최초보고, 중간보고, 최종보고로 구분하여 제48조의 해당 서식에 작성, 다음 각 호와 같은 요령으로 보고한다.

  1. 최초보고는 선착대가 화재현장 도착 즉시 현장지휘관 책임하에 화재의 규모, 인명피해 발생여부, 건물구조 개요 등을 보고한다.

  2. 중간보고는 최초보고 후 화재상황의 진전에 따라 연소확대여부, 인명구조활동상황, 진화활동상황, 재산피해내역 및 화재원인 등을 수시로 보고하여야 한다. 단, 규명되지 아니한 화재원인 및 피해내역은 추정 보고할 수 있다.

  3. 최종보고는 화재종료 직후 최초보고 및 중간보고를 취합하여 보고하여야 한다.

제46조(상황보고체제와 절차)

① 본부장 또는 서장은 화재현장 지휘본부를 설치한 경우 속보체제를 다음 각 호와 같이 한다.

  1. 현장보고책임자는 계장 또는 담당급 이상으로 한다.

  2. 상황실보고책임자는 과장급 이상으로 한다.

② 소방본부의 보고책임자는 계장 · 팀장 또는 담당급 이상으로 한다.

③ 상황보고는 별지 제8호 서식과 필요한 자료를 다음 각 호와 같이 별표 2의 보고 계통도에 따라 보고하되, 긴급을 요하는 상황은 소방청 119종합상황실에 직접 보고할 수 있다.

  1. 화재현장 지휘관은 현장지휘와 동시에 화재상황을 지휘소의 보고책임자에게 지시하여 상황실에 보고하도록 한다.

  2. 지휘소의 보고책임자는 현장 지휘관으로부터 지시받은 사항을 상황실에 보고하여야 한다.

  3. 상황실 보고책임자는 현장으로부터 보고된 사항을 정리하여 상황보고 계통에 의하여 상급기관에 지체 없이 속보하여야 한다.

4. 소방본부의 상황실 보고책임자는 산하 소방기관으로부터 보고받은 화재상황을 즉시 상급기관에 속보하여야 한다.

제47조(조사결과 보고)

서장은 화재조사의 진행상황을 수시 보고하여야 하며 조사결과는 다음 각 호에 따라 본부장에게 보고하고 기록유지하여야 한다.

1. 제45조 긴급상황보고에 해당하는 화재 : 별지 제3호 내지 제3－12호 서식 중 해당 서식과 별지4호, 별지5호 서식을 작성, 화재 인지로부터 30일 이내, 다만, 화재의 정확한 조사를 위하여 조사기간이 필요한 때는 총 50일 이내
2. 제1호에 해당하지 않는 일반화재 : 별지 제3호 서식부터 별지 제3－12호 서식 중 해당 서식과 별지4호, 별지5호 서식을 작성 화재 인지로부터 15일 이내
3. 제1호 및 제2호에 규정된 조사기간을 초과하여 조사가 필요한 경우 그 사유를 사전보고 후 추가 조사를 할 수 있다.
4. 감정기관에 감정의뢰 시 감정결과서를 받은 날로부터 10일이내에 조사결과를 보고하고 기록·유지하여야 한다.

제5장 화재조사서류의 작성

제48조(화재조사서류의 서식)

화재조사에 필요한 서류의 서식은 다음 각 호의 서식으로 한다.

1. (□ 감식·감정, □ 감정)의뢰서 : 별지 제1호 서식
2. (□ 감식·감정, □ 감정)결과통지서 : 별지 제2호 서식
3. 화재발생종합보고서 별지 제3호 서식
4. 화재현황조사서 : 별지 제3-2호
5. 화재유형별조사서(건축·구조물 화재) : 별지 제3-3호 서식
6. 화재유형별조사서(자동차·철도차량) : 별지 제3-4호 서식
7. 화재유형별조사서(위험물·가스제조소 등 화재) : 별지 제3-5호 서식
8. 화재유형별조사서(선박·항공기화재) : 별지 제3-6호 서식
9. 화재유형별조사서(임야화재) : 별지 제3-7호 서식
10. 화재피해조사서(인명피해) : 별지 제3-8호 서식
11. 화재피해조사서(재산피해) : 별지 제3-9호 서식
12. 방화·방화의심 조사서 : 별지 제3-10호 서식
13. 소방방화시설 활용조사서 : 별지 제3-11호 서식
14. 화재현장조사서 : 별지 제3-12호 서식
14의2. 화재현장조사서(임야화재, 기타화재) : 별지 제3-13호 서식
15. 질문기록서 : 별지 제4호 서식
16. 화재현장출동보고서 : 별지 제5호 서식
17. 재산피해신고서 : 별지 제6호 서식
18. (자동차, 철도, 선박, 항공기)피해 신고서 : 별지 제7호 서식

19. 화재 · 구조 · 구급상황보고서 : 별지 제8호 서식
20. 화재감식 · 감정보고서 : 별지 제12호 서식

제49조(조사서류 작성)

① 서장은 관할 구역 내에서 발생한 화재에 대하여 제48조의 서식에 의한 다음 화재조사 서류
중 해당서류를 작성하여야 한다.
1. 화재발생종합보고서(별지 제3호 서식부터 별지 제3-12호 서식)
2. 질문기록서(별지 제4호 서식)
3. 화재현장출동보고서(별지 제5호 서식)

② 치외법권지역 등 조사권을 행사할 수 없는 경우는 조사 가능한 내용만 조사하여 별지 제3호
내지 별지 제3-12호 서식 중 해당 서류를 작성한다.

③ 조사서류는 관할 구역 내의 화재조사자가 작성한다. 광역 화재조사를 실시한 경우에는 광
역 화재조사자가 제48조의 서식에 의한 화재조사 서류 중 해당 서류를 작성하여야 한다.

④ 〈2006.12.27. 삭제〉

제50조(화재정도, 종별에 의한 조사서류 작성기준)

〈 삭제 〉

제51조(조사서류의 보존)

서장은 제49조에 따라 작성된 조사서류(사진포함)를 문서로 기록하고 전자기록 등 영구보존
방법에 따라 보존하여야 한다.

제52조(화재증명원의 발급)

① 서장은 별지 제11-1호 서식으로 민원인이 화재증명원의 발급을 신청하면 별지 제10호 서
식에 따른 화재증명원발급대장에 기록을 한 후 별지 제11호의 서식에 의한 화재증명원을
발급하여야 하며, 관공서, 공공기관 · 단체, 보험사에서 공문으로 발급을 요청 시 공용 발급
할 수 있다. 〈2006.12.27. 본항개정, 2009.7.7. 본항개정〉

② 서장은 화재피해자로부터 소방대가 출동하지 아니한 화재장소의 화재증명원 발급요청이 있는
경우 조사관으로 하여금 사후 조사를 실시하게 할 수 있다. 이 경우 민원인이 제출한 화재사후
조사의뢰서(별지 제9호 서식)의 내용에 따라 발화장소 및 발화지점의 현장이 보존되어 있는
경우에만 조사를 하며, 별지 제5호 서식인 화재현장출동보고서의 작성은 생략할 수 있다.

③ 서장은 제2항의 조사결과 제2조제1호의 화재로 인정될 경우 별지 제11호 서식에 따른 화재
증명원을 발급하여야 한다.

④ 화재증명원의 발급 시 재산피해 및 인명피해에 대하여 기재(조사중인 경우는 "조사중"으로
기재한다)한다. 다만, 재산피해내역은 금액을 기재하지 아니하며 피해물건만 종류별로 구
분하여 기재한다.

⑤ 민원인으로부터 화재증명원 교부신청을 받은 서장은 화재발생장소 관할지역에 관계없이
화재발생장소 관할소방서로부터 화재사실을 확인받아 화재증명원을 교부할 수 있다. 단,
소방청장은 민원인이 행정안전부에서 운영하는 통합전자민원창구(G4C)로 신청 시 소유주
등으로 등재된 자에 대하여 전자민원문서로 발급할 수 있다.

제53조(화재통계관리)

본부장 및 서장은 화재발생과 관련된 통계를 소방청장이 지정하는 서식에 따라 국가화재정보센터 전산시스템에 입력 관리하여야 하며 화재통계 관리를 위하여 매월 5일까지 마감하여야 한다.

제54조(유효기간)

이 훈령은「훈령ㆍ예규 등의 발령 및 관리에 관한 규정」에 따라 이 훈령을 발령한 후의 법령이나 현실 여건의 변화 등을 검토하여야 하는 2024년 6월 30일까지 효력을 가진다.〈개정 2022.5.23.〉

부칙

〈제117호, 2020. 1. 20.〉

이 훈령은 공포한 날부터 시행한다.

[별표 1]

건물의 동수 산정

1. 주요구조부가 하나로 연결되어 있는 것은 1동으로 한다. 다만 건널 복도 등으로 2 이상의 동에 연결되어 있는 것은 그 부분을 절반으로 분리하여 각 동으로 본다.
2. 건물의 외벽을 이용하여 실을 만들어 헛간, 목욕탕, 작업실, 사무실 및 기타 건물 용도로 사용하고 있는 것은 주 건물과 같은 동으로 본다. (그림 1)

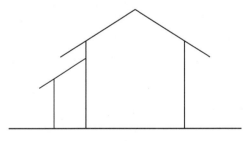

3. 구조에 관계없이 지붕 및 실이 하나로 연결되어 있는 것은 같은 동으로 본다. (그림2)

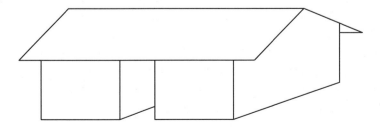

4. 목조 또는 내화조 건물의 경우 격벽으로 방화구획이 되어 있는 경우도 같은 동으로 한다. (그림3)

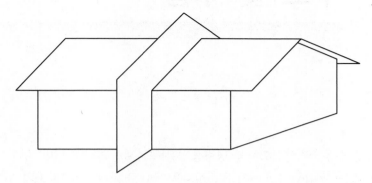

5. 독립된 건물과 건물 사이에 차광막, 비막이 등의 덮개를 설치하고 그 밑을 통로 등으로 사용하는 경우는 다른 동으로 한다.
   (예) 작업장과 작업장 사이에 조명유리 등으로 비막이를 설치하여 지붕과 지붕이 연결되어 있는 경우 (그림4)

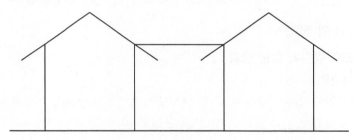

6. 내화조 건물의 옥상에 목조 또는 방화구조 건물이 별도 설치되어 있는 경우는 다른 동으로 한다. 다만, 이들 건물의 기능상 하나인 경우 (옥내 계단이 있는 경우)는 같은 동으로 한다.

7. 내화조 건물의 외벽을 이용하여 목조 또는 방화구조건물이 별도 설치되어 있고 건물 내부와 구획되어 있는 경우 다른 동으로 한다. 다만, 주된 건물에 부착된 건물이 옥내로 출입구가 연결되어 있는 경우와 기계설비 등이 쌍방에 연결되어 있는 경우 등 건물 기능상 하나인 경우는 같은 동으로 한다.

CHAPTER 07 구조 및 구급

01 구조

1) 개요

구조 현장에서의 안전확보와 명령통일은 구조활동의 원칙이며, 구조대원의 능력과 신속한 대응(Always Keep It Simple)을 필요로 한다. 구조활동의 우선순위는 구명이 최우선이 되어야 하며, 신체 구출, 고통경감(정신적, 육체적) 피해의 최소화(재산보호) 순이다. 단, 인명구조 순서는 피난유도 → 인명검색 → 구출 → 응급처치 → 이송 순이다. 또한 초기대응단계에서는 상황파악(Location), 접근(Access), 상황안정화(Stabilization), 후송(Transport) 절차에 따라 대응해야 한다.

2) 구조활동의 절차

① **신고의 접수와 출동 명령**

② **실태파악**

   ㉠ 상황확인에서 차량 출동 후 현장도착까지 : 발생장소 소재지, 진입상 장애 유무, 사고규모 요구조자 유무와 인원 파악

   ㉡ 확인에 필요한 기자재(측정기, 광학기구, 조명기구) 점검

   ㉢ 관계자 등으로부터 정보내용 청취(사고 발생원인 파악)

③ **상황보고**

   ㉠ 정확한 상황과 확인된 상황을 보고

   ㉡ 예측내용을 포함

   ㉢ 직접 확인하지 않은 정보는 정보원도 함께 보고

   ㉣ 간결·명료하되 전문적인 용어는 설명을 포함

④ **인명검색**

   ㉠ 개요 : 인명검색과 병행한 소화활동이 이루어진다.

   ㉡ 질문 : 추적조사하면서 요구조자의 유무를 확인한다.

   ㉢ 확인

      ㉮ 질문결과 중점장소 또는 인명위험이 큰 장소를 우선적으로 실시

　　　ⓙ 주수와 병행한 진입, 우선 − 발화층과 발화층 상부, 중점 − 계단, 화장실

　　　ⓓ 인명검색 필수장비 : 공기호흡기, 검색봉, 로프, 조명기구 등

　　　ⓔ 검색범위 : 화점층, 즉상층, 즉하층순으로, 2인 1조로 진입 검색

　　　ⓕ 검색중점장소 : 막다른 계단 · 비상구 부근, 막다른 복도, 피난기구 설치 부근,
　　　　　엘리베이터, 승강기 로비 부근, 창, 베란다, 방의 구석진 곳, 화장실, 목욕실

　　　ⓖ 검색요원 교대 시 알아야 할 대상 : 검색범위, 내부구조, 내부상황, 특이사항 등

⑤ **구조활동**

　㉠ 순서

　　　㉮ 진압장애 및 2차 재해의 발생위험 제거

　　　㉯ 요구조자의 생명보호

　　　㉰ 신체 등 상태의 악화방지에 필요한 조치

　　　㉱ 본격적인 구조활동 개시

　㉡ 범위 : 가장 안전한 곳으로 옮김 → 상황판단 → 지상으로의 구출 목적

　㉢ 방법 : 피난설비를 최대한 사용

3) 구조대의 편성 및 운영

[119구조 · 구급에 관한 법률]

제6조(구조 · 구급 기본계획 등의 수립 · 시행)

① 소방청장은 제3조의 업무를 수행하기 위하여 관계 중앙행정기관의 장과 협의하여 대통령령
으로 정하는 바에 따라 구조 · 구급 기본계획(이하 "기본계획"이라 한다)을 수립 · 시행하여
야 한다. 〈개정 2014.11.19., 2017.7.26.〉

② 기본계획에는 다음 각 호의 사항이 포함되어야 한다.

　1. 구조 · 구급서비스의 질 향상을 위한 정책의 기본방향에 관한 사항

　2. 구조 · 구급에 필요한 체계의 구축, 기술의 연구개발 및 보급에 관한 사항

　3. 구조 · 구급에 필요한 장비의 구비에 관한 사항

　4. 구조 · 구급 전문인력 양성에 관한 사항

　5. 구조 · 구급활동에 필요한 기반 조성에 관한 사항

　6. 구조 · 구급의 교육과 홍보에 관한 사항

　7. 그 밖에 구조 · 구급업무의 효율적 수행을 위하여 필요한 사항

③ 소방청장은 기본계획에 따라 매년 연도별 구조 · 구급 집행계획(이하 "집행계획"이라 한다)
을 수립 · 시행하여야 한다. 〈개정 2014.11.19., 2017.7.26.〉

④ 소방청장은 제1항 및 제3항에 따라 수립된 기본계획 및 집행계획을 관계 중앙행정기관의
장, 특별시장 · 광역시장 · 특별자치시장 · 도지사 · 특별자치도지사(이하 "시 · 도지사"

라 한다)에게 통보하고 국회 소관 상임위원회에 제출하여야 한다. 〈개정 2012.3.21.,
2014.11.19., 2017.7.26.〉

⑤ 소방청장은 기본계획 및 집행계획을 수립하기 위하여 필요한 경우에는 관계 중앙행정기관
의 장 또는 시·도지사에게 관련 자료의 제출을 요청할 수 있다. 이 경우 자료제출을 요청받은
관계 중앙행정기관의 장 또는 시·도지사는 특별한 사유가 없으면 이에 따라야 한다. 〈개정
2014.11.19., 2017.7.26.〉

제7조(시·도 구조·구급집행계획의 수립·시행)

① 소방본부장은 기본계획 및 집행계획에 따라 관할 지역에서 신속하고 원활한 구조·구급활
동을 위하여 매년 특별시·광역시·특별자치시·도·특별자치도(이하 "시·도"라 한다)
구조·구급 집행계획(이하 "시·도 집행계획"이라 한다)을 수립하여 소방청장에게 제출하
여야 한다. 〈개정 2012.3.21., 2014.11.19., 2017.7.26.〉

② 소방본부장은 시·도 집행계획을 수립하기 위하여 필요한 경우에는 해당 특별자치도지
사·시장·군수·구청장(자치구의 구청장을 말한다. 이하 같다)에게 관련 자료의 제출을
요청할 수 있다. 이 경우 자료제출을 요청받은 해당 특별자치도지사·시장·군수·구청장
은 특별한 사유가 없으면 이에 따라야 한다.

③ 시·도 집행계획의 수립시기·내용, 그 밖에 필요한 사항은 대통령령으로 정한다.

제8조(119구조대의 편성과 운영)

① 소방청장·소방본부장 또는 소방서장(이하 "소방청장등"이라 한다)은 위급상황에서 요구
조자의 생명 등을 신속하고 안전하게 구조하는 업무를 수행하기 위하여 대통령령으로 정하
는 바에 따라 119구조대(이하 "구조대"라 한다)를 편성하여 운영하여야 한다. 〈개정
2014.11.19., 2017.7.26.〉

② 구조대의 종류, 구조대원의 자격기준, 그 밖에 필요한 사항은 대통령령으로 정한다.

③ 구조대는 행정안전부령으로 정하는 장비를 구비하여야 한다. 〈개정 2013.3.23., 2014.11.
19., 2017.7.26.〉

제9조(국제구조대의 편성과 운영)

① 소방청장은 국외에서 대형재난 등이 발생한 경우 재외국민의 보호 또는 재난발생국의 국민
에 대한 인도주의적 구조 활동을 위하여 국제구조대를 편성하여 운영할 수 있다. 〈개정
2014.11.19., 2017.7.26.〉

② 소방청장은 외교부장관과 협의를 거쳐 제1항에 따른 국제구조대를 재난발생국에 파견할
수 있다. 〈개정 2013.3.23., 2014.11.19., 2017.7.26.〉

③ 소방청장은 제1항에 따른 국제구조대를 국외에 파견할 것에 대비하여 구조대원에 대한 교육
훈련 등을 실시할 수 있다. 〈개정 2014.11.19., 2017.7.26.〉

④ 소방청장은 제1항에 따른 국제구조대의 국외재난대응능력을 향상시키기 위하여 국제연합
등 관련 국제기구와의 협력체계 구축, 해외재난정보의 수집 및 기술연구 등을 위한 시책을

추진할 수 있다. 〈개정 2014.11.19., 2017.7.26.〉

⑤ 소방청장은 제2항에 따라 국제구조대를 재난발생국에 파견하기 위하여 필요한 경우 관계 중앙행정기관의 장 또는 시·도지사에게 직원의 파견 및 장비의 지원을 요청할 수 있다. 이 경우 관계 중앙행정기관의 장 또는 시·도지사는 특별한 사유가 없으면 요청에 따라야 한다. 〈개정 2014.11.19., 2017.7.26.〉

⑥ 제1항부터 제5항까지의 규정에 따른 국제구조대의 편성, 파견, 교육훈련 및 국제구조대원의 귀국 후 건강관리와 그 밖에 필요한 사항은 대통령령으로 정한다.

⑦ 제1항에 따른 국제구조대는 행정안전부령으로 정하는 장비를 구비하여야 한다. 〈개정 2013.3.23., 2014.11.19., 2017.7.26.〉

제10조(119구급대의 편성과 운영)

① 소방청장등은 위급상황에서 발생한 응급환자를 응급처치하거나 의료기관에 긴급히 이송하는 등의 구급업무를 수행하기 위하여 대통령령으로 정하는 바에 따라 119구급대(이하 "구급대"라 한다)를 편성하여 운영하여야 한다. 〈개정 2014.11.19., 2017.7.26.〉

② 구급대의 종류, 구급대원의 자격기준, 이송대상자, 그 밖에 필요한 사항은 대통령령으로 정한다.

③ 구급대는 행정안전부령으로 정하는 장비를 구비하여야 한다. 〈개정 2013.3.23., 2014.11. 19., 2017.7.26.〉

제12조(항공구조구급대의 편성과 운영)

① 소방청장 또는 소방본부장은 초고층 건축물 등에서 요구조자의 생명을 안전하게 구조하거나 도서·벽지에서 발생한 응급환자를 의료기관에 긴급히 이송하기 위하여 항공구조구급대를 편성하여 운영한다. 〈개정 2014.11.19., 2017.7.26.〉

② 제1항에 따른 항공구조구급대의 편성과 운영 및 업무, 그 밖에 필요한 사항은 대통령령으로 정한다.

③ 제1항에 따른 항공구조구급대는 행정안전부령으로 정하는 장비를 구비하여야 한다. 〈개정 2013.3.23., 2014.11.19., 2017.7.26.〉

제13조(구조·구급활동)

① 소방청장등은 위급상황이 발생한 때에는 구조·구급대를 현장에 신속하게 출동시켜 인명구조 및 응급처치, 그 밖에 필요한 활동을 하게 하여야 한다. 〈개정 2014.11.19., 2017.7.26.〉

② 누구든지 제1항에 따른 구조·구급활동을 방해하여서는 아니 된다.

③ 소방청장등은 대통령령으로 정하는 위급하지 아니한 경우에는 구조·구급대를 출동시키지 아니할 수 있다. 〈개정 2014.11.19., 2017.7.26.〉

제15조(구조·구급활동을 위한 긴급조치)

① 소방청장등은 구조·구급활동을 위하여 필요하다고 인정하는 때에는 다른 사람의 토지·건물 또는 그 밖의 물건을 일시사용, 사용의 제한 또는 처분을 하거나 토지·건물에 출입할

수 있다. 〈개정 2014.11.19., 2017.7.26.〉

② 소방청장등은 제1항에 따른 조치로 인하여 손실을 입은 자가 있는 경우에는 대통령령으로 정하는 바에 따라 그 손실을 보상하여야 한다. 〈개정 2014.11.19., 2017.7.26.〉

[119 구조 · 구급에 관한 법률 시행령]

제5조(119구조대의 편성과 운영)

① 법 제8조 제1항에 따른 119구조대(이하 "구조대"라 한다)는 다음 각 호의 구분에 따라 편성 · 운영한다. 〈개정 2014.7.7., 2014.7.14., 2014.11.19., 2016.10.25., 2017.7.26.〉

1. 일반구조대 : 시 · 도의 규칙으로 정하는 바에 따라 소방서마다 1개 대(隊) 이상 설치하되, 소방서가 없는 시 · 군 · 구(자치구를 말한다. 이하 같다)의 경우에는 해당 시 · 군 · 구 지역의 중심지에 있는 119안전센터에 설치할 수 있다.

2. 특수구조대 : 소방대상물, 지역 특성, 재난 발생 유형 및 빈도 등을 고려하여 시 · 도의 규칙으로 정하는 바에 따라 다음 각 목의 구분에 따른 지역을 관할하는 소방서에 다음 각 목의 구분에 따라 설치한다. 다만, 라목에 따른 고속국도구조대는 제3호에 따라 설치되는 직할구조대에 설치할 수 있다.

   가. 화학구조대 : 화학공장이 밀집한 지역

   나. 수난구조대 : 「내수면어업법」 제2조 제1호에 따른 내수면지역

   다. 산악구조대 : 「자연공원법」 제2조 제1호에 따른 자연공원 등 산악지역

   라. 고속국도구조대 : 「도로법」 제10조 제1호에 따른 고속국도(이하 "고속국도"라 한다)

   마. 지하철구조대 : 「도시철도법」 제2조 제3호 가목에 따른 도시철도의 역사(驛舍) 및 역 시설

3. 직할구조대 : 대형 · 특수 재난사고의 구조, 현장 지휘 및 테러현장 등의 지원 등을 위하여 소방청 또는 시 · 도 소방본부에 설치하되, 시 · 도 소방본부에 설치하는 경우에는 시 · 도의 규칙으로 정하는 바에 따른다.

4. 테러대응구조대 : 테러 및 특수재난에 전문적으로 대응하기 위하여 소방청과 시 · 도 소방본부에 각각 설치하며, 시 · 도 소방본부에 설치하는 경우에는 시 · 도의 규칙으로 정하는 바에 따른다.

② 구조대의 출동구역은 행정안전부령으로 정한다. 〈개정 2013.3.23., 2014.11.19., 2017.7.26.〉

③ 소방청장 · 소방본부장 또는 소방서장(이하 "소방청장등"이라 한다)은 여름철 물놀이 장소에서의 안전을 확보하기 위하여 필요한 경우 민간 자원봉사자로 구성된 구조대(이하 "119시민수상구조대"라 한다)를 지원할 수 있다. 〈개정 2014.11.19., 2017.7.26.〉

④ 119시민수상구조대의 운영, 그 밖에 필요한 사항은 시 · 도의 조례로 정한다.

제6조(구조대원의 자격기준)

① 구조대원은 소방공무원으로서 다음 각 호의 어느 하나에 해당하는 자격을 갖추어야 한다. 〈개정 2014.11.19., 2017.7.26.〉

1. 소방청장이 실시하는 인명구조사 교육을 받았거나 인명구조사 시험에 합격한 사람

2. 국가 · 지방자치단체 및 「공공기관의 운영에 관한 법률」 제4조에 따른 공공기관의 구조 관련 분야에서 근무한 경력이 2년 이상인 사람

3. 「응급의료에 관한 법률」 제36조에 따른 응급구조사 자격을 가진 사람으로서 소방청장이 실시하는 구조업무에 관한 교육을 받은 사람

② 제1항 제1호에 따른 인명구조사 교육의 내용, 인명구조사 시험 과목 · 방법, 같은 항 제3호에 따른 구조업무에 관한 교육의 내용, 그 밖에 필요한 사항은 소방청장이 정한다. 〈개정 2014.11.19., 2017.7.26.〉

③ 소방청장은 제1항 및 제2항에 따른 교육과 인명구조사 시험을 「소방공무원법」 제20조 제1 항 또는 제2항에 따라 설치된 소방학교 또는 교육훈련기관에서 실시하도록 할 수 있다. 〈개정 2014.11.19., 2017.7.26., 2020.3.10.〉

제7조(국제구조대의 편성과 운영)

① 소방청장은 법 제9조 제1항에 따라 국제구조대를 편성 · 운영하는 경우 인명 탐색 및 구조, 응급의료, 안전평가, 시설관리, 공보연락 등의 임무를 수행할 수 있도록 구성하여야 한다. 〈개정 2014.11.19., 2017.7.26.〉

② 소방청장은 구조대의 효율적 운영을 위하여 필요한 경우 국제구조대를 제5조 제1항제3호에 따라 소방청에 설치하는 직할구조대에 설치할 수 있다. 〈개정 2014.11.19., 2017.7.26.〉

③ 국제구조대의 파견 규모 및 기간은 재난유형과 파견지역의 피해 등을 종합적으로 고려하여 외교부장관과 협의하여 소방청장이 정한다. 〈개정 2013.3.23., 2014.11.19., 2017.7.26.〉

④ 제1항부터 제3항까지에서 규정한 사항 외에 국제구조대의 편성 · 운영에 필요한 사항은 소방청장이 정한다. 〈개정 2014.11.19., 2017.7.26.〉

제8조(국제구조대원의 교육훈련)

① 소방청장은 법 제9조 제3항에 따른 교육훈련에 다음 각 호의 내용을 포함시켜야 한다. 〈개정 2014.11.19., 2017.7.26.〉

1. 전문 교육훈련 : 붕괴건물 탐색 및 인명구조, 방사능 및 유해화학물질 사고 대응, 유엔재난 평가조정요원 교육 등

2. 일반 교육훈련 : 응급처치, 기초통신, 구조 관련 영어, 국제구조대 윤리 등

② 소방청장은 국제구조대원의 재난대응능력을 높이기 위하여 필요한 경우에는 국외 교육훈 련을 실시할 수 있다. 〈개정 2014.11.19., 2017.7.26.〉

제10조(119구급대의 편성과 운영)

① 법 제10조 제1항에 따른 119구급대(이하 "구급대"라 한다)는 다음 각 호의 구분에 따라 편 성 · 운영한다. 〈개정 2014.11.19., 2016.10.25., 2017.7.26.〉

1. 일반구급대 : 시 · 도의 규칙으로 정하는 바에 따라 소방서마다 1개 대 이상 설치하되, 소방서가 설치되지 아니한 시 · 군 · 구의 경우에는 해당 시 · 군 · 구 지역의 중심지에 소

재한 119안전센터에 설치할 수 있다.

   2. 고속국도구급대 : 교통사고 발생 빈도 등을 고려하여 소방청, 시·도 소방본부 또는 고속국도를 관할하는 소방서에 설치하되, 시·도 소방본부 또는 소방서에 설치하는 경우에는 시·도의 규칙으로 정하는 바에 따른다.

② 구급대의 출동구역은 행정안전부령으로 정한다. 〈개정 2013.3.23., 2014.11.19., 2017.7.26.〉

③ 삭제 〈2012.6.20.〉

④ 삭제 〈2012.6.20.〉

제11조(구급대원의 자격기준)

구급대원은 소방공무원으로서 다음 각 호의 어느 하나에 해당하는 자격을 갖추어야 한다. 다만, 제4호에 해당하는 구급대원은 구급차 운전과 구급에 관한 보조업무만 할 수 있다. 〈개정 2014.11.19., 2017.7.26.〉

   1. 「의료법」 제2조 제1항에 따른 의료인

   2. 「응급의료에 관한 법률」 제36조 제2항에 따라 1급 응급구조사 자격을 취득한 사람

   3. 「응급의료에 관한 법률」 제36조 제3항에 따라 2급 응급구조사 자격을 취득한 사람

   4. 소방청장이 실시하는 구급업무에 관한 교육을 받은 사람

제15조(119항공대의 편성과 운영)

① 소방청장은 119항공대를 제5조 제1항 제3호에 따라 소방청에 설치하는 직할구조대에 설치할 수 있다. 〈개정 2014.11.19., 2017.7.26., 2021.1.21.〉

② 소방본부장은 시·도 규칙으로 정하는 바에 따라 119항공대를 편성하여 운영하되, 효율적인 인력 운영을 위하여 필요한 경우에는 시·도 소방본부에 설치하는 직할구조대에 설치할 수 있다. 〈개정 2016.10.25., 2021.1.21.〉 [제목개정 2021.1.21.]

제16조(119항공대의 업무)

119항공대는 다음 각 호의 업무를 수행한다. 〈개정 2021.1.21.〉

   1. 인명구조 및 응급환자의 이송(의사가 동승한 응급환자의 병원 간 이송을 포함한다)

   2. 화재 진압

   3. 장기이식환자 및 장기의 이송

   4. 항공 수색 및 구조 활동

   5. 공중 소방 지휘통제 및 소방에 필요한 인력·장비 등의 운반

   6. 방역 또는 방재 업무의 지원

   7. 그 밖에 재난관리를 위하여 필요한 업무 [제목개정 2021.1.21.]

제20조(구조·구급 요청의 거절)

① 구조대원은 법 제13조 제3항에 따라 다음 각 호의 어느 하나에 해당하는 경우에는 구조출동 요청을 거절할 수 있다. 다만, 다른 수단으로 조치하는 것이 불가능한 경우에는 그러하지 아니하다.

1. 단순 문 개방의 요청을 받은 경우

2. 시설물에 대한 단순 안전조치 및 장애물 단순 제거의 요청을 받은 경우

3. 동물의 단순 처리·포획·구조 요청을 받은 경우

4. 그 밖에 주민생활 불편해소 차원의 단순 민원 등 구조활동의 필요성이 없다고 인정되는 경우

② 구급대원은 법 제13조 제3항에 따라 구급대상자가 다음 각 호의 어느 하나에 해당하는 비응급환자인 경우에는 구급출동 요청을 거절할 수 있다. 이 경우 구급대원은 구급대상자의 병력·증상 및 주변 상황을 종합적으로 평가하여 구급대상자의 응급 여부를 판단하여야 한다.

1. 단순 치통환자

2. 단순 감기환자. 다만, 섭씨 38도 이상의 고열 또는 호흡곤란이 있는 경우는 제외한다.

3. 혈압 등 생체징후가 안정된 타박상 환자

4. 술에 취한 사람. 다만, 강한 자극에도 의식이 회복되지 아니하거나 외상이 있는 경우는 제외한다.

5. 만성질환자로서 검진 또는 입원 목적의 이송 요청자

6. 단순 열상(裂傷) 또는 찰과상(擦過傷)으로 지속적인 출혈이 없는 외상환자

7. 병원 간 이송 또는 자택으로의 이송 요청자. 다만, 의사가 동승한 응급환자의 병원 간 이송은 제외한다.

③ 구조·구급대원은 법 제2조 제1호에 따른 요구조자(이하 "요구조자"라 한다) 또는 응급환자가 구조·구급대원에게 폭력을 행사하는 등 구조·구급활동을 방해하는 경우에는 구조·구급활동을 거절할 수 있다.

④ 구조·구급대원은 제1항부터 제3항까지의 규정에 따라 구조 또는 구급 요청을 거절한 경우 구조 또는 구급을 요청한 사람이나 목격자에게 그 내용을 알리고, 행정안전부령으로 정하는 바에 따라 그 내용을 기록·관리하여야 한다. 〈개정 2013.3.23., 2014.11.19., 2017.7.26.〉

[별표 1] 〈개정 2017.7.26.〉

응급처치 교육의 내용·방법 및 시간(제32조의2 제1항 관련)

교육 내용	교육 방법
1. 응급처치활동의 원칙 및 내용 2. 응급처치활동 시의 안전수칙 3. 응급의료 관련 법령	이론
기본응급처치요령	이론
기본응급처치요령	실습

비고
1. 소방청장등은 교육대상별로 각 응급처치 교육내용의 범위와 시간을 조정할 수 있다.
2. 소방청장등은 응급처치 교육을 이수한 사람에게 이수증을 교부하여야 하며, 응급처치 교육의 내용을 이수증에 표기하여야 한다.

[119구조 · 구급에 관한 법률 시행규칙]

제5조(구조대의 출동구역)

① 영 제5조 제2항에 따른 구조대의 출동구역은 다음 각 호와 같다. 〈개정 2012.6.20., 2014.11.19., 2017.1.26., 2017.7.26.〉

  1. 소방청에 설치하는 직할구조대 및 테러대응구조대 : 전국

  2. 시 · 도 소방본부에 설치하는 직할구조대 및 테러대응구조대 : 관할 시 · 도

  3. 소방청 직할구조대에 설치하는 고속국도구조대 : 소방청장이 한국도로공사와 협의하여 정하는 지역

  4. 그 밖의 구조대 : 소방서 관할 구역

② 구조대는 제1항에도 불구하고 다음 각 호의 어느 하나에 해당하는 경우에는 소방청장등의 요청이나 지시에 따라 출동구역 밖으로 출동할 수 있다. 〈개정 2014.11.19., 2017.7.26.〉

  1. 지리적 · 지형적 여건상 신속한 출동이 가능한 경우

  2. 대형재난이 발생한 경우

  3. 그 밖에 소방청장이나 소방본부장이 필요하다고 인정하는 경우

제6조(국제구조대에서 갖추어야 할 장비의 기준)

① 법 제9조 제7항에 따라 국제구조대는 다음 각 호의 장비를 갖추어야 한다.

  1. 구조 및 인양 등에 필요한 일반구조용 장비

  2. 사무통신 및 지휘 등에 필요한 지휘본부용 장비

  3. 매몰자 탐지 등에 필요한 탐색용 장비

  4. 화학전 또는 생물학전에 대비한 화생방 대응용 장비

  5. 구급활동에 필요한 구급용 장비

  6. 구조활동 중 구조대원의 안전 및 숙식 확보를 위하여 필요한 개인용 장비

② 제1항에 따른 장비의 구체적인 내용에 관하여 필요한 사항은 소방청장이 정한다. 〈개정 2014.11.19., 2017.7.26.〉

제8조(구급대의 출동구역)

① 영 제10조 제2항에 따른 구급대의 출동구역은 다음 각 호와 같다. 〈개정 2014.11.19., 2017.1.26., 2017.7.26.〉

  1. 일반구급대 및 소방서에 설치하는 고속국도구급대 : 구급대가 설치되어 있는 지역 관할 시 · 도

  2. 소방청 또는 시 · 도 소방본부에 설치하는 고속국도구급대 : 고속국도로 진입하는 도로 및 인근 구급대의 배치 상황 등을 고려하여 소방청장 또는 소방본부장이 관련 시 · 도의 소방본부장 및 한국도로공사와 협의하여 정한 구역

② 구급대는 제1항에도 불구하고 다음 각 호의 어느 하나에 해당하는 경우에는 소방청장등의 요청이나 지시에 따라 출동구역 밖으로 출동할 수 있다. 〈개정 2014.11.19., 2017.7.26.〉

1. 지리적 · 지형적 여건상 신속한 출동이 가능한 경우

2. 대형재난이 발생한 경우

3. 그 밖에 소방청장이나 소방본부장이 필요하다고 인정하는 경우

제10조(119항공대의 출동구역)

① 119항공대의 출동구역은 다음 각 호에 따른다. 〈개정 2014.11.19., 2017.7.26., 2021.1.21.〉

1. 소방청에서 설치된 경우 : 전국

2. 소방본부에 설치된 경우 : 관할 시 · 도

② 소방청장 또는 소방본부장은 제1항에도 불구하고 대형재난 등이 발생하여 항공기를 이용한 구조 · 구급활동이 필요하다고 인정되는 경우에는 해당 소방본부장에게 출동구역 밖으로의 출동을 요청할 수 있다. 〈개정 2014.11.19., 2017.7.26.〉

③ 제2항에 따른 요청을 받은 소방본부장은 특별한 사유가 없으면 제2항의 요청에 따라야 한다. [제목개정 2021.1.21.]

제24조(구조대원의 교육훈련)

① 법 제25조에 따른 구조대원의 교육훈련은 일상교육훈련, 특별구조훈련 및 항공구조훈련으로 구분한다.

② 일상교육훈련은 구조대원의 일일근무 중 실시하되, 구조장비 조작과 안전관리에 관한 내용을 포함하여 구조대의 실정에 맞도록 소방청장등이 정한다. 〈개정 2014.11.19., 2017.7.26.〉

③ 구조대원은 연 40시간 이상 다음 각 호의 내용을 포함하는 특별구조훈련을 받아야 한다. 〈개정 2021.7.13.〉

1. 방사능 누출, 생화학테러 등 유해화학물질 사고에 대비한 화학구조훈련

2. 하천[호소(湖沼 : 호수와 늪)를 포함한다], 해상(海上)에서의 익수 · 조난 · 실종 등에 대비한 수난구조훈련

3. 산악 · 암벽 등에서의 조난 · 실종 · 추락 등에 대비한 산악구조훈련

4. 그 밖의 재난에 대비한 특별한 교육훈련

④ 구조대원은 연 40시간 이상 다음 각 호의 내용을 포함하는 항공구조훈련을 받아야 한다.

1. 구조 · 구난(救難)과 관련된 기초학문 및 이론

2. 항공구조기법 및 항공구조장비와 관련된 이론 및 실기

3. 항공구조활동 시 응급처치와 관련된 이론 및 실기

4. 항공구조활동과 관련된 안전교육

제26조(구급대원의 교육훈련)

① 법 제25조에 따른 구급대원의 교육훈련은 일상교육훈련 및 특별교육훈련으로 구분한다.

② 일상교육훈련은 구급대원의 일일근무 중 실시하되, 구급장비 조작과 안전관리에 관한 내용을 포함하여 구급대의 실정에 맞도록 소방청장등이 정한다. 〈개정 2014.11.19., 2017.7.26.〉

③ 구급대원은 연간 40시간 이상 다음 각 호의 내용을 포함하는 특별교육훈련을 받아야 한다.

〈개정 2014.7.15.〉
1. 임상실습 교육훈련
2. 전문 분야별 응급처치교육
3. 그 밖에 구급활동과 관련된 교육훈련

④ 소방청장등은 구급대원의 교육을 위하여 소방청장이 정하는 응급처치용 실습기자재와 실습공간을 확보하여야 한다. 〈개정 2014.11.19., 2017.7.26.〉

⑤ 소방청장은 구급대원에 대한 체계적인 교육훈련을 실시하기 위해 소방공무원으로서 다음 각 호의 어느 하나에 해당하는 자격을 갖춘 사람 중 소방청장이 정하는 교육과정을 수료한 사람을 구급지도관으로 선발할 수 있다. 〈개정 2019.8.1.〉
1. 「의료법」 제2조 제1항에 따른 의료인
2. 「응급의료에 관한 법률」 제36조 제2항에 따라 1급 응급구조사 자격을 취득한 사람

⑥ 제1항부터 제5항까지에서 규정한 사항 외에 구급대원의 교육훈련 및 구급지도관의 선발·운영 등에 필요한 세부적인 사항은 소방청장이 정한다. 〈신설 2019.8.1.〉

02 구급

1) 개요 및 용어 정의

① 응급처치
　㉠ 응급의료행위의 하나로서 응급환자에게 행하여지는 기도의 확보이다.
　㉡ 심장박동의 회복 기타 생명의 위험이나 증상의 현저한 악화를 방지
　㉢ 긴급히 필요로 하는 처치

② 응급환자 등
　㉠ 질병, 분만, 각종 사고 및 재해로 인한 부상자로서 위급한 환자
　㉡ 위급한 상태로 즉시 필요한 응급처치를 받지 아니하면 생명을 보존할 수 없는 환자
　㉢ 심신상의 중대한 위해가 초래될 가능성이 있는 환자
　㉣ 위급한 환자로 보건복지부령으로 정하는 자

③ 응급의료
응급환자의 발생부터 생명의 위험에서 회복되거나 심신상의 중대한 위해가 제거되기까지의 과정에서 응급환자를 위하여 행하여지는 상담·구조·이송·응급처치 및 진료 등의 조치를 말한다.

④ 응급의료종사자
관계 법령이 정하는 바에 의하여 취득한 면허 또는 자격의 범위 안에서 응급환자에 대한 응급의료를 제공하는 의료인과 응급구조사를 말한다.

2) 응급처치의 기본원칙

① 구조대원 자신의 안전에 주의를 한다.

② 신속하고 침착하게 절차에 따라 처치한다.

③ 긴급한 환자부터 처치한다.

④ 부상상태에 따라 긴급한 경우 의료기관에 연락하여 응급처치의 도움을 받거나 지원을 요청한다.

⑤ 쇼크예방처치를 한다.

⑥ 의식이 없는 환자. 심한 출혈환자. 복부부상환자의 경우에 아무것도 투여하지 않는다.

⑦ 환자평가 요령에 따라 평가와 확인을 한다.

⑧ 부상자를 옮길 때에는 적절한 운반법을 사용한다.

3) 응급처치의 절차

① 환자평가 및 도움요청

② 기도유지 : 두부후굴 – 하악거상법 이용

 Check Point   두부후굴 – 하악거상법

① 두부후굴 조작을 하기 위해서 한 손을 이마에 놓고 손바닥으로 머리를 뒤쪽으로 세게 밀어 머리가 뒤로 경사지도록 만든다.

② 두부후굴 하악거상 조작을 위해 다른 손의 손가락들을 하악골 아래 부위에 위치시키고 턱을 앞으로 당겨 이빨이 거의 닫히도록 한 후 하악을 받치고 두부가 뒤쪽으로 경사지도록 한다.

③ 기도폐쇄의 위험이 있으므로 손가락으로 턱 아래 연부조직을 깊이 눌러서는 안 된다.

④ 엄지는 턱을 위로 당기는 데 사용해서는 안 되며 구강 대 구강 호흡을 할 수 있도록 입을 완전히 닫혀서는 안 된다.

⑤ 틀니는 제거한다.(자세를 유지하기 어려울 시)

③ 경부고정 : 외상환자의 경우 기도 확보와 동시에 경부고정시행(경추손상방지)

④ 호흡기능 유지 : 인공호흡

Check Point

기도가 완전히 폐쇄된 경우에는 3~4분 이내에 의식을 잃게 되고, 4~6분이 경과하면 뇌세포의 비가역적인 현상이 발생하여 생명이 위험에 빠질 수 있으므로 빠른 시간 내에 응급처치를 시행한다.

① 원인 : 이물질로는 혈액, 음식물, 구토물 등이 있으며 혀 또는 목구멍 속의 근육이 뒤로 처져 기도가 막히게 된다.

② 증상

　㉠ 두 손으로 목부분을 쥐면서 기침을 하려고 한다.

ⓛ 목부분에서 심한 천명음(쌕~, 쌕~ 하는 소리)이 들릴 수 있다.

ⓒ 얼굴이 파랗게(청색증) 변한다.

③ 응급처치

　　㉠ 환자가 의식이 있는 경우(일어선 경우)

　　　ⓐ 환자의 뒤에 서서 양팔로 허리를 감싼다.

　　　ⓑ 구조자의 한쪽 손을 쥐고 환자의 명치부분에 댄다.

　　　ⓒ 다른 손으로 주먹을 감싼 후에 상복부를 후상방으로 강하게 밀쳐 올리는 것을 반복한다.(임산부나 비만환자는 흉부를 밀쳐 올린다.)

　　㉡ 의식이 없는 경우(환자가 누워 있는 경우)

　　　ⓐ 환자의 얼굴을 마주볼 수 있도록 자세를 바로 눕힌다.

　　　ⓑ 무릎을 꿇고 앉아 명치 위에 손바닥을 대고 손깍지를 끼운다.

　　　ⓒ 환자의 상복부를 45회 정도 강하게 밀쳐 올린다.

　　㉢ 체구가 작은 소아의 경우

　　　ⓐ 소아의 머리를 아래로 향하게 한다.

　　　ⓑ 등을 45회 정도 두드린다.

　　㉣ 입을 여는 모양 : 의식이 없는 환자의 입안에 있는 이물질을 제거하려면 우선 환자의 입을 열어야 한다. 입을 열 때는 첫째와 둘째 손가락을 교차시키는 방법으로 한다.

　　㉤ 이물질을 제거하는 요령

　　　ⓐ 손가락으로 이물질을 제거할 때는 환자의 입속을 훑어내듯이 한다.

　　　ⓑ 입속에 있는 이물질은 눈으로 확인되는 경우에만 제거토록 한다.

　　　ⓒ 눈에 보이지 않는 이물질을 손가락으로 잘못 건드릴 경우 오히려 더욱 깊숙이 밀어 넣을 위험이 있기 때문이다.

⑤ 순환기능 유지 : 흉부압박 시행, 순환유도

4) 구급대원의 태도 및 자세

① 처치원 자신의 안전을 확보한다.

② 환자나 부상자에 대한 생사의 판정은 하지 않는다.

③ 원칙적으로 의약품을 사용하지 않는다.

④ 어디까지나 응급처치로 그치고, 그다음은 전문 의료요원의 처치에 맡긴다.

⑤ 원칙적으로 응급환자에게 응급의료에 관하여 설명하고 그 동의를 얻어야 한다.

Check Point 선한 사마리아인법

1. 의의

   선한 사마리아인법은 고통받는 사람을 기꺼이 도울 수 있도록 일정한 경우 과실에 대해 책임을 묻지 않는 것을 내용으로 한다.

2. 취지

   구조대원이나 구급대원 등 도움을 주는 사람이 위급 상황에서 올바른 신념과 선의로, 보상을 바라지 않고, 부상자에게 악의에 찬 행동을 하거나 지나친 과실을 범하지 않은 경우 일정한 범위 안에서 책임을 면해 주는 것이 선한 사마리아인법의 요지이다.

3. 선의의 응급의료에 대한 면책(응급의료에 관한 법률 제5조의2)

   생명이 위급한 응급환자에게 다음 각 호의 어느 하나에 해당하는 응급의료 또는 응급처치를 제공하여 발생한 재산상 손해와 사상(死傷)에 대하여 고의 또는 중대한 과실이 없는 경우 그 행위자는 민사책임과 상해(傷害)에 대한 형사책임을 지지 아니하며 사망에 대한 형사책임은 감면한다.

   ① 다음 각 목의 어느 하나에 해당하지 아니한 자가 한 응급처치
      ㉠ 응급의료종사자
      ㉡ 「선원법」 제86조에 따른 선박의 응급처치 담당자, 「119구조·구급에 관한 법률」 제10조에 따른 구급대 등 다른 법령에 따라 응급처치 제공의무를 가진 자
   ② 응급의료종사자가 업무수행 중이 아닌 때 본인이 받은 면허 또는 자격의 범위에서 한 응급의료
   ③ ① ㉡에 따른 응급처치 제공의무를 가진 자가 업무수행 중이 아닌 때에 한 응급처치

5) 심폐소생술

심폐정지 이후에 4~6분이 되면 비가역적인 상황이 되는 뇌를 방지하기 위하여 심폐소생술을 실시하여야 한다.

① 쓰러져 있는 환자에게 접근하여 환자의 어깨를 흔들며 괜찮은지 소리쳐 물어보아 의식상태를 확인한다.
② 환자가 반응한다면 환자의 체위를 그대로 유지하면서 환자를 규칙적으로 관찰한다.
③ 필요하다면 주위 사람에게 도움을 요청한다.
④ 심폐소생술에서 흉부압박과 호흡의 비율은 30 : 2이다.
⑤ 압박의 깊이는 성인은 5~6cm로 하고 압박횟수는 1분당 100회 이상~120회 미만 속도로 한다. 또한 압박과 이완의 비율은 50대 50을 유지한다.
⑥ 심폐소생술 단계는 환자평가, 구조요청, 호흡평가, 구조호흡, 순환평가, 흉부압박, 환자 재평가순이다.

6) 화상의 분류

① 심도에 따른 분류

1도 화상(홍반성)	표피와 진피의 화상으로 피부의 손상 부위가 빨간색이 되고 약간의 부종과 통증을 느끼는 상태이다. 대부분 치료가 가능하다.
2도 화상(수포성)	진피 이하 부분까지 손상을 입는 화상으로 물집이 생긴다.
3도 화상(괴사성)	피하조직 전체가 화상으로 검게 되기도 하며, 말초신경부분도 화상을 입고, 통증이 없으며 피부는 까맣게 타거나 창백한 색으로 변한다.
4도 화상(탄화, 흑색)	뼈까지 화상을 입으며, 전기화재에서 주로 나타난다.

② 치료기준에 따른 분류

경도화상	통원치료가 가능하며 1도 화상, 2도 화상이 15% 미만, 3도 화상이 2% 미만인 경우이다.
중등도 화상	2도 화상이 15~30% 미만, 3도 화상은 10% 미만인 경우이다.
중증 화상(위독 화상)	2도 화상이 30% 이상, 3도 화상은 10% 이상인 경우이다.

소방조직
문제풀이

PART 06 소방조직 문제풀이

06 소방조직 문제풀이

01 소방에 대한 설명 중 옳지 않은 것은?

① 소방의 궁극적 목적은 사회 공공의 안녕 및 질서 유지와 공공의 복리증진이다.
② 소방의 임무를 기본적 임무와 파생적 임무로 구별하기도 한다.
③ 기본적 임무는 정부기능 가운데 생명과 신체보호, 사회의 안전유지로 평온하고 안전한 국민 생활을 보호하는 보안기능을 담당하는 것이다.
④ 파생적 임무는 화재진압과 구조대 운영이다.

▶ 기본적 임무와 파생적 임무

• 소방의 기본적 임무는 사회공동체 및 구성원의 안전을 화재로부터 보호하는 것이다. 현대 정보의 기능 중 질서기능, 그 가운데에서도 보안기능에 속한다. 화재의 예방경계진압을 통해 국민의 생명 신처 및 재산을 보호하는 임무가 이에 해당한다.
• 소방의 파생적 임무는 정부의 기능 중 봉사기능, 그 가운데에서도 직접적 서비스 기능에 속하는 것으로 구조대 및 구급대의 운영 등이 이에 해당한다.

02 소방행정의 특수성으로 옳지 않은 것은?

① 고도의 공공행정   ② 특수전문행정
③ 국민생명 유지행정   ④ 소방행정의 가외성

▶ 소방행정의 분류적 특성

• 고도의 공공행정 : 소방행정은 화재를 예방, 경계하고 진압하여 국민의 생명신체 및 재산을 보호함을 주된 목적으로 하는 고도의 공공행정의 특성을 가진다.
• 특수전문행정 : 소방행정은 화재를 예방, 경계, 진압하는 것뿐만 아니라 각종 재난, 재해, 기타 위급한 상황에 대처하는 것을 목적으로 하는 특수전문행정의 특성을 가진다.
• 국민생명 유지행정 : 소방행정은 화재뿐만 아니라 각종 재난, 재해 기타 위급상황에 처한 국민의 신체와 생명을 구조·구급하는 것을 목적으로 하는 국민생명 유지행정의 특성을 가진다.
• 사회목적적 행정 : 소방행정은 사회 공공의 안녕, 질서 유지 또는 사회의 공공복리 증진을 목적으로 하는 사회목적적 행정이라는 특성을 가진다.

정답 01 ④ 02 ④   **6-85**

03 소방행정 작용의 특성으로 옳지 않은 것은?

① 우월성 ② 획일성 ③ 임의성 ④ 강제성

▶ 소방행정작용의 특성

- 우월성 : 소방행정기관은 당사자의 허락을 받지 않고 일방적인 결정에 의한 행정조치를 취하는 우월성을 가진다(예방조치, 강제처분).
- 획일성 : 건축물이 사용되는 용도가 같으면 원칙적으로 소방법을 적용할 때 획일적으로 적용되어야 한다는 원칙을 말한다.
- 기술성 : 소방행정은 소방목적을 이루기 위한 수단, 방법을 강구하는 데 윤리성이나 도덕성을 참작하기에 앞서 재난, 재해로부터 국민의 생명과 재산을 보호함이 우선되어야 한다는 특성을 가진다.
- 강제성 : 소방행정의 실효성을 확보하기 위해 소방법에 의해 부과된 의무를 위반한 경우 그에 대해 제재를 가할 수 있는 강제성을 가진다.

04 소방에 대한 설명 중 올바른 것은?

> ㉠ 소방에 대하여 고려시대에는 「소재」라 칭하기도 하였다.
> ㉡ 고려시대에는 금화관리자가 배치되었다.
> ㉢ 조선시대에는 세종 8년(1426년) 최초의 소방기관인 공조소속의 금화도감이 있었다.
> ㉣ 1915년 최초의 소방서인 경성소방서가 세워졌다.
> ㉤ 1958년 소방기본법이 제정되었다.
> ㉥ 1995년 삼풍백화점 붕괴를 계기로 재난관리기본법이 1995년 제정되었다.

① ㉠, ㉢, ㉤ ② ㉡, ㉢, ㉤
③ 모두 ④ ㉠, ㉡

▶

㉢ : 최초의 소방기관인 병조소속의 금화도감
㉣ : 1925년 최초 소방서인 경성소방서 설립
㉤ : 1958년 소방법 제정, 소방기본법은 2003년 제정(4분법)
㉥ : 1995년 삼풍백화첨 붕괴를 계기로 재난관리법이 1995년 제정되었다.

05 다음 보기의 빈칸에 들어갈 말로 알맞은 것은?

> 소방관서는 전통적으로 (   ) 형식으로 조직되어 있다.
> 이것은 소방조직이 다른 조직에 비하여 순응적 조직문화를 가지고 있다는 것을 의미하지만 반대로 자발적으로 상향적 혁신의 장애가 될 수 있다는 것을 의미한다.

① 준군사적 ② 일방행정적
③ 사기업적 ④ 수평적

06 다음 중 소방의 기본임무에서 사회 환경변화에 따라 추가된 임무는?

① 화재의 예방　　　　　　② 화재의 진압
③ 화재의 경계　　　　　　④ 구조 · 구급업무

　구조 · 구급업무는 파생적 임무이다.

07 소방역사의 변천과정 순서로서 옳은 것은?

> 가. 소방법 제정
> 나. 소방방재청 개청
> 다. 시 · 도 광역자치소방체제 개편
> 라. 소방위원회

① 가-나-다-라　　　　　　② 가-다-나-라
③ 라-다-가-나　　　　　　④ 라-가-다-나

- 1946년 4월 10일 : 소방부와 소방위원회를 설치
- 1958년 : 소방법 제정
- 1992년 : 시 · 도(광역)자치소방체제 개편
- 2004년 6월 1일 : 소방방재청 신설

08 금성 서문 화재가 화재에 대한 최초의 기록으로 남아 있고 영흥사 화재 시 국가에서 구휼하는 등 화재를 사회적 재앙으로 인식한 시기는 언제인가?

① 구석기 시대　　　　　　② 신석기 시대
③ 청동기 시대　　　　　　④ 삼국시대

▶ 삼국시대

　① 화재에 대한 최초의 기록 : 262년(신라 미추왕) 금성 서문에서의 화재
　② 사회적 재앙으로 인식 : 596년(신라 진평왕), 영흥사 화재시 왕이 진치 이재민을 위문 · 구제하였다고 기록되어 국가에서 구휼한 것으로 짐작된다.

09 우리나라 역사상 처음으로 소방이라는 용어를 사용한 시기는?

① 서기 596년　　　　　　② 1426년
③ 1895년　　　　　　　　④ 1925년

◎ **갑오개혁 전후**

① '소방'이라는 용어의 사용

1895년 5월 3일 경무청처리계획 제정 시 총무국 분장 사무에 "수화소방은"이라 하여 처음으로 '소방'이라는 용어를 사용하였다.

② 새로운 소방제도의 도입

㉠ 최초의 장비는 중국에서 수입한 수총기이다(경종 3년, 1723년).

㉡ 수도의 개설로 소화전이 설치되었다(1909).

㉢ 1906년에 일본인이 한국에 화재보험회사 대리점을 설치하기 시작해서 1908년에는 우리 나라 최초 화재보험회사를 설립하였으며, 화재보험제도는 1925년경에 실시되었다.

10 소방의 궁극적인 목적은 무엇인가?

① 화재를 예방, 경계, 진압
② 소방홍보, 교육, 훈련
③ 공공의 안녕 및 질서 유지와 복리증진
④ 화재발생 취약지역에 대한 방화 순찰

◎ **소방기본법 제1조(목적)**

화재를 예방·경계하거나 진압하고 화재, 재난·재해, 그 밖의 위급한 상황에서의 구조·구급 활동 등을 통하여 국민의 생명·신체 및 재산을 보호함으로써 공공의 안녕 및 질서 유지와 복리증진에 이바지함을 목적으로 한다.

11 의용소방대에 대한 설명 중 틀린 것은?

① 의용소방대는 민법상 법인이다.
② 특별시·광역시와 시·읍·면에 의용소방대를 둔다.
③ 의용소방대는 일제시대의 소방조(消防組)에서 비롯되었다.
④ 행정안전부장관은 소방업무를 보조하게 하기 위하여 의용소방대를 둔다.

▶

시·도지사 또는 소방서장은 소방업무를 보조하게 하기 위하여 시읍면에 의용소방대를 설치할 수 있다.

12 소방산하단체에 대한 설명 중 옳지 않은 것은?

① 한국소방안전원은 비영리 재단법인이다.
② 한국소방산업기술원은 소방용 기계·기구에 대한 검사기술의 조사·연구업무를 수행한다.
③ 소방청장은 한국소방안전원과 한국소방산업기술원의 업무를 감독한다.
④ 한국소방안전원과 한국소방산업기술원의 정관을 변경하고자 할 때는 소방청장의 허가를 받아야 한다.

▶

한국소방안전원과 한국소방산업기술원의 정관을 변경하고자 할 때는 소방청장의 인가를 받아야 한다.

13 다음 중 지방에 배치되는 소방공무원의 계급으로 맞는 것은?

가. 소방총감	나. 소방준감
다. 소방정감	라. 소방감

① 가, 나, 다
③ 나, 라
② 나, 다, 라
④ 나, 다

소방총감은 소방청장으로서 전국에 1명이다.

14 수성금화도감의 기능이 아닌 것은?

① 성을 수리하고 화재를 금한다.
② 도량과 하천을 정비한다.
③ 화재 후 건물을 수리한다.
④ 길과 다리를 수리한다.

◎ 수성금화도감의 기능
• 성을 수리했다.
• 화재를 금했다.
• 천거(도량 · 하천)를 정비했다.
• 길과 다리를 수리하는 일을 했다.

15 다음 중 시대순이 빠른 것부터 바르게 연결한 것은?

가. 화재보험회사 설립
나. 상비소방수제도의 명문화
다. 운여창 화재 이후로 창름(양고창고), 부고(府庫)에 금화관리자를 배치
라. 금화도감 설치

① 가-나-다-라
③ 다-가-라-나
② 나-가-라-다
④ 다-라-가-나

금화제도(고려) → 금화조건 1423년(세종 5년) → 금화도감 1426년(세종 8년) → 금화군 1431년
(세종 13년)

• 고려시대 : 소재, 금화제도(시작), 금화관리자 배치(다)
• 조선시대 : 금화도감 설치(라)
• 일제강점기 : 화재보험회사 대리점설치(1906년)(가)
• 일제강점기 : 1910년 상비소방수 제도의 명문화(나)

16 다음 중 소방 업무에 속하지 않는 것은?

① 주유취급소 시설에 대한 설치허가

② 특정소방대상물에 대한 건축허가

③ 이상기상의 예보 또는 특보가 있는 때에 화재경보 발령 및 조치

④ 화재경계지구 안의 소방대상물의 위치 · 구조 및 설비 등에 대한 소방특별조사

▶

건축허가는 관할 구청 건축과 업무이다.

17 소방의 역사 및 행정체제에 대한 설명으로 옳지 않은 것은?

① 1426년(세종 8년)에 최초의 소방관서인 금화도감을 설치하였다.

② 1925년 일제 강점기에 경성(종로)소방서가 생겨나고 동시에 소방법이 제정되었다.

③ 1972년 서울과 부산에 소방본부를 설치하여 자치소방체제를 유지하고 기타 시 · 도에는 국가소방체제를 유지함으로써 이원적 소방행정체제를 유지하였다.

④ 2004년 소방방재청을 설치하여 소방업무뿐만 아니라 민방위 재난재해업무를 관장하는 재난통합관리체제를 유지하였다.

▶

• 경성소방서 설치 : 1925년
• 소방법 제정 : 1958년

18 다음 중 국가소방공무원의 계급이 높은 순서대로 바르게 배열된 것은?

① 소방총감 – 소방정감 – 소방감 – 소방준감 – 소방정

② 소방총감 – 소방감 – 소방준감 – 소방정감 – 소방정

③ 소방총감 – 소방준감 – 소방정감 – 소방감 – 소방정

④ 소방총감 – 소방정감 – 소방준감 – 소방감 – 소방정

▶ **소방공무원의 계급구분**

소방총감 – 소방정감 – 소방감 – 소방준감 – 소방정 – 소방령 – 소방경 – 소방위 – 소방장 – 소방교 – 소방사

19 다음 소방의 발전과정에 대한 설명으로 옳은 것만 고른 것은?

> ㉠ 세종 8년에 금화도감을 설치하였다.
> ㉡ 일제 강점기에 상비소방수 제도가 있었다.
> ㉢ 대한민국 정부 수립 후에 1958년에 소방법을 제정·공포하였다.
> ㉣ 2004년 소방방재청을 설립하였다.

① ㉠   ② ㉠, ㉡, ㉢
③ ㉠, ㉡, ㉣   ④ ㉠, ㉡, ㉢, ㉣

20 대한민국 정부 수립 이후 1948년~1970년까지 소방체제는?

① 이원적 소방행정체제   ② 국가소방체제
③ 자치소방체제   ④ 군사소방체제

> • 조선시대 : 세종 8년~구한말
> • 과도기[미군정시대(1945~1948)] : 자치소방체제
> • 초창기 정부수립 이후(1948~1970) : 국가소방체제
> • 발전기(1970~1992) : 국가·자치이원화
> • 정착기(1992~2003) : 시·도(광역)자치소방
> • 제1성장기(2004~2014.11) : 소방방재청체제
> • 제2성장기(2014.11~2017.7.26) : 국민안전처체제
> • 제3성장기(2017.7.26~현재) : 소방청체제

21 소방의 개념에 대한 설명으로 틀린 것은?

① 화재를 예방, 경계, 진압
② 위급한 상황에서의 구조·구급활동
③ 국민의 신체, 생명 및 재산보호
④ 재난관리법상 인위적 재난을 제외한 자연재해대책

> **▶ 소방기본법 제1조(목적)**
>
> 화재를 예방·경계하거나 진압하고 화재, 재난·재해, 그 밖의 위급한 상황에서의 구조·구급 활동 등을 통하여 국민의 생명·신체 및 재산을 보호함으로써 공공의 안녕 및 질서 유지와 복리증진에 이바지함을 목적으로 한다.

22 화재가 사회적 재앙으로 등장한 시기는?

① 삼국시대 ② 고구려시대
③ 조선시대 ④ 정부수립 이후

▶ **삼국시대**

① 화재에 대한 최초의 기록 : 262년(신라 미추왕) 금성 서문에서의 화재
② 사회적 재앙으로 인식 : 596년(신라 진평왕), 영흥사 화재 시 왕이 친히 이재민을 위문·구제하였다고 기록되어 국가에서 구휼한 것으로 짐작된다.

23 금화제도가 처음으로 시작된 시기는?

① 삼국시대 ② 통일신라시대
③ 고려시대 ④ 조선시대

▶

고려시대 – 소재, 금화제도(시작), 금화관리자 배치

24 금화법령이 조직적인 체계를 갖춘 시기는?

① 삼국시대 ② 고려시대
③ 조선시대 ④ 정부수립 이후

▶ **조선시대 금화법령**

1417년(태종 17년) 우리나라 최초의 소방법규라 볼 수 있는 금화령(禁火令)이 호조의 건의에 의해 시행되었으며, 세조 때 시작되어 정종 때 완성된 경국대전의 편찬으로 금화법령의 골격이 만들어졌다.

25 금화법령의 내용으로 거리가 먼 것은?

① 행순이라는 순찰근무제도가 있었다.
② 실화 및 방화자에 대한 처벌조항이 있었다.
③ 방화범을 체포하면 포상을 하고 방화범이 자수하면 죄를 사하여 주는 등 포상 및 사면제도가 있었다.
④ 불조심 행사, 방화일 행사를 전개하였다.

▶

㉠ 행순(行巡) : 야간에 아장 또는 부장 같은 장교와 병조 소속 군사들이 통행인을 단속하고 화재에 대비하기 위해 궁궐 안팎을 순찰하며 근무하는 것을 말한다.
㉡ 금화(禁火) : 병조, 의금부, 형조, 한성부, 수성금화사 및 5부의 숙직하는 관원이 행순하여 화재를 단속하는 것을 말한다. 의금부에서 종루에 올라 화재를 감시하며 화재 시 종을 치는 것, 통행근지 시간에 불을 끄러 가다 구류를 당하지 않도록 불을 끄러 간다는 증명으로 구화패를 발급하

는 것 외에 순찰경계, 구화시설 등에 대하여 규정하고 있다.
ⓒ 방화(防火) : 중국의 주례를 본떠 철에 따라 불씨를 바꾸도록 국법으로 시행하였다.
ⓔ 실화 및 방화에 관한 형률 : 실화 및 방화에 대해서는 대명률을 준용하도록 하였다.
- 실화로 자기 집을 태운 자 : 장(杖) 40대
- 관가와 민가를 태운 자 : 장(杖) 50대
- 인명에 상해를 가한 자 : 장(杖) 100대
- 자기 집을 방화한 자 : 장(杖) 100대
- 관가와 민가를 방화한 자 : 장(杖) 100대와 더불어 3년간 추방
- 방화하여 물건을 훔친 자 : 참(斬)함

26 소방이란 용어가 처음으로 등장한 시기는?

① 조선 세종 때   ② 조선 세조 때
③ 갑오개혁 때   ④ 정부수립 이후

▶ **갑오개혁 전후**

① '소방'이라는 용어의 사용
1895년 5월 3일 경무청처리계획 제정 시 총무국 분장 사무에 "수화소방은"이라 하여 처음으로 '소방'이라는 용어를 사용하였다.
② 새로운 소방제도의 도입
ㄱ 최초의 장비는 중국에서 수입한 수총기이다(경종 3년, 1723년).
ㄴ 수도의 개설로 소화전이 설치되었다(1909).
ㄷ 1906년에 일본인이 한국에 화재보험회사 대리점을 설치하기 시작해서 1908년에는 우리나라 최초 화재보험회사를 설립하였으며, 화재보험제도는 1925년경에 실시되었다.

27 우리나라에 소방서가 처음 설치된 시기는?

① 갑오개혁 후   ② 일제침략시대
③ 미군정시대   ④ 정부수립 후

▶ **일제강점기**

- 1910년 한일합방 이전부터 상비소방수가 있었고, 소방조 명문화는 1915년 6월 23일 소방조규칙을 제정하면서부터이다.
- 1925년 최초의 소방서인 경성소방서(현 종로소방서)가 설치되었다.
- 1939년 경방단규칙을 공포하여 소방조와 수방단을 통합하여 경방단을 설치하였다.

28 5가작통제도가 실시되었던 시기는?

① 고려시대   ② 조선시대
③ 일제침략시대   ④ 갑오개혁 후

▶

5가작통제는 세종 13년(1431)에 시행하였는데 불을 놓고 물건을 훔치는 화적(火賊)들에 대한 대비로 설치된 제도이다. 즉, 한 마을마다 다섯 집에 장(長)을 두고, 장마다 각각 통기(統記)가 있어 다섯 집의 인명을 기록하면, 도감이 통기를 보고 단독자를 제외하고는 존비를 막론하고 수를 정하여 모두 물통을 준비하였다가 불이 나면 근처의 각 호가 각각 그 집을 구하도록 한 것이다.

29 소방법이 제정되어 시행된 연도는?

① 1945년   ② 1948년   ③ 1958년   ④ 1961년

▶ **대한민국 정부 수립 이후(1948~1970)**

- 정부 수립과 동시에 소방은 다시 국가소방체제로 경찰사무에 포함되어 운영되었다.
- 중앙은 내무부 치안국 소방과에서 업무를 취급하였다.
- 지방은 경찰국 소방과에서 업무를 취급하였다.
- 1958년 소방법이 제정되었다.
- 1961년 지방세법 개정으로 소방공동시설세가 신설되어 소방재원을 확보할 수 있게 되었다.
- 소방공무원은 해방직후 1948년부터 국가공무원법을 적용받다가 1969년 경찰 공부원법이 제정됨에 따라 경찰공무원법을 적용받았다.

30 우리나라에 민방위소방제도가 실시된 연도는?

① 1975년   ② 1978년   ③ 1983년   ④ 1995년

▶ **성장/발전기(1970~1992)**

- 국가소방과 자치소방의 이원화 시기였다.
- 1972년 : 서울과 부산에 소방본부를 설치하였고, 다른 지역은 국가소방체제였다.
- 1973년 : 지방소방공무원법이 제정되어 소방공무원의 신분(국가직 소방공무원 : 경찰공무원, 지방직 소방공무원 : 지방소방공무원)이 이원화되었다.
- 1975년 : 내무부에 민방위본부 설치로 민방위제도를 실시하게 되면서 치안본부 소방과에서 민방위본부 소방국으로 이관되면서 소방이 경찰로부터 분리되었다.
- 1977년 : 소방공무원법이 제정되었고, 1년 뒤인 1978년 시행되어 소방공무원은 국가공무원 및 지방공무원 모두 소방공무원으로 신분이 일원화되었다.

31 다음 중 소방조직의 변천과정에 대한 설명으로 옳지 않은 것은?

① 고려시대 – 금화법령의 제정
② 조선시대 – 금화관서의 설치
③ 미군정시대 – 최초의 자치소방제도 시행
④ 정부수립 이후 – 소방법의 제정 및 국가소방체제

◉ ─────────────────────────────

① 금화법령의 제정은 조선시대이며 1417년(태종 17년) 우리나라 최초의 소방법규인 금화령을 실시하였다.

32 다음 중 우리나라 소방의 역사에 관한 설명으로 옳은 것은?

① 세종 때 '소방'이라는 용어를 처음으로 사용했다.
② 삼국시대에 금화도감이 설치되었다.
③ 대한민국 정부수립 이후에 동력소방펌프가 처음 등장했다.
④ 1958년 제정된 소방법은 화재의 예방 및 진압 · 경계에 목적이 있다.

◉ ─────────────────────────────

① 갑오개혁 전후 "소방"이라는 용어 사용
② 금화도감은 1426년 세종 8년에 설치
③ 일제강점기 경성소방서에 최초의 소방대(소방차) 설치

33 우리나라에 최초로 경성소방서가 설치된 연도는?

① 1925년
② 1927년
③ 1930년
④ 1933년

◉ ─────────────────────────────

일제강점기 1925년 최초의 소방서인 경성소방서(현 종로소방서)가 설치되었다.

34 다음 중 소방의 기본임무에서 사회 환경변화에 따라 추가된 임무는?

① 화재의 예방
② 화재의 진압
③ 화재의 경계
④ 구조 · 구급업무

◉ **기본적 임무와 파생적 임무** ─────────────────────────────

• 소방의 기본적 임무 : 사회공동체 및 구성원의 안전을 화재로부터 보호하는 것이다. 현대 정보의 기능 중 질서기능, 그 가운데에서도 보안기능에 속한다. 화재의 예방경계진압을 통해 국민의 생명 신처 및 재산을 보호하는 임무가 이에 해당한다.
• 소방의 파생적 임무 : 정부의 기능 중 봉사기능, 그 가운데에서도 직접적 서비스 기능에 속하는 것으로 구조대 및 구급대의 운영 등이 이에 해당한다.

35 소방의 궁극적인 목적은 무엇인가?

① 화재를 예방, 경계, 진압
② 소방홍보, 교육, 훈련
③ 공공의 안녕 및 질서 유지와 복리증진
④ 화재발생 취약지역에 대한 방화 순찰

▶ **소방기본법 제1조(목적)**

이 법은 화재를 예방·경계하거나 진압하고 화재, 재난·재해, 그 밖의 위급한 상황에서의 구조·구급 활동 등을 통하여 국민의 생명·신체 및 재산을 보호함으로써 공공의 안녕 및 질서 유지와 복리증진에 이바지함을 목적으로 한다.

36 수성금화도감의 기능이 아닌 것은?

① 성을 수리하고 화재를 금한다.
② 도랑과 하천을 정비한다.
③ 화재 후 건물을 수리한다.
④ 길과 다리를 수리한다.

▶ **수성금화도감의 기능**

- 성을 수리했다.
- 화재를 금했다.
- 천거(도량·하천)를 정비했다.
- 길과 다리를 수리하는 일을 했다.

37 우리나라의 소방의 역사에 관한 설명으로 잘못된 것은?

① 세종 8년에 금화도감을 설치하여 화재를 방비하였다.
② 1948년 정부 수립과 동시에 독립된 자치소방체제를 시행하였다.
③ 2004년 소방방재청이 신설되어 재난을 통합 관리하는 체제가 구축되었다.
④ 1992년 각 시·도에 소방본부가 설치되었고 광역자치소방체제가 시행되었다.

▶

최초 독립된 자치소방체제 – 미군정시대

38 다음 중 시대 순서대로 맞는 것은?

㉠ 수성금화도감의 설치	㉡ 금화도감의 설치
㉢ 금화제도 시행	㉣ 상비소방수제도 시행

① ㉡→㉢→㉠→㉣
② ㉠→㉡→㉣→㉢
③ ㉢→㉡→㉠→㉣
④ ㉢→㉠→㉣→㉡

▶ 금화제도(고려) → 금화조건 1423년(세종 5년) → 금화도감 1426년 2월(세종 8년) → 수성금화도감 병합 1426년 6월 → 금화군 1431년(세종13) 및 5가작통제 1431년 → 멸화군 개편 1467년(세조 13년) → 갑오개혁전후 1895년 "소방"이라는 용어사용 → 1908년 우리나라 최초 화재보험회사 설립 → 일제강점기 1910년 상비소방수제도 → 1925년 최초소방서인 경성소방서 설치

39 소방의 목적으로 가장 적절한 것은?

① 공공의 안녕 및 질서 유지와 복리증진에 이바지한다.
② 화재를 진압하는 데 있다.
③ 소방공무원의 복리후생에 있다.
④ 소방산업의 발전을 도모하는 데 있다.

▶ 35번 문제 해설 참조

40 광역자치소방체계가 시행된 시점은 언제부터인가?

① 1992년　　　　　② 1993년
③ 1994년　　　　　④ 1995년

▶ 성숙기(1992년~현재) – 자치소방체제[시·도(광역)자치소방체제]

41 소방의 기본적 임무에 관한 내용으로 옳지 않은 것은?

① 정부의 기능 가운데 질서기능에 속하며, 그중에서도 보안기능을 담당한다.
② 화재의 예방과 경계를 통하여 국민의 복리증진과 안전생활을 보장한다.
③ 화재의 진압으로 국민의 생명과 신체 및 재산의 손실을 방지한다.
④ 구급대의 응급의료지원 서비스로 국민의 건강과 안전생활을 영위한다.

▶ **기본적 임무와 파생적 임무**

- 소방의 기본적 임무 : 사회공동체 및 구성원의 안전을 화재로부터 보호하는 것이다. 현대 정보의 기능 중 질서기능, 그 가운데에서도 보안기능에 속한다. 화재의 예방경계진압을 통해 국민의 생명 신처 및 재산을 보호하는 임무가 이에 해당한다.
- 소방의 파생적 임무 : 정부의 기능 중 봉사기능, 그 가운데에서도 직접적 서비스 기능에 속하는 것으로 구조대 및 구급대의 운영 등이 이에 해당한다.

42 금화법령이 조직적인 체계를 갖춘 시기는?

① 삼국시대   ② 고려시대

③ 조선시대   ④ 정부수립 이후

▶

금화법령의 제정은 조선시대이며 1417년(태종 17년) 우리나라 최초의 소방법규인 금화령을 실시하였다.

43 우리나라의 소방의 역사에 관한 설명으로 잘못된 것은?

① 금화도감은 고려시대에 설치된 금화조직이다.

② 조선시대에는 지방의용조직을 결성하여 활동했다.

③ 5가작통법은 조선시대 지방에서의 금화활동이다.

④ 통일신라시대에는 주민들의 화재예방의식이 높았다.

▶

금화제도(고려) → 금화조건 1423년(세종5) → 금화도감 1426년2월(세종8) → 수성금화도감 병합 1426년6월 → 금화군 1431년(세종13) 및 5가작통제 1431년 → 멸화군 개편 1467년(세조 13년) → 갑오개혁전후 1895년 "소방"이라는 용어사용 → 1908년 우리나라 최초 화재보험회사설립 → 일제강점기 1910년 상비소방수제도 → 1925년 최초소방서인 경성소방서 설치

44 다음 중 조선시대의 금화도감을 설치한 왕은?

① 세종   ② 태종   ③ 세조   ④ 문종

45 우리나라 최초의 소방관서의 명칭은 무엇인가?

① 어사대   ② 금화도감

③ 구재도감   ④ 수성금화도감

▶

• 금화도감은 조선시대에 만들어진 금화조직으로서 우리나라 최초의 소방관서이다.

• 최초 소방서 : 경성소방서

46 소방행정 역사 중 소방이 경찰로부터 분리되어 독립성을 확보한 시기는?

① 일제 강점기   ② 미군정시대

③ 갑오개혁   ④ 1975년

미군정시대(1945~1948)

최초 독립된 자치소방체제(경찰로부터 분리)

성장/발전기(1970~1992)

- 국가소방과 자치소방의 이원화 시기였다.
- 1972년 : 서울과 부산에 소방본부를 설치하였고, 다른 지역은 국가소방체제였다.
- 1973년 : 지방소방공무원법이 제정되어 소방공무원의 신분(국가직 소방공무원 : 경찰공무원, 지방직 소방공무원 : 지방소방공무원)이 이원화되었다.
- 1975년 : 내무부에 민방위본부 설치로 민방위제도를 실시하게 되면서 치안본부 소방과에서 민방위본부 소방국으로 이관되면서 소방이 경찰로부터 분리되었다.
- 1977년 : 소방공무원법이 제정되었고, 1년 뒤인 1978년 시행되어 소방공무원은 국가공무원 및 지방공무원 모두 소방공무원으로 신분이 일원화되었다.

47 우리나라 최초의 소방관서로 그 시대와 명칭이 바른 것은?

① 구재도감 – 삼국시대
② 구재도감 – 고려시대
③ 금화도감 – 고려시대
④ 금화도감 – 조선시대

48 소방행정 역사에 관한 설명으로 잘못된 것은?

① 조선시대 – 금화도감
② 미군정시기 – 지방자치소방체제
③ 1948~1970년 – 국가소방체제
④ 1992년 이후 – 국가소방체제

성숙기(1992년~현재) – 시 · 도광역 자치소방체제

49 다음과 같은 소방의 특징을 나타내는 시대는?

- 왕이 친히 이재민을 위문, 구제하였다.
- 화재가 사회적 재앙으로 인식되었다.
- 화재가 국가적 관심사로 등장하였다.
- 도성에서는 성민들과 군사들이 지방에서는 부락단위로 화재를 진압하였다.

① 삼국시대
② 고려시대
③ 조선시대
④ 통일신라시대

삼국시대

- 화재에 대한 최초의 기록 : 262년(신라 미추왕) 금성 서문에서의 화재
- 사회적 재앙으로 인식 : 596년(신라 진평왕), 영흥사 화재 시 왕이 친히 이재민을 위문 · 구제하였다고 기록되어 국가에서 구휼한 것으로 짐작된다.

50 고려시대의 소방제도에 대한 설명으로 틀린 것은?

① 별도의 소방조직은 없었다.

② 대창에 금화를 담당하는 관리를 배치하는 금화제도를 시행하였다.

③ 화약제조 및 사용량이 증가함에 따라 화통도감을 신설하였다.

④ 밥을 지을 때는 나무를 사용하지 않고 숯을 사용한 데서 당시 주민의 화재예방의식이 높았음을 엿볼 수 있다.

▶ **고려시대**

도시의 성장과 인구의 증가, 잦은 병란 등으로 대형화재가 많이 발생하였고 큰 창고(大倉)에도 수차례 화재가 있었다. 소방을 소재라고 칭하기도 하였다.

• 금화원(금화관리자)제도 : 고려전기 문종 20년 운흥창의 화재를 계기로 수도 개성과 각 창고 소재지에 일반 관리 외에 별도로 방화(防火)전담 관리를 둔 것으로 우리나라 최초의 소방행정의 근원이다. 다만 화재를 담당하는 전문조직이나 관서가 있었던 것은 아니었다.

• 화통도감 : 화약 제조와 사용량이 늘어감에 따라 화통도감을 설치하여 특별 관리하였다.

• 방화 및 실화자에 대한 처벌제도 : 방화(防火)에 소홀한 관리는 그 책임을 물어 관직을 박탈하기도 하였고 일반 백성이 방화(放火)한 경우 징역형에, 실화한 경우 볼기를 치는 신체형에 처하였다.

• 이 외에도 화재를 예방하기 위해 창고를 지하에 설치하거나, 선물이 밀집한 개경선 화재 시 연소 확대를 막기 위해 지붕을 기와로 짓도록 하였다.

> • 구석기 – 불 사용의 시작
> • 삼국시대 – 화재가 사회적 재앙으로 등장
> • 통일신라시대 – 지붕을 초옥 대신 기와 사용, 취사를 위해 나무 대신 숯을 사용
> • 고려시대 – 소재, 금화제도(시작), 금화관리자 배치

51 화재예방을 위한 독자적인 기구를 갖추었다는 점에서 우리나라 최초의 소방기관이라 할 수 있는 것은?

① 성문도감   ② 수성금화도감
③ 금화도감   ④ 수성금화사

▶

우리나라 최초의 소방관서 : 금화도감

52 우리나라 최초의 소방서는 어디인가?

① 경성소방서   ② 평양소방서   ③ 울산소방서   ④ 부산소방서

▶

우리나라 최초의 소방서 : 경성소방서

53 다음 내용을 시대 순서대로 바르게 나열한 것은?

가. 소방공무원법의 제정
나. 소방학교직제의 제정 · 공포
다. 민방위본부의 신설
라. 소방법의 제정
마. 지방소방공무원법의 제정

① 가-나-다-라-마
② 나-가-다-라-마
③ 다-나-라-마-가
④ 라-마-다-가-나

- 1958년 : 소방법의 제정
- 1973년 : 지방소방공무원법 제정
- 1975년 : 민방위본부신설
- 1977년 : 소방공무원법 제정
- 1978년 7월 : 소방학교직제의 제정, 공포

54 소방행정에 관한 설명으로 틀린 것은?

① 1958년 소방법이 제정되었다.
② 1972년 소방행정은 일원적으로 바뀌었다.
③ 1977년 소방공무원법이 제정되었다.
④ 1978년 소방학교직제가 제정, 공포되면서 소방교육이 체계화되었다.

- 1958년 : 소방법의 제정
- 1973년 : 지방소방공무원법 제정
- 1975년 : 민방위본부신설
- 1977년 : 소방공무원법 제정
- 1978년 7월 : 소방학교직제의 제정,공포

성장/발전기(1970~1992)
- 국가소방과 자치소방의 이원화 시기였다.
- 1972년 서울과 부산에 소방본부를 설치하였고, 다른 지역은 국가소방체제였다.
- 1973년 지방소방공무원법이 제정되어 소방공무원의 신분(국가직 소방공무원 : 경찰공무원, 지방직 소방공무원 : 지방소방공무원)이 이원화되었다.
- 1975년 내무부에 민방위본부 설치로 민방위제도를 실시하게 되면서 치안본부 소방과에서 민방위본부 소방국으로 이관되면서 소방이 경찰로부터 분리되었다.
- 1977년 소방공무원법이 제정되었고, 1년 뒤인 1978년 시행되어 소방공무원은 국가공무원 및 지방공무원 모두 소방공무원으로 신분이 일원화되었다.

55 광역자치단체의 소방업무에 대한 소방책임자는?

① 시장, 군수　　　　　　　　② 소방청장
③ 소방본부장　　　　　　　　④ 시 · 도지사

▶ **소방기본법 제6조(소방업무에 관한 종합계획의 수립 · 시행 등) 제4항**

④ 시 · 도지사는 관할 지역의 특성을 고려하여 종합계획의 시행에 필요한 세부계획(이하 이 조에서 "세부계획"이라 한다)을 매년 수립하여 소방청장에게 제출하여야 하며, 세부계획에 따른 소방업무를 성실히 수행하여야 한다

56 소방책임 수행기관을 열거한 것 중 틀린 것은?

① 금화도감 – 병조　　　　　　② 수성금화도감 – 공조
③ 일제 강점기 – 경무청　　　　④ 1992년 이후 – 시 · 군

▶
• 금화도감 : 병조
• 수성금화도감 : 공조
• 일제시대 : 경무청(경무과)
• 1992년이후 : 시 · 도(광역)자치소방체제

57 다음에서 설명하는 것은 무슨 원리인가?

> • 조직의 공동목표 달성을 위해 분업 및 전문화되어 있는 개인이나 조직을 통합하고 행동을 통일시키는 것을 말한다.
> • 공동 목표를 원활히 달성할 수 있도록 구성원 간의 업무수행을 질서정연하게 배정하는 것을 말한다.
> • "무니"는 제1원리라고 주장한다.

① 조정의 원리　　　　　　　　② 통합의 원리
③ 분업의 원리　　　　　　　　④ 명령계통일의 원리

▶ **소방조직의 원리**
• 분업의 원리 : 한 사람이나 한 부서가 한 가지의 주된 업무를 맡는다는 원리
• 명령계통일의 원리 : 지휘, 명령의 혼선을 막기 위해 하나의 조직체가 한 사람의 상급자의 명령을 받고, 보고해야 한다는 원리
• 계층제의 원리 : 업무에 대한 권한 및 책임에 따른 상하의 계층을 형성하는 원리이다.
• 계선의 원리 : 특정 사안의 최종결정권자는 소속기관의 장이다.
• 업무조정의 원리 : 분업, 전문화되어 있는 개인이나 조직을 통합하고 행동을 통일시키는 원리
• 통솔범위의 원리 : 한 명의 상관이 부하를 효과적으로 직접 통솔할 수 있는 범위로 평상시에는 7명~12명이 효과적이나 비상시에는 3~4명이 적당하다.

58 다음 중 중앙소방행정조직이 아닌 것은?

① 소방청   ② 중앙119구조본부
③ 소방체험관   ④ 중앙소방학교

▶ **중앙소방행정조직**

소방청, 중앙119구조본부, 중앙소방학교, 국립소방연구원

59 다음 설명 중 옳지 않은 것은?

① 우리나라는 광역소방행정체제로 소방청을 중심으로 되어 있다.
② 중앙조직과 서울특별시 및 6개 광역시에 7개 소방본부가 있다.
③ 광역자치단체인 9개도의 소방본부를 중심으로 구성되어 있다.(제주자치도 포함)
④ 5개의 지방소방학교가 있다.

▶

- 광역시 소방본부 : 서울, 부산, 인천, 대구, 대전, 광주, 울산
- 광역자치도 소방본부 : 강원도, 경기도, 충북, 충남, 전북, 전남, 경북, 경남, 제주자치도
- 지방소방학교 : 서울, 경기도, 강원도, 인천, 충청, 경북, 부산, 광주(8개 소방학교)

60 소방의 개념에 관한 설명으로 틀린 것은?

① 소방의 개념은 실질적 의미의 소방과 형식적 의미의 소방으로 구분된다.
② 실질적 의미의 소방이라 함은 화재의 예방, 경계 및 진압을 위한 일체의 활동을 의미한다.
③ 형식적 의미의 소방이라 함은 소방행정 목적을 달성하기 위하여 구성되는 조직, 즉 소방기관
   의 활동을 의미한다.
④ 실질적 의미의 소방은 공공소방 활동을 의미하고 민간소방 활동은 제외된다.

▶

- 형식적 의미의 소방 : 실정법상 "소방기관"이 수행하는 모든 사무
- 실질적 의미의 소방 : 소방의 목적을 이루기 위한 민간 및 공공, 타 행정기관까지 포함하여 목적을
  위루기 위한 업무

61 소방의 3요소에 해당하지 않는 것은?

① 소방인력   ② 소방용수(수리)
③ 통신장비   ④ 소방장비

▶

소방력이란 소방활동을 할 수 있는 소방의 힘으로서 인력, 장비, 용수를 말한다.

정답 58 ③ 59 ④ 60 ④ 61 ③

62 소방기본법 제1조에 규정된 소방의 목적에 해당하지 않는 것은?

① 화재를 예방, 경계 또는 진압
② 국민의 생명, 신체 및 재산을 보호
③ 공공의 안녕 및 질서 유지와 사회의 복리증진에 기여
④ 소방시설공사 및 소방기술의 관리

▶ **소방기본법 제1조(목적)**

이 법은 화재를 예방ㆍ경계하거나 진압하고 화재, 재난ㆍ재해, 그 밖의 위급한 상황에서의 구조ㆍ구급 활동 등을 통하여 국민의 생명ㆍ신체 및 재산을 보호함으로써 공공의 안녕 및 질서 유지와 복리증진에 이바지함을 목적으로 한다.

63 소방행정 수단 중 비권력적 수단에 해당하지 않는 것을 모두 고르면?

가. 계몽	나. 명령
다. 지도	라. 봉사
마. 강제	

① 가, 다, 라
② 나, 마
③ 가, 다
④ 나, 라, 마

▶
- 권력적 수단 : 명령, 강제
- 비권력적 수단 : 계몽, 지도, 봉사

64 다음 특징을 나타내며 도성에서는 성민들과 군사들이, 지방에서는 마을단위로 화재를 진압한 시대는?

- 왕이 친히 이재민을 위문, 구제하였다.
- 화재가 사회적 재앙으로 인식되었다.
- 화재가 국가적 관심사로 등장하였다.

① 삼국시대
② 고려시대
③ 조선시대
④ 통일신라시대

▶ **삼국시대**
- 화재에 대한 최초의 기록 : 262년(신라 미추왕) 금성 서문에서의 화재
- 사회적 재앙으로 인식 : 596년(신라 진평왕), 영흥사 화재 시 왕이 친히 이재민을 위문ㆍ구제하였다고 기록되어 국가에서 구휼한 것으로 짐작된다.

65 다음과 같은 내용은 어느 시기인가?

중앙에는 중앙 소방위원회를 두고, 지방에는 도 소방위원회를 두었으며, 시 · 읍 · 면에도 소방 부를 두어 전국적인 소방조직 체제를 갖춤으로써 독립된 소방제도를 최초로 시행하였다.

① 갑오개혁기   ② 일제시대
③ 미군정시대   ④ 정부수립이후

▶ 해방/과도기 미군정시대

① 해방 이후 조선총독부를 인수한 미군정은 소방업무와 통신업무를 합쳐 소방과를 설치하였고 그 후 소방부로 개칭, 도 경찰부 산하에 소방과를 설치하였다.

② 1946년 4월 10일, 소방부와 소방위원회를 설치하고 일시적으로 소방행정을 경찰로부터 분리하 여 자치화하였다.

③ 상무부 토목국에 중앙소방위원회를 설치하였고, 위원회는 7인으로 구성되었으며 그중 1인이 서 기장으로 임명되었다.

④ 중앙소방위원회 주요임무
   ㉠ 전국 소방예산안 작성
   ㉡ 각 지역 소방부 운영경비 추천
   ㉢ 소방상 중요사항의 규격에 관한 규칙 연구
   ㉣ 군정장관이 규칙 결재 시 관보에 공포
   ㉤ 1946년 남조선 과도정부 동위원회 집행기구로 소방청 설치
   ㉥ 소방청에는 청장 1인, 군정고문 1인을 두었으며, 총무과 · 소방과 · 예방과를 두었다.

⑤ 도 소방위원회
   ㉠ 각 도에는 소방기관으로 도 소방위원회를 설치하였다.
   ㉡ 소화, 방화의 전문지식이 있는 자로 시 · 도지사가 5인을 임명하였다.
   ㉢ 1인이 서기장이 되고 각 위원회에 기술보조원 및 직원을 둘 수 있었다.

⑥ 도 소방위원회 주요임무
   ㉠ 화재로 인한 손해와 화재위험에 관한 연구
   ㉡ 소화 및 방화에 관한 계획수립
   ㉢ 중앙소방위원회를 원조하는 사항
   ㉣ 사무집행기구로는 서울에 소방부, 도에는 소방청을 두었으며, 각 도 소방청에는 소방과와 예 방과를 두었다.

66 소방공무원은 공무원의 구분 중에서 어디에 해당하는가?

① 고용직공무원   ② 특정직공무원   ③ 정무직공무원   ④ 별정직공무원

▶

소방공무원은 경력직 중 특정직공무원이다. 소방공무원에 관하여 국가공무원법 및 지방공무원법에 우선하여 적용되는 소방공무원법은 소방공무원의 책임 및 직무의 중요성과 신분 및 근무조건의 특 수성을 고려하여 그 임용, 교육훈련, 복무, 신분보장 등에 관하여 국가공무원법 및 지방공무원법에 대한 특례를 규정하고 있다.

67 소방령 이상의 소방공무원의 임용권을 가진 사람으로 옳은 것은?

① 소방청장　　　　　　　　　　　② 대통령
③ 국무총리　　　　　　　　　　　④ 행정안전부장관

▶ **소방공무원법 제6조(임용권자)** ─────────────────────

① 소방령 이상의 소방공무원은 소방청장의 제청으로 국무총리를 거쳐 대통령이 임용한다. 다만, 소방총감은 대통령이 임명하고, 소방령 이상 소방준감 이하의 소방공무원에 대한 전보, 휴직, 직위해제, 강등, 정직 및 복직은 소방청장이 한다.
② 소방경 이하의 소방공무원은 소방청장이 임용한다.
③ 대통령은 제1항에 따른 임용권의 일부를 대통령령으로 정하는 바에 따라 소방청장 또는 시 · 도지사에게 위임할 수 있다.
④ 소방청장은 제1항 단서 후단 및 제2항에 따른 임용권의 일부를 대통령령으로 정하는 바에 따라 시 · 도지사 및 소방청 소속기관의 장에게 위임할 수 있다.
⑤ 시 · 도지사는 제3항 및 제4항에 따라 위임받은 임용권의 일부를 대통령령으로 정하는 바에 따라 그 소속기관의 장에게 다시 위임할 수 있다.
⑥ 임용권자(임용권을 위임받은 사람을 포함한다. 이하 같다)는 대통령령으로 정하는 바에 따라 소속 소방공무원의 인사기록을 작성 · 보관하여야 한다.

68 소방공무원 징계 중 경징계에 해당되는 것은?

① 감봉, 견책　　② 파면, 해임　　③ 정직, 경고　　④ 훈계, 권고

▶ ─────────────────────

징계의 종류에는 파면, 해임, 강등, 정직, 감봉, 견책 등 6가지가 있으며, 중징계에는 파면, 해임, 강등, 정직이 있고 경징계에는 감봉과 견책이 있다. 또한 신분은 유지하나 이익 일부를 제한하는 교정징계는 강등, 정직, 감봉, 견책이 있으며, 신분을 배제하는 배제징계는 파면과 해임이 있다. 훈계, 경고, 계고, 엄중주의, 권고 등은 징계의 종류가 아니다.

69 다음 종류 중 중징계에 해당하지 않는 것은?

① 해임　　　　　② 강등　　　　　③ 정직　　　　　④ 견책

70 소방공무원의 인사관리에 대한 설명 중 옳은 것은?

① 소방공무원은 별정직공무원이다.
② 정년구분에는 연령정년과 계급정년이 있다.
③ 소방공무원은 소방의 모든 분야에 국가공무원법과 지방공무원법의 적용을 받는다.
④ 소방직은 국가소방공무원과 지방소방공무원으로 구분된다.

▶
① 소방공무원은 특정직공무원이다.
③ 소방공무원은 소방공무원법의 적용을 받는다.
④ 소방직은 소방공무원으로 신분이 일원화(국가공무원)된다.

71 다음 중 소방경 이하 소방공무원의 임용권자는?

① 소방청장 ② 행정안전부장관
③ 소방본부장 ④ 시도지사

▶ **소방공무원법 제6조(임용권자)**

① 소방령 이상의 소방공무원은 소방청장의 제청으로 국무총리를 거쳐 대통령이 임용한다. 다만, 소방총감은 대통령이 임명하고, 소방령 이상 소방준감 이하의 소방공무원에 대한 전보, 휴직, 직위해제, 강등, 정직 및 복직은 소방청장이 한다.
② 소방경 이하의 소방공무원은 소방청장이 임용한다.
③ 대통령은 제1항에 따른 임용권의 일부를 대통령령으로 정하는 바에 따라 소방청장 또는 시·도지사에게 위임할 수 있다.
④ 소방청장은 제1항 단서 후단 및 제2항에 따른 임용권의 일부를 대통령령으로 정하는 바에 따라 시·도지사 및 소방청 소속기관의 장에게 위임할 수 있다.
⑤ 시·도지사는 제3항 및 제4항에 따라 위임받은 임용권의 일부를 대통령령으로 정하는 바에 따라 그 소속기관의 장에게 다시 위임할 수 있다.
⑥ 임용권자(임용권을 위임받은 사람을 포함한다. 이하 같다)는 대통령령으로 정하는 바에 따라 소속 소방공무원의 인사기록을 작성·보관하여야 한다.

72 소방공무원임용령 제2조에 규정된 소방기관이 아닌 것은?

① 소방청, 소방본부, 소방서, 119안전센터
② 소방청, 시·도와 중앙소방학교
③ 시·도와 중앙소방학교·중앙 119구조본부
④ 지방소방학교·소방서 및 서울종합방재센터

▶
"소방기관"이라 함은 소방청, 특별시·광역시·특별자치시·도·특별자치도(이하 "시·도"라 한다)와 중앙소방학교·중앙119구조본부·국립소방연구원·지방소방학교·서울종합방재센터 및 소방서·119특수대응단 및 소방체험관을 말한다.

73 다음 중 용어의 설명이 잘못된 것은?

① "직위해제"란 휴직·직위해제 또는 정직(강등에 따른 정직을 포함한다) 중에 있는 소방공무원을 직위에 복귀시키는 것을 말한다.
② "임용이란" 신규채용·승진·전보·파견·강임·휴직·직위해제·정직·강등·복직·면직·해임 및 파면을 말한다.
③ "강임"이란 동종의 직무 내에서 하위의 직위에 임명하는 것을 말한다.
④ "전보"란 소방공무원의 동일 직위 및 자격 내에서의 근무기관이나 부서를 달리하는 임용을 말한다.

　▶　"복직"이라 함은 휴직·직위해제 또는 정직(강등에 따른 정직을 포함한다) 중에 있는 소방공무원을 직위에 복귀시키는 것을 말한다.(소방공무원법 제1조의2)

74 중앙119구조본부에 대한 설명 중 옳지 않은 것은?

① 중앙119구조본부는 소방공무원임용령에서 소방기관에 해당한다.
② 중앙119 구조본부는 재난현장에 출동하여 인명구조활동 및 구조대원의 교육훈련 등을 담당한다.
③ 소방청장은 중앙119구조본부소속 소방공무원 중 소방령에 대한 임용권(소방위의 소방경으로의 승진임용권은 포함한다)을 중앙119구조본부장에게 위임한다.
④ 중앙119구조본부장의 직급은 소방준감이다.

　▶　**소방공무원임용령 제3조(임용권의 위임) 제3항**
소방청장은 중앙119구조본부 소속 소방공무원 중 소방령에 대한 전보·휴직·직위해제·정직 및 복직에 관한 권한과 소방경 이하의 소방공무원에 대한 임용권을 중앙119구조본부장에게 위임한다.

75 서울 용산구에서 화재가 발생하였다. 화재로 많은 사상자와 재산피해가 발생하였으며 불은 아직 소멸되지 않았다. 이러한 상황에서 소방행정업무의 책임자는?

① 소방방재청장　　　　　　② 소방본부장
③ 서울대책본부장　　　　　④ 서울특별시장

76 119안전센터 설치 기준으로 옳지 않은 것은?

① 특별시 : 인구 5만명 이상 또는 면적 2km² 이상
② 광역시, 인구 50만명 이상의 시 : 인구 3만명 이상 또는 면적 5km²
③ 인구 5만명 이상 50만명 미만의 시·군 : 인구 2만명 이상 또는 면적 10km² 이상
④ 인구 5만명 이상 10만명 미만의 시·군 : 인구 1만5천명 이상 또는 면적 15km² 이상

◉ **지방소방기관 설치에 관한 규정 별표2**

119안전센터의 설치기준

가. 소방업무의 효율적인 수행을 위하여 다음 기준에 따라 119안전센터를 설치할 수 있다.

    1) 특별시 : 인구 5만명 이상 또는 면적 2km² 이상

    2) 광역시, 인구 50만명 이상의 시 : 인구 3만명 이상 또는 면적 5km² 이상

    3) 인구 10만명 이상 50만명 미만의 시·군 : 인구 2만명 이상 또는 면적 10km² 이상

    4) 인구 5만명 이상 10만명 미만의 시·군 : 인구 1만 5천명 이상 또는 면적 15km² 이상

    5) 인구 5만명 미만의 지역 : 인구 1만명 이상 또는 면적 20km² 이상

나. 가목에도 불구하고 석유화학단지·공업단지·주택단지 또는 문화관광단지의 개발 등으로 대형 화재의 위험이 있거나 소방 수요가 급증하여 특별한 소방대책이 필요한 경우에는 해당 지역마다 119안전센터를 설치할 수 있다.

77 다음 소방공무원 인사행정에 대한 설명으로 잘못된 것은?

① 중앙소방학교장은 소방청장으로부터 임용권의 위임을 받아 소속 소방경 이하 소방공무원을 임용한다.

② 소방령 이상 소방공무원은 소방청장의 제청으로 국무총리를 거쳐 대통령이 임용한다.

③ 소방준감 이하 국가공무원에 대한 전보·휴직·직위해제·정직·복직·강등은 시·도지사가 한다.

④ 소방청장은 중앙119구조본부 소속 소방공무원 중 소방령에 대한 전보·휴직·직위해제·정직·복직에 관한 권한을 중앙119구조본부장에게 위임할 수 있다.

◉

소방준감 이하 국가소방공무원에 대한 전보, 휴직, 직위해제, 정직, 복직, 강등은 소방청장이 한다.

78 다음 중 소방공무원의 징계 종류로 옳지 않은 것은?

① 정직　　　　　　　　　　② 감봉

③ 견책　　　　　　　　　　④ 훈계

◉

징계의 종류에는 파면, 해임, 강등, 정직, 감봉, 견책 등 6가지가 있으며, 중징계에는 파면, 해임, 강등, 정직이 있고 경징계에는 감봉과 견책이 있다. 또한 신분은 유지하나 이익 일부를 제한하는 교정징계는 강등, 정직, 감봉, 견책이 있으며, 신분을 배제하는 배제징계는 파면과 해임이 있다. 훈계, 경고, 계고, 엄중주의, 권고 등은 징계의 종류가 아니다.

79 다음 중 소방공무원 임용에 대한 설명으로 옳지 않은 것은?

① 소방공무원인 소방정은 대통령이 임용한다.
② 소방공무원인 소방위는 소방청장이 임용한다.
③ 소방령 이상의 소방공무원은 소방청장의 제청으로 국무총리를 경유하여 대통령이 임용한다.
④ 소방령 이하 소방공무원은 소방청장이 임용한다.

▶ **소방공무원법 제6조(임용권자)**

① 소방령 이상의 소방공무원은 소방청장의 제청으로 국무총리를 거쳐 대통령이 임용한다. 다만, 소방총감은 대통령이 임명하고, 소방령 이상 소방준감 이하의 소방공무원에 대한 전보, 휴직, 직위해제, 강등, 정직 및 복직은 소방청장이 한다.
② 소방경 이하의 소방공무원은 소방청장이 임용한다.
③ 대통령은 제1항에 따른 임용권의 일부를 대통령령으로 정하는 바에 따라 소방청장 또는 시·도지사에게 위임할 수 있다.
④ 소방청장은 제1항 단서 후단 및 제2항에 따른 임용권의 일부를 대통령령으로 정하는 바에 따라 시·도지사 및 소방청 소속기관의 장에게 위임할 수 있다.
⑤ 시·도지사는 제3항 및 제4항에 따라 위임받은 임용권의 일부를 대통령령으로 정하는 바에 따라 그 소속기관의 장에게 다시 위임할 수 있다.
⑥ 임용권자(임용권을 위임받은 사람을 포함한다. 이하 같다)는 대통령령으로 정하는 바에 따라 소속 소방공무원의 인사기록을 작성·보관하여야 한다.

80 다음 중 공무원의 분류상 소방공무원은 어디에 해당하는가?

① 별정직 공무원　　　　　　　　② 특정직 공무원
③ 일반직 공무원　　　　　　　　④ 기능직 공무원

▶

소방공무원은 경력직 중 특정직 공무원이다. 소방공무원에 관하여 국가공무원법 및 지방공무원법에 우선하여 적용되는 소방공무원법은 소방공무원의 책임 및 직무의 중요성과 신분 및 근무조건의 특수성을 고려하여 그 임용, 교육훈련, 복무, 신분보장 등에 관하여 국가공무원법 및 지방공무원법에 대한 특례를 규정하고 있다.

81 다음 중 지방에 배치되는 소방공무원의 계급으로 맞는 것은?

| 가. 소방총감　　　　　　　　나. 소방준감 |
| 다. 소방정감　　　　　　　　라. 소방감 |

① 가, 나, 다　　② 나, 다, 라　　③ 나, 라　　④ 나, 다

▶

소방총감은 소방청장의 계급이며 국가직이다.

82 소방공무원의 결격사유에 대한 설명 중 올바르지 않은 것은?

① 피성년후견인, 피한정후견인
② 금고 이상의 형의 선고유예를 받은 경우에 그 선고유예기간 중에 있는 자
③ 금고 이상의 형을 받고 그 집행유예의 기간이 끝난 날부터 3년이 경과하지 아니한 자
④ 징계에 의하여 파면의 처분을 받은 때부터 5년이 경과하지 아니한 자

◉ **임용결격사유**

① 피성년후견인 또는 피한정후견인
② 파산선고를 받고 복권되지 아니한 자
③ 금고 이상의 실형을 선고받고 그 집행이 종료되거나 집행을 받지 아니하기로 확정된 후 5년이 지나지 아니한 자
④ 금고 이상의 형을 선고받고 그 집행유예 기간이 끝난 날부터 2년이 지나지 아니한 자
⑤ 금고 이상의 형의 선고유예를 받은 경우에 그 선고유예 기간 중에 있는 자
⑥ 법원의 판결 또는 다른 법률에 따라 자격이 상실되거나 정지된 자
⑦ 공무원으로 재직기간 중 직무와 관련하여 「형법」 제355조(횡령, 배임) 및 제356조(업무상 횡령, 배임)에 규정된 죄를 범한 자로서 300만원 이상의 벌금형을 선고받고 그 형이 확정된 후 2년이 지나지 아니한 자
⑧ 「형법」 제303조(업무상 위력 등에 의한 간음) 또는 「성폭력범죄의 처벌 등에 관한 특례법」 제10조(업무상 위력 등에 의한 추행)에 규정된 죄를 범한 사람으로서 300만원 이상의 벌금형을 선고받고 그 형이 확정된 후 2년이 지나지 아니한 사람
⑨ 징계로 파면처분을 받은 때부터 5년이 지나지 아니한 자
⑩ 징계로 해임처분을 받은 때부터 3년이 지나지 아니한 자

83 임용권 대하여 바르게 설명한 것은?

① 소방령 이상의 임용권은 소방청장에 있다.
② 소방경 이하 소방공무원은 소방청장이 임용한다.
③ 신규채용된 소방위의 시보기간은 6개월로 한다.
④ 임용이란 신규채용자만 의미한다.

◉ **소방공무원법 제6조(임용권자)**

① 소방령 이상의 소방공무원은 소방청장의 제청으로 국무총리를 거쳐 대통령이 임용한다. 다만, 소방총감은 대통령이 임명하고, 소방령 이상 소방준감 이하의 소방공무원에 대한 전보, 휴직, 직위해제, 강등, 정직 및 복직은 소방청장이 한다.
② 소방경 이하의 소방공무원은 소방청장이 임용한다.
③ 대통령은 제1항에 따른 임용권의 일부를 대통령령으로 정하는 바에 따라 소방청장 또는 시·도지사에게 위임할 수 있다.
④ 소방청장은 제1항 단서 후단 및 제2항에 따른 임용권의 일부를 대통령령으로 정하는 바에 따라 시·도지사 및 소방청 소속기관의 장에게 위임할 수 있다.
⑤ 시·도지사는 제3항 및 제4항에 따라 위임받은 임용권의 일부를 대통령령으로 정하는 바에 따라 그 소속기관의 장에게 다시 위임할 수 있다.

⑥ 임용권자(임용권을 위임받은 사람을 포함한다. 이하 같다)는 대통령령으로 정하는 바에 따라 소속 소방공무원의 인사기록을 작성 · 보관하여야 한다.

84 시 · 도 소방공무원 임용권의 일부를 시도지사 및 소방청 소속기관의 장에게 위임할 수 있는 사람은?

① 소방청장　　　　　　　　　　② 대통령
③ 행정안전부장관　　　　　　　④ 국무총리

85 소방서의 설치기준으로 틀린 것은?

① 시 · 군 · 구에 설치된 소방서에 119안전센터의 수가 5개를 초과하는 경우에는 5개 센터 이하마다 1개서를 추가로 설치할 수 있다.
② 소방업무의 효율을 위하여 인근 시 · 군 · 구를 포함한 지역을 단위로 설치할 수 있다.
③ 소방서는 시 · 도 단위로 설치한다.
④ 특별한 소방대책이 필요한 경우에는 소방서의 설치기준과 증설기준에 불구하고 당해 지역마다 소방서를 설치할 수 있다.

소방안전본부를 시 · 도단위로 설치한다.

86 지방소방공무원에 대한 임용권을 위임받을 수 있는 자는 누구인가?

① 시 · 도지사　　　　　　　　　② 국무총리
③ 소방청장　　　　　　　　　　④ 대통령

87 다음 설명 중 틀린 것은?

① 지방에 배치된 소방공무원 중 가장 높은 계급은 소방감이다.
② 소방위의 임용권자는 소방청장이다.
③ 재직기관에서 감봉 이상의 징계를 받은 자는 소방공무원으로 특별 채용될 수 없다.
④ 소방공무원 신규채용은 채용후보자명부의 등재순위에 의하여 임용한다.

지방에 배치되는 소방공무원 중 가장 높은 계급은 소방정감이다.

88 다음 중 소방준감 이상의 소방공무원에 대한 정직 징계처분권자는?

① 소방청장   ② 국무총리
③ 대통령   ④ 시 · 도지사

▶ **소방공무원 징계령 제9조 제1항** ──────────────────────

제9조(징계등 의결의 요구) ① 소방공무원의 징계등 의결 요구권자는 다음 각 호와 같다.
1. 소방준감 이상의 소방공무원은 소방청장
2. 소방정 이하의 소방공무원은 해당 소방공무원의 징계등을 관할하는 징계위원회가 설치된 기관의 장

소방공무원법 제5조 제1항

제5조(임용권자) ① 소방공무원은 다음 각 호의 구분에 따라 임용한다
1. 소방령 이상의 소방공무원은 소방청장의 제청으로 국무총리를 거쳐 대통령이 임용한다. 다만, 소방총감은 대통령이 임명하고, 소방준감 이하의 소방공무원에 대한 전보, 휴직, 직위해제, 강등, 정직 및 복직은 소방청장이 한다.
2. 소방경 이하의 소방공무원은 소방청장이 임용한다.

89 소방계급이 낮은 계급부터 높은 계급순으로 잘못된 것은?

① 소방사 → 소방위 → 소방준감
② 소방장 → 소방감 → 소방준감
③ 소방교 → 소방경 → 소방감
④ 소방위 → 소방경 → 소방정감

▶ ──────────────────────────────────────

소방사 → 소방교 → 소방장 → 소방위 → 소방경 → 소방령 → 소방정 → 소방준감 → 소방감 → 소방정감 → 소방총감

90 소방공무원의 임용결격사유에 해당되지 않는 것은?

① 파산자로서 복권되지 아니한 자
② 피성년후견인
③ 금고 이상의 실형을 선고받고 그 집행유예기간이 종료되거나 면제된 날부터 2년이 지나지 아니한 자
④ 벌금형의 선고를 받고 1년이 지나지 아니한 자

▶ **임용결격사유** ──────────────────────────────

① 피성년후견인 또는 피한정후견인
② 파산선고를 받고 복권되지 아니한 자
③ 금고 이상의 실형을 선고받고 그 집행이 종료되거나 집행을 받지 아니하기로 확정된 후 5년이 지나지 아니한 자

정답 88 ① 89 ② 90 ④   **6-113**

④ 금고 이상의 형을 선고받고 그 집행유예 기간이 끝난 날부터 2년이 지나지 아니한 자

⑤ 금고 이상의 형의 선고유예를 받은 경우에 그 선고유예 기간 중에 있는 자

⑥ 법원의 판결 또는 다른 법률에 따라 자격이 상실되거나 정지된 자

⑦ 공무원으로 재직기간 중 직무와 관련하여「형법」제355조(횡령, 배임) 및 제356조(업무상 횡령, 배임)에 규정된 죄를 범한 자로서 300만원 이상의 벌금형을 선고받고 그 형이 확정된 후 2년이 지나지 아니한 자

⑧「형법」제303조(업무상 위력 등에 의한 간음) 또는「성폭력범죄의 처벌 등에 관한 특례법」제10조(업무상 위력 등에 의한 추행)에 규정된 죄를 범한 사람으로서 300만원 이상의 벌금형을 선고받고 그 형이 확정된 후 2년이 지나지 아니한 사람

⑨ 징계로 파면처분을 받은 때부터 5년이 지나지 아니한 자

⑩ 징계로 해임처분을 받은 때부터 3년이 지나지 아니한 자

91 다음 중 옳지 않은 것은?

㉠ 최저근무연수에 산입하지 아니하는 기간은 휴직기간, 직위해제기간, 징계처분기간, 승진임용의 제한기간이 있다.

㉡ 동점자 우선순위는 승진에서 동점자가 있는 경우는 근무성적이 우수한 자, 당해 계급에서 장기근무한 자, 바로 하위계급에서 장기근무한 자, 고령자 순이다.

㉢ 소방인사행정은 정부조직 내의 인적자원의 관리활동을 말한다.

㉣ 인사행정에서의 민주성은 일반적으로 비용최소화 측면에서의 경제성(economy), 투입－산출 비율로서의 능률성(efficiency), 목표달성도를 의미하는 효과를 모두 함축하는 의미이다. 즉 생산성(procuctivity)과 유사한 개념으로 이해할 수 있다.

㉤ 소방준감의 최저근무연수는 4년이다.

① 모두   ② 없음   ③ ㉤   ④ ㉣, ㉤

㉣은 인사행정에서의 효율성을 뜻하는 해설이다.

소방공무원법 제25조 제1항

제25조(정년) ① 소방공무원의 정년은 다음과 같다.

1. 연령정년 : 60세

2. 계급정년

• 소방감 : 4년

• 소방준감 : 6년

• 소방정 : 11년

• 소방령 : 14년

소방공무원 승진임용규정 제1항 제5조

제5조(승진소요최저근무연수) ① 소방공무원이 승진하려면 다음 각 호의 구분에 따른 기간 이상 해당 계급에 재직하여야 한다. 〈개정 2010. 12. 27., 2012. 12. 28.〉

1. 소방정 : 4년
2. 소방령 : 3년
3. 소방경 : 3년
4. 소방위 : 2년
5. 소방장 : 2년
6. 소방교 : 1년
7. 소방사 : 1년

92 다음 중 소방임용의 원칙에 포함되지 않는 것은?

① 평등의 원칙
② 실적주의의 원칙
③ 적격자 임용의 원칙
④ 성실의 원칙

93 징계에 대한 설명 중 옳지 않은 것은?

① 견책은 잘못된 행동에 대해 훈계하고 회개하게 하는 처분으로, 가장 가벼운 징계에 해당되지만 공식적인 징계절차를 거쳐 처분하고 그 결과를 인사기록에 기재한다.
② 감봉은 1개월 이상 3개월 이하의 기간 동안 보수의 1/3을 삭감하여 지급하는 것이다.
③ 정직은 1개월 이상 3개월 이하의 기간 동안 공무원의 신분은 보유하지만 직무에 종사할 수 없도록 하는 것이다. 정직기간 중 보수의 2/3를 삭감한다.
④ 파면은 공무원 신분을 상실하게 하는 처분이며, 5년 내에는 공무원으로 재임용될 수 없고, 퇴직급여액의 2/3를 삭감하는 가장 무서운 벌이다.

▶ ─────────────────────────────────────

파면은 공무원 강제로 퇴직시키는 중징계처분의 하나다. 파면된 사람은 5년 동안 공무원으로 임용될 수 없으며, 퇴직급여액의 1/2이 삭감(5년 미만 근무자에게는 퇴직급여액의 1/4이 삭감)되는 불이익을 받는다.

94 소방공무원의 징계의 종류에 포함되지 않는 것은?

① 파면
② 해임
③ 자격정지
④ 견책

▶ ─────────────────────────────────────

징계의 종류에는 파면, 해임, 강등, 정직, 감봉, 견책 등 6가지가 있으며, 중징계에는 파면, 해임, 강등, 정직이 있고 경징계에는 감봉과 견책이 있다. 또한 신분은 유지하나 이익 일부를 제한하는 교정징계는 강등, 정직, 감봉, 견책이 있으며, 신분을 배제하는 배제징계는 파면과 해임이 있다. 훈계, 경고, 계고, 엄중주의, 권고 등은 징계의 종류가 아니다.

95 다음 중 건물 붕괴 시 요구조자 발견 후 구급장비로 옳지 않은 것은?

① 환자평가장비   ② 응급처치장비

③ 활동보조장비   ④ 파괴장비

▶

④ 파괴장비 : 구조장비

96 다음 중 자동제세동기는 어디에 포함되는가?

① 기도유지기   ② 호흡보조기

③ 순환보조기   ④ 척추고정장비

▶ 응급처치기구

기도유지장치, 인공호흡마스크, 심실제세동기, 쇼크방지장비, 척추고정판 및 당김고정장치 등

97 다음 중 특수구조대 종류로 옳지 않은 것은?

① 국제구조대   ② 산악구조대

③ 고속국도구조대   ④ 화학구조대

▶ 특수구조대

화학구조대, 산악구조대, 고속국도구조대, 수난구조대, 지하철구조대

98 다음의 소방장비 중에서 화재진압장비가 아닌 것은?

① 소화용수장비   ② 소방자동차

③ 소화보조장비   ④ 소화약제

▶

② 소방자동차 : 기동장비

99 저수조의 설치기준으로서 틀린 것은?

① 흡수부분의 수심이 0.5m 이상일 것

② 지면으로부터 낙차가 4.5m 이상일 것

③ 흡수관 투입구가 사각 혹은 원형의 경우 한 변의 길이 및 지름이 60cm 이상일 것

④ 저수조에 물을 공급하는 방법은 상수도에 연결하여 자동으로 급수되는 구조일 것

저수조 설치기준

- 지면으로부터의 낙차 4.5미터 이하
- 흡수부분의 수심이 0.5미터 이상
- 소방펌프자동차가 쉽게 접근할 수 있을 것
- 흡수에 지장이 없도록 토사 및 쓰레기 등을 제거할 수 있는 설비를 갖출 것
- 흡수관의 투입구가 사각형의 경우에는 한 변의 길이가 60센티미터 이상, 원형의 경우에는 지름이 60센티미터 이상
- 저수조에 물은 상수도에 연결하여 자동으로 급수되는 구조일 것

100 다음 중 저수조에 대한 기준으로 틀린 것은?

① 흡수관 투입구가 사각 혹은 원형의 경우 한 변의 길이 및 지름이 60cm 이상일 것
② 흡수에 지장이 없도록 토사 및 쓰레기 등을 제거할 수 있는 설비를 갖출 것
③ 저수조에 물이 저장되어 있을 때 흡수부분의 수심이 0.6m 이상일 것
④ 저수조에 물을 공급하는 방법은 상수도에 연결하여 자동으로 급수되는 구조일 것

흡수부분의 수심은 0.5m 이상일 것

101 다음 중 국고보조 대상에 해당하지 않는 것은?

① 소방관서용 청사의 건축비용　　② 소방헬리콥터
③ 소방자동차 유류비　　　　　　　④ 소방전용 통신설비

소방기본법 시행령 제2조

제2조(국고보조 대상사업의 범위와 기준보조율) ① 법 제9조 제2항에 따른 국고보조 대상사업의 범위는 다음 각 호와 같다. 〈개정 2005.10.20., 2011.11.30., 2016.10.25.〉
　　1. 다음 각 목의 소방활동장비와 설비의 구입 및 설치
　　　　가. 소방자동차
　　　　나. 소방헬리콥터 및 소방정
　　　　다. 소방전용통신설비 및 전산설비
　　　　라. 그 밖에 방화복 등 소방활동에 필요한 소방장비
　　2. 소방관서용 청사의 건축(「건축법」제2조 제1항 제8호에 따른 건축을 말한다)
② 제1항 제1호에 따른 소방활동장비 및 설비의 종류와 규격은 행정안전부령으로 정한다. 〈개정 2011.11.30., 2013.3.23., 2014.11.19.〉
③ 제1항에 따른 국고보조 대상사업의 기준보조율은 「보조금 관리에 관한 법률 시행령」에서 정하는 바에 따른다. 〈개정 2011.11.30.〉

102 다음 중 소방용수시설의 설치기준으로 올바른 것은?

① 급수탑의 개폐밸브는 지상에서 0.8~1.5m 이하의 위치에 설치하여야 한다.
② 주거지역에 설치하는 경우에는 소방대상물과의 수평거리를 140m 이하가 되도록 하여야 한다.
③ 소방용 호스와 연결하는 소화전의 연결금속구의 구경은 100mm로 하여야 한다.
④ 저수조는 상수도에 연결하여 자동으로 급수되는 구조이어야 한다.

▶
- 급수탑 개폐밸브 높이 : 1.5m 이상 1.7m 이하
- 주거지역, 상업지역, 공업지역 : 수평거리 100m 이하, 그 밖의 지역 : 140m 이하
- 소방용호스와 연결되는 결합금속구 구경 : 65mm

103 소방장비의 분류 중 보호장비에 해당하는 것은?

① 보호장갑
② 공기충전기
③ 공기매트
④ 소독기

▶ **보호장비**

각종 현장활동에서 소방대원의 신체를 보호하기 위한 장비이다.

구분	품목
호흡장비	공기호흡기, 공기공급기, 마스크류 등
보호장구	방화복, 안전모, 보호장갑, 안전화, 방화두건 등
안전장구	인명구조 경보기, 대원 위치추적장치, 대원 탈출장비 등

104 소방장비의 분류 중 소방자동차에 해당하지 않는 것은?

① 교육지원차
② 소방펌프차
③ 소방화학차
④ 구조차

▶ **기동장비**

자체에 동력원이 부착되어 자력으로 이동하거나 견인되어 이동할 수 있는 장비

구분	품목
소방자동차	소방펌프차, 소방물탱크차, 소방화학차, 소방고가차, 무인방수차, 구조차 등
행정지원차	행정 및 교육지원차 등
소방선박	소방정, 구조정, 지휘정 등
소방항공기	고정익항공기, 회전익항공기 등

105 다음 중 소방력 기준 소방기관에 해당하지 않는 기관은?

① 119안전센터   ② 구조대
③ 소방박물관   ④ 소방정대

▶ 제8조(119안전센터 등) ① 소방서장의 소관 사무를 분장하게 하기 위하여 해당 시·도의 규칙으로 소방서장 소속으로 119안전센터·119구조대·119구급대·119구조구급센터 및 소방정대(消防艇隊)를 둘 수 있다.

106 국제구조대의 편성, 운영권자는 누구인가?

① 중앙119구조본부장   ② 소방청장
③ 외교부장관   ④ 소방본부장

▶ 119구조·구급에 관한 법률 제9조 제1항

제9조(국제구조대의 편성과 운영) ① 소방청장은 국외에서 대형재난 등이 발생한 경우 재외국민의 보호 또는 재난발생국의 국민에 대한 인도주의적 구조 활동을 위하여 국제구조대를 편성하여 운영할 수 있다. 〈개정 2014.11.19., 2017.7.26.〉

107 구급출동 요청을 거절할 수 있는 사항에 해당하지 않는 것은?

① 단순 골절환자
② 만성질환자로서 검진 또는 입원목적의 이송 요청자
③ 술에 만취되어 있는 자로 강한 자극에도 의식이 없는 경우
④ 단순 열상 또는 찰과상으로 지속적인 출혈이 없는 외상환자

▶ 119구조·구급에 관한 법률 시행령 제20조 제1항, 제2항

제20조(구조·구급 요청의 거절) ① 구조대원은 법 제13조 제3항에 따라 다음 각 호의 어느 하나에 해당하는 경우에는 구조출동 요청을 거절할 수 있다. 다만, 다른 수단으로 조치하는 것이 불가능한 경우에는 그러하지 아니하다.
　1. 단순 문 개방의 요청을 받은 경우
　2. 시설물에 대한 단순 안전조치 및 장애물 단순 제거의 요청을 받은 경우
　3. 동물의 단순 처리·포획·구조 요청을 받은 경우
　4. 그 밖에 주민생활 불편해소 차원의 단순 민원 등 구조활동의 필요성이 없다고 인정되는 경우
② 구급대원은 법 제13조 제3항에 따라 구급대상자가 다음 각 호의 어느 하나에 해당하는 비응급환자인 경우에는 구급출동 요청을 거절할 수 있다. 이 경우 구급대원은 구급대상자의 병력·증상 및 주변 상황을 종합적으로 평가하여 구급대상자의 응급 여부를 판단하여야 한다.
　1. 단순 치통환자
　2. 단순 감기환자. 다만, 섭씨 38도 이상의 고열 또는 호흡곤란이 있는 경우는 제외한다.
　3. 혈압 등 생체징후가 안정된 타박상 환자

4. 술에 취한 사람. 다만, 강한 자극에도 의식이 회복되지 아니하거나 외상이 있는 경우는 제외한다.
5. 만성질환자로서 검진 또는 입원 목적의 이송 요청자
6. 단순 열상(裂傷) 또는 찰과상(擦過傷)으로 지속적인 출혈이 없는 외상환자
7. 병원 간 이송 또는 자택으로의 이송 요청자. 다만, 의사가 동승한 응급환자의 병원 간 이송은 제외한다.

108 다음 중 임야화재 시 긴급구조기관은?

① 소방청　　　② 국토교통부　　　③ 산림청　　　④ 행정안전부

◉ **제28조(화재의 유형)**

① 화재는 다음 각 호와 같이 구분한다.
　1. 건축·구조물 화재 : 건축물, 구조물 또는 그 수용물이 소손된 것
　2. 자동차·철도차량 화재 : 자동차, 철도차량 및 피견인 차량 또는 그 적재물이 소손된 것
　3. 위험물·가스제조소 등 화재 : 위험물제조소 등, 가스제조·저장·취급시설 등이 소손된 것
　4. 선박·항공기화재 : 선박, 항공기 또는 그 적재물이 소손된 것
　5. 임야화재 : 산림, 야산, 들판의 수목, 잡초, 경작물 등이 소손된 것
　6. 기타화재 : 위의 각 호에 해당되지 않는 화재

용어정의 : "긴급구조기관"이란 소방청·소방본부 및 소방서를 말한다. 다만, 해양에서 발생한 재난의 경우에는 해양경찰청·지방해양경찰청 및 해양경찰서를 말한다.

109 긴급구조지휘대 구성에 해당하는 자는 통제단이 설치·운영되는 경우에 통제단의 해당 부서에 배치되는데 이 중 구조진압반과 관련 있는 것은?

① 통신지휘요원　　　② 안전담당요원
③ 자원지원요원　　　④ 상황분석요원

◉ **제65조(긴급구조지휘대 구성·운영)**

① 법 제55조 제2항에 따른 긴급구조지휘대는 다음 각 호의 사람으로 구성하여야 한다.
　1. 상황분석요원
　2. 자원지원요원
　3. 통신지휘요원
　4. 안전담당요원
　5. 경찰관서에서 파견된 연락관
　6. 「응급의료에 관한 법률」 제26조에 따른 권역응급의료센터에서 파견된 연락관

110 용어의 정의가 잘못된 것은?

① 조사자 : 화재조사 업무를 총괄하는 간부급 소방공무원을 말한다.

② 발화지점 : 화재가 발생한 부위를 말한다.

③ 감식 : 화재 원인의 판정을 위하여 전문적인 지식, 기술 및 경험을 활용하여 주로 시각에 의한 종합적인 판단으로 구체적인 사실관계를 명확하게 규명하는 것을 말한다.

④ 감정 : 화재와 관계되는 물건의 향상, 구조재질, 성분, 성질 등 이와 관련된 모든 현상에 대하여 과학적 방법에 의한 필요한 실험을 행하고 그 결과를 근거로 화재원인을 밝히는 자료를 얻는 것을 말한다.

◉ 화재조사 관련 용어정의 ─────

(용어의 정의) 이 규정에서 사용하는 용어의 정의는 다음과 같다.

1. "화재"란 사람의 의도에 반하거나 고의에 의해 발생하는 연소 현상으로서 소화시설 등을 사용하여 소화할 필요가 있거나 또는 화학적인 폭발현상을 말한다.

2. "조사"란 화재원인을 규명하고 화재로 인한 피해를 산정하기 위하여 자료의 수집, 관계자 등에 대한 질문, 현장확인, 감식, 감정 및 실험 등을 하는 일련의 행동을 말한다.

3. "감식"이란 화재원인의 판정을 위하여 전문적인 지식, 기술 및 경험을 활용하여 주로 시각에 의한 종합적인 판단으로 구체적인 사실관계를 명확하게 규명하는 것을 말한다.

4. "감정"이란 화재와 관계되는 물건의 형상, 구조, 재질, 성분, 성질 등 이와 관련된 모든 현상에 대하여 과학적 방법에 의한 필요한 실험을 행하고 그 결과를 근거로 화재원인을 밝히는 자료를 얻는 것을 말한다.

5. "조사관"이란 화재조사업무를 수행하는 소방공무원을 말한다.

6. 삭제

7. "관계자 등"이란 소방기본법 제2조 제3호에 의한 관계인과 화재의 발견자, 통보자, 초기 소화자 및 기타 조사 참고인을 말한다.

8. "발화"란 열원에 의하여 가연물질에 지속적으로 불이 붙는 현상을 말한다.

9. "발화열원"이란 발화의 최초원인이 된 불꽃 또는 열을 말한다.

10. "발화지점"이란 열원과 가연물이 상호작용하여 화재가 시작된 지점을 말한다.

11. "발화장소"란 화재가 발생한 장소를 말한다.

12. "최초착화물"이란 발화열원에 의해 불이 붙고 이 물질을 통해 제어하기 힘든 화세로 발전한 가연물을 말한다.

13. "발화요인"이란 발화열원에 의하여 발화로 이어진 연소현상에 영향을 준 인적·물적·자연적인 요인을 말한다.

14. "발화 관련 기기"란 발화에 관련된 불꽃 또는 열을 발생시킨 기기 또는 장치나 제품을 말한다.

15. "동력원"이란 발화 관련 기기나 제품을 작동 또는 연소시킬 때 사용되어진 연료 또는 에너지를 말한다.

16. "연소확대물"이란 연소가 확대되는데 있어 결정적 영향을 미친 가연물을 말한다.

17. "재구입비"란 화재 당시의 피해물과 같거나 비슷한 것을 재건축(설계 감리비를 포함한다) 또는 재취득하는 데 필요한 금액을 말한다.

18. "내용연수"란 고정자산을 경제적으로 사용할 수 있는 연수를 말한다.

19. "손해율"이란 피해물의 종류, 손상 상태 및 정도에 따라 피해액을 적정화시키는 일정한 비율을

말한다.

20. "잔가율"이란 화재 당시에 피해물의 재구입비에 대한 현재가의 비율을 말한다.
21. "최종잔가율"이란 피해물의 경제적 내용연수가 다한 경우 잔존하는 가치의 재구입비에 대한 비율을 말한다.
22. "화재현장"이란 화재가 발생하여 소방대 및 관계자 등에 의해 소화활동이 행하여지고 있는 장소를 말한다.
23. "상황실"이라 함은 소방관서 또는 소방기관에서 화재·구조·구급 등 각종 소방상황을 접수·전파 처리 등의 업무를 행하는 곳을 말한다.
24. "소방·방화시설"이란 소방시설 및 방화시설을 말한다.

111 화재 조사 중 화재피해조사에 대한 내용으로 옳지 않은 것은?

① 화재로 인한 사망자 및 부상자에 대해 조사한다.
② 화재의 연소경로 및 확대원인 등 연소상황에 대해 조사한다.
③ 열에 의한 파손, 탄화, 용융 등의 피해를 조사한다.
④ 소화활동 중 사용된 물로 인한 피해 등을 조사한다.

◉ 화재피해조사

종류	조사범위
가. 인명피해조사	(1) 소방활동 중 발생한 사망자 및 부상자 (2) 그 밖에 화재로 인한 사망자 및 부상자
나. 재산피해조사	(1) 열에 의한 탄화, 용융, 파손 등의 피해 (2) 소화활동 중 사용된 물로 인한 피해 (3) 그 밖에 연기, 물품반출, 화재로 인한 폭발 등에 의한 피해

112 소방기본법 및 동법 시행령·시행규칙에 의한 화재조사의 종류에 해당하지 않는 것은?

① 피난상황조사 ② 발화원인조사
③ 소방시설 등 조사 ④ 동원 소방력 조사

◉ 화재조사의 종류 및 조사의 범위(제11조 제2항 관련)

1. 화재원인조사

종류	조사범위
가. 발화원인 조사	화재가 발생한 과정, 화재가 발생한 지점 및 불이 붙기 시작한 물질
나. 발견통보 및 초기 소화상황 조사	화재의 발견·통보 및 초기소화 등 일련의 과정
다. 연소상황 조사	화재의 연소경로 및 확대원인 등의 상황
라. 피난상황 조사	피난경로, 피난상의 장애요인 등의 상황
마. 소방시설 등 조사	소방시설의 사용 또는 작동 등의 상황

2. 화재피해조사

종류	조사범위
가. 인명피해조사	(1) 소방활동 중 발생한 사망자 및 부상자 (2) 그 밖에 화재로 인한 사망자 및 부상자
나. 재산피해조사	(1) 열에 의한 탄화, 용융, 파손 등의 피해 (2) 소화활동 중 사용된 물로 인한 피해 (3) 그 밖에 연기, 물품반출, 화재로 인한 폭발 등에 의한 피해

113 화재건수의 결정 및 건물의 동수 산정으로 옳지 않은 것은?

① 동일범이 아닌 각기 다른 사람에 의한 방화, 불장난은 동일 대상물에 발화했다면 한 건의 화재로 본다.

② 동일 소방대상물의 발화점이 2개소 이상 있는 누전점이 동일한 누전에 의한 화재 및 지진, 낙뢰(벼락) 등 자연현상에 의한 다발화재는 1건의 화재로 한다.

③ 화재범위가 2 이상의 관할구역에 걸친 화재에 대해서는 발화 소방대상물의 소재지를 관할하는 소방서에서 1건의 화재로 한다.

④ 주요구조부가 하나로 연결되어 있는 것은 1동으로 한다. 다만 건널 복도 등으로 2 이상의 동에 연결되어 있는 것은 그 부분을 절반으로 분리하여 각 동으로 본다.

▶ 화재조사 및 보고규정

제26조(화재건수의 결정) 1건의 화재란 1개의 발화지점에서 확대된 것으로 발화부터 진화까지를 말한다. 다만, 다음 각 목의 경우에는 당해 각 호에 의한다.

1. 동일범이 아닌 각기 다른 사람에 의한 방화, 불장난은 동일 대상물에서 발화했더라도 각각 별건의 화재로 한다.
2. 동일 소방대상물의 발화점이 2개소 이상 있는 다음의 화재는 1건의 화재로 한다.
   가. 누전점이 동일한 누전에 의한 화재
   나. 지진, 낙뢰 등 자연현상에 의한 다발화재

114 다음 중 특수구조대가 아닌 것은?

① 산악구조대   ② 해양구조대
③ 화학구조대   ④ 수난구조대

▶ 특수구조대

화학구조대, 산악구조대, 고속국도구조대, 수난구조대, 지하철구조대

115 다음 중 화재조사에 대한 설명으로 올바른 것은?

> ㉠ 화재조사의 목적은 화재의 경계와 예방활동을 위한 정보 자료 획득, 화재 및 제조물 위치관련 통계 작성 추구, 방화·실화 수사협조 및 피해자 구체적 증거 확보 등이 있다.
> ㉡ 본부장 또는 서장은 과학적이고 합리적인 화재원인 규명을 위하여 화재현장에서 수거된 물품에 대하여 감정을 실시하고 원인 입증을 위한 재현 등 시험을 실시할 수 있다.
> ㉢ 관계인의 승낙의무가 있으나 화재조사는 협조가 잘 이루어지지 않아 관계인의 협조가 없으면 화재조사에는 힘들게 된다. 따라서 관계인의 임의적 협조가 항상 필요하다.
> ㉣ 화재조사는 화재원인조사와 화재피해조사가 있다. 화재피해조사에서 인명피해조사 대상은 소방활동 중 발생한 사망자 및 부상자, 그 밖에 화재로 인한 사망자 및 부상자이며 재산피해조사는 소화활동 중 사용된 물로 인한 피해, 연기, 물품반출, 화재로 인한 폭발 등에 의한 피해, 열에 의한 탄화, 용융, 파손 등의 피해, 연소경로 및 연소확대물, 연소확대 사유 등이 있다.

① ㉠, ㉡, ㉢
② ㉡, ㉣
③ ㉣, ㉢
④ ㉠, ㉡

▶ 화재피해조사

종류	조사범위
가. 인명피해조사	(1) 소방활동 중 발생한 사망자 및 부상자 (2) 그 밖에 화재로 인한 사망자 및 부상자
나. 재산피해조사	(1) 열에 의한 탄화, 용융, 파손 등의 피해 (2) 소화활동 중 사용된 물로 인한 피해 (3) 그 밖에 연기, 물품반출, 화재로 인한 폭발 등에 의한 피해

116 다음 중 응급처치법으로 옳지 않은 것은?

① 턱을 위로 올려 기도가 직선이 되어 개방된 상태를 유지하며 질식을 막기 위해 기도 내 이물을 제거하여 호흡을 자유롭게 한다. 호흡장애 시 즉시 인공호흡을 시행한다.

② 의식이 없는 대상자는 복와위나 측위가 좋지만 이 체위가 불가능하다면 똑바로 눕혀 머리만 한쪽으로 돌려놓는다.

③ 출혈이 계속적으로 있다면 생명을 잃기 쉽기 때문에 상처부위에 먼지나 세균의 침입을 막기 위해 소독된 거즈나 붕대를 이용하여 드레싱을 하고 즉시 지혈을 하도록 한다.

④ 쇼크는 산소를 충분히 공급하지 못하므로 환자의 경구를 통하여 물이나 음료 등을 많이 섭취하게 한다.

▶

쇼크상태에서 음식물을 섭취하게 해서는 안 된다.

117 행정안전부장관 또는 재난관리책임기관(행정기관만을 말한다. 이하 이 조에서 같다)의 장은 재난 및 안전관리 기본법 제30조에 따른 긴급안전점검 결과 재난 발생의 위험이 높다고 인정되는 시설 또는 지역에 대하여는 대통령령으로 정하는 바에 따라 그 소유자·관리자 또는 점유자에게 안전조치를 할 것을 명할 수 있는데 이에 포함되지 않는 것은?

① 정밀안전진단
② 보수 또는 보강 등 정비
③ 재난을 발생시킬 위험요인 제거
④ 즉시 퇴피명령

▷ 재난 및 안전관리기본법 제31조 제1항

제31조(재난예방을 위한 안전조치) ① 행정안전부장관 또는 재난관리책임기관(행정기관만을 말한다. 이하 이 조에서 같다)의 장은 제30조에 따른 긴급안전점검 결과 재난 발생의 위험이 높다고 인정되는 시설 또는 지역에 대하여는 대통령령으로 정하는 바에 따라 그 소유자·관리자 또는 점유자에게 다음 각 호의 안전조치를 할 것을 명할 수 있다. 〈개정 2013. 3. 23., 2013. 8. 6., 2014. 11. 19., 2014. 12. 30., 2017. 1. 17., 2017. 7. 26.〉

1. 정밀안전진단(시설만 해당한다). 이 경우 다른 법령에 시설의 정밀안전진단에 관한 기준이 있는 경우에는 그 기준에 따르고, 다른 법령의 적용을 받지 아니하는 시설에 대하여는 행정안전부령으로 정하는 기준에 따른다.
2. 보수(補修) 또는 보강 등 정비
3. 재난을 발생시킬 위험요인의 제거

118 화재 장소에 대한 출입·조사에 관한 설명으로 옳지 않은 것은?

① 소방청장, 소방본부장 또는 소방서장은 화재조사를 하기 위하여 필요하면 관계인에게 보고 또는 자료 제출을 명하거나 관계공무원으로 하여금 관계 장소에 출입하여 화재의 원인과 피해의 상황을 조사하거나 관계인에게 질문하게 할 수 있다.
② 화재조사를 하는 관계 공무원은 그 권한을 표시하는 증표를 지니고 이를 관계인에게 보여주어야 한다.
③ 화재조사를 하는 관계 공무원은 관계인의 정당한 업무를 방해하거나 화재조사를 수행하면서 알게 된 비밀을 다른 사람에게 누설하여서는 아니 된다.
④ 소방청장, 소방본부장 또는 소방서장은 수사기관이 방화 또는 실화의 혐의가 있어서 이미 피의자를 체포하였거나 증거물을 압수하였을 때에는 화재조사를 위하여 수사기관이 수사하기 전에 그 피의자 또는 압수된 증거물에 대한 조사를 할 수 있다.

▷ 소방기본법 제31조

소방청장, 소방본부장 또는 소방서장은 수사기관이 방화 또는 실화의 혐의가 있어서 이미 피의자를 체포하였거나 증거물을 압수하였을 때에는 화재조사를 위하여 필요한 경우에는 수사에 지장을 주지 아니하는 범위에서 그 피의자 또는 압수된 증거물에 대한 조사를 할 수 있다.

119 화재원인을 규명하고 화재로 인한 피해를 산정하기 위하여 자료의 수집, 관계자 등에 대한 질문, 현장확인, 감식, 감정 및 실험 등을 하는 일련의 행동을 무엇이라 하는가?

① 감정   ② 감식
③ 조사   ④ 수사

▶ "조사"란 화재원인을 규명하고 화재로 인한 피해를 산정하기 위하여 자료의 수집, 관계자 등에 대한 질문, 현장확인, 감식, 감정 및 실험 등을 하는 일련의 행동을 말한다.

120 화재조사의 특징이 아닌 것은?

① 강제성을 지닌다.
② 보존성을 갖는다.
③ 경제성을 가져야 한다.
④ 안전성이 반드시 보호되어야 한다.

121 구조활동의 우선순위를 바르게 배열한 것은?

> ㉠ 요구조자의 구명에 필요한 조치를 한다.
> ㉡ 안전구역으로 구출 활동을 침착히 개시한다.
> ㉢ 위험현장에서 격리하여 재산을 보전한다.
> ㉣ 요구조자의 상태 악화 방지를 위한 필요한 조치를 한다.

① ㉡-㉠-㉢-㉣   ② ㉡-㉠-㉣-㉢
③ ㉠-㉡-㉢-㉣   ④ ㉠-㉡-㉣-㉢

122 화재 조사 및 보고 규정에서 화재원인조사의 범위에 해당하지 않는 것은?

① 연소상황조사   ② 인명피해조사
③ 피난상황조사   ④ 소방·방화시설 등 조사

▶ 인명피해조사는 피해조사이다.

123 '화재 조사 및 보고 규정'에서 뜻하는 화재의 정의가 아닌 것은?

① 사람의 의도에 반하는 화재
② 고의에 의해 발생하는 화재
③ 화학적인 폭발현상
④ 물리적인 폭발현상

▶ "화재"란 사람의 의도에 반하거나 고의에 의해 발생하는 연소 현상으로서 소화시설 등을 사용하여 소화할 필요가 있거나 또는 화학적인 폭발현상을 말한다.

124 소방 인적 자원관리에서 봉급, 건강보험, 퇴직자 연금제도 성과급, 휴가 등에 부과된 직·간접적 혜택 등이 증가함에 따라 단지 직원들의 봉급만 보고 그들의 총소득을 정확하게 설명할 수 없어 봉급, 혜택을 하나의 패키지로 표현하는 데 쓰이는 용어는?

① 연봉(annual income)
② 총보상(total compensation)
③ 공공복지(public welfare)
④ 기본연봉(basic annual salary)

125 화재원인의 판정을 위해 전문지식, 기술 및 경험을 활용해 주로 시각적인 방법으로 구체적인 사실관계를 규정하는 것은 무엇인가?

① 화재조사
② 발화원
③ 감정
④ 감식

▶ "감식"이란 화재원인의 판정을 위하여 전문적인 지식, 기술 및 경험을 활용하여 주로 시각에 의한 종합적인 판단으로 구체적인 사실관계를 명확하게 규명하는 것을 말한다.

126 화재발생 시 소방서 종합상황실의 경우 소방본부의 종합상황실에 보고해야 할 기준으로 옳지 않은 것은?

① 이재민 100명 이상 발생한 화재
② 재산피해액 50억원 이상 발생한 화재
③ 사망자 3명 이상 발생하거나 사상자 15명 이상 발생한 화재
④ 관공서, 학교, 정부미도정공장, 문화재, 지하철 또는 지하구 등에 발생한 화재

▶ 종합상황실의 실장은 다음 각 호의 1에 해당하는 상황이 발생하는 때에는 그 사실을 지체 없이 별지 제1호 서식에 의하여 서면·모사전송 또는 컴퓨터통신 등으로 소방서의 종합상황실의 경우는 소방본부의 종합 상황실에, 소방본부의 종합상황실의 경우는 소방청의 종합상황실에 각각 보고하여야 한다. 〈개정 2007.2.1., 2011.3.24., 2014.11.19.〉
1. 다음 각 목의 1에 해당하는 화재
  가. 사망자가 5인 이상 발생하거나 사상자가 10인 이상 발생한 화재

나. 이재민이 100인 이상 발생한 화재

다. 재산피해액이 50억원 이상 발생한 화재

라. 관공서 · 학교 · 정부미도정공장 · 문화재 · 지하철 또는 지하구의 화재

마. 관광호텔, 층수(「건축법 시행령」 제119조 제1항 제9호의 규정에 의하여 산정한 층수를 말한다. 이하 이 목에서 같다)가 11층 이상인 건축물, 지하상가, 시장, 백화점, 「위험물안전관리법」 제2조 제2항의 규정에 의한 지정수량의 3천배 이상의 위험물의 제조소 · 저장소 · 취급소, 층수가 5층 이상이거나 객실이 30실 이상인 숙박시설, 층수가 5층 이상이거나 병상이 30개 이상인 종합병원 · 정신병원 · 한방병원 · 요양소, 연면적 1만5천제곱미터 이상인 공장 또는 소방기본법 시행령(이하 "영"이라 한다) 제4조 제1항 각 목에 따른 화재경계지구에서 발생한 화재

바. 철도차량, 항구에 매어둔 총 톤수가 1천톤 이상인 선박, 항공기, 발전소 또는 변전소에서 발생한 화재

사. 가스 및 화약류의 폭발에 의한 화재

아. 「소방시설설치유지 및 안전관리에 관한 법률」 제8조의 규정에 의한 다중이용업소의 화재

2. 「긴급구조대응활동 및 현장지휘에 관한 규칙」에 의한 통제단장의 현장지휘가 필요한 재난상황

3. 언론에 보도된 재난상황

4. 그 밖에 소방청장이 정하는 재난상황

127 화재조사는 언제 실시하여야 하는가?

① 화재진압 전   ② 화재종료 후

③ 소화활동과 동시에   ④ 초기진화 후

▶────────────────────────────

화재조사는 소화활동과 동시에 실시하여야 한다.(화재를 인지한 시점부터실시)

128 다음 중 화재조사전담부서의 설치 · 운영 등에 관한 사항으로 바르지 못한 것은?

① 화재조사 전담부서에는 발굴용구, 기록용기기, 감식용기기, 조명기기, 그 밖의 장비를 갖추어야 한다.

② 화재조사에 관한 시험에 합격한 자에게 1년마다 전문보수 교육을 실시하여야 한다.

③ 화재의 원인과 피해조사를 위하여 소방청, 시 · 도의 소방본부와 소방서에 화재조사를 전담하는 부서를 설치 · 운영한다.

④ 화재조사는 소화활동과 동시에 실시되어야 한다.

▶────────────────────────────

화재조사에 관한 시험에 합격한 자에게 2년마다 전문보수교육을 실시하여야 한다.

129 다음 중 소방기본법상 화재조사 시 부여된 강제조사권으로 옳지 않은 것은?

① 관계인에 대한 질문권
② 증거물에 대한 경찰수사에 지장을 주는 압수권
③ 관계인에 대한 자료제출 명령권
④ 관계인에 대한 필요사항 보고 요구권

130 화재 시 건물의 30% 이상 70% 미만이 소실됐을 경우에 해당되는 화재로 옳은 것은?

① 전소화재
② 반소화재
③ 부분소화재
④ 완소화재

▶ 제30조(화재의 소실정도)

① 건축·구조물화재의 소실정도는 3종류로 구분하며 그 내용은 다음의 각 호에 따른다.
   1. 전소 : 건물의 70% 이상(입체면적에 대한 비율을 말한다. 이하 같다)이 소실되었거나 또는 그 미만이라도 잔존부분을 보수하여도 재사용이 불가능한 것
   2. 반소 : 건물의 30% 이상 70% 미만이 소실된 것
   3. 부분소 : 전소, 반소화재에 해당되지 아니하는 것
※ 참고 : 부분소화재＝10% 이상 30% 미만, 국소화재＝10% 미만

131 화재현장에서 부상자를 이송한 후 몇 시간 이내에 사망하였을 경우 사망자로 간주하는가?

① 24
② 48
③ 72
④ 96

▶ 제36조(사상자) 사상자는 화재현장에서 사망한 사람과 부상당한 사람을 말한다. 단, 화재현장에서 부상을 당한 후 72시간 이내에 사망한 경우에는 당해 화재로 인한 사망으로 본다.

132 다음 중 화재조사규정상 화재원인 및 피해조사는 언제 시작하여야 하는가?

① 출동과 동시
② 각지와 동시
③ 잔화정리와 동시
④ 현장지휘관 도착과 동시

▶ 제38조(조사의 개시) 조사관은 화재발생 사실을 인지함과 동시에 조사활동을 시작하여야 한다. 각지란 인지와 같은 뜻으로 화재사실을 인지한 시점부터 조사는 시작된다.

133 화재피해조사의 내용이 아닌 것은 어느 것인가?

① 소화활동 중 발생한 사망자
② 화재로 인한 영업중단 피해
③ 열에 의한 탄화, 용융, 파손 피해
④ 소화활동 중 사용한 물로 인한 피해

134 다음 화재조사 및 보고규정상의 용어의 정의 중 잘못 설명하고 있는 것은 어느 것인가?

① "화재"란 사람의 의도에 반하거나 고의에 의해 발생하는 연소현상으로서 소화시설 등을 사용하여 소화할 필요가 있는 것을 말한다.
② "조사"란 화재원인을 규명하고 화재로 인한 피해를 산정하기 위하여 자료의 수집, 관계자 등에 대한 질문, 현장확인, 감식, 감정 및 실험 등을 하는 일련의 행동을 말한다.
③ "감식"이란 화재와 관계된 모든 현상에 대하여 과학적 방법에 의한 필요한 실험을 행하고 그 결과를 근거로 화재원인을 밝히는 자료를 얻는 것을 말한다.
④ "과정"이란 발화원으로부터 발화 시까지 이어진 연소현상으로서 관계된 현상, 상태 또는 행위를 말한다.

▶ "감식"이란 화재원인의 판정을 위하여 전문적인 지식, 기술 및 경험을 활용하여 주로 시각에 의한 종합적인 판단으로 구체적인 사실관계를 명확하게 규명하는 것을 말한다.

135 다음 중 건물 동수의 산정에 대한 내용으로 잘못된 것은?

① 주요구조부가 하나로 연결되어 있는 것은 1동으로 한다.
② 건물의 외벽을 이용하여 실을 만들어 헛간, 목욕탕, 작업실, 사무실 및 기타 건물 용도로 사용하고 있는 것은 주 건물과 1동으로 본다.
③ 구조에 관계없이 지붕 및 실이 하나로 연결되어 있는 것은 동일동으로 한다.
④ 목조 또는 내화조 건물의 경우 격벽으로 방화구획이 되어 있는 경우는 별개의 동으로 한다.

▶
1. 주요구조부가 하나로 연결되어 있는 것은 1동으로 한다. 다만 건널 복도 등으로 2 이상의 동에 연결되어 있는 것은 그 부분을 절반으로 분리하여 각 동으로 본다.
2. 건물의 외벽을 이용하여 실을 만들어 헛간, 목욕탕, 작업실, 사무실 및 기타 건물 용도로 사용하고 있는 것은 주건물과 같은 동으로 본다.
3. 구조에 관계없이 지붕 및 실이 하나로 연결되어 있는 것은 같은 동으로 본다
4. 목조 또는 내화조 건물의 경우 격벽으로 방화구획이 되어 있는 경우도 같은 동으로 한다
5. 독립된 건물과 건물 사이에 차광막, 비막이 등의 덮개를 설치하고 그 밑을 통로 등으로 사용하는 경우는 다른 동으로 한다.
6. 내화조 건물의 옥상에 목조 또는 방화구조 건물이 별도 설치되어 있는 경우는 다른 동으로 한다.

다만, 이들 건물의 기능상 하나인 경우(옥내 계단이 있는 경우)는 같은 동으로 한다.

7. 내화조 건물의 외벽을 이용하여 목조 또는 방화구조건물이 별도 설치되어 있고 건물 내부와 구획되어 있는 경우 다른 동으로 한다. 다만, 주된 건물에 부착된 건물이 옥내로 출입구가 연결되어 있는 경우와 기계설비 등이 쌍방에 연결되어 있는 경우 등 건물 기능상 하나인 경우는 같은 동으로 한다.

136 건물의 소실이 70% 이상일 때 전소라고 하는데, 이때 70%는 무엇에 대한 비율인가?

① 바닥면적　　　　　　　　　　② 입체면적
③ 벽면적　　　　　　　　　　　④ 천정과 벽면적

▶ **제30조(화재의 소실정도)**
　　① 건축 · 구조물화재의 소실정도는 3종류로 구분하며 그 내용은 다음의 각 호에 따른다.
　　　　1. 전소 : 건물의 70% 이상(입체면적에 대한 비율을 말한다. 이하 같다)이 소실되었거나 또는 그 미만이라도 잔존부분을 보수하여도 재사용이 불가능한 것
　　　　2. 반소 : 건물의 30% 이상 70% 미만이 소실된 것
　　　　3. 부분소 : 전소, 반소화재에 해당되지 아니하는 것

137 화재의 종류가 복합적인 경우에 화재의 종류를 결정하는 기본적인 기준은?

① 사회통념　　　　　　　　　　② 발화지점
③ 화재피해액　　　　　　　　　④ 조사관의 판단

138 화재로 인한 부상의 정도에서 중상이란?

① 1주 이상의 입원치료를 필요로 하는 부상을 말한다.
② 2주 이상의 입원치료를 필요로 하는 부상을 말한다.
③ 3주 이상의 입원치료를 필요로 하는 부상을 말한다.
④ 입원치료를 필요로 하지 않는 부상을 말한다.

▶
제37조 (부상정도) 부상의 정도는 의사의 진단을 기초로 하여 다음 각 호와 같이 분류한다.
1. 중상 : 3주 이상의 입원치료를 필요로 하는 부상을 말한다.
2. 경상 : 중상 이외의(입원치료를 필요로 하지 않는 것도 포함한다) 부상을 말한다. 다만, 병원치료를 필요로 하지 않고 단순하게 연기를 흡입한 사람은 제외한다.

139 다음 중 2급 응급구조사의 업무 범위가 아닌 것은?

① 산소 투여
② 구강 내 이물질의 제거
③ 인공호흡기를 이용한 호흡의 유지
④ 기본 심폐소생술

▶ **1급 응급구조사의 업무**
- 약물투여(포도당, 수액)
- 심폐소생술 시행을 위한 기도유지(기도기 삽입)
- 인공호흡기를 이용한 호흡유지

140 병원 이송을 위한 중증도 분류와 색상의 연결이 옳지 않은 것은?

① 사망 또는 생존 가능성이 없는 환자 – 지연환자 – 백색
② 수시간 이내에 응급처치를 요하는 환자 – 응급환자 – 황색
③ 수시간, 수일 후 치료해도 생명에 지장이 없는 환자 – 비응급환자 – 녹색
④ 수분, 수시간 이내의 응급처치를 요하는 중증 환자 – 긴급환자 – 적색

▶
- 사망 또는 생존 가능성이 없는 환자 – 사망자 – 흑색
- 수시간 이내에 응급처치를 요하는 환자 – 응급환자 – 황색
- 수시간, 수일 후 치료해도 생명에 지장이 없는 환자 – 비응급환자 – 녹색
- 수분, 수시간 이내의 응급처치를 요하는 중증 환자 – 긴급환자 – 적색

141 화재조사 및 보고규정에서 사용하는 화재의 정의에 의할 때 다음 빈 칸에 들어갈 말로 가장 알맞은 것은?

> 사람의 의도에 반하거나 (   )에 의해 발생하는 연소현상으로서 소화시설 등을 사용하여 소화할 필요가 있거나 또는 (   )적인 폭발현상을 말한다.

① 과실 – 화학   ② 과실 – 물리
③ 고의 – 화학   ④ 고의 – 물리

▶
"화재"란 사람의 의도에 반하거나 고의에 의해 발생하는 연소현상으로서 소화시설 등을 사용하여 소화할 필요가 있는 것을 말한다.

재난관리론

CHAPTER 01 재난 및 안전관리 기본법의 이해

재난 및 안전관리 기본법/시행령/시행규칙

01 기본법

제1조(목적)

이 법은 각종 재난으로부터 국토를 보존하고 국민의 생명·신체 및 재산을 보호하기 위하여 국가와 지방자치단체의 재난 및 안전관리체제를 확립하고, 재난의 예방·대비·대응·복구와 안전문화활동, 그 밖에 재난 및 안전관리에 필요한 사항을 규정함을 목적으로 한다.

제3조(정의)

이 법에서 사용하는 용어의 뜻은 다음과 같다.

1. "재난"이란 국민의 생명·신체·재산과 국가에 피해를 주거나 줄 수 있는 것으로서 다음 각 목의 것을 말한다.
   가. 자연재난 : 태풍, 홍수, 호우(豪雨), 강풍, 풍랑, 해일(海溢), 대설, 한파, 낙뢰, 가뭄, 폭염, 지진, 황사(黃砂), 조류(藻類) 대발생, 조수(潮水), 화산활동, 소행성·유성체 등 자연우주물체의 추락·충돌, 그 밖에 이에 준하는 자연현상으로 인하여 발생하는 재해
   나. 사회재난 : 화재·붕괴·폭발·교통사고(항공사고 및 해상사고를 포함한다)·화생방사고·환경오염사고 등으로 인하여 발생하는 대통령령으로 정하는 규모 이상의 피해와 국가핵심기반의 마비, 「감염병의 예방 및 관리에 관한 법률」에 따른 감염병 또는 「가축전염병예방법」에 따른 가축전염병의 확산, 「미세먼지 저감 및 관리에 관한 특별법」에 따른 미세먼지 등으로 인한 피해

2. "해외재난"이란 대한민국의 영역 밖에서 대한민국 국민의 생명·신체 및 재산에 피해를 주거나 줄 수 있는 재난으로서 정부차원에서 대처할 필요가 있는 재난을 말한다.

3. "재난관리"란 재난의 예방·대비·대응 및 복구를 위하여 하는 모든 활동을 말한다.

4. "안전관리"란 재난이나 그 밖의 각종 사고로부터 사람의 생명·신체 및 재산의 안전을 확보하기 위하여 하는 모든 활동을 말한다.

4의2. "안전기준"이란 각종 시설 및 물질 등의 제작, 유지관리 과정에서 안전을 확보할 수 있도록 적용하여야 할 기술적 기준을 체계화한 것을 말하며, 안전기준의 분야, 범위 등에 관하여는 대통령령으로 정한다.

5. "재난관리책임기관"이란 재난관리업무를 하는 다음 각 목의 기관을 말한다.
   가. 중앙행정기관 및 지방자치단체(「제주특별자치도 설치 및 국제자유도시 조성을 위한 특별법」

제10조 제2항에 따른 행정시를 포함한다)

　　나. 지방행정기관·공공기관·공공단체(공공기관 및 공공단체의 지부 등 지방조직을 포함한다) 및 재난관리의 대상이 되는 중요시설의 관리기관 등으로서 대통령령으로 정하는 기관

5의2. "재난관리주관기관"이란 재난이나 그 밖의 각종 사고에 대하여 그 유형별로 예방·대비·대응 및 복구 등의 업무를 주관하여 수행하도록 대통령령으로 정하는 관계 중앙행정기관을 말한다.

6. "긴급구조"란 재난이 발생할 우려가 현저하거나 재난이 발생하였을 때에 국민의 생명·신체 및 재산을 보호하기 위하여 긴급구조기관과 긴급구조지원기관이 하는 인명구조, 응급처치, 그 밖에 필요한 모든 긴급한 조치를 말한다.

7. "긴급구조기관"이란 소방청·소방본부 및 소방서를 말한다. 다만, 해양에서 발생한 재난의 경우에는 해양경찰청·지방해양경찰청 및 해양경찰서를 말한다.

8. "긴급구조지원기관"이란 긴급구조에 필요한 인력·시설 및 장비, 운영체계 등 긴급구조능력을 보유한 기관이나 단체로서 대통령령으로 정하는 기관과 단체를 말한다.

9. "국가재난관리기준"이란 모든 유형의 재난에 공통적으로 활용할 수 있도록 재난관리의 전 과정을 통일적으로 단순화·체계화한 것으로서 행정안전부장관이 고시한 것을 말한다.

9의2. "안전문화활동"이란 안전교육, 안전훈련, 홍보 등을 통하여 안전에 관한 가치와 인식을 높이고 안전을 생활화하도록 하는 등 재난이나 그 밖의 각종 사고로부터 안전한 사회를 만들어가기 위한 활동을 말한다.

9의3. "안전취약계층"이란 어린이, 노인, 장애인, 저소득층 등 신체적, 사회적, 경제적 요인으로 인하여 재난에 취약한 사람을 말한다.

10. "재난관리정보"란 재난관리를 위하여 필요한 재난상황정보, 동원가능 자원정보, 시설물정보, 지리정보를 말한다.

11. "재난안전통신망"이란 재난관리책임기관·긴급구조기관 및 긴급구조지원기관이 재난관리업무에 이용하거나 재난현장에서의 통합지휘에 활용하기 위하여 구축·운영하는 무선통신망을 말한다.

12. "국가핵심기반"이란 에너지, 정보통신, 교통수송, 보건의료 등 국가경제, 국민의 안전·건강 및 정부의 핵심기능에 중대한 영향을 미칠 수 있는 시설, 정보기술시스템 및 자산 등을 말한다.

제9조(중앙안전관리위원회)

① 재난 및 안전관리에 관한 다음 각 호의 사항을 심의하기 위하여 국무총리 소속으로 중앙안전관리위원회(이하 "중앙위원회"라 한다)를 둔다.

1. 재난 및 안전관리에 관한 중요 정책에 관한 사항

2. 제22조에 따른 국가안전관리기본계획에 관한 사항

2의2. 제10조의2에 따른 재난 및 안전관리 사업 관련 중기사업계획서, 투자우선순위 의견 및 예산요구서에 관한 사항

3. 중앙행정기관의 장이 수립·시행하는 계획, 점검·검사, 교육·훈련, 평가 등 재난 및 안전관리업무의 조정에 관한 사항

3의2. 안전기준관리에 관한 사항

4. 제36조에 따른 재난사태의 선포에 관한 사항

5. 제60조에 따른 특별재난지역의 선포에 관한 사항

6. 재난이나 그 밖의 각종 사고가 발생하거나 발생할 우려가 있는 경우 이를 수습하기 위한 관계 기관 간 협력에 관한 중요 사항

7. 중앙행정기관의 장이 시행하는 대통령령으로 정하는 재난 및 사고의 예방사업 추진에 관한 사항

8. 「재난안전산업 진흥법」 제5조에 따른 기본계획에 관한 사항 〈신설 2022.1.4., 2023.1.5.〉

9. 그 밖에 위원장이 회의에 부치는 사항

② 중앙위원회의 위원장은 국무총리가 되고, 위원은 대통령령으로 정하는 중앙행정기관 또는 관계 기관·단체의 장이 된다.

③ 중앙위원회의 위원장은 중앙위원회를 대표하며, 중앙위원회의 업무를 총괄한다.

④ 중앙위원회에 간사 1명을 두며, 간사는 행정안전부장관이 된다.

제10조(안전정책조정위원회)

① 중앙위원회에 상정될 안건을 사전에 검토하고 다음 각 호의 사무를 수행하기 위하여 중앙위원회에 안전정책조정위원회(이하 "조정위원회"라 한다)를 둔다.

1. 제9조제1항제3호, 제3호의2, 제6호 및 제7호의 사항에 대한 사전 조정

2. 제23조에 따른 집행계획의 심의

3. 제26조에 따른 국가핵심기반의 지정에 관한 사항의 심의

4. 제71조의2에 따른 재난 및 안전관리기술 종합계획의 심의

5. 그 밖에 중앙위원회가 위임한 사항

② 조정위원회의 위원장은 행정안전부장관이 되고, 위원은 대통령령으로 정하는 중앙행정기관의 차관 또는 차관급 공무원과 재난 및 안전관리에 관한 지식과 경험이 풍부한 사람 중에서 위원장이 임명하거나 위촉하는 사람이 된다.

③ 조정위원회에 간사위원 1명을 두며, 간사위원은 행정안전부의 재난안전관리사무를 담당하는 본부장이 된다.

④ 조정위원회의 업무를 효율적으로 처리하기 위하여 조정위원회에 실무위원회를 둘 수 있다.

제11조(지역위원회)

① 지역별 재난 및 안전관리에 관한 다음 각 호의 사항을 심의·조정하기 위하여 특별시장·광역시장·특별자치시장·도지사·특별자치도지사(이하 "시·도지사"라 한다) 소속으로 시·도 안전관리위원회(이하 "시·도위원회"라 한다)를 두고, 시장(「제주특별자치도 설치 및 국제자유도시 조성을 위한 특별법」 제11조제1항에 따른 행정시장을 포함한다. 이하 같다)·군수·구청장(자치구의 구청장을 말한다. 이하 같다) 소속으로 시·군·구 안전관리위원회(이하 "시·군·구위원회"라 한다)를 둔다.

1. 해당 지역에 대한 재난 및 안전관리정책에 관한 사항

2. 제24조 또는 제25조에 따른 안전관리계획에 관한 사항

3. 해당 지역을 관할하는 재난관리책임기관(중앙행정기관과 상급 지방자치단체는 제외한다)이 수행하는 재난 및 안전관리업무의 추진에 관한 사항

4. 재난이나 그 밖의 각종 사고가 발생하거나 발생할 우려가 있는 경우 이를 수습하기 위한 관계 기관

간 협력에 관한 사항

5. 다른 법령이나 조례에 따라 해당 위원회의 권한에 속하는 사항

6. 그 밖에 해당 위원회의 위원장이 회의에 부치는 사항

② 시·도위원회의 위원장은 시·도지사가 되고, 시·군·구위원회의 위원장은 시장·군수·구청장이 된다.

③ 시·도위원회와 시·군·구위원회(이하 "지역위원회"라 한다)의 회의에 부칠 의안을 검토하고, 재난 및 안전관리에 관한 관계 기관 간의 협의·조정 등을 위하여 지역위원회에 안전정책실무조정위원회를 둘 수 있다.

④ 지역위원회 및 제3항에 따른 안전정책실무조정위원회의 구성과 운영에 필요한 사항은 해당 지방자치단체의 조례로 정한다.

제14조(중앙재난안전대책본부 등)

① 대통령령으로 정하는 대규모 재난(이하 "대규모재난"이라 한다)의 대응·복구(이하 "수습"이라 한다) 등에 관한 사항을 총괄·조정하고 필요한 조치를 하기 위하여 행정안전부에 중앙재난안전대책본부(이하 "중앙대책본부"라 한다)를 둔다.

② 중앙대책본부에 본부장과 차장을 둔다.

③ 중앙대책본부의 본부장(이하 "중앙대책본부장"이라 한다)은 행정안전부장관이 되며, 중앙대책본부장은 중앙대책본부의 업무를 총괄하고 필요하다고 인정하면 중앙재난안전대책본부회의를 소집할 수 있다. 다만, 해외재난의 경우에는 외교부장관이, 「원자력시설 등의 방호 및 방사능 방재 대책법」 제2조제1항제8호에 따른 방사능재난의 경우에는 같은 법 제25조에 따른 중앙방사능방재대책본부의 장이 각각 중앙대책본부장의 권한을 행사한다.

④ 제3항에도 불구하고 재난의 효과적인 수습을 위하여 다음 각 호의 어느 하나에 해당하는 경우에는 국무총리가 중앙대책본부장의 권한을 행사할 수 있다. 이 경우 행정안전부장관, 외교부장관(해외재난의 경우에 한정한다) 또는 원자력안전위원회 위원장(방사능 재난의 경우에 한정한다)이 차장이 된다.

1. 국무총리가 범정부적 차원의 통합 대응이 필요하다고 인정하는 경우

2. 행정안전부장관이 국무총리에게 건의하거나 제15조의2제2항에 따른 수습본부장의 요청을 받아 행정안전부장관이 국무총리에게 건의하는 경우

⑤ 중앙대책본부장은 대규모재난이 발생하거나 발생할 우려가 있는 경우에는 대통령령으로 정하는 바에 따라 실무반을 편성하고, 중앙재난안전대책본부상황실을 설치하는 등 해당 대규모재난에 대하여 효율적으로 대응하기 위한 체계를 갖추어야 한다. 이 경우 제18조제1항제1호에 따른 중앙재난안전상황실과 인력, 장비, 시설 등을 통합·운영할 수 있다.

⑥ 제1항에 따른 중앙대책본부, 제3항에 따른 중앙재난안전대책본부회의의 구성과 운영에 필요한 사항은 대통령령으로 정한다.

제16조(지역재난안전대책본부)

① 해당 관할 구역에서 재난의 수습 등에 관한 사항을 총괄·조정하고 필요한 조치를 하기 위하여 시·도지사는 시·도재난안전대책본부(이하 "시·도대책본부"라 한다)를 두고, 시장·군수·구청장은 시·군·구재난안전대책본부(이하 "시·군·구대책본부"라 한다)를 둔다.

② 시 · 도대책본부 또는 시 · 군 · 구대책본부(이하 "지역대책본부"라 한다)의 본부장(이하 "지역대책본부장"이라 한다)은 시 · 도지사 또는 시장 · 군수 · 구청장이 되며, 지역대책본부장은 지역대책본부의 업무를 총괄하고 필요하다고 인정하면 대통령령으로 정하는 바에 따라 지역재난안전대책본부회의를 소집할 수 있다.

③ 시 · 군 · 구대책본부의 장은 재난현장의 총괄 · 조정 및 지원을 위하여 재난현장 통합지원본부(이하 "통합지원본부"라 한다)를 설치 · 운영할 수 있다. 이 경우 통합지원본부의 장은 긴급구조에 대해서는 제52조에 따른 시 · 군 · 구긴급구조통제단장의 현장지휘에 협력하여야 한다.

④ 통합지원본부의 장은 관할 시 · 군 · 구의 부단체장이 되며, 실무반을 편성하여 운영할 수 있다.

⑤ 지역대책본부 및 통합지원본부의 구성과 운영에 필요한 사항은 해당 지방자치단체의 조례로 정한다.

제18조(재난안전상황실)

① 행정안전부장관, 시 · 도지사 및 시장 · 군수 · 구청장은 재난정보의 수집 · 전파, 상황관리, 재난발생 시 초동조치 및 지휘 등의 업무를 수행하기 위하여 다음 각 호의 구분에 따른 상시 재난안전상황실을 설치 · 운영하여야 한다.

  1. 행정안전부장관 : 중앙재난안전상황실
  2. 시 · 도지사 및 시장 · 군수 · 구청장 : 시 · 도별 및 시 · 군 · 구별 재난안전상황실

② 삭제 〈2014.12.30.〉

③ 중앙행정기관의 장은 소관 업무분야의 재난상황을 관리하기 위하여 재난안전상황실을 설치 · 운영하거나 재난상황을 관리할 수 있는 체계를 갖추어야 한다.

④ 제3조제5호나목에 따른 재난관리책임기관의 장은 재난에 관한 상황관리를 위하여 재난안전상황실을 설치 · 운영할 수 있다.

⑤ 제1항제2호, 제3항 및 제4항에 따른 재난안전상황실은 제1항제1호에 따른 중앙재난안전상황실 및 다른 기관의 재난안전상황실과 유기적인 협조체제를 유지하고, 재난관리정보를 공유하여야 한다.

제20조(재난상황의 보고)

① 시장 · 군수 · 구청장, 소방서장, 해양경찰서장, 제3조제5호나목에 따른 재난관리책임기관의 장 또는 제26조제1항에 따른 국가핵심기반을 관리하는 기관 · 단체의 장(이하 "관리기관의 장"이라 한다)은 그 관할구역, 소관 업무 또는 시설에서 재난이 발생하거나 발생할 우려가 있으면 대통령령으로 정하는 바에 따라 재난상황에 대해서는 즉시, 응급조치 및 수습현황에 대해서는 지체 없이 각각 행정안전부장관, 관계 재난관리주관기관의 장 및 시 · 도지사에게 보고하거나 통보하여야 한다. 이 경우 관계 재난관리주관기관의 장 및 시 · 도지사는 보고받은 사항을 확인 · 종합하여 행정안전부장관에게 통보하여야 한다.

② 시장 · 군수 · 구청장, 소방서장, 해양경찰서장, 제3조제5호나목에 따른 재난관리책임기관의 장 또는 관리기관의 장은 재난이 발생한 경우 또는 재난 발생을 신고받거나 통보받은 경우에는 즉시 관계 재난관리책임기관의 장에게 통보하여야 한다.

제21조(해외재난상황의 보고 및 관리)

① 재외공관의 장은 관할 구역에서 해외재난이 발생하거나 발생할 우려가 있으면 즉시 그 상황을 외교부장관에게 보고하여야 한다.

② 제1항의 보고를 받은 외교부장관은 지체 없이 해외재난 발생 또는 발생 우려 지역에 거주하거나 체류하는 대한민국 국민(이하 이 조에서 "해외재난국민"이라 한다)의 생사확인 등 안전 여부를 확인하고, 행정안전부장관 및 관계 중앙행정기관의 장과 협의하여 해외재난국민의 보호를 위한 방안을 마련하여 시행하여야 한다.

③ 해외재난국민의 가족 등은 외교부장관에게 해외재난국민의 생사확인 등 안전 여부 확인을 요청할 수 있다. 이 경우 외교부장관은 특별한 사유가 없으면 그 요청에 따라야 한다.

④ 제2항 및 제3항에 따른 안전 여부 확인과 가족 등의 범위는 대통령령으로 정한다.

제22조(국가안전관리기본계획의 수립 등)

① 국무총리는 대통령령으로 정하는 바에 따라 국가의 재난 및 안전관리업무에 관한 기본계획(이하 "국가안전관리기본계획"이라 한다)의 수립지침을 작성하여 관계 중앙행정기관의 장에게 통보하여야 한다.

② 제1항에 따른 수립지침에는 부처별로 중점적으로 추진할 안전관리기본계획의 수립에 관한 사항과 국가재난관리체계의 기본방향이 포함되어야 한다.

③ 관계 중앙행정기관의 장은 제1항에 따른 수립지침에 따라 그 소관에 속하는 재난 및 안전관리업무에 관한 기본계획을 작성한 후 국무총리에게 제출하여야 한다.

④ 국무총리는 제3항에 따라 관계 중앙행정기관의 장이 제출한 기본계획을 종합하여 국가안전관리기본계획을 작성하여 중앙위원회의 심의를 거쳐 확정한 후 이를 관계 중앙행정기관의 장에게 통보하여야 한다.

⑤ 중앙행정기관의 장은 제4항에 따라 확정된 국가안전관리기본계획 중 그 소관 사항을 관계 재난관리책임기관(중앙행정기관과 지방자치단체는 제외한다)의 장에게 통보하여야 한다.

⑥ 국가안전관리기본계획을 변경하는 경우에는 제1항부터 제5항까지를 준용한다.

⑦ 국가안전관리기본계획과 제23조의 집행계획, 제24조의 시 · 도안전관리계획 및 제25조의 시 · 군 · 구 안전관리계획은 「민방위기본법」에 따른 민방위계획 중 재난관리분야의 계획으로 본다.

⑧ 국가안전관리기본계획에는 다음 각 호의 사항이 포함되어야 한다.
   1. 재난에 관한 대책
   2. 생활안전, 교통안전, 산업안전, 시설안전, 범죄안전, 식품안전, 안전취약계층 안전 및 그 밖에 이에 준하는 안전관리에 관한 대책

제23조(집행계획)

① 관계 중앙행정기관의 장은 제22조제4항에 따라 통보받은 국가안전관리기본계획에 따라 그 소관 업무에 관한 집행계획을 작성하여 조정위원회의 심의를 거쳐 국무총리의 승인을 받아 확정한다.

② 관계 중앙행정기관의 장은 확정된 집행계획을 행정안전부장관, 시 · 도지사 및 제3조제5호나목에 따른 재난관리책임기관의 장에게 각각 통보하여야 한다.

③ 제3조제5호나목에 따른 재난관리책임기관의 장은 제2항에 따라 통보받은 집행계획에 따라 세부집행계획을 작성하여 관할 시 · 도지사와 협의한 후 소속 중앙행정기관의 장의 승인을 받아 이를 확정하여야 한다. 이 경우 그 재난관리책임기관의 장이 공공기관이나 공공단체의 장인 경우에는 그 내용을 지부 등 지방조직에 통보하여야 한다.

제31조(재난예방을 위한 안전조치)

① 행정안전부장관 또는 재난관리책임기관(행정기관만을 말한다. 이하 이 조에서 같다)의 장은 제30조에

따른 긴급안전점검 결과 재난 발생의 위험이 높다고 인정되는 시설 또는 지역에 대하여는 대통령령으로 정하는 바에 따라 그 소유자·관리자 또는 점유자에게 다음 각 호의 안전조치를 할 것을 명할 수 있다.

1. 정밀안전진단(시설만 해당한다). 이 경우 다른 법령에 시설의 정밀안전진단에 관한 기준이 있는 경우에는 그 기준에 따르고, 다른 법령의 적용을 받지 아니하는 시설에 대하여는 행정안전부령으로 정하는 기준에 따른다.

2. 보수(補修) 또는 보강 등 정비

3. 재난을 발생시킬 위험요인의 제거

② 제1항에 따른 안전조치명령을 받은 소유자·관리자 또는 점유자는 이행계획서를 작성하여 행정안전부장관 또는 재난관리책임기관의 장에게 제출한 후 안전조치를 하고, 행정안전부령으로 정하는 바에 따라 그 결과를 행정안전부장관 또는 재난관리책임기관의 장에게 통보하여야 한다.

제36조(재난사태 선포)

① 행정안전부장관은 대통령령으로 정하는 재난이 발생하거나 발생할 우려가 있는 경우 사람의 생명·신체 및 재산에 미치는 중대한 영향이나 피해를 줄이기 위하여 긴급한 조치가 필요하다고 인정하면 중앙위원회의 심의를 거쳐 재난사태를 선포할 수 있다. 다만, 행정안전부장관은 재난상황이 긴급하여 중앙위원회의 심의를 거칠 시간적 여유가 없다고 인정하는 경우에는 중앙위원회의 심의를 거치지 아니하고 재난사태를 선포할 수 있다.

② 행정안전부장관은 제1항 단서에 따라 재난사태를 선포한 경우에는 지체 없이 중앙위원회의 승인을 받아야 하고, 승인을 받지 못하면 선포된 재난사태를 즉시 해제하여야 한다.

③ 행정안전부장관 및 지방자치단체의 장은 제1항에 따라 재난사태가 선포된 지역에 대하여 다음 각 호의 조치를 할 수 있다.

1. 재난경보의 발령, 인력·장비 및 물자의 동원, 위험구역 설정, 대피명령, 응급지원 등 이 법에 따른 응급조치

2. 해당 지역에 소재하는 행정기관 소속 공무원의 비상소집

3. 해당 지역에 대한 여행 등 이동 자제 권고

4. 「유아교육법」 제31조, 「초·중등교육법」 제64조 및 「고등교육법」 제61조에 따른 휴업명령 및 휴원·휴교 처분의 요청

5. 그 밖에 재난예방에 필요한 조치

④ 행정안전부장관은 재난으로 인한 위험이 해소되었다고 인정하는 경우 또는 재난이 추가적으로 발생할 우려가 없어진 경우에는 선포된 재난사태를 즉시 해제하여야 한다.

제37조(응급조치)

① 제50조제2항에 따른 시·도긴급구조통제단 및 시·군·구긴급구조통제단의 단장(이하 "지역통제단장"이라 한다)과 시장·군수·구청장은 재난이 발생할 우려가 있거나 재난이 발생하였을 때에는 즉시 관계 법령이나 재난대응활동계획 및 위기관리 매뉴얼에서 정하는 바에 따라 수방(水防)·진화·구조 및 구난(救難), 그 밖에 재난 발생을 예방하거나 피해를 줄이기 위하여 필요한 다음 각 호의 응급조치를 하여야 한다. 다만, 지역통제단장의 경우에는 제2호 중 진화에 관한 응급조치와 제4호 및 제6호의 응급조

치만 하여야 한다.

1. 경보의 발령 또는 전달이나 피난의 권고 또는 지시

1의2. 제31조에 따른 안전조치

2. 진화·수방·지진방재, 그 밖의 응급조치와 구호

3. 피해시설의 응급복구 및 방역과 방범, 그 밖의 질서 유지

4. 긴급수송 및 구조 수단의 확보

5. 급수 수단의 확보, 긴급피난처 및 구호품의 확보

6. 현장지휘통신체계의 확보

7. 그 밖에 재난 발생을 예방하거나 줄이기 위하여 필요한 사항으로서 대통령령으로 정하는 사항

② 시·군·구의 관할 구역에 소재하는 재난관리책임기관의 장은 시장·군수·구청장이나 지역통제단장이 요청하면 관계 법령이나 시·군·구안전관리계획에서 정하는 바에 따라 시장·군수·구청장이나 지역통제단장의 지휘 또는 조정하에 그 소관 업무에 관계되는 응급조치를 실시하거나 시장·군수·구청장이나 지역통제단장이 실시하는 응급조치에 협력하여야 한다.

제39조(동원명령 등)

① 중앙대책본부장과 시장·군수·구청장(시·군·구대책본부가 운영되는 경우에는 해당 본부장을 말한다. 이하 제40조부터 제45조까지에서 같다)은 재난이 발생하거나 발생할 우려가 있다고 인정하면 다음 각 호의 조치를 할 수 있다.

1. 「민방위기본법」 제26조에 따른 민방위대의 동원

2. 응급조치를 위하여 재난관리책임기관의 장에 대한 관계 직원의 출동 또는 재난관리자원 및 제34조제2항에 따라 지정된 장비·시설 및 인력의 동원 등 필요한 조치의 요청

3. 동원 가능한 장비와 인력 등이 부족한 경우에는 국방부장관에 대한 군부대의 지원 요청

② 제1항에 따라 필요한 조치의 요청을 받은 기관의 장은 특별한 사유가 없으면 요청에 따라야 한다.

제40조(대피명령)

① 시장·군수·구청장과 지역통제단장(대통령령으로 정하는 권한을 행사하는 경우에만 해당한다. 이하 이 조에서 같다)은 재난이 발생하거나 발생할 우려가 있는 경우에 사람의 생명 또는 신체나 재산에 대한 위해를 방지하기 위하여 필요하면 해당 지역 주민이나 그 지역 안에 있는 사람에게 대피하도록 명하거나 선박·자동차 등을 그 소유자·관리자 또는 점유자에게 대피시킬 것을 명할 수 있다. 이 경우 미리 대피장소를 지정할 수 있다.

② 제1항에 따른 대피명령을 받은 경우에는 즉시 명령에 따라야 한다.

제41조(위험구역의 설정)

① 시장·군수·구청장과 지역통제단장(대통령령으로 정하는 권한을 행사하는 경우에만 해당한다. 이하 이 조에서 같다)은 재난이 발생하거나 발생할 우려가 있는 경우에 사람의 생명 또는 신체에 대한 위해 방지나 질서의 유지를 위하여 필요하면 위험구역을 설정하고, 응급조치에 종사하지 아니하는 사람에게 다음 각 호의 조치를 명할 수 있다.

1. 위험구역에 출입하는 행위나 그 밖의 행위의 금지 또는 제한

2. 위험구역에서의 퇴거 또는 대피

② 시장 · 군수 · 구청장과 지역통제단장은 제1항에 따라 위험구역을 설정할 때에는 그 구역의 범위와 제1항 제1호에 따라 금지되거나 제한되는 행위의 내용, 그 밖에 필요한 사항을 보기 쉬운 곳에 게시하여야 한다.

③ 관계 중앙행정기관의 장은 재난이 발생하거나 발생할 우려가 있는 경우로서 사람의 생명 또는 신체에 대한 위해 방지나 질서의 유지를 위하여 필요하다고 인정되는 경우에는 시장 · 군수 · 구청장과 지역통제 단장에게 위험구역의 설정을 요청할 수 있다.

제42조(강제대피조치)

① 시장 · 군수 · 구청장과 지역통제단장(대통령령으로 정하는 권한을 행사하는 경우에만 해당한다. 이하 이 조에서 같다)은 제40조제1항에 따른 대피명령을 받은 사람 또는 제41조제1항제2호에 따른 위험구역 에서의 퇴거나 대피명령을 받은 사람이 그 명령을 이행하지 아니하여 위급하다고 판단되면 그 지역 또는 위험구역 안의 주민이나 그 안에 있는 사람을 강제로 대피 또는 퇴거시키거나 선박 · 자동차 등을 견인시 킬 수 있다.

② 시장 · 군수 · 구청장 및 지역통제단장은 제1항에 따라 주민 등을 강제로 대피 또는 퇴거시키기 위하여 필요하다고 인정하면 관할 경찰관서의 장에게 필요한 인력 및 장비의 지원을 요청할 수 있다.

③ 제2항에 따른 요청을 받은 경찰관서의 장은 특별한 사유가 없는 한 이에 응하여야 한다.

제43조(통행제한 등)

① 시장 · 군수 · 구청장과 지역통제단장(대통령령으로 정하는 권한을 행사하는 경우에만 해당한다)은 응 급조치에 필요한 물자를 긴급히 수송하거나 진화 · 구조 등을 하기 위하여 필요하면 대통령령으로 정하는 바에 따라 경찰관서의 장에게 도로의 구간을 지정하여 해당 긴급수송 등을 하는 차량 외의 차량의 통행을 금지하거나 제한하도록 요청할 수 있다.

② 제1항에 따른 요청을 받은 경찰관서의 장은 특별한 사유가 없으면 요청에 따라야 한다.

제44조(응원)

① 시장 · 군수 · 구청장은 응급조치를 하기 위하여 필요하면 다른 시 · 군 · 구나 관할 구역에 있는 군부대 및 관계 행정기관의 장, 그 밖의 민간기관 · 단체의 장에게 인력 · 장비 · 자재 등 필요한 응원(應援)을 요청할 수 있다. 이 경우 응원을 요청받은 군부대의 장과 관계 행정기관의 장은 특별한 사유가 없으면 요청에 따라야 한다.

② 제1항에 따라 응원에 종사하는 사람은 그 응원을 요청한 시장 · 군수 · 구청장의 지휘에 따라 응급조치에 종사하여야 한다.

제49조(중앙긴급구조통제단)

① 긴급구조에 관한 사항의 총괄 · 조정, 긴급구조기관 및 긴급구조지원기관이 하는 긴급구조활동의 역할 분담과 지휘 · 통제를 위하여 소방청에 중앙긴급구조통제단(이하 "중앙통제단"이라 한다)을 둔다.

② 중앙통제단의 단장은 소방청장이 된다.

③ 중앙통제단장은 긴급구조를 위하여 필요하면 긴급구조지원기관 간의 공조체제를 유지하기 위하여 관계 기관 · 단체의 장에게 소속 직원의 파견을 요청할 수 있다. 이 경우 요청을 받은 기관 · 단체의 장은 특별한

사유가 없으면 요청에 따라야 한다.

④ 중앙통제단의 구성 · 기능 및 운영에 필요한 사항은 대통령령으로 정한다.

제50조(지역긴급구조통제단)

① 지역별 긴급구조에 관한 사항의 총괄 · 조정, 해당 지역에 소재하는 긴급구조기관 및 긴급구조지원기관 간의 역할분담과 재난현장에서의 지휘 · 통제를 위하여 시 · 도의 소방본부에 시 · 도긴급구조통제단을 두고, 시 · 군 · 구의 소방서에 시 · 군 · 구긴급구조통제단을 둔다.

② 시 · 도긴급구조통제단과 시 · 군 · 구긴급구조통제단(이하 "지역통제단"이라 한다)에는 각각 단장 1명을 두되, 시 · 도긴급구조통제단의 단장은 소방본부장이 되고 시 · 군 · 구긴급구조통제단의 단장은 소방서장이 된다.

③ 지역통제단장은 긴급구조를 위하여 필요하면 긴급구조지원기관 간의 공조체제를 유지하기 위하여 관계 기관 · 단체의 장에게 소속 직원의 파견을 요청할 수 있다. 이 경우 요청을 받은 기관 · 단체의 장은 특별한 사유가 없으면 요청에 따라야 한다.

④ 지역통제단의 기능과 운영에 관한 사항은 대통령령으로 정한다.

제51조(긴급구조)

① 지역통제단장은 재난이 발생하면 소속 긴급구조요원을 재난현장에 신속히 출동시켜 필요한 긴급구조활동을 하게 하여야 한다.

② 지역통제단장은 긴급구조를 위하여 필요하면 긴급구조지원기관의 장에게 소속 긴급구조지원요원을 현장에 출동시키거나 긴급구조에 필요한 장비 · 물자를 제공하는 등 긴급구조활동을 지원할 것을 요청할 수 있다. 이 경우 요청을 받은 기관의 장은 특별한 사유가 없으면 즉시 요청에 따라야 한다.

③ 제2항에 따른 요청에 따라 긴급구조활동에 참여한 민간 긴급구조지원기관에 대하여는 대통령령으로 정하는 바에 따라 그 경비의 전부 또는 일부를 지원할 수 있다.

④ 긴급구조활동을 하기 위하여 회전익항공기(이하 이 항에서 "헬기"라 한다)를 운항할 필요가 있으면 긴급구조기관의 장이 헬기의 운항과 관련되는 사항을 헬기운항통제기관에 통보하고 헬기를 운항할 수 있다. 이 경우 관계 법령에 따라 해당 헬기의 운항이 승인된 것으로 본다.

제52조(긴급구조 현장지휘)

① 재난현장에서는 시 · 군 · 구긴급구조통제단장이 긴급구조활동을 지휘한다. 다만, 치안활동과 관련된 사항은 관할 경찰관서의 장과 협의하여야 한다.

② 제1항에 따른 현장지휘는 다음 각 호의 사항에 관하여 한다.

1. 재난현장에서 인명의 탐색 · 구조
2. 긴급구조기관 및 긴급구조지원기관의 인력 · 장비의 배치와 운용
3. 추가 재난의 방지를 위한 응급조치
4. 긴급구조지원기관 및 자원봉사자 등에 대한 임무의 부여
5. 사상자의 응급처치 및 의료기관으로의 이송
6. 긴급구조에 필요한 물자의 관리
7. 현장접근 통제, 현장 주변의 교통정리, 그 밖에 긴급구조활동을 효율적으로 하기 위하여 필요한 사항

③ 시·도긴급구조통제단장은 필요하다고 인정하면 제1항에도 불구하고 직접 현장지휘를 할 수 있다.

④ 중앙통제단장은 대통령령으로 정하는 대규모 재난이 발생하거나 그 밖에 필요하다고 인정하면 제1항 및 제3항에도 불구하고 직접 현장지휘를 할 수 있다.

⑤ 재난현장에서 긴급구조활동을 하는 긴급구조요원과 긴급구조지원기관의 인력·장비·물자에 대한 운용은 제1항·제3항 및 제4항에 따라 현장지휘를 하는 긴급구조통제단장(이하 "각급통제단장"이라 한다)의 지휘·통제에 따라야 한다.

⑥ 제16조제2항에 따른 지역대책본부장은 각급통제단장이 수행하는 긴급구조활동에 적극 협력하여야 한다.

⑦ 시·군·구긴급구조통제단장은 제16조제3항에 따라 설치·운영하는 통합지원본부의 장에게 긴급구조에 필요한 인력이나 물자 등의 지원을 요청할 수 있다. 이 경우 요청받은 기관의 장은 최대한 협조하여야 한다.

⑧ 재난현장의 구조활동 등 초동 조치상황에 대한 언론 발표 등은 각급통제단장이 지명하는 자가 한다.

⑨ 각급통제단장은 재난현장의 긴급구조 등 현장지휘를 효과적으로 하기 위하여 재난현장에 현장지휘소를 설치·운영할 수 있다. 이 경우 긴급구조활동에 참여하는 긴급구조지원기관의 현장지휘자는 현장지휘소에 대통령령으로 정하는 바에 따라 연락관을 파견하여야 한다.

⑩ 각급통제단장은 긴급구조 활동을 종료하려는 때에는 재난현장에 참여한 지역사고수습본부장, 통합지원본부의 장 등과 협의를 거쳐 결정하여야 한다. 이 경우 각급통제단장은 긴급구조 활동 종료 사실을 지역대책본부장 및 제5항에 따른 긴급구조지원기관의 장에게 통보하여야 한다.

⑪ 해양에서 발생한 재난의 긴급구조활동에 관하여는 제1항부터 제10항까지의 규정을 준용한다. 이 경우 시·군·구긴급구조통제단장, 시·도긴급구조통제단장, 중앙긴급구조통제단장은 「수상에서의 수색·구조 등에 관한 법률」 제7조에 따른 지역구조본부의 장, 광역구조본부의 장, 중앙구조본부의 장으로 각각 본다.

제56조(해상에서의 긴급구조)

해상에서 발생한 선박이나 항공기 등의 조난사고의 긴급구조활동에 관하여는 「수상에서의 수색·구조 등에 관한 법률」 등 관계 법령에 따른다.

제57조(항공기 등 조난사고 시의 긴급구조 등)

① 소방청장은 항공기 조난사고가 발생한 경우 항공기 수색과 인명구조를 위하여 항공기 수색·구조계획을 수립·시행하여야 한다. 다만, 다른 법령에 항공기의 수색·구조에 관한 특별한 규정이 있는 경우에는 그 법령에 따른다.

② 항공기의 수색·구조에 필요한 사항은 대통령령으로 정한다.

③ 국방부장관은 항공기나 선박의 조난사고가 발생하면 관계 법령에 따라 긴급구조업무에 책임이 있는 기관의 긴급구조활동에 대한 군의 지원을 신속하게 할 수 있도록 다음 각 호의 조치를 취하여야 한다.

   1. 탐색구조본부의 설치·운영

   2. 탐색구조부대의 지정 및 출동대기태세의 유지

   3. 조난 항공기에 관한 정보 제공

④ 제3항제1호에 따른 탐색구조본부의 구성과 운영에 필요한 사항은 국방부령으로 정한다.

제60조(특별재난지역의 선포)

① 중앙대책본부장은 대통령령으로 정하는 규모의 재난이 발생하여 국가의 안녕 및 사회질서의 유지에 중대한 영향을 미치거나 피해를 효과적으로 수습하기 위하여 특별한 조치가 필요하다고 인정하거나 제3항에 따른 지역대책본부장의 요청이 타당하다고 인정하는 경우에는 중앙위원회의 심의를 거쳐 해당 지역을 특별재난지역으로 선포할 것을 대통령에게 건의할 수 있다.

② 제1항에 따라 특별재난지역의 선포를 건의받은 대통령은 해당 지역을 특별재난지역으로 선포할 수 있다.

③ 지역대책본부장은 관할지역에서 발생한 재난으로 인하여 제1항에 따른 사유가 발생한 경우에는 중앙대책본부장에게 특별재난지역의 선포 건의를 요청할 수 있다.

제61조(특별재난지역에 대한 지원)

국가나 지방자치단체는 제60조에 따라 특별재난지역으로 선포된 지역에 대하여는 제66조제3항에 따른 지원을 하는 외에 대통령령으로 정하는 바에 따라 응급대책 및 재난구호와 복구에 필요한 행정상·재정상·금융상·의료상의 특별지원을 할 수 있다.

제66조의4(안전문화 진흥을 위한 시책의 추진)

① 중앙행정기관의 장과 지방자치단체의 장은 소관 재난 및 안전관리업무와 관련하여 국민의 안전의식을 높이고 안전문화를 진흥시키기 위한 다음 각 호의 안전문화활동을 적극 추진하여야 한다.

  1. 안전교육 및 안전훈련(응급상황시의 대처요령을 포함한다)

  2. 안전의식을 높이기 위한 캠페인 및 홍보

  3. 안전행동요령 및 기준·절차 등에 관한 지침의 개발·보급

  4. 안전문화 우수사례의 발굴 및 확산

  5. 안전 관련 통계 현황의 관리·활용 및 공개

  6. 안전에 관한 각종 조사 및 분석

  6의2. 안전취약계층의 안전관리 강화

  7. 그 밖에 안전문화를 진흥하기 위한 활동

② 행정안전부장관은 제1항에 따른 안전문화활동의 추진에 관한 총괄·조정 업무를 관장한다.

③ 지방자치단체의 장은 지역 내 안전문화활동에 주민이 참여할 수 있는 제도를 마련하여 시행할 수 있다.

④ 국가와 지방자치단체는 국민이 안전문화를 실천하고 체험할 수 있는 안전체험시설을 설치·운영할 수 있다.

⑤ 국가와 지방자치단체는 지방자치단체 또는 그 밖의 기관·단체에서 추진하는 안전문화활동을 위하여 필요한 예산을 지원할 수 있다.

제66조의7(국민안전의 날 등)

① 국가는 국민의 안전의식 수준을 높이기 위하여 매년 4월 16일을 국민안전의 날로 정하여 필요한 행사 등을 한다.

② 국가는 대통령령으로 정하는 바에 따라 국민의 안전의식 수준을 높이기 위하여 안전점검의 날과 방재의 날을 정하여 필요한 행사 등을 할 수 있다.

02 기본법 시행령

제2조(재난의 범위)

「재난 및 안전관리 기본법」(이하 "법"이라 한다) 제3조제1호나목에서 "대통령령으로 정하는 규모 이상의 피해"란 다음 각 호의 어느 하나에 해당하는 것을 말한다.

1. 국가 또는 지방자치단체 차원의 대처가 필요한 인명 또는 재산의 피해
2. 그 밖에 제1호의 피해에 준하는 것으로서 행정안전부장관이 재난관리를 위하여 필요하다고 인정하는 피해

제4조(긴급구조지원기관)

법 제3조제8호에서 "대통령령으로 정하는 기관과 단체"란 다음 각 호의 기관과 단체를 말한다.

1. 교육부, 과학기술정보통신부, 국방부, 산업통상자원부, 보건복지부, 환경부, 국토교통부, 해양수산부, 방송통신위원회, 경찰청, 기상청 및 산림청
2. 국방부장관이 법 제57조제3항제2호에 따른 탐색구조부대로 지정하는 군부대와 그 밖에 긴급구조지원을 위하여 국방부장관이 지정하는 군부대
3. 「대한적십자사 조직법」에 따른 대한적십자사
4. 「의료법」 제3조제2항제3호마목에 따른 종합병원
4의2. 「응급의료에 관한 법률」 제2조제5호에 따른 응급의료기관, 같은 법 제27조에 따른 응급의료정보센터 및 같은 법 제44조제1항제1호・제2호에 따른 구급차등의 운용자
5. 「재해구호법」 제29조에 따른 전국재해구호협회
6. 법 제3조제7호에 따른 긴급구조기관과 긴급구조활동에 관한 응원협정을 체결한 기관 및 단체
7. 그 밖에 긴급구조에 필요한 인력과 장비를 갖춘 기관 및 단체로서 행정안전부령으로 정하는 기관 및 단체

제6조(중앙안전관리위원회의 위원)

① 법 제9조제2항에 따른 중앙안전관리위원회(이하 "중앙위원회"라 한다)의 위원은 다음 각 호의 사람이 된다.

1. 기획재정부장관, 교육부장관, 과학기술정보통신부장관, 외교부장관, 통일부장관, 법무부장관, 국방부장관, 행정안전부장관, 문화체육관광부장관, 농림축산식품부장관, 산업통상자원부장관, 보건복지부장관, 환경부장관, 고용노동부장관, 여성가족부장관, 국토교통부장관, 해양수산부장관 및 중소벤처기업부장관
2. 국가정보원장, 방송통신위원회위원장, 국무조정실장, 식품의약품안전처장, 금융위원회위원장 및 원자력안전위원회위원장
3. 경찰청장, 소방청장, 문화재청장, 산림청장, 기상청장 및 해양경찰청장
4. 그 밖에 중앙위원회의 위원장이 지정하는 기관 및 단체의 장

② 법 제9조제5항에서 "대통령령으로 정하는 중앙행정기관의 장 순"이란 제1항제1호에 따른 중앙행정기관의 장의 순서를 말한다.

제8조(중앙위원회의 운영)

① 중앙위원회의 회의는 위원의 요청이 있거나 위원장이 필요하다고 인정하는 경우에 위원장이 소집한다.

② 중앙위원회의 회의는 재적위원 과반수의 출석으로 개의(開議)하고, 출석위원 과반수의 찬성으로 의결한다.

③ 위원장은 회의 안건과 관련하여 필요하다고 인정하는 경우에는 관계 공무원과 민간전문가 등을 회의에 참석하게 하거나 관계 기관의 장에게 자료 제출을 요청할 수 있다. 이 경우 요청을 받은 관계 공무원과 관계 기관의 장은 특별한 사유가 없으면 요청에 따라야 한다.

④ 제1항부터 제3항까지에서 규정한 사항 외에 중앙위원회의 운영에 필요한 사항은 중앙위원회 의결을 거쳐 위원장이 정한다.

제9조(안전정책조정위원회의 구성 · 운영 등)

① 법 제10조제1항에 따라 중앙위원회에 두는 안전정책조정위원회(이하 "조정위원회"라 한다)의 위원은 다음 각 호의 사람이 된다.

　　1. 기획재정부차관, 교육부차관, 과학기술정보통신부차관, 외교부차관, 통일부차관, 법무부차관, 국방부차관, 행정안전부의 재난안전관리사무를 담당하는 본부장, 문화체육관광부차관, 농림축산식품부차관, 산업통상자원부차관, 보건복지부차관, 환경부차관, 고용노동부차관, 여성가족부차관, 국토교통부차관, 해양수산부차관 및 중소벤처기업부차관. 이 경우 복수차관이 있는 기관은 재난 및 안전관리 업무를 관장하는 차관으로 한다.

　　2. 국가정보원 제2차장, 방송통신위원회 상임위원, 국무조정실 제2차장 및 금융위원회 부위원장

　　3. 그 밖에 재난 및 안전관리에 관한 지식과 경험이 풍부한 사람 중에서 조정위원회 위원장이 임명하거나 위촉하는 사람

② 조정위원회의 회의는 위원이 요청하거나 위원장이 필요하다고 인정하는 경우에 위원장이 소집한다.

③ 조정위원회의 회의는 재적위원 과반수의 출석으로 개의하고, 출석위원 과반수의 찬성으로 의결한다.

④ 위원장은 회의 안건과 관련하여 필요하다고 인정하는 경우에는 관계 공무원과 민간전문가 등을 회의에 참석하게 하거나 관계 기관의 장에게 자료 제출을 요청할 수 있다. 이 경우 요청을 받은 관계 공무원과 관계 기관의 장은 특별한 사유가 없으면 요청에 따라야 한다.

⑤ 제1항부터 제4항까지에서 규정한 사항 외에 조정위원회의 구성 및 운영 등에 필요한 사항은 위원장이 정한다.

제13조(대규모 재난의 범위)

법 제14조제1항에서 "대통령령으로 정하는 대규모 재난"이란 다음 각 호의 어느 하나에 해당하는 재난을 말한다.

　　1. 재난 중 인명 또는 재산의 피해 정도가 매우 크거나 재난의 영향이 사회적 · 경제적으로 광범위하여 주무부처의 장 또는 법 제16조제2항에 따른 지역재난안전대책본부(이하 "지역대책본부"라 한다)의 본부장(이하 "지역대책본부장"이라 한다)의 건의를 받아 법 제14조제2항에 따른 중앙재난안전대책본부의 본부장(이하 "중앙대책본부장"이라 한다)이 인정하는 재난

　　2. 제1호에 따른 재난에 준하는 것으로서 중앙대책본부장이 재난관리를 위하여 법 제14조제1항에 따

른 중앙재난안전대책본부(이하 "중앙대책본부"라 한다)의 설치가 필요하다고 판단하는 재난

제21조의2(지역대책본부회의)

① 지역대책본부장은 다음 각 호의 사항을 심의 · 확정하기 위하여 지역대책본부회의를 구성 · 운영할 수 있다.

1. 자체 재난복구계획에 관한 사항
2. 재난예방대책에 관한 사항
3. 재난응급대책에 관한 사항
4. 재난에 따른 피해지원에 관한 사항
5. 그 밖에 지역대책본부장이 필요하다고 인정하는 사항

② 지역대책본부회의의 구성 및 운영에 관한 사항은 해당 지방자치단체의 조례로 정한다.

제24조(재난상황의 보고)

① 법 제20조에 따른 재난상황의 보고 및 통보에는 다음 각 호의 사항이 포함되어야 한다.

1. 재난 발생의 일시 · 장소와 재난의 원인
2. 재난으로 인한 피해내용
3. 응급조치 사항
4. 대응 및 복구활동 사항
5. 향후 조치계획
6. 그 밖에 해당 재난을 수습할 책임이 있는 중앙행정기관의 장이 정하는 사항

② 법 제20조제1항에 따라 시장 · 군수 · 구청장, 소방서장, 해양경찰서장, 법 제3조제5호나목에 따른 재난관리책임기관의 장 또는 법 제26조제1항에 따른 국가핵심기반의 장이 보고하여야 하는 재난의 구체적인 종류, 규모 및 보고방법 등은 행정안전부령으로 정한다.

③ 삭제 〈2017.1.6.〉

④ 시 · 도지사는 법 제20조제1항에 따라 보고받은 사항이 다음 각 호의 어느 하나에 해당되는 경우에는 이 종합하여 행정안전부장관 및 재난관리주관기관의 장에게 통보하여야 한다.

1. 재난이 2개 이상의 시 · 군 · 구에 걸쳐 발생한 경우
2. 그 밖에 재난의 신속한 수습을 위하여 중앙대책본부장 또는 재난관리주관기관의 장의 지휘 · 통제나 다른 시 · 도의 협력이 필요하다고 인정되는 재난

⑤ 법 제3조제5호나목에 따른 재난관리책임기관 중 시 · 도의 전부 또는 일부를 관할구역으로 하는 재난관리책임기관의 장은 해당 지역에서 소관 업무에 관계되는 재난이 발생하였을 때에는 즉시 그 사실을 재난이 발생한 지역의 관할 시 · 도지사 및 시장 · 군수 · 구청장에게 통보하여야 한다.

제25조(해외재난상황의 보고 등)

① 재외공관의 장은 관할 구역에서 해외재난이 발생하거나 발생할 우려가 있으면 제24조제1항 각 호의 사항을 외교부장관에게 보고하여야 한다.

② 법 제21조제3항에 따라 안전 여부 확인을 요청할 수 있는 가족의 범위는 「민법」 제779조에 따른다

제26조(국가안전관리기본계획 수립)

① 국무총리는 법 제22조제4항에 따른 국가안전관리기본계획(이하 "국가안전관리기본계획"이라 한다)을 5년마다 수립하여야 한다.

② 삭제 〈2018.1.18.〉

③ 삭제 〈2014.2.5.〉

④ 관계 중앙행정기관의 장은 국가안전관리기본계획을 이행하기 위하여 필요한 예산을 반영하는 등의 조치를 하여야 한다.

제27조(집행계획의 작성 및 제출 등)

① 관계 중앙행정기관의 장은 매년 10월 31일까지 다음 연도의 법 제23조제1항에 따른 집행계획(이하 "집행계획"이라 한다)을 작성하여 행정안전부장관에게 통보하여야 한다.

② 행정안전부장관은 집행계획을 효율적으로 수립하기 위하여 필요한 경우에는 집행계획의 작성지침을 마련하여 관계 중앙행정기관의 장에게 통보할 수 있다.

③ 관계 중앙행정기관의 장은 집행계획을 작성하는 경우에 필요하면 제28조에 따라 세부집행계획을 작성하여야 하는 재난관리책임기관의 장에게 집행계획의 작성에 필요한 자료의 제출을 요청할 수 있다.

④ 삭제 〈2014.2.5.〉

⑤ 중앙행정기관의 장은 법 제23조제1항에 따라 확정된 집행계획에 변경 사항이 있을 때에는 그 변경 사항을 행정안전부장관과 협의한 후 국무총리에게 보고하여야 한다. 다만, 다음 각 호의 어느 하나에 해당하는 경미한 사항은 보고를 생략할 수 있다.

1. 집행계획 중 재난 및 안전관리에 소요되는 비용 등의 단순 증감에 관한 사항
2. 다른 관계 중앙행정기관의 재난 및 안전관리에 영향을 미치지 않는 사항
3. 그 밖에 행정안전부장관이 집행계획의 기본방향에 영향을 미치지 않는 것으로 인정하는 사항

제29조(시·도안전관리계획 및 시·군·구안전관리계획의 작성)

① 법 제24조제3항에 따른 시·도안전관리계획과 법 제25조제3항에 따른 시·군·구안전관리계획은 제26조제2항 각 호의 대책을 포함하여 작성하여야 한다.

② 시·도지사 및 시장·군수·구청장은 소관 안전관리계획에 대하여 실무위원회의 사전검토 및 심의를 거칠 수 있다.

③ 시·도지사는 전년도 12월 31일까지, 시장·군수·구청장은 해당 연도 2월 말일까지 소관 안전관리계획을 확정하여야 한다.

④ 법 제24조제2항 및 제25조제2항에 따라 재난관리책임기관의 장이 작성하는 그 소관 안전관리업무에 관한 계획에는 다음 각 호의 사항이 포함되어야 한다.

1. 소관 재난 및 안전관리에 관한 기본방향
2. 재난별 대응 시 관계 기관 간의 상호 협력 및 조치에 관한 사항
3. 소관 재난 및 안전관리를 위한 사업계획에 관한 사항
4. 그 밖에 재난 및 안전관리에 필요한 사항

제29조의2(재난 사전 방지조치)

① 행정안전부장관은 법 제25조의2제1항에 따라 재난 발생을 사전에 방지하기 위하여 다음 각 호의 사항이 포함된 재난발생 징후 정보(이하 "재난징후정보"라 한다)를 수집·분석하여 관계 재난관리책임기관의 장에게 미리 필요한 조치를 하도록 요청할 수 있다.

1. 재난 발생 징후가 포착된 위치

2. 위험요인 발생 원인 및 상황

3. 위험요인 제거 및 조치 사항

4. 그 밖에 재난 발생의 사전 방지를 위하여 필요한 사항

② 행정안전부장관은 재난징후정보의 효율적 조사·분석 및 관리를 위하여 재난징후정보 관리시스템을 운영할 수 있다.

제34조의2(특정관리대상지역의 안전등급 및 안전점검 등)

① 재난관리책임기관의 장은 제31조제2항에 따라 지정된 특정관리대상지역을 제32조제1항에 따른 특정관리대상지역의 지정·관리 등에 관한 지침에서 정하는 안전등급의 평가기준에 따라 다음 각 호의 어느 하나에 해당하는 등급으로 구분하여 관리하여야 한다.

1. A등급 : 안전도가 우수한 경우

2. B등급 : 안전도가 양호한 경우

3. C등급 : 안전도가 보통인 경우

4. D등급 : 안전도가 미흡한 경우

5. E등급 : 안전도가 불량한 경우

② 재난관리책임기관의 장은 D등급 또는 E등급에 해당하거나 D등급 또는 E등급에서 상위 등급으로 조정되는 특정관리대상지역에 관한 다음 각 호의 사항을 해당 기관에서 발행하거나 관리하는 공보 또는 홈페이지 등에 공고하고, 이를 행정안전부장관에게 통보하여야 한다. D등급 또는 E등급에 해당하는 특정관리대상지역의 지정이 해제되는 경우에도 또한 같다.

1. 특정관리대상지역의 명칭 및 위치

2. 특정관리대상지역의 관계인의 인적사항

3. 해당 등급의 평가 사유(D등급 또는 E등급에 해당하는 특정관리대상지역의 지정이 해제되는 경우에는 그 사유를 말한다)

③ 재난관리책임기관의 장은 다음 각 호의 구분에 따라 특정관리대상지역에 대한 안전점검을 실시하여야 한다.

1. 정기안전점검

   가. A등급, B등급 또는 C등급에 해당하는 특정관리대상지역 : 반기별 1회 이상

   나. D등급에 해당하는 특정관리대상지역 : 월 1회 이상

   다. E등급에 해당하는 특정관리대상지역 : 월 2회 이상

2. 수시안전점검 : 재난관리책임기관의 장이 필요하다고 인정하는 경우

제65조(긴급구조지휘대 구성 · 운영)

① 법 제55조제2항에 따른 긴급구조지휘대는 다음 각 호의 사람으로 구성하여야 한다.

　　1. 상황분석요원

　　2. 자원지원요원

　　3. 통신지휘요원

　　4. 안전담당요원

　　5. 경찰관서에서 파견된 연락관

　　6. 「응급의료에 관한 법률」 제26조에 따른 권역응급의료센터에서 파견된 연락관

② 법 제55조제2항에 따른 긴급구조지휘대는 소방서현장지휘대, 방면현장지휘대, 소방본부현장지휘대 및 권역현장지휘대로 구분하되, 구분된 긴급구조지휘대의 설치기준은 다음 각 호와 같다.

　　1. 소방서현장지휘대 : 소방서별로 설치 · 운영

　　2. 방면현장지휘대 : 2개 이상 4개 이하의 소방서별로 소방본부장이 1개를 설치 · 운영

　　3. 소방본부현장지휘대 : 소방본부별로 현장지휘대 설치 · 운영

　　4. 권역현장지휘대 : 2개 이상 4개 이하의 소방본부별로 소방청장이 1개를 설치 · 운영

③ 제1항 및 제2항에서 규정한 사항 외에 긴급구조지휘대의 세부 운영기준은 행정안전부령으로 정한다.

제69조(특별재난의 범위 및 선포 등)

① 법 제60조제1항에서 "대통령령으로 정하는 규모의 재난"이란 다음 각 호의 어느 하나에 해당하는 재난을 말한다.

　　1. 자연재난으로서 「자연재난 구호 및 복구 비용 부담기준 등에 관한 규정」 제5조제1항에 따른 국고 지원 대상 피해 기준금액의 2.5배를 초과하는 피해가 발생한 재난

　　1의2. 자연재난으로서 「자연재난 구호 및 복구 비용 부담기준 등에 관한 규정」 제5조제1항에 따른 국고 지원 대상에 해당하는 시 · 군 · 구의 관할 읍 · 면 · 동에 같은 항 각 호에 따른 국고 지원 대상 피해 기준금액의 4분의 1을 초과하는 피해가 발생한 재난

　　2. 사회재난의 재난 중 재난이 발생한 해당 지방자치단체의 행정능력이나 재정능력으로는 재난의 수습이 곤란하여 국가적 차원의 지원이 필요하다고 인정되는 재난

　　3. 그 밖에 재난 발생으로 인한 생활기반 상실 등 극심한 피해의 효과적인 수습 및 복구를 위하여 국가적 차원의 특별한 조치가 필요하다고 인정되는 재난

② 법 제60조제2항에 따라 대통령이 특별재난지역을 선포하는 경우에 중앙대책본부장은 특별재난지역의 구체적인 범위를 정하여 공고하여야 한다.

제70조(특별재난지역에 대한 지원)

① 법 제61조에 따라 국가가 제69조제1항제1호 및 제1호의2의 재난과 관련하여 특별재난지역으로 선포한 지역에 대한 특별지원의 내용은 다음 각 호와 같다.

　　1. 「자연재난 구호 및 복구 비용 부담기준 등에 관한 규정」 제7조에 따른 국고의 추가지원

　　2. 「자연재난 구호 및 복구 비용 부담기준 등에 관한 규정」 제4조에 따른 지원

　　3. 의료 · 방역 · 방제(防除) 및 쓰레기 수거 활동 등에 대한 지원

　　4.「재해구호법」에 따른 의연금품의 지원

　　5. 농어업인의 영농·영어·시설·운전 자금 및 중소기업의 시설·운전 자금의 우선 융자, 상환 유예,
　　　상환 기한 연기 및 그 이자 감면과 중소기업에 대한 특례보증 등의 지원

　　6. 그 밖에 재난응급대책의 실시와 재난의 구호 및 복구를 위한 지원

② 삭제 〈2005.11.30.〉

③ 국가가 법 제61조에 따라 이 영 제69조제1항제2호에 해당하는 재난 및 그에 준하는 같은 항 제3호의
　재난과 관련하여 특별재난지역으로 선포한 지역에 대하여 하는 특별지원의 내용은 다음 각 호와 같다.

　　1.「사회재난 구호 및 복구 비용 부담기준 등에 관한 규정」에 따른 지원

　　2. 삭제 〈2020.6.2.〉

　　3. 삭제 〈2020.6.2.〉

　　4. 제1항제3호 및 제5호에 해당하는 지원

　　5. 그 밖에 중앙대책본부장이 필요하다고 인정하는 지원

④ 삭제 〈2020.6.2.〉

⑤ 중앙대책본부장은 제3항에 따른 지원을 위한 피해금액과 복구비용의 산정, 국고지원 내용 등을 관계
　중앙행정기관의 장과의 협의 및 중앙대책본부회의의 심의를 거쳐 확정한다.

⑥ 중앙대책본부장 및 지역대책본부장은 특별재난지역이 선포되었을 때에는 재난응급대책의 실시와 재난
　의 구호 및 복구를 위하여 법 제59조제2항에 따른 재난복구계획의 수립·시행 전에 재난대책을 위한
　예비비, 재난관리기금·재해구호기금 및 의연금을 집행할 수 있다.

제73조의6(안전점검의 날 등)

① 법 제66조의7에 따른 안전점검의 날은 매월 4일로 하고, 방재의 날은 매년 5월 25일로 한다.

② 재난관리책임기관은 안전점검의 날에는 재난취약시설에 대한 일제점검, 안전의식 고취 등 안전 관련
　행사를 실시하고, 방재의 날에는 자연재난에 대한 주민의 방재의식을 고취하기 위하여 재난에 대한 교
　육·홍보 등의 관련 행사를 실시한다.

③ 제2항에서 규정한 사항 외에 안전점검의 날 및 방재의 날 행사 등에 필요한 사항은 행정안전부장관이
　각각 정한다.

제73조의9(지역축제 개최 시 안전관리조치)

① 법 제66조의11제1항 및 제3항에서 "대통령령으로 정하는 지역축제"란 각각 다음 각 호의 어느 하나에
　해당하는 지역축제를 말한다.

　　1. 축제기간 중 순간 최대 관람객이 1천 명 이상이 될 것으로 예상되는 지역축제

　　2. 축제장소나 축제에 사용하는 재료 등에 사고 위험이 있는 지역축제로서 다음 각 목의 어느 하나에
　　　해당하는 지역축제

　　　가. 산 또는 수면에서 개최하는 지역축제

　　　나. 불, 폭죽, 석유류 또는 가연성 가스 등의 폭발성 물질을 사용하는 지역축제

03 기본법 시행규칙

제5조(재난상황의 보고 등)

① 법 제20조제1항에 따라 시장(「제주특별자치도 설치 및 국제자유도시 조성을 위한 특별법」 제11조제1항에 따른 행정시장을 포함한다. 이하 같다)·군수·구청장(자치구의 구청장을 말한다. 이하 같다), 소방서장, 해양경찰서장, 법 제3조제5호나목에 따른 재난관리책임기관의 장 또는 법 제26조제1항에 따른 국가기반시설의 장(이하 "재난상황의 보고자"라 한다)은 다음 각 호의 구분에 따라 재난상황을 보고하여야 한다.

1. 최초 보고 : 인명피해 등 주요 재난 발생 시 지체 없이 서면(전자문서를 포함한다), 팩스, 전화 중 가장 빠른 방법으로 하는 보고
2. 중간 보고 : 별지 제1호서식(법 제3조제1항가목에 따른 재난의 경우에는 별지 제2호서식)에 따라 전산시스템 등을 활용하여 재난 수습기간 중에 수시로 하는 보고
3. 최종 보고 : 재난 수습이 끝나거나 재난이 소멸된 후 영 제24조제1항에 따른 사항을 종합하여 하는 보고

② 법 제20조제1항에 따라 재난상황의 보고자는 응급조치 내용을 별지 제3호서식의 응급복구조치 상황 및 별지 제4호서식의 응급구호조치 상황으로 구분하여 재난기간 중 1일 2회 이상 보고하여야 한다.

제5조의2(재난상황의 보고 대상)

영 제24조제2항에 따라 재난상황의 보고자가 보고하여야 하는 재난의 종류와 규모는 다음 각 호와 같다.

1. 「산림보호법」 제36조에 따라 신고 및 보고된 산불
2. 법 제26조에 따라 지정된 국가기반시설에서 발생한 화재·붕괴·폭발
3. 국가기관, 지방자치단체, 「공공기관의 운영에 관한 법률」 제4조에 따른 공공기관, 「지방공기업법」 제3장 및 제4장에 따른 지방공사 및 지방공단, 「유아교육법」 제2조제2호에 따른 유치원, 「초·중등교육법」 제2조에 따른 학교 또는 「고등교육법」 제2조에 따른 학교에서 발생한 화재, 붕괴, 폭발
4. 「접경지역 지원 특별법」 제2조제1호에 따른 접경지역에 있는 하천의 급격한 수량 증가나 제방의 붕괴 등을 일으켜 인명 또는 재산에 피해를 줄 수 있는 댐의 방류
5. 「감염병의 예방 및 관리에 관한 법률」 제2조제1호에 따른 감염병의 확산 또는 해외 신종감염병의 국내 유입으로 인한 재난
6. 단일 사고로서 사망 3명 이상(화재 또는 교통사고의 경우에는 5명 이상을 말한다) 또는 부상 20명 이상의 재난
7. 「가축전염병 예방법」 제11조제1항 각 호에 해당하는 가축의 발견
8. 「문화재보호법」 제2조제2항에 따른 지정문화재의 화재 등 관련 사고
9. 「수도법」 제7조에 따른 상수원보호구역의 수질오염 사고
10. 「물환경보전법」 제16조에 따른 수질오염 사고
11. 「유선 및 도선 사업법」 제29조제1항 각 호에 따른 유선·도선의 충돌, 좌초, 그 밖의 사고
12. 「화학물질관리법」 제43조제2항에 따른 화학사고
13. 「지진·화산재해대책법」 제2조제1호에 따른 지진재해의 발생
14. 그 밖에 행정안전부장관이 정하여 고시하는 재난

제11조(안전조치의 안내)

법 제31조제3항 후단에 따라 행정안전부장관 또는 재난관리책임기관의 장이 게시하여야 하는 제한 또는
금지 사항에 관한 내용은 다음 각 호와 같다.

1. 시설명
2. 소유자 · 관리자 또는 점유자
3. 지정 연월일 및 지정 등급
4. 제한 또는 금지 사항
5. 그 밖에 재난예방을 위하여 필요한 사항

안전관리론

01 안전관리이론의 종류

1) 사고 원인에 관한 이론

① 도미노이론(하인리히)

하인리히는 산업사고를 조사한 결과 98%가 예방이 가능했으며 이는 인간의 불안전한 행동에 기인했고, 나머지 2%만이 사실상 예방이 불가능한, 말 그대로 신의 행위(Acts of God)였다는 결론을 냈다. 75,000건의 산업사고를 조사한 하인리히는 한 건의 큰 사고 밑바탕에는 29건의 작은 사고와 3백 건의 사고에 가까운 사건이 깔려 있으며, 사고란 어느 날 갑자기 발생하는 것이 아니라 사고를 유발하는 데 연관된 사소한 문제들이 해결되지 않고 방치되어 조금씩 쌓여 있다가 어느 날 갑자기 발생한다고 보았다.

㉠ 도미노이론의 전제

    ㉮ 환경은 개인이 탄생한 조건을 말한다.

    ㉯ 인적 과실은 환경에 이미 있거나, 환경으로부터 나온 것이다.

    ㉰ 인적 또는 기계적 결함은 인적 과실에 의해서만 존재한다.

    ㉱ 사고는 오직 인적 또는 기계적 결함으로 발생한다.

    ㉲ 마지막 도미노(부상)는 오직 사고의 결과로만 발생한다.

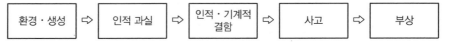

환경 · 생성 ⇨ 인적 과실 ⇨ 인적 · 기계적 결함 ⇨ 사고 ⇨ 부상

㉡ 사고의 원인이 되는 불안전한 행동이나 기계적 또는 물리적 결함에 관심의 초점을 두고 이를 제거하는 데 노력하여 사고를 예방해야 한다고 말한다. 즉, 세 번째 도미노를 제거하면 첫 번째와 두 번째 도미노가 쓰러지더라도 사고는 발생하지 않는다고 본다.

㉢ 사고는 인명피해나 재산 손실을 가져올 수 있는 가능성으로 위의 도미노에서 부상은 단지 사고의 결과로 발생하는 것이다.

② **도미노이론(프랭크 버드)**

버드는 손실제어요인이 연쇄반응의 결과이며 이로 인해 재해가 발생한다는 연쇄성 이론(Domino's Theory)을 제시하였다. 재해는 불안전한 행동 및 상태로서 하인리히의 연쇄이론에서도 가장 중요한 대책사항으로 취급된 직접적인 원인(징후)이다. 그러나 버드는 직접원인만 제거하는 데 그친다면 재해는 다시 발생한다고 주장하였다. 따라서 버드는 직접원인의 배경인 기본원인(4M)을 반드시 제거해야만 재해를 예방할 수 있다고 강조했다.

> 4M : Man(인간적 요인), Media(작업적 요인),
> Machine(기계·설비적 요인), Management(관리적 요인)

버드는 17만 5천여 건의 사고를 분석한 결과, 1(중상 또는 폐질) : 10(경상) : 30(무상해사고, 물리적 손실) : 600(무상해, 무사고 고장, 위험순간)의 비율로 사고가 발생한다는 법칙을 발표하였다.

[버드(Frank Bird)의 연쇄성 이론]

㉠ 제어의 부족-관리(1단계) : 연쇄성 재해에서 가장 중요한 것은 미리 안전관리자가 확립된 상태에서 전문 안전관리의 원리를 충분히 이해하고 이를 행하는 것이다.

㉡ 기본원인-기원(2단계) : 재해나 사고 발생 시 기본적인 배후 원인이 되는 것으로는 개인의 제반요인 및 작업상의 요인 등이 있다.

  ㉮ 개인적 요인 : 지식 및 기능의 부족, 부적당한 동기부여, 육체적·정신적 문제 등

  ㉯ 작업상 요인 : 기계설비의 결함, 부적당한 기기의 사용방법·작업 기준·작업체제 등

㉢ 직접원인-징후(3단계) : 불안전한 행동 또는 불안전한 상태로서 하인리히의 연쇄이론에서도 가장 중요한 대책사항으로 취급되었다.

㉣ 사고-접촉(4단계) : 사고란 육체적 손상, 상해, 재해 손실의 결과로 바람직하지 못한 사상을 말하며, 접촉단계에 해당된다.

㉤ 상해-손실(5단계) : 재해연쇄 요인에서 상해라는 말은 작업 장소에서 발생하는 신경적, 정신적 또는 육체적인 영향인 외상적 상해와 질병 등의 육체적 손상을 포함한다.

③ **에너지방출이론(해돈)**
　　㉠ 하인리히가 인간의 행동을 사고의 주요 원인으로 보는 것과 달리, 해돈은 사고의
　　　물리적 · 공학적 측면을 강조한다.
　　㉡ 사고는 어떤 구조에 통제할 수 없는 에너지가 가해져 견딜 수 없을 정도의 스트레
　　　스가 쌓이면 발생하며 인명이나 재산 피해를 가져오게 된다.
　　㉢ '에너지를 통제할 수 없는 상황'을 화재, 산업재해, 각종 사고 등을 포함하는 인명
　　　피해나 재산 손실을 가져오는 포괄적인 것으로 본다.
　　㉣ 사고는 에너지를 통제하거나 어떤 구조에 대해 에너지가 주는 스트레스를 견디는
　　　능력을 강화함으로써 예방할 수 있다.

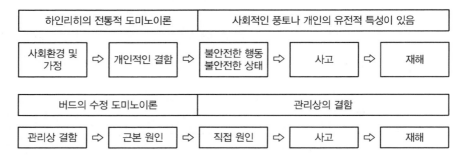

2) 사회학적 안전관리이론

대체로 재난이 왜 발생하는가에 관한 사회학적 이론으로, 재난배양이론은 재난 발생의
사회적 · 문화적 측면을 강조한 것이고, 이를 발전시킨 것이 정상사건이론이다. 따라서
이 두 이론은 재난의 발생이 필연적이며 이를 관리하기는 어렵다는 다소 비관적인 이론
이지만, 1990년대 새로이 도입된 고도신뢰이론에 따르면 사회나 조직에 유연성을 부여
하고 사회적 학습기회를 높인다면 재난을 예방할 수 있다고 주장한다.

① **재난배양이론[Disaster Incubation Theory, 터너(Bary Turner)]**
　　㉠ 재난은 갑자기 외부요인에 의해 발생하는 것이 아니라 잠재되어 있는 재난 발생요
　　　인에 의해서 발생하므로 재난은 해당 사회의 내적 산물이다.(사회적 · 문화적 사
　　　전 조건에 초점)
　　㉡ 재난이 발생하는 사회적 환경으로 안전과 관련된 조직문화의 맹점, 부적절한 의사
　　　소통, 오차수정의 실패, 불완전한 안전 규제 등을 들며 이러한 사회적 · 문화적
　　　애매성, 복잡성에서 야기되는 불확실성을 해결해야 한다고 주장한다.

② **정상사건이론[Normal Accident Theory, 페로(C. Perrow)]**
　　㉠ 현대사회와 같이 복잡하고 견고하게 짜여진 사회에서는 필연적으로 사고가 발생한다.

ⓒ 사회의 복잡성은 그 사회를 구성하는 각 요소 간의 복잡한 상호작용으로 인해 그 상호작용을 이해하거나 예측하기 힘든 불확실성이 높아진다.

ⓒ 각 사회의 구성요소들은 다양한 기능을 하기 때문에 다양한 체계의 실패가 일어나고, 상호의존성이 높아 연쇄적인 사고가 발생하기도 한다는 것이다.

ⓔ 복잡하고 견고하게 짜인 사회나 조직은 조그만 사고가 발생해도 거대한 재난으로 가속되는 경향이 있다.

ⓜ 페로는 이렇게 복잡성이 견고히 짜인 조직이나 사회와의 작용에서 발생하는 사고를 정상사건(Normal Accident)이라고 명명했다.

ⓗ 현대사회의 특성인 복잡성과 조직과 사회의 견고성 때문에 발생하는 사고는 필연적이며 이를 관리하는 것은 사실상 불가능하다고 본다.

③ **고도신뢰이론[High Reliability Theory, 로버트(C. Robert)]**

로버트 등은 훌륭한 안전관리 실적을 보이는 조직을 선별하여 그 조직이 갖는 특성을 연구하였다. 이를 통해 적절한 전략을 선택하면 안전의 확보에 신뢰성을 높일 수 있다는 결론에 도달하였고 재난을 예방할 수 있다는 낙관적인 입장을 취한다. 이들의 안전확보 전략은 다음과 같다.

㉠ 가외성 확보 : 가외성은 체계 내 어떤 한 부분의 실패에 대비하여 확실한 목표 달성과 안전을 확보하기 위한 수단으로, 가외의 조직이나 요소들을 구비하는 것이며, 가외성의 원리는 체계 내의 어느 부분이 실패하더라도 다른 부분이 그 역할을 보충하거나 실패를 방지하는 전략을 말한다.

㉡ 의사결정의 분권화 : 재난이나 어떤 문제가 발생했을 때 신속한 대응을 위해서 의사결정의 분권화 전략을 선택한다. 그러나 부분적인 의사결정에 기초한 대응이 오히려 문제를 악화시킬 수 있으므로 의사결정의 분권화 전략은 전체적인 조정 아래 이루어지는 것이 바람직하다.

㉢ 관점의 유연화 : 조직 일부분의 성급하고 부적절한 의사결정을 막기 위해 조직의 기술 적용이나 생산과정, 의사결정 등에 다양한 관점과 접근법을 반영하고자 하는 전략이다. 즉, 문제가 발생했거나 발생할 우려가 현저할 때 강도 높은 토론과 협의를 통해 다양한 관점과 의견을 의사결정에 반영하고자 하는 방법이다.

㉣ 조직학습 : 조직의 어느 부분도 조직 전체의 체계 기술과 생산과정에 대한 완벽한 지식을 갖지 못하도록 조직을 설계함으로써 상호 조정과 협의를 통해 의사결정을 하도록 유도하는 것을 말한다. 장기간의 시도, 시행착오, 실패사례 연구, 훈련, 모의실험 등을 통해 학습을 수행하여 실패를 방지하는 것 등이다.

3) 재해의 분류

① 존스(David K. C Jones)의 재해분류

존스의 재해분류는 재난의 발생원인과 재해현상에 따라 크게 자연 재해, 준자연 재해, 인위재해로 분류한다. 자연 재해는 다시 지구물리학적 재해와 생물학적 재해로 나누며, 지구물리학적 재해는 다시 지질학적, 지형학적, 기상학적 재해로 분류하고 있다.

▼ Jones의 재해분류

재해					
자연 재해				준자연 재해	인위재해
지구물리학적 재해			생물학적 재해		
지질학적 재해	지형학적 재해	기상학적 재해		스모그현상, 온난화현상, 사막화현상, 염수화현상, 눈사태, 산성화, 홍수, 토양 침식 등	공해, 광화학연무, 폭동, 교통사고, 폭발사고, 태업, 전쟁 등
지진, 화산, 쓰나미 등	산사태, 염수토양 등	안개, 눈, 해일, 번개, 토네이도, 폭풍, 태풍, 가뭄, 이상기온 등	세균질병, 유독식물, 유독동물		

② 아네스(Br. J. Anesth)의 재해분류

아네스는 재해를 인위재해와 자연재해로 구분한 뒤 자연재해를 기후성 재해와 지진성 재해로 분류하고, 인위재해를 고의성 유무에 따라 사고성 재해와 계획적 재해로 분류하고 있다.

▼ Anesth의 재해분류

대분류	세분류	재해의 종류
자연재해	기후성 재해	태풍
	지진성 재해	지진, 화산폭발, 해일
인위재해	사고성 재해	• 화재사고 • 교통사고(자동차, 철도, 항공, 선박사고) • 생물학적 재해(박테리아, 바이러스, 독혈증) • 화학적 재해(부식성 물질, 유독물질) • 산업사고(건축물 붕괴) • 폭발사고(갱도, 가스, 화학, 폭발물) • 방사능재해
	계획적 재해	테러, 폭동, 전쟁

02 안전사고 예방원칙(재해예방의 4원칙)

1) 예방가능의 원칙

① 인력재난은 자연재해와는 달리 그 발생을 미연에 방지할 수 있다.

② 안전관리에서 예방을 강조하는 것은 예방가능의 원칙에 근거한 것이다.

③ 예방을 위해서는 물적 · 인적인 면에 대하여 그 원인의 징후를 발견하여 재해발생을 최소화해야 한다.

2) 손실우연의 법칙

① 하인리히의 법칙에 따르면, 동종의 사고가 되풀이될 경우 상해가 없는 사고는 300회, 경상은 29회가 발생한 뒤에 중상에 이르는 부상이 1회의 비율로 발생한다고 하며 이를 1 : 29 : 300의 법칙이라 한다.

② 이 법칙은 사고와 손실 사이에는 언제나 우연적인 확률이 존재하며, 사고에서 손실의 크기와 종류는 우연히 정해진다는 것이다.

3) 원인계기의 원칙(원인연계성의 원칙)

① 손실과 사고와의 관계는 우연적이지만 사고 발생과 원인은 필연적인 인과관계가 있다.

② 사고 발생의 직접적인 원인 : 인적 · 물적 원인이 있다.

③ 간접적 원인 : 기술적 · 교육적 · 관리적 · 신체적 · 정신적 · 교육적 원인 및 역사적 · 사회적 원인으로 구분한다.

4) 대책선정의 원칙

① 사고는 우연하게 반복적으로 발생하고, 원칙적으로 모두 예방이 가능하며, 필연적 원인에 의해 발생하므로 과학적이고 체계적으로 관리한다면 예방할 수 있다.

② 안전사고 예방대책을 선정할 때 정확한 원인 분석으로 직접원인을 유발시키는 배후의 간접원인에 대해 확실하고 신속한 대책을 강구해야 한다.

③ 안전사고의 예방은 3E[기술(Engineering), 교육(Education), 관리(Enforcement)]를 모두 활용함으로써 효과를 얻을 수 있으며 합리적인 관리가 가능하다.

03   사고예방대책의 기본원리 5단계

① 안전조직(조직체계확립)

② 사실의 발견(현황파악)

③ 분석평가(원인규명)

④ 시정방법의 선정(대책선정)

⑤ 시정책의 적용(목표달성)

Reference

- 3E : 기술(Engineer), 교육(Education), 시행(Enforcement)
- 4S : 표준화(Standardization), 전문화(Specialization),
  단순화(Simplification), 총합화(Synthesization)

재난관리론
문제풀이

07 재난관리론 문제풀이

01 「재난 및 안전관리 기본법」상 용어에 대한 설명 중 맞지 않는 것은?

① 재난이란 태풍·홍수·호우·강풍·풍랑·해일·대설·낙뢰·가뭄·폭염·지진·황사·조류대발생·조수·화산활동·소행성·유성체 등 자연우주물체의 추락·충돌 그 밖에 이에 준하는 자연현상으로 인하여 발생하는 재해를 말한다.

② 재난이란 화재·붕괴·폭발·교통사고·화생방사고·환경오염사고, 그 밖에 이와 유사한 사고로 대통령령이 정하는 규모 이상의 피해를 말한다.

③ 재난이란 에너지·통신·교통·금융·의료·수도 등 국가기반체계의 마비와 전염병 확산 등으로 인한 피해를 말한다.

④ 재난관리란 시설 및 물질 등으로부터 사람의 생명·신체 및 재산의 안전을 확보하기 위하여 행하는 모든 활동을 말한다.

▶ 재난 및 안전관리 기본법 제3조(정의)제3호

3. "재난관리"란 재난의 예방·대비·대응 및 복구를 위하여 하는 모든 활동을 말한다.

02 다음 중 「재난 및 안전관리 기본법」에서 규정하고 있는 재난의 관리단계를 가장 적절하게 표현한 것은?

① 예방 – 복구 – 대응 – 대비

② 대비 – 복구 – 예방 – 대응

③ 예방 – 대비 – 대응 – 복구

④ 대응 – 복구 – 대비 – 예방

▶

제1조(목적) 이 법은 각종 재난으로부터 국토를 보존하고 국민의 생명·신체 및 재산을 보호하기 위하여 국가와 지방자치단체의 재난 및 안전관리체제를 확립하고, 재난의 예방·대비·대응·복구와 안전문화활동, 그 밖에 재난 및 안전관리에 필요한 사항을 규정함을 목적으로 한다.

03 다음은 「재난 및 안전관리 기본법」상 재난 중 자연재해에 대한 설명이다. 괄호 안에 들어갈 내용을 올바르게 나열한 것은?

> 태풍, 홍수, 호우, 강풍, (㉠), 해일, 대설, 낙뢰, (㉡), 폭염, 지진, 황사, 조류 대발생, (㉢), 화산활동, 소행성, 유성체 등 자연우주물체의 추락·충돌, 그 밖에 이에 준하는 자연현상으로 인하여 발행하는 재해를 말한다.

	㉠	㉡	㉢		㉠	㉡	㉢
①	붕괴	가뭄	적조	②	풍랑	가뭄	화재
③	풍랑	교통	적조	④	풍랑	가뭄	조수

제3조(정의) 이 법에서 사용하는 용어의 뜻은 다음과 같다.
1. "재난"이란 국민의 생명·신체·재산과 국가에 피해를 주거나 줄 수 있는 것으로서 다음 각 목의 것을 말한다.
   가. 자연재난 : 태풍, 홍수, 호우(豪雨), 강풍, 풍랑, 해일(海溢), 대설, 낙뢰, 가뭄, 폭염, 지진, 황사(黃砂), 조류(藻類) 대발생, 조수(潮水), 화산활동, 소행성·유성체 등 자연우주물체의 추락·충돌, 그 밖에 이에 준하는 자연현상으로 인하여 발생하는 재해
   나. 사회재난 : 화재·붕괴·폭발·교통사고(항공사고 및 해상사고를 포함한다)·화생방사고·환경오염사고 등으로 인하여 발생하는 대통령령으로 정하는 규모 이상의 피해와 국가핵심기반의 마비, 「감염병의 예방 및 관리에 관한 법률」에 따른 감염병 또는 「가축전염병예방법」에 따른 가축전염병의 확산, 「미세먼지 저감 및 관리에 관한 특별법」에 따른 미세먼지 등으로 인한 피해

04 다음 중 화재 및 재난 발생 시 긴급구조기관으로 옳지 않은 것은?
① 소방서
② 해양경찰서
③ 지방해양경찰청
④ 경찰서

▶ **제3조(정의)**
7. "긴급구조기관"이란 소방청·소방본부 및 소방서를 말한다. 다만, 해양에서 발생한 재난의 경우에는 해양경찰청·지방해양경찰청 및 해양경찰서를 말한다.

05 다음 중 긴급구조기관이 아닌 것은?
① 소방청
② 소방본부
③ 경찰청
④ 지방해양경찰청

04번 문제 해설 참조

06 「재난 및 안전관리 기본법」에서 준하는 긴급구조지원기관이 아닌 것은?

① 산림청　　　　　　　　　　　② 항공청
③ 경찰청　　　　　　　　　　　④ 기상청

▶ **제3조(정의)**

8. "긴급구조지원기관"이란 긴급구조에 필요한 인력·시설 및 장비, 운영체계 등 긴급구조능력을 보유한 기관이나 단체로서 대통령령으로 정하는 기관과 단체를 말한다.

재난 및 안전관리 기본법 시행령 제4조

제4조(긴급구조지원기관) 법 제3조 제8호에서 "대통령령으로 정하는 기관과 단체"란 다음 각 호의 기관과 단체를 말한다. 〈개정 2013.3.23., 2014.2.5., 2014.11.19., 2017.7.26.〉

1. 교육부, 과학기술정보통신부, 국방부, 산업통상자원부, 보건복지부, 환경부, 국토교통부, 해양수산부, 방송통신위원회, 경찰청, 기상청 및 산림청
2. 국방부장관이 법 제57조 제3항 제2호에 따른 탐색구조부대로 지정하는 군부대와 그 밖에 긴급구조지원을 위하여 국방부장관이 지정하는 군부대
3. 「대한적십자사 조직법」에 따른 대한적십자사
4. 「의료법」 제3조 제2항 제3호 마목에 따른 종합병원
4의2. 「응급의료에 관한 법률」 제2조 제5호에 따른 응급의료기관, 같은 법 제27조에 따른 응급의료정보센터 및 같은 법 제44조 제1항 제1호·제2호에 따른 구급차등의 운용자
5. 「재해구호법」 제29조에 따른 전국재해구호협회
6. 법 제3조 제7호에 따른 긴급구조기관과 긴급구조활동에 관한 응원협정을 체결한 기관 및 단체
7. 그 밖에 긴급구조에 필요한 인력과 장비를 갖춘 기관 및 단체로서 행정안전부령으로 정하는 기관 및 단체

07 재해가 발생하였을 때 그 재해의 피해를 최소화하며 재해의 확산을 방지하는 단계는 어느 단계라고 할 수 있는가?

① 재난의 예방단계　　　　　　　② 재난의 대비단계
③ 재난의 대응단계　　　　　　　④ 재난의 복구단계

▶

① 재난의 예방단계 : 재난의 발생가능성을 감소시키려는 활동
② 재난의 대비단계 : 재난의 위험을 경감하기 위한 방법을 계획하는 활동
③ 재난의 대응단계 : 피해최소화, 재해확산을 방지하기 위한 활동
④ 재난의 복구단계 : 정상적인 상태로 회복하기 위한 활동

08 다음 중 재난의 성격이 다른 것은?

① 환경오염　　　　　　　　　　② 화산폭발

③ 해일　　　　　　　　　　　　④ 황사

▶ **제3조(정의)**

1. "재난"이란 국민의 생명·신체·재산과 국가에 피해를 주거나 줄 수 있는 것으로서 다음 각 목의 것을 말한다.

　가. 자연재난 : 태풍, 홍수, 호우(豪雨), 강풍, 풍랑, 해일(海溢), 대설, 낙뢰, 가뭄, 폭염, 지진, 황사(黃砂), 조류(藻類) 대발생, 조수(潮水), 화산활동, 소행성·유성체 등 자연우주물체의 추락·충돌, 그 밖에 이에 준하는 자연현상으로 인하여 발생하는 재해

　나. 사회재난 : 화재·붕괴·폭발·교통사고(항공사고 및 해상사고를 포함한다)·화생방사고·환경오염사고 등으로 인하여 발생하는 대통령령으로 정하는 규모 이상의 피해와 국가핵심기반의 마비, 「감염병의 예방 및 관리에 관한 법률」에 따른 감염병 또는 「가축전염병예방법」에 따른 가축전염병의 확산, 「미세먼지저감 및 관리에 관한 특별법」에 따른 미세먼지 등으로 인한 피해

09 하인리히의 재해연쇄이론에서 사고발생의 직접적인 원인은?

① 사회적 환경 및 유전적 요소　　② 개인적 결함

③ 불안전한 행동 및 상태　　　　④ 사고

▶ **하인리히 도미노이론**

사고의 원인이 되는 불안전한 행동이나 기계적 또는 물리적 결함에 가장 큰 관심을 두고 이들 제거하는 데 노력하여 사고를 예방해야 한다고 한다. 즉, 세 번째 도미노를 제거하면 첫 번째와 두 번째 도미노가 쓰러지더라도 사고는 발생하지 않는다고 본다.

10 재난을 관리하는 각 단계에서 대응단계에 대한 설명으로 옳은 것은?

① 재난의 발생가능성을 감소시키려는 활동이다.

② 재난의 위험을 경감시키기 위한 방법을 계획하는 활동이다.

③ 피해확산을 방지하기 위한 활동이다.

④ 정상적인 상태로 회복하기 위한 활동이다.

▶

① 재난의 예방단계 : 재난의 발생가능성을 감소시키려는 활동

② 재난의 대비단계 : 재난의 위험을 경감하기 위한 방법을 계획하는 활동

③ 재난의 대응단계 : 피해최소화, 재해확산을 방지하기 위한 활동

④ 재난의 복구단계 : 정상적인 상태로 회복하기 위한 활동

11 다음 중 재난에 해당되지 않는 것은?

① 폭설   ② 화생방사고   ③ 조수   ④ 대규모 폭발

08번 문제 해설 참조

12 재해발생원인에 관한 이론인 하인리히 이론은 사고 · 재해의 방지를 위해 무엇을 제거해야 한다고 보는가?

① 개인적 결함   ② 불안전한 행동 및 상태
③ 사회적 환경   ④ 유전적 요소

▶ 하인리히 도미노이론

사고의 원인이 되는 불안전한 행동이나 기계적 또는 물리적 결함에 가장 큰 관심을 두고 이를 제거하는 데 노력하여 사고를 예방해야 한다고 한다. 즉, 세 번째 도미노를 제거하면 첫 번째와 두 번째 도미노가 쓰러지더라도 사고는 발생하지 않는다고 본다.

13 재해발생이론에서 고전적 도미노이론에 대한 설명으로 바르지 못한 것은?

① 하인리히 이론이다.
② 재해는 기본원인에 의해 발생한다고 주장한 것이다.
③ 재해방지를 위해서는 불안전한 행동 및 상태를 제거하여야 한다는 것이다.
④ 1 : 29 : 300의 법칙으로 재해구성 비율을 설명한 것이다.

재해는 기본원인에 의해 발생한다고 주장하는 것은 프랭크 버드의 최신 도미노이론이다.

14 대통령령으로 정하는 재난이 발생하거나 발생할 우려가 있는 경우 재난사태를 선포할 수 있는 자는?

① 행정안전부장관   ② 국무총리
③ 시 · 도지사   ④ 중앙대책본부장

▶ 재난 및 안전관리 기본법 제36조 제1항

제36조(재난사태 선포) ① 행정안전부장관은 대통령령으로 정하는 재난이 발생하거나 발생할 우려가 있는 경우 사람의 생명 · 신체 및 재산에 미치는 중대한 영향이나 피해를 줄이기 위하여 긴급한 조치가 필요하다고 인정하면 중앙위원회의 심의를 거쳐 재난사태를 선포할 수 있다. 다만, 행정안전부장관은 재난상황이 긴급하여 중앙위원회의 심의를 거칠 시간적 여유가 없다고 인정하는 경우에는 중앙위원회의 심의를 거치지 아니하고 재난사태를 선포할 수 있다. 〈개정 2013.8.6., 2014.12.30., 2017.7.26.〉

15 다음 설명 중 잘못된 것은?

① 중앙위원회의 위원장은 국무총리가 된다.
② 중앙긴급구조통제단장은 소방본부장이 된다.
③ 중앙대책본부의 본부장은 행정안전부장관이 된다.
④ 특별재난지역의 선포권자는 대통령이다.

▶ 재난 및 안전관리 기본법 제49조

제49조(중앙긴급구조통제단) ① 긴급구조에 관한 사항의 총괄·조정, 긴급구조기관 및 긴급구조지원기관이 하는 긴급구조활동의 역할 분담과 지휘·통제를 위하여 소방청에 중앙긴급구조통제단(이하 "중앙통제단"이라 한다)을 둔다. 〈개정 2014.11.19., 2017.7.26.〉
② 중앙통제단의 단장은 소방청장이 된다. 〈개정 2017.7.26.〉

16 특별재난지역 선포권자는 누구인가?

① 대통령   ② 국무총리
③ 행정안전부장관   ④ 소방청장

▶ 재난 및 안전관리 기본법 제60조 제1항, 제2항

제60조(특별재난지역의 선포) ① 중앙대책본부장은 대통령령으로 정하는 규모의 재난이 발생하여 국가의 안녕 및 사회질서의 유지에 중대한 영향을 미치거나 피해를 효과적으로 수습하기 위하여 특별한 조치가 필요하다고 인정하거나 제3항에 따른 지역대책본부장의 요청이 타당하다고 인정하는 경우에는 중앙위원회의 심의를 거쳐 해당 지역을 특별재난지역으로 선포할 것을 대통령에게 건의할 수 있다.
② 제1항에 따라 특별재난지역의 선포를 건의받은 대통령은 해당 지역을 특별재난지역으로 선포할 수 있다.
③ 지역대책본부장은 관할지역에서 발생한 재난으로 인하여 제1항에 따른 사유가 발생한 경우에는 중앙대책본부장에게 특별재난지역의 선포 건의를 요청할 수 있다.

17 다음 중 각 긴급구조통제단장에 해당하는 사람으로 옳게 짝지어진 것은?

> 중앙긴급구조통제단장, 시·도긴급구조통제단장, 시·군·구 긴급구조통제단장

① 행정안전부장관, 시·도지사, 시장·군수·구청장
② 소방청장, 시·도지사, 시장·군수·구청장
③ 행정안전부장관, 소방본부장, 소방서장
④ 소방청장, 소방본부장, 소방서장

18 특별재난지역에 관한 설명으로 잘못된 것은?

① 특별재난지역의 선포건의권자는 중앙대책본부장이 된다.

② 특별재난지역의 선포권자는 행정안전부장관이 된다.

③ 자연재난으로서 재산의 피해가 발생한 재난은 특별재난의 범위에 해당된다.

④ 특별재난지역의 선포에 대한 심의기구는 중앙위원회가 된다.

▶

특별재난지역 선포권자 : 대통령

19 재난현장에서의 지휘통제를 위하여 지역긴급구조통제단을 설치한다. 긴급구조통제단장이 될 수 있는 사람은 누구인가?

① 대통령　　　　　　　　　　② 국무총리

③ 소방청장　　　　　　　　　④ 소방본부장, 소방서장

▶

해당 지역의 긴급구조통제단장은 소방본부장, 소방서장이다.

20 재난에 관한 위기경보의 발령에 대한 설명 중 잘못된 것은?

① 소방본부장 또는 소방서장이 위기경보를 발령할 수 있다.

② 재난에 대한 징후를 식별하거나 재난발생이 예상되는 경우에 발령할 수 있다.

③ 위기경보는 재난 피해의 전개 속도, 확대 가능성 등 재난상황의 심각성을 종합적으로 고려하여 관심·경계·심각으로 구분할 수 있다.

④ 재난관리책임기관의 장은 위기경보가 신속하게 발령될 수 있도록 재난과 관련한 위험정보를 얻으면 즉시 행정안전부장관, 재난관리주관기관의 장, 시·도지사 및 시장·군수·구청장에게 통보하여야 한다.

▶ **재난 및 안전관리 기본법 제38조 제1항**

제38조(위기경보의 발령 등) ① 재난관리주관기관의 장은 대통령령으로 정하는 재난에 대한 징후를 식별하거나 재난발생이 예상되는 경우에는 그 위험 수준, 발생 가능성 등을 판단하여 그에 부합되는 조치를 할 수 있도록 위기경보를 발령할 수 있다. 다만, 제34조의5 제1항 제1호 단서의 상황인 경우에는 행정안전부장관이 위기경보를 발령할 수 있다. 〈개정 2017.7.26.〉

제3조 제5호의2

5의2. "재난관리주관기관"이란 재난이나 그 밖의 각종 사고에 대하여 그 유형별로 예방·대비·대응 및 복구 등의 업무를 주관하여 수행하도록 대통령령으로 정하는 관계 중앙행정기관을 말한다.

21 국가 및 지방자치단체에서 피해주민의 생계안정을 지원하는 대책이 아닌 것은?

① 피해주민의 구호
② 고등학생 학자금 무이자 대출
③ 농림 · 어업 자금의 융자, 상환기한 연기 및 이자감면
④ 정부양고 무상지급

▶ **재난 및 안전관리 기본법 제66조 제3항**

제66조(재난지역에 대한 국고보조 등의 지원)

③ 국가와 지방자치단체는 재난으로 피해를 입은 시설의 복구와 피해주민의 생계 안정을 위하여 다음 각 호의 지원을 할 수 있다. 다만, 다른 법령에 따라 국가 또는 지방자치단체가 같은 종류의 보상금 또는 지원금을 지급하거나, 제3조 제1호 나목에 해당하는 재난으로 피해를 유발한 원인자가 보험금 등을 지급하는 경우에는 그 보상금, 지원금 또는 보험금 등에 상당하는 금액은 지급하지 아니한다. 〈개정 2013.8.6., 2014.12.30., 2017.1.17.〉

1. 사망자 · 실종자 · 부상자 등 피해주민에 대한 구호
2. 주거용 건축물의 복구비 지원
3. 고등학생의 학자금 면제
4. 관계 법령에서 정하는 바에 따라 농업인 · 임업인 · 어업인의 자금 융자, 농업 · 임업 · 어업 자금의 상환기한 연기 및 그 이자의 감면 또는 중소기업 및 소상공인의 자금 융자
5. 세입자 보조 등 생계안정 지원
6. 관계 법령에서 정하는 바에 따라 국세 · 지방세, 건강보험료 · 연금보험료, 통신요금, 전기요금 등의 경감 또는 납부유예 등의 간접지원
7. 주 생계수단인 농업 · 어업 · 임업 · 염생산업(鹽生産業)에 피해를 입은 경우에 해당 시설의 복구를 위한 지원
8. 공공시설 피해에 대한 복구사업비 지원
9. 그 밖에 제14조 제3항 본문에 따른 중앙재난안전대책본부회의에서 결정한 지원 또는 제16조 제2항에 따른 지역재난안전대책본부회의에서 결정한 지원

22 다음 중 재난 및 안전관리 기본법의 목적으로 가장 적절하지 못한 것은?

① 재난으로부터 국토의 보존
② 국민의 생명 · 신체 및 재산 보호
③ 국가와 중앙정부조직의 재난 및 안전관리체제 확립
④ 재난의 예방 · 대비 · 대응 · 복구와 안전문화활동, 그 밖에 재난 및 안전관리에 필요한 사항을 규정함

▶ **재난 및 안전관리 기본법 제1조**

제1조(목적) 이 법은 각종 재난으로부터 국토를 보존하고 국민의 생명 · 신체 및 재산을 보호하기 위하여 국가와 지방자치단체의 재난 및 안전관리체제를 확립하고, 재난의 예방 · 대비 · 대응 · 복구와 안전문화활동, 그 밖에 재난 및 안전관리에 필요한 사항을 규정함을 목적으로 한다. 〈개정 2013.8.6.〉

23 다음 중 재난 및 안전관리 기본법에서 재난의 예방 · 대비 · 대응 및 복구를 위한 모든 활동을 무엇이라 하는가?

① 안전관리　　　　　　　　　② 재난관리
③ 재해관리　　　　　　　　　④ 방재관리

"재난관리"란 재난의 예방 · 대비 · 대응 및 복구를 위하여 하는 모든 활동을 말한다.

24 다음 중 재난 및 안전관리 기본법에서 안전기준의 분야별 안전기준의 범위가 가장 적절하지 못한 것은?

① 건축 시설 분야 — 소방 관련 안전기준
② 교통 및 교통시설 분야 — 육상교통 · 해상교통
③ 보건 · 식품 분야 — 의료 · 감염, 수질환경
④ 정보통신 분야 — 정보통신매체 및 관련 시설과 정보보호에 관련된 안전기준

◐ 재난 및 안전관리 기본법 시행령 별표1 〈개정 2017.7.26.〉

안전기준의 분야 및 범위(제2조의2 관련)

안전기준의 분야	안전기준의 범위
1. 건축 시설 분야	다중이용업소, 문화재 시설, 유해물질 제작 · 공급시설 등 관련 구조나 설비의 유지 · 관리 및 소방 관련 안전기준
2. 생활 및 여가 분야	생활이나 여가활동에서 사용하는 기구, 놀이시설 및 각종 외부활동과 관련된 안전기준
3. 환경 및 에너지 분야	대기환경 · 토양환경 · 수질환경 · 인체에 위험을 유발하는 유해성 물질과 시설, 발전시설 운영과 관련된 안전기준
4. 교통 및 교통시설 분야	육상교통 · 해상교통 · 항공교통 등과 관련된 시설 및 안전 부대시설, 시설의 이용자 및 운영자 등과 관련된 안전기준
5. 산업 및 공사장 분야	각종 공사장 및 산업현장에서의 주변 시설물과 그 시설의 사용자 또는 관리자 등의 안전부주의 등과 관련된 안전기준(공장시설을 포함한다)
6. 정보통신 분야(사이버 안전 분야는 제외한다)	정보통신매체 및 관련 시설과 정보보호에 관련된 안전기준
7. 보건 · 식품 분야	의료 · 감염, 보건복지, 축산 · 수산 · 식품 위생 관련 시설 및 물질 관련 안전기준
8. 그 밖의 분야	제1호부터 제7호까지에서 정한 사항 외에 제43조의9에 따른 안전기준심의회에서 안전관리를 위하여 필요하다고 정한 사항과 관련된 안전기준

비고 : 위 표에서 규정한 안전기준의 분야, 범위 등에 관한 세부적인 사항은 행정안전부장관이 정한다.

25 다음 중 재난 및 안전관리 기본법에서 재난이나 그 밖의 각종 사고로부터 사람의 생명ㆍ신체 및 재산의 안전을 확보하기 위하여 하는 모든 활동을 무엇이라 하는가?

① 안전관리　　　　　　　　　　② 재난관리
③ 재해관리　　　　　　　　　　④ 방재관리

▶ "안전관리"란 재난이나 그 밖의 각종 사고로부터 사람의 생명ㆍ신체 및 재산의 안전을 확보하기 위하여 하는 모든 활동을 말한다.

26 재난이나 그 밖의 각종 사고에 대하여 그 유형별로 예방ㆍ대비ㆍ대응 및 복구 등의 업무를 주관하여 수행하도록 대통령령으로 정하는 관계 중앙행정기관을 무엇이라 하는가?

① 중앙안전관리위원회　　　　　② 중앙재난안전대책본부
③ 재난관리주관기관　　　　　　④ 재난관리책임기관

▶ "재난관리주관기관"이란 재난이나 그 밖의 각종 사고에 대하여 그 유형별로 예방ㆍ대비ㆍ대응 및 복구 등의 업무를 주관하여 수행하도록 대통령령으로 정하는 관계 중앙행정기관을 말한다.

27 다음 중 재난 및 안전관리 기본법에서 환경부 재난관리주관기관이 담당하는 재난 및 사고 유형이 아닌 것은?

① 수질분야 대규모 환경오염 사고　　② 황사
③ 조류(藻類) 대발생(녹조에 한정한다)　　④ 감염병 재난

▶ 재난 및 안전관리 기본법 시행령 별표1의3 〈개정 2020.1.7.〉

재난 및 사고유형별 재난관리주관기관(제3조의2 관련)

재난관리주관기관	재난 및 사고의 유형
환경부	1. 수질분야 대규모 환경오염 사고 2. 식용수 사고 3. 유해화학물질 유출 사고 4. 조류(藻類) 대발생(녹조에 한정한다) 5. 황사 6. 환경부가 관장하는 댐의 사고 7. 미세먼지

28 다음 중 재난 및 안전관리 기본법의 용어의 정의로 가장 적절하지 못한 것은?

① 국가재난관리기준 : 모든 유형의 재난에 공통적으로 활용할 수 있도록 재난관리의 전 과정을 통일적으로 단순화 · 체계화한 것으로서 과학기술정보통신부장관이 고시한 것

② 안전문화활동 : 안전교육, 안전훈련, 홍보 등을 통하여 안전에 관한 가치와 인식을 높이고 안전을 생활화하도록 하는 등 재난이나 그 밖의 각종 사고로부터 안전한 사회를 만들어가기 위한 활동을 말한다.

③ 재난관리정보 : 재난관리를 위하여 필요한 재난상황정보, 동원가능 자원정보, 시설물정보, 지리정보를 말한다.

④ 긴급구조지원기관 : 긴급구조에 필요한 인력 · 시설 및 장비, 운영체제 등 긴급구조능력을 보유한 기관이나 단체로서 대통령령으로 정하는 기관과 단체

▶ "국가재난관리기준"이란 모든 유형의 재난에 공통적으로 활용할 수 있도록 재난관리의 전 과정을 통일적으로 단순화 · 체계화한 것으로서 행정안전부장관이 고시한 것을 말한다.

29 다음 중 재난 및 안전관리 기본법에서 국가 등의 책무 등과 관련하여 가장 적절하지 못한 것은?

① 국가와 지방자치단체는 재난이나 그 밖의 각종 사고로부터 국민의 생명 · 신체 및 재산을 보호할 책무를 지고, 재난이나 그 밖의 각종 사고를 예방하고 피해를 줄이기 위하여 노력하여야 한다.

② 국가와 지방자치단체는 발생한 피해를 신속히 대응 · 복구하기 위한 계획을 수립 · 시행하여야 한다.

③ 재난관리책임기관의 장은 소관 업무와 관련된 안전관리에 관한 계획을 수립하고 시행하여야 한다.

④ 재난관리책임기관의 장은 시 · 도와 시 · 군 · 구의 재난 및 안전관리업무에 협조할 수 있다.

▶ **재난 및 안전관리 기본법 제4조**

제4조(국가 등의 책무) ① 국가와 지방자치단체는 재난이나 그 밖의 각종 사고로부터 국민의 생명 · 신체 및 재산을 보호할 책무를 지고, 재난이나 그 밖의 각종 사고를 예방하고 피해를 줄이기 위하여 노력하여야 하며, 발생한 피해를 신속히 대응 · 복구하기 위한 계획을 수립 · 시행하여야 한다. 〈개정 2013.8.6.〉

② 제3조 제5호 나목에 따른 재난관리책임기관의 장은 소관 업무와 관련된 안전관리에 관한 계획을 수립하고 시행하여야 하며, 그 소재지를 관할하는 특별시 · 광역시 · 특별자치시 · 도 · 특별자치도(이하 "시 · 도"라 한다)와 시(「제주특별자치도 설치 및 국제자유도시 조성을 위한 특별법」 제10조 제2항에 따른 행정시를 포함한다. 이하 같다) · 군 · 구(자치구를 말한다. 이하 같다)의 재난 및 안전관리업무에 협조하여야 한다.

30 다음 설명 중 가장 적절하지 못한 것은?

① 국무총리는 국가 및 지방자치단체가 행하는 재난 및 안전관리 업무를 총괄 · 조정한다.

② 국민은 국가와 지방자치단체가 재난 및 안전관리업무를 수행할 때 최대한 협조하여야 한다.

③ 국민은 자기가 소유하거나 사용하는 건물 · 시설 등으로부터 재난이 발생하지 아니하도록 노력하여야 한다.

④ 국가와 지방자치단체는 재난이나 그 밖의 각종 사고로부터 국민의 생명 · 신체 및 재산을 보호할 책무를 지고, 재난이나 그 밖의 각종 사고를 예방하고 피해를 줄이기 위하여 노력하여야 한다.

▷ 재난 및 안전관리 기본법 제6조

제6조(재난 및 안전관리 업무의 총괄 · 조정) 행정안전부장관은 국가 및 지방자치단체가 행하는 재난 및 안전관리 업무를 총괄 · 조정한다.

31 다음 중 중앙안전관리위원회의 재난 및 안전관리에 관한 심의사항이 아닌 것은?

① 재난 및 안전관리에 관한 중요 정책에 관한 사항

② 국가안전관리기본계획에 관한 사항

③ 특별재난지역의 선포에 관한 사항

④ 재난 및 안전관리 사업 관련 장기사업계획서 및 예산 확정에 관한 사항

▷ 재난 및 안전관리 기본법 제9조 제1항

제9조(중앙안전관리위원회) ① 재난 및 안전관리에 관한 다음 각 호의 사항을 심의하기 위하여 국무총리 소속으로 중앙안전관리위원회(이하 "중앙위원회"라 한다)를 둔다. 〈개정 2013.8.6., 2014.12.30., 2016.1.7.〉

  1. 재난 및 안전관리에 관한 중요 정책에 관한 사항

  2. 제22조에 따른 국가안전관리기본계획에 관한 사항

  2의2. 제10조의2에 따른 재난 및 안전관리 사업 관련 중기사업계획서, 투자우선순위 의견 및 예산요구서에 관한 사항

  3. 중앙행정기관의 장이 수립 · 시행하는 계획, 점검 · 검사, 교육 · 훈련, 평가 등 재난 및 안전관리업무의 조정에 관한 사항

  3의2. 안전기준관리에 관한 사항

  4. 제36조에 따른 재난사태의 선포에 관한 사항

  5. 제60조에 따른 특별재난지역의 선포에 관한 사항

  6. 재난이나 그 밖의 각종 사고가 발생하거나 발생할 우려가 있는 경우 이를 수습하기 위한 관계 기관 간 협력에 관한 중요 사항

  7. 중앙행정기관의 장이 시행하는 대통령령으로 정하는 재난 및 사고의 예방사업 추진에 관한 사항

  8. 그 밖에 위원장이 회의에 부치는 사항

32 다음 중 중앙위원회의 위원장은?

① 국무총리
② 소방청장
③ 행정안전부장관
④ 시 · 도지사

▶ 재난 및 안전관리 기본법 제9조 제2항

② 중앙위원회의 위원장은 국무총리가 되고, 위원은 대통령령으로 정하는 중앙행정기관 또는 관계 기관 · 단체의 장이 된다.

33 다음 중 중앙위원회의 위원으로 대통령령으로 정하는 중앙행정기관 또는 관계기관 · 단체의 장이 아닌 것은?

① 기획재정부장관
② 국가정보원장
③ 서울특별시장
④ 기상청장

▶ 재난 및 안전관리 기본법 시행령 제6조

제6조(중앙안전관리위원회의 위원) ① 법 제9조 제2항에 따른 중앙안전관리위원회(이하 "중앙위원회"라 한다)의 위원은 다음 각 호의 사람이 된다.

1. 기획재정부장관, 교육부장관, 과학기술정보통신부장관, 외교부장관, 통일부장관, 법무부장관, 국방부장관, 행정안전부장관, 문화체육관광부장관, 농림축산식품부장관, 산업통상자원부장관, 보건복지부장관, 환경부장관, 고용노동부장관, 여성가족부장관, 국토교통부장관, 해양수산부장관 및 중소벤처기업부장관

2. 국가정보원장, 방송통신위원회위원장, 국무조정실장, 식품의약품안전처장, 금융위원회위원장 및 원자력안전위원회위원장

3. 경찰청장, 소방청장, 문화재청장, 산림청장, 기상청장 및 해양경찰청장

4. 삭제 〈2015.6.30.〉

5. 그 밖에 중앙위원회의 위원장이 지정하는 기관 및 단체의 장

② 법 제9조 제5항에서 "대통령령으로 정하는 중앙행정기관의 장순"이란 제1항 제1호에 따른 중앙행정기관의 장의 순서를 말한다.

34 다음 중 중앙위원회에 대한 설명 중 옳은 것은?

① 중앙위원회의 위원장은 국무총리가 된다.
② 중앙위원회에 간사 1명을 두고, 간사는 소방청장이 된다.
③ 중앙위원회의 위원장이 사고 또는 부득이한 사유로 직무를 수행할 수 없을 때에는 소방청장, 대통령령으로 정하는 중앙행정기관의 장 순으로 위원장의 직무를 대행한다.
④ 소방청장 등이 중앙위원회 위원장의 직무를 대행할 때에는 소방청차관이 중앙위원회 간사의 직무를 대행한다.

◎ 재난 및 안전관리 기본법 제9조 제2항~제9항

② 중앙위원회의 위원장은 국무총리가 되고, 위원은 대통령령으로 정하는 중앙행정기관 또는 관계 기관·단체의 장이 된다.

③ 중앙위원회의 위원장은 중앙위원회를 대표하며, 중앙위원회의 업무를 총괄한다. 〈신설 2012.2.22.〉

④ 중앙위원회에 간사 1명을 두며, 간사는 행정안전부장관이 된다. 〈개정 2013.8.6., 2014.11.19., 2014.12.30., 2017.7.26.〉

⑤ 중앙위원회의 위원장이 사고 또는 부득이한 사유로 직무를 수행할 수 없을 때에는 행정안전부장관, 대통령령으로 정하는 중앙행정기관의 장 순으로 위원장의 직무를 대행한다. 〈개정 2013.8.6., 2014.11.19., 2017.7.26.〉

⑥ 제5항에 따라 행정안전부장관 등이 중앙위원회 위원장의 직무를 대행할 때에는 행정안전부의 재난안전관리사무를 담당하는 본부장이 중앙위원회 간사의 직무를 대행한다. 〈개정 2013.8.6., 2014.11.19., 2014.12.30., 2017.7.26.〉

⑦ 중앙위원회는 제1항 각 호의 사무가 국가안전보장과 관련된 경우에는 국가안전보장회의와 협의하여야 한다. 〈개정 2013.8.6.〉

⑧ 중앙위원회의 위원장은 그 소관 사무에 관하여 재난관리책임기관의 장이나 관계인에게 자료의 제출, 의견 진술, 그 밖에 필요한 사항에 대하여 협조를 요청할 수 있다. 이 경우 요청을 받은 사람은 특별한 사유가 없으면 요청에 따라야 한다. 〈신설 2013.8.6.〉

⑨ 중앙위원회의 구성과 운영 등에 필요한 사항은 대통령령으로 정한다. 〈개정 2012.2.22., 2013.8.6.〉

35 재난 및 안전관리 기본법상 대통령령으로 정하는 재난 및 사고의 예방사업에 해당하지 않는 것은?

① 기상관측표준화법에 따른 기상관측의 표준화를 위하여 시행하는 사업

② 자연재해대책법에 따른 재해지도 작성 사업

③ 지진·화산재해대책법에 따른 기존 공공시설물의 내진보강사업

④ 항만법에 따른 항만공사 중 재난 예방을 위한 사업

◎ 재난 및 안전관리 기본법 시행령 제7조

제7조(재난 및 사고 예방사업의 범위) 법 제9조 제1항 제7호에서 "대통령령으로 정하는 재난 및 사고의 예방사업"이란 다음 각 호의 사업을 말한다. 〈개정 2014.7.14., 2015.6.30., 2016.1.12.〉

1. 「기상관측표준화법」 제2조 제2항 제1호에 따른 기상관측의 표준화를 위하여 시행하는 사업
2. 「농어촌정비법」 제2조 제5호에 따른 농업생산기반 정비사업 중 수리시설(水利施設) 개수·보수 사업, 농경지 배수(排水) 개선사업, 저수지 정비사업, 방조제 정비사업
3. 「댐건설 및 주변지역지원 등에 관한 법률」 제18조의2에 따른 댐의 관리를 위한 사업
4. 「도로법」 제31조에 따른 도로공사 중 재난 및 안전관리를 위하여 시행하는 사업
5. 「산림기본법」 제15조에 따른 산림재해 예방사업
6. 「사방사업법」 제3조에 따른 사방사업(砂防事業)
7. 「어촌·어항법」 제2조 제6호 나목에 따른 어항정비사업
8. 「연안관리법」 제2조 제4호에 따른 연안정비사업
9. 「지진·화산재해대책법」 제15조에 따른 기존 공공시설물의 내진보강사업
10. 「하천법」 제27조에 따른 하천공사사업

정답 35 ②

11. 「항만법」 제9조에 따른 항만공사 중 재난 예방을 위한 사업
12. 그 밖에 중앙위원회의 위원장이 정하는 사업

36 중앙위원회에 두는 중앙재난방송협의회는 위원장 1명과 부위원장 1명을 포함한 몇 명의 위원으로 구성하는가?

① 15명 　　　　② 25명 　　　　③ 35명 　　　　④ 45명

▶ **재난 및 안전관리 기본법 시행령 제10조의3 제1항**

제10조의3(중앙재난방송협의회의 구성과 운영) ① 법 제12조 제1항에 따라 중앙위원회에 두는 중앙재난방송협의회는 위원장 1명과 부위원장 1명을 포함한 25명 이내의 위원으로 구성한다.

37 다음 중 중앙재난방송협의회의 위원이 될 수 없는 사람은?

① 재난 또는 방송 관련 연구기관이나 단체 또는 산업 분야에 종사하는 사람으로서 해당 분야의 경력이 3년 이상인 사람
② 과학기술정보통신부에 속하는 일반직 공무원 또는 이에 상당하는 공무원 중에서 해당기관의 장이 지명하는 사람
③ 대학 · 산업대학 · 전문대학 및 기술대학에서 재난 또는 방송과 관련된 학문을 교수하는 사람으로서 조교수 이상의 직위에 있는 사람
④ 지상파텔레비전방송사업자에 소속된 사람으로서 재난방송을 총괄하는 직위에 있는 사람

▶ **재난 및 안전관리 기본법 시행령 제10조의3 제4항**

④ 중앙재난방송협의회의 위원은 다음 각 호의 사람이 된다. 〈개정 2012.2.29., 2013.3.23., 2014.2.5., 2014.11.19., 2017.1.6., 2017.7.26.〉
1. 과학기술정보통신부, 행정안전부, 국무조정실, 방송통신위원회 및 기상청의 고위공무원단에 속하는 일반직 공무원 또는 이에 상당하는 공무원 중에서 해당 기관의 장이 지명하는 사람 각 1명
2. 관계 중앙행정기관(제1호의 위원이 소속된 기관은 제외한다)의 고위공무원단에 속하는 일반직 공무원 또는 이에 상당하는 공무원 중에서 재난의 유형에 따라 해당 중앙행정기관의 장의 추천을 받아 과학기술정보통신부장관이 임명하는 사람. 이 경우 과학기술정보통신부장관은 임명 대상에 대하여 방송통신위원회위원장과 미리 협의하여야 한다.
3. 다음 각 목의 어느 하나에 해당하는 사람 중에서 방송통신위원회위원장과 협의하여 과학기술정보통신부장관이 위촉하는 사람
　가. 「방송법 시행령」 제1조의2 제1호에 따른 지상파텔레비전방송사업자(「방송법 시행령」 제25조의2에 따른 지역방송을 하는 방송사업자는 제외한다)에 소속된 사람으로서 재난방송을 총괄하는 직위에 있는 사람
　나. 「방송법 시행령」 제1조의2 제6호에 따른 텔레비전방송채널사용사업자 중 종합편성 또는 보도전문편성 을 행하는 방송채널사용사업자에 소속된 사람으로서 재난방송을 총괄하는 직위에 있는 사람
　다. 「고등교육법」에 따른 대학 · 산업대학 · 전문대학 및 기술대학에서 재난 또는 방송과 관련된 학문을 교수하는 사람으로서 조교수 이상의 직위에 있는 사람

라. 재난 또는 방송 관련 연구기관이나 단체 또는 산업 분야에 종사하는 사람으로서 해당 분야의 경력이 5년 이상인 사람

38 재난 및 안전관리 기본법에서 재난 발생 시 신속한 재난대응 활동 참여 등 중앙민관협력위원회의 기능을 지원하기 위하여 중앙민관협력위원회에 대통령령으로 정하는 바에 따라 무엇을 둘 수 있는가?

① 중앙위원회　　　　　　　　　　② 중앙재난방송협의회
③ 조정위원회　　　　　　　　　　④ 재난긴급대응단

▶ 재난 및 안전관리 기본법 제12조의3 제3항 ─────────────

제12조의3(중앙민관협력위원회의 기능 등) ① 중앙민관협력위원회의 기능은 다음 각 호와 같다.
　　1. 재난 및 안전관리 민관협력활동에 관한 협의
　　2. 재난 및 안전관리 민관협력활동사업의 효율적 운영방안의 협의
　　3. 평상시 재난 및 안전관리 위험요소 및 취약시설의 모니터링 · 제보
　　4. 재난 발생 시 인적 · 물적 자원 동원, 인명구조 · 피해복구 활동 참여, 피해주민 지원서비스 제공 등에 관한 협의
② 중앙민관협력위원회의 회의는 다음 각 호의 어느 하나에 해당하는 경우에 공동위원장이 소집할 수 있다.
　　1. 제14조 제1항에 따른 대규모 재난의 발생으로 민관협력 대응이 필요한 경우
　　2. 재적위원 4분의 1 이상이 회의 소집을 요청하는 경우
　　3. 그 밖에 공동위원장이 회의 소집이 필요하다고 인정하는 경우
③ 재난 발생 시 신속한 재난대응 활동 참여 등 중앙민관협력위원회의 기능을 지원하기 위하여 중앙민관협력위원회에 대통령령으로 정하는 바에 따라 재난긴급대응단을 둘 수 있다.

39 중앙민관협력위원회의 구성 · 운영 등에서 중앙안전관리민관협력위원회(이하 "중앙민관협력위원회"라 한다)는 공동위원장 (㉮)명을 포함하여 (㉯)명 이내의 위원으로 구성한다. 다음 중 (㉮), (㉯)에 들어갈 알맞은 것은?

① ㉮ : 1　㉯ : 25　　　　　　　　② ㉮ : 1　㉯ : 35
③ ㉮ : 2　㉯ : 25　　　　　　　　④ ㉮ : 2　㉯ : 35

▶ 재난 및 안전관리 기본법 시행령 제12조의3 ─────────────

제12조의3(중앙민관협력위원회의 구성 · 운영) ① 법 제12조의2 제1항에 따른 중앙안전관리민관협력위원회(이하 "중앙민관협력위원회"라 한다)는 공동위원장 2명을 포함하여 35명 이내의 위원으로 구성한다.
② 중앙민관협력위원회의 공동위원장은 행정안전부의 재난안전관리사무를 담당하는 본부장과 제4항에 따라 위촉된 민간위원 중에서 중앙민관협력위원회의 의결을 거쳐 행정안전부장관이 지명하는 사람이 된다. 〈개정 2014.11.19., 2017.7.26.〉
③ 중앙민관협력위원회의 공동위원장은 중앙민관협력위원회를 대표하고, 중앙민관협력위원회의 운영 및 사무에 관한 사항을 총괄한다.

④ 중앙민관협력위원회의 위원은 다음 각 호의 사람이 된다. 〈개정 2014.11.19., 2015.6.30., 2017.7.26.〉

1. 당연직 위원
   가. 행정안전부 안전정책실장
   나. 행정안전부 재난관리실장
   다. 행정안전부 재난안전조정관

2. 민간위원 : 다음 각 목의 어느 하나에 해당하는 사람 중에서 성별을 고려하여 행정안전부장관이 위촉하는 사람
   가. 재난 및 안전관리 활동에 적극적으로 참여하고 전국 규모의 회원을 보유하고 있는 협회 등의 민간단체 대표
   나. 재난 및 안전관리 분야 유관기관, 단체·협회 또는 기업 등에 소속된 재난 및 안전관리 전문가
   다. 재난 및 안전관리 분야에 학식과 경험이 풍부한 사람

⑤ 민간위원의 임기는 2년으로 하며, 위원의 사임 등으로 새로 위촉된 위원의 임기는 전임위원 임기의 남은 기간으로 한다.

⑥ 제1항부터 제5항까지에서 규정한 사항 외에 중앙민관협력위원회의 구성·운영에 필요한 세부 사항은 중앙민관협력위원회의 의결을 거쳐 행정안전부장관이 정한다. 〈개정 2014.11.19., 2017.7.26.〉

40 다음 중 재난 및 안전관리 기본법에서 재난상황의 보고 등 내용으로 가장 적당하지 않은 것은?

① 최초 보고 : 인명피해 등 주요 재난 발생 시 지체없이 서면(전자문서 포함)·팩스·전화 중 가장 빠른 방법으로 하는 보고

② 중간 보고 : 전산시스템 등을 활용하여 재난의 수습기간 중에 수시로 하는 보고

③ 긴급 보고 : 소방서장이 해당 소방본부장에게 긴급한 상황 발생 시 하는 보고

④ 최종 보고 : 재난 수습이 끝나거나 소멸된 후 영 제24조 제1항의 규정에 의한 사항을 종합하여 하는 보고

▶ 재난 및 안전관리 기본법 시행규칙 제5조

제5조(재난상황의 보고 등) ① 법 제20조 제1항에 따라 시장(「제주특별자치도 설치 및 국제자유도시 조성을 위한 특별법」 제11조 제1항에 따른 행정시장을 포함한다. 이하 같다)·군수·구청장(자치구의 구청장을 말한다. 이하 같다), 소방서장, 해양경찰서장, 법 제3조 제5호 나목에 따른 재난관리책임기관의 장 또는 법 제26조 제1항에 따른 국가기반시설의 장(이하 "재난상황의 보고자"라 한다)은 다음 각 호의 구분에 따라 재난상황을 보고하여야 한다. 〈개정 2014.2.7., 2015.8.11., 2017.2.3., 2017.7.26.〉

1. 최초 보고 : 인명피해 등 주요 재난 발생 시 지체 없이 서면(전자문서를 포함한다), 팩스, 전화 중 가장 빠른 방법으로 하는 보고

2. 중간 보고 : 별지 제1호서식(법 제3조 제1항 가목에 따른 재난의 경우에는 별지 제2호서식)에 따라 전산시스템 등을 활용하여 재난 수습기간 중에 수시로 하는 보고

3. 최종 보고 : 재난 수습이 끝나거나 재난이 소멸된 후 영 제24조 제1항에 따른 사항을 종합하여 하는 보고

정답 40 ③

② 법 제20조 제1항에 따라 재난상황의 보고자는 응급조치 내용을 별지 제3호서식의 응급복구조치 상황 및 별지 제4호서식의 응급구호조치 상황으로 구분하여 재난기간 중 1일 2회 이상 보고하여야 한다. 〈개정 2014.2.7., 2015.8.11., 2017.2.3.〉

③ 법 제20조 제3항에 따른 재난상황과 응급조치·수습에 관한 보고 또는 통보는 별지 제5호서식에 따른다.

41 다음 중 대통령령으로 정하는 바에 따라 누가 국가의 재난 및 안전관리업무에 관한 기본계획("국가안전관리기본계획")의 수립지침을 작성하여 관계 중앙행정기관의 장에게 통보하여야 하는가?

① 국무총리   ② 소방청장
③ 행정안전부장관   ④ 기획재정부장관

▶ 재난 및 안전관리 기본법 제22조

제22조(국가안전관리기본계획의 수립 등) ① 국무총리는 대통령령으로 정하는 바에 따라 국가의 재난 및 안전관리업무에 관한 기본계획(이하 "국가안전관리기본계획"이라 한다)의 수립지침을 작성하여 관계 중앙행정기관의 장에게 통보하여야 한다. 〈개정 2013.8.6., 2017.1.17.〉

② 제1항에 따른 수립지침에는 부처별로 중점적으로 추진할 안전관리기본계획의 수립에 관한 사항과 국가재난관리체계의 기본방향이 포함되어야 한다.

③ 관계 중앙행정기관의 장은 제1항에 따른 수립지침에 따라 그 소관에 속하는 재난 및 안전관리업무에 관한 기본계획을 작성한 후 국무총리에게 제출하여야 한다. 〈개정 2013.8.6.〉

④ 국무총리는 제3항에 따라 관계 중앙행정기관의 장이 제출한 기본계획을 종합하여 국가안전관리기본계획을 작성하여 중앙위원회의 심의를 거쳐 확정한 후 이를 관계 중앙행정기관의 장에게 통보하여야 한다. 〈개정 2012.2.22., 2013.8.6., 2017.1.17.〉

⑤ 중앙행정기관의 장은 제4항에 따라 확정된 국가안전관리기본계획 중 그 소관 사항을 관계 재난관리책임기관(중앙행정기관과 지방자치단체는 제외한다)의 장에게 통보하여야 한다. 〈개정 2017.1.17.〉

⑥ 국가안전관리기본계획을 변경하는 경우에는 제1항부터 제5항까지를 준용한다.

⑦ 국가안전관리기본계획과 제23조의 집행계획, 제24조의 시·도안전관리계획 및 제25조의 시·군·구안전관리계획은 「민방위기본법」에 따른 민방위계획 중 재난관리분야의 계획으로 본다.

⑧ 국가안전관리기본계획에는 다음 각 호의 사항이 포함되어야 한다. 〈개정 2017.1.17.〉

  1. 재난에 관한 대책

  2. 생활안전, 교통안전, 산업안전, 시설안전, 범죄안전, 식품안전, 안전취약계층 안전 및 그 밖에 이에 준하는 안전관리에 관한 대책

42 재난 및 안전관리 기본법 제52조에 의한 현장지휘에 관한 사항으로 옳지 않은 것은?

① 추가 재난의 방지를 위한 응급조치

② 긴급구조지원기관 및 자원봉사자 등에 대한 임무의 부여

③ 사상자의 응급처치 및 의료기관으로의 이송

④ 재난관리 책임기관의 인력 · 장비의 배치와 운용

제52조(긴급구조 현장지휘) ① 재난현장에서는 시 · 군 · 구긴급구조통제단장이 긴급구조활동을 지휘한다. 다만, 치안활동과 관련된 사항은 관할 경찰관서의 장과 협의하여야 한다.

② 제1항에 따른 현장지휘는 다음 각 호의 사항에 관하여 한다.

　1. 재난현장에서 인명의 탐색 · 구조

　2. 긴급구조기관 및 긴급구조지원기관의 인력 · 장비의 배치와 운용

　3. 추가 재난의 방지를 위한 응급조치

　4. 긴급구조지원기관 및 자원봉사자 등에 대한 임무의 부여

　5. 사상자의 응급처치 및 의료기관으로의 이송

　6. 긴급구조에 필요한 물자의 관리

　7. 현장접근 통제, 현장 주변의 교통정리, 그 밖에 긴급구조활동을 효율적으로 하기 위하여 필요한 사항

43 다음 중 지역통제단장이 재난 발생을 예방하거나 피해를 줄이기 위하여 할 수 있는 응급조치 사항에 해당하지 않는 것은?

① 긴급수송 및 구조 수단의 확보　　② 경보의 발령

③ 현장지휘통신체계의 확보　　④ 진화에 관한 응급조치

재난 및 안전관리 기본법 제37조 제1항

제37조(응급조치) ① 제50조 제2항에 따른 시 · 도긴급구조통제단 및 시 · 군 · 구긴급구조통제단의 단장(이하 "지역통제단장"이라 한다)과 시장 · 군수 · 구청장은 재난이 발생할 우려가 있거나 재난이 발생하였을 때에는 즉시 관계 법령이나 재난대응활동계획 및 위기관리 매뉴얼에서 정하는 바에 따라 수방(水防) · 진화 · 구조 및 구난(救難), 그 밖에 재난 발생을 예방하거나 피해를 줄이기 위하여 필요한 다음 각 호의 응급조치를 하여야 한다. 다만, 지역통제단장의 경우에는 제2호 중 진화에 관한 응급조치와 제4호 및 제6호의 응급조치만 하여야 한다. 〈개정 2013.8.6., 2014.12.30., 2017.1.17.〉

　1. 경보의 발령 또는 전달이나 피난의 권고 또는 지시

　1의2. 제31조에 따른 안전조치

　2. 진화 · 수방 · 지진방재, 그 밖의 응급조치와 구호

　3. 피해시설의 응급복구 및 방역과 방범, 그 밖의 질서 유지

　4. 긴급수송 및 구조 수단의 확보

　5. 급수 수단의 확보, 긴급피난처 및 구호품의 확보

　6. 현장지휘통신체계의 확보

　7. 그 밖에 재난 발생을 예방하거나 줄이기 위하여 필요한 사항으로서 대통령령으로 정하는 사항

44 다음 중 중앙긴급구조통제단(중앙통제단)에 대한 설명으로 옳지 않은 것은?

① 긴급구조에 관한 사항의 총괄 · 조정, 긴급구조기관 및 긴급구조지원기관이 하는 긴급구조활동의 역할 분담과 지위 · 통제를 위하여 소방청에 중앙긴급구조통제단(중앙통제단)을 둔다.

② 중앙통제단의 단장은 소방청장이 된다.

③ 중앙통제단의 구성 · 기능 및 운영에 필요한 사항은 대통령령으로 정한다.

④ 중앙통제단장은 긴급구조를 위하여 필요하면 긴급구조지원기관 간의 공조체제를 유지하기 위하여 시 · 도지사에게 소속 직원의 파견을 요청할 수 있다.

▶ **재난 및 안전관리 기본법 제49조**

제49조(중앙긴급구조통제단) ① 긴급구조에 관한 사항의 총괄 · 조정, 긴급구조기관 및 긴급구조지원기관이 하는 긴급구조활동의 역할 분담과 지휘 · 통제를 위하여 소방청에 중앙긴급구조통제단(이하 "중앙통제단"이라 한다)을 둔다. 〈개정 2014.11.19., 2017.7.26.〉
② 중앙통제단의 단장은 소방청장이 된다. 〈개정 2017.7.26.〉
③ 중앙통제단장은 긴급구조를 위하여 필요하면 긴급구조지원기관 간의 공조체제를 유지하기 위하여 관계 기관 · 단체의 장에게 소속 직원의 파견을 요청할 수 있다. 이 경우 요청을 받은 기관 · 단체의 장은 특별한 사유가 없으면 요청에 따라야 한다.
④ 중앙통제단의 구성 · 기능 및 운영에 필요한 사항은 대통령령으로 정한다.

45 다음은 재난 및 안전관리 기본법의 목적이다. 괄호에 들어갈 알맞은 내용은?

이 법은 각종 재난으로부터 국토를 보존하고 국민의 생명, 신체 및 재산을 보호하기 위하여 국가와 지방자치단체의 (㉠)하고 재난의 (㉡), 그 밖의 재난 및 안전관리에 필요한 사항을 규정함을 목적으로 한다.

① ㉠ 재난 ㉡ 예방, 대비, 대응, 복구
② ㉠ 재난 ㉡ 예방, 대비, 대응, 복구와 안전문화활동
③ ㉠ 재난 및 안전관리체제를 확립 ㉡ 예방, 대비, 대응, 복구와 안전문화활동
④ ㉠ 재난 및 안전관리체제를 확립 ㉡ 예방, 대비, 대응, 복구

▶ **재난 및 안전관리 기본법 제1조**

제1조(목적) 이 법은 각종 재난으로부터 국토를 보존하고 국민의 생명 · 신체 및 재산을 보호하기 위하여 국가와 지방자치단체의 재난 및 안전관리체제를 확립하고, 재난의 예방 · 대비 · 대응 · 복구와 안전문화활동, 그 밖에 재난 및 안전관리에 필요한 사항을 규정함을 목적으로 한다. 〈개정 2013.8.6.〉

46 다음 중 재난 및 사고유형별 재난관리주관기관 중 해양경찰청에서 주관하는 재난 및 사고의 유형에 해당하는 것은?

① 지하철사고
② 경기장 및 공연장사고
③ 유해화학물질 유출사고
④ 해양에서 발생한 유도선 등의 수난사고

▶ 재난 및 안전관리 기본법 시행령 별표1의3 〈개정 2020.1.7.〉

재난 및 사고유형별 재난관리주관기관(제3조의2 관련)

재난관리주관기관	재난 및 사고의 유형
교육부	학교 및 학교시설에서 발생한 사고
과학기술정보통신부	1. 우주전파 재난 2. 정보통신 사고 3. 위성항법장치(GPS) 전파혼신 4. 자연우주물체의 추락·충돌
외교부	해외에서 발생한 재난
법무부	법무시설에서 발생한 사고
국방부	국방시설에서 발생한 사고
행정안전부	1. 정부중요시설 사고 2. 공동구(共同溝) 재난(국토교통부가 관장하는 공동구는 제외한다) 3. 내륙에서 발생한 유도선 등의 수난 사고 4. 풍수해(조수는 제외한다)·지진·화산·낙뢰·가뭄·한파·폭염으로 인한 재난 및 사고로서 다른 재난관리주관기관에 속하지 아니하는 재난 및 사고
문화체육관광부	경기장 및 공연장에서 발생한 사고
농림축산식품부	1. 가축 질병 2. 저수지 사고
산업통상자원부	1. 가스 수급 및 누출 사고 2. 원유수급 사고 3. 원자력안전 사고(파업에 따른 가동중단으로 한정한다) 4. 전력 사고 5. 전력생산용 댐의 사고
질병관리청	감염병 재난
보건복지부	보건의료 사고
환경부	1. 수질분야 대규모 환경오염 사고 2. 식용수 사고 3. 유해화학물질 유출 사고 4. 조류(藻類) 대발생(녹조에 한정한다) 5. 황사 6. 환경부가 관장하는 댐의 사고 7. 미세먼지
고용노동부	사업장에서 발생한 대규모 인적 사고

재난관리주관기관	재난 및 사고의 유형
국토교통부	1. 국토교통부가 관장하는 공동구 재난 2. 고속철도 사고 3. 삭제 〈2019.8.27.〉 4. 도로터널 사고 5. 삭제 〈2019.8.27.〉 6. 육상화물운송 사고 7. 도시철도 사고
국토교통부	8. 항공기 사고 9. 항공운송 마비 및 항행안전시설 장애 10. 다중밀집건축물 붕괴 대형사고로서 다른 재난관리주관기관에 속하지 아니하는 재난 및 사고
해양수산부	1. 조류 대발생(적조에 한정한다) 2. 조수(潮水) 3. 해양 분야 환경오염 사고 4. 해양 선박 사고
금융위원회	금융 전산 및 시설 사고
원자력안전위원회	1. 원자력안전 사고(파업에 따른 가동중단은 제외한다) 2. 인접국가 방사능 누출 사고
소방청	1. 화재 · 위험물 사고 2. 다중 밀집시설 대형화재
문화재청	문화재 시설 사고
산림청	1. 산불 2. 산사태
해양경찰청	해양에서 발생한 유도선 등의 수난 사고

비고 : 재난관리주관기관이 지정되지 않았거나 분명하지 않은 경우에는 행정안전부장관이 「정부조직법」에 따른 관장 사무와 피해 시설의 기능 또는 재난 및 사고 유형 등을 고려하여 재난관리주관기관을 정한다

47 재난관리는 단계별로 '예방, 대비, 대응, 복구'의 4단계로 구분할 수 있다. 다음에 열거된 재난관리 활동 중 그 단계가 다른 하나는?

① 재난 유형별 사전 교육 · 훈련 실시

② 비상방송시스템 구축

③ 재난 취약시설 점검

④ 자원관리체계 구축

◯

①, ②, ④ : 대비

③ : 예방

48 중앙긴급구조통제단의 조직구성 및 부서별 임무에 따르면 구조진압반, 현장통제반, 응급의료반은 어느 부서에 속하는가?

① 현장지휘대   ② 자원지원부

③ 대응계획부   ④ 긴급복구부

▶ **중앙긴급구조통제단 구성 및 운영에 관한 규정 제4조**

제4조(중앙통제단 임무) 재난 및 안전관리 기본법 시행령(이하 '영'이라 한다.) 제55조 제3항에 따라 중앙통제단에 두는 총괄지휘부·대응계획부·자원지원부·현장지휘대·긴급복구부의 임무는 다음 각 호와 같다.

1. 총괄지휘부 : 재난상황에서의 긴급구조를 총괄하고 통제단장 및 부단장을 보좌한다.
2. 대응계획부 : 재난상황분석과 상황판단회의 개최, 전반적인 대응활동계획 수립과 조정·통제 및 각종 상황보고
3. 자원지원부 : 중앙통제단 각 부의 업무지원 및 현장대응자원 소요판단과 조정·통제
4. 현장지휘대 : 지역긴급구조통제단의 구조진압, 응급의료 등 조정·통제
5. 긴급복구부 : 긴급구조 활동구역 내 긴급시설복구, 사상자에 대한 긴급구호 지원, 긴급오염통제 조정 등

49 다음 중 중앙안전관리위원회의 재난 및 안전관리에 관한 심의사항이 아닌 것은?

① 재난사태의 선포에 관한 사항
② 특별재난지역의 선포에 관한 사항
③ 재난 및 안전관리에 관한 중요 정책에 관한 사항
④ 국가기반시설의 지정에 관한 사항의 심의

▶ **재난 및 안전관리 기본법 제9조 제1항**

제9조(중앙안전관리위원회) ① 재난 및 안전관리에 관한 다음 각 호의 사항을 심의하기 위하여 국무총리 소속으로 중앙안전관리위원회(이하 "중앙위원회"라 한다)를 둔다. 〈개정 2013.8.6., 2014.12.30., 2016.1.7.〉

1. 재난 및 안전관리에 관한 중요 정책에 관한 사항
2. 제22조에 따른 국가안전관리기본계획에 관한 사항
2의2. 제10조의2에 따른 재난 및 안전관리 사업 관련 중기사업계획서, 투자우선순위 의견 및 예산요구서에 관한 사항
3. 중앙행정기관의 장이 수립·시행하는 계획, 점검·검사, 교육·훈련, 평가 등 재난 및 안전관리업무의 조정에 관한 사항
3의2. 안전기준관리에 관한 사항
4. 제36조에 따른 재난사태의 선포에 관한 사항
5. 제60조에 따른 특별재난지역의 선포에 관한 사항
6. 재난이나 그 밖의 각종 사고가 발생하거나 발생할 우려가 있는 경우 이를 수습하기 위한 관계기관 간 협력에 관한 중요 사항
7. 중앙행정기관의 장이 시행하는 대통령령으로 정하는 재난 및 사고의 예방사업 추진에 관한 사항
8. 그 밖에 위원장이 회의에 부치는 사항

50 다음 중 시·군·구 긴급구조통제단장의 현장지휘 사항에 해당하지 않는 것은?

① 재난현장에서 인명의 탐색·구조

② 재난피해상황조사

③ 긴급구조기관 및 긴급구조지원기관의 인력·장비의 배치와 운용

④ 추가 재난의 방지를 위한 응급조치

▶ **재난및안전관리 기본법 제52조 제1항, 제2항**

제52조(긴급구조 현장지휘) ① 재난현장에서는 시·군·구긴급구조통제단장이 긴급구조활동을 지휘한다. 다만, 치안활동과 관련된 사항은 관할 경찰관서의 장과 협의하여야 한다.

② 제1항에 따른 현장지휘는 다음 각 호의 사항에 관하여 한다.

1. 재난현장에서 인명의 탐색·구조

2. 긴급구조기관 및 긴급구조지원기관의 인력·장비의 배치와 운용

3. 추가 재난의 방지를 위한 응급조치

4. 긴급구조지원기관 및 자원봉사자 등에 대한 임무의 부여

5. 사상자의 응급처치 및 의료기관으로의 이송

6. 긴급구조에 필요한 물자의 관리

7. 현장접근 통제, 현장 주변의 교통정리, 그 밖에 긴급구조활동을 효율적으로 하기 위하여 필요한 사항

51 재난 및 안전관리 기본법상 재난의 복구단계에 해당하는 것은?

① 국가기반시설 지정　　　　　　② 정부합동 안전 점검

③ 위험구역 설정　　　　　　　　④ 특별재난지역 선포

▶ **재난 및 안전관리 기본법 제7장 재난의 복구**

제1절 피해조사 및 복구계획

　　제58조(재난피해 신고 및 조사)　　　제59조(재난복구계획의 수립·시행)

　　제59조의2(재난복구계획에 따라 시행하는 사업의 관리)

제2절 특별재난지역 선포 및 지원

　　제60조(특별재난지역의 선포)　　　제61조(특별재난지역에 대한 지원)

제3절 재정 및 보상 등

　　제62조(비용 부담의 원칙)　　　　　제63조(응급지원에 필요한 비용)

　　제64조(손실보상)　　　　　　　　　제65조(치료 및 보상)

　　제65조의2(포상)　　　　　　　　　제66조(재난지역에 대한 국고보조 등의 지원)

　　제66조의2(복구비 등의 선지급)　　제66조의3(복구비 등의 반환)

52 재해예방대책 실행을 위한 사고예방대책 5단계를 순서대로 나열한 것은?

① 조직체계 확립-현황 파악-원인 규명-대책 선정-목표 달성

② 현황 파악-원인 규명-대책 선정-목표 달성-조직체계 확립

③ 현황 파악-조직체계 확립-원인 규명-대책 선정-목표달성

④ 조직체계 확립-원인 규명-현황 파악-대책 선정-목표 달성

사고예방대책의 기본원리 5단계를 순서대로 나열하면 조직체계 확립-현황파악-원인 규명-대책 선정-목표 달성 순이다.

소방학개론 이론＋문제풀이

발행일	2022. 6. 30 초판 발행

저 자	유정석
발행인	정용수
발행처	예문사
주 소	경기도 파주시 직지길 460(출판도시) 도서출판 예문사
T E L	031) 955–0550
F A X	031) 955–0660
등록번호	11–76호

정가 : 33,000원

ISBN 978-89-274-4752-8 13350